国家社科基金项目（02CZS005）结项成果
江苏省社科基金项目（I3—007）结项成果
教育部“新世纪优秀人才支持计划”资助项目

东晋南朝
侨州郡县与侨流人口
研究

胡阿祥 著

凤凰出版传媒集团
江蘇教育出版社
JIANGSU EDUCATION PUBLISHING HOUSE

作者简介

胡阿祥　1963 年出生，安徽桐城人。文学博士，南京大学历史系教授、博士生导师。主要学术兼职：中国地理学会历史地理专业委员会委员，中国魏晋南北朝史学会副会长，江苏省六朝史研究会会长，中国唐代文学学会韩愈研究会副会长。出版专著及各类大小册子 20 多种，发表论文与长短消闲文字 270 余篇，主编丛书多部。代表著作有《六朝疆域与政区研究》、《魏晋本土文学地理研究》、《江南社会经济研究 · 六朝隋唐卷》、《宋书州郡志汇释》、《兵家必争之地——中国历史军事地理要览》、《伟哉斯名——“中国”古今称谓研究》等。

東晉南朝僑州郡縣
與僑流人口研究

孝萱題

图书在版编目(CIP)数据

东晋南朝侨州郡县与侨流人口研究 / 胡阿祥著. —南京：江苏教育出版社, 2008. 9
ISBN 978-7-5343-8642-8

Ⅰ. 东... Ⅱ. 胡... Ⅲ. 人口流动一研究-中国-东晋时代-南朝时代 Ⅳ. C922. 2

中国版本图书馆 CIP 数据核字（2008）第 141121 号

目　录

第二篇　东晋南朝侨州郡县考表

第三篇　东晋南朝侨流人口专题

第四篇　《宋书·州郡志》与《南齐书·州郡志》研究

序一

继承科学考据的传统

侨州郡县是很特殊的一种地方行政制度。我在《中国行政区划通史·总论》(即出)里说到,行政区划的必要条件是有一定的地域范围,有一定数量的人口,存在一个行政机构;而充分条件是这个行政区划一般都处于一定的层级之中,有相对明确的边界,有一个行政中心,有时有等第之别,也有立法机构。但侨州郡县却连上述必要条件亦不能满足,所以十年前我写《中华文化通志·地方行政制度志》时,将其称为虚幻的政区。但我自己对这些虚幻政区的具体变迁并没有什么深入的研究,所举实例皆取自于胡阿祥的有关论述。

说起来阿祥研究东晋南朝的侨州郡县制度,已经有二十来年的历史了,他的硕士论文选取的就是这个课题,1987 年受到论文评阅人、魏晋南北朝史权威周一良先生的盛赞,誉之"能从长期以来纷纭难解的历史现象中理出头绪与规律来,从新的角度加以探讨,胜过了清代学者"。而谭其骧先生则吸收了阿祥的考证成果,对《中国历史地图集》的第四册一些地方作了修订,细心的读者当会注意到这一册有两个不同的印本存在。所谓松柏小时便有参天之势,当时阿祥不过还是一位血气方刚的青年。此后,侨州郡县的研究并没有从阿祥的研究领域中消失,而是在开辟其他学术领域的同时,不断深化、扩大对这一课题的研究,乃至对于有关基础史料的全面批判,对隐藏在侨州郡县背后的侨流人口的研究,对六朝历史的整体尤其是文化史的深刻认识,以及对十六国北朝侨州郡县的研究提出新思路等等,组成了目前我们面前的这部鸿篇巨制《东晋南朝侨州郡县与侨流人口研究》。

说其是鸿篇,并不专在字数,虽然此书也长达五六十万字,但若论字数,现时数十万字的著作比比皆是,并不特别稀奇。令人佩服的是此书完全是所谓俗称的"干货",无有铺陈的废话,而全是实质性的考证过程与成果。读者不但可引以为据,而且有理由相信其结论是目前最好的侨州郡县的研究成果,因为其中不但是阿祥自己二十年的心得,而且吸收了前此有关这一领域的国内外的最佳最新成就。在此以前,国内外尚无一部专门研究东晋南朝侨州郡县的专著,有之,自此书始。故称其为鸿篇,决不为过。

本书开首的引言是学术脉络的梳理,这是所有学术著作的路数。但在这里我们看到的是对前贤研究的严肃而认真的评骘,并非无原则的吹捧或无知的贬斥，而是以最有力的实例来进行学术性的分析。其中对钱大昕的服膺，对王鸣盛的批评，对洪亮吉的月旦，在在使人心服。学术批评看似不难，其实最不易持平公正，原因是批评者往往对批评的对象本身没有透彻的了解，而阿祥因为浸淫其间二十余载，分析自然鞭辟入里。本书的第一二两篇是全书的主体部分，详细理清了侨州郡县的来龙去脉，对其沿革变迁如数家珍。侨州郡县变迁的复杂程度使许多研究者视若畏途，所谓“省置交加，日回月徙”，“名实混淆，观听眩瞀”，“地理参差，事难该辨”，统统都是前人对其复杂性的描述。因此如果不下大功夫，如果没有严密的逻辑思维，是决然做不到复原侨州郡县的变迁全过程的。

阿祥在第一篇里还详论了侨州郡县对当时政区的影响。在行政区划通史的研究中，东晋南朝也是一个难点，其所以难也是与侨州郡县的复杂密切相关的。侨州郡县在土断前从政区形态而言是虚幻的，但土断割实以后即成为正式政区，因此侨州郡县的变化的复杂性直接影响到研究政区变迁的难度。可见此一时期的政区变迁研究亦非阿祥莫属。《中国行政区划通史》的三国两晋南朝部分是由阿祥负责的，相信我们将会看到另一部佳作行世。值得重点一提的还有第二篇的沿革表。治史者都明白，写史以制表最难，二十四史里只有八部有表，就是明证。我自己写《西汉政区地理》时，作沿革表花了不少时间，对此深有体会。而阿祥不惮更为繁难的侨州郡县的变迁，编制出了大规模的完整的沿革表，不能不让人佩服。

侨州郡县表面看来是地理问题，而实质却是侨流人口问题。侨州郡县是以地理为表象的侨流人口分布的实态图。所以其骧师数十年前就以侨州郡县的分布情况为基础，揭示出了永嘉丧乱以后北方人民南迁的实况。这是一篇经典性的大作，但谭师自己并不满足，以为还有剩义可伸。而阿祥此书的第三篇正是这一剩义的发挥，我们可以看出，由此篇的研究，中国历史上由北到南的第一次大移民的细部更加清晰了。这一篇在目前还只是专题式的考证，如果循此道路走下去，全面的侨流人口原貌的再现应该指日可待。

阿祥之所以能在侨州郡县研究方面取得前人所未曾达到的深度，是有种种原因的，而其中的一点是他极重视基础性的研究，他对于基本史料的沈潜往复，尤其是对于《宋书》与《南齐书》两部《州郡志》的用力就非寻常人可比。十数年间，他将两《志》反复研读，利用其优长之处，而揭示其错误或缺憾，不但使之成为研究侨州郡县的基本资料，而且因此而写成的两《志》的集释也成为重要的学术成果。阿祥有意将对于两《志》的研究心得作为第四篇，以见其研究侨州郡县的扎实基础何在，这对青年学子尤其有启迪的意义。

侨州郡县一直是中国史学领域的一个难点，其难度只要举一个简明的例子便可以明白。唐代人写《晋书·地理志》的时候，就将东晋时的一些侨州的名称加上南字，如南青州、南兖州等等，其实侨州加上南字只是南朝宋以后的事。这一错误一千二百年来没有人发现，直到清代钱大昕才悟到。唐代去东晋不远，却依然蒙昧于几乎是近在眼前的史实，须得千年以后的聪明人方能发其覆，既说明科学考据的重要也说明侨州郡县研究的不易。

由于深知考证之不易作，所以阿祥有点忧虑目前的学术气氛，担心从今往后空谈义理的人多，而做实际研究的人少，将会对历史学的发展不利。但其实对此不用过虑。任何时期的学术界都有研究水平高下之别，更有鱼龙混杂泥沙俱下的现象。任何时候的学术也都避免不了有泡沫或虚假伪劣的现象，这是无可奈何的。即使是号称朴学最为发达的乾嘉时代，依然有一些名不副实的名家。我曾经写过一篇学术随笔，以比较至今仍被认为是清代史学三大家的钱大昕、赵翼与王鸣盛的高下，并分别以点石成金、披沙沥金与脸上贴金喻之。文中举了王鸣盛之妄的几个例子，其骧师觉得有些道理，又在《历史地理》上补充了很重要的一例，即“辨《十七史商榷》魏武有三都说之妄”。而阿祥在此书中也举出以下一个重要例证。

《宋书·州郡志》列有各州去京都、各郡去州与去京都的水陆里程；但也有州、郡之下不记水陆里程的，其中州如秦州，郡则甚多。王鸣盛在《十七史商榷》卷五七“去州去京都若干”条中说：“南兰陵以下十三郡，阳平以下三郡，南沛以下六郡，皆无去州、去京都里数，他郡如此尚多，不可枚举，又有有水无陆者，未暇详考。”王氏此言旨在批评《宋志》的不严谨，但这真是浅人之见。钱大昕比王鸣盛深刻得多，他在《廿二史考异》卷二三“南兰陵太守”条中指出：“休文志州郡，于诸州书去京都水陆若干，于诸郡则书去州水陆若干、去京都水陆若干，唯州所治郡，不云去京都水陆若干者，已见于州也。南徐州领郡十七，南东海为州所治，此外则南琅琊、晋陵、义兴皆有实土，故有水陆里数；南兰陵以下十三郡，有户口而无水陆里数者，侨寓无实土也。他州皆仿此。”原来不注去京都里数的郡有两种情况，一是州治所在的郡，该里数已记在州下了；二是无实土的侨郡，自然没有里数。因此《宋书·州郡志》在这点上不但不是不严谨，相反，却可据其记载，来判断侨郡之是否有实土。请看，贤与不肖的差别就在于此。然而更令人气闷的是，王鸣盛虽然妄人浅见，却还要以不屑的口气说“未暇详考”，就像他胡批《汉书》时一样。

而尽管如此，王鸣盛至今仍居于清代史学三大家之位，说明学术研究之难，说明分别良莠之不易。乾嘉的另一位名家洪亮吉在学术上有很大的成就,但在历史地理或者更具体而言,在地理沿革考证方面却是不大高明的,他的《三国疆域志》、《十六国疆域志》与《东晋疆域志》都存在一定的问题,但并非人人都能看到这一点,必须如阿祥亲自进行深入的研究才能觉察出来。学术上的高下,并非一时就能辨别清楚的,有些窄而深的学问必须随着时间的远去,才能渐见分晓。因此想要在学术上有所成就的人,不但必须下"板凳要坐十年冷"的决心,还要做"辛苦得来无人晓"的准备。更极端而言,劣币驱逐良币乃是金融史上常见的现象,学术界类似的现象亦不能免。要之,是学人自身要将学术当生活来过,将学术当成生命的一部分,则毁誉显晦自然置之度外。

中国是有科学的考据传统的,这一传统到清代乾嘉时期得到充分的发展,并以钱大昕为最杰出的代表,其后绵绵不绝,到民国时期尤以王国维为典型[①]。其后在历史地理领域这一传统得到特别的继承,而成就了由谭其骧先生主编的《中国历史地图集》这样的煌煌巨著以及其他的优秀著作。但近年来,似乎许多人对考据这一研究历史的基本要义不感兴趣,尤其对地理沿革方面的考证更少有人愿意去做。其骧师在世时就说过在历史地理学界里,有些人对地理沿革考证不以为然,而他们恰恰在这方面没有过关。我在二十来年的教学生涯中也发现,如果长于地理沿革考证的学生,其思维必然严密而富逻辑性,对研究其他历史问题有很大的助益。我相信阿祥这部考据功力深厚著作的出现,能在年青的学子中起到样板的作用。

做学术研究一要功力,二要努力。功力就是要有过人之处,别人看不出来的问题,你看出来了。人的头脑大都有点偏向,有的擅长考证,有的善于蹈虚。前者偏于科学,专长揭示历史事实。在别人看来是混沌一片的,在他看来清晰透彻。但功力的基础除了先天的偏向以外,还要有艰苦的努力作基础。虽然古往今来浪得虚名者有之,滥竽充数者有之,曲学阿世者有之,但与此同时锲而不舍者有之,埋头苦干者有之,拼命硬干者有之,我深信,严谨扎实的学问始终会是学术的主流。阿祥这部书将会是对这一判断的重要见证之一。

周振鹤

2008 年 5 月 6 日

---

① 近百年来科学考据代表文章可见傅杰主编的《中国百年考据文录》,云南人民出版社 2002 年版。

序二

探索人类迁徙规律的结晶

历史得以发展，是人类活动的推动。人类的活动，表现为动乱与安定、战争与和平、分裂与统一等社会现象，表现为阶级与阶层的错综关系，表现为经济基础、上层建筑与意识形态的复杂变化。不过，人类最基本的活动则是生息与迁徙，因生息而繁衍，经迁徙而交流。动乱、战争与分裂的年代如此，安定、和平与统一的年代未必不是如此。游牧民族如此，农耕民族并非不是如此。迁徙虽然是人类最基本的活动，但是迁徙并非目的；其目的正相反，为了生息繁衍而追求安定。从个人到家族，从民族到国家，虽然都在不断地发展变化，但其本能却都希望安定。中外历史上发生过无数次移民浪潮，目的都是要寻找合适的存活环境。人类迁徙的宗旨在于安定，这应该是普遍规律。由于这一普遍规律的不断作用，于是不断出现侨民现象。如今，摆在我们面前的书稿《东晋南朝侨州郡县与侨流人口研究》，正是胡阿祥教授探索人类迁徙规律的结晶。

侨州郡县与侨流人口现象并非东晋南朝时代所特有，却在东晋南朝时代最盛行，其原因在于西晋末年大量的北方人口南迁。西晋末年的北人南迁运动是中国历史上的大事件，它不仅促使东晋南朝社会发生巨变，导致中国古代经济南贫北富的局面发生根本性转折，甚至影响到其后的江南乃至整个中国的历史进程。而要深刻理解这次北人南迁运动的意义，就必须考察清楚其后出现的侨州郡县和侨流人口现象。不过，侨流人口是变化多端的现象，侨州郡县也呈现错综复杂的状态，致使文献记录参差难辨，读来如坠云雾。这样的题目，意义虽然很大，但是也因难度很大而令研究者望而却步。然而，胡阿祥教授却坚定地选择这样的题目作为研究的对象。经过多年的潜心研究，他终于成功了。

胡阿祥教授成功的关键在于，遵循和利用了人类迁徙运动的普遍规律。迁徙是运动的过程，必定有最终的落脚之点。迁徙始终是动态的，如同录像一样；然而，记录迁徙的文献却是静态的，只能刻画出若干个断面，如同照片一样。依靠文献去复原迁徙的整个过程显然是不可能的，但是通过文献记录的片段，去追寻迁徙运动的起点、终点以及中间的重要环节却是有可能做到的。就东晋南朝时代而言，侨流人口的迁徙过程虽然复杂多变，但是多数侨流人口的归宿即其迁徙的终点却是有案可稽的，那就是记载在文献之中的侨州郡县。人们虽然难以一一理清各支移民南下的具体时间与复杂途径，但是从侨州郡县的名称和设立的时间可以综合地分析出南下移民集团的总体方向和时段。胡阿祥教授正是这样，站在南下移民的归宿，即侨州郡县这个端点之上，去作逆向的推导，从而令人信服地追溯出侨流人口的来龙与去脉。诚如本书稿开篇所言："若就侨流人口的初始研究或整体研究而言，却还是基础于侨州郡县的，因为如果不能全盘明了东晋南朝的侨州郡县，则东晋南朝侨流人口的迁移时间、迁移路线、迁移数量以及迁出地、迁入地等诸多方面就无从谈起，而这是决定于东晋南朝侨流人口研究在资料上与方法上的特殊性的。"这番话正是胡阿祥教授研究问题的方法论的扼要表述。

这样的方法论，决定了研究对象的顺序，那就是先考察侨州郡县，后探讨侨流人口。本书稿的题目是在这样的思想指导下确立的，谋篇布局也是服务于这样的研究思想的：在全面地考察东晋南朝侨州郡县的侨寄之地与设置经过的基础上，系统地探讨了侨置的历史源流、东晋南朝设置侨州郡县的背景与原因、侨州郡县与原州郡县和当地州郡县的关系、侨州郡县的设官施政与户籍制度、土断与侨州郡县以及侨籍的整理、侨州郡县的地理分布、侨州郡县对政区制度的影响；进而密切结合侨州郡县的研究，讨论了研究东晋南朝侨流人口的特殊方法，论述了侨流人口的地域选择、家族兴衰及其社会影响等方面。

东晋南朝时代的侨州郡县与侨流人口是相当宏大的题目，上述布局中的子题目中均有暗礁四伏。胡阿祥教授不惮费时费力，以孜孜不倦的精神展开缜密的个案研究，从大量具体而繁琐的考据中提炼出发人深思的观点，终于拨开迷雾达到崭新的境界。从而，在成功运用人类迁徙运动的普遍规律的基础上，总结出东晋南朝时代北人南移运动的特殊规律。在近年纷呈的浮躁世风下，像这样通过扎扎实实的考据而达到崭新理论高度的书稿实在是难能可贵的，值得提倡的。这部书稿的完成，不仅在中国沿革地理学、中国古代移民史和东晋南朝史的研究方面具有很高的学术价值，而且在移民数量与日俱增的今天具有重要的现实意义。

我和胡阿祥教授相知有年，他为人诚恳热心，处世严肃认真，是值得信赖的朋友；他的学术风格也一如为人处世的态度，而在严谨之中又常常表现出惊人的智慧。本书稿正是他的学术风格的体现。他繁征博引大量的文献和考古资料，悉心地一一梳理，善于从常见的史料之中发现问题和总结规律。如在书稿的第四篇中，对《宋书》和《南齐书》的《州郡志》所作的详尽考辨，能够由拙而获巧，从而在微观分析的基础上获得宏观的见解，并使其提出的一系列见解均符合历史的真实。他还善于通过对比发现矛盾，从解决矛盾着手获取真理。如书稿的第一篇第四章第四节中，指出侨州郡县地理分布与侨流人口地理分布的不相一致，并给予合理的解释，其结论是令人信服的。胡阿祥教授的考证不仅环环紧扣，而且绝不放过似乎纤小的问题，甚至对图表中的“附注及备考”也以审慎的态度对待。如第二篇第六章中对“侨置司州于徐”之“徐”的辨正，又如第二篇第八章中疑费县乃怀德县改名之说，都可见其用功的精细。正是通过悉心的考据，作者才烛隐探微，达到了高屋建瓴的境界。

胡阿祥教授特别可贵的精神，是念念不忘师长的教诲和充分尊重前人和他人的劳动。东晋南朝的侨州郡县与侨流人口既是学术界注意的老问题，其中又不断地涌现出新的问题，对于这样的研究对象尤其应该注重前辈的研究方法，注重同行的研究成果。在本书稿中，胡阿祥教授不厌其烦地整理了从古至今与其研究相关的论述。对于同意者，忠实地引证；对于需要补正者，作出客观的分析。欲发前人所未发，须知前人之所知。在客观分析前人成果得失的基础之上建立自己的研究框架，这也是胡阿祥教授成功的重要原因。

李　凭

2008 年 5 月 1 日于华南雨静苑

引言

东晋南朝侨州郡县与侨流人口的文献记载与研究回顾

一

本书的研究对象是东晋南朝的侨州郡县与侨流人口。某种意义上说，本书所谓侨州郡县与侨流人口是紧密关联的两个问题。其中，主体问题应该是侨州郡县，而附属问题是侨流人口；虽然侨流人口研究的重要性不在侨州郡县之下，而学界对某些具体地域与特殊时段的侨流人口，对侨流人口中的某些集团、人群、家族或个人，研究兴趣更远在侨州郡县之上，但若就侨流人口的初始研究或整体研究而言，却还是基础于侨州郡县的，因为如果不能全盘明了东晋南朝的侨州郡县，则东晋南朝侨流人口的迁移时间、迁移路线、迁移数量以及迁出地、迁入地等诸多方面就无从谈起，而这是决定于东晋南朝侨流人口研究在资料上与方法上的特殊性的。关于此种研究资料与研究方法的特殊性，葛剑雄[①]《研究中国移民史的基本方法和手段》[②]文中“地名学的方法”一节指出：

> 移民的迁入地、迁出地以及迁移路线都涉及大量地名，……移民还导致地名的发展和变化，所以对这些发展和变化的考察又反过来可以用来发现或证实移民的事实。……由于人们有将原来的地名使用于新迁入地的习惯，所以历史上出现过无数次地名搬家，原来在北方的地名以后出现在南方，本来应在沿海地区的地名却转到了山区，域外民族和少数民族的地名却在汉族聚居区落了户。原始地名的转移过程在很多情况下是与当地人口的迁移过程一致的，而且由于少量的、流动的人口一般不可能引起这种转移，所以一个原始地名转移的完成实际上就标志着一次移民运动的完成。……在原始地名出现过大规模的、系统的转移的情况下，这种方法就更加有效，有可能据此复原整个移民过程。

“复原整个移民过程”最典型与最成功的范例，如所周知，是谭其骧师 1934 年 6

---

① 本书提到的学者，一般不加“先生”、“女士”等尊称或“教授”、“研究员”等职衔。引文原有者除外。
② 《浙江社会科学》1997 年第 4 期。

月发表于《燕京学报》第15期的《晋永嘉丧乱后之民族迁徙》,此仍引述葛剑雄的评论,以见谭文的思路、方法与意义:

> 永嘉之乱后的南迁是中国历史上的一件大事,也是中华民族发展史上的一件大事。但由于正史中本来就没有具体记载,年代久远后更无史料可觅,对这次大规模的移民运动的研究无由开展。先师却在有限的史料中找到了一把"钥匙"——侨州、郡、县的记载。这是因为当时南迁的人口,大多依照他们原来的籍贯,在南方的定居地按原来的名称设置了侨州、郡、县,而这类侨州、郡、县在沈约的《宋书·州郡志》、萧子显的《南齐书·州郡志》和唐人所修的《晋书·地理志》中都有较详细的记录。所以只要将这些资料整理排比,就不难考证出这些单位的设置年代、地点和变迁,从而了解移民的迁出地、迁移时间、迁入地点,并进而推算出移民的数量。这篇论文对中国移民史研究、地名学研究和定量分析方面都具有开创意义,发表后即受到学术界的高度重视,近六十年来一直被视为该领域的经典。[①]

要之,由东晋南朝侨州郡县的设立过程与地理分布,是基本可见永嘉之乱后而主要是东晋南朝时代北方南迁之侨流人口的定居过程与地理分布的,又根据这些侨州郡见载于《宋书·州郡志》中的户口数,还可大致推算出迄乎刘宋年间的侨流人口之数量与规模。

就现有史料与研究手段论,迄今为止,东晋南朝侨流人口的探讨仍然笼罩在上述谭文的范围之内,然而这并不意味着该领域没有了充实乃至提升的可能。1992年,谭师在《历史人文地理研究发凡与举例》[②]文中,便自析《晋永嘉丧乱后之民族迁徙》云:

> 这决不是一篇完善的论文。永嘉丧乱后引起的民族迁徙是多方面的,岂只有北人南渡而已?至少还有不少中原人或东徙辽左,或西走凉州。即就南渡遗黎而言,也不仅移居于设有侨州郡县之地。实际上不设侨州郡县之地,亦多侨姓高门栖止。……再者,见于《宋书·州郡志》的州郡户口是宋大明八年(464年)的数字,其时上距永嘉丧乱已百五十年,该文以大明侨州郡县的户口数为南渡人口的约数,从而得出南渡人口占当时南朝人口百分

---

① 葛剑雄《〈中国移民史〉前言》,葛剑雄主编《中国移民史》,福建人民出版社1997年版。
② 载《历史地理》第10辑,上海人民出版社1992年版。

之几，又占西晋时北方人口百分之几这样的结论，[1]实在很不严谨。……所以若欲将这个时代的人口移动作出较完备的论述，显然还有待于今后有志于此者的成十倍的努力。

正是在谭师这样深深的期许中，葛剑雄在《中国移民史》第二卷"先秦至魏晋南北朝时期"中，以五章、超过三百页的篇幅，全面讨论了"晋、南北朝时期移民的社会与自然背景"、"永嘉乱后的人口南迁"、"汉族向西北、东北和北方的迁移"、"少数民族的进一步内迁"、"十六国与北朝的移民"诸多方面；其中，与本书研究对象一致的"永嘉乱后的人口南迁"一章，据评论者的说法，"主要引用了谭其骧与胡阿祥关于侨州郡县设置的研究成果"，同时又取得了若干重要进展，比如认为"《宋书·州郡志》所载的户口数大致是大明八年(464 年)的户籍，离永嘉时已有一百多年。这些侨州、郡、县的户口即[既]包括历年来的移民，也含有这些移民定居后繁衍的后代。……所以可以肯定，真正的或第一代移民比这个数字要小得多"，"这一论证过程，向读者清晰地展示了学术进步的脉络"[2]。

然则梳理东晋南朝侨流人口研究的学术脉络，谭师具开创之功，葛剑雄尽细化之力；平心而论，此一问题的研究，在方法(地名学方法)与理论(人口学理论)两方面已经难有大的突破。考虑及此，本书有关东晋南朝侨流人口的部分，意在以更为详确的侨州郡县的考证为基础，进一步例证谭师的方法，并对谭师的方法稍作引申与补充；而需要说明的是，这样的例证、引申与补充，意到即可，并无全面展开的必要，以免徒增篇幅之弊。相对而言，本书有关东晋南朝侨州郡县的部分，如上所述，既是东晋南朝侨流人口研究的基础，又无论谭师还是葛剑雄，以非其论著主旨所在，故考证既欠周详，述论也未深入，从而留下了较大的学术空间与较多的学术课题。这也是本书以东晋南朝侨州郡县为主攻领域，而以东晋南朝侨流人口为附属问题的缘由所在。

① 所谓"结论"，《晋永嘉丧乱后之民族迁徙》云："截止宋世止，南渡人口约共有九十万，占当时全国境人口约共五百四十万之六分之一。西晋时北方诸州及徐之淮北，共有户约百四十万(《晋书·地理志》)，以一户五口计，共有口七百余万，则南渡人口九十万，占其八分之一强。换言之，即晋永嘉之丧乱，致北方平均凡八人之中，有一人迁徙南土；迁徙之结果，遂使南朝所辖之疆域内，其民六之五为本土旧民，六之一为北方侨民是也。"

② 包伟民《试评六卷本〈中国移民史〉——兼谈学术批评的规范问题》，《历史研究》2001 年第 3 期；葛剑雄《中国移民史》第二卷第十章"永嘉乱后的人口南迁"第四节"对北方移民数量的估计"，福建人民出版社 1997 年版。按谭师的研究成果，指《晋永嘉丧乱后之民族迁徙》；本人的研究成果，则谓拙文《东晋南朝侨州郡县的设置及其地理分布》，载《历史地理》第 8、9 辑，上海人民出版社 1990 年版。

为明本书的谋篇布局、主攻领域以及附属问题，有必要先对研究对象即东晋南朝的侨州郡县与侨流人口从文献记载与研究回顾两方面，稍作交代。而就笔者总体的感觉言，东晋南朝侨州郡县大抵属于传统沿革地理学中的老问题，并且是延续上千年而即便是到了乾嘉诸家也未完全解决的老问题，由此引致的结果是，建立在此老问题基础上的所谓新史学的述论乃至发挥，常常有失牢靠；又东晋南朝侨流人口大抵属于人口史特别是其中的移民史以及东晋南朝政治军事史、经济文化史等关注的新问题，此新问题的提出虽不到百年，唯其既涉及广泛，也十分重要，故从事者颇多，但大部分从事者却对东晋南朝侨州郡县本身的设置、变迁、分布、制度等项，缺乏全面、系统、深入的了解，尤其不愿致力于备极纠纷的东晋南朝侨州郡县的朴学考证。①

二

侨州郡县是我国传统沿革地理学中特定时代的特定名词。完全意义上的侨州郡县，即某州某郡某县的实有领地陷没，而政府仍保留其政区名称，寄寓他州他郡他县，并且设官施政，统辖民户。大凡侨州郡县设立之初，和当地州郡县无涉，不过借土寄寓；然而侨置既久，部分侨州郡县因侨得实，拥有了实土，其名称却仍旧沿用侨名，遂致实土也类侨置，侨置又多实土。

侨州郡县的普遍设置乃至成为一种制度，是东晋十六国南北朝时代而又尤其是东晋南朝地方行政设置的特殊现象。所以称其为“特殊”，是因为它与一般州郡县迥然有别。何谓“一般州郡县”亦即正常行政区？按行政区又称行政区域，简称政区，它是国家为进行分级管理而划分的区域。这些区域都设有相应的

① 写到这里，笔者有些感慨，兹录2006年4月25日为《南京晓庄学院学报》2006年第3期“六朝研究”专栏所撰“主持人语·历史文献是史学研究的原料(上)”相关内容如下：“考据、义理、辞章既三者不可或缺，考据作为基础，不仅要读书、用书，而且要知书、疑书，举凡目录、版本、凡例、校勘、训诂、传注、辨伪，等等，等等，都属读书、用书的前提。非如此，则有失严谨，算不得高明。……试问如果没有旧史学对文献的研究与史实的考证，新史学能够建立吗？旧史学并未完成文献的研究与史实的考证，则继续这方面的事业，对于新新史学而言，也是值得重视的，因为文献不明、史实不清，则新新史学的基础是不牢固的。问题在于，受惠于旧史学的新史学乃至新新史学中的部分人，有时竟对旧史学缺了一种起码的敬重，侈谈义理者获得重视，大发空论者受到赞扬。长此以往，我怀疑史学是否还是史‘学’。怎么会有这样的现象呢？世风浮躁，莫名其妙的评价体系，想靠堆钱来完成精品工程，学问成了职业而非志业，耐不得寂寞、坐不住冷板凳，诸如此类，不一而足。”

地方各级政府，以管辖该区域的政治、经济、社会、文化等事务。构成一个政区必须具备以下八个要素：一定数量的人口；一定范围的地域空间（即有明确的、封闭的边界线，同级政区既不重叠，亦无空白）；相应的机构（如行政、司法、监察等机关或其派出机构、分支机构）；一个行政中心（即地方政府驻在地，我国古代称治所）；隶属关系（即某个政区在整个政区体系中的地位及与上下级政区之间的辖属关系）；行政建制（即政区通名，用来区分政区的不同类型，并在一定程度上反映政区的行政等级）；行政等级（即政区的行政地位）；名称。而以侨州郡县与此相对照，则可发见其特殊性太多：可以没有人口、仅具虚名；没有地域空间，而为借土侨寄；相应的机构难得健全；行政中心基本模糊；隶属关系异常复杂；行政等级往往在虚实之间；至于名称特别是专名，尤为混淆。[①] 要之，禹域自古以来，但凡画地分疆，立县邑，设州郡，尽管建置不恒，代有递更，然而都是实地实名，寻考起来，较易明其变迁之迹；侨州郡县则不然，其最大的特殊在于寄在别处、侨建名号。即以东晋南朝论之，“建康也，而有高阳、广川；襄阳也，而有扶风、京兆；广陵也，而有雁门、辽西：既以客户而杂主。寿春也，而称为睢阳；合肥也，而称为汝阴；沙羡也，而称为汝南：更以假号而夺真。”[②]又南徐治于京口，雍州镇在襄阳；淮南侨郡，分江南成实土；琅邪寓邦，居江表为大郡：[③]则地异名同，悤非故土；“且省置交加，日回月徙，寄寓迁流，迄无定托”，遂致“邦名邑号，难或详书”[④]，“名实混淆，观听眩瞀”[⑤]。

然则侨州郡县之特殊，甚至使得定义侨州郡县都颇为不易，这也造成了本书在处理相关问题上的麻烦。关于侨州郡县的定义，上海辞书出版社 1979 年版《辞海》“侨州郡县”条首句云：

东晋、南朝时在其管辖地区内用北方地名设立的郡县。

又上海辞书出版社 2000 年版《中国历史大辞典·魏晋南北朝史》“侨州郡县”全条云：

西晋末，北方战乱，人口大量南移，总数约达九十二万。东晋专设侨州

① 详本书以下各篇章的讨论，此不赘述。

② 钱大昕《〈东晋疆域志〉序》。

③ 参本书第二篇“东晋南朝侨州郡县考表”（下文及下注简称“考表”）徐州条、雍州条、淮南郡条、琅邪郡条。按“琅邪”之“邪”，或作“玡”，或作“琊”，为免混乱，今统一作“邪”。

④ 《宋书·志序》。

⑤ 钱大昕《〈东晋疆域志〉序》。

> 郡县，统率北来流民，在京口境内侨立南徐州和南兖州、广陵界内侨立南青州和南豫州、襄阳境内侨立秦州和雍州。幽冀等州南徙侨民较少，不侨立州，仅在长江南北侨立幽冀诸州之郡县。《宋书·州郡志》载，仅长江下游今江苏北部地界，就有侨置三十三郡、七十五县。侨人不列入当地户籍册，以别土著。实行土断前，侨人不负担赋役。东晋设置侨州郡县，一为安置流民，二为保持北方门阀士族地望。侨州郡县的官吏，均以北方门阀士族充任。

按以上两种定义，都存在可以商榷之处：其一，侨州郡县并非东晋南朝所独有。东汉、曹魏已有侨置郡县的记载，而隋统一南北后的此后各代也有在边地设置侨州郡县的。即以东晋十六国南北朝时代言之，十六国北朝的侨州郡县也不少，唯大规模设置却在东晋南朝。只是东晋初期之置侨州郡县，原为一种临时建置，后因南、北长期分裂，乃成长期制度。其二，所谓侨州郡县，是原州郡县沦没后，“皆取旧壤之名”[①]设立的，是甲地的地名移用到了乙地（也有少数侨郡县不沿用旧名而新创），仅称“用北方地名设立”，概念似乎模糊。其三，如南徐、南兖、南青、南豫等州的名称，是刘宋才出现的，约略言之，东晋初期侨州郡县皆用所沦没之原州郡县名，东晋末年刘裕北伐后，始在新收复的原州郡县名前加“北”字，与侨州郡县相区别，刘宋初年又多取消“北”字，而在侨州郡县前加“南”字。其四，东晋南朝既“侨立幽冀诸州之郡县”，也曾侨立幽、冀等州。相对来说，上海辞书出版社 1996 年版《中国历史大辞典·历史地理》吴应寿师所撰“侨州郡县”条较为准确：“我国历史上以流亡人民原籍的州郡县旧名设置在所寄居之地的州郡县。……西晋亡后，中原战乱，人民流徙，西起凉州，东至辽东，均有设置，尤以秦岭、江淮以南，东晋南朝境内为最多。……至隋统一南北，遂完全废除”，至于此前此后之侨州郡县，“其规模、作用和影响都不如东晋南北朝”。

据上讨论，可以认为，借土寄寓是侨州郡县最重要的性质。一般州郡县既有其人民，又有其土地；而侨州郡县，虽然大多领有侨流人口，却“无有境土”[②]。但问题的复杂之处在于还存在着另种情况，即侨置既久，相当一部分侨州郡县通过土断等途径，分割当地州郡县，有了实土。割成实土后，这些侨州郡县与一般州郡县无异，本质上就不再是“侨”州郡县了。如南徐州，宋元嘉八年（431 年）划江南为实土，治京口，这以后，南徐州就不再是侨州，其所领南东海、南琅邪二侨郡

① 《隋书·食货志》。

② 《资治通鉴》卷一二八大明元年：“侨郡县无有境土，新旧错乱，租课不时。”

及其侨县，也因先后拥有实土，而不再是侨郡；至于南徐州境内的南兰陵、南东莞、临淮、淮陵等侨郡，因为仍无实土，所以还是侨郡县。按侨州郡县的这种虚实变化，造成了本书在处理研究对象“侨州郡县”方面的麻烦，此作特别说明如下：

为了能够比较完整地研究原州郡县沦没——侨州郡县设立——侨州郡县割实（或省并或改属）的全过程，充分揭示侨置制度的前后变化，本书对于“侨州郡县”概念的运用，是视侨置改为实土前后为一体。因为侨州郡县即使分得了实土，其“侨”置的形式没有变，称的仍是“侨”名，领的也多是侨流人口及其后裔，侨置所代表的政治意义（如表示正统所在与收复失地的决心、吸引与安抚侨流等）也未失去，此即“实土亦类侨置，侨置又多实土”也[①]。而基于上述考虑，本书讨论的东晋南朝侨州郡县，范围就比较广泛了，寄寓无实土者固然是探讨的重点，而初寄寓、后有实土的实土“侨”州郡县，也在论述之列。事实上，若讨论范围截然而止于侨置割成实土之前，操作起来也不实际。比如《南齐书·州郡志》中的部分侨郡县，有无实土难以判断。又谭其骧师在《晋永嘉丧乱后之民族迁徙》文中，以《宋书·州郡志》“侨州郡县之户口数当南渡人口之约数，则截止宋世止，南渡人口约共有九十万”，而依“九十万”之数校《宋书·州郡志》，则谭文所谓“侨州郡县”，实际包括了无实土（如秦州及所领郡县、南徐州境内诸无实土郡县）与有实土（如南徐、南兖、南豫等州及所领实土诸“侨”郡县）两种；周一良《南朝境内之各种人及政府对待之政策》文[②]，据《宋书·州郡志》“所载侨州郡县及其户口数”作“南朝境内侨人分布表”，周文之“侨州郡县”概念与谭文相同，也包括无实土与有实土两种。又日本学者宫崎市定名著《九品官人法的研究——科举前史》中，对无实土与实土的差别，认识同样不太明确。[③]

本书有关东晋南朝侨州郡县概念的使用已如上述；此再略言东晋南朝侨流人口的概念。按侨人（侨民）、流民，本是各时代都存在的人群，离开本土而寄居、客居他乡者为侨人（侨民），离开本土而继续流浪者为流民。本书所谓的“侨流人口”，则是与侨州郡县配合使用的概念，为明所指，兹引几条关键史料如下。《隋书·食货志》云：“晋自中原丧乱，元帝寓居江左，百姓之自拔南奔者，并谓之侨人。皆取旧壤之名，侨立郡县，往往散居，无有土著”；又《宋书·州郡志·序》：“自夷狄乱华，司、冀、雍、凉、青、并、兖、豫、幽、平诸州一时沦没，遗民南渡，并侨

① 详本书第一章的讨论。

② 收入氏著《魏晋南北朝史论集》，中华书局1963年版。

③ 宫崎市定《九品官人法的研究——科举前史》，同朋舍1956年版。

置牧司,非旧土也”;又《晋书·王导传》:“洛京倾覆,中州士女避乱江左者十六七”;又《宋书·王玄谟传》:“雍土多侨寓,玄谟请土断流民,当时百姓不愿属籍。”是则本书之“侨流人口”,或可称为“侨人”、“侨民”、“侨寓”、“流民”[①],又或可称为南渡遗民,还或可称为“中州士女避乱江左者”,即大体指“五胡乱华”、“永嘉丧乱”后徙居东晋南朝疆域内的北方人口及其近几代的后裔。其身份较为复杂,而主要为北方士人及其宗族、佃客、部曲等;又就东晋南朝对其的管理体制言,多置侨州郡县以处之,户籍方面也与普通民户或土著居民有所不同,普通民户或土著居民的户籍是用黄纸制成的黄籍,而多数侨人的户籍是用白纸制成的白籍,白籍在内容上的一大特点是“许其挟注本郡”[②],即允许在户籍上注明本人的原籍,又注籍白籍者减免正常赋役。值得注意的是,与诸多侨州郡县由无实土向有实土的转变相同步,多数侨流人口也由注籍白籍、减免正常赋役向改籍黄籍、承担正常赋役转变,完成这种转变者,则是土断政策的实行。换言之,正是土断,使得侨流人口丧失了特殊身份与优待权利。[③]

据上陈述,东晋南朝侨州郡县可谓“地理参差,事难该辨”,东晋南朝侨流人口也是“去来纷扰,无暂止息”,此“版籍为之浑淆,职方所不能记”的状况,[④]既为治沿革地理学、政区制度史、历史地名学以及东晋南朝史诸方面者所重视,亦病之畏之甚深,此又东晋南朝侨州郡县与侨流人口考之辨之述之论之的必要性所在。

三

记载东晋南朝侨州郡县以及侨流人口较为原始、集中、系统、全面的史籍,主要有齐梁间沈约的《宋书·州郡志》、梁萧子显的《南齐书·州郡志》、唐人所修《晋书·地理志》。

关于《宋书·州郡志》与《南齐书·州郡志》,本书第四篇另有详细的考说。略言之,《宋书·州郡志》记载侨州郡县,虽然存在许多问题,如体例欠协、考辨讹

---

① 按《宋书》、《南齐书》中多见“侨民”、“流民”之称。及唐修《晋书》、《南史》、《隋书》等,因避唐太宗李世民名讳,遂用“侨人”、“流人”之称。

② 《晋书·范汪传附子宁传》:“昔中原丧乱,流寓江左,庶有旋返之期,故许其挟注本郡。”

③ 关于侨流人口的身份、管理、户籍、土断等问题,详本书第二章第五节、第三章。

④ 《宋书·志序》。

误、叙次不清、失之繁冗等，但值得肯定的是其载述之详细，读毕四卷《宋书·州郡志》，则东晋、刘宋两代侨州郡县，大体可以理出头绪；至于《宋书·州郡志》于州郡下备列户数口数，更为东晋刘宋侨流人口的迁徙时间、迁出地、迁徙路线、迁入地、迁徙数量等方面的研究，提供了相对系统可靠的、也是目前唯一全面的史料依据。《南齐书·州郡志》于侨州郡县同样多有载述，其虽无州郡县户口的罗列，但在各州小序以及郡县小注中，却也有些侨流人口的珍贵信息，如南兖州小序云：

刺史柳世隆奏："尚书符下土断条格，并省侨郡县。凡诸流寓，本无定憩，十家五落，各自星处。一县之民，散在州境，西至淮畔，东届海隅。今专罢侨邦，不省荒邑，杂居舛止，与先不异。离为区断，无革游滥。谓应同省，随界并帖。若乡屯里聚，二三百家，井甸可修，区域易分者，别详立。"于是济阴郡六县，下邳郡四县，淮阳郡三县，东莞郡四县，以散居无实土，官长无廨舍，寄止民村，及州治立，见省，民户帖属。

此条涉及侨流人口与侨州郡县的真切状况、土断对侨州郡县与侨流人口的整理。而以《南齐书·州郡志》与《宋书·州郡志》对校，则宋齐之间侨州郡县的省并、改置、移徙、割实等等，往往可见过程、可寻踪迹。又与《宋书·州郡志》或失之繁相反，《南齐书·州郡志》存在的主要问题是失之太简，略而不书处太多。并详第四篇，此处不赘。

相对于《宋书·州郡志》与《南齐书·州郡志》，就研究侨州郡县与侨流人口言，《晋书·地理志》的史料价值虽逊于《宋书·州郡志》，但并不低于《南齐书·州郡志》。随举一例：

自元帝渡江，所置州亦皆遥领。初以魏该为雍州刺史，镇酂城，寻省，侨立始平郡，寄居武当城。有秦国流人至江南，改堂邑为秦郡，侨立尉氏县属焉。康帝时，庾翼为荆州刺史，迁镇襄阳。其后秦雍流人多南出樊沔，孝武始于襄阳侨立雍州，仍立京兆、始平、扶风、河南、广平、义成、北河南七郡，并属襄阳。襄阳故属荆州。①

类似这样的叙述，无疑有助于东晋汉水流域侨州郡县与侨流人口情况的把握。然而遗憾的是，《晋书·地理志》存在的问题太多，如果不明了这些问题，不仅会

① 《晋书·地理志》雍州。

影响到《晋书·地理志》史料价值的发挥，甚者还会误导，从而使得问题愈加复杂。兹略言之。

《晋书》一百三十卷，唐初史臣修。参加编写者二十二人，其中房玄龄、褚遂良、许敬宗为总监修，令狐德棻、敬播、李安期、李怀俨四人任制订条例及总其成的总编纂，来济、陆元仕、刘子翼、卢承基等十四人分工撰修，唐太宗李世民亦参撰。① 自贞观二十年(646年)诏修，二十二年成书。

《晋书》修成后，历代以来评价不一。肯定者如《册府元龟·国史部·采撰》称其取材宏富、记述精审；否定者如《旧唐书·房玄龄传》称其"好采诡谬碎事，以广异闻，又所评论，竞为奇艳，不求笃实，由是颇为学者所讥"。至于清代，除了赵翼等人外，对《晋书》持批评意见者居多；延至今日，则又以肯定者为主。而笔者以为，对《晋书》的评价，应该将叙事与行文、取材与史实、纪传载记与志分开；在总体肯定其行文明快苍劲、取材兼综详精、纪传载记颇见史识的同时，也要充分认识到其叙事有欠笃实、史实有欠准确、诸志问题较多等缺陷。此不备述，仅言《晋书·地理志》。

《晋书·地理志》乃《晋书》十志之一。"《晋书》十志，从汉末写起，在一定程度上弥补了《三国志》有纪、传而无志的缺陷，而且对晋以前的典章制度加以概述，保存了不少前代有关各志的重要资料。"②此为其体例上的优点。至于内容，则《晋书》诸志"昔贤多诋其疏舛，纰误较他史独甚"③，其中的《地理志》缺漏尤多。

《晋书·地理志》上下两卷，成于何人之手，今已无可考详。此志结构，首为总叙，次列十九州。总叙概述历代建置沿革、封国以及户口增减，粗备条理。十九州则州凡三篇，前篇记叙汉魏立州郡之始、州领郡国数县数以及户数；中篇大要以武帝太康元年(280年)平吴之后、太康三年废宁州之前为定，排列郡国统县、郡国户数，或有小注，以当解说；后篇记惠帝以后增损之制，间有太康三年更革州郡，亦附后篇。④ 其前篇、中篇尚具次序；至于后篇文字，惠帝时已略，至永嘉以后及东晋百余年，更是仅缀数语，于是东晋之地理沿革、人口迁流、侨置州郡等等，遂无从详知。

---

① 参李培栋《〈晋书〉撰人续考》，收入氏著《魏晋南北朝史缘》，学林出版社1996年版。李世民亲撰者为宣、武二纪和陆机、王羲之二传的"史论"四篇，故《晋书》曾题名为"御撰"。

② 朱大渭《〈晋书〉说略》，收入《经史说略·二十五史说略》，北京燕山出版社2002年版。

③ 李慈铭《越缦堂读书记》卷三"晋书"。按其中的《天文志》、《律历志》、《五行志》为星历学家李淳风所修，相对较精。

④ 参方恺《〈新校晋书地理志〉序》。按《晋书·地理志》交州无后篇。

《晋书·地理志》不仅大体"不言当时风俗、物产、社会状况，缺点实多"①，而且所书"建置沿革，舛错过半"②。今考其载于每州后篇的侨州郡县③，不独略而不尽，而且谬妄丛生。以侨置州郡名称为例，宋永初元年(420年)始诏"寓立于南者，听以'南'为号"，于是侨州郡普加"南"字；④而《晋书·地理志》已有南兖、南徐、南青、南豫诸州，又谓元帝置南东海、南琅邪、南东平诸郡，明帝立南沛、南清河、南下邳、南东莞、南平昌、南济阴、南濮阳等郡者，皆误。诸如此类以及其他种种纰误，《晋书·地理志》中比比皆是。钱大昕曾称："即一部《晋书》论之，纪传之文，无有与志相应者；以矛刺盾，当不待鸣鼓之攻矣。"⑤然则何以会如此呢？

首先，大凡"史之所难，无出于志"，而志地理尤难。⑥ 班固《汉书·地理志》、司马彪《续汉书·郡国志》尚不无缺憾；及晋时舆地，"上承三国之瓜分，下值南朝之侨置，建置沿革，所系非轻"⑦，而修《晋书》诸人，虽大多文学功底深厚，却缺乏史学的严谨学风与明睿识断，于地理学更非专门，"以卤莽之群才，承史志之重寄，……固宜其纪传所列，既与志殊；志之前所列，又与后殊也"⑧。

其次，从《晋书·地理志》每州后篇叙次混乱、眉目不清的情况看，唐人修《晋书·地理志》尤其是后篇时，似无蓝本可据；⑨其往往误采宋时追称(如加"南"字

① 姚士鳌《历代地理志评议》，《地学杂志》第12年第1期，1921年。

② 李兆洛《〈补梁疆域志〉序》。其详前人言之备矣，见钱大昕《廿二史考异》及《十驾斋养新录》、《十驾斋养新余录》有关条，毕沅《晋书地理志新补正》，方恺《新校晋书地理志》，洪亮吉《东晋疆域志》等。

③ 《晋书·地理志》载南渡后侨州郡县并间及侨流人口，见于司州后篇、兖州后篇、豫州后篇、雍州后篇、秦州后篇、梁州后篇、益州后篇、青州后篇、徐州后篇、荆州后篇、扬州后篇，幽、冀、并等州则失载。

④ 《宋书·武帝纪》、钱大昕《十驾斋养新录》卷六"晋侨置州郡无南字"条。按宋永初后，侨州郡普加"南"字，而南谯、南梁、南汝阴等郡，则东晋太元后疑已加"南"字，又非自宋始；然此等究属少数特例。参本书第二篇"考表"梁国条。

⑤ 钱大昕《十驾斋养新余录》卷中"晋书地理志之误"条。

⑥ 《史通·古今正史》、吴翊寅《〈新校晋书地理志〉跋》。

⑦ 毕沅《〈晋书地理志新补正〉序》。

⑧ 毕沅《〈晋书地理志新补正〉序》。

⑨ 唐史臣编撰《晋书》时，可以凭藉的史料甚多。编纂成书的史料如十九家晋史，晋朝国史如起居注等类，尚有包括晋朝旧事、五胡十六国史及杂说等类的史料杂著。从《旧唐书·房玄龄传》看，《晋书》是"以臧荣绪《晋书》为主，参考诸家"而成。臧书成于南齐，"括东、西晋为一书，纪、录、志、传百一十卷"(《南齐书·高逸臧荣绪传》)，可谓集萧齐以前众家晋史之大成，因此成为唐修《晋书》标准的参考本。臧氏《晋书》有《地理志》(今存清汤球辑本收入《广雅丛书》、清黄奭辑本收入《汉学堂丛书》、近人陶栋辑本收入《辑佚丛刊》)，从今存的若干条看，与唐修《晋书·地理志》似无明显的史料来源或承袭关系。唐初可据以修《地理志》的地理册籍颇多，如西晋《太康地记》、东晋王隐《晋书·地道记》、齐梁间沈约《宋书·州郡志》、北魏郦道元《水经注》及其他"地理杂书"等，唐史臣当有所参考与采录。

诸侨州郡)以为侨立本号者,则颇疑唐人读刘宋史书不审,或径据《宋书·州郡志》而不察其为宋代史臣之词①,遂误宋时制度以为东晋制度。细校《晋书·地理志》与《宋书·州郡志》,犯复者颇多,则此种怀疑不无根据,如《晋书·地理志》扬州后篇一些文字因袭《宋书·州郡志》扬州刺史淮南太守条之迹,就非常明显。虽然尚无足够资料以进一步说明《晋书·地理志》撰修的史料来源与承袭关系,但唐史臣之昧于地理,杂抄众书于一卷,又不互相检照,以致涉笔便误,而《晋书·地理志》舛讹不可读之情形,殆可识言。②

关于东晋南朝侨州郡县并连及侨流人口的记载,除上述宋、齐、晋三志外,尚有北齐魏收《魏书·地形志》,于州郡县注文中,间及晋、宋、齐、梁之侨置,可与宋、齐、晋三志参照,有裨考证;又唐修《隋书·地理志》,兼及梁、陈、北齐、北周、隋五代,虽然经纬未尽,书梁、陈事仅以小字夹注,失之简略,但也可资考证。再有北魏郦道元的《水经注》,多处于辩证水道源流、叙述各地史事中,言及东晋南朝侨州郡县与侨流人口,更有助于侨寄地域与侨流分布的比定。至若唐人杜佑《通典·州郡典》、唐人李吉甫《元和郡县图志》、宋初乐史《太平寰宇记》一类,虽于方舆之学可称该洽,而东晋南朝侨置之迹,清人钱大昕指其"十阙其九",则"非涉猎之未周,良讨论之未易也"③。

四

唐人所修《晋书·地理志》,有关侨州郡县的记载已是混乱不堪、疏漏不尽,唐以后史志也是错讹相承者居多,少有学者致力于侨州郡县的系统考辨。及至元代,胡三省注《资治通鉴》,《通鉴》文中既颇涉侨州郡县与南迁士族,而胡氏治学严谨,长于考据,精通地理④,于是与《通鉴》所载史事有关的若干侨州郡县与

① 钱大昕《十驾斋养新余录》卷中"晋书地理志之误"条及洪亮吉《东晋疆域志》卷四徐州"东平郡"条有类似看法。柴德赓《史籍举要》(北京出版社 1982 年版)上编"纪传史类·晋书"更是直言"《地理志》二卷,钞撮《宋书》而未精密"。按《晋书》撰成晚于《宋书》一百余年,《晋书》诸志每有沿自《宋书》诸志者,不独《地理志》如此。又沈约也曾撰《晋书》,但唐修《晋书》时已亡佚。

② 《晋书》成于众手,而又缺乏统一的加工修订,因而存在体例不够规范、前后内容重复、纪传载记志互相抵牾等问题,详参《史通》的批评。

③ 钱大昕《〈东晋南北朝舆地表〉序》。

④ 据冯惠民《〈通鉴地理注词典〉前言》,齐鲁书社 1986 年版,单是《通鉴》胡注的地理注,估计即有约 70 万字。

侨流人口，得到了初步整理。下及清初，顾祖禹编述《读史方舆纪要》，始对东晋十六国南北朝侨州郡县作了较为全面的考订。顾氏云：

> 若夫晋弃中原，南北淆乱，州郡县邑，纷纭侨置，河南有广陵、丹阳之名，江渚有晋阳、太原之号；又疆埸战争，得失屡变，荒左依附，有无顿岐，循名责实，大都湮废。余力为考订，其引据不诬，义类可据者，悉为采入；至传闻互异，史氏浮靡，或地名相同，而方域绝异，地名本异，而里道正同，千里毫厘，未尝敢忽也。①

顾氏考证侨置的方法，多以实州郡县的村镇道里和山川形势，与侨寄之地的村镇道里、山川形势相对照，如此得出的定位，一般比较确切。但顾氏对侨州郡县的考证，缺乏系统性，有关成果或结论散见于《读史方舆纪要》中，检索较为不易。与《读史方舆纪要》相类的官修沿革地理巨著、历代总志的总结之作，则有《大清一统志》。以《大清一统志》三修本即《嘉庆重修一统志》为例，其沿革表与建置沿革、古迹门中，涉及众多东晋十六国南北朝侨州郡县，而且往往给出了比较明确的时代与位置，从而成为后人确定侨州、侨郡、侨县具体地域的主要依据。

然则胡三省《通鉴》注、顾祖禹《读史方舆纪要》、清官修《大清一统志》中侨州郡县的考证成果，毕竟是其通贯古今、跨越全域的沿革地理叙述与考证的组成部分，故此零出散布，更谈不上系统整理、理论探讨、规律总结。若论清人对东晋南朝侨州郡县以至侨流人口之整理与研究做了较为系统的工作，并有意识地涉及其理论与规律者，当推钱大昕、洪亮吉、徐文范、胡孔福四人。

1. 钱大昕

钱大昕（1728～1804年），江苏嘉定（治今上海市嘉定区）人。字晓徵，一字辛楣，号竹汀居士，晚称潜研老人。乾隆十九年（1754年）进士，选翰林院庶吉士。历官詹事府少詹事、广东学政。乾隆四十年（1775年）丁忧后不复出仕，先后主讲钟山、娄东、紫阳等书院。钱氏治学，为世所盛称，今人张舜徽尝言："清代乾嘉诸儒，学贵专门，长于彼或短于此。大昕独兼通众艺，于文字、音韵、训诂、天算、舆地、氏族、官制、典章、金石之学，皆造其微，故考证经史，语多精谛，而尤熟于乙部。所著《廿二史考异》、《三史拾遗》、《诸史拾遗》、《金石文跋尾》诸书，浩博审密，论者推其考史之功，为有清第一。"②

---

① 顾祖禹《〈读史方舆纪要〉凡例》。

② 张舜徽《清人文集别录》卷七"潜研堂文集"。

钱氏有关东晋南朝侨州郡县并间及侨流人口的研究成果，散见于《廿二史考异》卷十九至卷三八有关南北诸史考异，《潜研堂文集》，《十驾斋养新录》卷六、卷十一，《十驾斋养新余录》卷中，以及为他人所作序文如《〈东晋疆域志〉序》、《〈东晋南北朝舆地表〉序》中。在侨州郡县研究领域，钱氏发覆阐微，成就最大。而除开一些具体考证外，据笔者的理解，其最要者有三：

其一，指出东晋侨置州郡无“南”字。

《十驾斋养新余录》卷中“晋书地理志之误”条云：“晋自永嘉之乱，中原沦陷，元帝称制建康，侨置徐、兖、青、豫诸州郡于扬州之域，以处中华流人。初无实土，及桓温当国，始有土断之令。① 然自元帝至孝武，百有余年，侨州侨郡未有加南字者。② 安帝义熙之世，刘裕灭南燕，收复徐、兖、青故土，于是有北徐、北青、北兖之名，而侨置之名，犹如故也。《宋书·武帝纪》永初元年八月辛酉，诸旧郡县以北为名者，悉除；寓立于南者，听以南为号。是郡县去北加南，始于宋受禅以后，而晋朝无此名也。不独郡县，即州名亦从而改易。……然则东晋之世，侨立州郡无南字，断可识矣。”而《晋书·地理志》诸侨州郡称“南”冠“北”者，多“误采《宋志》之文，而不知晋时本无南字，元帝渡江之始，未尝有北徐州也。史家昧于地理，无知妄作，未有如《晋志》之甚者”云云。③

钱氏读史精细，好学深思，故其读《宋书·武帝纪》，遂知东晋侨置州郡加“南”字者多误，而《晋书·地理志》中的众多问题也因此得到辨正；再进而推求，又明晰了东晋南朝时期侨置州郡加“南”加“北”之演变。钱氏就此感叹道：“千二百年来，曾无一人悟其失者，甚矣史学之不讲也！”④

其二，阐明《宋书·州郡志》所载水陆里程的意义。

《宋书·州郡志》以前，西晋司马彪的《续汉书·郡国志》记有各郡国去雒阳（治今河南洛阳市）的方位与里数，雒阳时为东汉首都。《宋书·州郡志》沿用此例并有所发展，列有各州去京都（建康，治今江苏南京市）、各郡去州与去京都的水陆里程；也有州、郡无水陆里程者，州如秦州，郡则甚多，王鸣盛《十七史商榷》卷五七“去州去京都若干”条云：“南兰陵以下十三郡，阳平以下三郡，南沛以下六

① 按土断实早于桓温当国时，详见本书第三章。

② 元帝在位时间为317年至323年，孝武帝在位时间为373年至396年，称“百有余年”不确；又据《南齐书·州郡志》上豫州：“孝武宁康元年（373年），桓冲移姑熟，以边寇未静，分割谯、梁二郡见民，置之浣川，立为南谯、梁郡”，此为可信可考之侨郡加“南”字之始，但可视为特例。

③ 《十驾斋养新录》卷六“晋侨置州郡无南字”条。

④ 《十驾斋养新余录》卷中“晋书地理志之误”条。

郡，皆无去州、去京都里数，他郡如此尚多，不可枚举，又有有水无陆者，未暇详考。”其实王氏“未暇详考”的此一现象中，隐含着十分重要的问题，钱大昕敏锐地意识到了：“休文志州郡，于诸州书去京都水陆若干，于诸郡则书去州水陆若干、去京都水陆若干，唯州所治郡，不云去京都水陆若干者，已见于州也。南徐州领郡十七，南东海为州所治，此外则南琅邪、晋陵、义兴皆有实土，故有水陆里数；南兰陵以下十三郡，有户口而无水陆里数者，侨寓无实土也。他州皆仿此。”①

按《宋书·州郡志》某些州郡可能由于资料欠缺而失书水陆里程，不在此例；②然而钱氏此条论水陆里程与有无实土的关系，颇具卓识，它为我们判断侨置是否改为实土提供了一种可据的方法，也为土断问题的研究开拓了新的空间。

其三，论证土断与侨郡属州的关系。

《晋书·地理志》下徐州云：元帝“以江乘置南东海、南琅邪、南东平、南兰陵等郡，分武进立临淮、淮陵、南彭城等郡，属南徐州；又置顿丘郡，属北徐州”。《廿二史考异》卷十九辨其误曰：“顿丘本属司州，即使侨立徐土，徐州刺史得兼督之，而未经土断，当犹存司州之名，不得云属北徐州”；又云：“东平本属兖州，虽侨置江南，与东海、琅邪、兰陵之元属徐州者有别，未经土断，当犹属兖州，不得云属南徐州。”以此推之，钱氏盖以为侨郡虽寄在他州，他州刺史得兼督之，然而土断以前，一般仍属原属之州；土断的意义之一，即在于侨郡的改属，依其寄寓之地，断属当地之州。

钱氏此论，准之侨郡，似非全部如此；不过对于大多数侨郡属州来说，还是可以成立的。

以上三点，对于东晋南朝侨州郡县以及连带的侨流人口的研究，事关重大，意义匪浅。

2. 洪亮吉与《东晋疆域志》

洪亮吉（1746～1809年），江苏阳湖（治今江苏常州市）人。字君直，一字稚存，号北江。乾隆五十五年（1790年）进士，授编修，充国史馆纂修官，旋督贵州学政。嘉庆四年（1799年），以直言获罪，遣戍伊犁。次年赦还回籍，自号更生居士，从此寄情山水，专意著述。

洪氏所撰，有四卷《东晋疆域志》。前三卷为“实州郡县”，辑考了扬、北徐、

① 《廿二史考异》卷二三宋书州郡志一南兰陵太守。

② 州如梁州，郡如边城左郡、光城左郡、南陈左郡、汝阴郡、顺阳郡、新巴郡、巴渠郡、梓潼郡、遂宁郡、宁浦郡，均实土州郡，而失书水陆里程；又有侨郡已割为实土，而水陆里程仍缺书者，如雍州华山等郡。

兖、豫、北青、司、荆、湘、江、梁、益、宁、交、广十四实州及所辖一百多实郡、八百多实县；卷四为“实州侨郡”、“侨州实郡”、“遥立州郡”、“侨州郡县”。“实州侨郡”包括荆州“统侨郡六、侨县可考者二十一”，益州“统侨郡三、侨县可考者六”，扬州“统侨郡三、实郡有侨县三、共侨县十六”；“侨州实郡”（含实郡有侨县、侨郡有实县）有徐州六郡二十县、秦州一郡二县；“遥立州郡”有北雍州（领京兆、冯翊、扶风等七郡）、东秦州（领天水、南安二郡）、司州（领河东、平阳、河北三郡）、并州；①“侨州郡县”凡列豫、徐、兖、幽、冀、青、并、司、雍、秦、梁十一州及其所统侨郡侨县、实郡侨县。总计之，《东晋疆域志》考述了实州十四、实郡一百七十二、实县九百二十三，侨州十一、侨郡七十八、侨县二百五十一，遥立四州、十二郡、六县。

言及《东晋疆域志》之作，洪氏以为，历史地志中，舛错最甚者为《晋书·地理志》，且其所载唯详泰始、太康，故只可称为西晋地志，而于江左则无预焉；再求之《晋书》纪传，其虚实并陈、始终不照者，也多困惑，又事迹不完，如幽州燕国、并州义昌，不言侨立何方，姚兴割归十二郡，得其四而遗其八；至于《宋书·州郡志》，叙及东晋史事，或略而不尽，或沿革不清，与纪传不照者又时时而有。此东晋疆域志之不可不作。再有甚者，侨州郡县之设始于东晋，而侨置与实土相混莫若初唐，此则实土与侨置不可不分。于是洪氏以《晋书》纪传为主，详求沈约《宋书·州郡志》，辅以魏收《魏书·地形志》，再参之以《太康地记》、《元康地记》，王隐、虞预、臧荣绪、谢灵运、孙盛、干宝等诸家晋书仅存于世者，以及郦道元、李吉甫、乐史、祝穆诸人所撰，旁搜杂采，略以义熙为断，撰成是书，“庶藉群贤之简牍，成一代之掌故焉”②。书成，钱大昕为之序，称“读之益叹其才大而思精，诚史家不可少之书也。……稚存生于千载之后，乃能补苴罅漏，抉摘异同，搜郦、乐之逸文，参沈、魏之后史，阙疑而慎言，博学而明辩，俾学者了然，如聚米之在目前，讵非大快事哉”云云。

按洪氏自述“舆地之嗜，几乎成癖”③，前人评价洪氏，也多称其“尤精地理沿革所在”④，“究心于疆域沿革，最为专门”⑤，以其有《三国疆域志》、《十六国疆域

---

① 据此，则洪氏“遥立州郡”与三国时遥立州郡不同，而多为义熙中东晋所辖疆土，虽然后复沦没，但称为“遥立”毕竟不妥。按三国时遥立州郡，参本书第一章第二节之2的论述。

② 洪亮吉《〈东晋疆域志〉序》。

③ 洪亮吉《〈中州金石记〉后序》。

④ 江藩《汉学师承记》卷四。

⑤ 张舜徽《清人文集别录》卷九“卷施阁文甲集十卷乙集八卷更生斋文甲集四卷乙集四卷”。

志》与《东晋疆域志》诸地理书。[1] 其三国志、十六国志问题不少，今不具论。《东晋疆域志》是洪氏费时两年、于乾隆五十一年（1786 年）完成的，十年后刊行。客观论定，《东晋疆域志》的考证功夫既远不及钱大昕，有关地理沿革特别是侨州郡县的载述，谬误也甚多[2]，兹表举数例，以见一斑：

<table>
<tr><th colspan="2">分 类</th><th>举 例</th><th>辨 证</th><th>页 码[3]</th></tr>
<tr><td rowspan="3">断限不严</td><td>滥入境外之郡县</td><td>汲郡、河内郡、阳平郡、魏郡、顿丘郡、阴平郡、南安郡</td><td rowspan="3">洪志大率以义熙（405～418 年）为断，实以义熙末年为断，故有刘裕平关、洛后所置州郡。然而每多断限不严，近乎没有标准年代。汲等七郡及领县，东晋一代未尝收复。湘州存在于 317 至 328 年，412 至 416 年，列入不足以表一代制度，所领六郡四十二县，当属荆州。又侨于徐之司州，东牟、襄城等郡并所领县，芜湖等县，义熙末年前已废。新会郡元熙二年置，南上洛等七郡并领县宋元嘉、孝建、大明中置。这三类情况，均有违志例，当一并删落。</td><td>29、59、60</td></tr>
<tr><td>滥入已废之州郡县</td><td>湘州、司州、东牟郡、襄城郡、淮南郡、松滋郡、芜湖、阳谷、合肥</td><td>37、67、58、6、22、61、18、7</td></tr>
<tr><td>滥入后置之郡县</td><td>新会郡、南上洛郡、北济阴郡、南汉中郡、颍川郡、西京兆郡、西扶风郡、南新巴郡</td><td>52、69、62、70、61</td></tr>
<tr><td colspan="2">实州郡县误为侨州郡县</td><td>徐州、高平郡、泰山郡、鲁郡、濮阳郡、绵水、绵竹</td><td rowspan="2">洪志有关侨州郡县的载述，谬误特多。其著者，本为实州郡县，误作侨州郡县，如徐州，治旧徐州境，所领亦多徐州旧郡，当为实州；高平等四郡并所领县，《宋书·州郡志》明为兖州实郡县。又每以侨郡县，误作实郡县。其混乱不堪，令人不解洪氏何以不察竟至如此。</td><td>58、65、70、57</td></tr>
<tr><td colspan="2">侨郡县误为实郡县</td><td>高平郡、泰山郡、鲁郡、东燕郡、西阳郡、江阳郡、考城</td><td>14、15、17、48、59</td></tr>
</table>

① 其中《三国疆域志》是清人补作《地理志》的第一部，乃洪氏以两年功夫，于乾隆四十五年（1780 年）撰成的。

② 下引诸例，可参本书第二篇“考表”各郡国条。

③ 《二十五史补编》本页码。

续表

分类	举例	辨证	页码
实州郡县误为遥立州郡县	北雍州、京兆郡、冯翊郡、扶风郡、咸阳郡、始平郡、东安定郡、新平郡、司州、河东郡、河北郡	义熙末刘裕北伐，北雍州、司州及京兆等郡地并克复，是为实置而非遥立。又考《资治通鉴》卷一一八义熙十三年："先是，陇上流户寓关中者，望因兵威得复本土，及置东秦州，知裕无复西略之意，皆叹息失望。"时刘裕未得天水，东秦州、天水郡即为"陇上流户寓关中者"侨置。并州侨置于司州河东郡境蒲坂，又平阳郡地刘裕亦未得，侨置此郡，以防御北道之夏国。洪志"遥立州郡"一目当删。	60
侨州郡县误为遥立州郡县	东秦州、天水郡、并州、平阳郡		60
误一郡为二郡	淮陵国、淮陵郡	淮陵国(实)领淮陵等实县四，而淮陵郡领广阳等侨县二，其实淮陵郡并所领县均侨于江南武进。	59、63
误二郡为一郡	广平郡、陈留郡	广平郡一侨丹徒，一侨襄阳；陈留郡一侨长垣，一侨安丰，不应混淆。	68、64
统属错误	晋熙郡属梁州，蕲阳属新蔡郡(实)，绥安、僮阳、绥宁、长宁属绥安郡，南野属庐陵郡，新道、晋化属武平郡，安丰属寻阳郡	当分别属益州、新蔡郡(侨)、长宁郡、南康郡、新昌郡、弋阳郡。按此类错误，洪志中相当普遍。	70、17、31、40、55、58
置废时间错误	齐郡及西安县东晋置废	《宋书·州郡志》引《永初郡国》："南齐郡领西安、临淄凡二县。"是宋初所省。	67
侨地、治所错误	沛郡领四县侨广陵，高密郡领四县侨盱眙，建陵侨海州北，广陵郡治淮阴	侨地或治所分别在江南旧晋陵郡境、京口一带、江苏姜堰市北、广陵。侨盱眙之高密郡不领县。	63、67、64、58

续 表

分 类	举 例	辨 证	页 码
郡县重出	南河东郡、河东郡	荆州南河东郡领八县,司州河东郡领八县,实为重出。	57、67
引证资料错误	新巴郡汉昌:"元和郡县志:晋孝武帝自白沙戍移汉昌县侨理涪县下,仍属新巴郡。"	《元和郡县图志》卷三三剑南道绵州昌明县:"本汉涪县地,晋孝武帝自白沙戍移汉昌县侨理于此,仍属巴西郡。"	70
行文错误	东平郡:"义熙十二年以徐州之彭城、沛、兰陵、下邳,兖州之高平、鲁、泰山等郡封宋公,即《永初郡国》之南彭城、南沛、南兰陵、南下邳、南高平、南鲁、南泰山也";又高阳郡侨京邑(今江苏南京市),"江左屡省置"。	按《永初郡国》各郡为侨置,封宋公刘裕者为实郡,两不相涉。又"江左屡省置"云云,指侨山东桓台之高阳郡。	63、66
句读错误	桂林郡:"长安,沈志太康元年分龙冈立常安。"	《宋书·州郡志》卷四桂林郡:"夹阳,晋武帝太康元年分龙冈立。常安,《太康地志》有而王隐无。"	54

又上所表述以外,洪氏"实州侨郡"、"侨州实郡"、"侨州郡县"的行政隶属亦颇见失误,其整个系统也可商榷,需要进一步考虑土断前后侨郡的改属情况①,重为排列。然则据此一书似可窥见全豹,故笔者以为,称洪氏"最精地理"②,实有过誉之嫌。

洪氏是对东晋侨州郡县最早进行系统研究者,开创之功自不可没,应当给予一定的学术地位。然而问题在于,洪氏开创在前,后人却未继承并进步于后。洪氏既有集中研究东晋侨州郡县并间及侨流人口的专著《东晋疆域志》,又得"学究

① 关于土断与侨郡县的改属,详本书第三章第二节。
② 李慈铭《越缦堂读书记》卷八"北江遗书"。

天人，博综群籍，自开国以来，蔚然一代儒宗”[①]的钱大昕等人的推誉，于是后人就大多径沿洪氏之说而不察其误了，如民国班书阁《河北东晋州郡侨置考》、《东晋襄阳郡侨州郡县考》[②]，台湾程发轫等著《中国历史地理》[③]“两晋篇·州郡之侨置”，大陆张承宗等主编《六朝史》[④]“六朝的地理沿革”（黄锡之撰）中侨州郡县部分，等等，皆直引《东晋疆域志》。其实，对钱氏的序不必过分认真。钱氏虽长洪氏近二十岁，但洪氏名气甚大，深于史，亦留意声韵故训，“至于骈偶之体，瑰丽之作，希踪八代，继轨六朝，以学人而擅华藻，直与孔广森相伯仲”[⑤]。洪氏既《东晋疆域志》“汗青甫毕，出以相示”[⑥]，嘱序于钱氏，钱氏或则推辞，作则命文耳。古今为序，多有溢美之词，这几乎成为定例，钱氏也未能免俗，所以我们不能依据钱序来评说洪氏的《东晋疆域志》。又钱氏曾留意三国疆域有年，常欲作志，蜀吴属稿粗具，将次第魏事；及读洪氏《三国疆域志》，乃赞其体大精思、胜己所作者数倍，因辍所业，让洪氏独步。[⑦] 钱氏所言，虽自谦语，但从此事中，也可见出钱氏对洪氏的尊重。《东晋疆域志》即使多有谬误，钱氏在序中也不便明言，事理至明。

3. 徐文范与《东晋南北朝舆地表》

洪亮吉相对于钱大昕，考证功夫既差之较远；徐文范相对于洪亮吉，功夫下得不可谓不大，只是学术水平又不及洪亮吉。

徐文范，字仲圃，乾嘉间学者，江苏嘉定（治今上海市嘉定区）人。文范“默而好深湛之思”，“每读史，病晋永嘉大乱后至隋几三百载，南北州郡县紊更侨寓，眩乱难明，因详考史志、历代舆地及《寰宇记》、《元和志》等书”，历二十寒暑，撰成《东晋南北朝舆地表》二十四卷。[⑧] 其中年表凡三百有六年（起晋惠帝太安二年

---

① 江藩《汉学师承记》卷三。

② 分别刊于1936年《河北月刊》第四卷第5期、《禹贡》第六卷第6期。

③ 台湾中国文化大学1983年印行。

④ 江苏古籍出版社1991年版。

⑤ 张舜徽《清人文集别录》卷九“卷施阁文甲集十卷乙集八卷更生斋文甲集四卷乙集四卷”。又张舜徽《清儒学记》（齐鲁书社1991年版）“常州学记第九”中评价洪亮吉“所撰《左传诂》、《比雅》、《六书转注录》、《汉魏音》诸书，大抵比辑的功力多，不能算是专精的学问”。

⑥ 钱大昕《〈东晋疆域志〉序》。

⑦ 钱大昕《潜研堂文集》卷三五“与洪稚存书二”。按吴增仅《〈三国郡县表附考证〉序》称洪氏《三国疆域志》“所列州、郡、县、道，未尽求合史文”；杨守敬《〈三国郡县表附考证补正〉记》更直言洪氏《三国疆域志》“揣度出之，而于本书纪传且多不照。沧州叶圭绶谓洪氏之书想当然耳，非过论也”。

⑧ 徐文范《〈东晋南北朝舆地表〉自序》、钱大昕《〈东晋南北朝舆地表〉序》。

303 年,迄隋炀帝大业四年 608 年),合卷首卷末计十二卷;州郡表四卷;郡县沿革表六卷;世系图表附各国疆域二卷(稿本已佚)。

徐氏此书,以年为经,以国为纬,又以晋二十一州为其纬中之纬,取表格形式,先辨实土,附以侨置,其间分裂并合,参互错综,志有渗漏,则采纪传以证成之,规模相当庞大。及其"粗为缮写、就正前辈",同里钱大昕、王鸣盛为之序。乾隆五十四年(1789 年)之钱序称此书"乃能钩稽载籍,究其离合,分剖毫厘,穷极玩眇。虽身历其时,目睹其地者,亦无以过,自非有绝人之识,用心专而为日久,安能为古人之所难为也哉"!乾隆五十七年(1792 年)之王序也赞其"包络始末,绳贯丝联,使纠纷错互,他人所望而目迷者,豁然如指上螺纹,可一一数",是"为昔人之所未及为,而后人考史者之所必不可少,洵有功于史学,而足以传矣"。民国年间,商务印书馆《二十五史补编》收入此书,编者跋曰:"综览全书,体大而思精,于一表之中具东晋南北各朝暨分裂各国地理志之规模者,首推年表;以年表与州郡、郡县表参互以观,则东晋南北朝地理沿革史具在矣。……取材之富,以视(清陈芳绩)《历代地理沿革表》,详略迥殊"云云。如此盛誉之下,后人治东晋十六国南北朝地理者,遂多征引为据。

笔者二十余年来,在研习东晋十六国南北朝历史地理的过程中,也曾常常参阅此书,却越来越感到上述盛评颇不允当。举其要言之,其年表年经国纬,表南北交争疆埸陷复之迹,条列细致,然而疆埸之间,朝南暮北、旋有旋亡者,虽巧术也不能算,徐氏必欲依年纪各国所有之州郡县,又或三五年或十数年铺叙疆域,提明州郡,立意虽美,却难免主观臆断、缺乏根据之病。又东晋十六国南北朝州郡县侨寓纷乱,往往于一郡一县之地分立州郡,徐氏既列侨州郡县于郡县表中,亦随时附见年表;又欲使读者知州郡实土所在,不为空名所淆,故详州郡之建置分合于郡县之下,"其苦心孤诣,有足多者"[①],然而,州郡表与郡县表却因此前后失据、紊乱难理。再者,全书有烦絮之嫌,既记战争,稍载山川及故城迁徙,各卷又多未注明史料依据[②],终使读之者难以卒读,卒读者又不便征引使用。至其承用《晋书·地理志》及其他各类失误也颇多,钱大昕曾专门致书相与讨论。[③] 据

① 《东晋南北朝舆地表》"二十五史补编"本跋,参《〈东晋南北朝舆地表〉凡例》。

② 据嘉庆八年(1803 年)徐氏"自序"与商务《二十五史补编》本编者跋,徐氏此书尚属未定之稿。"自序"有"迩年更为考校,欲手书一册,而精神耗散,前后遗忘,且病痰痿,不能备述地理从前置立原委,故概从简略,存其大要"语,而编者跋中例举了若干体例不一、格式混乱之处。而最为遗憾者,就是"置立原委"的"概从简略",多未注明史料依据,亦是因此乎?

③ 《潜研堂文集》卷三五"与徐仲圃书"。

此，笔者以为，对徐氏此书的价值不宜估之太高，参考作用自然是不小的，但不宜轻率征引；至于钱、王两人与徐氏同里，二序亦命文耳，不能据以为说，且有待肃清其影响。

4. 胡孔福与《南北朝侨置州郡考》

胡孔福，湖北江夏（治今湖北武汉市）沙口人，号逸园居士，清同、光间学者。所著有《南北朝侨置州郡考》，其叙曰："据晋、宋、南齐、北魏、隋书诸地志，与夫郦元、李吉甫、乐史、祝穆、欧阳忞、王象之、王存诸书之可考者，兼采《一统志》暨近时顾、钱、毕、洪各家著录，互相参订；南朝断自东晋，次以宋、齐、梁、陈；以刘、石等诸僭国，北朝以魏为主，齐、周之可考者亦汇缀于后，……厘为八卷。"大约完成于光绪二十一年（1895 年），民国元年（1912 年）其子胡捷校刊。

胡孔福的《南北朝侨置州郡考》，是首部专研东晋十六国南北朝侨州郡县的著作，胡氏能意识到此一问题的重要性并致力探讨，当予充分的肯定。只是胡氏并不精于地理，故所考述显得相当紊乱，而且谬误可谓百出，又于各家之说抄汇卷中，既少加辨证，又不注出处，以此，此书的考证基本失败、略不足观；然而另一方面，胡氏所作《〈南北朝侨置州郡考〉叙》却颇见思想，如指出侨置的起源与演变："自汉末创为侨置，……初不过偶见一二。逮至东晋，泥马金牛，度分南北，井蛙穴鼠，地裂东西，州郡沦没，遂效魏蜀故事，虚建名号，侨立别所"；又认为侨置"洵属计出权宜"，并与规复失地、安辑流离、保持地望、铺张声势四者有关。胡氏还注意到了东晋侨州郡县的分布，以为"不出荆扬二州"，并就五胡元魏的相关情况与东晋南朝稍作比较。这些论述，可以说相当全面，并具有较大的启示意义。

上述钱、洪、徐、胡四家之论著以外，毕沅《晋书地理志新补正》，方恺《新校晋书地理志》，成孺《宋书州郡志校勘记》，孙虨《宋书考论》，洪齮孙《补梁疆域志》，臧励龢《补陈疆域志》，杨守敬《隋书地理志考证附补遗》，汪士铎《南北史补志·地理志》，王鸣盛《十七史商榷》，李兆洛《历代地理志韵编今释》，杨守敬、熊会贞《历代舆地图》之东晋十六国南北朝诸图组，杨守敬、熊会贞《水经注疏》与《水经注图》，也是清及民初学者的成果中，较多涉及东晋南朝侨州郡县与侨流人口，并有所考证与发明者。

总结清代诸家研究，可以发现，除了胡孔福《〈南北朝侨置州郡考〉叙》、洪亮吉《东晋疆域志》与徐文范《东晋南北朝舆地表》中隐含的以及钱大昕论著中散见的对侨置制度及侨州郡县系统的整体分析外，清人的主要贡献，仍然基本限在对侨州郡县的具体考证上，这与清代学者重实证、轻理论的治学风格是一致的。[①]而由民国至于今日，学者们研究或涉及东晋南朝侨州郡县与侨流人口问题，或继续走着清代考据学派之路，并在局部取得了更加细密的成果，或者联系制度、社会、经济、文化、军事等方面，从而拓宽了这一领域的空间。

五

由民国至于今日，东晋南朝侨州郡县与侨流人口研究，总体而言成果并不丰富。以《历史研究》杂志“二十世纪中国历史学回顾”之《二十世纪魏晋南北朝史研究》（曹文柱、李传军）为例[②]，提到的直接相关论著仅有如下这些：刘掞藜《晋惠帝时代汉族之大流徙》（《成大史学杂志》1929年第7期），周一良《南朝境内之各种人及政府对待之政策》（《历史语言研究所集刊》1938年第7分）、《乞活考》（《燕京学报》第37期，1949年），葛剑雄《中国移民史》第二卷（福建人民出版社，1997年），高敏《关于东晋时期黄白籍的几个问题》（《中国史研究》1980年第4期），曹文柱《关于东晋南朝时期的“土断”问题》（《北京师范大学学报》1980年第6期）、《两晋之际流民问题的综合考察》（《历史研究》1991年第2期）；又《二十世纪的中国历史地理研究》（葛剑雄、华林甫）[③]评述的论著如下：胡阿祥《东晋南朝侨州郡县的设置及其地理分布》（上、下，连载《历史地理》第8、9辑，1990年）、《东晋南朝安徽境内侨州郡县考略》（《安徽史学》1990年第2期）、《东晋南朝侨州郡县的记载与研究》（《地名知识》1991年第6期）、《六朝政区增置滥置述论》（《中国历史地理论丛》1993年第3辑）、《六朝疆域与政区研究》（西安地图出版社，2001年），石泉、鲁西奇《东晋南朝长江中游地区侨州郡县地望新探》（《中国历史地理论丛》1995年第4辑），陈乾康《论东晋南朝的侨州郡县》（《四川师范大学学报》1995年第2期），并认为“胡阿祥对东晋南朝侨州郡县……做了穷尽式的研究，从而使以前的同类成果相形见绌”。

---

① 清人治学重考据，这大概是对明末“束书不观、游谈无根”空疏学风的反动。清学考据之风在清初就已逐渐形成，而至乾隆、嘉庆年间达到鼎盛，并占据了学术思想的主导地位，故又有“乾嘉学派”之称。但“乾嘉学派”并非仅指乾嘉时期的学者群，如果从该学派奠基、形成、鼎盛以至衰落的全过程看，则可以包括自清初始、一直延续到清末乃至民国年间的考据学家。

② 《历史研究》2002年第5期。

③ 《历史研究》2002年第3期。

以上两篇长文的研究回顾，具有一定的权威性；但就东晋南朝侨州郡县与侨流人口专题来说，却也无疑并不全面。依据笔者掌握的情况，可以认为：其一，成果状况上，东晋南朝侨州郡县研究相对于东晋南朝侨流人口研究，显得更为寂寞；其二，成果方法上，侨州郡县研究仍以传统考据为主，而侨流人口研究则引入了较多的新思维；其三，东晋南朝侨州郡县与东晋南朝侨流人口的研究，目前都无专著，但专著中涉及该领域者却也不少。以下略述之。

首先，堪称经典的文章，有谭其骧师《晋永嘉丧乱后之民族迁徙》(1934 年)、周一良《南朝境内之各种人及政府对待之政策》(1938 年)、陈寅恪《述东晋王导之功业》(《中山大学学报》1956 年第 1 期)。谭文的学术意义与开拓方法，前已述及，具体言之，文章依据《宋书·州郡志》表列了江苏、安徽、湖北、江西、湖南、四川、河南、陕西、山东九省的侨州郡县，又"以东晋、宋初及南齐之制之异于是者，列入备考"，其本地、侨地则悉据《大清一统志》；以此为基础，文章的真正意图在于交代各省侨流人口的来源与分布，以及侨流人口的数量、质量、南迁之途径与时代。谭文是系统研究永嘉乱后侨流人口尤其是南迁侨流的嚆矢之作，于东晋南朝侨州郡县的整理也达到了比较清晰的程度，谭门弟子张伟然趣称此乃谭师的"五星级文章"，充满了"学术活性"①。周氏长文相当宏观，文题所谓"南朝"指东晋南朝，"各种人"指三种人，"(1) 北方迁来之侨人，亦称北人，晚来者则目为荒伧；(2) 南地之土著，曰南人，亦称吴人，专指三吴地方土著而言；(3) 蛮、俚、溪、僚等文化低下之土著"。关于侨人，文章既述永嘉乱后历次迁徙之大概及其由来，又依据地志特别是《宋书·州郡志》所载侨州郡县及其户口数叙述侨人分布、数量与土侨比例；既从政治、社会两项推论侨人中特殊分子的政治作为与兴衰(以宦为中心)、社会地位与变迁(以婚为中心)以及侨旧的同化(以语音为中心)，又从"政府之统治的设置与人民对政府之负担"两点述证土断侨人政策及其失败。周文的贡献在于不仅明确了东晋南朝侨姓与侨人的概况及其政治、社会、军事、经济、文化面貌，而且从民族、土侨、阶层诸多方面提供了对侨姓与侨人进行定位与比较的背景与框架。陈文表彰了王导笼络吴人之政策，指出"北人南来之路线及其居住地域问题，实为江左三百年政治社会经济史之关键所在"，进之，文章"多录史料并推论"了"北人南来避难约略可分为二路线，一至长江上游，一至长江下游，路线固有不同，而避难人群中其社会阶级亦各互异"，具体来说，如上层阶级(晋之皇室及洛阳之公卿士大夫)移居新都建康及其近旁之地以及会稽

① 张伟然《谭其骧先生的五星级文章及学术活性》，《社会科学论坛》2005 年第 3 期。

临海间之地域，中层阶级（用武勇擅战著称）早渡者居京口晋陵一带、晚渡者居襄阳一带，下层阶级（低等士族及一般庶族）则与吴人杂居并逐渐同化于土著之吴人。陈文的精彩分析，时间、空间兼备，政治、经济、军事、文化考虑周全，尤于土客矛盾阐说到位，而这都为解释东晋南朝侨州郡县的设置及其地理分布问题，开辟了路径。

其次，与东晋南朝侨流人口而又特别是与侨州郡县直接有关、质量高或内容丰富的论文，例举若干：班书阁《东晋侨置州郡释例》（《禹贡》第五卷第7期，1936年）总结出二十二例[①]，“以见其时侨置复杂之梗概焉”。高敏《关于东晋时期黄、白籍的几个问题》（《中国史研究》1980年第4期）认为土著黄籍、侨人白籍，土断是改白籍为黄籍。罗宗真《略论江苏地区出土六朝墓志》（《南京博物院集刊》第2辑，1980年），是大陆学者中较早注意到东晋南朝之墓志材料与侨州郡县研究关系者，指出墓志所列侨州郡县，是对文献记载的证实与补充，有利于侨州郡县地理位置和地望关系的考定。吴应寿师《东晋南朝的双头州郡》（《历史地理研究》第1辑，复旦大学出版社1986年），分析了双头州郡的类别、双头单称现象以及双头州郡与侨州郡县的关系，认为双头州郡可大别为三类，即侨州郡寄治于实土州郡、两侨州郡同治、两实土郡同治。夏日新《关于东晋侨州郡县的几个问题》（《魏晋南北朝隋唐史资料》第11辑，武汉大学出版社1991年），探讨了东晋侨州郡县的设置地点、设置形式、管理与性质、侨民与军户、土断等问题，认为东晋侨州郡县多设置在江淮地区的军事重镇，其设置形式一般都是根据流民集团的本来籍贯，对侨州郡县实际进行管理者是侨置地区的军府，而侨州郡县的性质是以乡里为纽带组织起来的武装军事集团，侨州郡县的军事意义又随着土断而逐渐减少。陈乾康《论东晋南朝的侨州郡县》（《四川师范大学学报》1995年第2期），指出侨置制度并非东晋始创，它的渊源至迟可以追溯到汉初，东晋南朝侨州郡县只是对汉魏旧制的沿用；淮南、江南、汉水流域及益州地区，是东晋南朝侨州郡县四大分布中心，各地侨民来源、侨州郡县规模、土断及省并情况均各具特色；土断不是针对侨州郡县的混乱，也未完全废罢侨州郡县，它针对的是侨民户籍的寄寓性，通过划一行政区域让侨旧民就地入籍的方式达到消除寄寓的目的；东晋南朝侨州郡县名号的最后废罢是北方西魏、北周政权和隋朝完成的。石泉、鲁西奇《东晋南朝长江中游地区侨州郡县地望新探》（《中国历史地理论丛》1995年第4期），提出东晋南朝侨州郡县地望所在，“传统说法一向是以其寄治郡县的地望加

① 详见本书第二章第一节注。

以确定”，而一旦传统说法认为没有问题的古地名定位存在问题，则侨州郡县的地望也就不可信靠，这种情况尤其明显地表现在长江中游地区。何德章《读〈宋书·州郡志〉札记二则》(《魏晋南北朝隋唐史资料》第15辑，武汉大学出版社1997年)之“《宋书·州郡志》所记户口数发疑”，注意到《宋书·州郡志》实际给出了两组户口数字，即各州所列户口总数反映的是大明八年的状况，这源于徐爰的《宋书·州郡书》，而各郡的户口数及其总计数，则是宋末的数字，具体是“宋末”的哪一年，尚难确定。

再者，专著中涉及东晋南朝侨州郡县与侨流人口领域、具有重要学术价值者，当首推顾颉刚、史念海《中国疆域沿革史》(商务印书馆1938年版)，《陈寅恪魏晋南北朝史讲演录》[①]、严耕望《中国地方行政制度史》上编卷中之上《魏晋南朝地方行政制度》(台湾中央研究院历史语言研究所1963年)、王仲荦《魏晋南北朝史》上册(上海人民出版社1979年版)、葛剑雄《中国移民史》第二卷(福建人民出版社1997年版)。顾史合著之《沿革史》第十五章“东晋南北朝疆域概述”，先叙“五胡乱华及汉族之南迁”，再论“侨州郡县制度之建立”，言虽简要而内容丰富，又所述“江左诸朝疆域之变迁”、“南北朝时代地方制度之沿革及其紊乱”，也都每与侨州郡县相联系。陈氏《讲演录》中，“晋代人口的流动及其影响”、“东晋与江南士族之结合”、“楚子集团与江左政权的转移”、“南北对立形势分析”、“南北社会的差异与学术的沟通”诸篇，都或多或少关涉东晋南朝侨州郡县与侨流人口之背景或本身，而每多新问题、新见解、新发现。严氏大著从行政区划、府州郡县官佐、察举任用等方面，以细致的考辨与丰富的史料，奠定了魏晋南朝地方行政制度包括东晋南朝侨置制度研究的基础，节目中之“侨置与土断”、“双头郡太守”等更直接与侨州郡县关联。王著虽属教材性质，但在马克思主义史学理论与方法的指导下，有着较新的面貌与体系，其与本书相关的内容，如第三章“西晋的暂时统一及其崩溃”第三节“人民的流徙与流民起义”、第五章“东晋王朝的建立及其政治”第二节“北方流民的南下与东晋政府的对策”，都不仅具梳理总结之功，而且尽考辨提高之力。至于葛著，前文已有评述，其第十章“永嘉之乱后的人口南迁”详述“自西晋元康七年至南朝陈时期(297～589年)由北方向南方的人口迁移以及南方内部的移民过程”，包括了“南迁的主要阶段和过程”、“东晋南朝范围内的其他移民”、“北方移民的定居”、“对北方移民数量的估计”、“北方移民的影响”，正史中较直接的资料，殆乎收罗一尽，而其中“西晋末至南朝期间见于记载的南迁人物及其后裔”表，也为侨流人口中特殊分

① 万绳楠据1947年至1948年听课笔记整理，黄山书社1987年版。

子的全面探讨提供了线索。

作为沿革地理学中的传统难题与魏晋南北朝史中的新拓领域,东晋南朝侨州郡县与侨流人口的研究,近百年来,成果当然不止上述论著。笔者知见有限,此再就曾经寓目、对于本课题具有较为直接的参考价值、应该提及的论著,罗列如下①,以备有兴趣者查阅。著作类:王仲荦《北周地理志》(中华书局 1980 年版),周一良《魏晋南北朝史札记》(中华书局 1985 年版),谭其骧师主编《中国历史地图集》第四册(地图出版社 1982 年版)、《简明中国历史地图集》(中国地图出版社 1991 年版)之"图说";论文类:班书阁《河北东晋州郡侨置考》(《河北月刊》第四卷第 5 期,1936 年)、《东晋襄阳郡侨州郡县考》(《禹贡》第六卷第 6 期,1936 年),余逊《南朝之北士地位》(《辅仁学志》第十二卷第 1、2 期,1943 年),周一良《乞活考——西晋东晋间流民史之一页》(《燕京学报》第 37 期,1948 年),余嘉锡《释伧楚》(收入《余嘉锡论学杂著》上册,中华书局 1963 年版),曹文柱《关于东晋南朝时期的"土断"问题》(《北京师范大学学报》1980 年第 6 期),万绳楠《晋、宋时期安徽侨郡县考》(《安徽师范大学学报》1982 年第 2 期),郭黎安《江苏境内东晋、南朝侨州郡县考略》(《南京博物院集刊》建院五十周年论文专号,1983 年),唐长孺《北魏的青齐土民》(收入氏著《魏晋南北朝史论拾遗》,中华书局 1983 年版),景有泉《东晋南朝时期侨州郡县的设置及其历史作用》(《东北师范大学学报》1987 年第 2 期),夏日新《东晋南朝长江中游地区侨州郡县考》(收入黄惠贤、李文澜主编《古代长江中游的经济开发》,武汉出版社 1988 年版),王志邦《东晋朝流寓会稽的北方士人研究》(收入谷川道雄编《地域社会在六朝政治文化上所起的作用》,日本玄文社 1989 年版),吴应寿师《十六国汉、后赵及南朝齐司州治》(《历史地理研究》第 2 辑,复旦大学出版社 1990 年),王去非、赵超《南京出土六朝墓志综考》(《考古》1990 年第 10 期),万绳楠《江东侨郡县的建立与经济的开发》(《中国史研究》1992 年第 3 期),张承宗《侨州郡县与长江流域的加快开发》(收入《历史与社会》第 1 辑,苏州大学出版社 1995 年),张琳《东晋南朝时期襄宛地方社会的变迁与雍州侨置始末》(《魏晋南北朝隋唐史资料》第 15 辑,武汉大学出版社 1997 年),何德章《六朝建康的水陆交通——读〈宋书·州郡志〉札记之二》(《魏晋南北朝隋唐史资料》第 19 辑,武汉大学文科学报编辑部 2002 年),秦冬梅《论东晋北方士族与南方社会的融合》(《北京师范大学学报》2003 年第 5 期)。

最后需要提及的是,笔者进入东晋南朝侨州郡县与侨流人口研究领域,始于

① 除笔者未见因而必有遗漏者外,普及之作、空泛之作、明抄暗袭之作、错误较多之作不列。

1985年，最早的成果是约二十万字的《东晋南朝侨州郡县研究》(硕士论文，复旦大学1987年打印稿，获复旦大学优秀硕士论文奖)。这篇论文得到了审阅人北京大学周一良的认可，评为“能从长期以来纷纭难解的历史现象中理出头绪与规律来，从新的角度加以探讨，胜过了清代学者”①。而在太初先生的鼓励下，近二十年来，笔者也一直断断续续地从事着这方面的研究，并得到了历史地理圈内同行的肯定。② 然则本书的撰写，质言之，实际是对既往研究的整合、充实、推扩与提高。

六

学术本无国界。就东晋南朝侨州郡县与侨流人口研究言，国外学者的成果

---

① 周一良《纪念陈寅恪先生》，《纪念陈寅恪教授国际学术讨论会文集》，中山大学出版社1989年版。

② 林頫《中国历史地理学研究》(“二十世纪中国人文学科学术研究史丛书·史学专辑”之一，福建人民出版社2006年版)第六章“历史人文地理(上)”第二节“历代政区研究”评价：在侨州郡县研究领域，“近世以来，对后人最有示范的是谭其骧，最有成就的是胡阿祥”，书中评述了拙撰《东晋南朝侨州郡县的设置及其地理分布》(《历史地理》第8、9辑，上海人民出版社1990年版)、《东晋南朝侨州郡县的设立及其分析》(冬青书屋同学会编《庆祝卞孝萱先生八十华诞文史论集》，江苏古籍出版社2003年版)、《六朝政区增置滥置述论》(《中国历史地理论丛》1993年第3辑)、《六朝疆域与政区研究》(西安地图出版社2000年版)；又第九章“历史地理文献研究”第二节“历代正史地理志研究”云：“胡阿祥对南朝地理志最有发言权”，并评述或列举了拙撰《〈宋书·州郡志〉献疑》(《历史地理》第19辑，上海人民出版社2003年)、《〈宋书·州郡志〉补正》(《古典文献研究》总第6辑，江苏古籍出版社2003年)、《中华本〈宋书·州郡志〉校点献疑》(《文史》2004年第2辑)、《〈南齐书·州郡志〉札记》(《历史地理》第10辑，1992年)、《六朝疆域与政区研究史料评说》(《历史地理》第12辑，1995年)、《〈南齐书·州郡志〉南高平郡纠谬》(《历史地理》第6辑，1988年)、《〈南齐书·州郡志〉三处脱文》(《历史地理》第7辑，1990年)诸文。按笔者其他相关论著尚有：《东晋南朝山西州郡县侨置考述》(《中国历史地理论丛》1989年第1辑)、《东晋南朝双头州郡考论》(《中国历史地理论丛》1989年第2辑)、《晋宋时期山东侨州郡县考述》(《中国历史地理论丛》1989年第3期)、《东晋南朝侨州郡县的记载与研究》(《浙江地名文汇》1989年第6期)、《东晋南朝江苏境内的侨州郡县》(《江苏地方志》1990年第3期)、《东晋南朝安徽境内侨州郡县考略》(《安徽史学》1990年第2期)、《试论两晋南朝时期的土断》(《南京史志》1992年第5期)、《南朝宋齐时期的左郡左县、俚郡僚郡》(《六朝史论集》，黄山书社1993年版)、《东晋南朝安徽境内的侨流人口》(《中国地名考证文集》，广东省地图出版社1994年版)、《中古时期郡望郡姓地理分布考论》(《历史地理》第11辑，1993年)、《东晋南朝的守国形势》(《江海学刊》1998年第4期)、《东晋南朝地方州镇略说》(《东北亚历史地理研究》，中州古籍出版社1998年版)、《论土断》(《南京大学学报》2001年第2期)、《东晋南朝侨州郡县释例》(《许昌学院学报》2003年第3期)、《〈宋书·州郡志〉脱漏试补》(《安徽史学》2004年第4期)、《〈宋书〉卷三十七〈州郡三〉献疑》(《中国历史地理论丛》2004年第3期)、《〈宋书〉卷三十八〈州郡四〉献疑》(《历史地理》第20辑，2004年)、《宋书州郡志汇释》(安徽教育出版社2006年版)等论著。以上所以不厌其烦地列出，既见本书的基础，也因本人的论著常遭抄袭，故列出以明时间先后。

也当重视。笔者虽仅懂英语而不通日文、韩文，但通过与国外同行的经常交流与自身的生硬阅读，还是略知概况。

总体来说，此一领域的国外研究成果，主要见于日本。① 而日本学者长期以来，对十六国北朝的关注程度与从事者要胜过与多于东晋南朝，当然研究成果也是十六国北朝超出东晋南朝。进而论之，与本领域相关的研究，关注的重点似也有着变迁。先是从社会经济、人口户籍以及政治军事等角度，讨论土断问题，代表性的成果有：增村宏《黄白籍的新研究》(《东洋史研究》第二卷第4号，1937年)、《东晋南朝的黄白籍与土断》(《鹿儿岛大学法文学部纪要》文学科论集，六，1970年)，越智重明《刘裕政权与义熙土断》(《重松先生古稀记念九州大学东洋史论丛》，1957年)，高桥彻《东晋的土断和口税》(《史潮》第58期，1956年)，山崎孝雄《关于义熙土断中的晋陵郡除外》(《史海》第7期，1960年)，矢野主税《土断与白籍——南朝的建立》(《史学杂志》第79编第8号，1970年)、《郡望与土断》(《史学研究》第113号，1971年)、《关于本地籍与土断、秀孝及中正》(《长崎大学教育学部社会科学研究报告》，第20期，1971年)；在土断与白籍的关系问题上，日本学者之间也存在着争论，或主张“土断前白籍”，或坚持“土断后白籍”②，而时至今日，据笔者的了解，则多从“土断前白籍”说。又经过相当一段时间的沉寂，从1980年代以来，与土断问题相联系，更多的日本中青年学者转而致力于东晋南朝侨州郡县以及侨流人口的各别区域研究与具体事件探讨，而这应该有着客观条件与主观因素的影响。客观条件者，中日邦交正常化，使得日本学者既能与中国学者交流与互动，又有进入中国实地考察、搜集资料特别是文物考古资料

① 欧美学者似少致力于此者，笔者所见较有关系的论文，有德国安然(Annette Kieser)《魂返故土还是寄托异乡——从墓葬和墓志看东晋的流徙士族》(蒋赞初主编《南京大学历史系考古专业成立三十周年纪念文集》，天津人民出版社2002年版)。至于韩国，除了汉城大学朴汉济教授《“侨民体制”的展开和南朝史——为整体理解南北朝史的一个提议》(《东洋史学研究》第50期，1995年)、《东晋南朝史和侨民——“侨旧体制”的形成与其展开》(《东洋史学研究》第53期，1996年)两文有所概论以外，笔者询问过有所交流的韩国金裕哲、李周铉、郑夏贤、辛圣坤诸位教授，但无所获。此附言一件趣事。2002年4月，在洛阳大学参加“第一届国际辞赋创研会”期间，一位研究韩中文学交流史的韩国教授，几次三番地向笔者道出他的困惑：中国有六大古都，以古都命名的大学，如北京大学、南京大学、杭州大学等，都是中国的著名学府，为什么洛阳大学不是？笔者听了真是大跌眼镜：怎么可以这样来判定中国大学的级别！而聊得越多，笔者越感到尽管中韩建交已经十多年，双方深层次的学术交流仍然非常缺乏，这不仅文学界如此，史学界也是这样。

② 按照张学锋《论东晋的“度田税米”制——特别是从其与土断的关系来看》(韩国中国史学会《中国史研究》第8辑，2002年)的表述，东晋的土断，将南渡的侨人原来持有的白籍断成与江南土著居民一样的黄籍，即“土断前白籍”，而将南渡的侨人断成持特殊户籍的白籍，即“土断后白籍”。

的可能，这是进行区域研究与事件探讨的重要前提之一；主观因素中，与川胜义雄、谷川道雄的共同体论有关，“在中国史的研究中，重视地域社会特性的探索，近年在日本学术界还有突飞猛进发展的趋向。特别是六朝时代，是在大一统的汉王朝解体之后而出现的分裂局面，所以说，这个时代地域社会任务是相当大的”①。本着这样的认识，“地域社会中豪族阶级的指导任务、作为六朝文化创造据点的地域社会、六朝时代都城的特性、具有潜在军事力量的侨民社会、地域社会之间的分工关系等问题”②，便进入了学者们的视野。比如日本东北大学安田二郎、大阪市立大学中村圭尔，本就精于东晋南朝侨州郡县、侨流人口以及相关的土断问题，并带动或指导了一些日本青年学子从事于该领域的区域研究与事件探讨。③

从学术风格看，日本学者的研究成果大多具体、深入、细密。此以安田二郎与中村圭尔的各一篇文章为例，稍作分析，以见一斑。

例一，安田二郎《晋宋革命和雍州（襄阳）的侨民——从军政统治到民政统治》。④ 文章特别注意到《宋书·州郡志》中“雍州侨郡先属府，武帝永初元年属州”一句，意谓“雍州的侨郡（县），在刘宋王朝创立的永初元年（420），在统辖关系上，经历了从‘府’（即都督—将军府）的统治转为由‘州’（即雍州）统属的变更”，即从军政统治到民政统治的变更。以此为中心，文章讨论了襄阳地区（包括南阳、新野、顺阳等在内的区域）作为交通要冲、军马产地、尚武之区的地位，概述了永嘉乱后特别是淝水战后该地区“旧民甚少、新户稍多”即侨民多于土著的状况，指出这正是东晋太元十一年（386 年）侨置雍州及其郡县的背景。而在永初元年以前，襄阳地区侨置的雍州以及其他侨州郡县，处于府的军政统治之下，这虽缘

① 谷川道雄编《日中国际共同研究·地域社会在六朝政治文化上所起的作用》（日本玄文社 1989 年版）“序言”。这里特别应该提到的，一是在日本国内，1981 年以魏晋南北朝时代与明清时代研究者为中心，围绕地域社会及其领导者召开了专题讨论会，并于次年出版了《地域社会的观点——地域社会与领导者》（名古屋大学东洋史研究室编）；二是日本学术振兴会资助、日本京都大学谷川道雄主持的“日中国际共同研究·地域社会在六朝政治文化上所起的作用”项目，该项目 1987 年实施，该年 5 至 6 月，日本学者考察了中国北京、石家庄、邯郸、临漳、郑州、许昌、武汉、江陵、襄樊、随州、南京、镇江、丹阳、杭州、绍兴等地。

② 谷川道雄编《〈日中国际共同研究·地域社会在六朝政治文化上所起的作用〉序言》。

③ 上述项目的考察阶段，安田二郎、中村圭尔也都参加了。日本青年学子如本人承担指导任务的南京大学历史系高级进修生小尾孝夫（日本东北大学博士研究生），近撰《刘宋以后北府兵军事地位考论——以东晋末至刘宋初晋陵郡域上无实土侨郡县的掌控方式为考察中心》，即颇具此种研究特点。

④ 原刊《东洋史研究》第四十二卷第 1 号，1983 年；收入刘俊文主编《日本中青年学者论中国史》（六朝隋唐卷），上海人民出版社 1995 年版，王轶群译，周蕴石校。

于迁来侨民已经结成以宗族和乡党为基础、带有很强军事性质的乡族集团，而又处于边蛮带敌的襄阳地区，然而没有州职机构、刺史只是名目上乃至形式上存在的情形，毕竟剥夺了侨民尤其是其名族由州职起家的出身之途，导致其仕宦缺乏制度保障，这引起了他们的不满与反抗。及至东晋末年秦雍大姓随刘裕势力撤出关中、再次侨居襄阳，刘裕便改变措施，将襄阳地区雍州以外的侨郡县全部归于雍州，并设立侨雍州的州职机构，以满足侨居襄阳的秦雍大姓的出仕要求，雍州侨民也确实在以后的南朝政局中发挥了作用，成为南朝一支重要武装力量。为了支撑上述观点，文章分析了安北将军府长史范觊之"条次氏族"、京兆韦华反叛、扬州义成郡控制等实例，辩驳了北地傅弘之、京兆韦轨的官历记载，还描述了无实土侨州郡县的寄治体制与行政特征："一般说来，侨州、侨郡、侨县中，构成其根本的是侨县。侨置当初无实土的侨县不过是流住的单位乡里性质的集团，即'乡族'集团，给这些集团加上本地的县名，行政上就看作是'县'。所以，统辖这些侨县的侨郡也就不可能有其自身的境域，而且其郡治也只能寄寓于当地的政治、军事中心地的襄阳，这种寄治于襄阳的郡治，就像渔夫控制鱼鹰那样统辖着散于各地的侨县(乡族集团)。所谓饲养鱼鹰方式的寄治体制，形成了无实土侨郡县行政上的特征。"

安田二郎接续的论文又有《关于所谓王玄谟的襄阳土断》[①]、《侨州郡县制与土断》[②]。前文对《宋书·孝武帝纪》大明元年(457年)"土断雍州诸侨郡县"进行探讨，指出"实现侨雍州下诸侨郡县本身实土化的这次土断，同样是在侨民的意向和力量强烈作用下的限制和妥协的措施"。后文以长江中下游之豫、荆、江、兖、青、徐诸州部分侨郡县为例，分析侨民、土断、白籍、黄籍等争论问题，得出东晋中末期以后，无实土侨郡县的侨民仍然负担役、征役；刘裕的义熙土断也不彻底，无实土状态侨郡县还大量存在，这与当时权力的软弱性或政策的灵活性有关等结论。然则安田二郎有关东晋南朝侨州郡县与侨流人口的研究，地域的视角、制度的方法、事件的剖析，可谓明显的特点。

例二，中村圭尔《关于南朝贵族地缘性的考察——以对侨郡县的探讨为中心》[③]。文章论述东晋南朝侨流人口与侨州郡县的关系，区别为一般侨民与南渡

① 原载《东洋史论集》第2辑，1986年；夏日新译文易题为《刘宋大明年间的襄阳土断》，见李锦章主编《湖北历史文化论集》(二)，中国地质大学出版社2000年版。

② 载川胜义雄、砺波护编《中国贵族制社会的研究》，京都大学人文科学研究所，1987年。收入安田二郎《六朝政治史研究》，京都大学学术出版会，2003年版。

③ 原载《东洋学报》第六十四卷第1、2期，1983年；刘驰译文载《南京晓庄学院学报》2005年第4期。

贵族。一般侨民虽为侨郡县所安置，但这些侨郡县多无实际辖地，而一般侨民也在历次土断中被断为当地居民。至于南渡贵族，则逐渐分为三种情形：东晋的琅邪王氏、颜氏以及梁朝的兰陵萧氏的情形，是利用高门政治地位设置本籍侨县并使之拥有实土，以达到既有本邦之名、又得土断之实的目的，如侨置临沂县与兰陵县，即在名、实两方面都成为了王氏、颜氏与萧氏的本籍；陈郡谢氏的情形，是墓地随不同居住地散在各处，与侨郡（陈郡）侨县（阳夏县）间全无联系，而谢氏后裔也逐渐接受了居住地的籍贯；又平昌孟氏、平原明氏等情形，是保持较长时间的侨民身份，本籍侨郡县没有实土，并与居住地、墓地关系较少，此不具有实际境域的侨郡县对于他们来说，充其量不过是登注户籍的地方。由此文章得出结论：贵族存在的基础是与乡里的密切关系，标榜本籍不仅是“商标”意识的反映，也有着强调这种乡里社会基础的意义；如此，则大姓主导下侨置的本籍郡县，是名义上的还是拥有实际境域，与贵族的等级上下有着很深关系。[①] 文章充分运用了墓葬考古与墓志铭文材料，广泛探讨了侨郡县与南渡贵族之籍贯地、居住地、仕宦地以及墓地之间的复杂关系，传世文献与文物考古资料结合紧密，对琅邪郡临沂县、兰陵郡兰陵县侨置所在的南京地区与常州地区考察细密[②]。

中村圭尔后此的研究，有着进一步的细化趋向，如对南徐州、豫州、南豫州、扬州侨州郡县特别是侨流人口的探讨，显示了作者对地域社会的关注。[③]

要之，由安田二郎与中村圭尔的论文，已经可见日本学者重在实证的研究风格；相对而言，中国学者更具史论结合的撰述特点。当然，这两者各有优长，也都存在欠缺。如日本学者早期关于土断的研究，在重视制度与户籍的同时，相当程度上忽视了对于侨州郡县本身的考证及相关的侨流人口来源、分布、数量等项的复原，这便造成了见树不见林、只明局部不详整体的缺陷；而部分中国学者的论著，或述侨流人口则于侨州郡县仅粗具梗概，或述侨州郡县则不及侨流人口，或论侨州郡县地理分布而止于土客矛盾，或论侨流人口迁移过程而忽视地域选择，至于叙次混乱、失之准确乃至舛误连篇者，竟也不鲜见。然则由上述的研究回顾

---

① 安田二郎《刘宋大明年间的襄阳土断》则认为，从陈郡谢氏、同乡袁氏及殷氏、济阳蔡氏、江氏等等的例子来看，侨郡县能否实现实土化与贵族的等级高低相关的论点，值得商榷。

② 文章的重点是侨置琅邪郡临沂县和以琅邪临沂为原籍的王氏、颜氏。

③ 中村圭尔《南朝政权与南徐州社会》（唐代史研究会编《东亚史中的国家与地域》，刀水书房 1999 年）、《东晋南朝的豫州与南豫州》（大阪市立大学大学院文学研究科纪要《人文研究》第五十三卷第 2 期，2001 年）、《东晋时期扬州的流民问题及其历史意义》（收入“社会与国家关系视野下的汉唐历史变迁”国际学术研讨会会议论文集，2004 年，上海）。

而得出的这样的学术认识，既反映了东晋南朝侨州郡县与侨流人口研究的难度，也表明该项课题仍然有着继续探讨的较大空间。

七

概念已明，回顾既毕，以下即以东晋南朝侨州郡县为主要线索，略说本书的框架结构与撰述目的。

研究东晋南朝的侨州郡县，笔者以为必须从宏观与微观两个方面着手。所谓宏观，即对侨置制度以及侨州郡县系统的各别方面，结合侨流人口进行分析；所谓微观，即尽力考证具体州郡县的侨置经过与侨寄地。微观考证是宏观分析的基础，宏观分析则是微观考证的总结与提高，两者是不可分的。

基础于这样的认识，笔者的工作流程是：首先，对记载东晋南朝侨州郡县间及侨流人口最为关键的正史地理志《宋书·州郡志》与《南齐书·州郡志》作出全面考辨，以求打牢研究的史料基础，这方面的部分成果，构成本书的第四篇；[①]然后，依据正史地理志、后人补志、诸史纪传、文物考古资料，详考东晋南朝之侨州、侨郡、侨县，包括原州郡县、州郡县侨置经过、侨州郡县及其侨寄地等项，而考虑到侨置之名实混淆、易迷耳目，如果只用文字叙述，转滋丝棼，于是按照《晋书·地理志》州郡排列次序，制成"东晋南朝侨州郡县考表"，考述与表格结合，以清眉目，这是本书的第二篇；再接下来，则系统探讨有关东晋南朝侨置制度与侨州郡县的几个基本问题，包括侨置的源流，东晋南朝侨州郡县的产生背景与成立原因，侨州郡县的设立情形及其与原州郡县、当地州郡县的关系，侨州郡县的设官施政与户籍制度，土断与侨州郡县、侨籍的整理，侨州郡县的地理分布及其形成诸因素，侨州郡县对政区建置如增置滥置、双头州郡以及对政区制度演变等方面的影响，是为本书的第一篇。至于本书的第三篇，考虑到以《中国移民史》第二卷为标志的既有成果已较详备，故仅以专题的形式，密切结合侨州郡县的研究，安排方法举例、地域选择、家族兴衰、影响补说各一章，而不求全面。又有需要说明者，本书所谓侨州郡县与侨流人口，时代与地域两方面都大体以东晋南朝为断限，这不仅因为侨州郡县及本书定义的侨流人口在东晋南朝相对正规、普遍、重要，而且因为限于时间与本书的篇幅，十六国北朝只有待之将来。按十六国北朝

① 笔者另有《宋书州郡志汇释》(安徽教育出版社 2006 年版)、《南齐书州郡志汇释》(稿本)。

的侨州郡县与侨流人口，与东晋南朝存在颇多不同之处，其比较研究将是十分有意义、也是饶有兴味的工作，今谨先以“余论：十六国北朝侨州郡县与侨流人口研究开题”权当起笔。而在完成以上部分后，这篇“引言”则是最后撰就的。笔者又整理过去发表的相关文章及指导的弟子论文，改写为本书的三个附录。附录1“六朝概念辨析与六朝文化研究”，概说包括东晋南朝在内的六朝之时代特征、社会风气、文化面貌；附录2“东晋十六国南北朝地理环境述论”，择要叙述自然地理方面的生态环境与自然资源，人文地理方面的疆域与政区。以上两录，当有利于社会读者对东晋南朝侨州郡县与侨流人口问题的背景了解与整体把握。又附录3“论蜀汉灭国后其上层侨寓集团的解体分流”，也颇有助于东晋南朝侨州郡县与侨流人口问题更加深入的理解。

然则感慨言之，笔者虽从事东晋南朝侨州郡县与侨流人口的研究已逾二十年，本书上述框架下所安排的内容，虽然追求如乡前辈严耕望《唐代交通图考》之“详征史料，悉心比勘，精辨细析，指证详明”[①]之境界，却远不能达，书中或欠深入或失细密之憾，委实不少。努力不够、旁骛太多之主观原因以外，该课题存在的客观困难也实难解决：其一，原始资料的缺乏。相关正史中可资利用的记载，数量既少，又很零散，搜集起来颇费功夫；正史诸志如《宋书·州郡志》、《南齐书·州郡志》、《晋书·地理志》以及《魏书·地形志》、《隋书·地理志》中集中一些的载述，又往往不准确、不系统、不全面，并存在流传中产生的各种问题。[②] 其二，值得参考的传统考据成果不多。如清及民国学者的多部补志，总体质量不高，难以凭信；又除了洪亮吉对东晋侨州郡县作过系统整理而错误却又众多外，有关宋、齐、梁、陈之侨置，考述者更是寥寥可数。其三，可以借鉴的所谓新史学研究论著较少，其中着意于侨置制度者尤为稀见。以上是史料基础与研究积累方面的困难。其四，侨州郡县本身繁复淆乱，名实混杂，迁徙不定，省置无常，并合改隶，“舆地之记既不克并徵，州县之图亦殊难尽信，此则行迷路者多穷，而理乱丝者易紊也”[③]。至于侨流人口，“由于各种原因，并不是所有集中了北方移民的地区都曾设置侨州郡县；同样，北方移民及其后裔并不都在侨州郡县中定

① 严耕望《〈唐代交通图考〉序言》。按严耕望（1916～1996年），安徽桐城人，号归田。所撰《唐代交通图考》前五册，台湾中央研究院历史语言研究所专刊之八十三，1985～1986年版。

② 安田二郎《刘宋大明年间的襄阳土断》云：这些“州郡志、地理志内容只是一些枯燥无味的固有名词的堆砌，缺乏故事情节性是其最大的特点，不可避免的会有文字讹误脱落、文章的混乱”。

③ 洪亮吉《〈东晋疆域志〉序》。

居”[1]，这又增加了问题的复杂性。其五，侨置作为一种制度，其产生背景、内部结构与作用机能等，不独特殊或权宜，而且存在着时间上的渐变、地域间的差异，欲求对此的准确表述与具体考论，也难以达成。以上是研究对象本身存在的困难。

尽管有着这样那样的困难，对东晋南朝侨州郡县与侨流人口进行研究，还是一项十分有意义并亟待开展的工作。

首先，侨州郡县与侨流人口问题是理解东晋南朝历史的一大关键。陈寅恪指出：

> 晋代自八王之乱以来，战乱相寻，天灾迭荫，人民除了不能走或不愿走的以外（此种人产生的影响与流民一般大），都外逃以避难。胡族统治者为了控制人口，也凭藉武力，强迫徙民。由此出现了北方人口大流动的现象。两晋南北朝三百年来的大变动，可以说就是由人口的大流动、大迁徙问题引起。……不徙有事发生，徙则有大事发生，南北朝无一大事不与徙有关。[2]

周一良 1982 年写给青年学子的《怎样研究魏晋南北朝史》文中也指出：

> 学习和研究某一时期的历史，首先要弄清楚时、地、人。……地，是指历史人物所活动的地理舞台，亦即空间方面。……魏晋南北朝不是汉唐宋明那样长期统一的局面，州郡建制和地理沿革特别错综复杂。……西晋末年，北方各族纷纷在中原地区建立政权，汉族人民大批向淮南江南流移，形成了一次民族大迁徙。由于流寓到南方的北方人怀念桑梓，同时享有豁免赋役的权利，所以，东晋政权在这些北人所居的南方州郡中，暂时建立了北方州郡名称。这些虚设的州郡，后来逐渐划定了实土。刘宋以后，又在地名前冠以南字。……南朝侨州郡县的设置与分合，错综复杂，当时的学者已经说，精于历算的人都难于搞清楚。北方的情况稍为单纯一些，但也有借南方建制之名来称呼北方土地的。……与此相关联，从东晋到陈朝，实行过九次规模和范围不等的所谓“土断”，即改变北来侨户的特殊身份，就地划归当地郡县管理，从而取消其免除赋役的特权，借以扩大政府的财源和兵源。侨州郡县与土断，是南朝历史上的特殊现象，为此前和此后各历史时期所无，研究

① 葛剑雄《中国移民史》第二卷第十章第三节之二“侨州郡县以外的北方移民”。

② 《陈寅恪魏晋南北朝史讲演录》第八篇“晋代人口的流动及其影响（附坞）”（一）“人口流动的三个方向——东北、西北与南方”。

魏晋南北朝史需要注意。①

再具体些说，笔者以为，东晋十六国南北朝的历史，虽然错综复杂，但其中也有主要线索可寻。此主要线索，在十六国北朝为胡汉问题，在东晋南朝为侨旧问题。② 所谓“胡”，乃三国西晋时代不断内徙及十六国北朝时代先后入主中原的非汉民族，所谓“汉”，即十六国北朝时代北方之汉族士民；又所谓“侨”，主要指西晋永嘉乱后不断南徙的北方官民，所谓“旧”，主要指南方土著。胡汉之间、侨旧之间既颇多矛盾，又有各种形式的合作。胡汉之间因有矛盾，引起了大量北方人口的侨流南方，侨旧之间因有矛盾，促成了东晋南朝侨州郡县的大量设置；胡汉之间、侨旧之间又有合作，从而十六国北朝得以立国于北方，东晋南朝得以立国于南方。以此，治东晋十六国南北朝史，理解侨州郡县以及与之相关的侨流人口，是为关键。进而论之，侨州郡县的广泛设立乃至成为一种制度，与这一时代的侨流人口及其安抚问题，与宗族势力、门地观念以及讲究郡望的社会风气，都密切相关。因此，论述侨州郡县及其相关的一些问题，无疑有助于我们加深对魏晋南北朝之社会变动与社会风气的认识。

其次，侨州郡县反映了这一时代地方行政制度与地方政区建置的特点。顾颉刚、史念海指出：“自侨置之制兴，疆域区划颇异畴昔，秦、汉旧规无复存留，隋、唐以后即大异其趣，故谓此种制度为吾国疆域史上之一大分畛，亦无不可。”③又周振鹤分析：

> 行政区划是地方官员安身立命之所，是他们进行行政管理的权力范围。只有划定行政区域，才能设官施政，这是一般的常识。但是在历史进程中也出现过只有行政机构，而无行政区域的特例，如三国时期的遥领与虚封，东晋南朝的侨州郡县。这是地方行政制度折去一翼（侨州郡县），甚至两翼（遥领、虚封）的不正常现象，在这里行政区域只是虚幻的存在，而地方制度并不因此而废除，所以必须作为专门的研究对象来阐述。④

确如所言，“行政区划与地方政府两者相互依存，国家划分行政区域是为了设置

---

① 收入乔默、江溶编《怎样学习与研究历史》，中国青年出版社 1985 年版。

② 在撰写这篇“引言”时，笔者方才了解到韩国朴汉济曾提出关于魏晋南北朝隋唐史研究的“胡汉体制”论与“侨旧体制”论，其意似与笔者相通。

③ 顾颉刚、史念海《中国疆域沿革史》第十五章第二节，商务印书馆 1938 年版。

④ 周振鹤《地方行政制度志》第九章，上海人民出版社 1998 年版。按遥领与虚封，略见本书第一章第二节之 2。

相应的地方政府，而地方政府的设置则是为了管理一定的行政区域，两者共同决定着国家政权的纵向结构体系”①。如此，东晋南朝侨州郡县的研究，本就是东晋南朝乃至魏晋南北朝之政区、区划、地方政府、地方官员研究的有机组成部分②，而东晋南朝侨州郡县的紊乱与特殊，也正是魏晋南北朝地方制度与政区设置紊乱、特殊以及随宜状况的集中反映。比如因置侨州郡县，东晋南朝之分州设郡益形繁杂，分割酬庸，建置日多；这又引起了州郡县隶属关系的渐次变更以至偏离正轨，《宋书·州郡志》已载有无县可辖之郡，至《南齐书·州郡志》，无县之郡既比比皆是，“荒或无民户”之郡尤多，郡已无民户，又何论县邑！降及梁、陈，统辖情形越发如此。③ 于是，秦汉以来整齐稳定的郡县两级制、魏晋以来较为整齐稳定的州郡县三级制，在侨州郡县以及连带产生的滥置州郡的冲击下，遂大为紊乱；这次紊乱，竟一直持续到隋室继统、废三级制为两级制方才停止。要之，如果不能够深刻把握侨州郡县这一关键，我们也就无从深入理解我国地方行政制度史与政区建置史上秦汉至隋唐间的巨变。

再次，侨州郡县作为特殊的政区，古往今来，许多人由于不明究竟或者浅尝辄止而造成的各类错误，真是不胜枚举。随述几例：《后汉书·滕抚传》说到“无上将军”徐凤、“黄帝”马勉“筑营于当涂山中”，《荀淑传》说到荀淑“后再迁当涂长”，唐李贤注“当涂”并以为唐宣州之当涂，这是不察宣州当涂（治今安徽当涂县）起自东晋因流人而侨立的当涂，非汉时当涂（治今安徽怀远南古当涂城）。《史记·荀卿传》云：“荀卿乃适楚，而春申君以为兰陵令”，此兰陵县战国楚所置，治今山东苍山县西南兰陵镇④，而南宋杨万里《延陵怀古》诗有《兰陵令》一章，盖以兰陵侨县（在今江苏苏南）为楚之兰陵，其时空邈不相及者以至如此；北宋陈襄《古灵集》中诗亦同此误。又松滋改名高塘，高塘改名宿松（治今安徽宿松县），在隋开皇十八年，“而乐史《太平寰宇记》乃云：晋武平吴，以荆州有松滋县，遂改为

---

① 胡阿祥《六朝疆域与政区研究》“绪论·第二节”。又《周礼》有云：“惟王建国，辨方正位，体国经野，设官分职，以为民极。”按划分行政区域即“体国经野”，此为“设官分职”、管理百姓的前提。

② 长期以来，“行政区划”和“行政区域”两词多有人通用，简称为“行政区”或“政区”，这是可以的，但在论述问题时，作为两个概念，不应混淆。“行政区划”中心词是“区划”，即划分，其性质是工作，是一项对于行政区域进行划分与调整的工作；“行政区域”中心词是“区域”，是划分后的结果，其性质是一种地理实体。

③ 参顾颉刚、史念海《中国疆域沿革史》第十五章，严耕望《中国地方行政制度史》上编卷中上“魏晋南朝”第一章。

④ 《魏书·地形志》中徐州兰陵郡兰陵县“有……荀卿冢”。

宿松。夫晋武平吴，即汉松滋旧县立尚未久，何容即有荆州之侨县”[①]？按诸如此类之舛谬，在历代著述、古今地志中，每有所见，洪亮吉《〈东晋疆域志〉序》曾指陈这种状况：“方州之志，郡国之书，遇荆、扬之土著，皆疑并、冀之流人；谱楚、越之名区，悉改燕、秦之郡望，喧宾夺主，以假乱真”；又清人刘宝楠在《〈宝应图经〉序》中，言修《宝应图经》有“三难”，“典午东迁，侨立郡县，一隅之地，分为数州，瓜剖豆分，朝更夕变。或以客夺主，但拥虚名，或以寄乱真，全无实土。而欲条析蜗疆，缕分蚁壤，此二难也”。以此，对侨州郡县予以史料的梳爬、史实的考证、制度的研究，于整理古籍、编史修志等项，也自有其实际意义所在。

更进一步说，东晋南朝侨州郡县的探讨，还与历史地名学、人口迁徙史等存在着这样那样的联系。按我国史籍历来对人口迁徙，无论是政府移民或者民间自发迁徙，大都语焉不详；但是，地名却常常可以提供人口迁徙的一些线索。19世纪中叶，H. N. 纳杰日金曾指出：“地名好比化石世界，根据它，考古学家可以像地质学家那样来确定移民定居的各顺序阶段”；前苏联地名学家 A. M. 谢利谢夫也认为：地名“可以阐明很久以前各人种的关系史，各族人民和各居民群的迁徙情况”[②]。而在中国历史上，东晋南朝的侨州、侨郡、侨县，正是这样一类具有典型代表意义的地名，它可以表达人口迁徙的始点与终点，提供有关迁徙时间与迁徙路线的线索。如“引言”开篇所说，谭其骧师正是依据正史地理志中有关侨置地名的记载，对西晋永嘉丧乱后的侨流人口进行了成功研究。而永嘉丧乱后的侨流人口，又与东晋南朝的政治格局、军事形势、经济开发、文化变迁以及风俗嬗变等等密切相关，则侨州郡县的探讨，将大有助于这些方面的研究，又何待多言！

① 洪亮吉《更生斋文甲集》卷一“与宿松文学书”。

② 转引自[苏]B. A. 茹奇克维奇《普通地名学》第一部分第六节“地名学和历史学、地理名称的历史制约性”，高等教育出版社 1983 年版。

第一篇

东晋南朝侨州郡县述论

第一章
侨置的源流与东晋南朝侨州郡县的产生

侨州郡县并非东晋南朝所独有。溯源追本，至迟在东汉安帝永初以前，就有侨郡侨县的设置；而流风余韵，则如唐有侨都督府、州、县，辽有侨县，蒙古侵宋过程中也有侨州。至于十六国北朝的侨州郡县就更多了。但侨州郡县的广泛设置乃至成为一种正式的制度，还是东晋南朝的特殊现象；这种特殊现象的出现，又联系着广泛的社会因素与复杂的内外国情。

第一节　侨置的源流

论侨置者，每举东晋为侨置制度的开始。如顾颉刚、史念海在《中国疆域沿革史》①第十五章第二节中指出："元帝太兴三年以琅邪国过江人民侨立怀德县于建康，是盖此种制度之滥觞也"；王仲荦则详述经过云：

> 在元帝司马睿南迁时，琅邪人民随司马睿过江者一千多家，元帝在太兴三年（公元三二〇年），侨立怀德县于建康，以安置这些琅邪侨民。成帝司马衍咸康元年（公元三三五年），又在江乘县（今江苏句容县北六十里）境内侨立琅邪郡，为了和北方的琅邪郡区别起见，称为南琅邪郡。北方的琅邪郡有临沂县（琅邪王氏就是这一县的人），于是南琅邪郡领邑下也侨立临沂县（在江乘界内），这可以算是侨郡县的创始。②

今按怀德县侨名新创，算不上典型的侨县，其侨立时间也可能后于琅邪郡及费县；③又琅邪郡起初侨立时，寄在丹阳，并没有实土，也未改称南琅邪郡。而更加重要的是，侨置的渊源其实还可以追溯得更远一些。今略举读书所及诸例证如下：

1.《汉书·高帝纪》高祖十一年："令丰人徙关中者皆复终身。"东汉应劭曰："太上皇思土欲归丰，高祖乃更筑城寺市里如丰县，号曰新丰，徙丰民以充实之。"

---

① 商务印书馆1938年版。

② 王仲荦《魏晋南北朝史》上册第五章第二节，上海人民出版社1979年版。

③ 详本书第二章第一节的讨论。

又《史记·高帝本纪》高祖十年:"太上皇崩栎阳宫。……更命郦邑曰新丰。"按丰县,治今江苏丰县;高祖七年(前200年)于郦邑(今陕西西安市临潼区东北)建城,城社、街庭、居家并仿丰县,并"徙诸故人实之"①。高祖十年太上皇死后,"更命郦邑曰新丰",新丰即略具侨县性质。当然,这种情形是个别的,并且也非失土寄寓。

2. 失土寄寓如东汉之玄菟郡及所领高句丽、上殷台、西盖马三县。《汉书·地理志》有玄菟郡,领高句丽、上殷台、西盖马三县;《续汉书·郡国志》玄菟郡则领高句丽、西盖马、上殷台以及"故属辽东"的高显、候城、辽阳凡六县。据周振鹤的考证,《续汉书·郡国志》玄菟郡本是《汉书·地理志》玄菟郡的侨置。简言之,原处辽东塞外的《汉书·地理志》玄菟郡,因受逐渐兴盛起来的高句丽族的威胁,迁徙至辽东郡境内,高句丽、上殷台、西盖马三县也随之内迁;及"安帝即位之年,分三县来属"②。按分"故属辽东"的高显等三县来属之前即东汉安帝即位(107年)之前,玄菟郡及所领高句丽、西盖马、上殷台三县应该是失土寄寓在辽东郡境内,及分高显等三县来属,玄菟郡便是以辽东郡北部地作为自己的辖地,也就是有了实土。而无论是失土寄寓还是有了实土,此玄菟郡及所领高句丽、上殷台、西盖马三县,都与《汉书·地理志》玄菟郡及所领同名三县在地域上毫无关系,"是名副其实的侨置郡县了",周振鹤甚至称此玄菟郡"事实上是我国最早的侨置郡"③。此玄菟郡是否"我国最早的侨置郡",笔者不敢肯定,但周振鹤判断此玄菟郡是侨郡,应是没有疑义的。

3. 东汉安帝时代,侨置郡县更多了起来。如据《后汉书·西羌传》及《后汉书》相关帝纪:安帝永初四年(110年),因羌乱,"徙金城郡居(陇西郡)襄武";五年,"羌既转盛,而二千石、令、长多内郡人,并无守战意,皆争上徙郡县以避寇难。朝廷从之,遂移陇西(郡)徙襄武,安定(郡)徙(右扶风)美阳,北地(郡)徙(左冯翊)池阳,上郡徙(左冯翊)衙。百姓恋土,不乐去旧,遂乃刈其禾稼,发彻室屋,夷营壁,破积聚。时连旱蝗饥荒,而驱蹙劫略,流离分散,随道死亡,或弃捐老弱,或为人仆妾,丧其太半"。及羌乱暂平,诸郡还旧,"徙者各归旧县"④。后羌乱又起,顺帝永和五年(140年)"上郡居(左冯翊)夏阳",六年"复徙安定居扶风,北地

① 《汉书·地理志》京兆尹新丰、《史记·高帝本纪》正义引《括地志》、《水经·渭水注》。

② 《续汉书·郡国志》玄菟郡刘昭注引《东观书》。"三县"谓高显、候城、辽阳。

③ 周振鹤《西汉政区地理》下篇第五章第一节,人民出版社1987年版。

④ 如大约在元初五年(118年),金城郡复故;永建四年(129年),"复安定、北地、上郡归旧土"。详李晓杰《东汉政区地理》第八章(山东教育出版社1999年版)、《后汉书·顺帝纪》。

居冯翊”。按西河诸郡之人，杂寓关右之县，乃于关右寄寓金城、安定、北地、上郡等郡，此即侨郡。①

4. 又据《晋书·地理志》上并州及《宋书·州郡志》三荆州刺史新兴太守：汉灵帝末，羌胡（匈奴）大扰，并州所领“定襄、云中、五原、朔方、上郡等五郡并流徙分散”，除上郡废弃外，其余四郡各侨立于塞下；及建安二十年（215 年），又省云中侨郡为云中县（旧云中郡治，今内蒙古托克托东北；今治山西原平市西），省定襄侨郡（旧治善无，今山西右玉南）立定襄县（治今山西定襄），省五原侨郡为九原县（旧五原郡治，今内蒙古包头市西北；今治山西忻州市），省朔方侨郡（旧治朔方，今内蒙古杭锦旗西北黄河南岸）为广牧县（旧朔方郡领县，治今内蒙古杭锦旗西北黄河南岸；今治山西寿阳西北），合四县置新兴郡，治九原。“魏黄初元年，复置并州，自陉岭以北并弃之，至晋因而不改”，新兴郡属并州。至于上郡，“西晋末复立，并寄治三辅也”②。

5. 东汉中期以后，随着羌胡动乱、失地增多，颇多郡县内迁侨置，由上举例可见大概。今就侨县再举几例。如《宋书·傅弘之传》：“傅弘之字仲度，北地泥阳人。傅氏旧属灵州。汉末郡境为虏所侵，失土寄寓冯翊，置泥阳、富平二县，灵州废不立，故傅氏悉属泥阳。晋武帝太康三年，复立灵州县。傅氏还属灵州。”考《续汉书·郡国志》五凉州北地郡治富平（今宁夏吴忠市西南），领泥阳（治今甘肃宁县东南）、灵州（治今宁夏灵武市北）等六县；东汉末年地入羌胡，北地郡及富平、泥阳遂寄治雍州冯翊郡界。及魏，又割冯翊郡祋祤县（治今陕西耀县东）为北地郡及富平、泥阳二县实土，而祋祤废。据《晋书·地理志》上，西晋雍州北地郡领泥阳（治今陕西耀县东南）、富平（治今陕西富平西南）二县。类此者尚有，如阴槃县，西汉置，治今陕西长武西北，属凉州安定郡；东汉灵帝末，失土寄理雍州京兆郡新丰县（治今陕西西安市临潼区东北），渐成实土，而新丰徙治故城东二十里

---

① 按永初四年“移陇西（郡）徙襄武”者，盖因陇西郡大部为羌人侵扰放弃，然而陇西郡并非侨郡，盖襄武本为陇西郡东境之县。

② 洪亮吉《十六国疆域志》卷一前赵上郡。

冷川河侧。[①]

按以上数例特别是失土寄寓的侨置郡县，与东晋南朝侨置郡县比较，只存在着规模大小与数量多寡之别。而综以观之，若谓侨置政区至迟滥觞于东汉安帝永初（107～113年）前后，当无不可。[②]

又言侨置者，每以隋灭陈为侨置制度的结束，如顾颉刚、史念海《中国疆域沿革史》第十五章第二节称："自东晋开侨州、郡、县制度之端，宋、齐、梁、陈诸代皆承其陋习，陈陈相因，此制殆与南北朝共长久。"其实，虽然普遍而大规模的侨置风气确实迄隋灭陈而尽，后世行用侨置之法者仍然于史有徵：

1. 以唐为例，即有较多从边区内迁、侨寄在缘边正州正县界内的羁縻都督府、州、县，所谓"唐自武德初元，招致蕃部，助我兵威。太宗御宇，混一夷夏，役属族帐，建置州县，……贡赋所籍，不上户部；都督刺史，授之渠帅。……景云、开元，归附日众，毡裘之长，毳幕之伦，混迹城野，逼处阡陌，政令皆所素习，山川莫之间阻。……考其割隶州县，均无土地"[③]。"均无土地"正是侨置的基本特征。据旧、新《唐书·地理志》及《太平寰宇记》等考之，当时若静边州都督府及诸州、祐州、德归、廓川、归定一类以蕃胡所置侨都督府、州、县，合有上百个，寄在北方边境如灵州、庆州、凉州、幽州诸州及宁朔、朔方、回乐、温池、怀安、良乡、潞县、范阳、昌平、蓟县、安次诸县境内；安史乱后渐废。[④] 按此种侨都督府、州、县，虽与东晋南朝意在表示正统的侨州郡县性质不同，但同为侨置则一也。

2. 再以辽为例，设有侨县。《辽史·地理志》四涿州归义县："民居在巨马河

① 《魏书·地形志》下雍州京兆郡，钱大昕《廿二史考异》卷三〇。又据《宋书·州郡志》二江州刺史豫章太守望蔡子相、《太平寰宇记》卷一〇六江南西道筠州高安县引顾野王《舆地记》，汉灵帝中平年间，汝南上蔡（治今河南上蔡西南）流民分徙扬土豫章，乃置上蔡县于豫章郡建城境内；晋武帝太康元年，以上蔡人思本土，更名望蔡（治今江西上高）。又陈乾康《论东晋南朝的侨州郡县》（《四川师范大学学报》1995年第2期）指出："据《三国志·魏书·三少帝纪》载：景初三年（公元239年），齐王芳'以辽东东沓县吏民渡海居齐郡界，以故纵城为新沓县，以居流民'；次年又'以辽东汶、北丰县民流徙渡海，规齐郡之西安、临菑、昌国县界为新汶、南丰县，以居流民'。……这些侨县都是为寄寓时间长，一时难以返回原籍的流民所设，这跟东晋侨县设置的情形完全一致。此外，汉魏侨县为了与母县相区分，往往冠以'新'、'南'等字头，这种习惯也被东晋南朝所吸收。"今按上蔡、新沓、新汶、南丰诸县，并非失土寄寓，而是为原县流民设立，并且可能划有实土，故非严格意义上的侨置。

② 西汉高祖时代之新丰县，与后世失土寄寓的侨县毕竟性质有别，故不推为侨置之始。

③ 缪荃孙《艺风堂文集》（上海古籍出版社1996年版）卷四"唐侨治蕃州表"。

④ 其具体情况，可参考谭其骧师主编《中国历史地图集》第五册"唐时期图组"所附"侨寄内地羁縻都督府州县表"，地图出版社1982年版；又详细的讨论，可参考谭其骧师《唐代羁縻州述论》（载《纪念顾颉刚学术论文集》下册，巴蜀书社1990年版）、刘统《唐代羁縻府州研究》（西北大学出版社1998年版）。

南，侨治新城。户四千”；易州容城县：“户民皆居巨马河南，侨治涿州新城县。户五千。”按巨马河是宋辽界河，河以南有宋雄州归义县（太平兴国后避讳改归信县）、容城县，辽为了表示疆域至巨马河南，故侨置与宋同名的两县于新城县（治今河北高碑店市东南新城）。只是值得注意的是，“辽之侨此二县，也并非全无意义，因为在拒马河南宽约20公里的地带里，其居民是所谓‘两属税户’，必须同时向宋与辽纳税（《宋会要辑稿》兵二九之二）”①。

3. 又宋元之际，也有侨州。据元姚燧所撰《邓州长官赵公神道碑》云：乙未（宋端平二年，1235年），蒙古徙邓（治今河南邓州市）、均（治今湖北丹江口市西北）、唐（治今河南唐河）三州民至洛阳西，以邓州治长水县（治今河南洛宁西），均州治永宁县（治今河南洛宁），唐州治福昌县（治今河南宜阳西）；明年，襄樊（治今湖北襄樊市）也徙洛阳。癸丑（宋宝祐元年，1253年），又尽还徙邓、均、唐、襄樊诸州民实南；而宋已于襄樊、均设重兵，民还者无所归，乃于邓州（治今河南邓州市）北侨治襄樊，州西侨治均州。此诸州的侨置，与东晋南朝侨州的性质也是相同的。

任何一种制度，其产生都有一定的历史根据，其消亡后也必然会留下影响。侨置政区至迟滥觞于东汉安帝永初前后，而又“余音不绝”于隋灭陈以后，就是很好的例证。前人认为侨置制度开始于东晋而结束于隋灭陈的观点，细究起来是有欠确切的。

第二节　东晋南朝侨州郡县的产生背景与成立原因

东晋十六国南北朝时代，南北各国纷纷侨置州郡县，在此过程中，侨置制度也走过了发展、完善以至成熟并逐渐萎缩的历程；而比较东晋南朝与十六国北朝的侨州郡县，则东晋南朝侨州郡县的设置更加正规、普遍，侨置制度也更加典型。②

何谓正规的侨州郡县？《隋书·食货志》云：“晋自中原丧乱，元帝寓居江左，

① 周振鹤《地方行政制度志》第九章第二节之八，上海人民出版社1998年版。
② 关于十六国北朝的侨州郡县概况，详“余论：十六国北朝侨州郡县与侨流人口研究开题”。

百姓之自拔南奔者,并谓之侨人。皆取旧壤之名,侨立郡县[①],往往散居,无有土著";又《宋书·州郡志·序》:"自夷狄乱华,司、冀、雍、凉、青、并、兖、豫、幽、平诸州一时沦没,遗民南渡,并侨置牧司,非旧土也。"分析上引,笔者以为完全意义上的侨置,起码应具备如下三个要素:其一,原州郡县的沦没与侨置,而侨置应"皆取旧壤之名";其二,侨人即所谓"遗民南渡"者的存在;其三,"侨置牧司"亦即行政机构的初备。而东晋南朝侨州郡县的产生,就与此三个要素在当时所具备的社会意义密切相关。

1. 侨人:侨州郡县存在的基础

"侨人"这一概念,本指离开本土而寄居或客居他乡者。本章所谓侨人,则主要指东晋南朝疆域内的北方侨流人口及其近几代的后裔。

侨流人口的大量出现,始于晋惠帝元康年间(291~299 年)。据刘掞藜《晋惠帝时代汉族之大流徙》[②]一文的研究结果,表示如下:

徙出地	徙入地	流徙之家数	流徙之人数
陕西、甘肃	四川、河南	十万家左右	当二十万人以上
山西	河南	十万家左右	三十万人上下
四川	云南、湖南、湖北	十数万家	当六七十万人
河北	山东、河南	一万家左右	五六万人
云南	越南北部	"甚众"	"甚众"
汉中	四川、湖北	当数万家	当数十万人

又王仲荦统计:"汉族人民迁徙的数目,大概从秦、雍迁出者约四五万户,约占当

① 《梁书·武帝纪》及《南史·梁武帝本纪》称萧衍为"南兰陵中都里人",梁桂阳国萧融(萧衍之弟)墓志称萧融为"兰陵郡兰陵县都乡中都里人";而据《南齐书·高帝纪》:"萧何居沛,侍中彪免官居东海兰陵县中都乡中都里。晋元康元年,分东海为兰陵郡。中朝乱,淮阴令整字公齐,过江居晋陵武进县之东城里。寓居江左者,皆侨置本土,加以南名,于是为南兰陵兰陵人也。"则"(中)都乡中都里",实为过江以前,东海兰陵县之乡里名。所谓"都乡",是指县治所在之乡。又《新唐书·宰相世系表》二中记王元"避秦乱,迁于琅邪,后徙临沂。四世孙吉,……始家皋虞,后徙临沂都乡南仁里",则琅邪王氏的原籍,确切者为"琅邪郡临沂县都乡南仁里;而东晋王兴之、王闽之、王企之、王建之等墓志并云籍贯为"琅邪临沂都乡南仁里",尤其梁桂阳国太妃王慕韶墓志所记籍贯是"南徐州琅邪郡临沂县都乡南仁里",则"都乡南仁里"也存在于本为侨置的琅邪郡临沂县。如此,则侨置郡县时,并乡、里一体侨置乎?果如此,则有侨乡、侨里的存在。虽然从情理上说,侨县下分乡置里极有可能沿用原县乡、里名称,但见例太少,终不敢断以究竟。

② 载《禹贡》第四卷第 11 期,1936 年。

地总人口数的三分之一；从并州迁出者约四万户，约占当地总人口数的三分之二；从梁、益迁出者约二十万户，约占当地总人口数的十分之九；从冀州迁出者约一万户，约占当地总人口数的三十分之一。总计迁徙的户口，见于记载的，将近三十万户，约占西晋全国总户数（三百七十七万）十二分之一强。占秦、雍、并、冀、梁、益、宁等州总户数（合计约六十万户）的二分之一弱。”①按产生这种巨大规模的流徙，原因颇为复杂，既联系着西、北各少数民族的内迁及其引起的动乱，又与灾害饥饿有着直接的关系。② 而由于西晋政权采取了以武力胁迫侨流回返本乡的简单做法，未能处理好这一问题，导致了此起彼伏的侨流起义③，从而加速了西晋的灭亡。另一方面，可以认为，东晋南朝采取侨立州郡县的措施以应对侨流问题，也正是汲取前代历史教训、改变统治政策的结果。

相对于晋惠帝时代以“就食”为主的汉族之大流徙，永嘉丧乱引起的官民迁移则政治性强、目的地较为明显。按司马氏的统一，当 290 年晋武帝死后即陷入混乱。所谓“藩王争权，自相诛灭”，前后达十六年（291～306 年）之久；④“遂使戎狄乘隙，毒流中原”⑤。建武元年（304 年）十月，匈汉刘渊、巴氐李雄建号称尊。⑥永嘉五年（311 年），刘聪（刘渊子，继渊之位）将石勒歼灭晋军主力十余万于宁平城（今河南鹿邑县西南），俘杀太尉王衍等；刘曜（刘渊侄）则破晋都洛阳，俘获怀帝（年号永嘉，307 年即位），并杀王公士民三万余人。此永嘉之乱以后，及至建兴四年（316 年），刘曜陷长安，俘愍帝⑦，西晋灭亡。又次年，司马睿在建康（今江

---

① 王仲荦《魏晋南北朝史》上册第三章第三节。

② 详参王仲荦《魏晋南北朝史》上册第三章。

③ 如荆州张昌起义（303～304 年）、南阳王如起义（310～312 年）、荆湘杜弢起义（311～315 年）等。

④ 《晋书·祖逖传》。按“藩王争权”的原因在于大封诸王，并使之将兵出镇。晋武帝认为，曹氏代汉，司马氏代魏，都是由于汉室魏室孤立，“本根无所庇荫”（《晋书·八王传·序》），于是复采周汉遗制，分封皇子及宗室，并变本加厉，命其出镇方面重镇，即任为都督，以拱卫皇室。然而诸王既握兵符，又管民事，得自选官吏，遂专横跋扈，割据称雄，俨然半独立国，其势力足以与中央政权分庭抗礼。当晋武帝时，中央力量强大，诸王尚不敢图谋不轨；殆惠帝暗弱，贾后专权，诸王遂觊觎帝位，骨肉相残，演成八王之乱。以此论之，“西晋之政乱朝危，虽由时主，然而煽其风，速其祸者，咎在八王”（《晋书·八王传·序》），而八王之乱的根源，又在于诸王政治地位与军事权力的结合。

⑤ 《晋书·祖逖传》。

⑥ 刘渊起兵据左国城（今山西离石市北）称汉王，李雄攻取成都（今四川成都市）称成都王。又永兴三年（306 年）李雄称帝，国号成；永嘉二年（308 年）刘渊称帝，国号汉。

⑦ 怀帝司马炽被俘后，其侄司马邺即位于长安，是为愍帝。

苏南京市)称晋王[①],改元建武;又次年,愍帝崩问至,睿即皇帝位,是为东晋元帝,改元大兴。

由于上述之永嘉丧乱及东晋建立,黄河流域胡骑纵横,殆无宁静之土,南方则成为新的正统所在。于是中原百姓或所在屯聚、结坞自保;[②]或纷纷为避兵之计,北走辽西,西奔张凉,[③]而究以南渡江左者最多。《晋书·王导传》:"洛京倾覆,中州士女避乱江左者十六七";颜之推《观我生赋》自注:"中原冠盖随晋渡江者百家。"而据《晋书·刘琨传》,当时民众迁徙,亦万分艰难。[④] 长途跋涉,又兵荒马乱,迫使人们要有组织地行动;老弱妇孺沿途死亡,父兄子弟希望白骨得到窆葬;道路之上,人们需要粮食、衣物与医药。此时,地方豪族与将帅固有的势力与影响就发挥了作用。

汉魏以来,多聚族而居,社会经济的基本单位,是一个个名宗大族。当南北分裂之世,北人以笃于亲族之谊著称。《宋书·王懿传》:"北土重同姓,谓之骨肉,有远来相投者,莫不竭力营赡;若不至者,以为不义,不为乡里相容。"又"河北士人,虽三二十世,犹呼为从伯从叔"[⑤]。至于北土大族数世同居者,史传所载,更是屡见不鲜。[⑥] 这种厚家族、重亲亲、倡孝友的风教,也显著表现在大难来时、迁徙途中。如《晋书·祖逖传》略云:

> 祖逖,字士稚,范阳遒人也。世吏二千石,为北州旧姓。逖轻财好侠,慷慨有节尚,每至田舍,辄称兄意散谷帛以赒贫乏,乡党、宗族以是重之。及京师大乱,逖率亲党数百家避地淮泗,以所乘车马载同行老疾,躬自徒步,药物衣粮与众共之,又多权略,是以少长咸宗之,推逖为行主。达泗口,元帝逆用为徐州刺史,寻征军咨祭酒,居丹徒之京口。

---

① 琅邪王司马睿永嘉元年(307年)任安东将军、都督扬州江南诸军事,出镇建业。五年,被命为镇东大将军、都督扬江湘交广五州诸军事。建兴元年(313年),又为左丞相、大都督(督陕东诸军事)。

② 纠集宗亲、宾客,号召邻里乡党,结坞自保者,如苏峻、张平、樊雅、邵续、刘遐、李矩、郭默、魏浚、庾衮等皆是。事见《晋书·苏峻传》、《祖逖传》、《邵续传》、《刘遐传》、《李矩传》、《郭默传》、《魏浚传》、《孝友庾衮传》。

③ 辽西慕容氏政权名义上承认东晋宗主国的地位,而河西张氏汉族政权更是长期忠于司马氏,这是山东、河北部分官民北走辽西而中原、河东、关陇部分官民西奔张凉的原因。

④ 《晋书·刘琨传》:"流移四散,十不存二,携老扶弱,不绝于路,及其在者,鬻卖妻子。生相捐弃,死亡委危,白骨横野,哀呼之声,感伤和气。群胡数万,周匝四山,动足遇掠,开目睹寇。"此盖道路流离之一般情状。

⑤ 《颜氏家训·风操》。

⑥ 见于《魏书》者,如高阳许绚、博陵崔挺、弘农杨椿杨侃等,各见本传;《节义传》所载,此类尤多。

祖逖"率亲党数百家避地淮泗"途中，车马、药物、衣粮"与众共之，又多权略"，通过赈危济贫，通过军事性的庇护，他很自然地被推为"行主"，成为这一带有浓厚宗族乡里色彩的流徙集团的领袖。褚翜、郗鉴、徐澄之等人，也是凭藉着习惯的宗族关系，统领宗亲乡里，奔往江南。①

按宗族系统是以家庭为单位组成的。由于各个家庭间亲疏贫富的不同，内部有阶级、阶层的区分，故宗族纽带并非怎样地牢固。但在流徙过程中，"戮力一心，同恤危难"，则往往加强了一个个家庭间的联系，又使宗主与族人的关系愈加密切，发生主从关系；另外，一些没有能力自保的散户依附随行，也从而扩大了流徙集团。及至定居他乡，与土著主客相抗，欲求立足，欲保安全，尤需倚仗宗主与集团的力量。于是宗主、豪族与所谓宗亲、乡党、部曲、门徒、义附等人群，遂逐渐结成为不可解散的、牢固的整体，我们可称之为"乡族集团"②。

乡族集团与迁徙前的宗族系统，内部结构基本保持着一致；其领袖人物多是有势力的大族、将帅，下面有各级小帅起辅佐作用，这就如同军众有部曲督将、乡里有三老里吏。以领袖—小帅为核心、以宗族乡里为主体的这种流徙集团，势力是很大的；而他们自身又是司马睿、王导侨寓政权的组成分子与依靠力量。③ 因此，如何安置、利用这些大族、将帅及其控制的侨流人口，就成为晋元帝及其后继者们异乎寻常的一桩大事。由于侨流人口的迁徙与定居新地，基本上保持着乡族集团的形式，这就使得安辑侨流采取设立郡县的方法，比较简便可行；而就乡族集团置州郡县，既有利于保证这一集团内部组织的稳定性，符合大族、将帅及

---

① 《晋书·褚翜传》、《郗鉴传》、《儒林徐澄之传》。

② 安田二郎《晋宋革命和雍州(襄阳)的侨民——从军政统治到民政统治》(原刊《东洋史研究》第四十二卷第1号，1983年；收入刘俊文主编《日本中青年学者论中国史》六朝隋唐卷，上海人民出版社1995年版，王轶群译，周蕴石校)对"乡族集团"概念有所论述。又谷川道雄《中国中世社会与共同体》(马彪译，中华书局2002年版)第四编第一章指出："自汉帝国瓦解以来，饱受社会矛盾、天灾、战乱等等威胁的民众，依附于地方上拥有势力的豪族，以谋求生活的安定。作为豪族的一方面，其与民众的连带关系对于维持自身势力是有利的。……对于依附于豪族的民众，是经常使用宗族、乡党等用语来给于[予]表达的。"具体到两晋之际的流徙，谷川道雄举了郗鉴的例子："郗鉴是在永嘉之乱严重缺乏粮食之时，把别人赠送的物资周济于宗族、乡党穷困者，而获得人们深厚信赖的人物。在无法应付五胡的压迫的时候，他率领民众渡长江南下。"

③ 胡阿祥《中古时期郡望郡姓地理分布考论》(载《历史地理》第11辑，上海人民出版社1993年版)："八王之乱及永嘉之乱后，西晋败亡，司马睿在大家族的拥戴、扶持下，建立起南方的东晋政权。当时其政权支柱是侨姓与吴姓。侨姓依地理的远近，又有区别。一类是河南郡姓，以路近而多举宗南迁，……这些郡姓的主要房支与南方政权密切结合，迅速尊显起来。另一类郡姓距离南方较远，有一部分播迁江左，成为侨姓，另一部分则留居北方原籍，就该郡姓而言，形成南北二支平衡发展的现象。"

侨流人民的利益，也便于政府在军事、政治、经济等方面，对他们的利用(详后)。

为安置侨流而置州郡县，是诚然矣。然而，这就产生了疑问：侨流人口的存在，不是东晋南朝独有的现象；各代立郡(州)县以处侨流的事极多，为什么只是这一时代普遍采取设立侨州郡县的方式呢？其缘故可以从正统观念及讲究地望的社会风气中推求。

2. 正统观念与规复失地的决心：侨州郡县的政治含义

欧阳修《正统论》云："《传》曰：'君子大居正。'又曰：'王者大一统。'正者，所以正天下之不正也；统者，所以合天下之不一也。……夫居天下之正，合天下于一，斯正统矣。"这在统一时代是不成问题的。而在中国历史上的分裂割据之世，争夺正统则是一种普遍现象。谁为正统，各别政权各有理由；而各别政权彰显正统的方式也不一样。以东晋十六国为例，匈奴刘渊初建国号为汉，自称汉王，"立汉高祖以下三祖五宗神主而祭之"①；匈奴刘勃勃则"自以匈奴夏后氏之苗裔也，国称大夏"②，以继承夏朝法统的中国皇帝自居。又如羯人石勒、氐人苻坚，都因拥有长安、洛阳两京，而自居"中国皇帝"，反指东晋为"司马家儿"、"吴人"。南北朝时期，南朝政权和东晋一样，自认正统所在，斥北朝为索虏；而北朝政权以占据着传统的中原地区，遂以正统自居，反骂南朝为岛夷。③ 在这种种正统之争中，地域与文化是各自最重要的依据：五胡尤其北魏政权之自居正统，多以占有中原地区为由；离开了中原的东晋南朝政权，则自恃拥有皇统继承或禅让以及传统文化的多重正统资格。

对于东晋南朝统治者来说，因为存在对立的十六国北朝政权，所以彰显正统是至关重要的大事，这不仅关系到其政权的合法性问题，而且关系到民心向背与军事形势。应该说，东晋南朝在这方面拥有相当的优势。南宋李焘《六朝通鉴博议》卷一云："若夫东晋、宋、齐、梁、陈之君，虽居江南，中国也；五胡、元魏，虽处神州，夷狄也。……王猛丁宁垂死之言，以江南正朔相承，劝苻坚不宜图晋；崔浩指南方为衣冠所在，历事两朝，常不愿南伐。"《资治通鉴》卷一〇四太元七年记前秦苻融谏苻坚曰："国家本戎狄也，正朔会不归人。江东虽微弱仅存，然中华正统，天意必不绝之。"由此可以看出，当时虽南北分裂、各朝均自认为正统，但时人一

① 《晋书·刘元海载记》。详胡阿祥《中国历史上的汉国号》，《江苏行政学院学报》2005年第5期。

② 《晋书·赫连勃勃载记》。

③ 《资治通鉴》卷六九黄初二年"臣光曰"："宋、魏以降，南、北分治，各有国史，互相排黜，南谓北为索虏，北谓南为岛夷。"又魏收《魏书》，目东晋为僭晋，以司马睿与李雄并列。

般的概念是：五胡、拓跋魏虽入主中原，然而“自古以来未有戎狄作天子者”[①]；反之，晋自元帝渡江，“虽僻陋吴越，乃正朔所承”[②]。但残酷的现实是：东晋南朝毕竟失去了重要的地理上的正统依据。如东晋初年，全隶版图者仅有荆、扬及分置之江、湘以及边徼之交、广、宁数州，余皆瓯缺瓦解。[③] 此瓯缺瓦解的疆域形势，东晋南朝一直未能有实质的改变。[④] 夫所谓祖宗疆土，尺寸不敢与人，既境地止画方隅，又讳言削弱，则侨置不失为解决问题的良好办法；又东晋南朝例不侨置十六国北朝新立的州郡县，借以表明对其政权的否定。北方政权对东晋南朝自恃正统、侨立州郡县的做法，则极为反感。《魏书·韩显宗传》：

> 显宗上言：自南伪相承，窃有淮北，欲擅中华之称，且以招诱边民，故侨置中州郡县。自皇风南被，仍而不改。凡有重名，其数甚众。疑惑书记，错乱区宇，非所谓疆域物土，必也正名之谓也。

由韩显宗之言，东晋南朝借侨州郡县表达正统观念的政治意图可谓一目了然。[⑤] 又北方政权所以反感东晋南朝“侨置中州郡县”，还有其他原因。

侨立沦陷区域的州郡县，不仅是对故土的一种怀念，更重要的是，它还表明了规复失地的决心。考南宋建炎四年(1130年)，汪藻建言“用六朝侨寓法，分浙

---

① 《晋书·姚弋仲载记》。

② 《晋书·苻坚载记附王猛传》。

③ 西晋结束三分之局，重归统一，凡十九州(司冀兖豫荆徐扬青幽平并雍凉秦梁益宁交广)，后又分置江、湘二州。其疆域范围，大体东至朝鲜中部，西被流沙以西，南抵日南，北暨瀚海。

④ 东晋疆域广狭无常，大略而论，则北抵淮南、江北，西有巴蜀、南中，东及东海，南达南海，兼有交趾。又南朝疆域也甚不固定，概而言之，则晋末宋初最大，北有今山东半岛，西北有关中，北抵黄河；至陈极小，西不得蜀汉，北失淮淝。详胡阿祥《六朝疆域与政区研究》上编“六朝疆域变迁考述”，西安地图出版社2000年版。

⑤ 值得注意的是，所谓“南伪相承，窃有淮北，欲擅中华之称”云云，反过来又显示了北魏的正统意识。按北魏以正统自居者，一则强调鲜卑是“黄帝少子昌意之后”，此民族上的理由；二则立都洛阳，居于中土，此地理上的理由；三则北魏接受并发扬了传统文化，此文化上的理由。在这三条理由中，民族上的理由是一笔扯不清的糊涂账；地理上的理由显得十分充足，以致北魏敢理直气壮地斥南朝为“南伪”；文化上的理由起初虽然薄弱，而当孝文帝厉行汉化后，北魏传统文化的发展确已达到了相当的程度，梁朝北伐名将陈庆之就心悦诚服地说过这样的话：“自晋宋以来，号洛阳为荒土；此中谓长江以北尽是夷狄。昨至洛阳，始知衣冠士族并在中原，礼仪富盛，人物殷阜，目所不识，口不能传。所谓帝京翼翼，四方之则，如登泰山者卑培塿，涉江海者小湘沅，北人安可不重！”北朝当然就更以正统自居，如杨元慎言于陈庆之曰：“江左假息，僻居一隅。……我魏膺箓受图，……移风易俗之典，与五帝而并迹，礼乐宪章之盛，凌百王而独高。”(《洛阳伽蓝记》卷二“景宁寺”)详胡阿祥《伟哉斯名——“中国”古今称谓研究》下编第五章，湖北教育出版社2000年版。

西诸县，皆以两河州郡名之”①；绍兴八年（1138年），李谊也奏称“于淮南、荆襄，侨建西北州郡，分处归正之民”②。然而终不见施行者，疑与宋金关系的演变有关。南宋初年，君臣尚思恢复。及绍兴十一年宋金和议，东以淮河、西以大散关为界，宋向金称臣，每年贡纳银、绢各二十五万；次年春，金主册立宋高宗赵构为宋帝。宋既称臣于金，若侨立淮河、大散关以北州县，意存规复，必为金廷所不容，所以南宋断不敢侨置已在金国境内的北宋故地州县。至于西汉高祖迁齐楚豪族大户于关中，未闻侨立齐楚郡县，则是因为全国都在统一政府治理之下，此举为强干弱枝政策。由此也可以看出侨置与政治地位及形势的关系。

在东晋南朝统治者看来，十六国北朝虽肇基建国，帝制自为，实不过紫色蛙声、余分闰位而已。神州陆沉，已愧对列祖列宗；侨立州郡县，则既可以虚名自慰一番正统观念，又表示不忘故土，恢复有望。侨置从一时权宜之计，发展为经久之制，与此可谓密切相关。

然而值得细究的是，通过政区或准政区的设置乃至名义的建立，以表达正统观念与规复失地的决心，途径或曰方法本是多种多样的。其必大规模、普遍性地设置“侨”州郡县者，当有特殊原因在。这里不妨先从比较的角度，简述三国时代盛行的遥领与虚封，以加深对东晋南朝必置侨州郡县的进一步理解。

在中国政治地理史上，遥领与虚封是一类特殊现象。“遥领者，不入版图之地，而别于国内他处设刺史、郡守以辖之也。虚封者，则仅有封爵而无实土之谓也。”③通俗地说，把不属于本国（即本国政府不能行使行政权）的地方，算做自己的，于自己国内设置该地地方长官如州牧、刺史、太守、县令等名义，对其地行使象征性的统治，是为“遥领”；以事实上不属于本国的土地，作为本国王侯封爵的封土，是为“虚封”，虚封与遥领相同，也是象征性的统治。

遥领与虚封并非三国所独有，但以三国时代最为盛行。④ 三国伊始，蜀汉章武元年（221年）即以马超为骠骑将军，领凉州牧；尚书杨仪左迁遥署弘农太守。凉

① 《建炎以来系年要录》卷三三建炎四年五月乙巳。

② 《建炎以来系年要录》卷一一八绍兴八年三月戊申。

③ 顾颉刚、史念海《中国疆域沿革史》第十三章第四节。

④ 与东晋十六国南北朝侨州郡县一样，三国的遥领与虚封也是政区研究上极为麻烦的问题。例言之，或以为蜀汉有交州，《三国志·蜀书·李恢传》“恢为庲降都督、使持节、领交州刺史”，是为证据。然考李恢领交州，“住平夷县”，平夷为牂柯郡属县，苟其时蜀汉有交州，岂能设治于益州之牂柯？故蜀汉虽有交州之名，交州实土却属吴不属汉。类似这种有名无土的情形，即因遥领、虚封所致。洪亮吉在《〈补三国疆域志〉序》中也说：“三国土壤既分，舆图复窄，州郡之号，类多遥领。吴有犍为之守，蜀存京兆之名。武都一郡，土归西国，而名列扶风；房陵一区，实隶当涂，而虚领益土。近而易混，骤每不详。”

州、弘农郡皆魏国所有。其后,魏有益州刺史杨阜、黄权,平州刺史田豫,扬州牧曹休,丹阳太守蒋济,吴王曹彪,阆中侯张鲁,湞阳子司马珪;蜀汉有交州刺史李恢、扶风太守张翼、汉阳太守法邈,鲁王刘永、梁王刘理、北地王刘谌、新平王刘瓒、新兴王刘恂、上党王刘虔、陈仓侯马岱、济阳侯吴壹,此皆遥领、虚封之例。至于孙吴的遥领、虚封,则建置尤盛。以州论,有兖州牧朱然、冀州牧步骘、幽州牧文钦;以郡论,全琮黄武四年领九江太守,陆凯赤乌中除儋耳太守,周泰破关羽后拜汉中太守,潘璋夷陵之战后任襄阳太守,甘宁以拒关羽功为西陵太守,韩当先后领永昌太守、冠军太守,又顾雍弟顾徽拜巴东太守,虞翻子虞耸为河间太守,子虞昺为济阴太守,孙韶为广陵太守,均为遥领。以封爵论,孙和为南阳王居长沙,孙奋为齐王居武昌,孙休为琅邪王居虎林;又孙霸封鲁王,文钦入吴封谯侯,滕胤孙亮时、滕牧孙皓时封高密侯,濮阳兴孙休时封外黄侯,这些王国与侯国皆是虚封。

按三国尤其是蜀汉、孙吴之盛建遥领、虚封,当不唯是图其空名、虚张声势,还有更深一层的政治原因。《三国志·吴书·孙权传》云:

> 黄龙元年春,公卿百司皆劝权正尊号。夏四月,夏口、武昌并言黄龙、凤凰见。丙申,南郊即皇帝位。是日大赦,改年。……六月,蜀遣卫尉陈震庆权践位。权乃参分天下,豫、青、徐、幽属吴,兖、冀、并、凉属蜀。其司州之土,以函谷关为界,造为盟曰:"……九州幅裂,普天无统,民神痛怨,靡所戾止。及操子丕,桀逆遗丑,荐作奸回,偷取天位,而睿么麽,寻丕凶迹,阻兵盗土,未伏厥诛。……今日灭睿,禽其徒党,非汉与吴,将复谁任?夫讨恶翦暴,必声其罪,宜先分裂,夺其土地,使士民之心,各知所归。是以《春秋》晋侯伐卫,先分其田以畀宋人,斯其义也。且古建大事,必先盟誓,……汉之于吴,虽信由中,然分土裂境,宜有盟约。……自今日汉、吴既盟之后,戮力一心,共讨魏贼,救危恤患,分灾共庆,好恶齐之,无或携贰。若有害汉,则吴伐之;若有害吴,则汉伐之。各守分土,无相侵犯。传之后叶,克终若始。……"秋九月,权迁都建业。

上引史料,为遥领、虚封制度作了最好的注脚,盖遥领、虚封,作为一种政治手段,意在表明自己的正统地位及不弃是土的决心。[①] 就三国来说,曹操虽"奸阉遗丑",但据有地广人众的中原之地,且"托名汉相,挟天子以征四方,动以朝廷为

---

① 徐兆奎《中国地名史话》(中共中央党校出版社 1991 年版)第四章第二节即称遥领、虚封制度"反映出三国统治者们皆有兼并他国、统一天下的欲望"。

辞"[1]，在政治上占有不可动摇的优势；曹氏代汉称帝后，更是虎视蜀汉、孙吴，志在一统天下。刘备虽偏处一隅，土狭民少，然以"帝室之胄"，用兴复汉室为旗帜，自居为汉家正统，与曹氏势不两立。至于"割据江东，地方数千里"而政治上却处在劣势的孙吴[2]，则打出了"为汉家除残去秽"的旗号[3]，并通过与蜀汉缔结同盟，以共讨"偷取天位"的曹氏，从而在军事上免去西顾之忧，在政治上也得忝汉统。然则遥领、虚封，正是蜀汉、孙吴此种国策与心态的产物与具体化。

黄龙元年（229 年）孙吴、蜀汉缔约后，两国遂依照盟约中的分界，各于其范围内遥置刺史、州牧，于是蜀汉有冀州刺史张翼，兖州刺史邓芝、宗预，并州刺史廖化，凉州刺史魏延、姜维；孙吴有青州牧朱桓，豫州牧诸葛瑾、陆凯，徐州牧全琮、贺齐、丁奉，幽州牧孙韶。然而上述各州实属曹魏所有，蜀汉、孙吴固不得稍加染指。[4] 又吴、汉分天下后，汉以交州为吴人属地，故解李恢交州刺史，又"徙鲁王永为甘陵王，梁王理为安平王，皆以鲁、梁在吴分界故也"[5]。吴先以朱然牧兖州，步骘牧冀州，至是以地属汉，为表示对盟约的尊重，也解其牧职，以示不侵；且自武昌还都建业，表明对蜀汉无西顾之忧。

三国鼎立的结果，曹魏先灭蜀汉，司马氏又代曹魏建立晋朝，晋再灭吴，统一天下。当天下一统于司马氏后，很显然，遥领、虚封的政治基础已经不复存在了，于是这两种制度随之消亡。[6] 及至东晋南朝，侨州郡县代之而兴，其政治意义正略同于三国时代的遥领、虚封；唯遥领、虚封并无寄治之所与原土之民，这是与侨

---

① 《三国志·吴书·周瑜传》。

② 陶元珍《三国吴兵考》（载《燕京学报》第 13 期，1933 年）云："坚事举未就，中道战死，策以一校尉渡江，权以一孝廉领郡，名位尚低，声望不著。"又王夫之《读通鉴论》卷十也称："蜀汉之义正，魏之势强，吴介其间，皆不敌也。"

③ 《三国志·吴书·周瑜传》。

④ 曹魏九州，蜀汉、孙吴既各占其四，其首都所在的司州，则以函谷关为界，各取其半。

⑤ 《三国志·蜀书·后主传》。

⑥ 东晋十六国南北朝偶见遥领与虚封。如《陈书·始兴王叔陵传》略云"太建元年，授都督江、郢、晋三州诸军事，江州刺史"，晋州即为遥领，详谭其骧师《〈补陈疆域志〉校补》，收入所著《长水集》，人民出版社 1987 年版；又北魏明元帝有六子分别被封为乐平王、安定王、乐安王、永昌王、建宁王、新兴王，时乐平等六郡不在北魏版图内，另外如交趾公、襄城公、武原侯、平舒侯之类，其爵名中的郡县也在魏的辖境之外，是为虚封。另有一种情况是，虽然某些地方是在政权所辖范围内，但由于该地土著民族势力大或距离悬远，故所任命的地方官员无法进入该地实施统治，这种实力不到彼处，实际也有如遥领。如《魏书·刘藻传》载，刘藻为秦州刺史时，"秦人恃崄，率多粗暴，或拒课输，或害长吏，自前守宰，率皆依州遥领，不入郡县"；东晋南朝则如西南边疆的宁州，朝廷虽任命宁州刺史，却往往并不到任，宁州的实际统治者是以爨氏为首的土著势力。详胡阿祥《六朝疆域与政区研究》上编第二章第二节、周振鹤《地方行政制度志》第九章第一节。

州郡县不同之处。换言之,三国时代的遥领、虚封,更多的是一种象征意义;而东晋南朝的侨州郡县,除了表示正统与规复失地的决心外,还与失地之间具有一种天然的联系:安置原土之民。正是原土之民高标郡望的风气及其深固的地域乡里观念,直接促成了东晋南朝大规模而普遍性地设立侨州郡县。

3. 高标郡望的风气及其深固的地域乡里观念:侨州郡县设立的直接原因

中国中古时代是一个家族时代,呈现出鲜明的家族政治、家族经济与家族文化的特征。中古时代的家族,其特征之一,便是家族与地域之间不可分离的关系,家族都基础于特定的地域之上,此诚如陈寅恪《论李栖筠自赵迁卫事》所云:

> 吾国中古士人其祖坟住宅与田产皆有连带关系。……故其家非万不得已,决无舍弃其祖茔旧宅并与茔宅有关之田产,而他徙之理。……李栖筠既不得已舍弃其累世之产业,徙居异地,失其经济来源,其生计所受影响之巨,自无待言。又旅居异地,若无尊显之官职,则并其家前此之社会地位亦失坠之矣![1]

陈寅恪在此点透,家族的地域性关键在于"累世之产业",即特定地区连片的大地产(一般是庄园经济形态)。以此为基础,既维系着家族内部的宗法关系与血缘纽带,又垄断了地方官职,并进而猎取中央政治权力,奠定其政治地位与社会影响。其具体情形,Wolfram Eberhard 有形象的描述:

> 一个缙绅家族通常有一个乡村家与一个城市家。乡村家即家族田产所在地,那里居住一部分族人,管理经营其财产,……是家族经济的支持骨干。当其家族有足够的资金时,则聘请教师教育其子孙,使其子孙能从事官宦生涯。……缙绅家族中受教育的分子常常搬进城市中居住,其生活较为安逸,他们有乡村家为其经济基础。……缙绅在城市的支族的主要活动是政治性的,其家人千方百计谋求进入官僚群中,或做中央官或做地方官,或为文官或为武官。……如果在中央的城市支族在权力争夺时失利,则该家族乡村部分仍能继续生存与维持,政局的转移很少能够同时影响到城市及乡村两地方的族人。若当城市支族当权时,彼可保护并援助居住在乡村的支族。[2]

---

① 收入《金明馆丛稿二编》,上海古籍出版社 1980 年版。按李栖筠是唐赵郡李氏李德裕之祖。

② 《中国中古时代的征服者与统治者》,转引自毛汉光《中国中古社会史论》第三篇,上海书店出版社 2002 年版。

家族的这种情形，即地域观念、经济势力与政治权力三者的结合，使家族与地域产生了固定的联系；家族之讲究地域观念，也在中古时代蔚成风气。

家族的地域观念是通过郡望来表现的。郡望，从字面上理解，即显贵的家族世代聚居某地，为当地所仰望；形式上则一般以郡名表示①，如弘农杨氏、太原王氏、范阳卢氏。有时也写做姓望（姓氏所系之地望）、族望（家族籍贯）、地望等等。这种显贵的家族称为郡姓（一般指在全国有影响的郡中著姓）②，其他称法尚多，如望族、世族、世家大族、冠族、甲族、门阀士族、名门、大姓、著姓、右姓等等。他们据以显耀者，"太上有立德，其次有立功，其次有立言，其次有爵为公、卿、大夫，世世不绝"③。也因如此，崇尚源流成为家族的又一特征。这一特征与家族的地域观念相结合，便凝成了郡望顽强的继承性与稳定性。

当然，郡望的继承性与稳定性在中古时代的各别时期并不都是一致的，而是有所流变。伴随着大家族的形成与发展，早在东汉时，南北各郡就逐渐形成了一批较固定的、被普遍承认的当权大姓。如《魏略》载："天水旧有姜、阎、任、赵四姓，常推于郡中"；④桓、田、吉、郭为冯翊郡甲族；⑤又颍川荀、陈、钟，吴郡朱、张、顾、陆，会稽虞、魏、孔、贺，则世所习知。⑥ 三国时进一步发展。及至两晋南北朝，崇尚郡望更是蔚成风气，所谓"自世重高门，人轻寒族，競以姓望所出，邑里相矜"⑦。郡望作为高贵家族的标帜，在这一时期，以其极为重要的政治、社会意义，影响着家族群体与个人的社会地位、婚媾关系、仕宦前途等各方面。⑧ 大家族凭藉着高贵的郡望，可以顺利无碍地"世仕州郡为冠盖"⑨，可以理直气壮地

---

① 在一些地志中，专门列有"郡望地名"一目，如敦煌文书伯2511号唐韦陾《诸道山河地名要略》第二残卷，存河东道州府八，所开列的"郡望地名"，有"太原郡"、"雁门，代州雁门郡也"、"云中，云州郡名"、"马邑，朔州郡名也"、"上党"等。

② 《资治通鉴》卷一四〇建武三年胡注："郡姓者，郡之大姓，著姓也。"

③ 《新唐书·高俭传》。

④ 《三国志·魏书·王肃传》裴注。

⑤ 《三国志·魏书·裴潜传》裴注。

⑥ 唐长孺《东汉末期的大姓名士》，收入所著《魏晋南北朝史论拾遗》，中华书局1983年版。

⑦ 《史通·邑里》。

⑧ 如西晋时同为王氏高门，有太原晋阳王氏与琅邪临沂王氏。太原王氏以王浑为代表，是当时首屈一指的高门；而琅邪王氏以王祥为代表，虽为士族，但权势名位不盛。及东晋，琅邪王氏之王导为侨姓士族领袖，上升为一流高门；而此时太原王氏却权势稍减。这种起伏浮沉，即对太原王与琅邪王成员的婚宦发生影响。详《晋书·王浑传》、《王祥传》、《王导传》、《梁书》卷二一"史臣曰"等。

⑨ 《后汉书·王允传》。参汪征鲁《魏晋南朝门地述论》，载《福建论坛》1986年第2期。

"平流进取,坐致公卿"[①]。而由郡望的这种政治、社会意义出发,从以大家族为统治基础的国家,到拥有高贵郡望的家族,都严守郡望、严防假冒,也就势所当然。如南朝齐明帝时,荒伧人王泰宝买袭琅邪王氏谱,为琅邪王氏中人、尚书令王晏举报,主事者、"世传谱学"的平阳贾渊"坐被收,当极法,子栖长谢罪,稽颡流血,朝廷哀之,免渊罪"[②],即是显例。

据上所述,两晋南北朝之家族尤其是大家族都十分注重郡望、讲究地域观念,便是不难理解的了。进之,注重郡望、讲究地域观念,在当时又有着不同的表现形式。比如历世稍远、支胤繁衍、分房分支后,各房各支在相当长的时间内,保持原来的郡望不变;[③]因为"土地之限制,饥馑之驱迫,疾疫之蔓延,乱离之迁徙,游宦之侨寄,基于种种情状,遂不能不各随其便,散之四方",然而"人仍多自称其望者,亦以明厥氏所从出也"[④]。具体到东晋南朝,大量"乱离之迁徙"的家族之"仍多自称其望",正是我们理解当时之侨州郡县与侨置制度的关键。

在当时南北分裂的特殊政治形势与社会背景下,对于东晋南朝南渡士族来说,如何保持原来的郡望,可谓头等重要的大事。本来,汉代改籍是常见之事;及三国,孙吴境内有大量北方流寓,一段时间后,也颇多落籍江南者,如《晋书·薛兼传》所载薛家及《甘卓传》所载甘家之落籍丹阳,《晋书·周访传》所载周家之落籍庐江等皆是。[⑤] 而这一时代,倘使琅邪王氏、陈郡谢氏等高门,流寓江南而附籍所居郡县,成为"丹阳王氏"、"会稽谢氏"等等,那无异于取消了他们的高贵标帜。[⑥] 而一旦失去这种高贵标帜,他们在异土他乡就很难保持其原有的社会地位。因为与宗族、乡里的密切关系,保持郡望,标榜本籍,乃是世家大族存在的基础。

那么,如何保持这种高贵标帜——郡望呢?"皆取旧壤之名,侨立郡县",便是一种主要方法。胡孔福尝称:

---

① 《南齐书》卷二三"史臣曰"。按隋唐时代,因为科举制度的施行,郡望在仕宦上的地位降低,但郡望仍是维持社会地位及维护阶级婚姻的法宝,重视郡望的风气也仍然存在并更加普遍。又唐以后,郡望的政治、社会意义渐趋消失,然而作为一种社会风气、社会习惯,郡望的流风余韵,直到清及民国时代,还是绵绵不绝。详胡阿祥《中古时期郡望郡姓地理分布考论》。

② 《南齐书·文学贾渊传》。

③ 如同为琅邪王氏,侨居江南后,有"乌衣诸王"、"马粪诸王"等之分,但同为琅邪王则一。

④ 岑仲勉《唐史余瀋》卷四"唐史中望与贯"条,中华书局 1960 年版。

⑤ 参看唐长孺《东汉末期的大姓名士》。

⑥ 参看王仲荦《魏晋南北朝史》上册第五章第二节。

衣冠望族,桑梓情殷。汝南应劭、鲁国孔融,地因人重,名以望传。虽迁徙靡常,寄寓他所,而称名所系,仍冠旧邦,庶邑居井里,以亡为有,实去名存。①

这正道出了南渡衣冠望族要求保持原来郡望与侨置州郡县之间的关系。而东平郡的侨置经过,又为这种关系作了最好的注脚。《南齐书·州郡志》北兖州条:

永明七年,光禄大夫吕安国启称:"北兖州民戴尚伯六十人诉:旧壤幽隔,飘寓失所。……东平既是望邦,衣冠所系,希于山阳、盱眙二界间,割小户置此郡,始招集荒落,使本壤族姓,有所归依。臣寻东平郡既是此州本领,臣贱族桑梓,愿立此邦。"见许。

按东平郡得以侨立,就在于它是"望邦",是东平吕氏一类"衣冠所系"的"桑梓"。考东晋南朝南渡士族,以琅邪临沂王氏、陈郡阳夏谢氏与袁氏、颍川鄢陵庾氏、汝南安城周氏、河东闻喜裴氏、河南阳翟褚氏、济阳考城江氏、陈郡长平殷氏、河东解县柳氏、京兆杜陵韦氏、太原晋阳王氏、谯国龙亢桓氏、颍川临颍荀氏、泰山南城羊氏,以及鲁国孔氏、琅邪颜氏与诸葛氏、济阴冤句卞氏、高平金乡郗氏与檀氏、东莞莒县刘氏与臧氏、东海郯县徐氏、清河东武城崔氏、平原刘氏、济阳考城蔡氏、陈留尉氏(此"尉氏"为县名)阮氏、彭城武原到氏、彭城吕县刘氏等为大为盛;又晋皇室为河内温县司马氏,宋皇室为彭城刘氏,齐、梁皇室为东海兰陵萧氏,陈皇室为颍川陈氏。而上述诸氏郡望所系的郡县,除鄢陵、阳翟、解三县无考外,都有相应的侨郡侨县的设置;其中琅邪临沂王氏、东海兰陵萧氏等高门,更进一步利用手中的政治权力,通过土断,改侨为实,以达到既保持郡望、又获得实土的目的。② 这些情形应当都不是偶然的,其背后有着高标郡望的风气、重视地域乡里的观念之深刻的社会背景在发挥着作用。

4. 政治、军事与经济几方面因素的具体考虑:侨州郡县的现实作用

尽管有着诸多的理由,使得东晋南朝建立侨置制度、设置侨州郡县,然而,若正统观念与规复失地的决心,若高标郡望的风气、重视地域乡里的观念,毕竟在

① 《〈南北朝侨置州郡考〉叙》。

② "相应的侨郡侨县的设置",详本书第二篇"考表"相关部分。"土断"问题,详见本书第三章的讨论。又如果进一步分析南渡士族的侨寓地(有时表现为仕宦地)、墓地所在,就可发现南渡士族与本籍侨郡侨县间的关系,是相当复杂的。参见中村圭尔《关于南朝贵族地缘性的考察——以对侨郡县的探讨为中心》(原载《东洋学报》第六十四卷第1、2期,1983年;刘驰译,载《南京晓庄学院学报》2005年第4期)、罗宗真《略论江苏地区出土六朝墓志》(载《南京博物院集刊》第2辑,1980年)以及本书第十一章的讨论。

一定意义上还停留于"虚"的层面；至于安置数量庞大的侨流人口，也只是问题的一个方面，对于东晋南朝中央与地方政府来说，更关心的也许是如何发挥出侨流人口的现实作用。事实上，侨州郡县的大量设置与侨置制度的逐渐建立，造成了东晋南朝在地方行政、户籍管理等方面的诸多麻烦[①]，仅以政区名目为例，《史通·邑里》指出：

异哉，晋氏之有天下也！自洛阳荡覆，衣冠南渡，江左侨立州县，不存桑梓。由是斗牛之野，郡有青、徐；吴越之乡，州编冀、豫。欲使南北不乱、淄渑可分，得乎？系虚名于本土者，虽百代无易。

以此，东晋南朝政府长期而广泛地设置侨州郡县，应当是权衡利弊后作出的选择，只有利大于弊，才能决定东晋南朝政府宁愿承受弊以追求利。

所谓"利"，即侨州郡县的现实作用。我们先来看南宋的两条史料。南宋初年，给事中兼直学士院汪藻疏曰：

自东晋以来，中原失据，故江南北侨立州郡，纳其流亡之人。比金人入寇，多驱两河之民，列之行阵，号曰签军。彼其劫质而来，盖非得已。今年建康、镇江为将臣所招，遁归者无虑万人，此其情可见。莫若用六朝侨寓法，分浙西诸县，皆以两河州郡名之，假如金坛谓之南相州，许相州之人皆就金坛而居，其他类此。俟其入寇，徐以其职招之。彼既知所居各有定处，粗成井邑，父兄骨肉、亲戚故旧皆在，亦何为而不归我哉？况浙西州县，昨经杀戮之后，户绝必多，如令有司籍定田产顷亩，以侨寓之人，计口而给。俟稍安居，料其丁壮，教以战阵，皆精兵也，必争先用命，永无溃散，与夫从彼驱虏、反为我敌者，其利害岂相万哉？[②]

后数年，右正言李谊也奏云：

金人入居汴都，西北之民，感恩戴旧，襁负而归，相属于路。此殆天所以兴宋。臣愿于淮南、荆襄，侨建西北州郡，分处归正之民。给以闲田，贷以牛具，使各遂其耕种之业，而又亲戚故旧，同在一所，相爱相恤，不异于闾里，将见中原之人，同心效顺，敌人之谋，当不攻而自屈矣。[③]

---

① 详本书第三章的讨论。

② 《建炎以来系年要录》卷三三建炎四年五月乙巳。

③ 《建炎以来系年要录》卷一一八绍兴八年三月戊申。

按南宋初年，胡人政权（女真的金）入主中原、汉人政权（赵宋）退据南方的政治格局，与十六国东晋初年实相仿佛。而汪、李二臣希望侨立州县，以招徕北人，使各遂其耕种之业，又教以战阵、练成精兵云云，虽然说的是南宋时事，据笔者看来，东晋南朝设置侨州郡县的现实考虑，也当与之相近①：

其一，侨置以招诱北方人民。

在中国古代，人口是经济与军事极为重要的因素。人口的优胜往往就是经济与军事的优胜。而当分裂之世，各别政权为争取兵源与劳力计，一般也必须吸引并保持流民，使不为敌资。具体到东晋十六国南北朝时期，东晋南朝的人口较之十六国北朝的人口要少得多。② 在这种情况下，从根本上说，东晋南朝政府是乐意接受侨流人口的。而除了主动迁移入南者外，政府出于增加人口与安边的需要，也必须致力于招诱边民。招诱边民的主要措施之一，便是设立侨州郡县。③ 一般是先侨立某州、郡、县于南，即以招引北土此州、郡、县人民，其用心可谓良苦。由于这一策略顺应了人们心理之共同所眷，故颇起招徕之功。据《宋书·索虏传》元嘉二十三年记载，因南朝“不依城土，多滥北境名号”侨置州郡县，招引来大量北方人民，这引起了北魏地方政府的恐慌，遂移书相质。南朝地方政府驳移，就“不因土立州，招引亡命”答云：

> 夫古有分土，而无分民。德之休明，四方襁负。昔周道方隆，灵台初构，民之附化，八十万家。彼不思弘善政，而恐人之弃己，纵威肆虐，老弱无遗。详观今古，略听舆诵，未有穷凶以延期，安忍而怀众者也。若必宜因土立州，则彼立徐、扬，岂有其地？④

据此可知，侨置者，自为用地统人的一种号召。当一地陷于异邦，其民有不及奔

① 以下所言“其一”、“其二”两点，仅略为提示，详参本书第十二章第二节的讨论。

② 《陈寅恪魏晋南北朝史讲演录》（黄山书社 1987 年版）第十四篇之（一）据《晋书·苻坚载记》与《通典·食货典》“历代盛衰户口”条略言梗概云：“前燕户数为二百四十余万，口数为九百九十余万；后魏户数为三百三十余万；后周大象中，户数为三百五十余万，口数为九百万。而南方宋孝武帝大明八年，户仅九十余万，口仅四百六十余万；陈亡之时，户为五十万，口为二百万。”

③ 《魏书·韩显宗传》所谓“自南伪相承，……招诱边民，故侨置中州郡县”是也。

④ 《宋书·索虏传》。

避者，有眷念丘园者，也有去留不定、多怀彼此者①。然而“人生安可久淹异域”②，大多数北土遗黎不愿接受异族统治，“既南向而泣者，日夜以觊；北顾而辞者，江淮相属”③；而若东晋南朝政府侨立其本籍州郡县，对北方人民产生吸引力，使其“同心效顺”，是可以想见的。另一方面，政府还可以利用北民的怀土情绪，动员他们抗击北方政权的南犯，为北伐收复失地效力。如祖逖自“将本流徙部曲百余家渡江”，进攻石勒，使“黄河以南尽为晋土”；淝水之战中东晋赖以击败前秦的主要军事力量北府兵将士，也多是北方侨流及其后裔。④ 进而言之，十六国北朝在军事方面本就胜过东晋南朝，而东晋南朝又逐渐形成了重文轻武的风气⑤，于是其捍城猛将、临敌劲卒，便大多是荒伧远人、淮南楚子、雍州骑射。⑥ 这些侨流久习兵事，强悍剽勇，又多为近边地带的侨州郡县所安置，这种状况，深深影响了东晋南朝的军事形势。就前线而言，侨流人口以及侨州郡县自觉不自觉地起到了“捍边长城”的作用；对内地来说，则等于筑起了一道坚固的屏障。

其二，侨置以安抚流民，促进生产。

《宋书·志序》：“自戎狄内侮，有晋东迁，中土遗氓，播徙江外。……百郡千城，流寓比室。人伫鸿雁之歌，士蓄怀本之念，莫不各树邦邑，思复旧井。”东晋南

① “疆埸之民，多怀彼此”，这种情形在民族意识转趋模糊的南北朝时期颇为常见与复杂，如《宋书·何承天传》载承天所上《安边论》云：“今遗黎习乱，志在偷安，非皆耻为左衽，远慕冠冕。徒以残害剥辱，视息无寄，故襁负归国，先后相寻。……疆埸之民，多怀彼此。……今青、兖旧民，冀州新附，在界首者二万家，此寇之资也，今悉可内徙。……民性重迁，闇于图始，无虏之时，喜生咨怨。今新被钞掠，余惧未息，若晓示安危，居以乐土，宜其歌抃就路，视迁如归。”又《宋书·刘勔传》、《宋书·索虏传》元嘉二十五年也有类似记载。

② 《梁书·羊侃传》。

③ 《南齐书·王融传》。

④ 就此问题，谷川道雄《中国中世社会与共同体》第四编第一章举了祖逖与郗鉴两例：“属于东晋政权，而又活跃于恢复北方失土的军团，有范阳的名望家祖逖率领的宗族、乡党集团”；又“京口军团即设置在首都建康东北边之京口的国家军队，原是为防备五胡政权之南下而设置的。其起源在于山东名望家郗鉴率领故乡民众，于峄山所建立的坞垒集团”。郗鉴领众南渡后，“迄今因未拥有过直属军队而不安定的东晋王朝，由此获得了极大安定。淝水之战中击败前秦苻坚大军的，正是这支京口军团。众所熟知，取代东晋而建立宋王朝的刘裕，就是京口军团的将校。要之，作为确立江南政权的军力源泉，正在于北方的名望家统治”。

⑤ 《陈寅恪魏晋南北朝史讲演录》第十四篇之（一）比较南北军事的区别为胡汉之别，而北胜于南，“可用组织之密、骑术之精、斥候之明三语来概括”。

⑥ 参阅余嘉锡《释伧楚》（收入《余嘉锡论学杂著》上册，中华书局 1963 年版），余逊《南朝之北士地位》（载《辅仁学志》第十二卷第 1、2 期，1943 年）。

朝政府既不能很快就恢复失地，乃“各因其所居旧土”[①]，陆续成立侨流人口的各级流亡政府——侨州、侨郡、侨县，而且“侨置牧司”，分设刺史、守、令，作为安置和管理侨流人口的机构，“因人所思，以安百姓也”[②]。如此，侨流庶可免漂泊无归，减少了社会内部的动乱因素；[③]他们的安定治业，又从而促进了生产的恢复与发展。

侨流人口为侨州郡县所安置，又转而促进经济的发展，这集中体现在地区的开发上。如皖南傍江一带，本是江水宣泄之地，地卑蓄水，湖泊较多，土地是肥沃的，但有待开发。东晋以来，豫、并、兖诸州及江淮间流人南渡江，侨寓在这一带，因置侨州郡县。这些侨流人口不仅给当地提供了劳力，而且带来了北方先进的生产经验和技术，皖南傍江经济文化因之迅速发展。[④] 这种情形，在江南晋陵郡境、江淮之间的邗沟沿线，以及长江中游、汉水流域的南郡周围、寻阳地区、江夏一带、襄阳等处，也表现得很是明显。

要之，在上述种种社会背景、思想观念、现实因素的综合作用下，晋自司马睿、王导时代始即置侨州郡县[⑤]，而由于北方失地的一直未能恢复，其后继者以及南朝宋、齐、梁、陈，也就续有侨州郡县的设置，于是侨置制度遂历江左五朝而不废。

---

① 胡三省《通鉴释文辩误》卷四。

② 《太平御览》卷一六八引梁鲍至《南雍州记》：“永嘉之乱，三辅豪杰流于樊沔，侨于汉侧。立雍州。因人所思，以安百姓也。”

③ 侨流问题如果处理不当，则西晋末年那样的侨流起义或会重演，而南渡人口也会返归北土。如《晋书·姚兴载记》：“京兆韦华、谯郡夏侯轨、始平庞眺等率襄阳流人一万叛晋，奔于兴”；又《晋书·姚襄载记》：“流人郭斁等千余人执晋堂邑内史刘仕降于襄，朝廷大震”；又《宋书·刘粹传》：“少帝景平二年，谯郡流寓六十余家叛没虏。”按史籍所载，类此者尚多。

④ 详万绳楠《江东侨郡县的建立与经济的开发》，载《中国史研究》1992 年第 3 期。

⑤ 按司马睿、王导之始行侨置制度，也或受到了北方十六国之前燕慕容廆政权相关做法的影响或启发，详本书“余论”之二的讨论。

第二章
东晋南朝侨州郡县的设立情形及其分析

上章讨论了东晋南朝侨州郡县的产生，指出自西晋永嘉丧乱，元帝南渡，出于招抚侨流计，出于正统观念计，出于表达规复失地的决心计，出于北方大族利益计，也出于现实的政治、军事与经济需要计，乃置侨州郡县。东晋已是“侨州至十数，侨郡至百，侨县至数百”[①]，而宋承其流，萧齐、梁、陈沿波于后，自此南北名号既多重复，东晋南朝政区也是侨实相杂，并因此难以究诘。关于东晋南朝侨州郡县的具体设置，第二篇将作系统考证；[②]本章谨就东晋南朝侨州郡县设立的几种主要情形，侨州郡县与原州郡县及当地州郡县的关系，侨州郡县设立后的变化，以及侨州郡县设官施政的特点诸问题，进行概括与分析。

第一节　侨州郡县设立的几种主要情形

东晋南朝侨州郡县有着复杂的产生背景与成立原因，而侨州郡县的设立情形，也相应地多种多样。

1. 处侨流而立

侨流人口是侨州郡县存在的基础，“无民焉牧”？考侨州郡县设置的主要年代及其主要分布区域，基本上与侨流人口大举迁徙时间及其相对集中分布地区一致，这说明处侨流而立，是侨州郡县设立的一种主要形式。

东晋最早设立的侨郡县，是安置具有特殊地位的南迁琅邪国人的琅邪郡及所领费、怀德诸县。《宋书·州郡志》南徐州刺史南琅邪太守条云：

> 晋乱，琅邪国人随元帝过江千余户。太兴三年，立怀德县。丹阳虽有琅邪相而无土地。成帝咸康元年，桓温领郡，镇江乘之蒲洲金城上，求割丹阳之江乘县境立郡，又分江乘地立临沂县。《永初郡国》有阳都、费、即丘三县，并割临沂及建康为土。费县治官城之北。

① 洪亮吉《〈东晋疆域志〉序》。

② 按本章凡未注明资料出处者，悉见第二篇“考表”及拙著《六朝疆域与政区研究》下编“史料评说及六朝政区建置表”，西安地图出版社 2000 年版。

又唐许嵩《建康实录》卷五太兴三年(320年)七月条:“诏琅邪国人随在此者近有千户,以立为怀德县,统丹杨郡,永复为汤沐邑。”[①]许嵩自注云:

> 中宗初,琅邪国人置怀德县,在宫城南七里,今建初寺前路东,后移于宫城西北三里耆园寺西。帝又创已北为琅邪郡,而怀德属之,后改名费县。其宫城南旧处,咸和中,移建康县,自苑城出居之。案《南徐州记》:费县西北八里有迎担湖。昔中宗南迁,衣冠席卷过江,客主相迎,负担于此湖侧,至今名迎担湖,世亦呼为迎担洲,在县城西石城后五里余。

依据上引,可以明确者几点:其一,本来北方的徐州琅邪国是东晋创业之主中宗元皇帝司马睿的旧封地、起家之国[②],而最早设立的侨置琅邪郡、费县、怀德县以及临沂县、阳都县、即丘县等,除了怀德是县名新创、以名表意外,其余都是原琅邪国及其领县的侨置[③],而侨置的直接目的在于安置并优遇随司马睿过江的旧封地琅邪国千户左右的侨人。其二,起初侨郡县并无实土,但有行政管理机构(如“丹阳虽有琅邪相而无土地”,“桓温领郡,镇江乘之蒲洲金城上”,“怀德县,在宫城南七里”,云云)与行政隶属关系(如“琅邪郡,而怀德属之”),换言之,无实土的侨郡县,乃是寄寓在他地固有行政区域之中的另外一套行政管理体系,管理的对象则是特殊的、原则上应为同一本贯的侨人的集合体。其三,此无实土的侨郡县,可以分得寄寓地的实土,从而由虚幻走向现实,如琅邪郡、临沂县、阳都县、费县、即丘县,即割丹阳郡之江乘县、建康县领域而获得了实土;[④]与此同时,寄寓地的原实土政区,领域、治所、边界等也相应地进行调整。其四,《南徐州记》[⑤]所记迎担湖地名的由来,又形象地反映了司马睿南迁、北方衣冠士族过江的情形,

---

① “丹杨”或作“丹扬”、“丹阳”,“杨”是本字,而“扬”、“阳”皆属假借。又“汤沐邑”者,汉制,皇帝、诸侯、皇后、公主等皆有汤沐邑,收取赋税以供个人奉养。又“复”,免除赋税徭役之意。

② 据《晋书·地理志》下徐州,琅邪国都开阳(治今山东临沂市北),领开阳、临沂、阳都、即丘、费等九县(国),户二万九千五百。

③ 按东晋时又领有开阳侨县。《宋书·州郡志》南徐州刺史南彭城太守开阳令条云:“晋侨立,犹属琅邪,安帝度属彭城。”

④ 以临沂县为例,中村圭尔《关于南朝贵族地缘性的考察——以对侨郡县的探讨为中心》(原载《东洋学报》第六十四卷第1、2期,1983年;刘驰译文载《南京晓庄学院学报》2005年第4期)依据文献与墓志的记载,考证推断“临沂县的具体疆域”为“其向建康城的东、北郊扩展,北至长江,东以栖霞山附近为界”;当然,“具有如此广大县境的侨县是极为特殊的例子”,而这与“能左右东晋王朝初期政局的琅邪王氏”有直接的关系。又王去非、赵超《南京出土六朝墓志综考》(《考古》1990年第10期)考证临沂的大致范围为北至长江,南到今富贵山至鸡鸣寺北一线,东到甘家巷一带,西至下关江岸。

⑤ 此《南徐州记》,当指刘宋山谦之所撰《南徐州记》,二卷,见《隋书·经籍志》。

从而为这批最早的侨郡县的成立过程，添上了别样的注脚。

按以上四点，并非这批侨郡县的特殊情形，详细的论述另参其他章节，此不赘说。值得强调的是，琅邪郡及其所领费县、怀德县的侨置丹阳郡境，正是可考见的处侨流而立侨郡县的开始。[①] 此后遂侨置纷纭，兹略言之，以见大概。

《宋书·州郡志》："晋永嘉大乱，幽、冀、青、并、兖州及徐州之淮北流民，相率过淮，亦有过江在晋陵郡界者。……其徙过江南及留在江北者，并立侨郡县以司牧之。徐、兖二州或治江北，江北又侨立幽、冀、青、并四州。"明帝又立沛、清河、下邳、东莞、平昌、济阴、濮阳、广平、泰山、济阳、鲁等侨郡并所领县于江南、北。"其后中原乱，胡寇屡南侵，淮南民多南度。成帝初，苏峻、祖约为乱于江淮，胡寇又大至，民南度江者转多，乃于江南侨立淮南郡及诸县。"又侨立庐江郡于春谷，汝南郡于涂口，安丰、松滋二郡于寻阳。咸康三年(337年)，以司州侨户立河东郡于上明，统安邑、闻喜、永安等八县。元、明、成时期，以侨流所立侨州郡县，主要分布在淮南及长江下游南北，长江中游也渐有所及。是为第一次侨置高潮。

东晋中叶以后，石赵政权崩溃，中原兵燹连年，而以关右最甚，于是陕甘之人多南出汉水流域，也有南下四川者；前秦苻坚败亡后，中原人民大量南迁。侨置因之又起第二次高潮。如穆帝时，"以义阳流人在南郡者立为义阳郡"；胡亡氐乱，"秦、雍流人多南出樊沔，孝武始于襄阳侨立雍州，仍立京兆、始平、扶风、河南、广平、义成、北河南七郡，并属襄阳"；秦州也寄在襄阳。这是汉水流域的侨置。又孝武宁康元年(373年)，"分割谯、梁二郡见民，置之浣川，立为南谯、梁郡"；上党百姓南渡，"侨立上党郡为四县，寄居芜湖"；"秦国流人至江南"，寄居堂邑，"安帝改堂邑为秦郡"。这是长江下游的侨置。再如安固郡，"晋哀帝时，民流入蜀，侨立此郡"；怀宁郡"秦、雍流民，晋安帝立"；始康郡，"关、陇流民，晋安帝立"，并"寄治成都"。这是蜀地的侨置。

义熙(405～418年)末年，刘裕北伐，河南、关中先后收复。不久复失关中，

① 一般认为怀德县是东晋最早设立的侨县，详本书第一章第一节；周振鹤《地方行政制度志》(上海人民出版社1998年版)第九章第二节并就此发挥道："怀德并非琅邪国旧县名，这说明当时虽侨县，但尚未想到要用旧壤之名。据《建康实录》，怀德县后改名费县，这就是琅邪国属之旧县。"今检《宋书·符瑞志》："晋元帝太兴三年四月，甘露降琅邪费。"而当时徐州琅邪国及费县都已不为晋守，所以笔者以为，这里的"琅邪费"当指侨郡县。而如果这一推论不误，则琅邪郡及费县的侨置在太兴三年四月以前，早于怀德县。立怀德县据《晋书·元帝纪》及上引《建康实录》在太兴三年七月，怀德县废除时间则不详。至于《建康实录》怀德"后改名费县"之说，别无证据，颇为可疑。又东晋创设侨郡侨县，还可能与辽西慕容廆有关，详"余论"中的讨论。

刘裕死，又失河南，于是北人南迁。文帝元嘉(424～453年)初年，拓跋魏与赫连夏相争，关陇人民又多避难南走汉中、襄沔及剑南。元嘉末年，魏人大举南犯，曾进至瓜步，流民再南渡江淮。政府为安抚这些侨流人口，一次次地侨立郡县。如宋永初(420～422年)中，于襄阳侨置华山郡及蓝田县，安置康穆所举迁的乡族三千余家；①关中流民前后出汉川，元嘉二年侨置京兆、扶风、冯翊等郡，六年又侨置陇西、宋康二郡；②元嘉中，裴方明平仇池，氐人数千家随居襄阳，侨立天水郡、略阳县；③又南晋寿、南新巴二郡，元嘉十二年于剑南以侨流立；北扶风郡，孝建二年(455年)于汉中"以秦、雍流民立"。如此等等。此期侨置，多在汉中、襄沔及剑南一带。

按北人南迁，以东晋时最盛，"大抵东晋时之侨民半因不屑服属于胡族，半因于避兵祸及北人之酷虐，故由淮北而淮南，由淮南而江南，当其相率而来也"④。宋时北人南迁的次数与人数已远少于东晋，其地域也偏于自西北而向西南。处侨流而立侨州郡县，也以东晋最多，宋时渐少。齐、梁、陈时，南北战事时有发生，北民南迁仍未停息，但"治乱形势既非昔比，而中原人民南迁之风，亦因之大杀"⑤，其直接因处侨流而侨置者，可考寥寥，例举如下：

《南齐书·良政刘怀慰传》："齐国建，上欲置齐郡于京邑，议者以江右土沃，流民所归，乃治瓜步。"

《南齐书·州郡志》南徐州南琅邪郡："建元二年，平阳郡流民在临江郡者，立宣祚县，寻改为谯。"

《陈书·世祖纪》天嘉二年："以武昌国川为竟陵郡，以安流民。"

《陈书·宣帝纪》太建十一年："三月丁未，诏淮北义人率户口归国者，建其本属旧名，置立郡县。"

据上，北人南迁自宋已微，齐、梁、陈则大批之移民绝迹。然而州郡县的侨置并不见少，而且更加纷乱难理者，则非因侨流而立，可以断言。

2. 备职方而立

这类侨州郡县，就数量言并不比处侨流而立者少；它可与疆域盈缩联系起来

① 《梁书·康绚传》。

② 《宋书·文帝纪》、《刘道产传》。

③ 《南史·焦度传》。

④ 周一良《南朝境内之各种人及政府对待之政策》，收入氏著《魏晋南北朝史论集》，中华书局1963年版。

⑤ 谭其骧师《晋永嘉丧乱后之民族迁徙》，载《燕京学报》第15期，1934年。

考察。盖东晋南朝每每沦邦失土，出于正统观念计，职方不可不备，于是侨设沦陷区域的州郡县，初不必有侨民。如宋明帝初年，北魏南侵，“青、冀、徐、兖及豫州淮西，并皆不守，自淮以北，化成虏庭。于是于钟离置徐州，淮阴为北兖，而青、冀二州治赣榆之县”，各领侨郡县若干。而查考史传，“皆未尝言……徐、兖、青、冀之人相携流转入南。……其士庶固有留[流]于淮南者，然非户户尽室而行，四州之侨治[置]亦非应北人南徙之需而设，徒以职方不可不备，遂画地立名耳”①。故这类侨州郡县统领侨人很少，“流荒之民，郡县虚置”，“十无八九，但有名存”，即较之处侨流而立的侨州郡县，更加虚幻。

“郡县虚置”以备职方，最典型的例子莫过于刘宋泰始（465～471年）中豫州郡县的侨置。据《宋书·州郡志》，豫州领淮西十郡四十三县，泰始中这十郡四十三县陷没北魏，乃侨置于淮南。其侨置情形如下表②：

原郡领县	侨郡领县
汝南郡，上蔡、平舆、慎阳、北新息、安成、南新息、朗陵、阳安、西平、瞿阳、安阳	汝南郡，上蔡、平舆、真阳、北新息、安城、南新息、临汝、阳安、西平、瞿阳、安阳
新蔡郡，鲖阳、固始、新蔡、苞信	新蔡郡，鲖阳、固始、新蔡、东苞信、西苞信
谯郡，蒙、蕲、宁陵、襄邑、长垣、魏	谯郡，己吾（余无考） 魏郡（领县无考）
梁郡，下邑、砀	梁郡（领县无考）
陈郡，项城、西华、谷阳、长平	陈郡，项城、西华、谷阳、苌平、阳夏
南顿郡，南顿、和城	南顿郡，南顿、和城
颍川郡，邵陵、临颍、曲阳	颍川郡，邵陵、临颍、曲阳
汝阳郡，汝阳、武津	汝阳郡，汝阳、武津
汝阴郡，汝阴、宋、宋[安]城、楼烦	西汝阴郡，汝阴、宋、安城、楼烦
陈留郡，浚仪、小黄、白马、雍丘	陈留郡，浚仪、小黄、白马、雍丘、襄邑、封丘、尉氏

① 周一良《南朝境内之各种人及政府对待之政策》。

② 下表据《宋书·州郡志》豫州刺史、南豫州刺史以及《南齐书·州郡志》北徐州等整理；其中，侨郡领县之陈郡阳夏县，《宋书·州郡志》豫州刺史陈郡太守：“《永初郡国》有……阳夏”，侨郡领县之陈留郡襄邑、封丘、尉氏三县，《晋书·地理志》兖州陈留国领有襄邑、封丘、尉氏。

据上，不仅陷没十郡悉数予以侨置，即各郡领县也几乎全部侨立。这种“一一对应”地侨置郡县，虽然不排除安置侨流的现实考虑，但更主要者是为备职方计，固极显然。如果对照《晋书·地理志》、《宋书·州郡志》、《南齐书·州郡志》，则可以发现侨置郡县类此者还有不少。至于梁、陈之际，疆域更加萎缩，侨州郡县也颇有增置者，盖亦虚张图籍、夸耀职方一类，所谓“孱主偏安，群雄割据，一则边圉见侵，讳言削弱；一则鸿图乍启，妄自尊大。国本小而多署空名，地未辟而预置镇守。好大喜功，铺张声势”①是也。

3. 招诱侨流而立

齐永明七年(489 年)，光禄大夫吕安国启置东平侨郡，其理由之一即是“始招集荒落，使本壤族姓，有所归依”②；又永元二年(500 年)，萧衍于沔南立新野郡，也是为了“以集新附”③。至于前述处侨流、备职方而立的侨州郡县，当然也可起到招诱侨流的作用。④

4. 位置失地官吏而立

据《元和郡县图志》卷一〇河南道兖州峄山、《晋书·郗鉴传》及《晋书·地理志》兖州：东晋建武(317～318 年)初，兖州寄理峄山(今山东邹城市东南)。西晋永嘉中洛阳倾覆，高平金乡(治今山东嘉祥南)人郗鉴获归，州乡人士并宗附之，遂共推鉴为主，与千余家避难于峄山为坞主。⑤ 元帝初镇江左，假鉴龙骧将军、兖州刺史，镇峄山；三年间，众至数万，帝就加辅国将军、都督兖州诸军事。其后为石勒所侵逼，鉴率文武等南徙，元帝侨置兖州，寄居京口。及明帝初即位，王敦专制，内外危逼，谋仗鉴为外援，于是拜安西将军、兖州刺史、都督扬州江西诸军事、假节，镇合肥；太宁三年(325 年)，又镇广陵。“夫兖州已置于京口矣，又因刺史而改置于广陵，且郗鉴之为兖州刺史已久矣，非自明帝始，是兖州之所以侨置，

---

① 胡孔福《〈南北朝侨置州郡考〉叙》。

② 《南齐书·州郡志》北兖州。

③ 《梁书·武帝纪》。

④ 详见本书第一章。

⑤ 据《晋书·郗鉴传》，赵王司马伦辟鉴为掾，旋称疾去职。伦篡位，闭门自守，及惠帝复位，参司空军事，累迁中书侍郎。洛阳陷，入陈午军中。陈午为乞活帅，与石勒对抗，及得郗鉴，欲推之为主，而鉴逃归乡里。又坞主者，未有朝命的坞壁之主。按永嘉之乱后，地方豪强或官僚贵族聚众筑坞(小城、土堡)以武装自守，或自为坞主，或被推为坞主。当时中原之地，坞壁林立。

非为遗黎而为郗鉴也，固极显焉。”[①]又梁承圣元年(552年)，鲁悉达以平侯景功，授持节、仁威将军、散骑常侍、北江州刺史，寄治新蔡；后悉达勒麾下数千人，济江而归陈武帝，得授平南将军、散骑常侍、北江州刺史，寄治南陵。北江州之侨置，非为流寓而为鲁悉达，也由此可见。

然则何以要如此呢？关键因素有二。其一，“晋太康中，都督知军事，刺史治民，各用人；惠帝末，乃并任，非要州则单为刺史”[②]。也就是说，自西晋末年开始，刺史大多领兵，兼治军旅。其领兵者，首为加将军、加督、加节的都督刺史，次为只加将军的刺史，又次为不领兵即不加将军名号者，称为单车刺史。在这三种刺史中，单车刺史较少，地位也最低，仅有治理本州民政之权。领兵刺史则开府置佐，各有军府机构。又西晋末年以后，郡国长官之太守、内史、相也有加将军、加督、加节、置军府如刺史者，“时有不得者，或为耻辱”[③]。换言之，本为地方民政长官的刺史、太守、内史、相，往往实质上成了地方民政与军政长官。[④] 及永嘉乱后东晋建国南方，便时常有北方失土的刺史、太守、内史、相挟带兵力来归，而由于其兵权尚在，东晋政府为了利用他们，同时也不得不姑息他们，乃每每就其所至，侨立州郡，并假以名号。[⑤] 其二，大凡乱离之世，“府库空虚，赏赐悬乏，白银难得，黄札易营，权以官阶，代于钱绢”[⑥]。在这种情形下，以侨置机构安置官吏特别是迁来官吏，“义存抚接，无计多少”[⑦]，也不失为一种可行并且有效的方法。

---

① 班书阁《东晋侨置州郡释例》(载《禹贡》第五卷第7期，1936年)。又班氏《释例》共列二十二例，即：因流寓侨置州郡例，侨置非为流寓例，因位置失地官吏而设侨州例，实州侨郡侨州实郡例，省实郡为侨郡例，侨置改为实土例，数侨州置于一郡例，实土恢复侨置尚存例，侨实并存例，侨置中复有侨置例，侨州迁徙无定例，侨置省而复置例，郡没州存侨郡仍置原州例，郡没州存侨郡置于他州例，沦没一郡析置数侨郡例，旧国侨置改郡例，旧县侨置改郡例，侨郡改为侨县例，以侨州领旧有实郡例，侨于旧实州属他侨州例，侨郡不属于原属之侨州而属于其他侨州例，侨置于甲州而隶属于乙州例。按班氏此数例，或有不妥者，或有举证不确乃至错误者。本章因就侨州郡县之设立、侨州郡县与原州郡县、侨州郡县与当地州郡县、侨州郡县系统自身四个方面，重拟数例。

② 《南齐书·百官志》，《廿二史考异》卷二二晋书温峤传。

③ 《晋书·王导传》。如李矩“都督河南三郡军事、安西将军、荥阳太守”，南平太守应詹“督南平、天门、武陵三郡军事”。

④ 详胡阿祥《六朝疆域与政区研究》第四章、第六章。

⑤ 顾颉刚、史念海《中国疆域沿革史》(商务印书馆1938年版)第十五章第二节云：“渡江之初，每有洛都刺史挟其兵力来归，其旧治虽失而其兵力依然完整，政府为位置此失地之刺史，每因其所至之地而置州、郡，是同为侨置，固不以人民迁徙为转移也。”

⑥ 《陈书·徐陵传》。

⑦ 《陈书·徐陵传》。

5. 出于边防需要或军事形势而立

出于边防需要而立者，如宋泰始（465～471年）中，淮北没魏，侨立徐州，州治钟离，“防镇缘淮”；又司州，泰始六年立于义阳郡，“有三关之隘，北接陈、汝，控带许、洛，自此以来，常为边镇”[①]。又有视军事形势的变化而侨治迁徙不定、侨置分合无常者，此以豫州最为明显。按东晋豫州先侨芜湖，后移姑熟，进主寿春，退主历阳，割成实土后，常治寿春。宋初又分淮西诸郡为豫州，治所却在淮南寿春；淮东诸郡为南豫，所治不一。然自永初（420～422年）以迄大明（457～464年），南豫与豫州乍分乍合，而以分立居多，豫州始终治寿春，这正是从军事需求出发的，所谓“江西连接汝、颍，土旷民希，匈奴越逸，唯以寿春为阻。若使州任得才，虏动要有声闻，豫设防御，此则不俟南豫。假令或虑一失，丑羯之来，声不先闻，胡马倏至，寿阳婴城固守，不能断其路，朝廷遣军历阳，已当不得先机。戎车初戒，每事草创，孰与方镇常居，军府素正。临时配助，所益实少。安不忘危，古之善政。所以江左屡分南豫，意亦可求”[②]，云云即是。再如司州，起初侨立于徐，移合肥，及庾亮欲北伐开复中原，乃表桓宣为都督沔北前锋诸军事、平北将军、司州刺史，镇于备御北边之重地襄阳。进之，如果分析东晋南朝侨州郡县的设置，可以发现，侨寄于军事重镇、边防要地者甚多，则侨州郡县关系到边防需要、军事形势，殆非虚论。[③]

以上区别东晋南朝侨州郡县的设立为五种情形。当然，具体到某州某郡或某县的侨置，则往往情形并非单一，如处侨流者，又可收备职方、位置官吏、招诱侨流的效果，而备职方者，也可起到招诱侨流、位置官吏及巩固边防等方面的作用。唯计其初立之意，仍可粗分为上述五类。又大体说来，处侨流而立者，以东晋及刘宋时期为多，且以侨郡、侨县为主；备职方而立者，刘宋泰始以后及齐、梁、陈三代之侨州，即多属此类；至于位置失地官吏及因边防或军事而立者，要以侨州最为重要。

第二节　侨州郡县与原州郡县的关系

所谓侨州郡县，是相对于原州郡县而言的。原州郡县沦陷后，其地人民迁寓

① 《南齐书·州郡志》北徐州、司州。

② 《南齐书·州郡志》南豫州。参考《十七史商榷》卷五七。

③ 详本书第四章。

他处,“皆取旧壤之名”[①],侨置州郡县,是为原州郡县及其领民与侨州郡县及其领民的正常对应关系。考东晋南朝侨州郡县,符合这一关系者不在少数,如晋永嘉乱后,幽、冀、青、并、兖州及徐州之淮北流民,相率过淮过江,乃侨立幽、冀、青、并、兖五州并侨郡县;又以弘农人流寓寻阳者侨立弘农郡,以河东人南寓者侨立河东郡并安邑、闻喜等县于上明,以琅邪国人随司马睿渡江者侨立琅邪郡及费县等于建康,因新蔡人于黟布旧城侨立新蔡郡,以义阳流人在南郡者立为义阳郡,以入居襄阳之华山蓝田乡族立为华山郡蓝田县,如此等等,即“寓居江左者,皆侨置本土”[②]一类。

另外,侨州-郡的隶属关系,在土断前,基本维持原州-郡隶属关系不变;[③]而侨郡所领侨县,也往往为原郡所领之县。然而,这种与原州-郡-县系统保持完全一致的侨州-郡-县系统,其实相对说来并不多见。原州郡县一经侨置,就发生诸多变化。若从侨州郡县与原州郡县互相关系的角度分析之,大略可得如下十二种情形。

1. 侨州-侨郡-侨县系统,脱离原州郡(国)县系统,重新组合

就目前可见的比较系统的史料言,东晋南朝侨置前的原州郡(国)县系统,是以《晋书·地理志》(大要以太康元年即280年平吴以后、太康三年即282年废宁州之前为定)为代表的州郡县统辖系统;这些州郡县侨置以后,其侨州(实州)-侨郡系统、侨郡(实郡)-侨县系统,则反映于《宋书·州郡志》(略以大明八年464年为标准年代)与《南齐书·州郡志》(略以永明八年490年为标准年代)中。

对照侨置系统与原系统,明显可见侨置系统并未能保持住原系统的隶属关系;反之,脱离原系统的约束、重新组合的州-郡、郡-县隶属关系,所在皆是。以州统郡县言,据《宋书·州郡志》,南徐州领郡十七、县六十三,其原属徐州者有东海、琅邪、兰陵、东莞、临淮、淮陵、彭城诸郡及部分领县,原属兖州者有高平、济阴、濮阳、泰山、济阳五郡及部分领县,原属幽州者有阳乐县,原属冀州者有清河等郡及长乐、新乐等县,原属青州者有平昌郡、高密县等,原属并州者有榆次县,原属扬州者有晋陵、义兴二郡及领县;又有鲁郡,《晋书·地理志》属豫州,广平县本为司州广平郡。然则南徐一州,遂备有徐、兖、幽、冀、青、并、扬、豫、司九州郡(国)县。类此者,南兖州备有兖、徐、豫、雍、冀、青、并、幽等州郡(国)县,雍州备

① 《隋书·食货志》。

② 《南齐书·高帝纪》。

③ 若无侨州,则侨郡一般犹存隶属原州之名,虽这种隶属仅是名义上的,并不具备实际的行政意义。详本书第三章。

有雍、秦、司、荆等州郡县，实土江州也领有司、豫等州郡县。再以郡统县言，侨郡所领侨县非原郡所领县者，极是普遍，如司州河南郡领县中有原属豫州汝阴郡、汝南郡者；司州弘农郡三县原分属司州广平、上洛二郡及兖州陈留国；司州魏郡所领九县中，有原属司州广平、顿丘二郡者，原属冀州平原、高阳二国者，又有原属兖州济北国者；幽州辽西郡四县，原分属冀州中山国、常山郡、幽州燕国及本郡；雍州北扶风郡三县，原属雍州始平郡及司州弘农郡，竟无属本郡者；豫州新蔡郡三县，原均属豫州汝阴郡；又雍州秦郡九县，原分属雍、兖、司、豫、扬五州，秦、陈留、顿丘、沛、淮南五郡国。

侨置系统何以会重新组合？其一，当与侨流人口本身有关。当侨流人口多时，政府为之成立州一级侨置机构，如兖、豫、徐诸州；而幽州、冀州流寓南土者较少，起先虽侨立了州级机构，却终予废除，其幽州、冀州侨郡县遂分拨徐、兖等侨州。另外，原属不同州郡县的侨流，或寄寓一处，政府设立侨郡县时，常合置为一侨郡-县单位，如新兴郡统六县，即包含原新兴郡四县及雍州京兆郡一县、梁州巴西郡一县；而在这种情况下，估计侨流人数多或势力大者，即以其原郡（国）立为侨郡名，人数少或势力小者则成立侨县，如南阳侨郡领顺阳县，顺阳本郡，侨立为县；又鲁郡领樊县，樊本兖州任城国属县，任城国侨流既少，于是只侨立一县，归隶侨鲁郡，此即所谓“莫不各树邦邑，思复旧井，既而民单户约，不可独建，故魏邦而有韩邑，齐县而有赵民”①。其二，更主要的原因是与土断有关。土断对侨州郡县进行大规模的省并、改隶或者割实，这便使得侨置系统完全脱离了原系统的隶属关系，而重新组合。②

2. 原州郡（国）县侨置后，名称上加“南”、“北”、“东”、“西”等方位词

侨置政区名称上加“南”字，绝大多数是在宋永初元年（420年）以后。晋末刘裕北伐，青、兖、徐、豫、司、雍等州一度收复，侨置州郡又保留不废，于是在收复诸州郡名称上加“北”字，以资区别。宋永初元年，又诏令“诸旧郡县以北为名者，悉除；寓立于南者，听以南为号”③，不独郡县，即州名也从而改易，于是有南青、南徐、南兖、南豫等州及南琅邪、南兰陵、南东莞、南彭城、南清河、南高平、南济阴、南濮阳、南泰山、南鲁、南河东等郡。其后中原、关西、淮北等再度沦陷，诸州郡南侨则冠以“北”字，如北徐、北兖等州及北济阴、北淮阳、北下邳、北京兆等郡

① 《宋书·志序》。
② 关于土断与侨州郡县的复杂关系，另详本书第三章。
③ 《宋书·武帝纪》。

即是。

又有东晋始侨立即称“南”称“北”者，如北河南、北陈留、南梁、南谯、南汝阴、南义阳等郡。[①] 至于加“东”冠“西”者，东宕渠、东京兆、西京兆、西扶风、西汝阴、西南顿等郡皆是。

侨县名称加方位词者也不少，如南汉中郡所领南长乐、南苞中、南沔阳、南城固，北梁郡所领北蒙、北陈，新蔡郡所领东苞信、西苞信，北上洛郡所领东丰阳、西丰阳等等。

侨置政区的名称冠以方位词，显然与一州一郡一县侨置则几州几郡几县、加方位词可资区别有关。然而，若宕渠侨郡则“东”、“西”、“南”、“北”，上洛侨郡则二“南”二“北”，于是“东”、“西”并陈，“南”、“北”互见，侨州郡县遂益形纷乱矣。

3. 原县侨置改名

原县一经侨置而改名者甚多，如灵改零（清河侨郡），东朝阳改朝阳（东平侨郡），西平昌改平昌（平原侨郡），北新城改新城（高阳侨郡），褒信改苞信（新蔡侨郡），獂道改桓道（南安侨郡），平州改平周（白水侨郡），等等皆是。

4. 沦没一州一郡一县，而侨置数州数郡数县

以州言，宋同时有豫、南豫二侨州，徐、南徐二侨州。侨郡如弘农则有上明、寻阳两地侨置，广平则有丹徒、襄阳之东西并列，天水一郡侨有襄阳、汉中、川东北三处，义阳侨郡东晋并立者凡四；阴平一郡陷没，于梁、益二州各立南、北二阴平郡，于是阴平侨郡有四。侨县如尉氏、考城、楼烦、苞信、桓陵、新丰、始平等，也都侨有多处。

按此种情形的发生，与侨流寄寓及疆域变迁有关。以京兆郡为例，东晋侨治襄阳；刘裕北平关、洛，京兆郡收复，称北京兆郡，而侨襄阳者不废，时又有东京兆郡侨荥阳；后关中丧失，北京兆郡乃侨于襄阳一带；及元嘉中，关中流民出汉川，遂又侨立西京兆郡于汉中。再如上党郡，先侨淮阳，后上党民又南流，于是于芜湖分侨此郡。安固郡也是这样，先寄汉中，晋哀帝时民流入蜀，乃分侨南安固郡。大凡一郡一县之人，侨寄数处，于是此郡此县遂有数处侨置；又一州一郡一县之地陷没，于是侨置，后收复又再沦陷，于是再次侨置。

5. 实土恢复而侨置尚存

侨置者，以其实土陷没所以侨置；如果实土恢复，则侨置应予省废。然而仍不省废者却也不少。如永嘉丧乱，青州沦没，乃于广陵侨置青州；及义熙六年

---

① 详本书第十六章。

(410年),刘裕收复青州,侨州不废,原州反而称做北青州。又益州江阳郡,中失本土,寄治武阳,后旧郡恢复,改称东江阳郡,而侨郡尚存。类此者尚多,《宋书·州郡志》南徐州所领南彭城、南下邳、南东莞、南兰陵、南东海、南琅邪及南豫州所领南汝阴等郡及部分领县皆是。

6. 侨实并存

此谓实土并未全部陷没,而也侨置别处,与实土建置并存者。如晋元帝渡江后,徐州沦没大半,即侨置徐州于淮南;安帝义熙中,刘裕北伐,收复徐州全境,乃分淮北为北徐州,淮南犹为徐州。从此,实土之北徐州与侨置之徐州并存。宋永初二年(421年),淮北实州改称徐州,而淮南侨州则称南徐州。

7. 以侨州领原郡县

此谓原州已失,侨在他地,及原州逐渐恢复而侨置如故,并且以侨州遥领已恢复的原郡县。如豫州,"晋江左胡寇强盛,豫部歼覆,元帝永昌元年,刺史祖约始自谯城退还寿春",咸和四年(329年)侨立豫州于淮南。及义熙末,刘裕收复豫州淮北故土,永初三年(422年),分淮南诸郡为南豫州,治历阳;淮北诸郡为豫州,州治却寄在淮南寿春,而遥领淮北汝南、新蔡等郡县,迄于泰始不变。

8. 实土恢复不再建置而仅存侨置

《晋书·地理志》徐州彭城郡有武原、傅阳二县;后彭城郡没,乃侨置于武进,仍领有武原、傅阳二侨县。考《宋书·州郡志》徐州刺史彭城太守领县无此二县。盖原县沦没后,人民南徙,县境丘墟,所以实土恢复后也不再立县,而仅存侨县。东晋南朝侨县中,此例尚多。

9. 原国侨置改郡

西晋郡级政区有郡、国之别。河间、高密、燕国等,侨置仍为国;而冀州平原国、乐陵国、清河国、巨鹿国及并州太原国、雍州秦国等,一经侨置,即改国为郡。

10. 原县侨置改郡

侨置各郡,有未经陷没时本为县,而一经侨置乃改为郡者。如义成,原为扬州淮南郡属县,晋成帝咸康三年(337年),与郡同入后赵;孝武帝时,侨立为义成郡,治襄阳,后移治均。又松滋,原为豫州安丰郡属县,晋成帝初,于寻阳侨置松滋郡。其他如白水、新平、高唐诸县侨置为郡,也属同样情形。

11. 侨置旧郡(国)县

山阳,汉旧郡,西晋改置为高平国,而东晋侨置山阳郡。广川,汉旧国,后更名乐安,及东晋又侨立广川郡。又楼烦,秦县,西晋废;阴馆,汉县,三国魏废。及东晋,雁门侨郡领有楼烦、阴馆二县。又乐平,汉旧县,西晋废,东晋侨置,属钟离郡。又西海,《续汉书·郡国志》徐州琅邪郡领县,西晋废,而刘宋或因此县侨置西海郡。按这种原郡(国)已废,后又侨置者,例不多见。

12. 侨名不沿旧称而创新名

所谓侨置者,"建其本属旧名"[①]。然而也有虽不沿用旧称而创新名、但又确为侨置者。如《宋书·州郡志》益州刺史始康太守:

> 关陇流民,晋安帝立。领县四。……寄治成都。始康令,晋安帝立。新城子相,晋安帝立。谈令,晋安帝立。晋丰令,晋安帝立。

洪亮吉《东晋疆域志》卷四益州侨郡县中有此一郡四县,并云:

> 此郡县名虽新创,然因流民所在创立,又寄治成都,非有实土,故亦列侨郡中。他皆仿此。

洪氏依据"因流民所在创立"、"寄治成都,非有实土",确定始康郡及始康、新城、谈、晋丰四县为侨郡县,无疑是合理的。考东晋南朝侨置郡县,其实多有这类情况。如怀宁、华阳、广长、东宁、长宁、绥安、宋康、怀安、晋昌、宋兴、宋宁、晋熙、建昌、昌国等郡及部分领县;又义安县(西阳郡领),宣祚县、怀化县(临江郡领),怀德县(琅邪郡领),永昌县(蜀郡领),等等皆是。这自可视做侨置郡县的一种特例。

按侨郡侨县名称不沿用旧名的原因,大致有二。其一,若宋兴郡、宋宁郡,"免吴兵三十六营"侨立;[②]建昌郡、昌国郡,"免军户"立。营户、军户本著兵籍,不在民籍之内,所以为此等免除兵籍者侨立的郡县,并无旧称可沿。其二,若绥安郡"更招集流人立",怀宁郡以"秦、雍流民"立,广长郡以"氐民"立;又晋昌郡以"巴汉流人立",所领十县,则分别以"蜀郡流民"、"巴东夷人"、"建平流民"、"益州流民"等立。似此等流民成分错杂,来自不同的州郡县,"皆取旧壤之名,侨立郡县",不仅困难重重,有的就几至不可能,则不如另创新名、侨置郡县。此类新创的侨名,大多含有吉祥如意、抚绥流亡等象征意义。

以上就原州郡县之统属、名称及领民,与侨州郡县之统属、侨名及领民,分析了其间的对应关系。据此可以明了,原州郡县系统与侨州郡县系统之间的关系

① 《陈书·世祖纪》。
② 《宋书·刘道济传》。

虽然密切，然而并不能够完全对应起来。[①]

第三节　侨州郡县设立后的变化

如上所述，原州郡县一经侨置，就发生这样那样的变化。侨州、侨郡、侨县设立后，也并不稳定，而综以观之，大致有如下八种情形。

1. 侨置迁徙不定

侨置州郡，多有先侨于此地，后移于彼处，而非一经侨置即无变更。以兖州论，愍帝建兴末，兖州立镇于广陵；元帝世在京口，明帝世先治合肥，移还广陵；后或还京口，或治盱眙，或居山阳，或镇广陵，或徙下邳，或移淮阴，东晋末年始定治在广陵，宋世又移治盱眙。青州侨治之无一定，与兖州相类似。又豫州，晋世迁治更为频繁，始侨立在芜湖，后逐次移邾城、武昌、芜湖、牛渚、芜湖、寿春、历阳、马头、谯、寿春、历阳、姑熟、马头、历阳、姑熟，东晋义熙十四年(418年)始定治于寿春。[②] 侨郡也是大体如此，如琅邪郡，先寄在丹阳郡城，后移丹阳郡所领江乘县之蒲洲金城，齐永明中再迁治建康城北郊之白下；冯翊郡，初侨在襄阳，宋移治鄀。侨县也有迁徙者，如宋失淮北后，齐郡侨治郁洲，领临淄、西安、昌国、益都四侨县；及齐建元初，徙齐郡治瓜步，四县随之迁徙。

然则比较而言，侨县迁徙者终属少数，侨郡移治也多在小区域内进行；唯侨州的迁镇，不仅频繁，而且地域跨度较大。按侨州出于位置失地官吏、出于军事需要、出于备职方而立者居多，侨郡、侨县则多处侨流而置，而侨流一经安顿，非万不得已，一般不会再迁居。这便可以解释侨州的兴废迁徙为什么多独立于侨郡县之外，也可以由此推论无实土时侨州与下领侨郡县的关系并不密切。有的侨郡县虽然名义上仍悬属于原隶侨州，实际则归所在的实土州兼督。

2. 侨置省置无常

侨置州郡，并非置即不省，省即不置。如冀州先侨置江北，后省；晋义熙中刘

---

① 按从根本上说，原州郡县系统是实土政区，故以属地原则为基础，而侨州郡县系统初无实土，故以属人原则为基础；地是固定的，而人是流动的，尤其侨流人口的流动性、分散性、随意性更为明显，以此，这两个系统之间，实难完全对应。周振鹤对此问题的分析是："侨州郡县只是社会集团，并没有境土，……设置侨州郡县之时，只是从侨流人民的本贯出发，随意给定政区的名称，任意性很大，形态相当复杂，……其实这与原州郡县体系一致的侨州郡县体系并不多见"，云云。参所著《地方行政制度志》第九章第二节。

② 详胡阿祥《宋书州郡志汇释》南豫州刺史条，安徽教育出版社2006年版。

裕平南燕，更立冀州治青州东阳城，又省；宋文帝元嘉九年（432 年），又分青州立，治历城，割土置郡县。又南豫州，宋永初三年（422 年）分淮东立，元嘉七年（430 年）罢，十六年复立，二十二年又罢，大明三年（459 年）又立，泰始二年（466 年）又罢又立，次年又罢，五年又立又罢，七年又立，齐建元二年（480 年）又罢，永明二年（484 年）又立，其乍立乍省，可谓频繁。侨郡如北河南郡，晋太元十年（385 年）立，后省，宋泰始末复立；又广平郡，东晋侨立，成帝咸康四年（338 年）省，后又立，宋元嘉十八年又省；又河间、顿丘、勃海、魏郡，“江左屡省置，宋孝武又侨立”。而相对于侨州、侨郡，侨县的省置无常则不多见，如南东海郡所领襄贲、祝其、西隰，“是徐志后所省也”[①]，而《南齐书·州郡志》南徐州南东海郡领有此三县，盖省后又置。

3. 侨置并合改属

侨置州郡，有侨置不久，即并合于其他侨州、侨郡者，侨县也从而改属。如“徐、兖二州或治江北，江北又侨立幽、冀、青、并四州。……后又以幽、冀合徐，青、并合兖”，所领侨郡县则分拨于徐、兖二州。又何承天《宋书·州郡志》诸侨郡县有雁门郡领楼烦、阴馆、广武三县，平原郡领茌平、临淄、营城、平原四县，东平郡领范、朝阳、历城三县；而徐爰《宋书·州郡志》南东平郡领上述十县，是则雁门、平原二郡并合于东平郡，所领七侨县随之改属。按这种并合、改属，于东晋南朝侨州郡县中，极为常见；而且不仅有侨置系统内部的并合、改属，又有并合、改属于当地州郡县者（详下节）。

4. 侨置失而复侨

随着疆域的变迁，侨州郡县也还或有陷没，政府于是再次侨置陷没区域的侨州郡县。如冀州，侨治历城，割土置郡县，“泰始初，遇虏寇，并荒没”，遂重新侨置于郁洲，原领侨郡县则不再置立；又魏郡，先侨在谯郡蒙县，后降为县，泰始后陷没北魏，再于北徐州境内侨立魏郡；又陈留郡，寄治谯郡长垣县界，泰始后地入北魏，乃并所领小黄、浚仪等侨县重置于淮南安丰；又淮阳郡，先侨在角城，泰始失淮北，并所领晋宁、上党等侨县复置于广陵境。

5. 侨置更加分析

宋泰始后，侨置陈郡于淮南，领项、西华、阳夏、苌平、谷阳五侨县，齐永元后分置北陈郡，领项、西华、阳夏、苌平四侨县，而陈郡改称南陈郡，领南陈县；又宋

---

① “徐志”谓徐爰《宋书·州郡志》。《廿二史考异》卷二三云：“爰书起自义熙之初，讫于孝武之末。休文志州郡，大较以孝武大明八年为正，盖因徐氏之旧。”详本书第十三章。

南梁郡，及齐分析为南梁、梁、北梁三侨郡。又沛国侨流，起初寄寓在长江南、北如京口、无锡、广陵等地，于是侨立沛郡于江南，所辖侨县则分在江南、江北；宋初改侨郡名南沛郡，及元嘉八年(431年)划江而分南徐、南兖二州，南沛郡也分析为二：江北属南兖州者立为北沛郡，江南属南徐州者仍立南沛郡；类此者尚有平原郡(属南兖州)与南平原郡(属南徐州)、东平郡(属南兖州)与南东平郡(属南徐州)、雁门郡(属南兖州)与雁门郡(属南徐州)及所领侨县，也是由一郡一县析为二郡二县。

6. 侨国改为侨郡

河间、燕、高密等在西晋时为国，侨置仍为国，后则改为郡。

7. 侨郡改为侨县

侨置各郡，有侨置不久即改为侨县者。如弘农，"江左立侨郡，后并省为县"；又广平，"文帝元嘉十八年，省广平郡为广平县，属南泰山"；又濮阳，"本流寓郡"，后并省为县，属阳平侨郡；又东燕，元嘉十九年(442年)，"省东燕郡为东燕县，属南濮阳"，等等皆是。

8. 侨郡侨县更名

晋安帝侨立长宁郡，"宋明帝以名与文帝陵同，改为永宁"，及齐明帝时张稷为太守，以郡名触犯其父名讳，复改为长宁；又西县，后改名西平(怀宁侨郡)；桓陵，后改名北桓陵(北阴平郡)。唯此类更名，尚不涉及根本，另有一类更名则不然，是此侨郡改名彼侨郡，如梁天监元年(502年)，改南东海郡为兰陵郡，陈永定二年(558年)又改兰陵郡为东海郡；考东海、兰陵，都是侨郡，而其彼此更名，则使面目全非矣。

按原州郡县侨置后，侨州郡县之统属、侨名及领民，已与之不能够完全对应。而上述侨州、侨郡、侨县本身的变化又是如此地复杂多端，于是原州郡县系统与侨州郡县系统之间的距离拉开得更大。

第四节　侨州郡县与当地州郡县的关系

尽管侨州郡县的产生，是由于原州郡县的沦没；而州郡县一经侨置，与之直接发生关系者，还是侨置当地的州郡县。起初，侨州郡县不过是借土寄寓，甚至可以说，侨州郡县存在的意义，只在侨流人口的安抚与登录户籍，并不存在实际地理意义上的新设政区，而当地州郡县则仍为当地州郡县，即当地原有的行政区域并未因此改变；而一段时间以后，侨州郡县与当地州郡县的关系逐渐起了变化：

其一，有相当一部分的侨州郡县分割当地州郡县，有了实土，当地郡县又有改隶于侨州郡者。

其二，甚至有“反客为主”，省当地郡县为侨郡县者。如秦郡寄治堂邑，晋安帝改堂邑为秦郡；又“寿春也，而称为睢阳，合肥也，而称为汝阴，沙羡也，而称为汝南”，“襄垣寓邑，并夺芜湖之旧称”，钟离主名，乃改燕县之客号，此皆属以假夺真、侨寄反淹没本名一类。①

其三，也有当地州郡县增领侨郡县者。

其四，后来，还存在一经侨置即隶属于当地州的特殊情况。如陈太建十一年（579 年）诏：“淮北义人率户口归国者，建其本属旧名，置立郡县，即隶近州。”②

当然，侨州郡县始终寄寓、未改实土者，也有不少。如幽、冀、青、并四州寄在江北，南鲁、南平昌、南泰山、南济阳诸郡寓于江南，直到省废之时，仍然是侨寄无实土。另一方面，则是当地州郡县系统在上述种种冲击、干扰、插入之下，遂与侨置系统叠合，而究其侨实关系，主要情形约有七种（以下“实”州、郡、县谓当地州郡县，“侨”州、郡、县包括实土、无实土两类）：

1. 实州领实郡，又领侨郡

如《宋书·州郡志》扬州、徐州（泰始前）、兖州（泰始前）、江州、青州（泰始前）、荆州等等皆是。扬州领实郡九，侨郡一（淮南郡）；徐州领实郡八，侨郡四（淮阳、阳平、济阴、北济阴）；兖州领实郡五，侨郡一（阳平）；江州领实郡八，侨郡一（南新蔡）；青州领实郡七，侨郡二（北海、太原）；荆州领实郡八，侨郡四（南义阳、新兴、南河东、永宁）。

2. 侨州领侨郡

如《宋书·州郡志》冀州所领九郡（广川、平原、清河、乐陵等）、秦州所领十四郡（武都、略阳、安固、西京兆等），即侨州所领皆侨郡例。其冀州九郡多有实土，秦州十四郡则无实土。

3. 侨州领侨郡，又领实郡

如《宋书·州郡志》南徐州、南兖州、南豫州、豫州、司州、雍州皆是。南徐州领侨郡十五，实郡二（晋陵、义兴）；南兖州宋末领侨郡八，实郡三（广陵、海陵、盱

① 详钱大昕、洪亮吉《〈东晋疆域志〉序》。

② 《陈书·宣帝纪》。

眙);南豫州宋末领侨郡十一,实郡八(历阳、庐江、晋熙、弋阳、安丰、南陈左、边城左,光城左);豫州领侨郡二,实郡八(汝南、谯、梁、陈、南顿、颍川、汝阳、汝阴);司州领侨郡一,实郡三(义阳、随阳、安陆);雍州领侨郡十三,实郡四(襄阳、南阳、新野、顺阳)。

4. 实郡领实县,又领侨县

如《宋书·州郡志》兖州东平郡领实县一(无盐),侨县四(平陆、须昌等);益州蜀郡领实县四,侨县一(永昌);雍州顺阳郡领实县四,侨县三(槐里、清水、郑)。《南齐书·州郡志》豫州弋阳郡领实县二,侨县三(南新蔡、上蔡、平舆);南豫州庐江郡领实县四,侨县三(和城、西华、谯)。

5. 实郡领侨县

如《宋书·州郡志》徐州钟离郡领县三(燕、朝歌、乐平),都是侨县;又徐州马头郡领县三(虞、零、济阳),也皆为侨县。实郡所领皆为侨县,例不多见。

6. 侨郡领侨县,又领实县

这类侨郡为数很多,如《宋书·州郡志》扬州淮南郡领实县一(于湖),侨县五;南徐州南东海郡领实县三(丹徒、武进、毗陵),侨县三;雍州河南郡领实县二(棘阳、襄乡),侨县三,等等。

7. 侨郡领侨县

这类侨郡县大多没有实土,如《宋书·州郡志》南徐州所领南兰陵、南东莞、临淮、淮陵、南彭城、南清河、南高平、南平昌、南济阴、南濮阳、南泰山、济阳、南鲁十三侨郡,所领皆为侨县,"郡无实土"。

又就上所述,按照州-郡-县三级行政体系重为综合,可得东晋南朝地方行政制度的四种类型:

其一,实州-实郡-实县。这是最正常的类型,这种类型没有受到侨州郡县的干扰,如交州、广州、宁州及其所领郡县即是。

其二,实州-实郡或侨郡-实县或侨县。如江州(实)-寻阳郡(实)-柴桑(实)、彭泽(实)、松滋(侨),又江州(实)-南新蔡郡(侨)-苞信(侨)、慎(侨)、宋(侨)、阳唐左县(实)。

其三,侨州-侨郡或实郡-侨县或实县。如雍州(侨)-始平郡(侨)-始平(侨)、武功(侨)、平阳(侨)、武当(实),又雍州(侨)-新野郡(实)-新野(实)、山都(实)、穰(实)、交木(实)、池阳(侨)。

其四,侨州-侨郡-侨县。如《宋书·州郡志》冀州、秦州,例如秦州-金城郡-

金城、榆中。[①]

据上，东晋南朝时代之当地州郡县，由于侨州郡县的插入、叠置以至混合编制，产生了动荡，并逐渐形成了新的地方行政辖属系统，这也就是以《宋书·州郡志》与《南齐书·州郡志》为代表的地方行政辖属系统。[②]

第五节　侨州郡县设官施政的特点

旧土沦陷，侨置尚存，是以东晋南朝有幽、冀、秦、雍诸州刺史，高阳、上党、京兆、广川诸郡太守。又据《宋书·州郡志》于有实土、无实土的侨州郡下，屡载户多少、口若干，既存在户籍登录机构，则说明侨州郡县无论有无实土，都具备一定的行政机构。侨州郡县拥有实土后，设官施政与一般州郡县没有本质的区别；但侨无实土乃至初有实土时，其官吏设置与行政状况，自有其独具的一些特点。

1. 设官

如上所述，一般州郡县作为实土政区，以属地为原则，即先划分行政区域，再组建地方政府。而侨州郡县情况特殊，当其没有改为实土时，是以属人为原则的，此"人"且是流徙的乡族集团；改成实土后，因为所领仍多是与土著不同的侨流人口及其后裔，所以设官分职方面仍要考虑到其领民的利益与要求。以下举例说明之。

《晋书·郗鉴传》载徐、兖二州刺史郗鉴逊位疏曰：

> 臣所统错杂，率多北人，或逼迁徙，或是新附。百姓怀土，皆有归本之心。臣宣国恩，示以好恶，处与田宅，渐得少安。闻臣疾笃，众情骇动，若当北渡，必启寇心。臣亡兄息晋陵内史(郗)迈，谦爱养士，深为流亡所宗，又是臣门户子弟，堪任兖州刺史。公家之事，知无不为，是以敢希祁奚之举。

又《晋书·郗昙传》：

> (郗鉴子昙)仍除北中郎将，都督徐、兖、青、幽、扬州之晋陵诸军事，领徐、兖二州刺史，假节。

---

① 周振鹤《地方行政制度志》第九章第二节依据笔者所归纳的上述四种类型，重为综合为"全实"、"全侨"、"侨实混合"三种类型，则更为简要。

② 按这一系统的形成，与土断有着密切的关系，这里不展开讨论，详见本书第三章。

又《晋书·郗愔传》:

> 大司马桓温以(郗鉴子)愔与徐、兖有故义,乃迁愔都督徐、兖、青、幽、扬州之晋陵诸军事,领徐、兖二州刺史,假节。

按侨兖州所领侨流,多为旧兖州民户;郗氏既是兖州高平望族,又为流民帅,尤其郗鉴,与兖州侨流的关系相当持久、十分密切,自为"流亡所宗"。以此,郗鉴前后刺兖州近二十年,疾笃逊位时犹推举其"门户子弟"为继任。① 郗昙、郗愔先后刺兖州,也在于与兖民"有故义"。又《梁书·康绚传》:

> 康绚字长明,华山蓝田人也。其先出自康居。……晋时陇右乱,康氏迁于蓝田。绚曾祖因为苻坚太子詹事,生穆。穆为姚苌河南尹。宋永初中,穆举乡族三千余家入襄阳之岘南,宋为置华山郡蓝田县,寄居于襄阳,以穆为秦、梁二州刺史,未拜,卒。绚世父元隆、父元抚,并为流人所推,相继为华山太守。……(绚)除振威将军、华山太守。推诚抚循,荒余悦服。迁前军将军,复为华山太守。

按康氏兄弟父子相继为华山太守,与郗氏刺兖州一样,也是"为流人所推"之故。

再检之纪传,侨州郡县初设立时,授刺史、太守、令长者,就以此类侨流领袖居多,而且存在相袭为职现象,郗氏之于兖州,康氏之于华山郡,即是其例。这颇不同于一般州郡县长官之经过正常选举途径派遣与必须定期撤换。按此并非偶然。东晋南朝政权本是以侨姓士族为主体、南北士族联合专政的政权,它必须维护侨姓士族的利益。"中国亡官失守之士"所以翼戴江东、追随司马氏渡江,是为了求官吴越;而政府出于政治与军事需要,也是"收其贤人君子,与之图事",使侨姓士族"多居显位"②,成为执政于朝廷与握兵于重镇的将相大臣。由于侨姓士族南来及定居,多与其宗族、乡里、宾客、部曲等结成内部稳定性颇大的乡族集团;当时人们的地域乡里观念又相当深固,不仅要求统领者是与他们同乡里的有势力人物,而且赞同其子孙承继。在这种情况下,政府侨建州郡县以处侨流,其侨州刺史、侨郡太守、侨县令长以及军府、州郡县僚佐,就多授予乡族集团领袖及

---

① 《世说新语·德行》注引《中兴书》,述及郗迈仕履,不言莅兖州刺史之任,疑朝廷未授。按郗鉴举荐郗迈而以"门户子弟"为言,在当时为习见之事,《晋书·桓冲传》所谓"郗鉴、庾亮、庾翼临终皆有表,树置亲戚"是也。详田余庆《东晋门阀政治》之"论郗鉴——兼论京口重镇的形成",北京大学出版社2005年版。

② 《晋书·王导传》、《周顗传》。

其部属[①]，而且存在上一级军府僚佐担任下一级太守令长的情况。[②] 这样，侨置机构的官员设置与乡族集团核心系统便保持了大体上的一致与相当程度上的稳固，这不仅有利于侨流的安居、治理与利用，而且使侨姓士族继续保持着宗主的地位，增加其参政的机会，还部分地避免了在谋求官位中与南方士族发生的矛盾。此外，由于西晋末以来，州刺史、郡太守及国相、内史多加将军、加督、加节、置军府，及其失地南来，往往统率兵众；政府出于羁縻与利用他们的目的，也每因其所至之地，侨立州郡，假以名号，进行安抚。

侨州郡县授官任职的另一种情形则以刘宋元嘉以降青齐地区的冀州及所领郡县为代表。[③] 自刘裕灭南燕，青齐地区归属东晋刘宋达六十年（义熙六年至泰始五年，410～469年）。其冀州刺史，据《宋书·州郡志》："义熙中更立，治青州。又省。文帝元嘉九年，又分青州立，治历城，割土置郡县。"领侨郡九（广川、平原、清河、乐陵、魏、河间、顿丘、高阳、勃海），侨县五十。又青州领有太原等侨郡。按冀州及诸郡县的侨置，与南迁青齐的河北大族有关。当北魏攻占河北，河北大族与拓跋统治者矛盾尖锐，清河崔氏、房氏、张氏、傅氏，太原王氏，平原刘氏、明氏，勃海封氏、高氏等，都携带宗族、乡里成员以及依附人口，进入青齐。他们与后燕

---

① 参阅周一良《乞活考》，载《燕京学报》第37期，1949年。又安田二郎《晋宋革命和雍州（襄阳）的侨民——从军政统治到民政统治》（原刊《东洋史研究》第四十二卷第1号，1983年；收入刘俊文主编《日本中青年学者论中国史》（六朝隋唐卷），上海人民出版社1995年版，王轶群译，周蕴石校）论证此一重要问题之原委云："侨民中，各家族单独移住的情形不少，但多数情况，是由当时形成社会秩序的豪族中才能、人品优秀的、众望所归的人物，或者由同族集团的代表性人物统率，形成同乡性质的集团一起移住。路程当中是最困难的，即使是在途中，尤其要克服困难以确保在新住地进行再生产。这时，首领与其集团成员间的结合就更加牢固，这是由集团成员对首领的信赖、敬意以及恩义意识作保证的，其结果是首领对集团成员的约束力及支配力得到加强。国家正是把这种靠首领和乡族成员牢固的结合关系所构成的乡族集团看作是'县'。"如上康氏的例子，"在任命侨郡太守上，其流民（乡族）集团成员的意向反映自治性，其首领（子孙）仍被任命为太守，从这一具体事例推断，正因为是基础性的单位，流住集团的首领直接被任命为侨县的令长这大概是惯例，这样说可能没有什么不妥。也就是说，国家根据流住集团的实际状态，将现实存在并起着作用的社会秩序的存在方式照原样承认下来，然后据此将其编入权力机构的基层单位，实行一定的控制"，这便是由首领（侨县令）统率的乡族集团（无实土侨县）。

② 《廿二史考异》卷二三宋书武帝纪"以高祖为中兵参军，军、郡如故"条云："晋自南渡以后，军府僚佐，皆带本州守相，取其干禄，故高祖以北府参军，得领下邳太守。及建义之后，幕僚如刘穆之为录事参军，堂邑太守，徐羡之除琅邪内史，仍为从事中郎，刘怀慎为镇军参军，彭城内史，刘粹为镇军参军，沛郡太守，孟怀玉为镇军参军，下邳太守。高祖时领徐州刺史，诸人所领，皆徐州郡也。"按钱氏所列皆是侨郡，并属以军府僚佐领侨郡守相。唯钱氏"取其干禄"之说，失之表象，夏日新《关于东晋侨州郡县的几个问题》（《魏晋南北朝隋唐史资料》第11辑，武汉大学出版社1991年）指出："以军府僚佐担任侨郡守相决不仅是领其干禄，而是统带以乡里为纽带组织起来的武装军事集团。"

③ 详唐长孺《北魏的青齐土民》，收入氏著《魏晋南北朝史论拾遗》，中华书局1983年版。

范阳王慕容德所部残余势力结合，建立起南燕政权。在南燕政权下，这批河北大族享有政治上与经济上的优越待遇，从而扩大了土地与依附人口的占有，拥有以宗族、门附组成的私人武装，在侨居地发展成强大的地方势力——青齐土民，甚至压倒了当地豪强。南燕灭亡后，慕容部残余势力被消灭，这批大族的利益并未触动。刘宋即借助他们的武装力量，来守卫这块与北魏相邻的土地。出于照顾这批河北大族的利益，侨置了他们的本籍州、郡、县，有的还割成实土；为争取他们佐助王业，在官吏派置上，也给予优待。诸侨郡太守、侨县令长及军府、州郡县僚佐，一般都在崔、刘、房、王、明诸大族中选拔；冀州刺史有时也由冀州人充任，如元嘉九年(432 年)置冀州时，清河崔湮领州，其后又有平原明僧胤、清河崔元孙，又申恬魏郡魏人，王玄谟太原祁人，也属河北大族。泰始四年(468 年)清河崔道固以历城降魏后，冀州移侨郁洲，宋、齐之世领州者，刘善明、明庆符平原人，崔祖思、崔平仲清河人，王文和太原人，等等。这种除官任职，是由南迁青齐的河北大族的固有势力所决定的。

2. 施政

侨州郡县不同于一般州郡县。一般州郡县既有民户又有土地；侨州郡县虽大多领有侨流人口，却“无有境土”①，而这样的虚幻政区，就使得它们在行政、户籍、赋役等方面，与一般州郡县迥然有别。如侨州郡县“官职的设置并不是依行政区划为据，而是以侨人集团为基础。……侨州郡县的长官所辖只是户口，而无一般州刺史、郡太守和县令长在地理意义上的权力圈，即施政范围”②。

侨州郡县制度的一个重要组成部分，是侨籍的建立。侨州郡县成立后，政府通过种种手段，使得大部分侨流在侨置机构下登录户籍。这些侨流户籍都做成白籍。“不以黄籍籍之，而以白籍，谓以白纸为籍，以别于江左旧来土著者也。”③据此，侨籍是白籍。然则侨籍最关键的内容之一，是籍注中籍贯一项“许其挟注本郡”。④

考“本郡”，与“本州”、“本国”、“本县”、“本邑”、“本乡”、“桑梓”意义相同，都

① 《资治通鉴》卷一二八大明元年。
② 周振鹤《地方行政制度志》第九章第二节。
③ 胡三省《通鉴释文辩误》卷四。按黄籍是西晋以来全国统一的正式户籍。
④ 《晋书·范宁传》。

是指故乡所在、原籍所系之地。[①] 如此，则侨籍"挟注本郡"，也就是夹注原籍。侨流"庶有旋反之期"，本以为侨居南土是暂时的事，[②]故不愿编入当地黄籍中，而是单立户籍，且夹注原来的州、郡、县。但由于侨州、侨郡、侨县"皆取旧壤之名"即皆取侨流原籍的地方政区名称设立，故侨籍注本州、本郡、本县，形式上也

① "本郡"谓原籍、故乡，矢野主税《土断与白籍——南朝的建立》(《史学杂志》第79编第8号，1970年)一文即持此论。检诸史料，此非臆断。《三国志·魏书·张既传》："冯翊高陵人也。……魏国既建，为尚书，出为雍州刺史。太祖谓既曰：'还君本州，可谓衣绣昼行矣。'"冯翊，雍州属郡；"本州"指张既籍贯所在的"雍州"。又《三国志·魏书·傅嘏传》："曹爽诛，为河南尹。"裴注引《傅子》曰："郡有七百吏，多非旧也。河南俗党、五官掾、功曹典选职，皆授其本国人，无用异邦人者。嘏各举其良而对用之，官曹分职，而后以次考核之。""本国人"者，谓河南郡人；"异邦人"，当指河南郡以外之人。又《晋书·魏舒传》："任城樊人也。……舒三娶妻皆亡，是岁自表乞假还本郡葬妻。诏赐葬地一顷，钱五十万。"王隐《晋书》云："是岁自表乞假还本郡葬妻。上曰：'舒当左右朝政，不宜远还乡里。'"按"还本郡葬妻"者，正合归葬首丘的习惯，"本郡"即"乡里"即任城也。又《晋书·忠义刘沈传》："燕国蓟人也。……太保卫瓘辟为掾，领本邑大中正"；而《晋书·李重传》云："时燕国中正刘沈举霍原为寒素。""本邑大中正"指刘沈本贯"燕国中正"甚明。又《宋书·傅弘之传》："北地泥阳人。傅氏旧属灵州。汉末郡境为虏所侵，失土寄寓冯翊，置泥阳、富平二县，灵州废不立，故傅氏悉属泥阳。晋武帝太康三年，复立灵州县，傅氏还属灵州。弘之高祖晋司徒祗，后封灵州公，不欲封本县，故祗一门还属泥阳。"傅家虽改属泥阳，仍以灵州为本县。按依上引诸例，则三国西晋"本州"、"本国"、"本郡"、"本邑"、"本县"，皆谓故乡所在之州、国、郡、县。又西晋以降，此例不变。《晋书·顾众传》："吴郡吴人。……峻平，……更拜丹阳尹、本国大中正"；又《晋书·陆晔传》："吴郡吴人也。……预讨华轶功，封平望亭侯，累迁散骑常侍、本郡大中正。"此"本国"、"本郡"者，即顾、陆二人之乡里"吴郡"，亦东晋所谓"南人"之"本国"、"本郡"；至于江左流寓之北人亦然。《晋书·儒林徐邈传》："东莞姑幕人也。祖澄之为州治中，属永嘉之乱，遂与乡人臧琨等率子弟并闾里士庶千余家，南渡江，家于京口。……(孝武)以邈为前卫率，领本郡大中正。""本郡"谓东莞郡；东莞为侨郡，晋明帝立，领莒、东莞、姑幕、盖等侨县，侨在晋陵南境。又《宋书·檀道济传》："高平金乡人，左将军韶少弟也。……(义熙中)迁宋国侍中、领世子中庶子、兖州大中正"；又《檀韶传》："高平金乡人也。世居京口。初辟本州从事、西曹主簿、辅国司马。……(义熙中)进号左将军、领本州大中正。"按高平郡，兖州属郡；东晋时兖州曾侨于京口，高平郡及所领金乡县，皆侨于旧晋陵郡境；此"本州大中正"即"兖州大中正"，"本州"即兖州也。徐氏、檀氏虽"家于京口"、"世居京口"，仍以侨东莞郡、侨兖州为其本郡、本州，故得以领东莞大中正、兖州大中正。又《梁书·吕僧珍传》载东平范人吕僧珍世居广陵，"去家久，表求拜墓，高祖欲荣之，使为本州，乃授……南兖州刺史"。兖州、东平郡及范县侨于广陵境，故吕氏以南兖州为本州。又《梁书·武帝纪》中大同元年(546年)三月乙巳，"大赦天下。……其或为事逃叛流移，因饥以后亡乡失土，可听复业，蠲课五年，停其徭役；其被拘之身，各还本郡，旧业若在，皆悉还之"；又《南齐书·高帝纪》建元元年(479年)冬十月辛巳诏："若四州士庶，本乡沦陷，簿籍不存，寻校无所，可听州郡保押。从实除奏"；又《南齐书·高帝纪》建元元年秋七月"丁巳诏，南兰陵桑梓本乡，长蠲租布"。据此，南朝之"本郡"、"本乡"、"桑梓"，也皆谓"旧业"所在、"簿籍"所存之本乡故土或侨置的原籍地。

② 出土于今南京市中华门外戚家山的东晋谢鲲墓志记："假葬建康县石子罡"，"旧墓在荥阳"，这显然有暂葬建康，待神州光复，回葬河南之意。详细分析见德国安然(Annette Kieser)《魂返故土还是寄托异乡——从墓葬和墓志看东晋的流徙士族》，《南京大学历史系考古专业成立三十周年纪念文集》，天津人民出版社2002年版。

基本就是注侨州、侨郡、侨县；侨州、侨郡、侨县因此成为侨人名义上的“本州”、“本郡”、“本县”，即以侨寓地形式表现出来的故乡本土。① 侨置之所以能使“皆有归本之心”而个人无力实现的侨流寄寓南土，如同在北方故地，又使他们不忘旧里、保持着将来回归故土的愿望，与侨籍的这种特性有着密切的关系。

在行政上，侨州郡县不仅有着因时之变，如随着无实土状态向实土状态的转变，其行政方式自然会有颇大的差异；而且各别地域的侨州郡县，也存在着一些不同。如《宋书·州郡志》雍州刺史京兆太守条云：“雍州侨郡先属府，武帝永初元年属州。”所谓“属府”，即侨雍州及其郡县以及襄阳地区的其他侨郡县，在刘宋永初元年（420年）以前，归都督一将军府而非州职机构管理，即实行的是军政统治而非民政统治。② 这种军政统治的情形，在近边地带的众多侨州郡县中应是比较普遍的。领这些侨州刺史、侨郡太守者，多带都督军事，加将军号，开府置佐，如长史、司马、参军之属；府佐又多带本州守、相、内史或领县令、长、相，而且

---

① 如刘宋皇室彭城人，侨彭城郡遂成“桑梓本乡，加隆攸在”（《宋书·武帝纪》，《廿二史考异》卷二三）；又萧齐称“南兰陵桑梓本乡”（《南齐书·高帝纪》，东海兰陵萧氏以南兰陵（侨郡）兰陵（侨县）为本贯（《宋书·萧思话传》、《萧惠开传》，《南齐书·萧景先传》、《萧赤斧传》、《萧谌传》、《萧坦之传》、《萧惠基传》等等），东莞姑幕人徐邈以侨东莞郡为本郡（《晋书·儒林徐邈传》），兖州高平金乡人檀道济、檀韶、兖州东平范人吕僧珍以侨兖州（即南兖州）为本州（《宋书·檀道济传》、《檀韶传》，《梁书·吕僧珍传》）。

② 《宋书·宗越传》：“宗越，南阳叶人也。本河南人，晋乱，徙南阳宛县，又土断属叶。本为南阳次门，安北将军赵伦之镇襄阳，襄阳多杂姓，伦之使长史范觊之条次氏族，辨其高卑，觊之点越为役门。”按范觊之为雍州刺史赵伦之安北府长史；而“条次氏族，辨其高卑”本属民政范畴，与选举有关，刺史之下，有“别驾、西曹主吏及选举事”（《宋书·百官志》）。范觊之是以府佐掌州吏职，可见民政事务是由府佐系统处理的。这种军府管理形态的产生，当与雍州及其郡县侨置的地域及所安置的侨流素质有关。“胡亡氏乱，雍、秦流民多南出樊沔，晋孝武始于襄阳侨立雍州，并立侨郡县。”秦、雍流民的南徙，多由原住地的豪族统领，这些豪族“俱是有战斗力之武人集团”（陈寅恪《述东晋王导之功业》，收入《金明馆丛稿初编》，上海古籍出版社1980年版）。而以武人集团为核心组成的流徙乡族集团，使处兵马强盛、边蛮带敌的重镇襄阳，是很容易转化为军事集团的；以这种乡族集团为主体侨立的州郡县本身，也就极易招致与民政管理相反的军政管理的形态。刘宋王朝创立的永初元年（420年），雍州侨州郡县变更为州职机构管理，主要原因在于满足秦、雍大姓由州职起家入仕的要求。参阅安田二郎《晋宋革命和雍州（襄阳）的侨民——从军政统治到民政统治》。又夏日新《关于东晋侨州郡县的几个问题》指出：东晋政权设置侨州郡县安置流民集团，主要是利用其作为军事基础，因而对侨州郡县实际进行管理的，不是侨郡县所属州，而是侨置地区的军府。这不仅在襄阳地区是这样，其他设置侨州郡县的军事重镇地区也是如此。又张琳《东晋南朝时期襄宛地方社会的变迁与雍州侨置始末》（《魏晋南北朝隋唐史资料》第15辑，武汉大学出版社1997年）认为：“侨立之初的雍州郡县属军府统辖，这样虽可利用雍州侨人武勇之力屯戍北疆，但随着雍部军事势力的发展、壮大，雍州侨郡属地方军府，不利于加强中央集权，故而刘宋建祚之初，便改属州。”

军府系统职权一般重于州郡系统，在行政上占着主导地位[①]，侨州郡县从而呈现出较浓厚的军事色彩。设置相对较少的内地侨州郡县则不然。大凡内地，无风尘之警，以"治民为职，不宜署军府"[②]，如宋元嘉中，就罢江州军府，文武悉配雍州[③]，与此相联系，内地的侨置机构便多以民政支配形态为主。

至于侨州郡县的具体施政状况，总的来说较一般州郡县宽松。"侨杂伧楚，应在绥抚"[④]，设置侨州郡县，建立侨籍制度，正是"绥抚"的主要措施。如果事事精核，政从苛细，不仅会引致侨流的不满，而且也不利于招抚新附，所以侨州郡县施政上务求疏阔，"牧司之任，示举大纲而已"，领侨郡县者，往往是"空受名领，终无实益"[⑤]。而且由于侨州郡内部设中正、行选举仍多在侨流人口及其后裔中进行，故所察举征辟者，也必以侨流人士及其后裔居多，这有利于保证其政策的一贯性。作为注册侨籍的侨民，抛弃了田园家业，资财大部丧于路途，因此大都贫困。他们的流动性、分散性较大，"来去纷扰，无暂止息，一县之民，散在州境"，"十家五落，各自星处"，"远者千余，近者数百"，"杂居舛止，……难为区断"[⑥]。对这种"散居无实土"的侨流，政府"矜迁萌之失土，假长复而不役"[⑦]。实际状况是这些"迁萌"家计未立，也根本无法向政府提供租税赋役，即使象征性地负担一些，也无多大的实际意义，如颍川、汝阳二侨郡，"荒残来久，流民分散在谯、历二境，多蒙复除，获有郡名，租输益微"[⑧]即是。类似的记载屡见于史：晋元帝以琅

① 胡阿祥《六朝疆域与政区的演变及其经验教训》(《江苏行政学院学报》2001年第3期)指出：汉代郡县长官僚佐仅有一个系统。东晋以降，军府形成，其时除单车刺史仅置州吏外，凡刺史加将军者皆得开府置佐，是为军府，则其僚佐有州吏、府吏两系统。又诸郡加督者及处军事重地、边控蛮夷者，也多置军府。军府始置本理军务，原则上不予行政，地方行政仍归州吏、郡吏，即地方上军、政两套机构与官职同设并置，文武分职，各司其事。然积时既久，不独军、政混然不分，府吏还以亲幸权重，渐夺州吏郡吏职权，于是州吏郡吏退处闲散；又战争频繁的六朝时期，军事第一，州郡长官及僚佐多系军人。军人当权，地方行政以为军事服务为中心、为转移，其轻视民刑诸政，是为必然结果。

② 《宋书·庾悦传》，《晋书·刘毅传》，《宋书·文五王竟陵王诞传》。

③ 《宋书·竟陵王诞传》：宋文帝"欲大举北讨，以襄阳外接关、河，欲广其资力，乃罢江州军府，文武悉配雍州"。

④ 《梁书·钟嵘传》。

⑤ 《宋书·州郡志》司州刺史，《南齐书·州郡志》南豫州。

⑥ 《南齐书·州郡志》南兖州，《宋书·志序》，《晋书·范宁传》。

⑦ 《南齐书·州郡志》南兖州，《晋书·慕容德载记》。按慕容德南燕政权对河北南迁青齐的大族及侨流之政治与经济待遇优越，一如东晋南朝对北方南渡世族及侨流人民。参看唐长孺《北魏的青齐土民》。

⑧ 《南齐书·州郡志》南豫州。

邪国侨人立怀德县，“优复之科一依汉氏故事”[①]。宋大明中，雍州刺史王玄谟上言：“侨郡县无有境土，新旧错乱，租课不时。”[②]陈太建十一年(579年)，“诏淮北义人率户口归国者，建其本属旧名，置立郡县，即隶近州，赋给田宅，唤订一无所预”[③]。政府对侨州郡县减免赋役负担，不仅出于无奈，而且这样做，还对“延长侨州郡人民……破产时期的到来，有着决定性的作用；而且对于吸引中原地区人民像怒潮似地涌向江南，也起过一定的作用”[④]。

---

① 《晋书·元帝纪》。
② 《资治通鉴》卷一二八大明元年。
③ 《陈书·宣帝纪》。
④ 王仲荦《魏晋南北朝史》上册第五章第二节，上海人民出版社1979年版。

第三章
东晋南朝侨州郡县与侨籍的整理：土断

上章就东晋南朝侨州郡县的设立，区别为五种主要情形，并分析了侨州郡县与原州郡县的十二种关系、侨州郡县设立后的八种变化以及侨州郡县与当地州郡县的五种关系；在这种种的情形、关系与变化中，土断是理解问题的一大关键，东晋南朝的实际地方行政辖属系统，正是通过土断而实现的。又侨州郡县的设官施政本来独具一些特点，而随着土断对侨州郡县与侨籍的整理，这些特点逐渐丧失。

土断的重要性还不仅止此。如“引言”中所述，错综复杂的东晋南朝历史，侨旧问题是其中明显的主要线索。然则理解侨旧问题的关键之一，又在土断。正是通过土断，侨寓渐同土著；侨寓之渐同土著，又广泛影响了东晋南朝乃至此后的社会、政治、军事、经济、文化等各方面。

土断之重要性如此！然而，对于土断的研究，却不能让人满意。以代表流行或权威说法的上海辞书出版社《辞海》为例，1979 年、1989 年、1999 年三版释“土断”皆曰：“东晋、南朝废除侨置郡县，使侨寓户口编入所在郡县的办法”，又述及咸康七年（341 年）、兴宁二年（364 年）、义熙九年（413 年）的三次土断，“此后南朝各代，又曾数次土断，整顿户籍，搜出不少士族挟藏户口，增加了国家财政收入”。其实这一释义，并不准确：

首先，土断不始于东晋。

其次，东晋可考的首次土断在咸和年间（326～334 年），而非咸康七年；南朝的“数次”土断则可初定为六次。

第三，土断对侨州郡县不是“废除”，而是进行整理。

第四，土断户口，也不限于“侨寓户口”；对于侨寓户口来说，土断是一个白籍户的黄籍化过程。

本章限于篇幅，仅就以上四点进行讨论。①

---

① 土断作为一项政策，涉及方面众多；而土断与黄、白籍的关系，诸家观点更是颇多分歧。代表论著详见“引言”中的研究回顾，又“引言”中未提及者尚有傅克辉《魏晋南北朝籍账研究》（齐鲁书社 2001 年版）第二篇，等等。本章意在表明笔者的看法，故于诸家分歧不再一一涉及与讨论。需要说明的是，本章有关土断与黄、白籍关系的论述，主要参考了高敏《关于东晋时期黄、白籍的几个问题》一文，载《中国史研究》1980 年第 4 期。

第一节　土断的概念与东晋南朝见载于史的十次土断

土断并不始自东晋。据笔者读史所及，这一概念的最早出现，当推《晋书·卫瓘传》与《李重传》。《卫瓘传》略云：

> 瓘以魏立九品，是权时之制，非经通之道，宜复古乡举里选。与太尉亮等上疏曰：斯则乡举里选者，先王之令典也。自兹以降，此法陵迟。魏氏承颠覆之运，起丧乱之后，人士流移，考详无地，故立九品之制，粗且为一时选用之本耳。中间渐染，其弊不细。今九域同规，大化方始，臣等以为宜皆荡除末法，一拟古制，以土断定，自公卿以下①，皆以所居为正，无复悬客远属他土者。如此，则同乡邻伍，皆为邑里，郡县之宰，即以居长，尽除九品中正之制，使举善进才，各由乡论。

时卫瓘位居司空、尚书令、加侍中，“太尉亮”指汝南王司马亮。又《李重传》载始平王文学李重上疏陈九品曰：

> 然承魏氏凋弊之迹，人物播越，仕无常朝，人无定处，郎吏蓄于军府，豪右聚于都邑，事体驳错，与古不同。谓九品既除，宜先开移徙，听相并就。且明贡举之法，不滥于境外，则冠带之伦将不分而自均，即土断之实行矣。

按卫、李二疏上于西晋武帝年间。他们以为“九品始于丧乱，军中之政，诚非经国不刊之法”，主张“尽除九品中正之制”，恢复东汉的乡举里选制度；而当时“一国之士，多者千数，或流徙异邦，或取给殊方，面犹不识”，又谈何选举？② 故他们提出“以土断定”，即自公卿以下的客寓他乡人士，皆依其现居地断入当地户籍，即以客籍作为本贯，使侨寓成为“土著”，以参预当地选举。进行的步骤是，“先开移徙，听相并就，且明贡举之法”，接着就“以土断定”，使社会上“无复悬客远属他土者”。因此，西晋所谓“土断之实行”，可以说与选举制度直接相关，它是试图解决当时流移、侨寓人士及其子弟参预选举的一项特殊政策。

“皆以所居为正”的土断方法，西晋以降迄南朝，一直沿而不废。《宋书·文帝纪》元嘉二十八年(451 年)二月癸酉诏：“流寓江淮者，并听即属，并蠲复税调”；又《梁书·武帝纪》天监十七年(518 年)正月诏：“凡天下之民，有流移他境，在天监十七年正月一日以前，可开恩半岁，悉听还本，蠲课三年。其流寓过远者，

① 中华书局点校本读作“以土断，定自公卿以下”，不从。详下讨论。

② 《晋书·李重传》、《刘毅传》。详细分析见陈仲安、王素《汉唐职官制度研究》第三章第二节，中华书局 1993 年版。

量加程日。若有不乐还者,即使著土籍为民,准旧课输。"这类使侨流就地属籍的诏令,常见于帝纪;"著土籍为民"者,如胡颖,"吴兴东迁人也,其先寓居吴兴,土断为民"[①]。不过值得注意的是,上述之土断方法,在东晋南朝时已不占主导地位。从东晋南朝明确见载于史的十次土断看,其目的、方法和内容都与西晋之土断区别甚大,而产生这种区别的最大原因,则莫过于侨州郡县的设置与侨籍制度的建立。此先述十次土断之概况如下。

第一次土断,仅见载于《陈书·高祖纪》:"汉太丘长陈寔之后也,世居颍川";及陈达,"永嘉南迁,为丞相掾,历太子洗马,出为长城令,悦其山水,遂家焉。……达生康,复为丞相掾。咸和中土断,故为长城人"。按陈霸先祖先事不尽可信,《南史·陈本纪》即称其"自云"陈寔之后。然冒称陈寔后裔与土断为长城人固是两事,将咸和土断列为东晋可考的首次土断,应当是没有问题的。这次土断的背景是咸和年间的流民问题与户籍问题。咸和二年(327年),"苏峻、祖约为乱于江淮,胡寇又大至,百姓南渡者转多"[②];次年二月,乱军攻入首都建康;咸和四年叛乱被平定。在叛乱中,建康"台省及诸营寺署一时荡尽"[③],"版籍焚烧"[④],故叛乱平定后,东晋政府马上重建户籍。[⑤] 咸和土断,应该就与重建户籍有关,而部分侨流人口则在土断中按其居住地认定了新的籍贯。只是这次土断的规模估计不大,否则《晋书》不会毫无涉及。盖元、明、成时期,大量北方官民南渡,过淮过江,出于安抚侨流计,主要是"侨立郡县,以司牧之",土断在这时还没有成为处理侨流问题的主要办法。

第二次土断,《晋书·成帝纪》咸康七年(341年)四月诏:"实编户,王公已下皆正,土断白籍。"[⑥]按"王公以下皆正"与前引《卫瓘传》"自公卿以下,皆以所居为正"意思是一样的,此诏意为:核实编户,王公以下侨流人户都以所居为正,对白籍进行土断。

---

① 《陈书·胡颖传》。

② 《晋书·地理志》扬州。

③ 《晋书·苏峻传》。

④ 《通典·食货三·乡党》引沈约语。

⑤ 详《通典·食货三·乡党》引沈约语。按苏峻叛乱于咸和四年二月被平定,重新整理造册的户籍则起自咸和三年(《南史·王僧孺传》作"二年")。

⑥ 中华书局点校本作"实编户,王公已下皆正土断白籍",又中华书局点校本《资治通鉴》卷九六作"诏实王公以下至庶人皆正土断、白籍"。这两种读法皆不妥。土断与白籍的关系,是白籍为土断的对象。胡三省《通鉴》注云:"时王公庶人多自北来,侨寓江左;今皆以土著为断,著之白籍也。"依此则白籍是土断的结果。不从,说详下。

第三次土断即著名的“庚戌土断”，主持者为当时的权臣桓温。《晋书·哀帝纪》兴宁二年(364年)三月庚戌(初一日)，“大阅户人，严法禁，称为庚戌制”。刘裕后来回忆这次土断说：“自永嘉播越，爰托淮海，朝有匡复之算，民怀思本之心，经略之图，日不遐给。是以宁民绥治，犹有未遑。及至大司马桓温，以民无定本，伤治为深，庚戌土断，以一其业。于时财阜国丰，实由于此。”①

第四次土断为义熙九年(413年)权臣刘裕下令进行。庚戌土断后，“弥历年载，画一之制，渐用颓弛，杂居流寓，闾伍弗修，王化所以未纯，民瘼所以犹在”，以此刘裕“请准庚戌土断之科。……于是依界土断，唯徐、兖、青三州居晋陵者，不在断例，诸流寓郡县，多被并省”②。

第五次土断在宋初。《南齐书·丘巨源传》：“丘巨源，兰陵兰陵人也。宋初土断属丹阳，后属兰陵。”“宋初土断”的具体年份，疑为元嘉八年(431年)或稍后。③《宋书·州郡志》南徐州刺史：元嘉八年，以“江南为南徐州，治京口，割扬州之晋陵、兖州之九郡侨在江南者属焉”；又南兖州刺史：“文帝元嘉八年，始割江淮间为境，治广陵。”配合这次大规模的州郡割属，对侨寓人户必也实施土断。兰陵郡及兰陵县本侨属南徐州，经过土断，丘巨源一家被割配扬州丹阳郡。

第六次土断为宋大明元年(457年)“土断雍州诸侨郡县”④。《资治通鉴》卷一二八大明元年：“雍州所统多侨郡县。刺史王玄谟上言：侨郡县无有境土，新旧错乱，租课不时，请皆土断。秋七月辛未，诏并雍州三郡十六县为一郡”；而《宋书·王玄谟传》则称：“雍土多侨置，玄谟请土断流民。当时百姓不愿属籍，罢之。”考《宋书·州郡志》雍州刺史条，大明土断雍州，京兆、始平、扶风、河南、广平、冯翊、华山等侨郡增领当地实县，分得实土；京兆之池阳改隶新野，始平之槐里、清水及京兆之郑改隶顺阳，冯翊之高陆则大明元年新立；又北上洛、北京兆、义阳及所领十侨县，以及卢氏、兰田、霸城、魏昌、阳城、曲周、邯郸、冀、下蔡等侨县及当地县朝阳，皆大明土断中省并。又《南齐书·张敬儿传》：“初，王玄谟为雍州，土断敬儿家属舞阴。敬儿至郡，复还冠军。”舞阴、冠军同属雍州实土南阳郡，张敬儿则为原籍南阳冠军的旧民，犹被土断，则侨郡县与侨流人口可知矣。据此，《宋书·王玄谟传》所谓“罢之”，当系暂罢，终复行之。

---

① 《宋书·武帝纪》。按前两次土断时，当政者分别是王导、庾亮与庾冰。

② 《宋书·武帝纪》。

③ 元嘉八年当431年，时虽历武、少二帝十余年，然相对于刘宋享国六十年而言，认之为宋初，可无大误。

④ 《宋书·孝武帝纪》。

第七次土断见《宋书·后废帝纪》元徽元年(473 年)八月辛亥诏:“泊金行委御,礼乐南移,中州黎庶,襁负扬越,圣武造运,道一闳区,贻长世之规,申土断之制。而夷险相因,盈晦递袭,岁馑凋流,戎役惰散,违乡寓境,渐至繁积。宜式遵鸿轨,以为永宪,庶阜俗昌民,反风定保。”此次“申土断之制”,如周盘龙,“北兰陵兰陵人也。宋世土断,属东平郡”[①],据钱大昕的考证,北兰陵,“徐州之兰陵也,……宋泰始以后,淮北陷没,侨立淮南,土断改属东平”[②],而泰始以后之土断,仅元徽元年一次可考,则周盘龙之改籍东平,当是元徽土断的结果。

第八次土断始于齐建元二年(480 年)。其时“虏寇边,上遣(吕)安国出司州,安集民户。诏曰:郢司之间,流杂繁广,宜并加区判,定其隶属”。吕安国乃“土断郢司二境上杂民,大佳,民殆无惊恐”。次年,又令垣崇祖土断豫州,“商得崇祖启事,已行竟”。齐高帝又“欲土断江北”,敕南兖州刺史柳世隆曰:“卿视兖部中可行此事不?若无所扰,春便就手也”;柳世隆即“并省侨郡县”,“建元四年,罢北淮阳、北下邳、北济阴、东莞四郡”[③]。

第九次土断,梁天监元年(502 年)四月“土断南徐州诸侨郡县”[④]。临淮、淮陵、南东莞、南清河、南高平、南济阴、南濮阳诸侨郡及其领县,疑被省并。[⑤]

载籍可考的最后一次土断见诸《陈书·世祖纪》。天嘉元年(560 年)七月乙卯诏:“自顷丧乱,编户播迁,言念余黎,良可哀惕。其亡乡失土、逐食流移者,今年内随其乐适,来岁不问侨旧,悉令著藉,同土断之例。”

必须指出,像咸康、兴宁、义熙、元徽、天监、天嘉等次土断,上述皆是发布诏令或始行土断的时间,具体的土断工作,因为内容复杂、牵涉广泛,往往不是一两年内就可以完成的;《宋书·州郡志》相当一部分侨州郡县涉及土断的时间,就晚于诏令土断的时间。另外,除了这十次土断外,各级地方政府依照“土断条格”[⑥]进行的小范围或地区性土断,应该也一直没有停止过,如《宋书·州郡志》、《南齐书·州郡志》诸侨州郡县之省并、改属、割实等,都属土断的范畴,当然可认之为“土断”。

---

① 《南齐书·周盘龙传》。

② 《廿二史考异》卷二五。

③ 《南齐书·吕安国传》、《柳世隆传》,《南齐书·州郡志》南兖州、广陵郡。参本书第十六章。

④ 《梁书·武帝纪》。

⑤ 据《宋书·州郡志》、《南齐书·州郡志》,此诸郡“无实土”;《梁书》、《陈书》无《志》,然此诸郡亦不见于史载,疑在这次土断中被省并。

⑥ 《南齐书·州郡志》南兖州有“刺史柳世隆奏:‘尚书符下土断条格,并省侨郡县’”云云,详下。

分析这十次土断可以看出，东晋南朝的土断，主要是为了解决两方面问题。其一是侨流问题。东晋南朝始终存在着大量的流移与侨寓人口，其原籍北方的侨流大部分注籍侨州郡县，成为白籍户，享受优复也即免除赋役的待遇；另有一些“无贯之人，不乐州县编户者，谓之浮浪人，乐输亦无定数，任量，惟所输终优于正课焉”；再有都下人，“多为诸王公贵人左右、佃客、典计、衣食客之类，皆无课役”[①]。至于南方土著人民因不堪赋役重负而投靠大族、逃亡他境及冒充白籍户者，也所在不少。[②] 由于“编户虚耗，南北权豪，竞招游食”及“流民多庇大姓以为客”，遂形成“国弊家丰”的严重局面。[③] 政府为了制止民户流入私门，为了取消侨民的优复特权，为了改变“杂居流寓，闾伍弗修”、“新旧错乱，租课不时”、“民无定本，伤治为深”的状况，实行土断和检籍；[④]其中土断，即意在通过“大阅户人”，区别流杂，“定其隶属”，强迫“逐食流移者”著籍及“土断白籍”，以求得“宁民绥治”和“财阜国丰”。

土断试图解决的第二方面问题即整理侨州郡县。

按这两方面问题，其实又互为表里、密不可分。土断侨流，虽不限于注籍侨州郡县的侨民；但注籍侨州郡县的侨民占侨流人口的大多数，对于这部分侨流来说，只有先整理侨置，才能进而落实他们的定籍、闾伍、租课诸问题。因此，一般说来，整理侨置是土断侨流的前提与依据，而侨流的土断又使侨置的整理具体化、深入化和实际化。如此，则范宁所谓“正其封疆，以土断人户，明考课之科，修闾伍之法”[⑤]，便是对土断的最好解释；而自来论土断者，例多忽略土断对侨州郡县的整理，这样，“土断条格”，“土断人户”，黄、白籍，以及有关土断的其他许多问

---

① 《隋书·食货志》。按《隋书·食货志》所云“侨人”、“浮浪人”、“都下人”是三个不同的概念，虽然存在着某种相互包容关系，但不可视为一体；尤其是“侨人”与“浮浪人”不能混为一谈。“浮浪人”包括南方的“无贯之人”，“侨人”是“百姓之自拔南奔者”，指东晋南朝疆域内的北方侨流人口及其近几代的后裔。论侨人负担不能说是“乐输”。笔者曾请教过谭其骧师、周一良先生，谭师、周先生也认可此论。

② 《南齐书·虞玩之传》，《宋书·羊玄保传》，《南史·郭祖深传》。

③ 《晋书·颜含传》，《南齐书·州郡志》南兖州。按“流民多庇大姓以为客”，联系着当时重新制定的“给客制度”。《南齐书·州郡志》南兖州：“时百姓遭难，流移此境，流民多庇大姓以为客。元帝太兴四年，诏以流民失籍，使条名上有司，为给客制度，而江北荒残，不可检实。”又据《隋书·食货志》，可知按官品高低合法占客的数量以及“客皆注家籍”的大概。

④ 傅克辉《魏晋南北朝籍账研究》第二篇“东晋南朝的户籍整理活动”指出：东晋南朝户籍存在的问题可以分为编贯不实、籍注伪乱两类，解决的方法也有土断、检籍两种；检籍，“除了为国家增加服役人口之外，更主要的目的是疏浚这条日益湮没的士庶界河”。按值得注意的是，土断与检籍往往又是同时进行的。

⑤ 《晋书·范宁传》。

题，也就无从讲清了。

第二节　土断整理侨州郡县

土断整理侨州郡县，必要性何在？其实依据"引言"与前两章的讨论，已经能够明确这一问题。要而言之，完全意义上的侨州郡县，应当具备三要素，即原州郡县的沦没，侨人的存在，"侨置牧司"亦即行政机构的初备；东晋南朝侨州郡县的广泛设立乃至制度化，与此三要素在当时所具备的社会意义密切相关。然而，越来越多的侨流人口与越来越多的侨州郡县，却也造成了户籍管理上的麻烦与地方行政上的不便。姑且不说侨州郡县与原州郡县的不相对应及其对于侨民身心的影响[①]，侨州郡县本身，也是"省置交加，日回月徙，寄寓迁流，讫无定托，邦名邑号，难或详书"；[②]而当地州郡县系统在侨置的影响下，不再正规、稳定，"吴邦而有徐邑，扬境而宅兖民，上淆辰纪，下乱畿甸"[③]。凡此种种，又造成了为政府之大忌的"版籍为之浑淆，职方所不能记"[④]的状况，土断于是成为必要。

土断，正是通过调整地方政区设置，寻求侨州郡县与当地州郡县之间的协调，缓和因侨置引致的政区制度与政区建置的混乱局面。虽然在土断中，也调整了部分当地州郡县，但土断在政区方面的立意，主要还在于对侨州郡县进行整理。这种整理，方法是多种多样的，包括省并、割实、改属以及借侨名而新立郡县。

如何整理侨置，遵循着一定的"尚书符下土断条格"[⑤]。按在中央行政机构

---

① 安田二郎《刘宋大明年间的襄阳土断》(原载《东洋史论集》第2辑，1986年；夏日新译文，见李锦章主编《湖北历史文化论集》(二)，中国地质大学出版社2000年版)依据《南齐书·张敬儿传》的记载，分析了旧民张敬儿的事例："原籍南阳冠军的张敬儿出身于下层军人，在各地转战中逐渐显露头角，终于在讨伐晋安王子勋叛乱(465～466年)中立下大功，升为南阳太守，衣锦还乡。此时的张敬儿利用本郡长官的特权，将原来王玄谟土断移属舞阴县的原籍重新改回本来的故乡冠军县。这里我们不难看到强烈的故乡情结，之所以侨置侨州郡县，原因当也在此。"按旧民如此，故乡沦陷的侨流人口之故乡情结当更为强烈。

② 《宋书·志序》。

③ 《宋书·周朗传》。

④ 《宋书·志序》。

⑤ 据祝总斌《两汉魏晋南北朝宰相制度研究》(中国社会科学出版社1990年版)第六章第二节的考证，尚书符是根据政务需要和皇帝批准的原则，由处理全国日常政务的机构尚书台自行起草、颁下的文书。

中，掌管这类条格的起草与颁发者，为尚书台成员尚书左、右丞。[①]《南齐书·百官志》尚书左、右丞各一人，“其……州郡租布、民户移徙、州郡县并帖、城邑民户割属、刺史二千石令长丞尉被收及免赠、文武诸犯削官事：白案，右丞上署，左丞次署；黄案，左丞上署，右丞次署。诸立格制及详谳大事宗庙朝廷仪礼，左丞上署，右丞次署”[②]。其中的“州郡租布、民户移徙、州郡县并帖、城邑民户割属”以及“诸立格制”，正与土断相关，而需尚书左、右丞共署。

在土断中，侨州郡县是省并、割实，还是改属或者借侨名而新立，原因既不一致，其情形也各异。

其一，省并。省并是土断的一种主要方式。东晋义熙土断，“诸流寓郡县，多被并省”；[③]刘宋大明土断，“诏并雍州三郡十六县为一郡”[④]。省并侨置的具体情形，如萧齐建元土断，南兖州刺史柳世隆依据“尚书符下土断条格，并省侨郡县”，于是北济阴郡六县（广平、定陶、阳平、上党、冤句、馆陶）、北下邳郡四县（僮、下邳、宁城，另一县无考[⑤]）、北淮阳郡三县（晋宁、宿预、角城）、东莞郡四县（莒、诸、东莞、桕人），凡四郡十七县，“以散居无实土，官长无廨舍，寄止民村，及州治立，见省，民户帖属”于广陵郡。[⑥] 另有因民户寡少而并合者。如东晋咸康八年（342年），尚书殷融言：“襄阳、石城，疆埸之地，对接荒寇。诸荒残寄治郡县，民户寡少，可并合之”；[⑦]又如幽、冀、青、并四州，东晋先后侨立了州级机构，“后又以幽、冀合徐，青、并合兖”[⑧]，其原因也在于四州流寓者较少。至于建元二年（480年），齐高帝以“江西萧索，二豫两办为难”，且“西豫吏民寡刻，分置两州，损费甚多”，乃省南豫，以求“省一足一，于事为便”，[⑨]则又别属一种情形。

---

① 据《续汉书·百官志》，东汉尚书台成员中，即有左、右丞各一人，为台长（令、仆射）助手，秩均四百石，掌录文书期会。

② 周一良《魏晋南北朝史札记·宋书札记》（中华书局1985年版）“诏黄”条略云：宋时已用黄纸为案。至齐世，立左右丞书案之制曰，白案则右丞书名在上，左丞次书；黄案则左丞上书，右丞下书。而世远莫知其何者为白案，何者为黄案。

③ 《宋书·武帝纪》。

④ 《资治通鉴》卷一二八大明元年。

⑤ 《宋书·州郡志》南兖州刺史北下邳太守领僮、下邳、宁城三县，盖脱一县。所脱一县疑为良成。详第十四章。

⑥ 《南齐书·州郡志》南兖州。

⑦ 《南齐书·州郡志》雍州。

⑧ 《宋书·州郡志》南徐州刺史。

⑨ 《南齐书·柳世隆传》，《南齐书·州郡志》南豫州。按“江西”指江北（《十七史商榷》卷六二），“西豫”即豫州（《廿二史考异》卷二三）。

侨置的省并主要通过两种方式。一是省废。《宋书·州郡志》扬州刺史："江左又立高阳、堂邑二郡，高阳领北新城、博陆二县，堂邑领堂邑一县。后省堂邑并高阳，又省高阳并魏郡，并隶扬州，寄治京邑。文帝元嘉十一年省(魏郡)，以其民并建康"；又《宋书·州郡志》南徐州刺史南琅邪太守："元嘉八年，省即丘并阳都。十五年，省费并建康、临沂。孝武大明五年，省阳都并临沂。"省废后，民户并入当地州郡县。二是并合。如何承天《宋书·州郡志》诸侨郡县有雁门郡领楼烦、阴馆、广武三县，平原郡领茌平、临淄、营城、平原四县，东平郡领范、朝阳、历城三县；而徐爰《宋书·州郡志》南东平郡领上述十县，"则是雁门、平原并东平也"[①]。又"上党百姓南渡，侨立上党郡为四县，寄居芜湖"，后并合为上党、襄垣二侨县，属淮南侨郡；[②]长乐郡，江左侨立，"并合为县"，隶属临淮侨郡。[③] 并合与省废不同，它主要是由于民户寡少，而对侨置机构进行合并、裁减、降级，并未予以罢废。

其二，割实。州郡县侨立之初，"无有境土"，后出于种种情形，割成实土者不少。以雍州为例，先是西晋永嘉五年(311年)，雍州入刘聪，次年恢复，至建兴四年(316年)仍为刘汉所有。雍州的侨置，前后有几次。《晋书·地理志》雍州云："自元帝渡江，……初以魏该为雍州刺史，镇酇城，寻省"[④]；又《南齐书·州郡志》雍州："朱序为雍州，于襄阳立侨郡县，没苻氐。氐败，复还南，复用朱序。……郗恢为雍州，于时旧民甚少，新户稍多。宋元嘉中，割荆州五郡属，遂为大镇"；[⑤]又《宋书·州郡志》雍州刺史："晋江左立。胡亡氐乱，雍、秦流民多南出樊、沔，晋孝武始于襄阳侨立雍州，并立侨郡县。宋文帝元嘉二十六年，割荆州之襄阳、南阳、新野、顺阳、随五郡为雍州，而侨郡县犹寄寓在诸郡界。孝武大明中，又分实土郡县以为侨郡县境。"[⑥]又《晋书·地理志》雍州："其后秦、雍流人多南出樊、沔，孝

① 《宋书·州郡志》南兖州刺史。

② 《晋书·地理志》扬州，《宋书·州郡志》扬州刺史淮南太守。

③ 《宋书·州郡志》南徐州刺史临淮太守。

④ 《晋书·成帝纪》：咸和三年(328年)"六月……壬辰，平北将军、雍州刺史魏该卒于师"，又《晋书·魏浚传附魏该传》亦云晋元帝"又以为前锋都督、平北将军、雍州刺史"，而《资治通鉴》卷九四亦有咸和三年五月"雍州刺史魏该亦以兵会"的记载。又《南齐书·州郡志》雍州："元帝以魏该为雍州，镇酇城，襄阳别有重戍。"按酇城，治今湖北老河口市西北。

⑤ 朱序于东晋太元二年(377年)为梁州刺史，四年没氐，八年还南，十三年始为雍州刺史，十七年郗恢代朱序为雍州刺史。

⑥ 据《晋书·孝武帝纪》太元九年(384年)四月条："使竟陵太守赵统伐襄阳，克之"，是此"晋孝武始于襄阳侨立雍州"者，不早于东晋孝武帝太元九年四月。又按《宋书·州郡志》、《南齐书·州郡志》并云割五郡为雍州，其中有随郡。钱大昕以为元嘉二十六年随郡未尝属雍州，是，说见《廿二史考异》卷二三、胡阿祥《宋书州郡志汇释》(安徽教育出版社2006年版)雍州刺史条。

武始于襄阳侨立雍州，仍立京兆、始平、扶风、河南、广平、义成、北河南七郡，并属襄阳。襄阳故属荆州。”据此，东晋时代侨立雍州并无实土；宋文帝元嘉二十六年（449 年），始割荆州之襄阳、南阳、新野、顺阳四郡属雍州，于是州成实土，治在襄阳，“而侨郡县犹寄寓在诸郡界。孝武大明中，又分实土郡县以为侨郡县境”，京兆、始平、扶风、河南、广平、冯翊、华山等侨郡增领当地实县，分得实土。类此者尚多，如《宋书·州郡志》南徐、南兖、南豫等州及所领南东海、淮南、秦、南谯、南梁等郡皆是，另详本书第二篇，此不赘述。

按侨置是否割成实土，当然与所领侨民多少、土著势力大小、所处地理位置（包括军事、交通地位及自然条件等）诸要素有关，此毋庸多言。需加分析的是，割成实土还往往取决于侨置所代表的本贯的政治意义。以东平郡为例，宋末“侨立于淮阴”，及齐永明中，“割小户”成实土。[①] 据《南齐书·州郡志》北兖州东平郡条：

> 东平郡。寿张，割山阳官渎以西三百户置。淮安，割直渎、破釜以东，淮阴镇下流杂一百户置。

东平郡的割实，有两方面原因。其一，宋泰始中，兖州本土沦落，泰始六年（470 年）乃侨立兖州，寄治淮阴（今江苏淮阴西南）。而“州无实土”的状况，深为兖州侨民所不满，戴尚伯等六十人即诉求曰：“旧壤幽隔，飘寓失所。……窃见司、徐、青三州，悉皆新立，并有实郡”，何以兖州却侨无实土，以至“本壤族姓”，无所归依？其二，若割置实郡，置哪个郡呢？“东平既是望邦，衣冠所系”，又是“此州本领”，加上贵为光禄大夫的吕安国力称东平是其族“桑梓”，“愿立此邦”，遂“见许”[②]。而在上述两个原因中，若仅小民诉求就能使东平郡割成实土，亦属过论，故后一原因是主要的。[③] 又《宋书·州郡志》南徐州刺史南琅邪太守条：

---

① 《宋书·州郡志》兖州刺史，《南齐书·州郡志》北兖州。

② 《宋书·州郡志》兖州刺史、东平太守，《南齐书·州郡志》北兖州，《宋书·恩倖阮佃夫传》。按《南齐书·吕安国传》称吕安国“广陵广陵人也”。考吕氏，本东平望族（详胡阿祥《中古时期郡望郡姓地理分布考论》，《历史地理》第 11 辑，上海人民出版社 1993 年）。《魏书·吕罗汉传》：“本东平寿张人”；《梁书·吕僧珍传》：“东平范人也，世居广陵。”安国亦出东平吕氏，东平是其本籍所在，故云“臣贱族桑梓”，广陵则寓居之地。东平郡有侨于广陵境者，见《宋书·州郡志》南兖州刺史条，及“孝武大明三年，以东平并广陵”。而吕安国也因此得称“广陵广陵人也”。

③ 中村圭尔《关于南朝贵族地缘性的考察——以对侨郡县的探讨为中心》（原载《东洋学报》第六十四卷第 1、2 期，1983 年；刘驰译文载《南京晓庄学院学报》2005 年第 4 期）认为：虽然在东平郡下设立了寿张、淮安两县，“可是，这两县之民分别只有三百户和一百户，而且恐怕他们是偶然流寓杂居在江淮地带的民庶，其大部分与原来的东平郡也没有什么渊源。……因此，应该看到东平郡的侨置在于一部分有力士族的主导这一情况，其目的就是为‘使本壤族姓，有所归依。’”

晋乱，琅邪国人随元帝过江千余户，太兴三年，立怀德县。丹阳虽有琅邪相而无土地。成帝咸康元年，桓温领郡，镇江乘之蒲洲金城上，求割丹阳之江乘县境立郡，又分江乘地立临沂县。

按琅邪郡临沂县是东晋高门王氏、颜氏的本籍，琅邪又是晋元帝旧封，故他们能利用其政治地位侨置本籍郡县，并使之割成实土，从而达到既有本邦之名、又得土断之实的目的。再如兰陵郡兰陵县，东晋迄齐都是无实土侨郡县；及萧衍篡齐，乃改南东海郡（南徐州治下郡，实土）为兰陵郡，又将其祖先墓地所在的武进县改为本籍兰陵县。① 这样，依归正首丘的习惯，侨兰陵县就在名实两方面都成了萧氏的本籍。萧氏的例子，更清楚地说明了政治权力的大小、社会地位的高低与本籍郡县是否侨置、是否割成实土之间的密切关系。中村圭尔指出："被侨置的原籍是名义上的还是现实的这一点，与作为士族的等级上下有着深刻的关系"；②安田二郎同样认为："侨郡县的实土化是贵族、地方大姓阶层的强烈愿望，作为自身维持乡里社会秩序的存在根据，即具有承担证明他们存在意义的作用。"③这样的看法可谓相当深刻。

其三，改属。对于大多数侨置郡县来说，成立之初，一般名义上仍属原州。这一点，钱大昕言之审矣。钱氏云："顿丘本属司州，即使侨立徐土，徐州刺史得兼督之，而未经土断，当犹存司州之名，不得云属北徐州。……东平本属兖州，虽侨置江南，与东海、琅邪、兰陵之元属徐州者有别，未经土断，当犹属兖州，不得云属南徐州。"④钱氏盖以为侨郡在土断之前，理论上一般仍属原州。⑤ 而若原州有

---

① 《梁书·武帝纪》,《隋书·地理志》江都郡曲阿。

② 中村圭尔《关于南朝贵族地缘性的考察——以对侨郡县的探讨为中心》。又就此问题，中村圭尔作出如下说明："对于士族来说，和乡里社会的密切关系是不可或缺的，因为乡里社会的秩序正是他们存在的基础。只是，其关系并不能是武断乡曲式的直接关系，莫如说必须是较为抽象化的。所以，他们对于籍贯的标榜，就不单纯是商标（王仲荦《魏晋南北朝史》上册），而有着强调其存在基础的乡里社会的意义"；又"颜氏不能说是最上层的士族，可是因碰巧与王氏的原籍相同，所以产生这样的结果。还有，萧氏也可称为大族，但不能说是最上层的士族，想来这种情况与梁武帝的政策有些关系。因为尽管同样是皇室，但宋的刘氏、齐的萧氏就没有实际再现其原籍。只是对其详情准备将来再作探讨。"

③ 安田二郎《刘宋大明年间的襄阳土断》。

④ 《廿二史考异》卷一九，参阅《十驾斋养新余录》卷中"晋书地理志之误"条。

⑤ 钱氏此论，准之大多数侨郡，是可以成立的。当然，也存在例外，如《宋书·州郡志》秦州及所领十四郡四十二县无实土，未经土断，而安固郡，张氏于凉州立；京兆、冯翊、始平、扶风、安定等郡原属雍州，太原郡原属并州，金城郡原属凉州，侨置均属秦州。又《陈书·宣帝纪》太建十一年"诏淮北义人率户口归国者，建其本属旧名，置立郡县，即隶近州"，这种初侨立就隶属当地州的情况，与晋宋以来的一般情形大不相同。这涉及到侨置制度的地区差异与时代差异问题。

相应的侨州，则侨郡就属此侨州，如燕国（原属幽州）侨置属幽州（侨治三阿）即是。[①] 若原州无侨州，或侨州与侨郡不在同一区域，[②]则侨郡大多犹存隶属原州之名，但这种隶属并不具备实际的行政意义，其侨郡行政事务归当地州兼督。如豫州之西阳、新蔡二郡，司州之弘农郡，扬州之松滋郡，寄在寻阳一带，“人户杂居”，东晋之世，江州刺史常兼督四郡，此以实州督理侨郡，四郡并不属江州，而仍遥隶原州。[③] 又义成，原扬州淮南郡属县，侨置为郡，治襄阳，东晋时由雍州建督而遥隶扬州。[④]

土断者，“以土断定”，对于侨置郡县来说，则依其寄寓之地，断入当地之州（实州或有实土的侨州）；换言之，通过土断，改变了侨郡与原州名义的、悬属的关系，所在的当地之州则由对侨郡的“兼督”变为“实领”。按这种“依界土断”[⑤]的条格，遂导致了地方行政系统的重新组合。以宋元嘉八年（431 年）土断为例，既割江南为南徐州实土，则侨兖州所领南高平、南平昌（初属青州，宋永初元年青并入兖，因改属）、南济阴、南濮阳、南泰山、济阳、南鲁（鲁郡西晋属豫州，东晋改属兖州。侨立亦属侨兖州）等侨在江南诸郡，也就缘地改属南徐州。[⑥] 又上述新蔡郡改属江州；弘农、松滋二郡省为县，也改隶江州寻阳郡；义成郡则归属雍州。[⑦] 如果将《晋书・地理志》与《宋书・州郡志》、《南齐书・州郡志》相对照，则土断导致的郡县改属之频繁、普遍且大多与侨州郡县有关，是不难考见的。

其四，借侨名而新立。钱大昕考《宋书・州郡志》徐州刺史阳平太守云：“阳平，则云‘流寓来配’，虽不言何时立，据‘来配’之文，亦当在义熙土断时。”[⑧]按钱氏此论不诬也。

---

① 《晋书・谢安传》、《谢玄传》，《舆地纪胜》卷四三高邮军。按侨郡隶原州相应的侨州者很多，如下邳、彭城、东海、琅邪、东莞、临淮等侨隶徐州；京兆、扶风、始平等侨隶雍州；南谯、南汝阴等侨隶豫州，等等。见《宋书・州郡志》南徐州刺史、雍州刺史、南豫州刺史。

② 如沦陷诸州中，凉州未侨置；又侨置未久即废者有江北之幽、并等州。侨州与侨郡不在同一区域者，如新兴郡（西晋隶并州）侨荆州境内，而并州却侨在江北（今江苏苏北），秦国（西晋隶雍州）侨堂邑，而雍州侨在汉水流域，等等。见《宋书・州郡志》。

③ 《南齐书・州郡志》豫州、江州，《廿二史考异》卷二四，《晋书・地理志》扬州，《宋书・州郡志》江州刺史寻阳太守，《东晋疆域志》卷四南新蔡郡。

④ 《晋书・桓冲传》，《廿二史考异》卷二二。

⑤ 《宋书・武帝纪》义熙九年。

⑥ 《宋书・州郡志》南徐州刺史、南兖州刺史。

⑦ 《宋书・州郡志》江州刺史新蔡太守、寻阳太守、雍州刺史义成太守，《晋书・地理志》扬州。

⑧ 《十驾斋养新余录》卷中“晋书地理志之误”条。

土断时期，政府对侨流实施割配，如义熙“土断侨流郡县，使（豫州治中从事谢）晦分判扬、豫民户，以平允见称”[①]；宗越，“本河南人。晋乱，徙南阳宛县。又土断属叶”[②]；丘巨源，“兰陵兰陵人也。宋初土断属丹阳，后属兰陵”[③]。侨流割配后，为使侨流处于政府的牢固控制之下，堵塞大族兼并侨流人口的渠道，为确保人地结合，也为了缓和地方政府因侨流问题引起的矛盾，乃多借侨名立郡县以处侨流人口。《宋书·州郡志》“流寓来配”、“流寓割配”、“流寓因配”、“流寓配属”、“土断立”一类郡县，多属此类。至于是建立侨郡还是建立侨县，则往往视侨流人口之数量多少或势力大小而定，如“民单户约，不可独建”者，就合置为县级机构，分拨他郡统领，“故魏邦而有韩邑，齐县而有赵民”[④]。另有一种情形是，若侨寓者连成一片，“乡屯里聚，二三百家，井甸可修，区域易分”，则土断中也允许其别置“侨邦”，所谓“别详立”即是。[⑤]

综上所述，土断是“废除侨置郡县”之说自不能成立。土断虽撤消、合并掉一些侨州郡县，但通过土断，未被省并的侨州郡县多分割（或增领）当地州郡县，有了实际辖地；当地州、郡又有增领侨郡、县者。土断中还借侨名新立了许多郡县。[⑥] 质而言之，土断是对设置混乱、变化无常的侨州郡县的整理，使之由虚幻的、临时的、以管理侨流人口为目的的状态，转为现实的、正规的、拥有政区属地的状态；而土断对侨置的这种种整理，又导致侨州郡县与当地州郡县的混合编制，相互发生行政改属，其主要情形，如本书第二章第四节所述，即有七种情形、四种类型。由此可见，正是通过土断，才使得侨州郡县与当地州郡县一道，构筑

---

① 《宋书·谢晦传》。

② 《宋书·宗越传》。

③ 《南齐书·文学丘巨源传》。

④ 《宋书·志序》。

⑤ 《南齐书·州郡志》南兖州。

⑥ 补充说明两点：其一，如上所述，“在土断中，也调整了部分当地州郡县”，而除了上文已有涉及者如分割、增领等以外，也有被省废者，如刘宋大明土断，省南阳郡叶县、新野郡蔡阳、顺阳郡朝阳，这三县都是当地旧县。其二，安田二郎《刘宋大明年间的襄阳土断》文中，把土断区别为“实土化土断”与“现土土断”。所谓“实土化土断”，是“设置与侨民故乡名称完全或基本相同的郡县”，即“无实土侨郡县的实土化以及对已经实土化侨郡县侨民（旧民）重新再编及属籍的实土化土断”；所谓“现土土断”，则是废省侨郡县，将侨郡县民在作为现住地的实土郡县之下属籍。就国家权力一方来看，“无实土侨郡县统治方式是缺乏一定境域支配、类似饲养鱼鹰方式的寄治体制，……在其基本单位侨县（乡族集团）中，不少是自治体制，……这是过分脆弱的统治体制”，所以需要土断。而“实土化”与“现土”的两种土断方式中，国家权力与地方政府希望实施“现土土断”；至于侨民，在不得不被土断时，方式上更加倾向于“实土化土断”，毕竟“故乡的州郡县名和乡里自治的存在方式得到保证”。

成了新的地方行政辖属系统。

第三节 “土断白籍”：白籍户的黄籍化

土断对侨州郡县的整理，事实上已经决定了“土断白籍”的具体方式。那么，何谓“白籍”？“土断白籍”又是什么意思呢？《晋书·范宁传》所载东晋太元十四年（389年）豫章太守范宁陈时政疏为考究这一问题提供了线索：

> 帝诏公卿牧守普议时政得失，宁又陈时政曰：“古者分土割境，以益百姓之心；圣王作制，籍无黄白之别。昔中原丧乱，流寓江左，庶有旋返之期，故许其挟注本郡。自尔渐久，人安其业，丘垄坟柏，皆已成行，虽无本邦之名，而有安土之实。今宜正其封疆，以土断人户，明考课之科，修闾伍之法。难者必曰：‘人各有桑梓，俗自有南北，一朝属户，长为人隶。君子则有土风之慨，小人则怀下役之虑。’斯诚并兼者之所执，而非通理者之笃论也。”

分析范宁疏文，参证其他史料，可得如下几点认识：

其一，“圣王作制，籍无黄白之别”，西晋时只有黄籍而无白籍。《晋令》云：“郡国诸户口，黄籍，籍皆用一尺二寸札，已在官役者载名。”[①]此条文字于西晋之户籍颜色、规格以及入籍范围言之甚明。黄籍是全国统一的正式户籍，东晋南朝之黄籍，也是“公家正取信”[②]之物，其籍注包括姓名、年龄、籍贯、家族、家庭成员、家庭成分、职历、爵位、健康情形、服役年限及乡里清议、士庶门第等项目，[③]户口登记制度全面而周密。

其二，白籍的出现，始于“中原丧乱，流寓江左”之时。检阅史籍，西晋并无白籍的名称。可考的白籍名称的首次出现，是前引《晋书·成帝纪》咸康七年（341年）四月诏之“土断白籍”。作为东晋时期才出现的“新生事物”，并且是与黄籍并列的户籍，白籍与侨流人口、侨州郡县密切相关。“晋自中原丧乱，元帝寓居江

---

① 《太平御览》卷六〇六《文部·札》所引。

② 《宋书·何子平传》。

③ 分别见《宋书·孙处传》、《何子平传》，《陈书·高祖纪》，《南史·王僧达传》，《南齐书·张岱传》，《晋书·礼志》，《南齐书·虞玩之传》，《梁书·武帝纪》，《宋书·宗越传》。另详《通典·食货三·乡党》引沈约语、傅克辉《魏晋南北朝籍账研究》第一篇。

左，百姓之自拔南奔者，并谓之侨人。”[①]大凡流寓之人，易动难安，“人伫鸿雁之歌，士蓄怀本之念，莫不各树邦邑，思复旧井”[②]，政府也以为“庶有旋返之期”，出于慰藉侨流的“归本之心”，乃“各因其所居旧土”[③]，陆续成立侨流的各级流亡政府——侨州、侨郡、侨县，且“侨置牧司”，分设刺史、守、令，作为安置与管理侨流的机构。而大部分的侨流人口，便在侨置机构下登录户籍。这些户籍，为了区别于土著人口的正式的黄籍，都做成白籍。所以，白籍是侨流人口的特殊的户籍，是一种侨籍。而白籍最关键的内容之一，如第二章第五节所述，是籍注中籍贯一项“许其挟注本郡”，即夹注原籍。

其三，白籍户是不税不役的，黄籍户则纳税服役，这是黄、白籍的本质区别。黄、白籍之分，首先在于编造户口册的纸色不同。黄籍既是西晋以来正规的户籍，是“民之大纪，国之治端”[④]，为了保存久远，故用入潢的黄纸[⑤]，它是土著户的户籍；而白籍作为侨籍，“庶有旋返之期”，原系临时性质，故用普通白纸。其次，黄籍户一般是纳税服役的实户[⑥]，白籍户则是不税不役的虚户。[⑦]如宋孝建元年(454年)“始课南徐州侨民租”[⑧]，则此以前南徐州侨民享受优复可知；又梁普通六年(525年)，“赐新附民长复除”。[⑨] 按对侨流人口或归附之民给予一定期限的复除，本是秦汉以来的惯例，而东晋南朝时期尤其不应当例外。因为东晋南朝特别是东晋、宋、齐、梁政权，实质上是移民政权，为了自身的利益与政权的稳定，政府也必须给予“散居无实土”的侨流人口或归附之民以一定期限复除的优待。

---

① 《隋书·食货志》。

② 《宋书·志序》。

③ 《晋书·郗鉴传》，胡三省《通鉴释文辩误》卷四。

④ 《南齐书·虞玩之传》。

⑤ 以蘖汁染纸，谓之入潢。入潢则纸不生蠹虫，缝不绽解。又用黄纸造籍，还可能与当时崇尚黄色的观念有关。

⑥ 当然，如王公贵族等特殊阶层也是不税不役的，但毕竟是少数。

⑦ 参考本书第二章第五节。

⑧ 《宋书·孝武帝纪》。按南徐州元嘉八年(431年)已划江南为实土，但又过了二十几年，才始课南徐州侨民租，则侨民原来享受优复可知。

⑨ 《梁书·武帝纪》。

其四,"土断白籍",即白籍户的黄籍化过程。① 白籍户的例无征敛,与其贫困、分散、流动及"庶有旋返之期"有关。而"自尔渐久,人安其业,丘垄坟柏,皆已成行,虽无本邦之名,而有安土之实";且南下侨流日益增多,数量巨大,政府自不能一直对他们优复免役。② 另外,白籍渐增,与黄籍对立,自成系统,也造成了户籍制度的混乱。有鉴于此,政府在整理侨州郡县以及连带涉及的当地州郡县的同时,对白籍侨民实行土断,通过"大阅户人"③,区判流杂,"定其隶属"④,用里伍形式重新编制,使之固着于土地即名副其实的政区之上,与黄籍户一样承担国家税役,从而改变"杂居流寓、闾伍弗修","民无定本、伤治为深"的状况,⑤这便是"土断白籍"的目的所在,范宁所谓"土断人户,明考课之科,修闾伍之法",就是这个意思。虽然"土断人户"的范围较广,除白籍户外,应该还包括一些浮浪人、豪强士族隐占的人口以及南方土著逃亡他境者,但"土断人户"的主要内容是"土断白籍",应该是没有疑义的。

从临时性质的白籍土断为正式户籍,为得以长久保存,其形式上也改用黄纸做籍。⑥ 因此,"土断白籍"实质上就是白籍户的黄籍化,是不税不役户的役调化,是改白籍为黄籍。

其五,土断是对侨置的整理,而白籍户又是注册侨州郡县的侨民,则土断整理侨置的过程,也就是"土断白籍"的过程。土断整理侨置,既方法不一,或省并,或割实,或改属,或借侨名而新立;可以推定,"土断白籍"也与之相应地表现为不

---

① 按土断与黄、白籍的关系,是学术界争论非常激烈的问题。主要的观点有两种,一种观点认为白籍是土断的结果(土断后白籍),另种观点认为白籍是土断的对象,经过土断,改白籍为黄籍(土断前白籍)。土断后白籍说的提出者为胡三省,如前引《资治通鉴》卷九六胡三省注;又胡三省《通鉴释文辩误》卷四进一步辨正曰:"史炤《释文》曰:'白籍,谓白丁之籍耳。'余按江左之制,诸土著实户,用黄籍;侨户土断,白籍。琅邪南渡,凡中土故家,以至士庶,自北来者,至此时各因其所居旧土,侨置郡县名,并置守令以统治之,故曰正土断。不以黄籍籍之而以白籍,谓以白纸为籍,以别于江左旧来土著者也。若以为白丁之籍,则王公岂白丁哉!"而笔者赞同第二种观点即土断前白籍说。

② 当初实行优复政策是必要的,而且此政策对于吸引侨流南下起到了作用。然则政府之所以要吸引侨流南下,根本的现实考虑还在于增加征派赋役的对象。

③ 《晋书·哀帝纪》兴宁二年。

④ 《南齐书·吕安国传》。

⑤ 《宋书·武帝纪》义熙九年。

⑥ 周一良《魏晋南北朝史札记·南齐书札记》"虞玩之传诏书及表文"条。又用黄纸意在保存久远,用白纸系临时性质,及改白纸为黄纸者,从《隋书·百官志》所载陈朝"用官式"之"白牒"改"黄纸"例也可得到说明。《隋书·百官志》云:"其用官式,吏部先为白牒,录数十人名,吏部尚书与参掌人共署奏。敕或可或不可。其不用者,更铨量奏请。若敕可,则付选,更色别,量贵贱,内外分之,随才补用,以黄纸录名,八座通署,奏可,即出付典名。"

同形式。西晋的土断，是“以土断定”，使侨流断入土著；东晋南朝的土断，虽也是“以土断定”，然而所谓“土”的内涵却发生了变化，大部分侨流有了自己的原籍侨州郡县，在土断中，这些侨州郡县有的割成实土，其所领侨流经过土断，并未断入当地州郡县，虽然他们也纳税服役了，与一般黄籍户无异，却仍然保留着形式上的侨籍。所以，分析东晋南朝对侨流的“以土断定”，大致存在着四种情况：

对注籍于土断中被省并于当地州郡县的侨州郡县侨流来说，土断意味着侨籍的失去，他们改籍当地州郡县，从而完成侨寓户的土著化；

对注籍于土断中被并合于其他侨州郡县的侨州郡县侨流来说，土断也使他们失去旧的侨籍，但他们接受的是新的侨籍；

对注籍于土断中被割成实土的侨州郡县侨流，土断则使他们的侨籍得以保存；

对注籍于土断中借侨名而新立的郡县的侨流，土断更使他们的侨籍获得了承认。①

在土断中，是失去原来的侨籍、接受新籍，还是既保持形式上的侨籍，又得土断之实（即割成实土），也是与政治权利的大小、社会地位的高下相关的。流寓南方的琅邪王氏、颜氏、兰陵萧氏等郡望所以能长期保持，在于其是高门，是皇族；而兰陵周盘龙之改籍东平，兰陵李安民之改籍南彭城，颍川陈康之改籍长城，河南宗越之改籍南阳叶，京兆杜幼文之改籍彭城，平原明僧绍之改籍齐郡，略阳垣崇祖、垣荣祖之改籍下邳，②就在于他们是中下层贵族；至于一般侨流人民之改籍，当更为普遍。

其六，侨流之人无论是改著新籍，还是保持旧望，基本上都以土断后所著之籍为本籍。这里首先存在个乡里观念变化的问题。侨置初不过一时权宜之计，然而“士民播流江表，已经数世，存者老子长孙，亡者丘陇成行”，“后来童幼，班荆辍音，积习成俗，遂望绝于本邦，宴安于所托”；③“宴安于所托”还在于侨流与土著相处既久，以杂居与联姻关系，其风习、观念、语言、饮食等方面，难免相互影响与同化，侨旧隔阂因之而泯，畛域观念日渐淡漠，寓居地成为事实上的“本邦”。刘裕请土断表云：

> 所谓父母之邦以为桑梓者，诚以生焉终焉，敬爱所托耳。今所居累世，

① 据此，笼统地称土断是“使侨寓户口编入所在郡县的办法”，实在很不确当。

② 各详《南齐书·周盘龙传》、《李安民传》，《陈书·高祖纪》，《宋书·宗越传》，《宋书·杜幼文传》，《南齐书·明僧绍传》，《宋书·垣护之传》、《南齐书·垣崇祖传》、《垣荣祖传》。

③ 《资治通鉴》卷一〇一隆和元年，《晋书·桓温传》。

坟垄成行，敬恭之诚，岂不与事而至？[1]

此即侨寄既久，引起乡里观念变化的集中说明。进之，由观念变化达成乡里的重新确定，则一般是通过土断来实现的。如陈霸先一家，虽"宗居汝颍"，然以"世寓东南"之故，即以土断后所著之籍吴兴长城为"眷言桑梓"之地，"育圣诞贤之乡"[2]；安定席衡"因后秦之乱，寓居于襄阳"，著籍当地，"为襄阳著姓"[3]；柳氏本司州河东大姓，而柳元景、柳庆远以雍州（侨襄阳）为其"本州"、"乡里"[4]；兰陵丘巨源宋初土断属丹阳，故巨源得以"少举丹阳郡孝廉"[5]；又褚氏，望出河南阳翟，而褚修、褚伯玉、褚欣远、褚嗣皆以世居地钱唐为其本籍。[6] 如此等等，皆所谓以土断后所著之籍（或所居之地）为本籍。

侨流以世居之地、土断著籍为乡里、本籍的状况，对后世历史产生了多方面的深刻影响，若侨流"后裔遂长为南方之人矣"[7]，便造成了南方文化面貌的为之改观。就当时而言，其产生的影响也反映到了政治领域之中。东晋朝野上下，尚意存规复，时时以北伐为念，这与侨流追尊旧壤、留恋桑梓、不愿著籍南土是一致的；而宋齐以降，侨人特别是其后裔不再作北伐之想者，则与侨流寓安所托、"土断后即以世居之地为本州"，并进而安土重迁，不无关系。[8]

顺带提及，对土著户口、侨流户口以及侨流中的黄、白籍户口，可以进行数量分析及地理分布的研究，依据是《宋书·州郡志》。《宋书·州郡志》所载户口数，既有土著户口，也有侨流户口，而侨流户口又来自黄、白两种户籍。土著户口不必多说；侨流户口之来自黄、白两种户籍者，原因很简单，《宋书·州郡志》所载侨州郡县，有

① 《宋书·武帝纪》。按"坟垄成行"与"以为桑梓"之间的关系，如西晋城阳营陵人管彦既卒而葬洛阳，王裒谓彦弟曰："今贤兄子葬父于洛阳，此则京邑之人也"（《晋书·孝友王裒传》）；又陈郡阳夏谢灵运"父祖并葬（会稽郡）始宁县，并有故宅及墅。（灵运）遂移籍会稽，修营别业。……有终焉之志"（《宋书·谢灵运传》）；又东莞姑幕人徐广宋永初中上表曰："臣坟墓在晋陵，臣又生长京口，恋旧怀远，每感暮心。息道玄谬荷朝恩，忝宰此邑，乞相随之官，归终桑梓，微志获申，殁没无恨"（《宋书·徐广传》）。此皆所谓"归正首丘"一类。

② 《陈书·高祖纪》。

③ 《周书·席固传》。

④ 《宋书·柳元景传》，《梁书·柳庆远传》。

⑤ 《南齐书·文学丘巨源传》。

⑥ 《南史·褚修传》、《褚伯玉传》，《廿二史考异》卷二七。

⑦ 谭其骧师《晋永嘉丧乱后之民族迁徙》，《燕京学报》第15期，1934年。

⑧ 参看《晋书·孙绰传》，《资治通鉴》卷一〇一隆和元年，周一良《魏晋南北朝史札记·梁书札记》"土断后所居之州即称本州"条。按从理论上说，侨流人口在土断之前，仍是临时寄居的客，而土断之后，便是永久居住的主了。

经过土断、已有实土的侨州郡县，其领户由注白籍改注黄籍；又有未经土断、仍无实土的侨州郡县，其领户所注当仍为白籍。[①] 白籍对于政府来说，是不税不役的虚户，并无多大的实际意义，因此，《宋书·州郡志》侨流白籍户口数之不系统、不完整，且准确度远低于土著黄籍户口数，是可以断言的；[②]又相对于土著黄籍户口数，经过土断核定的侨流黄籍户口数，由于下节所述的复杂原因，也还是存在着比较明显的脱籍与离散现象。[③] 因此，依据《宋书·州郡志》，我们只能大体了解东晋刘宋侨流人口及其后裔数量与分布的概况，而不能详知其确切数量与细部分布。

第四节　土断的意义及其不彻底

据上所论，东晋南朝的土断，着力于整顿侨置即"正其封疆"，重新定籍即"土

① 判断侨置是否改成实土，一个重要的依据是《宋书·州郡志》所载水陆道里，一般有实土则有水陆里数，无水陆里数者即侨寓无实土。说详"引言"中有关钱大昕的评述。

② 略举秦州陇西郡为例。《宋书·州郡志》秦州刺史陇西太守："文帝元嘉初，关中民三千二百三十六户归化，六年立。今领县六。户一千五百六十一，口七千五百三十。"按从元嘉六年(429年)到大明八年(464年)或宋末(何德章《读〈宋书·州郡志〉札记二则》认为《宋书·州郡志》各州所列户口总数为大明八年数字，而各郡户口数是宋末数字。文载《魏晋南北朝隋唐史资料》第15辑，武汉大学出版社1997年)，凡三、五十年时间，其间未见对陇西郡的民户割属，即使不考虑人口的自然增长因素，陇西郡领户也失去了一多半。这种侨流人口从版籍上脱漏的现象，可能是无实土侨州郡县的一种普遍现象。

③ 安田二郎《刘宋大明年间的襄阳土断》指出：哪怕实土化土断，对侨民来说仍非合适的政策。"与该点相关连，请注意土断以后的户口数，距土断不远的大明八年(464年)时，以三千余家流住的康氏为中心设置的华山郡，加上旧实土县的上黄和华山、蓝田三县的户数，大幅减少为一千三百九十九户。这点与为千余家共同流住的焦氏等设立的南天水郡情况相同，西、略阳、河阳加上原来为弘农郡属县的华阴四县所构成的南天水郡，户数减少至六百八十七户(未见有两郡侨县移属它县的记载)。在流住最初之时，曾相当严格地实行了户口调查，元嘉二八年从北魏归降的鲁爽一部，'北来部曲凡六千八百八十三人'，一直精确到个位数，可见一般。因为，三千余家、千余家并不是随意搞鬼的数字，康氏在距约半个世纪，南天水郡在距约三十年后，几乎都减少一半。即使考虑到自然减员离散等情况，其数字差别之大也令人难以想象，由此可推知作为实土化土断的大明中土断被称作妥协产物的实际情形。"又所谓"妥协产物"，意谓"王玄谟当初所设想的'现土土断'遭到挫折，转而后退到'实土化土断'的主要因素在于不希望'现土土断'侨民自身的意愿和力量。"今按：据《梁书·康绚传》，宋永初(420～422年)中，康穆举乡族三千余家入襄阳之岘南，宋为置华山郡、蓝田县，寄居于襄阳"；又《宋书·州郡志》雍州刺史华山太守领县三，其中上黄县"本属襄阳，立郡割度"。如此，则华山立郡不始于孝武帝大明元年，盖孝武始分上黄县地以为侨郡县境，故史以为孝武所立。又南天水郡、略阳县，据《南齐书·焦度传》、《南史·焦度传》，乃宋元嘉(424～453年)中以"千余家"侨立。这样，华山郡及蓝田县之"胡人流寓"三千余家、南天水郡及略阳县之"西戎流寓"千余家，乃起初侨立时的户口数字，而非土断时的户口数字。故安田二郎的举例与分析有欠严密，但其观点无疑仍是值得肯定的。

断人户”，目的在于“明考课之科，修闾伍之法”。纵观土断的概况，这些目的是部分地达到了。《宋书·州郡志》、《南齐书·州郡志》州郡县领属系统基本上轨道，说明因侨置造成的政区制度、政区建置的混乱，经过数次土断，已经大体上得到了澄清。如雍州土断后，“遂为大镇”①，州郡县领属及政区获得了调整，政府对雍州的统治“自此便之”②。“皆取旧壤之名”造册的侨籍（白籍）引起的版籍紊乱，土断后也有所扭转，而且由于白籍户的黄籍化，大批侨人服役纳税，国家因此出现了“财阜国丰”③的局面。桓温的北伐前燕及谢安执政、组织北府兵取得淝水大捷，依据的都是“庚戌土断”提供的物质基础；刘裕的义熙土断更为其收复北方失地提供了兵源，也为“元嘉之治”的到来奠定了基础。④

但是，对于土断的意义也不可估价得太高。宋时周朗曾建议“寄土州郡，宜通废罢”⑤，而实际状况是，侨州郡县在土断中被废罢的只是一部分；且原来侨置不过无实土寄寓，通过土断，许多侨州郡县反而分割或增领当地州郡县，成为实土，又与当地州郡县混合编制，这样，原来稳定的当地州郡县系统产生了动荡，统辖关系益形繁杂，南北地名分合交叉，南州北郡、北州南郡，南郡北县、北郡南县，侨置本多实土，实土初为侨置，真是“名实混淆，观听眩瞀”⑥。因此，土断整理侨置的实际效果并不是太理想。

同样，“土断人户”也进行得并不彻底。由于土断是使不税不役的侨寓户役调化，又随着一部分侨州郡县的撤消，侨流失去旧籍，失去原来的郡望，这必

① 《南齐书·州郡志》雍州。雍州之为“大镇”，参阅胡阿祥《东晋南朝地方州镇略说》，收入《东北亚历史地理研究》，中州古籍出版社1998年版。

② 《南史·王玄谟传》。

③ 《宋书·武帝纪》义熙九年。

④ 参考王仲荦《魏晋南北朝史》上册第五章第二节（上海人民出版社1979年版）、越智重明《刘裕政权与义熙土断》（载《重松先生古稀记念九州大学东洋史论丛》，1957年）。又安田二郎《刘宋大明年间的襄阳土断》系统讨论此一问题认为：土断与北伐一类积极军事行动密切相关，“例如东晋成帝咸康七年（341年）土断，正是以恢复中原为自己使命的庾冰所施行的政策；此后废帝海西公兴宁元年（364年）的桓温‘庚戌土断’，则是在对前燕慕容氏政权强行北伐的时候；东晋末义熙九年（413年），新兴军阀刘裕……‘义熙土断’也是如此，……是为义熙十二年（416年）刘裕对后秦姚氏政权举行第二次北伐的准备工作。这一点进入刘宋王朝后仍然如此，文帝元嘉八年（431年）对南徐、南兖两州的土断，不过是对同年初到彦之为总指挥官的河南北伐军惨败的善后政策。再往后，南齐初建元二年（480年）着手的以司、豫、兖三州为中心的土断，恐怕是苦于北魏军队以萧道成的篡夺为借口南侵而采取的不得已措施。这样，土断政策或是为了北伐的准备，或是作为北伐失败以后以图再举的善后对策而推行展开的。孝武帝大明元年由雍州刺史王玄谟建议所着手的雍州土断，与此也并非毫无关系。”

⑤ 《宋书·周朗传》。

⑥ 钱大昕《〈东晋疆域志〉序》。

然引起他们的反对，所谓“难者必曰：人各有桑梓，俗自有南北，一朝属户，长为人隶，君子则有土风之慨，小人则怀下役之虑”，便是他们反对土断的理由。[①]而每次土断，为了惩罚“竞不编户，迁徙去来，公违土断”者，[②]也总是“严法禁”[③]。庚戌土断，明确规定“不得藏户”，晋宗室彭城王司马玄“匿五户，桓温表玄犯禁，收付廷尉”；[④]义熙土断，刘裕“大示轨则，豪强肃然，远近知禁。至是会稽余姚虞亮复藏匿亡命千余人”，刘裕“诛亮，免会稽内史司马休之”[⑤]。大明土断“三辅豪杰”所聚的雍州，由于朝中实力派人物雍州宗强领袖柳元景的强烈抵制，进展得相当艰难，“郡县流民不愿属籍”，并讹言主持这次土断的雍州刺史王玄谟“欲反”，“元景弟僧景为新城太守，以元景之势，制令南阳、顺阳、上庸、新城诸郡并发兵讨玄谟。玄谟令内外晏然，以解众惑，驰启孝武，具陈本末。帝知其虚，驰遣主书吴喜公抚慰之”，于是“分实土郡县以为侨郡县境”[⑥]。由此看来，土断中实充满了土断与反土断的激烈斗争，而这也使得土断人户、勒令属籍，总是难以彻底。即以雷厉风行、成效甚显的义熙土断为例，尚明确规定“徐、兖、青三州居晋陵者，不在断例”，“盖刘裕北来而寓晋陵，京口起义及佐命诸臣亦十九隶籍徐、兖、青三州。宗室诸刘而外，如刘康祖、刘毅皆彭城人，刘穆之、童厚之、臧熹兄弟皆东莞人，刘蔚兄弟临淮人，刘粹沛郡人，皆徐州也；檀超兄弟叔侄高平人，魏詠之兄弟任城人，皆兖州也；孟昶兄弟、孟怀玉兄弟平昌人，皆青州也；外戚如孝穆赵后下邳人，孝懿萧后兰陵人，武敬臧后东莞人，皆属徐州；刘康祖、刘穆之、刘粹、檀氏兄弟、孟怀玉兄弟史皆言其世居京口，……孟昶未达时家在京口，……此外刘裕从龙诸臣大约亦多居晋陵郡

① 所谓“君子”、“小人”者，应指土断后仍然免税免役者与不再免税免役者，故“君子”反对土断，是因为寄居之地成了隶籍之乡（“土风之慨”），而“小人”反对土断，则是因为失去了免税免役的优遇（“下役之虑”）。按即便经过土断，那些侨流人口中的高门士族（门阀世族地主）由注白籍改成了注黄籍，仍然可以享受免税免役的特权，“这是因为户籍中注明了他们的家世、官位、爵级、勋状及其他与特权享受有关的内容”。参高敏主编《魏晋南北朝经济史》第十二章第二节，上海人民出版社1996年版。

② 《南齐书·虞玩之传》。

③ 《晋书·哀帝纪》兴宁二年。

④ 《晋书·彭城穆王权传附玄传》。

⑤ 《宋书·武帝纪》。

⑥ 王谟《汉唐地理书钞》引梁鲍至《南雍州记》，《资治通鉴》卷一二八大明元年，《宋书·王玄谟传》、《宋书·州郡志》雍州刺史。

地”，故刘裕虽具震主之威，仍不得不置晋陵郡界侨郡县及侨寓户于土断之外。[①] 又义熙土断乃“准庚戌土断之科”，则庚戌土断“大阅户口，令所在土断，严其法制”[②]，果其然乎，也很值得怀疑。

土断的不彻底还表现在每次土断规模的不同和土断或有执行不力上。东晋的四次土断，咸和土断规模不大，后三次则规模都较大。南朝的土断，多限在某一区域内进行，如元嘉土断基本限在长江下游的南徐、南兖、扬三州；[③]大明土断以雍州为主；建元土断主要在郢、司、豫、南兖四州，且不仅“罢侨邦”，还“革游滥”，“随界并帖”荒邑；[④]天监土断在南徐州；天嘉土断，则“不问侨旧，悉令著籍”，包括了南北一切“逐食流移者”[⑤]。由于土断规模、地域范围及对象的不同，使得一些侨置集中地区反而未被土断，如南徐州晋陵郡界之临淮、淮陵、南东莞等侨郡，寄在汉中的秦州及所领侨郡县，东晋、宋、齐的历次土断均未触及。《宋书·州郡志》梁州所领侨郡县、益州所领侨郡县，多无实土，也没有被土断的记载。[⑥] 即使在土断区域内，因土断执行的不甚严格，也有幸存的未被土断的侨郡县。如义熙土断，“唯徐、兖、青三州居晋陵者，不在断例”，而侨在晋陵的冀州南清河郡亦未土断；[⑦]又大明土断雍州，进行得比较彻底，而建昌郡寄治襄阳，未被土断。[⑧] 类似的情况还有不少。

最后，在整理侨置、土断白籍的同时，由于疆埸一此一彼，北方人民相继南来，侨州郡县不断设置[⑨]，白籍侨户因之一批批地新添。这种此断彼起，也使得以“正其封疆”、“土断白籍”为主要内容的土断，虽屡行不辍、历时二百多年，而侨置与白籍问题，仍绵延不断、难以根绝。直到隋朝重新统一、南北界线泯灭、侨州

---

① 周一良《南朝境内之各种人及政府对待之政策》，收入氏著《魏晋南北朝史论集》，中华书局1963年版。又夏日新《关于东晋侨州郡县的几个问题》(《魏晋南北朝隋唐史资料》第11辑，武汉大学出版社1991年)分析此一问题认为：“刘裕是依靠京口地区的侨民起家的。京口地区的侨民不土断，除了是对他们的优待外，主要还是保留这个地区的侨民作为兵源基地，依靠京口集团来控制全国。”

② 《宋书·武帝纪》，《资治通鉴》卷一〇一兴宁二年。

③ 《南齐书·文学丘巨源传》，《宋书·州郡志》南徐州刺史、南兖州刺史。

④ 《南齐书·吕安国传》、《柳世隆传》，《南齐书·州郡志》南兖州。

⑤ 《陈书·世祖纪》。

⑥ 《南史·胡谐之传附范柏年传》：“柏年本梓潼人，土断属梁州华阳郡。初为州将，刘亮使出都谘事，见宋明帝。”按《宋书·州郡志》华阳郡“寄治州下”，尚无实土；其土断当在大明八年后。

⑦ 说详本书第十六章。

⑧ 《宋书·州郡志》雍州刺史建昌太守。

⑨ 如直到陈朝时，还在进行侨置，《陈书·宣帝纪》太建十一年“诏淮北义人率户口归国者，建其本属旧名，置立郡县，即隶近州”，所谓“建其本属旧名”，无疑即是侨置。

郡县存在的社会基础已不再存在时，侨州郡县以及所有的相关制度包括其中的白籍问题，才最终得到了解决，变成了历史的陈迹。[①]

① 关于东晋南朝各别地区侨州郡县的最后废除，需联系其疆域的最后入北来看，而具体情况多见载于《魏书·地形志》尤其是《隋书·地理志》中，详细的考辨则可参考杨守敬《隋书地理志考证附补遗》(《二十五史补编》本)、王仲荦《北周地理志》(中华书局 1980 年版)。大体而言，河淮侨州郡县为北魏省并者居多，汉中、巴蜀侨州郡县为西魏、北周省并者居多，襄汉侨州郡县为北齐省并者居多，淮南侨州郡县为北齐、杨隋省并者居多，长江以南侨州郡县的最终罢废则由平灭陈朝的隋朝完成。

第四章

东晋南朝侨州郡县的地理分布

上章论述土断对侨州郡县与侨籍的整理，于侨州郡县与侨流人口的地理分布稍有涉及，并注意到了土断的区域性问题；又第一、二章中，也颇多关注到了侨流人口的区域分布及其军事、政治、文化作用的差别，侨州郡县及其设官施政的地区差异。然则侨州郡县以及相关的侨流人口之地理分布，不仅是由历史地理角度研究东晋南朝侨州郡县问题的题中应有之义，也大有助于上述现象与领域的切实理解。考虑及此，本章先列东晋南朝境内[①]"侨州郡地理分布表"，以见侨州郡分布概况，以明东晋南朝实有之地区侨寄了哪些州郡；[②]次之，则提要性或举例式地探讨形成这一分布的若干原因；[③]再次，讨论东晋南朝侨州郡县地理分布与侨流人口地理分布不相一致的问题，藉以弥补单由侨州郡县推论侨流人口存在的不尽全面与精确的缺憾。

---

① 此所谓"东晋南朝境内"，指曾入东晋南朝版图的各地区，不计其时间长短。按东晋南朝疆域变迁颇是复杂，其大致情形，详附录二"东晋十六国南北朝地理环境述论"。

② 按第二篇"考表"基本上以《晋书·地理志》所列州郡为顺序，备列东晋南朝可考之侨州、侨郡、侨县；由此"考表"，可知原州郡县侨寓于何地。现以"考表"为基础，重为综合，作此东晋南朝境内"侨州郡地理分布表"；读此表，则明东晋南朝实有之地区侨寓了何处州郡。

③ 谭其骧师《晋永嘉丧乱后之民族迁徙》(《燕京学报》第 15 期，1934 年)一文对形成侨州郡县地理分布的侨流迁徙因素，有系统而又简要的表述。凡谭文已详者，本章不再重复，并请读者参阅。

第一节 侨州郡地理分布表[①]

<table>
<tr><th>地区</th><th>小区</th><th colspan="2">实有地</th><th>侨置州郡</th></tr>
<tr><td rowspan="16">江南区</td><td rowspan="5">东区</td><td colspan="2">海虞(江苏常熟市)境</td><td>东海郡</td></tr>
<tr><td rowspan="2">旧晋陵郡境</td><td>京口(江苏镇江市)一带</td><td>兖州、青州、(南)徐州、乐陵郡、(南)平昌郡、(南)高密郡、(南)东海郡、兰陵郡</td></tr>
<tr><td>京口、晋陵(江苏常州市)、丹徒(江苏镇江市东南丹徒镇)、武进(江苏丹阳市东)、无锡(江苏无锡市)、曲阿(江苏丹阳市)一带</td><td>(南)濮阳郡、(南)济阴郡、东燕郡、济阳郡、(南)鲁郡、(南)平原郡、(南)彭城郡、(南)清河郡、(南)燕郡、雁门郡、(南)齐郡、济岷郡、(南)泰山郡、长乐郡、(南)下邳郡、临淮郡、淮陵郡、(南)广平郡、(南)兰陵郡、(南)高平郡、(南)沛郡、(南)东莞郡</td></tr>
<tr><td colspan="2">江乘(江苏句容市北)境</td><td>(南)东平郡、东海郡、(南)琅邪郡</td></tr>
<tr><td colspan="2">建康(江苏南京市)一带</td><td>魏郡、高阳郡、广川郡、琅邪郡、堂邑郡</td></tr>
<tr><td rowspan="11">西区</td><td colspan="2">姑熟(安徽当涂)境</td><td>豫州、南豫州、南谯郡、南梁郡、宣城郡、淮南郡</td></tr>
<tr><td colspan="2">牛渚(安徽马鞍山市西南长江东岸)</td><td>豫州</td></tr>
<tr><td colspan="2">芜湖(安徽芜湖市)境</td><td>豫州、上党郡、宣城郡</td></tr>
<tr><td colspan="2">春谷(安徽繁昌境)</td><td>襄城郡、庐江郡</td></tr>
<tr><td colspan="2">当涂(安徽南陵东南)境</td><td>高平郡</td></tr>
<tr><td colspan="2">宛陵(安徽宣州市)</td><td>南豫州</td></tr>
<tr><td colspan="2">绥安(安徽广德)</td><td>陈留郡</td></tr>
<tr><td colspan="2">南陵(安徽贵池市西南)</td><td>北江州</td></tr>
<tr><td colspan="2">彭泽(江西彭泽东北)</td><td>太原郡</td></tr>
<tr><td colspan="2">寻阳(江西九江市西南)境</td><td>弘农郡、松滋郡</td></tr>
</table>

① 本表的主要依据,是本书第二篇“考表”。“考表”侨郡下列有侨县,另有实郡领侨县者,本表不赘。凡侨寄未久即迁移他处者,加下划线“—”表示。一州一郡先后侨有几处者,则分见几处,如宋元嘉末,侨司州于汝南悬瓠,泰始中移镇义阳,表中汝南悬瓠、义阳二地即都列有司州。

续表

地区	小区		实有地	侨置州郡
江淮区	东区		江北徐州境(江苏北部)	北青州
		广陵郡境	广陵(江苏扬州市西北蜀冈上)	(南)兖州、徐州、青州、北(南)沛郡
			广陵、高邮(江苏高邮市)、海陵(江苏泰州市)一带	冀州、并州、平州、北济阴郡、北淮阳郡、平原郡、东平郡、辽西郡、雁门郡、北下邳郡、东莞郡
			江阳(江苏海安一带)	新平郡
			堂邑(江苏六合北)境	北陈留郡、秦郡
			瓜步(江苏六合东南瓜埠山)	齐郡
			三阿(江苏金湖东南)	幽州
			山阳(江苏淮安市)境	兖州、山阳郡、义昌郡(?)
			石鳖(江苏洪泽东南)	阳平郡
			淮阴(江苏淮阴市西南)境	兖州、(北)兖州、青州、高平郡、东平郡、北兰陵郡
			盱眙(江苏盱眙东北)境	(南)兖州、(北)兖州、鲁郡、高密国、高平郡
			江苏淮安市、洪泽、金湖一带	泰山郡
	西区		肥如(安徽天长市境)	(南)沛郡
			安徽来安东北	高塘郡
			清流(安徽滁州市)境	顿丘郡
			全椒(安徽全椒)境	南谯州、北谯郡
			阜陵(安徽全椒东南)	(南)梁郡
			历阳(安徽和县)境	豫州、南豫州、武都郡、襄城郡
			居巢(安徽巢湖市)境	颍川郡、南谯郡
			安徽巢湖市、和县之间	汝阳郡
			合肥(安徽合肥市西)境	司州、兖州、南豫州、豫州、(南)汝阴郡
			北徐州境(安徽凤阳、明光市、滁州市一带)	魏郡、沛郡、彭城郡

续 表

地区	小区	实有地	侨置州郡
江淮区	西区	化明(安徽明光市东北)	济阴郡
		钟离(安徽凤阳东北)境	(北)徐州、阳平郡
		马头(安徽怀远南淮河南岸)	豫州
		马头郡境(安徽怀远、蚌埠市一带)	谯郡
		安徽寿县、合肥市、六安市、霍邱之间	汝南郡、陈郡、南顿郡
		寿县(安徽寿县)境	豫州、南豫州、南梁郡、梁郡、北梁郡、北谯郡、西南顿郡、西汝阴郡、北陈郡
		安徽寿县西南	陈留郡
		安徽长丰一带	北谯郡
		固始(河南固始东北)境	(北)新蔡郡
		霍山(安徽霍山)	南陈郡
		淠水(安徽霍山东北)	北沛郡
		庐江(安徽庐江西)	湘州
		怀宁(安徽潜山)	豫州
		宿松(安徽宿松)	高唐郡
		新蔡(湖北黄梅西南)境	北江州、(南)新蔡郡
		寻阳(湖北黄梅西南)	安丰郡
河淮区	东徐	郁洲(江苏连云港市东云台山)	青冀二州、齐郡、北海郡、西海郡
		朐(江苏连云港市西南)境	青州、徐州、东莞琅邪二郡
		涟口(江苏涟水)	(北)东海郡
		淮阳(江苏淮阴市西南)一带	济北郡、淮阳郡、上党郡
		徐(江苏泗洪南)境	司州、高平郡
		下邳(江苏睢宁西北)	兖州、徐州
		睢陵(江苏睢宁)	济阴郡
		彭城(江苏徐州市)	兖州

续表

地区	小区	实有地	侨置州郡
河淮区	中原	相县(安徽睢溪西北)	巨鹿郡
		离狐(山东单县)	北济阴郡
		淮北	济南郡
		沛郡南(安徽灵璧南)	阳平郡、濮阳郡
		谯(安徽亳州市)	豫州
		长垣(安徽亳州市东)	陈留郡
		蒙(安徽蒙城西北)境	魏郡
		颍阳(安徽太和东北)	陈留郡
		清丘(安徽阜阳市东)	颍川郡
		汝南悬瓠(河南汝南)	豫州、司州
		荥阳(河南荥阳市东北)	司州、东京兆郡
		虎牢(河南荥阳市西北汜水镇)	并州
		河南(河南洛阳市东北)	河内郡
	青齐	山东寿光市东北一带	河间郡
		广固(山东青州市西北)	幽州、冀州、北平原郡
		东阳(山东青州市)	冀州、北海郡
		盘阳(山东淄博市西南淄川)	清河郡
		山东博兴境	乐陵郡
		山东高青东南	勃海郡
		山东桓台东北	高阳郡
		梁邹(山东邹平北)	幽州、平原郡
		长山(山东邹平东长山)	广川郡
		山东济南、淄博两市间	顿丘郡
		历城(山东济南市)	冀州、魏郡、平原郡
		升城(山东长清西南)境	并州、太原郡
		无盐(山东东平东)	阳平郡

续 表

地区	小区	实有地	侨置州郡
江汉区	汉域	义阳(河南信阳市)境	(北)司州、(南)汝南郡、汝阳郡、安陆郡
		平氏(河南桐柏西北)	淮南郡
		舞阴(河南泌阳西北)	西汝南北义阳二郡
		宛中(河南南阳市一带)	北河南郡
		河南邓州市东南	广平郡
		武当(湖北丹江口市西北)	始平郡
		均口(湖北丹江口市北)	义成郡
		酇城(湖北老河口市西北)	雍州
		阴城(湖北老河口市西北)	南阳郡
		筑阳(湖北谷城东)	扶风郡
		湖北襄樊市西北	京兆郡
		河南南阳市东南	河南郡
		襄阳(湖北襄樊市)一带	司州、雍州、秦州、梁州、河南郡、北河南郡、北上洛郡、广平郡、京兆郡、冯翊郡、扶风郡、始平郡、建昌郡、昌国郡、南天水郡、义成郡、北京兆郡、义阳郡
		五垄(河南邓州市境)	弘农郡
		臼(疑在河南南阳市附近)	南上洛郡
		大堤(湖北宜城市北)	华山郡
		鄀(湖北宜城市东南)	冯翊郡
		上洪(湖北宜城市东南)	新野郡
		岩州(湖北宜城市境)	南天水郡
		湖北荆门市西北	长(永)宁郡
		新化(湖北大悟东北)	湘州
		安陆(湖北安陆市)	(南)司州
		孝昌(湖北孝感市北)境	(南)司州、南义阳郡、汝南郡

续表

地区	小区	实有地	侨置州郡
江汉区	江域	湖北武汉市新洲境	边城郡
		罗田(湖北罗田东)	义州
		邾城(湖北黄冈市西北)	豫州
		西阳(湖北黄冈市东)	西阳郡
		武昌(湖北鄂州市)	豫州、西阳郡、竟陵郡
		江夏(湖北武汉市武昌)一带	汝南郡、绥安郡
		云泽(湖北潜江市西)	郡州
		安兴(湖北江陵东北)境	新兴郡
		南郡(湖北江陵)一带	义阳郡、东义阳郡
		上明(湖北松滋市西北长江南岸)境	南荆州、弘农郡、(南)河东郡
		公安(湖北公安西北)	荆州
		武陵(湖南常德市)	荆州
		湖南安乡西南一带	南义阳郡、平阳郡
梁益区	汉中		左义阳郡
		吉阳(湖北竹溪西)	新兴郡
		上津(湖北郧西西北)	北上洛郡
		魏兴(陕西白河南)境	南上洛郡
		魏兴(陕西安康市西北)	(南)(北)梁州、秦州
		长乐(陕西西乡东北泾洋河口)	晋昌郡
		汉中南郑(陕西汉中市东)一带	秦州、(南)太原郡、西京兆郡、冯翊郡、西扶风郡、北扶风郡、安定郡、始平郡、宋康郡、金城郡、安固郡、陇西郡、南安郡、天水郡、略阳郡、武都郡、(北)阴平郡、怀宁郡、广长郡、仇池郡、东宁郡、北宕渠郡、怀安郡
		白马城(陕西勉县西北)	华阳郡

续　表

地区	小区	实有地	侨置州郡
梁益区	巴蜀	兴安(四川广元市境)	华阳郡
		白水(四川青川东北)	白水郡
		四川平武东阴平故城	(南)阴平郡
		四川剑阁	南安郡
		武功(四川剑阁西南)一带	扶风郡、武都郡
		四川都江堰市西北	南安固郡
		阆中(四川阆中市)	北巴西郡
		阴平(四川江油市东北)	(北)阴平郡、南新巴郡
		涪县(四川绵阳市东)	巴西郡
		汶山(四川茂县)	安固郡
		绵竹(四川绵竹市)	晋熙郡
		什方(四川什邡市)	南阳郡
		苌阳(四川德阳市西北)	(南)阴平郡
		四川德阳市、都江堰市间	南汉中郡
		东山(四川金堂境)	金城郡
		晋寿(四川彭州市西北)	南晋寿郡
		成都(四川成都市)	怀宁郡、始康郡、宋(永)宁郡、宋(安)兴郡
		广都(四川双流)	宁蜀郡
		武阳(四川彭山东)	(西)江阳郡
		四川三台西北	始平郡
		四川盐亭	北宕渠郡
		宕渠(四川射洪东南)	西宕渠郡
		安汉(四川南充市北)	南宕渠郡
		宕渠(重庆合川市)	东宕渠郡

续表

地区	小区	实有地	侨置州郡
梁益区	巴蜀	四川东北	天水郡
		巴郡(重庆市)	益州
		宣汉境(四川万源市南固军坝)	并州
		巴东境(重庆奉节东)	益州
蒲坂(山西永济市西南蒲州镇)			并州、平阳郡
关中			东秦州、天水郡

第二节　侨州郡县的地理分布格局

上表参照疆域形势、自然地理、行政区域等因素，将东晋南朝境内侨置州郡的地理分布划分为五大区、十一小区，而侨州郡县之地理分布格局也由此可见。兹再略予说明如下：

1. 江南区：长江以南，东起吴郡海虞，西至寻阳，基本为西晋扬州之地。又可分为东、西两小区，东区为《宋书·州郡志》、《南齐书·州郡志》南徐州、扬州之地，西区则在南豫州及江州之江南境内。此区一直为东晋南朝据有，是政治与经济之重心所在。侨州郡县建置较早，而且基本保持稳定；主要分布在近江地带，以旧晋陵郡境最为集中，建康、江乘、姑熟、芜湖、寻阳等地也较为密集。

2. 江淮区：江、淮之间，东起江域江阳、淮域淮阴，西抵江域黄梅、淮域固始。可分东、西两小区。东区为今苏北，西区主要包括今安徽及河南的江北淮南部分。东晋刘宋基本拥有此区，萧齐东昏后为北魏所取，梁时一度恢复，及陈地入高齐。侨州郡县以东晋、刘宋时代设立者居多，而置废不够稳定。其分布总的来说比较分散，相对集中在邗沟一线(淮阴、山阳、广陵郡境)、沿淮一线(盱眙、钟离、寿春等)、傍江一带(堂邑、历阳、居巢等)及合肥近傍。

3. 河淮区：河、淮之间，东始淮域郁洲、河域寿光，西迄淮域汝南、河域洛阳。包括东徐、中原、青齐三小区。东晋南朝拥有此区的时间不长，大较为东晋义熙间至刘宋泰始中约六十年。侨州郡县散布河、淮之间，唯郁洲、朐县一带，淮阳、东阳、升城之间，侨置相对密集。

4. 江汉区:北起汉域义阳、南阳,南达江南武陵、安乡,西自沔境武当、均县,东抵江域罗田、武昌。基本为西晋荆州之地,可分江域、汉域两小区。东晋、宋、齐基本守有此区;萧齐东昏后,沔北诸郡相继沦没,及陈,大江以北、汉沔全境均为高齐所取。侨州郡县设置后比较稳定,其分布大要集中在三个地域,即襄阳、南阳、义阳之间而以襄阳为中心的汉域,南郡、上明、安乡一带的江域上游,以武昌、江夏为中心的江域下游。

5. 梁益区:自吉阳而西至汉中,转南及武阳,再东达巴东。包括汉中、巴蜀两小区,主要为西晋及东晋南朝梁、益二州之地。东晋穆帝以前为成汉政权所有,347年桓温灭成汉后地入东晋,历宋、齐、梁不变,其间范贲(350～352年)、苻坚(373～385年)、谯纵(405～413年)、北魏(504～508年)、萧纪(552～553年)先后割据占有若干年,梁末归入西魏版图。侨州郡县主要设置于东晋、刘宋时代,甚是纷杂,但侨立后尚基本保持稳定。汉中区侨置集中在南郑一带;巴蜀区则沿今广元、剑阁、绵阳、成都一线及涪江一线(今绵阳至重庆)分布,尤以剑阁、成都间为密集。

又东晋义熙末,刘裕伐取关中,侨有东秦州、并州及天水郡、平阳郡;而不久复失。

试就上述各区作综合之观察,则东晋南朝侨州郡县的分布是相当广泛,基本呈散布状态的;而各区之中,又明显存在着若干侨置集中点(如京口、建康、广陵、寿春、郁洲、襄阳、南郑、成都)与侨置分布线(如沿江南北、淮南一线、汴泗邗沟、汉沔沿线、川陕通途)。侨州郡县形成这种大分散、小集中,诸点成线、诸线成面的分布格局,原因何在呢?

第三节　侨州郡县地理分布格局的形成诸因素

探讨东晋南朝侨州郡县地理分布格局的形成,离不开对侨流人口的全面考量,如侨流人口沿着怎样的路线迁移,停留于何地?侨流人口迁移后,地域选择的主动与被动情形如何?又侨州郡县作为东晋南朝政府安置侨流人口而设立的特殊政区,则政府在此问题上自然也有多方面的考虑。试举一例。江淮之间的颇多侨州郡县与郗鉴一类流民帅及其率领的侨流人口有关,而田余庆《论郗鉴——兼论京口重镇的形成》[①]讨论郗鉴一类流民帅及其率领的侨流人口与东

① 收入氏著《东晋门阀政治》,北京大学出版社2005年版。

晋政府的关系云：

> 士族专兵是东晋特有的现象。……士族有兵可专，则是由于北方流民不断南来，补充着兵的队伍。士族依以统兵作战的武将，是久事疆埸的流民帅。……郗鉴，高平金乡人。……郗鉴南来，……率有流民是可信的。但南来流民大体上是屯驻合肥，未得过江。流民帅所率流民不得过江而至建康，这在当时是通例，不独郗鉴所部如此。……屯驻于江淮之间受东晋委署的流民帅，多数曾有在北方抗拒胡羯的历史。他们所统的武装力量长期追随，多少具有私兵性质。东晋朝廷不得不重视他们，又不敢放心大胆地使用他们。他们是东晋的一支唯一可用的兵力，可又是朝廷不能完全信赖的兵力。一般说来，东晋是按照他们原有的地位高低和兵力多寡，委之以太守、刺史、将军之号，划分大致的地盘，羁縻于长江之外，拒绝他们过江南来。对于已经到达或者将要到达长江的流民帅，东晋往往以军事理由促其北返。……流民帅少有内辅京师以备宿卫的机会，与东晋政权互相猜忌，所以他们也都不愿脱离自己的部属和集团，贸然过江，以为朝廷缓急之用。他们最担心的是被朝廷夺兵。

云云。按江淮之间特别是后来的广陵、京口、晋陵地区，集中了诸多的侨州、侨郡、侨县，即既有交通条件、自然环境、土著势力的因素，也与东晋朝廷对流民帅及其统领的侨流人口防范与利用的双重心理有关。其实道理很明显，大量而具力量的流民帅与侨流人口，朝廷如果利用好了，可以任为兵，可以用做农，可以强化东晋南朝政权的军事力量、经济基础、政治统治；如若安置与处理不当，则也会引发土著与侨流之间、吴姓与侨姓之间、不同层次与不同时间南迁的侨流之间、来自不同地方与居住不同地方的侨流之间、在中枢与在地方以及在朝与在野的侨流之间等等的矛盾、冲突。以此，东晋南朝侨州郡县的地理分布格局虽不难明了，但欲明了这种格局的形成、发展与变迁的影响诸因素，却极为不易，其间所牵涉到的方面实在太多、太为复杂。以下提要性或举例式地略作探讨，以见概况或类型。

1. 交通因素

安置侨流人口，本是侨州郡县设立的主要方式与主要目的；而侨流人口的迁徙路线，遂与侨州郡县的地理分布，存在着相当明显的对照关系。

关于东晋南朝侨流的迁徙路线，谭其骧师《晋永嘉丧乱后之民族迁徙》指出（参见图 1）：

> 中原人民南迁，其所由之途径，颇多可寻。如汉水为陕甘人东南下之通途，故南郑、襄阳为汉域两大都会，同时亦为陕甘移民之二大集合地。金牛

道(即南栈道)为陕、甘人西南下之通途,故四川省境内之侨郡县,皆在此道附近。时邗沟已凿,穿通江、淮,故沟南端之江都及其对岸之镇江、武进,遂为山东及苏北移民之集合地。淮域诸支流皆东南向,故河南人大都东南迁安徽,不由正南移湖北也。

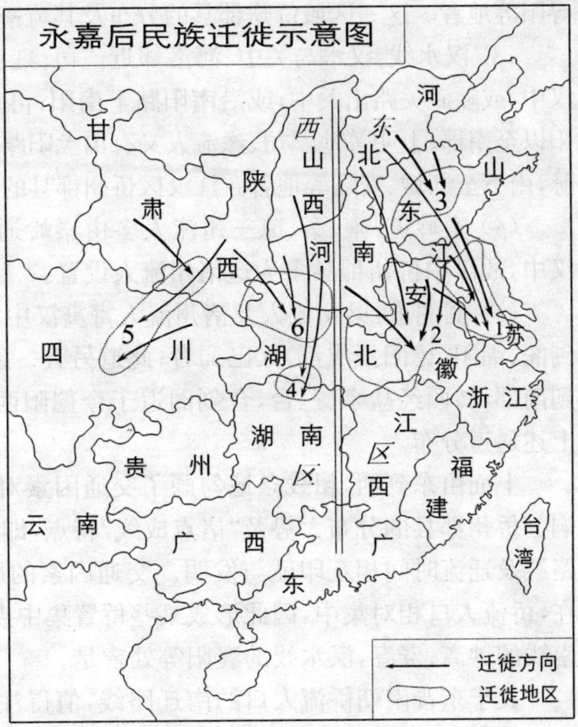

图 1　永嘉后民族迁徙示意图(谭其骧,1934)

今按:在相关史料中,有关东晋南朝侨流人口迁徙的具体路线的记载其实颇少。依据交通史的研究成果,结合水路与陆路在古代人口迁移中的优势比较(水路胜于陆路),旁证以侨州郡县的地理分布,并综合分析其时之地理环境、地形地貌条件、政治与军事形势、经济开发程度等状况,则略可归纳出如下五条侨流人口的主要迁徙路线:

(1) 江左线:晋元帝创基江左,定都建康。以正朔所在,晋朝王公大臣及司、青、兖、并、幽、冀诸州流人,多由汴水、菏水、潍水、沂水、沭水、泗水等线,会于彭城、相县、下邳、东海、淮阳等地,过淮则栖息于山阳、淮阴一带。若更南迁,则沿沟通江淮的邗沟抵广陵,渡江至京口,寄寓晋陵郡境及江乘、建康等地。① 所经之地为侨州郡县最为密集的地区。

(2) 淮南线:大凡司、豫二州流人,其南迁多取道淮域诸支流如涡水、颍水、汝水等,过淮寄寓在钟离、马头、寿春一线。若更南迁,则经由皖中丘陵平原南北狭长地带,而散处于合肥、庐江、居巢、历阳、新蔡诸地,又有过江寄居姑熟、芜湖、春谷、

① 又有泛海南渡至广陵一带者,如《晋书·苏峻传》:峻“率其所部数百家泛海南渡,既到广陵”即是。

寻阳等地者。这一区域侨州郡县的分布及其疏密状况,与此种迁流形势大体一致。

(3) 汉水线:汉水与关中、河洛邻近。司、雍、并、秦、梁诸州流人南迁,或来自汉中,或顺武关路出关中,或沿南阳路下南阳;再多由汉水东南下,寄居于沔北、襄阳以至南郡、上明等地。司、豫流人又有出弋阳路(古柏举道)、义阳路,越过大别山脉,南下至郏城、安陆等地者。江汉区侨州郡县的分布,即决定于此种迁流形势。

(4) 秦岭道:雍、秦、凉三州流人多由秦岭通道即褒斜道、傥洛道、子午道入汉中,故汉中侨州郡县多为这诸州流人设置。

(5) 剑阁道:梁州流人及诸州流人寄寓汉中者,又有经剑阁道(由今广元,经剑阁、绵阳、德阳抵成都)入巴蜀者;此道另有一条支线,自今广元分路,沿嘉陵江到南部,转西经盐亭、三台,合剑阁道于今德阳西北。巴蜀境内侨州郡县基本沿上述通道分布。

上面由东到西,粗线条地勾画了交通因素对于侨州郡县地理分布的重要影响。侨州郡县的分布大势及"诸点成线"特点,即可与侨流人口的地域构成、迁徙路线及迁流时间相互印证与发明。交通因素的影响,还表现在大凡交通要冲所在,侨流人口相对集中,因此形成某些侨置集中点,江左线的淮阴、广陵、京口,淮南线的钟离、寿春,汉水线的襄阳等处皆是。

关于东晋南朝侨流人口的南迁路线,值得注意者还有葛剑雄参照上引谭师文章与笔者上述五线,概括已见所认为的"主要有东、中、西三线"。这里照录如下①,以备读者参考与比较:

> 东线以淮河及其支流(包括当时入淮各水)汝、颍、沙、涡(涡)、睢、汴、泗、沂、沭等水和沟通江淮的邗沟构成主要水路,辅以各水间陆路。不仅在今河南、山东和安徽、江苏北部的司、豫、兖、青、徐诸州移民大多由此线南渡,就是在今山西、河北的并、冀、幽州的流民也多数在渡过黄河后循此线而南。由今河南和淮北渡淮的北人往往居留于淮南,或继续由陆路南下,渡江后定居于皖南、赣北沿江地带。由今山东、豫东而下的流人一般居于沿泗水的彭城、下相、淮阴一带,或渡淮居于苏北,或由邗沟南下广陵(今扬州市西北),过江到京口(今镇江市),聚居于江南。还有少数人由山东或苏北航海至广陵或江南,甚至直接到达东南、南方沿海。此线的起点是西晋、十六国和北朝经济文化最发达、人口最稠密的地区,终点又是东晋、南朝政治中心

① 葛剑雄《中国移民史》第二卷第十章第一节,福建人民出版社 1997 年版。

所在和经济文化最发达地区，所以是最重要的一线。永嘉后的北人南迁，特别是宗室贵族、文武大臣、世家大族，多数经由此线。江淮间和苏南、皖南是侨州郡县的主要设置区，也是北方移民最集中的地方。

中线起点主要是洛阳和关中，分别由洛阳经南阳盆地，由关中越秦岭东南经南阳盆地，由关中越秦岭至汉中盆地顺汉水而下，最后都汇聚于襄阳，然后再由汉水东南下。在今甘肃、陕西、山西和河南西部的秦、雍、梁、司、并流民大多走此线，南迁后往往定居于襄阳、江陵等汉水流域和长江中游地区。也有一部分人从南阳盆地东南越过桐柏山、大别山的隘口进入江汉平原。

西线汇聚了今甘肃、陕西、宁夏、青海境内的凉、秦、雍流人，由穿越秦岭的栈道进入汉中盆地。继续南迁者循剑阁道南下蜀地，或部分利用嘉陵江水路，定居于沿线和成都平原。也有人在今甘肃南部沿白龙江而东南。在蜀地发生战乱时，部分流人又循长江东下，进入长江中下游。

以上葛剑雄的表述(参见图2)，重在移民南迁的路线，而与笔者的五线说相互补充，也颇有利于对相关的侨州郡县地理分布问题的理解。

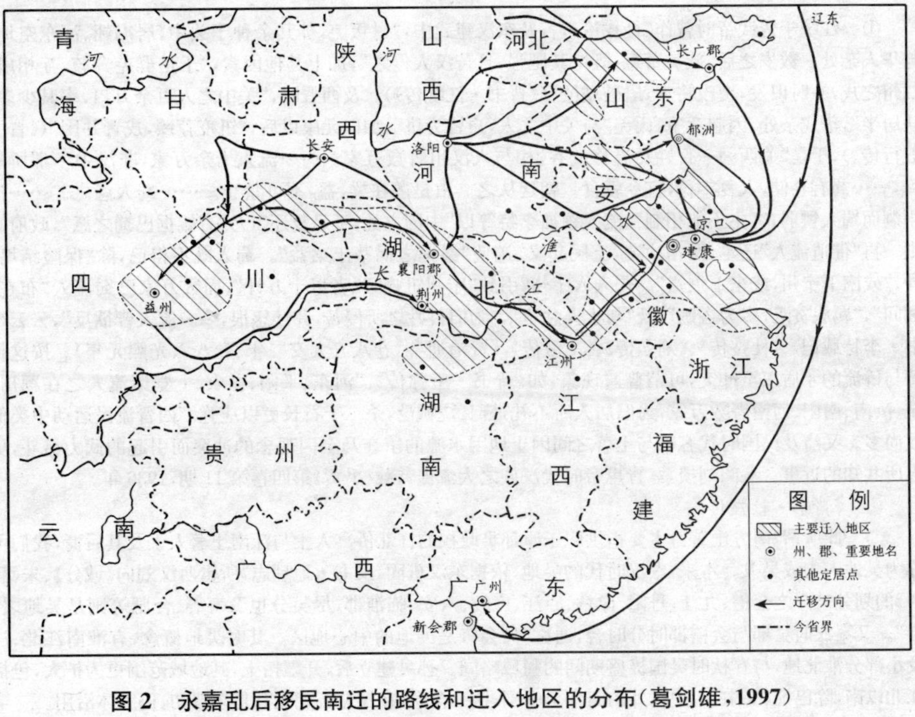

图2　永嘉乱后移民南迁的路线和迁入地区的分布(葛剑雄,1997)

2. 土著因素之一：政治利益的矛盾

东晋南朝大量侨流人口移居南方，多与当地土著产生矛盾。此种矛盾基础于地域之间的隔阂、对立与歧视，基础于侨流与土著之间礼俗、语言的难以同化，更基础于一定生产力水平下土地"载人量"有限而引起的"生存竞争"。主客的矛盾，有时甚至表现为激烈的冲突。这种冲突，在西晋时代汉族之大流徙中，就表现得十分明显。①

"客主难久，嫌隙易构"②，这也是东晋南朝统治者所面临的一大问题。事实上，理解东晋南朝历史的关键正是侨（侨流）旧（土著）问题，东晋的立国及东晋南朝诸多的政治、经济、军事政策，皆与此有关；侨州郡县的地理分布也不例外，甚至可以说，哪些地域设置侨州郡县，这些侨州郡县安置来自哪些地域与属于哪些阶层的侨流，往往受到土著因素的直接作用或间接影响。质言之，侨州郡县也是东晋南朝政府为了避免与土著在政治矛盾之外再起经济冲突所采取的重要措施之一。为明究竟，有必要先述具有背景意义的侨流与土著之政治矛盾如下。

对于南方土著来说③，来到南方开创东晋局面的司马睿、王导等人无疑是外来

---

① 江统于晋武帝时曾作《徙戎论》，言及东汉建武中，"讨叛羌，徙其余种于关中，居冯翊、河东空地，而与华人杂处。数岁之后，族类蕃息，既恃其肥强，且苦汉人侵之"，加上其他因素，"于是群羌奔骇，互相扇动，二州之戎，一时俱发，覆没将守，屠破城邑"（《晋书·江统传》）。及西晋时，"关中之人百余万口，率其少多，戎狄居半"，华戎杂处，因起竞争，氐羌"与关中之人，户皆为仇"，加以元康以后，"饥疫荐臻，戎晋并困"（《晋书·五行传》），于是"关西……百姓乃流移就谷，相与入汉川者数万家。……流人十余万家，非汉中一郡所能振赡，……蜀有仓储，人复丰稔，宜令就食。朝廷从之。由是散在梁、益，不可禁止。……蜀人患之。……流人刚剽而蜀人懦弱，客主不能相制"，流人领袖李特等以"中国方乱，不足复还"，乃"有雄据巴蜀之意"，政府官员则一再"催遣流人"还本，两相冲突，流民起义，遂使"秦雍之祸萃于梁益"。蜀人既不得已，除"保险结坞"者外，"或南下宁州，或东下荆州"。蜀人入宁州，引致"宁州饥疫，死者以十万计"；而数万家巴蜀流人"布在荆、湘间"，"羁旅贫乏，多为盗贼"，既"与土人忿争"，"为旧百姓之所侵苦，并怀怨恨，……流人皆欲反"，云云（《晋书·李特载记》、《杜弢传》、《刘弘传》、《王澄传》，《资治通鉴》卷八五太安二年、卷八六光熙元年）。按这种土著与侨流的矛盾以至冲突，可谓普遍现象，如《晋书·王弥传》："河东、平阳、弘农、上党诸流人之在颍川、襄城、汝南、南阳、河南者数万家，为旧居人所不礼，皆焚烧城邑，杀二千石长吏以应弥。"西晋流民运动中类似记载尚多。又清及民国时代客家与土著之间因土地因水源的争夺乃至因观念的冲突而引起的武力械斗，更是人所共知的近事。参阅刘掞藜《晋惠帝时代汉族之大流徙》，载《禹贡》第四卷第11期，1936年。

② 《晋书·杜弢传》。

③ 此所谓"南方土著"，主要指供职于原孙吴政权的江北侨寓人士与江南土著人士及其后裔，我们可统称为吴地人士或吴人。本来，秦汉时代的吴地，依据东汉班固《汉书·地理志》所辑西汉刘向《域分》、朱赣《风俗》的划分，"今之会稽、九江、丹阳、豫章、庐江、广陵、六安、临淮郡，尽吴分也"；寿春、合肥等则是吴地之"都会"。又秦汉时吴郡与会稽郡时分时合，通称"吴会"，是吴地的中心地区。其时吴地概念，有淮南江北、江南及小部分淮北地，与春秋时吴国极盛期间的疆域略同。孙吴建立后，开疆拓土，其地域范围更为扩大，包括了江北以南，除巴蜀、汉中、南中以外的南半个中国；这一概念，在江左五朝尤其是东晋初，仍大体沿用。

势力,而且起初是并不受欢迎的外来势力。这缘于西晋时代吴人与北方的矛盾。按280年西晋灭吴后,吴人“未改其化”,“屡作妖寇”,“难安易动”,“自谓失地、用怀不靖”;[①]孙惠与朱诞书,甚且称晋为“暗朝”、“暴朝”。[②] 所以如此,原因很多。一则“孙氏为国,文武众职,数拟天朝”[③],通过权术与利益,已使吴人皆忠于孙氏;[④]二则西晋灭吴后,吴地旧家大族的社会影响、经济势力并无多大的削弱,而且还保有家兵,政治地位却“一旦堙替,同于编户”[⑤],其仇怨之深是可想而知的;三则自汉末以来,江东作为区域性独立王国,已与中原形成为各自发展、差异颇大的两个世界;[⑥]四则吴人自认为虽司马氏灭孙吴,吴地人物、文化、风俗等等未必都不如北方。[⑦]与此相对照,北人以征服者的姿态,抚驭失宜,也使“亡国之余”的吴人倍感屈辱与

① 《晋书·华谭传》、《刘颂传》。按吴人本尚武,《汉书·地理志》有“吴、粤之君皆好勇,故其民至今好用剑,轻死易发”之语。孙吴政权的建立,更强化了这种尚武精神。

② 《晋书·陆云传》、《三国志·吴书·陆抗传》注引《机云别传》。

③ 《晋书·刘颂传》。

④ 权术者,如《三国志·吴书·凌统传》注引孙盛曰:“观孙权之养士也,倾心竭思,以求其死力。泣周泰之夷,殉陈武之妾,请吕蒙之命,育凌统之孤,卑曲苦志,如此之勤也。”利益者,如孙吴实行的奉邑制、封爵食邑制、赐田复客制、世袭领兵制等。

⑤ 《晋书·刘颂传》。又《晋书·贺循传》载陆机上疏荐循曰:“至于荆、扬二州,户各数十万,今扬州无郎,而荆州江南乃无一人为京城职者,诚非圣朝待四方之本心。”按陆机为吴国豪族与丞相后裔。

⑥ 详胡阿祥《魏晋本土文学地理研究》下篇“魏晋时期各地区本土文学的成长”之八“江东文学”,南京大学出版社2001年版。

⑦ 《世说新语·赏誉类》载吴郡蔡洪答人问“吴旧姓何如”曰:“朱永长理物之至德,清选之高望;严仲弼九皋之鸣鹤,空谷之白驹;顾彦先八音之琴瑟,五色之龙章;张威伯岁寒之茂松,幽夜之逸光;陆士衡、士龙鸿鹄之裴回,悬鼓之待槌。凡此诸君,以洪笔为锄耒,以纸札为良田,以玄默为稼穑,以义理为丰年,以谈论为英华,以忠恕为珍宝,著文章为锦绣,蕴五经为缯帛,坐谦虚为席荐,张义让为帷幕,行仁义为室宇,修道德为广宅。”与此相对照,蔡洪与“洛中人”辩难时则嘲笑其辈“昔武王伐纣,迁顽民于洛邑,得无诸君是其苗裔乎”(《世说新语·言语类》),颇是不以为然。而如蔡洪的这种不甘示弱的文化心理,在江东世族子弟、士人代表吴郡陆机的身上,体现得更为典型与全面:陆机自傲于自己的族望,认为其“父祖名播四海”(《晋书·陆机传》),当无人不晓;陆机瞧不起北人的生活方式,当北人王济指羊酪问机“卿吴中何以敌此”时,机答“千里莼羹,未下盐豉”(《晋书·陆机传》)。按莼羹虽为江东美味,未下盐豉的莼羹却淡而无味,不过在陆机看来,这已敌得过北人的奢侈食品羊酪了;陆机自信于自己的才学,而鄙夷北人:陆机原欲作《三都赋》,闻北人左思作之,与弟云书曰:“此间有伧父,欲作《三都赋》,须其成,当以覆酒瓮耳。”后来陆机看到了左思的作品,方才叹服,“遂辍笔焉”(《晋书·文苑左思传》)。其实蔡洪、陆机如此的文化心理,普遍存在于西晋一代的江东士人中。陆云在写给陆典书信札中就宣称:“国土之邦,实钟俊哲,……吴国初祚,雄俊尤盛,今日虽衰,未皆下华夏也”——“虽衰”的晋世,江东尚且不下北方,“尤盛”的孙吴时代,言外之意更是足以相抗。按这方面的例子还有很多,见何启民《永嘉前后吴姓与侨姓关系之转变》(收入所著《中古门第论集》,台湾学生书局1982年版)一文所辑。

难堪。[1] 以此之故，吴人排斥外来统治，否定统一理论，不认为南方有与北方合并的必要。《晋书·五行志》载：

武帝太康三年平吴后，江南童谣曰："局缩肉，数横目，中国当败吴当复。"又曰："宫门柱，且当[莫]朽，吴当复，在三十年后。"又曰："鸡鸣不拊翼，吴复不用力。"

吴人强烈的复国意识由此可见。然而晋室既有天下，人众兵强，吴人却也无可奈何。及至藩王乱起，羯胡祸生，吴地遂"窃发为乱者相继"[2]，而其中最大的一波，即是吴地大族企图借陈敏的力量以恢复孙吴旧业。《晋书·陈敏传》：

时惠帝幸长安，四方交争，敏遂有割据江东之志。……敏凡才无远略，一旦据有江东，刑政无章，不为英俊所服，且子弟凶暴，所在为患。

陈敏，吴地庐江寒族，因镇压农民起义有功，为广陵相。陈敏"有孙氏鼎峙之计"，"欲蹑桓王之高踪，蹈大皇之绝轨"[3]，这与吴人期望复国的心理正相一致，故"江东首望顾荣等四十余人""悉受敏官爵"，寄望于"江东之事可济"。然而，当这些大族发觉"七第顽冗、六品下才"的陈敏不可信赖时，又"常惧祸败"，并起兵消灭了陈敏。[4] 恰在此时，安东将军、琅邪王司马睿出镇江东。[5]

司马睿之出镇江东以及后来成为东晋创业之主，并非偶然；而对于吴人来说，司马睿又可谓仇雠敌国的子孙。[6] 睿祖父伷为晋琅邪王，监徐州诸军事，镇下邳；

---

① 如蔡洪太康中举秀才入洛阳，而洛中人谓"君吴楚之士，亡国之余，有何异才，而应斯举"(《世说新语·言语类》)；孟超为小都督，领万人，而敢公然斥骂河北大都督、二十万军队的全军统帅陆机为"貉奴"(《晋书·陆机传》)。

② 《晋书·五行志》。

③ 《晋书·顾荣传》、《陈敏传》。按桓王谓孙策，大皇谓孙权。

④ 详《晋书·顾荣传》、《陈敏传》、《五行志》。按陈敏自"加九锡，列上尚书，称自江入河，奉迎銮驾"，于是为晋室宰辅东海王司马越所不容；陈敏自号"楚公"，"非只对吴人产生感情距离，且以纪元前吴、楚最早的仇恨而引起江南人反感"；又"于时吴人皆谓(复国)在孙氏子孙"，"陈敏事件的失败，未始非即此一心理因素的牺牲者"。详田余庆《释"王与马共天下"》(收入氏著《东晋门阀政治》)、姚大中《南方的奋起》(台湾三民书局1981年版)"历史曲线两次高峰间的低潮"第104～105页。

⑤ 《南方的奋起》第104页："司马睿到达江南系紧随此一事件之后，也便利用吴人内部弱点而东晋得以建国。便是说，适时把握了吴人自身豪族尚未产生露骨的野心家，抑或尚在犹豫的空隙，此系司马睿与其支持者琅邪王氏所代表自北方转移南方的豪族势力一大成功。否则，时间稍有延迟，江南另成局面，可能将与东晋无缘。晋元帝司马睿能在北方局势恶化以前，时间与条件都尚未不利到被当地拒绝之际，抢先到达江南，可谓与西晋创业同样幸运。"

⑥ 司马睿(276～322年)在晋朝皇族系谱上已属旁支，是司马懿曾孙、西晋开国皇帝司马炎叔父之孙。

平吴之役，伷“率众数万出涂中，孙皓奉笺送玺绶，诣伷请降”。[①] 睿父觐早死，睿十五岁嗣爵琅邪王，后以平东将军、监徐州诸军事镇下邳，再迁安东将军、都督扬州诸军事。“永嘉初，用王导计，始镇建邺。”[②]是则司马睿本来掌握地方权力，以开江东局面。洛阳晋朝（西晋）覆亡的次年（317年），睿由琅邪王进位晋王，又次年自立为皇帝（元帝），建康晋朝（东晋）正式成立。然而据《晋书·王导传》，琅邪王司马睿“徙镇建康，吴人不附，居月余，士庶莫有至者”，则吴人痛恨北人，连带着不认可朝廷新来的地方军政长官之心可见。又《世说新语·言语类》：“元帝始过江，谓顾骠骑曰：‘寄人国土，心常怀惭。’”所谓“国土”者，孙吴之故地[③]，所谓“人”者，江东之士族，是南北隔阂之深又由此可见。吴人固然不附[④]，司马睿、王导等又不得不“寄人国土”，则能否使吴人接纳他们，就实在成了一个难题。但据《晋书·王导传》，这一难题又被轻而易举地化解了：

> 会（王导堂兄王）敦来朝，导谓之曰：“琅邪王仁德虽厚，而名论犹轻。兄威风已振，宜有以匡济者。”会三月上巳，帝亲观禊，乘肩舆，具威仪，敦、导及诸名胜皆骑从。吴人纪瞻、顾荣，皆江南之望，窃觇之，见其如此，咸惊惧，乃相率拜于道左。导因进计曰：“古之王者，莫不宾礼故老，存问风俗，虚己倾心，以招俊乂。况天下丧乱，九州分裂，大业草创，急于得人者乎！顾荣、贺循，此土之望，未若引之以结人心。二子既至，则无不来矣。”帝乃使导躬造循、荣，二人皆应命而至，由是吴会风靡，百姓归心焉。自此之后，渐相崇奉，君臣之礼始定。俄而洛京倾覆，中州士女避乱江左者十六七，导劝帝收其贤人君子，与之图事。

类似记载见于《资治通鉴》卷八七永嘉五年：“时海内大乱，独江东差安，中国士民避乱者多南渡江。镇东司马王导说琅邪王睿，收其贤俊，与之共事。睿从之，辟掾属百余人，时人号为百六掾。”按“中州士女”的大量南来，王敦的重兵翼戴，使吴人已难以再图反抗；王导“大业草创”——划定江南为割据地盘的思想，则又奠定了东晋

---

① 《晋书·琅邪王伷传》。

② 《晋书·元帝纪》。时在307年。

③ 此用陈寅恪《述东晋王导之功业》（收入氏著《金明馆丛稿初编》，上海古籍出版社1980年版）文观点。按“寄人国土”又别有解释。田余庆《论郗鉴——兼论京口重镇的形成》云：“吴、丹阳、吴兴等三郡本为武帝子吴王晏封国，琅邪王镇此，是寄治吴国之土。……两京陷后，琅邪王改称晋王，……就是为了易吴国为晋国，改变‘寄人国土’的状况，为以后即晋帝位作准备。”

④ 吴人固然不附，“过江诸人”也每有“风景不殊，正自有山河之异”的感叹，见《世说新语·言语类》。

政权的基石。[1] 司马睿、王导等迫于情势,"托身其地自不得不倚重其人"[2],遂一改歧视吴人的政策,转而向吴人开放政权——高官优礼,迁就取媚,并且存问风俗,隐恤士庶,如此等等;[3]于是吴人的态度、观念也有了转变,虽然仍有些无可奈何,却也夹有一种知遇之感,认为他们是遇到了明主贤相。况且其时的北方,已是胡马纵横,以司马睿、王导为首的晋室流亡力量,总还是正朔的象征,吴地大族依赖之,可以抗御北方的胡马凭陵,维持自己的身家性命于不坠。毕竟南北界限比起夷夏界限来,要微不足道得多!以此,顾荣跪对司马睿曰:"臣闻王者以天下为家,是以耿、亳无定处,九鼎迁洛邑,愿陛下勿以迁都为念!"[4]丹杨纪瞻且为元帝劝进的主要人物。[5] 再者,"江东士族宁戴仇雠敌国之子孙以为君主,而羞与同属孙吴旧壤寒贱庶族之陈敏合作之故",还在于"就社会阶级言之,实为同一气类"[6]。按从孙策开创江东局面之始,迄于孙权受命之时,所任用者大多是侨寓江东的江北大族。江东基业的巩固,则端赖土著大族的支持。土著大族也认为孙氏能保护他们的利益,因而力保孙氏据有江东之地;孙权则大力拉拢、提拔江东大族,以争取他们的支持。而"晋之皇室及中州避乱南来之士大夫大抵为东汉末年之儒家大族拥戴司马氏集团之子孙,其与顾荣诸人虽属不同邦土,然就社会阶级言之,实为同一气类",这导致了两者的结合;而两者既经结合,"赤县神州免于全部陆沉,东晋南朝三百年之世局因是决定矣"[7]。

虽然,司马睿、王导等寄居江左,最终得到了江东士族的默许、认可乃至支持;但双方的矛盾仍然存在。毕竟,东晋皇统仍属北方的河内司马氏,朝代形式上也是晋朝正统的延续;而百有余年之后,同一基础上,东晋转换为刘宋,刘宋创始者为彭城刘裕,又兰陵萧道成禅宋建齐,兰陵萧衍禅齐建梁,宋、齐、梁三朝皇室,原籍也无

---

① 由王导"大业草创"一语,已不难窥见司马睿、王导背弃洛阳晋朝、保境苟安的心志。按司马睿自永嘉元年(307 年)用王导计镇建邺以来,即着意于在孙吴旧壤建立政权;而王导当时的施政方针,亦可用"抚绥新旧"("新"指南渡世族,"旧"谓江南豪门)、"务在清静"八字来概括。在这样的方针指导下,尽快在江左立足建国,也就成了司马睿、王导等人的基本原则。

② 周一良《南朝境内之各种人及政府对待之政策》,收入氏著《魏晋南北朝史论集》,中华书局 1963 年版。

③ 东晋始终奉行笼络吴人的政策,对其采取宽容的态度,如王导行"愦愦"之政,"宁使网漏吞舟",又"思结人情",甚至"请婚于(吴人陆)玩"。引文出《世说新语·政事类》,《晋书·顾和传》、《陆玩传》。

④ 《世说新语·言语类》。又"陛下"或为"殿下"之误。

⑤ 《晋书·纪瞻传》。关于"永嘉前后吴姓与侨姓关系之转变",详细讨论见何启民上引文。

⑥ 陈寅恪《述东晋王导之功业》。

⑦ 陈寅恪《述东晋王导之功业》。

一不在北方，这与吴国皇室为吴郡富春孙氏迥有不同。又在政治方面，虽然司马睿、王导也向吴人部分地开放政权，但“侨人握政权，摒南人于政治势力之外”，却是宋、齐一贯之政策。[①] 如早在司马睿、王导初到江左时，即因“中国亡官失守之士避乱来者，多居显位，驾御吴人”，使“吴人颇怨”，义兴人周勰“因之欲起兵”，其父玘则“忧愤发背而卒”；[②]甚至直到南齐时，吴兴人丘灵鞠还对顾荣接纳北方大族南渡之事耿耿于怀，并痛恨地说：“我愿还东，掘顾荣冢。江南地方数千里，士子风流，皆出此中。顾荣忽引诸伧渡，妨我辈涂辙，死有余罪。”[③]此种侨人反客为主，把握政权，摒吴人于政治势力之外，遂造成侨旧矛盾之一，即政治利益上的矛盾。[④]

3. 土著因素之二：居住地域的冲突

侨旧之政治矛盾如上所述，决定于有限的政治资源与东晋宋齐的侨寓政权性质，此实属不可避免。侨旧矛盾之二，则为经济利益上的矛盾。田余庆联系政治矛盾与经济矛盾云，东晋“严格说来，居政而有实权者只限于侨姓士族，吴姓士族只不过是陪衬。吴姓士族政治上不能获得更多好处，经济上却必须坚守既得利益，不容侵犯”[⑤]。按所谓不容侵犯的经济利益，在当时又特别具体地表现在居住地域的冲突上。王仲荦指出：

> 据颜之推《观我生赋》自注中说：“中原冠带，随晋渡江者百家，故江东有百（家）谱。”这一百个世家大族，他们带着自己的宗族、乡里、宾客、部曲到达江东以后，最迫切需要解决的，就是土地的占有问题。江南的膏壤沃野，自东吴以来，久为江东世家大族所据有，北来的世家大族，若再向同一地带发展，必然会损害到江东世家大族的经济利益，那就毫无疑问地要遭受到江东世家大族的强烈反对。[⑥]

陈寅恪甚至认为：“北人南来之路线及其居住地域问题，实为江左三百年政治社会

---

① 详周一良《南朝境内之各种人及政府对待之政策》。

② 《晋书·周玘传》、《周勰传》。

③ 《南齐书·文学丘灵鞠传》。

④ 按这种状况，历东晋、刘宋、萧齐没有实质性的变化。及至梁武帝时，已有改变；但真正地变局，则要待到陈朝建立，盖侨人势力即北方南渡高门世族，因受梁末侯景之乱与西魏攻陷江陵的两次致命打击而基本倒塌，“于是北方上层士族南渡之局遂因此告一结束矣”，另一方面，“陈霸先以吴兴人久镇南服，立功交广，故陈世吴人势力取侨人而代之，三吴以外之南方土著亦崭然露头角矣”！详周一良《南朝境内之各种人及政府对待之政策》、陈寅恪《述东晋王导之功业》。

⑤ 田余庆《东晋门阀政治》“后论”之“四·门阀政治和流民”。

⑥ 王仲荦《魏晋南北朝史》上册第五章第一节，上海人民出版社 1979 年版。

经济史之关键所在。”[①]然则探讨东晋南朝侨州郡县的地理分布，此亦为关键环节之一。

以江南为例，避难南来的北方侨流大体可以分为三层，“其上层阶级为晋之皇室及洛阳之公卿士大夫，中层阶级亦为北方士族，但其政治社会文化地位不及聚集洛阳之士大夫集团，……大抵不以学术擅长，而用武勇擅战著称，下层阶级为长江以北地方低等士族及一般庶族，以地位卑下及实力薄弱，远不及前二者之故，遂不易南来避难，其人数亦因是较前二者为特少也”。在此三层侨流中，除了“下层阶级大抵分散杂居于吴人势力甚大之地域，既以人数寡少，不能成为强有力之集团，复因政治社会文化地位之低下，更不敢与当地吴人抗衡，遂不得不逐渐同化于土著之吴人，即与吴人通婚姻，口语为吴语”外，其上层阶级与中层阶级都与江南土著存在着居住地域冲突的可能与现实。当然此江南土著，并不是一般意义上的百姓，而是一些具有强大地方势力与社会影响的江南名族，如吴郡顾氏、陆氏、朱氏、张氏，吴兴沈氏、丘氏，义兴周氏，会稽贺氏、孔氏等。其顾、贺诸氏为文化士族，相对容易笼络，周、沈诸氏则为武力强宗，难以驯服。[②]

那么，南渡的上层阶级与中层阶级如何消解或避免与江南大族的经济矛盾特别是地域冲突呢？要而言之，南渡上层阶级选择东土五郡从事经济活动、南渡中层阶级选择旧晋陵郡境作为集中居住地域，如此，便避开了江南大族尤其是其中的武力强宗的核心地区，从而达成相安少事的局面；而江南东区侨州郡县的分布格局也因此而定。

先言南渡上层阶级之选择东土五郡从事经济活动及对侨置的影响。不必赘言的是，既是南渡上层阶级，自当迁居在首都建康及其近旁之地；[③]建康、江乘一带侨置了较多的郡县，即与此有关。又这一区域“虽居都邑”，“堪垦之田”甚多，所谓“萦原抱隰，其处甚多，旧遏古塘，非唯一所”[④]，这当也是得以安置侨流、设立侨郡县的重要因素。然而相对于南渡上层阶级强大的政治势力，则建康、江乘一带的侨置郡县仍然显得不够密集，其间原因，正如陈寅恪所云，在于建康“本为孙吴旧都，

---

① 陈寅恪《述东晋王导之功业》。按本小节引述此文甚多，以下不一一出注。

② 胡阿祥《中古时期郡望郡姓地理分布考论》，《历史地理》第11辑，上海人民出版社1993年。

③ 陈寅恪《述东晋王导之功业》：“南来北人之上层社会阶级本为住居洛阳及其近旁之士大夫集团，在当时政治上尤其在文化上有最高之地位，晋之司马氏皇室既舍旧日之首都洛阳，迁于江左之新都建业，则此与政治中心最有关系之集团自然随司马氏皇室，移居新政治中心之首都及其近旁之地。王导之流即此集团之人物，当时所谓‘过江名士’者是也。”

④ 《南齐书·竟陵王子良传》。

吴人之潜在势力甚大，又人口繁庶”之故。进而论之，南渡上层阶级喘息稍定后，不能不作“求田问舍”之计，以恢复其昔日物质上与精神上的享受，而这种“求田问舍”——如王羲之所云“修植桑果，并行田视地利，颐养闲暇”[①]，为了避免与当地吴人再起经济竞争，则多选择渡过钱塘江，到吴人势力较弱的东土五郡（会稽、东阳、新安、临海、永嘉）尤其是较为近捷而为战略后方的会稽郡发展的策略。如北地傅氏、颍川庾氏、高阳许氏、陈郡谢氏、陈留阮氏、太原王氏、琅邪王氏、太原孙氏、高平郗氏、谯郡戴氏、乐安高氏、琅邪颜氏、济阳江氏、济阳蔡氏、庐江何氏、高阳许氏、鲁国孔氏等等，或优游、或仕宦、或兴产殖利于东土。[②] 东土佳山水、美田园，人口宽稀，相对和平安宁，适宜于他们“赜养闲暇”、“游放山水”，广占田宅，发展起庄园经济。此正如陈寅恪所言，“北来上层社会阶级虽在建业首都作政治之活动，然其殖产兴利为经济之开发，则在会稽、临海间之区域。故此一带区域亦是北来上层社会阶级所居住之地也”。然而也正是由于他们属“北来上层社会阶级”，不是一般意义上的侨民，又基本享受优复待遇，加上东土并没有足够数量的一般阶层的团聚侨流人口（乡族集团或北来劳动人民），所以对于居住东土的这部分特殊侨人，并没有采取侨置州郡县的措施。又能够证成这一观点者，有王志邦对东晋朝流寓会稽的北方士人更加细密的研究。王氏的考证揭示了如下的事实：会稽土著豪门士族集中聚居于平原地区的山阴、余姚两县，其山阴“作为会稽郡治所在，出任会稽内史的北方士人得以凭借权力于此暂且安置家口”，余姚则“等于筑成一堵遏止北方士人向余姚以东平原地区（句章、鄮、鄞诸县）流动的堡垒”；这样，流寓会稽的北方士人“以不侵害会稽土著豪门士族的经济利益为寓居的前提”，选择了土著士族势力薄弱的剡溪—曹娥江流域的剡、始宁、上虞诸县作为集聚地。而由于“北方士人向会稽的迁徙，自西晋末年以来陆续进行，但始终没有形成一个洪峰期；寓居会稽的北方士人，其原籍散布北方诸地，不存在北方某一地域集中侨居会稽的现象。于是，他们原地域圈的观念就显得相对淡薄。因此，在客观上没有必要像江南其他地区那样需朝廷下令侨设州郡县来安置自己”[③]。

---

① 《晋书·王羲之传》。

② 参考《晋书·王羲之传》、《傅敷传》、《郗愔传》、《孙绰传》、《谢安传》、《谢琰传》、《孝友颜含传》、《隐逸戴逵传》、《刘超传》，《世说新语·任诞类》，《宋书·傅隆传》、《王敬弘传》、《谢灵运传》、《蔡兴宗传》、《谢弘微传》、《孝义何子平传》、《隐逸戴颙传》、《阮万龄传》、《孔淳之传》，《梁书·江革传》、《处士何点传》，《陈书·江总传》等等。

③ 王志邦《东晋朝流寓会稽的北方士人研究》，收入谷川道雄主编《地域社会在六朝政治文化上所起的作用》，日本玄文社 1989 年版。当然，东土不设侨州郡县的原因不仅止此，参考本段上文的讨论。

次言南渡中层阶级之选择旧晋陵郡境作为集中居住地域及对侨置的影响。考江南东区侨州郡县的分布，尤其集中在旧晋陵郡境，推测其主动原因（政府方面）在于利用这批侨流人口的军事实力（详下小节），而被动原因（侨流人口方面）则在于避免过分的主客冲突，使侨寓与土著的居住地域分开。陈寅恪指出："东西晋之间江淮以北次等士族避乱南来，相率渡过阻隔胡骑之长江天堑，以求保全，以人事地形便利之故，自必觅较接近长江南岸，又地广人稀之区域，以为安居殖产之所"；而旧晋陵郡境即京口、晋陵、丹徒、武进、无锡、曲阿一带，正符合这一条件。这一区域孙吴时设有毗陵典农校尉，以其人户绝少、土田未垦之故，立为屯田区。西晋置为毗陵郡，永嘉中司马睿改名晋陵郡。当东晋时，晋陵郡地广人稀的情况尚未改变，《元和郡县图志》卷二五江南道润州丹阳县："新丰湖，在县东北三十里，晋元帝大兴四年晋陵内史张闿所立。旧晋陵地广人稀，且少陂渠，田多恶秽。闿创湖，成灌溉之利"；又东晋干宝《搜神记》卷五谓京口一带"甚多草秽"。既多荒田草秽，人口稀少，又处在长江南岸、建康近傍、当水陆交通要会，则旧晋陵郡境侨流人口辐辏，以至侨置荟萃，备有徐、兖、幽、冀、青、并、司、豫、扬九州郡邑的状况，自不难解释。

然则综上所述，又可理解侨州郡县之不及于吴郡、吴兴郡及义兴郡境的奇怪现象[①]，也正与土著因素的影响有关。当其时也，江南境内地广野丰，水道纵横，交通便利。由京口、晋陵经吴郡达钱塘的江南运河已经开通，由建康经人工运河破岗渎可接江南运河；钱塘至会稽，会稽至临海、东阳、句章等地，也都有水道沟通。[②] 以一般情势推论，侨流人口自不必汇集于晋陵一隅、傍江一带，而是大可南进，以安家置业。然而从史实看，渗进吴郡、吴兴及义兴郡境的北方侨流虽不是没有[③]，但人数相对较少、地位一般相对较低（陈寅恪所谓下层阶级）并且不呈团聚状态却是肯定的。这一现象的产生，即与这一区域吴人势力强盛，侨流人口尤其是具有一定政治地位、军事力量的侨流人口（陈寅恪所谓上层阶级与中层阶级）不便或不易插入

① 唯"晋元帝初，割吴郡海虞县之北境为东海郡，立郯、朐、利城三县。……穆帝永和中，郡移出京口，郯等三县亦寄治于京"（《宋书·州郡志》南徐州刺史南东海太守）。考海虞，邻晋陵郡境，又近海边荒，故得以安集一些侨流，侨置郡县。但是这样的例外，维持的时间并不长，不仅即移寄京口。

② 正是会稽、吴郡、吴兴、义兴诸郡这样的经济地位与交通条件，相当程度上支撑着首都建康地区的粮食供应以及建康以下长江两岸军队的物资给养，这是吴地大族对东晋南朝流寓政权的支持。而在此种情势下，东晋南朝流寓政权也当考虑尽量不损害吴地大族的经济利益，以求得双方的长久合作。详田余庆《论郗鉴——兼论京口重镇的形成》。

③ 如陈霸先祖先陈达，"出为长城令，悦其山水，遂家焉"（《陈书·高祖纪》）；河南轵人郭文"步担入吴兴余杭大辟山中穷谷无人之地"（《晋书·隐逸郭文传》），等等。

有关。[①] 以义兴周氏、吴兴沈氏为例，均势力特强，所谓"江东之豪，莫强周、沈"[②]，诚为实录。他们既难驯服，又最易与北来侨流发生利害冲突。[③] 因此，建康及其周边地区以及晋陵郡境的北方侨流遂难以大批移居吴、吴兴、义兴等郡地，而侨州郡县的分布区域，也随之与吴人势力强盛地区截然分开矣。

吕思勉曾指出："盖古之为治，习于属人。侨居之民与当地之民，不易浃洽，故特立郡县以抚安之"；又云："新旧侨民，既难浃洽，则绥抚之者，不得不设侨州、郡、县。"[④]上述江南东区侨州郡县基本限在旧晋陵郡境及江乘、建康沿江一带，与江南士族强宗居住地域基本不相冲突，这样既"抚安"了侨流，又一定程度上缓和了侨旧因地域冲突所引致的矛盾。此即土著因素影响侨州郡县地理分布的一种形式。

中部地区侨州郡县的集中分布地襄阳一带的情形，又不同于江南。"自永嘉乱，襄阳民户流荒"[⑤]，其具体过程与情形是：流民的起义与骚扰，石赵的占领与破坏，引致南阳乐氏、刘氏、宗氏、新野庾氏等上层士族移居江陵，土著人民则或被石赵强行赶到沔北、或自行南下江陵、或逆汉水而上流亡汉中以至巴蜀，于是"当地人口骤减，一片荒凉。襄阳地方的这种'空白化'……从更为混乱的华北各地招致了大量难民"[⑥]，如永嘉乱后以至东晋末年，河南宗氏、河东柳氏、北地傅氏、京兆韦氏、杜氏、王氏、扶风鲁氏、安定席氏、天水杨氏等司秦大姓、雍州豪强及诸州流人，陆续南出樊沔，侨于汉侧，[⑦]其结果，使得襄阳一带

---

① 其上层阶级已如上述。又中层阶级，陈寅恪《述东晋王导之功业》云："此种人群在当时既非占有政治文化上之高等地位，自不能亦不必居住长江南岸新立之首都建康及其近旁。复以人数较当时避难南来之上下两层社会阶级为多之故，又不便或不易插入江左文化士族所聚居之吴郡治所及其近旁，故不得不择一距新邦首都不甚远，而又在长江南岸较安全之京口晋陵近旁一带，此为事势所必致者也。"

② 《晋书·周札传》。如周玘、周勰欲起反兵，而司马睿、王导等委曲求全、一再绥抚，"以周氏奕世豪望，吴人所宗"，"宗族强盛，人情所归"之故也；沈充从王敦反，"及败归吴兴，亡失道，误入其故将吴儒家。儒诱充内重壁中，……充曰：'……尔以大义存我，我宗族必厚报汝。若必杀我，汝族灭矣。'儒遂杀之。充子劲竟灭吴氏"。沈氏之宗强势大可见。详《晋书·周玘传》、《周勰传》、《沈充传》。

③ 陈寅恪《述东晋王导之功业》即以义兴周氏为例，论述了南来北人之中层阶级居住地域与义兴周氏居住地域接近，而双方人数、武力又颇足对抗，两不相下，利害冲突，并不能同化，遂势成仇敌的经过。

④ 吕思勉《两晋南北朝史》第十七章第三、四节，上海古籍出版社 1983 年版。

⑤ 《南齐书·州郡志》雍州。

⑥ 安田二郎《晋宋革命和雍州（襄阳）的侨民——从军政统治到民政统治》，原刊《东洋史研究》第四十二卷第 1 号，1983 年；收入刘俊文主编《日本中青年学者论中国史》（六朝隋唐卷），上海人民出版社 1995 年版，王铁群译，周蕴石校。

⑦ 《宋书·宗越传》，《新唐书》卷七三《宰相世系表》，《宋书·傅弘之传》，《梁书·韦睿传》，《宋书·杜骥传》、《庐陵王义真传》、《鲁爽传》，《南史·席阐文传》、《柳元景传、附传》、《杨公则传》、《焦度传》、《康绚传》，《宋书·州郡志》雍州刺史，《南齐书·州郡志》雍州，《汉唐地理书钞》辑梁鲍至《南雍州记》。

"旧民甚少,新户稍多"[①],即侨流人口在数量上以及势力上都压倒了当地土著,于是侨立雍州并立诸州侨郡县,及刘宋元嘉、大明中,还分实土郡县以为侨州郡县境。又与襄阳一带之情形相仿佛者,是西部的侨置集中地汉中地区。《南齐书·州郡志》梁州条云:汉中"为巴蜀捍蔽,……是以蜀有难,汉中辄没,虽时还复,而户口残耗。……关、陇流民,多避难归化,于是民户稍实",汉中因此密集了秦、雍、凉、并诸州侨郡县。按襄阳、汉中两地,"民户流荒"、"户口残耗"并缺少强悍的土著大族的人文环境,使侨流荟萃成为可能,以至逐渐形成了侨流压倒土著的局面。而在这种情形下,土著因素对侨州郡县地理分布的影响,就不占主导地位了,是否设置侨州郡县以及设置多少侨州郡县,起决定作用的是自然与经济等条件或军事与政治等因素。

4. 自然条件与经济条件、军事因素与政治因素

对于襄阳地区来说,所以能容纳二十多个侨州、郡以及更多的侨县,基本没有土著因素的妨碍,只是前提条件,毕竟,大量侨州郡县的设立,一般而言,也就意味着众多侨流人口的需要安置;众多侨流人口的安置,则需要适宜的自然环境、起码的经济基础。衡之以襄阳地区,是具备这样的条件的。《晋书·庾翼传》评价襄阳云:"西接益梁,与关陇咫尺,北去洛河,不盈千里,土沃田良,方城险峻,水路流通,转运无滞,进可以扫荡秦赵,退可以保据上流",又《南齐书·州郡志》雍州云:"襄阳左右,田土肥良,桑梓野泽,处处而有。……疆蛮带沔,阻以重山,北接宛、洛,平涂直至,跨对樊、沔,为鄢郢北门。"一直关注襄阳地区的日本学者安田二郎描述包括南阳、新野、顺阳等在内的襄阳地方说:"这里位于汉水的转弯处,有广阔肥沃的堆积土壤,不仅适合农作物,也适合桑梓的生长,沼泽众多,水产资源丰富,养殖、渔业古时起就很兴盛。而且原野辽阔,牧畜发达,尤其以军马产地闻名,人人善骑射,尚武风气浓厚";后汉末以来,"襄阳不仅是军事据点,而且作为经济、文化中心曾繁荣一时"[②]。这样的自然与经济条件,为侨流人口的择居与侨州郡县的设置,提供了物质的基础。而由上引史料与描述,又无疑会感触到襄阳地区特殊的军事地位与政治意义,值得强调的是,这种军事地位与政治意义,也是朝廷在襄阳地区安置侨流人口、遍布侨州郡县的重要原因之一。关于这一点,本书第二章第一节与第五节已有涉及,此再稍作补充。

如本章第二节所述,东晋、宋、齐时代基本守有襄阳地区,只是襄阳地区作为

① 《南齐书·州郡志》雍州。

② 安田二郎《晋宋革命和雍州(襄阳)的侨民——从军政统治到民政统治》。

对十六国北魏战略前沿地带的性质，仍是十分明显。这样的对敌前沿，所流住的侨流人口，按照陈寅恪的说法，又“俱是有战斗力之武人集团”，而且是“与长江下游居住京口晋陵一带之南来北人为武力集团者正同，但其南迁之时代较晚，……故其战斗力之衰退亦较诸居住长江下游京口晋陵一带之武力集团为稍迟，梁武帝之兴起实赖此集团之武力”，前此东晋晚期桓玄、刘毅与刘宋末年沈攸之诸人的兴亡成败也与其有关。据此，该武力集团无论是对内还是对外，都是不可小觑的重要力量。而原东晋以及宋、齐中央政府的本意，无论为安置他们而设立的侨州郡县是属都督—将军府的军政统治还是属州的民政统治，都有利用为对外防御乃至进攻的企图。事实也正是这样，比如“南朝时候，这里不仅优秀武将辈出，其士兵的能征善战也颇得好评”，又东晋后期以来，“由于当地自然条件本来优越，以侨民为中心进行了再度开发，物质财富渐渐充实起来”，这便从人与物两方面强化了作为对北方战略要地的襄阳地区的实力；及至刘宋中后期襄阳地区侨州郡县拥有了实土，治于襄阳的雍州更是迅速发展成为“兵马重镇”，且在此后的宋、齐、梁政局演变与军事舞台上扮演了重要角色。[①]

然则襄阳地区侨州郡县的所以设立、所以割实，有着自然、经济、军事、政治的多重考虑。而由此思路再回看京口晋陵地区，则孟昭庚的旱田说、田余庆的安全说，也都具有某种补充意义。所谓旱田说，孟昭庚以为，“南下人口多种旱田，水田耕作一时还未能适应，因此，南来人口多向江南的岗阜地区发展”[②]。按今镇江、丹阳、常州一线，是平岗黄土层，适合耕种旱田、栽植桑麻，故此侨流人口最为集中，侨州郡县十分密集。又所谓安全说，田余庆指出：

> 士族南来，只要不与吴姓士族利益冲突，也就是说只要他们愿意逐空荒而居，其停驻地就有较大的选择自由。……但是零散的流民，却没有多少自由选择停驻之处的余地。他们在胡骑追逼下节节南行，一般只是想找一个

---

① 参考安田二郎《晋宋革命和雍州（襄阳）的侨民——从军政统治到民政统治》、《刘宋大明年间的襄阳土断》（原载《东洋史论集》第2辑，1986年；夏日新译文，见李锦章主编《湖北历史文化论集》（二），中国地质大学出版社2000年版）。又张琳《东晋南朝时期襄宛地方社会的变迁与雍州侨置始末》（《魏晋南北朝隋唐史资料》第15辑，武汉大学出版社1997年）指出：“力量强大的雍、秦流人集团麇集襄宛，这是东晋政权在襄阳最终侨置雍州的最直接的导因。……整个侨雍州地方社会在东晋政治中扮演的便是朝廷将帅（如郗恢、桓宣）或者干脆就是雍州流民帅（如杨佺期、鲁宗之）统御下的流民武装群落”；刘宋元嘉雍州实土化以后，“雍州逐渐代替京口晋陵，成为朝廷用武所资凭的兵源所在”；再到宋末齐初，“雍州发展成为处江汉上游对北防御、居分陕之重牵制荆州的全局性重镇”；齐、梁之际，雍州由鼎盛走向衰落；及至554年西魏破江陵，雍州沦陷，“东晋南朝时期，雍州侨治在襄阳的历史至此终结”。

② 孟昭庚《六朝门阀士族评述》，《南京教育学院学报》1987年第2期。

> 接近北土的地方停留，以便有朝一日重返故园。他们资财匮乏，人力寡弱，一旦到达可以暂时栖息的安全地方以后，就无力继续南行。所以他们集中寄寓的地方，一般限于长江南缘一带，至少在东晋初年是这样。以下游而论，下游南缘胡骑难于到达的地方，比较理想的是江南的东隅，也就是京口、晋陵一带。下游受敌之地，可能是寿春、合肥，也可能是历阳、建康，但不大可能是远至东隅的广陵、京口。特别是京口，宽四十里的长江，是它的一道重要屏障。……事实上，终东晋之世，京口曾是几次北伐出兵之地，而北方胡骑进攻广陵、京口之例，却一次也没有。京口、晋陵可以吸引流民，而流民可以组成军队。京口、晋陵密迩三吴，而三吴的物产可以支援京口之军。①

至于京口在政治、军事上的作用，还在东晋初年，便有控制三吴、抵御海寇、拱卫京师三个方面。要之，综合本小节有关讨论，京口、晋陵一带之汇聚侨流人口、"晋人谓京口为北府"②、"徐州人多劲悍，号精兵，故桓温常曰'京口酒可饮、箕可用、兵可使'"③与侨州郡县密集分布、南徐州割成实土等等现象之间，实在有着密切的内在联系，并受到了多种因素的综合影响。

以上围绕襄阳地区与京口、晋陵一带涉及自然、经济、军事、政治诸因素的分析，也可施之于其他存在侨州郡县的地区。为免琐碎，兹作突出重点的概括交代。

对于北方南来的侨流人口来说，自然条件恶劣、地理位置偏僻的地区，缺乏吸引力；反之，那些土田肥美之乡、水陆交通要会，则吸引力自然很大。如青齐地区侨州郡县基本都分布在黄河以南、鲁中南低山丘陵的西部与北部外围，其原因即在于这一带具有富足的经济实力，④使安置大批侨流人口成为可能；侨州郡县则多设立在交通要冲或军事重镇，如历城、广固、升城、梁邹、盘阳、东阳等地。侨置阳平郡的无盐一带，济、汶、洪、洸诸水纵横，亦是南北漕运要地。同样，长江沿岸如南郡、上明、江夏、武昌、芜湖、姑熟等地，每有侨置郡县，与"缘江上下，皆有

---

① 田余庆《论郗鉴——兼论京口重镇的形成》。按田余庆比较安全之地应当是吸引北方侨流的一个重要条件的说法是有道理的，而"零散的流民"云云，则起码对于京口、晋陵一带是不合适的，笔者更倾向于陈寅恪南渡中层阶级之说。

② 《资治通鉴》卷一〇四太元二年胡注。又钱大昕《廿二史考异》卷二二晋书王恭传："徐兖二州都督，例以北为号，故有北府之称。"

③ 《世说新语·捷悟篇》注引《南徐州记》。

④ 所谓"青齐沃壤，号曰东秦，土方二千，户余十万，四塞之固，负海之饶，可谓用武之国"（《晋书·慕容德载记》），"北有河、济，又多陂泽"（《宋书·垣护之传》），东靠渤海，平衍沃美，擅鱼盐之利。

良田”[1]及水路流通不无关系。又“彼寿阳者，南引荆汝之利，东连三吴之富；北接梁宋，平涂不过七日；西援陈许，水陆不出千里；外有江湖之阻，内保淮淝之固。龙泉之陂，良田万顷，舒六之贡，利尽蛮越，金石皮革之具萃焉，苞木箭竹之族生焉，山湖薮泽之隈，水旱之所不害；土产草滋之实，荒年之所取给”[2]，以此等地利，侨流人口又何乐而不之？但这类地方大多先为土著占有，侨流既不易插足，则另外选择有开发潜力的荒田废村，也是理所当然。以淮南言之，“淮南旧田，触处极目，陂遏不修，咸成茂草，平原陆地，弥望尤多”[3]，这种百废待兴的地域，正适合侨流人口的垦辟与定居，故此土著颇称流荒的江淮之间，侨流人口既多散布，而侨州郡县也是处处而有。为使人地结合，有时地方政府甚至中央政府也迁徙侨流，使就宽乡，如晋成帝时，“诸郡失土荒民数千无佃业，（荆州刺史庾）翼表移西阳、新蔡二郡荒民就陂田于寻阳”，于是侨立西阳郡与新蔡郡。[4] 然则政府迁徙侨流而置的此类侨州郡县，其地理分布除开自然条件与经济条件外，受政治因素或军事因素的影响也就较大。

政治因素对侨州郡县地理分布的影响，除开政府主动移民而侨置者外，还表现在京畿以及各别地区的政治中心，易于汇集起较多的侨流人口，从而导致侨州郡县密集，如建康一带、南郡周围、江夏附近、成都近傍等地皆是。至于州郡县的辗转南侨现象，则与政治治乱、疆域盈缩有关。以淮南江北、江南为例，“晋永嘉大乱，幽、冀、青、并、兖州及徐州之淮北流民，相率过淮”，于是“徐、兖二州或治江北，江北又侨立幽、冀、青、并四州”及诸州侨郡县；“其后中原乱，胡寇屡南侵。……成帝初，苏峻、祖约为乱于江淮，胡寇又大至”，淮南不可安居，“民南度江者转多”，“晋成帝咸和四年，司空郗鉴又徙流民之在淮南者于晋陵诸县。其徙过江南及留在江北者，并立侨郡县以司牧之”[5]，而尤以江南侨立为多。侨州郡县分布上这种逐渐南移、步步深入的情形，在江汉区、梁益区也表现得甚是明显。

又有一些侨州郡县，如本书第二章第一节所述，或出于正统观念以备职方立，或侨立之初主要是考虑到位置失地官吏，其分布随宜性、不稳定性较大，如中

---

① 《晋书·温峤传》。

② 《晋书·文苑伏滔传》。

③ 《南齐书·徐孝嗣传》。

④ 《南齐书·州郡志》豫州、《廿二史考异》卷二四。关于徙民新地，参阅《宋书·何承天传》、《周朗传》。

⑤ 《宋书·州郡志》南徐州刺史、扬州刺史淮南太守。

原等地侨州郡县基本呈散布状态，即是其例。

总之，阐释、解说东晋南朝侨州郡县的地理分布，既要考虑到相关侨流人口的迁出地区、迁入地区、迁移时间、阶级阶层、文武素质，也要关注因时而变、因地而异的南北对立形势、军事重镇变迁、中央地方关系，并且注意联系朝廷、地方、流民帅、侨流人口等不同主体的政策、措施、想法、希望；而具体到各别地区或地点的侨州郡县，则上述之交通因素、土著因素、自然条件、经济条件、军事因素、政治因素等等，往往并不是各自单独发生作用，而是或同时存在、相互交织，或彼轻此重、共同影响。东晋南朝侨州郡县的地理分布格局，即是复杂时空环境下诸多因素综合作用的结果。

第四节　侨州郡县地理分布与侨流人口地理分布的不相一致

讨论东晋南朝侨州郡县的地理分布，无法回避的一个连带问题是，侨州郡县的地理分布与侨流人口的地理分布并不一致，有些地方甚至可以说存在着颇大的出入。如上节的讨论，南渡长江下游的上层阶级选择东土五郡从事经济活动[①]，南渡长江下游的下层阶级大抵分散杂居于吴人势力甚大之地域即吴郡、吴兴郡、义兴郡境[②]，但无论东土五郡还是吴、吴兴、义兴郡境，都未设置侨州郡县。按这样的情况也存在于长江南岸稍远以及东晋南朝的内地：皖南、浙西的新安郡（东土五郡之一）侨流人口颇多，如俞氏，“其先居河间，晋永嘉之乱徙新安”[③]；洪氏，旧居彭城、下邳，晋乱，徙新安郡遂安[④]；又北方程、鲍、黄、谢、詹、胡、郑、余诸氏也于东晋南朝携子孙徙居新安[⑤]。侨流还有南迁得更远的，如世传侨流有南迁八闽者，《直斋书录解题》卷八引唐林谞《闽中记》云：“永嘉之乱，中原仕族林、

---

① 具体家族上文已及，再以会稽郡为例，随举一些曾经生活于此的具体人物如下：北地傅敷、傅晞，颍川庾琛、庾亮，陈郡谢奕、谢安、谢方明、谢灵运，琅邪王羲之、王凝之、王徽之、王献之、王随之、王镇之、王弘之，高平郗愔、郗超，乐安高柔，高阳许询，太原王述、孙统、孙绰，庐江何子平，陈留阮裕、阮万龄，谯郡戴逵，鲁郡孔淳之，河南辛普明。

② 以吴兴郡为例，河内郭文隐居吴兴余杭，颍川陈达家于吴兴长城，胡颖寓居吴兴。又《晋书·孔坦传》载其为吴兴内史时，“时使坦募江淮流人为军”，可见吴兴郡境的江淮流人数量必定不少。

③ 宋罗愿《新安志》卷六。

④ 《洪氏宗谱》，转引自《中国地方志》1982年第3期。

⑤ 明戴廷明、程尚宽等《新安名族志》。

黄、陈、郑四姓先入闽”①；又泉州清原郡，“东晋南渡，衣冠士族多萃其地，以求安堵”②。按“中原仕族”、“衣冠士族”云云，出自后世追记，或有附会的可能，但永嘉乱后、东晋南朝有北方一般家族、零散侨流或由海路或由陆路迁入福建八闽之地，应该还是可以肯定的，因为较之更远的岭南之地，当时史籍也明确记载有北方侨流的踪迹：如东晋义熙末，“东海人徐道期流寓广州，无士行，为侨旧所陵侮。因刺史谢欣死，合率群不逞之徒作乱，攻没州城，杀士庶素憾者百余，倾府库，招集亡命，出攻始兴”③，葛剑雄就此分析道：“徐道期本人是北方移民或其后裔，广州本来就有‘侨旧’（早已定居的侨民）；徐道期所率徒众中必定有相当多的流寓，而被杀的百余人既然是徐的‘素憾者’，当然也应是‘侨旧’；可见广州不仅有北方移民，而且数量不少。”④又宋泰始中，交州“土人李长仁为乱，悉诛北来流寓，无或免者”⑤；此“北来流寓”，也有直接迁自北方的可能。然而，无论是新安郡，还是福建八闽或岭南交广，也都不见侨州郡县的设立。

进一步比较侨州郡县与侨流人口的分布，还会发现一个连带问题，即设置有侨州郡县的区域，侨流人口也不一定固定居住在相应区域内，这又特别明显地体现于北方南来上层士族。据秦冬梅的考证，“籍属琅邪的王氏家族和颜氏家族都没有居住在侨琅邪郡的范围内，而是居住在秦淮河以南的地区。……原籍为陈郡阳夏县都乡吉迁里的谢氏家族也并没有居住在其籍贯所在的侨陈郡或阳夏县中，从上述分析可知，世家大族的居住地与其侨籍所在地是分离的，多数世家大族并没有居住在其所属的侨州郡县之中。……世家大族不固定居所的原因有很多，因游宦、退隐、迷信等原因离开他们到南方后第一居所的例子很多，虽然原因不同，但造成的结果是相同的，那就是与侨州郡县及宗族本家的脱离”⑥。

然则总结造成东晋南朝侨州郡县地理分布与侨流人口地理分布并不一致的缘故，尤其重要者当有两点。其一，大凡因侨流人口而置侨州郡县，其侨流人口一般是呈团聚状态的乡族集团，即人数较多而且相对集中。那些迁入长江南岸

---

① 明何乔远《闽书》卷一五二称“衣冠始入闽者八族”，又有詹、丘、何、胡四姓。

② 《太平御览》卷一七〇引《十道志》。又《文献通考·舆地考》：“闽越遐阻，僻在一隅。永嘉之后，帝室东迁，衣冠避难，多所萃止。”

③ 《宋书·刘康祖传》。

④ 葛剑雄《中国移民史》第二卷第十章第三节。

⑤ 《宋书·恩倖徐爰传》。

⑥ 秦冬梅《论东晋北方士族与南方社会的融合》，《北京师范大学学报》2003 年第 5 期。

稍远以至八闽、岭南等悬远内地的侨流，毕竟只是发源于北方之移民大潮的无力余波，他们人数既少，迁移时间与迁入地区又较分散而不集中，加之南方地广人稀，便于他们随宜而居，故既不必也无法为他们侨建州郡县；至于东土五郡殖产兴利的北方南来上层阶级，居住秦淮河畔、乌衣巷里的琅邪王、陈郡谢一类侨姓名族，大多已有本籍侨州郡县安置了其乡族，他们本身则因政治而游走宦海，因经济而求田问舍，因文化而纵意肆游，因出身而免除税役，对于他们，自然也是既不能也不必再置侨州郡县的。其二，东晋南朝政府侨立州郡县的本意，在于表示一种收复失地的决心，在于以为侨流人口"庶有旋反之期"、侨置初不过是一时权宜之计，在于利用北方南来侨流的归本之心、武勇之力屯戍北部疆土，捍卫军事重镇，北伐西征，以此，不仅绝大多数一般层次的侨流人口既无心也无力远迁东晋南朝之内地，政府也不愿他们远迁内地、失去控制、不便利用；而与此相呼应，政府建立的侨州郡县，自就不必远离北方侨流人口之故土以至深僻南方内地，将州、郡、县侨立在大江南北、淮东淮西、青徐中原、沔汉梁益，使其总的形势靠近北方，这与上述的侨置本意也是一致的。①

最后必须说明的是，以上有关侨州郡县地理分布与侨流人口地理分布不相一致的讨论，只是立足于宏观角度的整体观照，其细部不相一致之处当然甚多，如注籍侨州郡县的侨民只是侨流人口的一大部分，南迁侨流有"多庇大姓以为客"②者，有散居于当地州郡县而编入当地户籍者，有"不乐州县编户"的"浮浪人"③，又有政府强令属籍当地者。可见侨流人口不尽注籍于侨州郡县，而当地州郡县所领也不是没有侨流人口。

侨流人口之南来，情形各异，南来后之境况，也是颇不相同；而侨州郡县之设立，无论有无实土，总归相对固定。复杂流动的侨流人口与相对固定的侨州郡县，焉能完全对应？其间的种种差异，以上仅略言大概耳。

---

① 夏日新《关于东晋侨州郡县的几个问题》(《魏晋南北朝隋唐史资料》第11辑，武汉大学出版社1991年)认为："侨州郡县设置地区京口、广陵、芜湖、上明、夏口、寻阳、襄阳等都是自孙吴以来的军事重镇，这不是偶然的。……东晋政权设置侨州郡县安置流民集团，主要是利用其作为军事基础。"又田余庆《东晋门阀政治》"后论"之"四·门阀政治和流民"分析："谢玄从流民和流民帅中募北府兵将成功，由此而有淝水之战的胜利，这与郗鉴早期经营京口因而得以羁縻江淮以北的流民帅，当有重要关系。与下游北府经营相应，上游也出现了襄阳的经营。诸庾、诸桓控制上游时都十分重视襄阳流民的作用，其经营办法与下游京口相似。所以襄阳的流民武装，得以成为屏蔽荆、江的重要力量。"按京口、襄阳等地的军事地位，可参胡阿祥《东晋南朝地方州镇略说》(《东北亚历史地理研究》，中州古籍出版社1998年版)。

② 《南齐书·州郡志》南兖州。按此"大姓"当既有迁来的侨姓，也有土著的吴姓。

③ 《隋书·食货志》。按浮浪人还包括南方的"无贯之人"。

第五章
东晋南朝侨州郡县对当时政区的影响

上章表述与探讨东晋南朝侨州郡县的地理分布时，笔者注意到一个明显的现象：如果把东晋南朝疆域划分为南北两部，则侨州郡县集中分布在疆域的北部，即黄河以南至长江南岸之间，长江南岸稍远便无侨州郡县的设置；又本篇已用四章的篇幅，述论了侨置的源流与东晋南朝侨州郡县的产生、设立、整理、分布。然则接下来应予集中交代者，当为东晋南朝侨州郡县的影响。这种影响是多方面的，既有政区内的影响，也有政区外的影响；既有对当时的影响，也有对后世的影响。其对政区外的影响与对后世的影响，"引言"与前此的四章已有涉及，后此的三篇以及"附录"尤其是第三篇还将讨论；至于其对政区内的影响与对当时的影响，"引言"与前此的四章也曾或多或少地提及，特别是在第二章中，还专节讨论了侨州郡县与原州郡县、当地州郡县的关系。考虑及此，本章重点论述东晋南朝侨州郡县对当时政区建置与政区制度的影响，而包括三个方面，即对政区建置总体状况的影响、对其他种类政区建置的影响、对政区制度演变的影响；为了避免流于宽泛疏略，本章一则较多联系了侨州郡县的地理分布问题，如此既接续上章，又可从比较的角度，凸显东晋南朝侨州郡县在不同朝代与各别地区的具体影响；二则较为集中在政区建置之增滥现象、其他种类政区中的双头州郡、政区制度的演变三点上，以求具体落实之效。

第一节　侨州郡县与政区增滥

关于东晋南朝政区的增滥现象，笔者曾撰《六朝政区增置滥置述论》①，此不重复。然则相对于西晋，东晋南朝各级政区的增滥现象堪称明显。按西晋太康初政区建置，据《晋书·地理志》凡十九州（司冀兖豫荆徐扬青幽平并雍凉秦梁益宁交广），下统一百七十三郡国，一千二百三十二县；其后，惠帝分荆、扬为江州，怀帝分荆、广为湘州，其郡、国、县境大者又别分置，是惠、怀二帝调整后，有州二十一，郡国近二百，县一千三百稍减。及永嘉乱后、东晋建立，疆域不及西晋之

① 载《中国历史地理论丛》1993 年第 3 期。另参本书"附录 2"。

半,以西晋二十一州论,则司、并、雍等州没于匈奴刘氏,兖、豫及徐州部分地,冀、幽、青州等,没于羯族石氏,又梁益大部、宁州小部没于巴氐李氏;[①]其后之东晋南朝,虽疆域变迁、广狭无常,大略论之,则北抵淮南、江北,西有巴蜀、南中,东及东海,南达南海,兼有交趾,即仍不及西晋之半。然而东晋南朝之分州设郡置县,数量却过于西晋,其间之最大原因,即为侨州郡县的广泛设置。如以东晋与南朝宋、齐为例,侨州郡县占全部政区的比例如下表:[②]

年　　代	侨州数：总州数(%)	侨郡数：总郡数(%)	侨县数：总县数(%)
东晋义熙十四年(418年)	9：23(39%)	93：252(37%)	321：1236(26%)
宋大明八年(464年)	7：21(33%)	97：251(39%)	386：1283(30%)
齐建武四年(497年)	10：22(45%)	106：373(28%)	413：1444(29%)

东晋、宋、齐侨州郡县在全部政区中所占比例之大,由此可见;而此全部政区,相对于西晋既可谓增滥,其增滥的基础又在侨州郡县。

东晋南朝侨州郡县的广泛设置,联系着复杂的社会背景与政治原因;而广泛设置侨州郡县的现实基础,又在于侨州郡县起初并不占有实土,以此,如京口、广陵、建康、姑熟、淮阴、盱眙、合肥、寿县、郁洲、义阳、襄阳、南郑、成都等处及其周边一带,才能集中众多的侨州、侨郡与侨县;及至后来,侨州、侨郡与侨县或割成实土、或仍属无土寄治,但无论有无实土,却均为现实意义上的政区。这样,东晋南朝在当地州、郡、县之上,便叠加出一套外来的、实土或无实土的侨州、侨郡、侨县,是为东晋南朝政区增滥的最主要情形。

当然,东晋南朝政区的增滥在各别朝代与各别地区的表现并不一致。以各别朝代言,东晋以视西晋,州、郡、县可称滥置,其原因颇单纯,即侨置所致,所谓"侨州至十数,侨郡至百,侨县至数百"[③];降至宋、齐,东晋之侨州郡县多沿而不废,随着疆域的一此一彼,州、郡、县又多有侨置。据此,东晋、宋、齐政区的大量增置,除经济开发、便于管理、加强民族地区控制等一般原因外,侨置

① 《宋书·州郡志》:"自夷狄乱华,司、冀、雍、凉、青、并、兖、豫、幽、平诸州一时沦没,遗民南渡,并侨置牧司,非旧土也,江左……凡有扬、荆、湘、江、梁、益、交、广,其徐州则有过半,豫州唯得谯城而已。"又《晋书·地理志》略同《宋书·州郡志》。按《宋志》、《晋志》所言,乃其时之大概耳,详参胡阿祥《六朝疆域与政区研究》(西安地图出版社2000年版)上编第二章"东晋南朝疆域的变迁"。

② 表中数据来源于胡阿祥《六朝疆域与政区研究》(增订本,学苑出版社2005年版)下编第十二、十三、十四章"政区建置表"的统计。

③ 洪亮吉《〈东晋疆域志〉序》。

实为最主要的方式。至于萧梁,《隋书·地理志》云:“大同中,州一百七,郡县亦称于此”;杨守敬《隋书地理志考证附补遗》卷一释之曰:“言其析置之多,如二十三州增至一百七,凡四五倍,其郡县亦准此也。”是则滥置政区,至此盖无以复加。而其原因,颇出多端,如经济开发、疆域扩展、开拓边疆、慰重将帅、笼络敌将、安置士族等等,与侨置有关的虚张声势、分州析郡,则相对不占重要地位。① 又陈朝虽亦沿袭了萧梁的滥置趋势,唯长江以北、三峡以西之大片疆域沦于北朝,故州郡县数锐减,《隋书·地理志》记其“州有四十二,郡唯一百九,县四百三十八”。

再以各别地区言,如陈朝的州郡县数锐减,直接原因是长江以北、三峡以西的丧失,此长江以北、三峡以西又是侨州郡县较为众多之地。事实上,东晋南朝尤其是东晋、宋、齐政区的增置以至滥置,与侨州郡县相关者,正以本章引言中所述,以东晋南朝的疆域北部地区最为明显。至于疆域南部地区,则长江南岸稍远与南岭之间,州郡县的划分因受经济基础、户口数量的制约而呈平稳发展态势;岭南政区设置在经济发展与民族开发的双重交互作用下,东晋、宋、齐逐渐增置,梁、陈则明显滥置;又西南宁州地方,州郡县设置无有大的变动,其原因在于政府对宁州控制的薄弱,土族称强,故政区设置少有更张,多存旧规而已。②

进而言之,侨州郡县之影响政区增滥,还表现出政区级别越高、影响越为显著的现象。本来,一般政区的演变与析置,就符合级别越高而越不稳定、增幅也越大的规律,这是由于县的划分以经济标准为主,是人口、交通、产业等方面的发展达到一定程度的结果;郡的设置,则兼顾到政治、行政及经济发展等方面;而州

① 详胡阿祥《六朝政区增置滥置述论》,《中国历史地理论丛》1993 年第 3 期。

② 按上述“疆域南部地区”的情况,详胡阿祥《六朝政区增置滥置述论》;而有关岭南情况的详细讨论,参见韩国学者金裕哲《梁陈时代的岭南统治与种族问题》,收入殷宪主编《北朝史研究》,商务印书馆 2004 年版。又一般来说,不同的地域,由于政治、军事、经济、民族等方面情况的不同,政区的划分也不一致。经济发达地区设郡立县往往比不发达地区要细、地位要高而且稳定;政治、军事重要地区州郡的建置,也要比其他地区细。而在东晋南朝时期,各别地域政区的划分及其增置滥置情况又尤具特点。

的增设,主要是出于政治上或军事上的考虑。[①] 作为特殊政区的侨州郡县也不例外:是否设置侨州,侨州是否拥有实土,最为中央政府与地方州镇重视与关心,如京口之徐州(南徐州)、广陵之兖州(南兖州)、寿春之豫州、淮阴之北兖州、义阳之司州、襄阳之雍州、南郑之秦州等侨州,都事关政治格局、军事形势、中央与地方关系等要害,都联系着相对应的侨流势力集团,故设即不废,并多割有实土;至于侨县,因为基本上与呈团聚状态的流徙乡族集团有关,所以设置的随意性与侨州比较既要小得多,设置的数量也大体较为实在。又介于侨州与侨县之间的侨郡,行政管理的性质胜过政治与军事的需求,下与侨县、实县的联系胜过上与侨州、实州的关系,故其设置较之侨州也相对规范。

总之,东晋南朝政区的增滥现象,有别于其他时代的特殊原因,在于侨州郡县;[②]由于侨州郡县的设置有着时间上的多(东晋、宋、齐)寡(梁、陈)、空间上的有(黄河以南至长江南岸之间)无(长江南岸稍远以至岭南之间)以及疏密(疏密

---

① 对此,周振鹤认为:“作为基层政区的县,其幅员大小是以行政管理的有效程度来确定的。不管什么朝代,都要维持正常的农业生产,才能保证王朝的长治久安。而县级政府正是直接‘牧民’的基层组织,其劝课农桑和收租征赋的施政范围是不宜朝令夕改频繁变动的,否则将会影响国家职能的正常发挥。这就是县级政区的数目与幅员相对比较稳定的基本原因。”另外,“对县的幅员来说,存在一个地域共同体的问题。这个共同体内在地理环境、经济发展和文化背景方面有一定的相似性,而相对于邻县则有较明显的差异性,这也是县级政区幅员相对比较稳定的原因之一”。郡级政区幅员的不断划小,则与政治因素(实现中央集权对地方分权的步步强化)、行政管理需要(如郡境过大,户口太多,产业兴盛,造成治理困难,因此要适当划小)有关。在实施三级制的时期,郡的增减,更是主要决定于行政管理效率,而不是分权太重太轻的问题。州的幅员大小、数量增减、界线划定,最为最高统治者重视与关心;其原因在于它拥有广土众民及雄厚财力,容易生成强大的势力,与中央政府对抗,不仅难以控制,在中央力量衰微时与军事实力结合,还易成割据局面,因此这一级行政区划变化最多。参周振鹤《中国历代行政区划的变迁》(中共中央党校出版社 1991 年版)第四章。今按东晋南朝也不例外,其时州的增幅最大,最不稳定,或因人而设州,或侨置而设州,或为了巩固中央集权而使州处于割裂无常的状态;各州之间幅员相差也颇悬殊,小者仅数百里见方。郡的增幅次之。县的增幅则最小,一般不超过一倍,若去掉其中的侨置因素,则县的增置及其在不同地域的差异,大体上即与东晋南朝各地域经济开发过程与程度相一致。又谭其骧师也指出:“一级二级政区,如两汉六朝的州和郡,……虽然也与地区开发有关,但关系并不大。因为一二级政区在其初设时为数不多,辖境甚广,……后来增置日多,主要是由于辖境逐渐缩小,而不是由于疆域扩大或耕地、人口增加”;“县乃历代地方行政区划之基本单位。……大致与时俱增,置后少有罢并,比较稳定,……历代标准大致相似,虚置滥设者较少”。参阅谭其骧师《浙江各地区的开发过程与省界、地区界的形成》(载《历史地理研究》第 1 辑,复旦大学出版社 1986 年)、《浙江省历代行政区域》(《长水集》上册,人民出版社 1987 年版)。

② 按政区增置的一般原因,不外以下几种:疆域扩大,户口滋殖,蛮夷向化,统治空白消失,地方分权加强,行政管理需要,经济开发加深等;至于分裂时期,则又加上了以下因素的影响:体制紊乱,彼此相高,抚绥迁流,位置官吏,控制要地。而需要指出的是,十六国北朝政区建置的增滥也与侨州郡县密切有关,参“余论”,此不赘述。

状况据上章第一节“侨州郡地理分布表”可见大概)之别,所以侨州郡县之于东晋南朝政区增滥的影响,又因时因地有所不同。而因侨州、侨郡、侨县与中央、地方、侨流人口以及政治、军事、经济、行政等方面关系的各有不同,侨州、侨郡、侨县影响东晋南朝政区增滥的程度,总体而言也呈递减趋势。[①]

第二节 侨州郡县与双头州郡

以上由时间、地域、层次三个角度,分析了东晋南朝侨州郡县对于当时政区建置增滥现象的影响。进一步分析,则侨州郡与双头州郡之间,也存在着密切关系,是为侨州郡县影响政区建置的又一方面。

双头州郡是东晋南北朝时代政区设置的特殊现象。所谓双头州、郡,即二州、二郡同治一地,设置一名刺史、太守,实际上合为一个行政单位;虽侈称二州、二郡,其实是一州、一郡。吴应寿师曾发表《东晋南朝的双头州郡》,概要分析了双头州郡的类别及双头单称现象;[②]笔者则撰有《东晋南朝双头州郡考论》[③],就双头州郡的概念、种类、名称、设置情况及设置原因等进行讨论。此并不赘,仅言双头州郡与侨州郡相关者。

首先,依照二州、二郡的组合,双头州郡可分为实土郡一实土郡、实土州郡一侨州郡、侨州郡一侨州郡三类。其中,实土郡一实土郡的情形不多见,且在双头州中未见类似情况;实土州郡一侨州郡即实土州与侨州、实土郡与侨郡合为双头州、双头郡的情形较多,这类双头州郡,一般是侨州、郡帖治实土州、郡,但也有侨州、郡割成实土后,实土州、郡反而帖治侨州、郡者;至于侨州郡一侨州郡即两个侨州郡合为双头州、双头郡的情形则更多,其双头郡又可大别为两个实土侨郡合为双头郡、无实土侨郡与实土侨郡合为双头郡、两个无实土侨郡合为双头郡

---

① 按本节的分析方法,受到了谭其骧师的启发。谭师曾考察中国两千年来政区演变经过,指出其规律之一为“同一政区,通例都是越划越多,越划越小;……越划越多越小的主要原因当然是由于各地区逐步得到开发;但也有其他政治上、军事上、经济上的种种原因,各时代各地区都得作具体分析”。(谭师《中国历代政区概述》,收入《长水集续编》,人民出版社 1994 年版)以谭师之言比照东晋南朝,尤具典型代表意义:东晋南朝政区建置的增滥及受侨州郡县的影响,各时代、各地区、各层次既表现不一,原因也颇有差异。

② 载《历史地理研究》第1辑,1986年。

③ 载《中国历史地理论丛》1989年第2辑,修订稿见胡阿祥《六朝疆域与政区研究》(增订本)中编第八章。

三种。

其次，判断双头州郡的原则与侨州郡有关。一般说来，若二州恒置一刺史、二郡恒置一太守，而又屡见于诸史纪传者，就很有可能是双头州郡；如果这二州、二郡中有一州、一郡是侨州郡，而又侨在或毗邻另一州另一郡，或这二州二郡都是侨州郡，且侨在一处或相邻，则这二州二郡可进一步断定为双头州、双头郡。依据这样的原则，笔者细检诸史纪传资料，结合侨置州郡的研究，得出东晋南朝双头州凡九，双头郡七十三。这些双头州郡或较稳定，或不够稳定与不稳定，其不够稳定与不稳定者，时分时合，分时为二州二郡，合则为双头州、双头郡，也有偶尔合为双头州、双头郡者。

又次，东晋双头州郡的设立尚不多；入宋以后及齐梁，双头州郡建置渐繁。这反映了侨州郡对双头州郡影响的滞后性。兹略依时代先后与分布区域，表列与侨州郡有关的双头州、双头郡如下，以见概况：①

名　称	种类	年代	名　称	种类	年代
徐兖二州	侨侨	东晋	广陵南沛二郡	实侨	宋
青兖二州	侨侨	东晋	秦南沛二郡	侨侨	宋
梁南秦二州	实侨	东晋-梁	晋陵南下邳二郡	实侨	宋
青冀二州	实侨	东晋-宋	临淮济阳二郡	侨侨	宋
青冀二州	侨侨	宋-梁	淮陵南彭城二郡	侨侨	宋
南北青二州	侨侨	梁	南高平临淮二郡	侨侨	宋
徐兖二州	实侨	宋	襄阳义成二郡	实侨	宋
南梁北巴州	侨实	梁	京兆广平二郡	侨侨	宋
西益潼二州	侨实	梁	平原乐安二郡	侨实	宋
巴西梓潼二郡	侨实	东晋-梁	济南平原二郡	实侨	宋
谯梁二郡	侨侨	东晋	清河广川二郡	侨侨	宋
秦北陈留二郡	侨侨	东晋	乐安勃海二郡	实侨	宋

① 下表中，“种类”分“实侨”即实土州郡－侨州郡、“侨实”即侨州郡－实土州郡、“侨侨”即侨州郡－侨州郡，而实土郡－实土郡的情况略之；又“年代”仅出朝代。按在拙撰《东晋南朝双头州郡考论》文中，“名称”还包括了别称与省称，“年代”表示较详，另有“治地”与“资料出处”，今并简之或略去。

续表

名　称	种类	年代	名　称	种类	年代
高阳临淮二郡	侨侨	东晋	高阳勃海二郡	侨侨	宋
西阳新蔡二郡	侨侨	东晋	乐陵河间二郡	侨侨	宋
安固汶山二郡	侨实	东晋	齐北海二郡	实侨	宋
清河阳平二郡	侨侨	东晋	鲁阳平二郡	实侨	宋
淮南历阳二郡	侨实	东晋	东平阳平二郡	实侨	宋
淮南宣城二郡	侨实	东晋-齐	陈南顿二郡	侨侨	宋
略阳武都二郡	侨侨	东晋	北琅邪兰陵二郡	实侨	宋
河南河内二郡	实侨	东晋-宋	历阳南谯二郡	实侨	宋-齐
南琅邪彭城二郡	侨侨	宋-陈	北巴西新巴二郡	侨侨	齐
南琅邪临淮二郡	侨侨	宋	西汝南北义阳二郡	侨侨	齐
南琅邪泰山二郡	侨侨	宋	寻阳南新蔡二郡	实侨	齐
南琅邪清河二郡	侨侨	齐-梁	北新蔡安丰二郡	侨实	齐
南琅邪济阳二郡	侨侨	宋	边城新蔡二郡	实侨	齐
南琅邪济阴二郡	侨侨	宋	南汝阴谯二郡	侨侨	齐
南彭城下邳二郡	侨侨	宋	东莞琅邪二郡	侨侨	齐-梁
南彭城东海二郡	侨侨	宋	新兴永宁二郡	侨侨	齐-梁
南彭城沛二郡	侨侨	宋	钟离陈留二郡	实侨	梁
南彭城东莞二郡	侨侨	宋	彭沛二郡	侨侨	梁
南彭城临淮二郡	侨侨	齐	汝阴弋阳二郡	实侨	梁
南彭城平昌二郡	侨侨	齐	新蔡南陈留二郡	实侨	梁
南兰陵下邳二郡	侨侨	宋	西阳武昌二郡	侨实	梁—陈
东海东莞二郡	侨侨	宋	高唐太原二郡	侨侨	陈

由上表可见，双头州皆与侨州有关；而七十三例双头郡中，五十九例有侨郡参与组成。① 无侨州郡则无双头州郡这类特殊政区，可以断言。

① 另十四例详《东晋南朝双头州郡考论》文。

最后，东晋南朝双头州郡的设置原因，可言者有四：其一，侨州郡寄治实土州郡、两个侨州郡同治，使合置一刺史、太守，比较简便易行；尤其是无实土侨州郡帖治实土州郡或有实土侨州郡，而以实带侨、置双头州郡者更多。其二，临边诸州郡因土地荒残、民户寡少、政务不繁，故合二州、二郡置一刺史、太守。如青冀二州（侨侨）合治郁洲（今江苏连云港市东云台山一带），“流荒之民，郡县虚置，至于分居土著，盖无几焉。……郡县十无八九，但有名存”①，故二州恒置一刺史。其三，以战守需要，于边地形胜冲要之处置双头州郡。如宋孝建三年（456 年），以历下要害，将青州（实州，治东阳城，今山东青州市）移镇历城（今山东济南市），与冀州（实土侨州）合治。② 此举意义，正如青冀二州刺史垣护之所云，在于加强前沿实力。③ 而平原郡也因此移寄济南郡历城，合为济南平原二郡（实侨）。所谓“边境镇戍，虽领民不多，欲重其将帅，皆建为郡，或一人领二、三郡太守”④，正是出于战守的需要。其四，沿长江上下、近畿要地，为重其资力、藉资控御而置。⑤ 这一类大多是比较稳定的双头郡。如南琅邪彭城二郡（侨侨），历宋、齐、梁、陈不废，且常以皇子皇孙居之，以其治地金城（今江苏句容市西北）、白下（今江苏南京市北金川门外、幕府山南麓）为京师建康附近的军事要地，南彭城又“禄力优厚”之故也。又淮南宣城二郡（侨实），晋末宋齐均见载；《南齐书·刘善明传》：“太祖践祚，以善明勋诚，欲与善明禄，召谓之曰：‘淮南近畿，国之形势，自非亲贤，不使居之。卿为我卧治也。’代高宗为征虏将军、淮南宣城二郡太守。”淮

---

① 《南齐书·州郡志》青州、冀州。

② 青州移镇历城，《宋书·州郡志》青州刺史条作孝建二年，《宋书·自序》作孝建元年，《宋书·垣护之传》及《资治通鉴》皆作孝建三年。当以孝建三年为是。据《宋书·孝武帝纪》，孝建二年十一月以垣护之为青冀二州刺史，次年五月，“木连理生北海都昌”，垣护之以闻（《宋书·符瑞志》）；考“北海都昌”，寄治青州东阳城，北海郡且常与齐郡（青州治）共一太守，合为双头郡（参《宋书·崔道固传》、《自序》，《南齐书·刘善明传》），可见孝建三年五月时，青州尚未移治历城。

③ 《宋书·垣护之传》：“青州北有河、济，又多陂泽，非虏所向；每来寇掠，必由历城。二州并镇，此经远之略也。北又近河，归顺者易，远申王威，近息民患，安边之上计也。”按历城，“山川严阻，控临河朔，形胜之要，擅名自古”（《宋书·萧思话传》）。

④ 《资治通鉴》卷一五八大同五年。一人领三郡者，如东晋孝武年间，毛穆之“督扬州之义成、荆州五郡、雍州之京兆军事，襄阳、义成、河南三郡太守”（《晋书·毛穆之传》），义成、河南皆侨立襄阳，此三郡合治一处，以一人领三郡太守；又东晋义熙二年，刘毅表辅国将军张畅领淮南、安丰、梁国三郡，治寿阳，即因豫州“西界荒余，密迩寇虏；北垂萧条，土气强犷，……比年以来，无月不战，实非空乏所能独抚”之故（《南齐书·州郡志》豫州）。然则“三头郡”的存在，也说明东晋时双头郡制度尚未稳定。

⑤ 严耕望《中国地方行政制度史》上编卷中之上《魏晋南朝地方行政制度》（台湾中央研究院历史语言研究所 1963 年版）第四章之（三）对此有所论述，可参阅。

南、宣城合为双头郡的用意，于此可见。再如巴西(侨)、梓潼(实)二郡，也是军事、交通要地，加上地多“蛮僚”，尤需镇摄，故东晋、宋、齐、梁往往合为双头郡，亦所以重其资力。至于历阳南谯二郡(实侨)镇历阳(今安徽和县)，西阳武昌二郡(侨实)镇武昌(今湖北鄂州市)，南东海(侨)与南彭城(侨)、南东莞(侨)联合为双头郡镇京口(今江苏镇江市)等等，皆此一类。然则概括上述四点，可见侨州郡的存在不仅为双头州郡的设立提供了方便，而且侨州郡之或民户寡少、或边地冲要、或位居重地，也与双头州郡的行政特点关联；以此，可以认为，双头主要起于侨置，双头州郡之组合变迁既与侨州郡的兴废迁徙等密切相关，双头州郡之地理分布，即西自巴蜀汉中、东及长江南北、北达青齐淮北的分布形势，也与东晋南朝侨州郡的分布形势颇称一致。

第三节　侨州郡县与政区制度

双头州郡是只存在于东晋南北朝时代的特殊政区，而与同样为特殊政区的侨州郡县关系密切；又东晋南朝政区的增置滥置现象明显，侨州郡县在其中起了关键影响。顺着这样的思路讨论下去，我们当可进一步明了“引言”中所述的观点：东晋南朝侨州郡县的紊乱与特殊，正是魏晋南北朝政区制度与政区设置紊乱、特殊以及随宜状况的集中反映。

东晋南朝政区设置的紊乱、特殊以及随宜状况，《资治通鉴》卷一三五建元二年胡三省注曰：

> 有寄治者，有新置者，有俚郡、僚郡、荒郡、左郡、无属县者，有或荒无民户者。郡县之建置虽多，而名存实亡，境土蹙于宋大明之时矣。

按“寄治者”是指为了安置侨流人口所设的侨州郡县，此毋庸再述；俚郡、僚郡、左郡，则与南朝三大支少数民族俚、僚、蛮有关，是为集中治理降附的俚、僚、蛮所置的特殊政区，其中，左郡左县存在于宋、齐，俚郡、僚郡则只见于南齐一代。从统治方式看，左郡左县、俚郡僚郡有两个特点：一是保持旧有的统治方式，这主要表现在其太守、令长，即以酋帅领任；二是征收赋税方面有所优待，尽管偶尔也有例外。而由左郡、俚郡、僚郡领县不多或无领县、户口较少等现象推测，其行政规模一般较小。又从地域分布看，左郡左县分布范围甚广。宋世，在南豫、江、荆、豫、郢诸州蛮人居住地都设置过左郡左县，其范围东至安徽江淮之间的合肥、庐江一带，北及河南信阳、光山、安徽寿县一线，又西止涢水，南止长江，即分布在巢湖—淮河—涢水—长江围成的区域中，并呈相对集中趋势；齐世分布范围稍有扩大，西越涢水达于汉水，分布密度增大，相对集中趋势愈加明显，大别山以西南、长江以北、汉水以东、淮河上源以南建置尤众。至于齐世所置獠郡，多在蜀中四周山地，分布较为零散；仅可考见的吴春俚郡则属越州，疑在今广西玉林、钦州二市范围内。如此，就统治政策而言，南朝宋、齐之左郡左县，齐朝之俚郡、獠郡，正与东晋针对特殊的侨流人口因置侨州郡县相仿佛，是南朝宋、齐针对特殊民族中的特殊人群而随宜设置的又类特殊政区。[①]

上引胡三省注中"新置者"、"荒郡"、"无属县者"、"荒无民户者"云云，则可看做是"郡县之建置虽多，而名存实亡"之政区紊乱以至虚妄状态的注脚。考东晋孝武帝时，范宁疏云："今荒小郡县，皆宜并合，不满五千户不得为郡，不满千户不得为县。"[②]按事实上五千户之郡、千户之县，在当时已属大郡大县。[③] 刘宋政区，就《宋书·州郡志》来看，州统郡数、郡统县数、县领户口，大体尚不失正轨；但各地域间相差已颇大，豫、南豫、雍、梁、秦、益、宁等沿边侨州或荒残之地，郡仅辖一、二县者达四十余，亦有不辖县者，而各县领户一两百者甚多，所领在百户以下甚至五十户以下者也不少。及至齐世，割置益繁，疆域视宋为小，州郡县数反较宋为多，其中即多"荒郡"、"无属县者"、"荒无民户者"，如《南齐书·州郡志》所记，南豫州"民户益薄"，颍川汝阳二郡"荒残来久"，青冀二州"流荒之民，郡县虚置"，北兖州五郡、梁州四十五郡"荒或无民户"；又郡领一、二县者至五十余，不领县或不见属县或荒废而不载属县者更近百数，论其分布，则多在越、梁、秦、雍、司、北兖、益、宁、交等边州或侨州。到了梁朝，州郡设置更是滥无限制，《资治通鉴》卷一五八大同五年十一月条述其时事曰：

> 散骑常侍朱异奏："顷来置州稍广，而大小不伦，请分为五品，其位秩高卑，参僚多少，皆以是为差。"诏从之。于是上品二十州，次品十州，次品八州，次品二十三州，下品二十一州。……其下品皆异国之人，徒有州名而无土地，或因荒徼之民所居村落置州及郡县，刺史、守、令皆用彼人为之，尚书

---

① 以上有关左郡左县、俚郡獠郡的叙述，详参胡阿祥《南朝宁蛮府、左郡左县、俚郡獠郡述论》，《历史地理》第13辑，上海人民出版社1996年。

② 《晋书·范宁传》。

③ 东晋初"区区江左，户不盈数十万。……荆州编户不盈十万"。又明、成以后，江州仅五万六千户。哀帝时，桓温尝言"户口凋寡，不当汉之一郡"。简文帝时，略计户口，又"十分去三"。详《晋书·刘毅传》、《桓伊传》、《桓温传》、《刘波传》。

不能悉领，山川险远，职贡罕通。五品之外，又有二十余州不知处所。凡一百七州。

置州如此，于是州不领郡、郡不领县成为中国历史上特殊的当时平常之事。及陈，由于疆域缩减，唯保东南与岭南富庶之区，其辖境、统隶与领户情况稍好，然而每县领户平均八百余、每郡平均仅领不足四县、每州平均仅领三郡余①，较之汉制的“万里之州”（一州约包含十郡之地）、“千里之郡”（一郡约领十县之地）、“百里之县”（县的面积以百里见方为基数），还是差之甚远，况且当时不领郡之州与不领县之郡也不鲜见。

州不领郡、郡不领县，这已违背了东汉末年州郡县三级制成立以来州必统郡、郡必辖县的成规；而州、郡乃至于某些地区县的滥置，复使一些州、郡、县的幅员及人口缩减到了最低极限。于是在东晋南朝的政区建置上，出现了种种的奇怪现象：

例如，就政区层次而言，制度上本为州郡县三级制。但由于州的面积缩小，数量增多，中央政府不便管理与号令；又时当分裂时代，每每南北交争，地方割据，于是在州之上，又有再设一级之必要，大都督区（其统制机构称都督府）因而成立。此类督区，或包有三、五州，或含有七、八州，梁陈更有督十九州者。州的地位下降，府则俨然成为一级政区，州郡县三级制遂向府州郡县四级制过渡。

又如，乡里组织的破坏、编户齐民的脱籍、侨流人口的混乱、州郡的滥置虚设，等等情状，使得荒郡增多，此类荒郡“有名无民”，无民可牧，又何论县邑！至于“山川险远，职贡罕通”之边州郡县，也往往是空存名称而已。

再如，侨州郡县或有“散居无实土，官长无廨舍，寄止民村”②者，尽管屡行土断，仍不得禁止。夫有州郡县之名，而无土地之实，有官长而无廨舍，如此建置，怎不令政区制度日趋紊乱？

还如，据上所述，侨置滥建、户口寡少等等，又使二州二郡合治一地，成为一个行政单位，即所谓“双头州郡”。若齐时青冀二州仅领四郡，而东莞琅邪二郡才领三县，宜其合之为一也。及梁，双头郡更有仅辖一县者，如新蔡南陈留二郡领

① 此以陈末祯明二年（588年）为断作平均统计，是时可考者，州四十三，郡一百四十五，县五百七十九，户约五十万，口约两百万。参考胡阿祥《六朝疆域与政区研究》（增订本）中编第十章第一节、下编第十五章第三节。

② 《南齐书·州郡志》南兖州。

鲖阳一县。以二郡而才有一县,无怪今人发出"县令何太苦,郡守何太闲"的感叹。①

今人尽可感叹,于当时的中央与地方统治者来说,这样的政区建置状况与政区制度混乱,却已是积久成俗、积重难返、莫之奈何了,其彻底的"革命",当待之新的势力或新的王朝,而非一以贯之、递嬗相承的东晋、宋、齐、梁、陈。② 历史提供了这样的机会:面对州既大小不伦、小州辖地不及旧日一郡,县又领民不多乃至无民可牧,郡则失去了存在依据、太守渐成闲员的状况,③取北周而代之的隋朝,开国之初的开皇三年(583 年),即既罢诸郡,复又整顿县以下基层组织。④ 及开皇九年隋灭陈,南方政区也予以同样的改革:废郡存州、以州统县,地方设党、里、保,"以相检察"⑤。至此,自东汉末年以来相沿四百年之久的三级制回复为二级制;大业三年(607 年),隋炀帝又大举并省州县,并改州为郡,以郡统县。⑥并省以后,全国仅存一百九十郡,一千二百五十五县,其政区数目也近于天下分裂前的西晋。

统一的隋朝之重新规划地方行政体系,大力废除滥置与侨置,使得政区面貌焕然一新,迥然有别于分裂的东晋十六国南北朝,而隋所禅代的北周及其前的北齐、东魏、西魏、北魏以及十六国,隋所征服的陈朝及其前的梁、齐、宋、东晋,种种特殊的、混乱的、随宜的政区建置与政区制度,也因此宣告终结;宣告终结者,当然也包括了本篇述论的东晋南朝侨州郡县与侨置制度,以及"余论"待述的十六

① 顾颉刚、史念海《中国疆域沿革史》第十五章第五节,商务印书馆 1938 年版。

② 关于东晋、宋、齐、梁、陈的一以贯之、递嬗相承,详胡阿祥《关于六朝史研究的几个问题》,见许辉、邱敏、胡阿祥主编《六朝文化》"附录一",江苏古籍出版社 2001 年版。

③ 按照三级地方政区制度的设计,州以承上,执行中央之政令,县以亲民,平狱讼,督赋役,郡居其间,承上启下,节制一方。

④ 《隋书·杨尚希传》记其事曰:"尚希时见天下州郡过多,上表曰:'……窃见当今郡县,倍多于古,或地无百里,数县并置,或户不满千,二郡分领。具僚以众,资费日多,吏卒人倍,租调岁减。清干良才,百分无一,动须数万,如何可觅?所谓民少官多,十羊九牧。……今存要去闲,并小为大,国家则不亏粟帛,选举则易得贤才。敢陈管见,伏听裁处。'帝览而嘉之,于是遂罢天下诸郡。"按东晋南朝时代北方政区的增置滥置,也毫不逊色于南。如北魏太和十八年(494 年)已有三十八州(《通典·州郡典》);分裂成东、西魏后,据《魏书·地形志》所记,有州一百一十三,郡五百一十九,县一千三百五十二。北周大象二年(580 年)则通计有州二百一十一、郡五百零八、县一千一百二十四(《隋书·地理志》)。隋之整顿县以下基层组织,《隋书·食货志》云:"及颁新令,制人五家为保,保有长。保五为闾,闾四为族,皆有正。畿外置里正,比闾正;党长,比族正。"

⑤ 《隋书·食货志》。

⑥ 按此次改州为郡,仅易其名称而已,顾颉刚、史念海《中国疆域沿革史》第十六章第一节指出其"于制度之更易,疆域之变迁无与也"。

国北朝侨州郡县与侨置制度。

在结束本篇之前，笔者觉得还有必要强调两点：

其一，不能因为东晋南朝侨州郡县设置的混乱，及其影响到的政区增滥现象、其他种类特殊政区的成立、政区制度的没落与虚妄等等，而否认侨州郡县的作用与侨置制度的意义。侨州郡县的设置与侨置制度的产生，总体而言，是由当时具体的时代背景与特殊的国情所决定的，是东晋南朝统治者针对持续、大量、重要的侨流人口，采取的随宜而明智的措施。虽然侨州郡县也引发出诸多弊端，如有学者认为，侨州郡县"对行政、治安、征税等政府管理，极为不便，给国家统一造成的影响尤为重大。即[既]不易控制，更不便监察。一个个侨州郡县，都是运动不规则的'扫帚星'，使离心力无限扩大，中央政府无力驾驭"①，在地方行政与户籍制度上，"侨置制度尤为紊乱之源"②；而衡之以当时的政治、军事、经济、社会、观念、心理等等情势，侨州郡县与侨置制度仍是值得肯定的政区建置与政区制度。本来，"绝无利弊的制度不可能有，统治者只是权衡利弊大小而为之"③，这反映在东晋南朝侨州郡县与侨置制度上，便是起码在当时，设立侨州郡县、实施侨置制度，利无疑要大于弊。

其二，一种制度的产生必然有其根据，一种制度的消亡也必然会留下影响，何况影响上至各级政府、各地官员、各类史志文献，下及几乎一切人物、事件、百姓的政区制度以及制度指导下的政区设置？东晋南朝的侨州郡县与侨置制度，既涉及地域广大、延续时间长久，其影响也因之同样地域广大、时间长久。即以政区名称为例，虽然东晋南朝当时，随着疆域的变迁，入北的地域上侨置的州、郡、县，因与北方政权疆域内的州、郡、县同名或相近，而多被改名甚至废弃；及至隋朝统一，东晋南朝侨州郡县更因其明显的政治色彩、一定的"僭越"意味、本来寄寓的"客籍"身份，而基本遭到罢废或改名。然而出于各种情形与各别原因，在隋朝以降的后世之广大的地域里与长久的时间中，却也留下了或者启用了不少东晋南朝侨州郡县的侨名，这些侨名且记录着诸多的历史故事、地理变迁、人口迁徙以及文化移植；其详并见本书第二篇"东晋南朝侨州郡县考表"与第三篇"东晋南朝侨流人口专题"。而作为第二篇与第三篇的引子，这里不妨引用两段文字如下：

---

① 王超《我国封建时代中央与地方关系述论》，载《中国社会科学》1983年第1期。按王氏所言，不尽客观与准确，此不详论。

② 严耕望《魏晋南北朝地方行政制度约论》，载《大陆杂志》第二十七卷第4期，1963年。

③ 周振鹤《中国历代行政区划的变迁》"结语"。

今江南有当涂、繁昌二县，其名皆得自东晋世所立之侨县。按当涂，西晋故属淮南郡，今怀远县地；繁昌，故属襄城郡，今河南临颍县地，睹名思义，犹可想见当时河南、淮南人之走在江南也。……今(湖北)省境内有松滋县，亦得名于东晋之侨县。按松滋，西晋故属安丰郡，今安徽霍丘县地。

历史地理学史上常常讨论的南朝“侨州”、“侨县”，其实不只是为安顿南来士人的空间，也是接续北方士人历史回忆的象征，“皆取旧壤之名，侨立郡县”，于是南徐州接续着旧徐州的故事，南琅邪郡延续着琅邪郡的光荣。那些看上去只是旧地名的东西中，却常常唤起关于故乡、关于耻辱、关于祖先的历史回忆，使祖逖那样的人还会中夜长叹，击楫中流。……可是，时间长了，记忆渐渐淡去，地名也只成了一个符号，里面原来可以引起回忆的东西，已经被时间蒸发得所余无多，南朝“土断”，把侨郡侨县渐渐省并，原来的籍贯渐渐也归入了新的实地，原籍北方的谢灵运“移籍会稽”，原籍河南的陈氏喜欢上了浙江的山水，于是便算是那里的人了，当“名”已经成为“常名”的时候，回故乡的心情便在习以为常中渐渐淡去。

按前段文字出于以朴学考证见长的谭其骧师《晋永嘉丧乱后之民族迁徙》[①]，后段文字则引自以思想演绎著名的葛兆光《历史乱弹(之四)》[②]。以严谨的态度全面考证东晋南朝侨州郡县的具体设置情况，是本书第二篇的宗旨；推而扩之，由东晋南朝侨州郡县论东晋南朝侨流人口，则是本书第三篇的目的。

① 原载《燕京学报》第15期，1934年；收入氏著《长水集》(上)，人民出版社1987年版。
② 载《中国典籍与文化》2001年第4期。

第二篇

东晋南朝侨州郡县考表

1. 本表主要包括原州郡县、州郡县侨置经过、侨州郡县、附注及备考四大部分。凡西晋末年、东晋、宋、齐、梁、陈可考之侨州、侨郡、侨县均入表。东晋、宋、齐之侨州郡县，以《晋书·地理志》、《宋书·州郡志》、《南齐书·州郡志》等尚存，多可详考。梁、陈之侨州郡县，因《梁书》、《陈书》无地理志，此据《魏书·地形志》、《隋书·地理志》、清人补志及诸史纪传等入表，尚待补充；又以可考之侨州郡县甚少，故合置于一栏之中，而为示区别，凡梁有而陈无者右上角标"○"，梁无而陈有者右上角标"△"，梁陈统有者则不标。

2. 本表大体以《晋书·地理志》(大要以太康元年 280 年平吴以后、太康三年 282 年废宁州以前为定)所列州郡为顺序，参考惠、怀、愍时期之增省、改置、统属而略作变动。凡东晋南朝新置之州郡，依其治地，亦归入《晋书·地理志》相应之州下。

3. 本表以侨州、侨郡为单位，侨县归入所隶之侨郡或实郡下，于实郡则加方括号"[]"表示。侨州、侨郡分合、迁徙、置废等甚是繁杂，或有一州、一郡侨置数处者，等等；凡其间有承袭关系者，于一横栏表之；无承袭关系者，则以横线隔开而另栏表之。

4. "原州郡县"栏表侨置前的州郡县，即与侨州郡县相对应的原州郡县。其"州统郡国"、"郡国统县"大较以《晋书·地理志》及《宋书·州郡志》所载为准。又凡后世侨郡所统侨县，不属原州或原郡者，于"旧属州郡国"栏注明原属何州何郡。其与侨州郡相对应的原州郡国之治地，于"州郡国治"栏注明；县则随附郡下。以原州郡县及其所在，与侨州郡县及其侨寄地相对照，则侨寄之迹厘然可寻。

5. "侨寄地"主要表侨州、侨郡所在，统注今地。侨县之侨寄地，就可考者入表；未注者，依谭其骧师《晋永嘉丧乱后之民族迁徙》例，可即以其所隶郡之侨寄地为侨寄地。

6. 侨州郡县部分分"东晋"(包括少数西晋末年者)、"宋"、"齐"、"梁"、"陈"五代四栏表之；对照以观，则侨州郡县之变迁情况可一目了然。

7. "侨郡统县"栏，凡先置而后废，或改属及后置者，多加圆括号"()"表示；又实郡领侨县者，于实郡亦加方括号"[]"表示。

8. 本表于侨州、侨郡、侨县之判断，酌情处理：(1) 东晋之侨县多难确考。本表据《宋书·州郡志》所载侨县，凡《永初郡国》所领及未注明为宋所立者，即以为东晋末年已有，入东晋表；个别例外按实际情况处理，而于"附注及备考"或"州郡县侨置经过"中说明。(2) 凡郡名虽新创，然所统县为侨县，郡又寄在他处、无有实土者，列侨郡中，如怀宁郡等；又凡以侨流所立之郡县，虽郡县之名非故有郡县名，依杨守敬《历代舆地图》例，亦作为侨郡县处理，如晋昌郡及所领长乐、安晋等十县。(3)《南齐书·州郡志》简而少注，或有难以判断是否侨置者，如雍州安定郡，属宁蛮府，郡及领县新置，当非侨郡，应以不入表为妥；又齐、梁、陈改建、增置州郡县甚多，时或亦有侨置迹象，然而诸史纪传及志不言，终难断以究竟；另外，侨置与虚设、遥领等，也每每难以区判。若此之类者，依实际情况，或入表，或不入表；入表者，于表中加以说明，以明取舍之故。

9. 各史记载侨州郡县既少，又多重复、讹误。若《宋书·州郡志》、《南齐书·州郡志》、《魏书·地形志》及《东晋疆域志》、《补梁疆域志》、《补陈疆域志》等，一卷之中，同名而其实不同之州郡县甚多，而记在此处与载入彼处，意义又往往大异，易致混淆。故本表于"州郡县侨置经过"与"附注及备考"栏中，多列依据史料，并就必要者加以考证。诸家说法或异或疑或误者，亦辩证异同，而多置之"附注及备考"栏中。

10. 本表征引资料，为省篇幅，多用简称：《汉志》谓《汉书·地理志》，《续汉志》谓《续汉书·郡国志》，《东晋志》谓洪亮吉补《东晋疆域志》，《晋志》谓《晋书·地理志》，《宋志》谓《宋书·州郡志》，《南齐志》谓《南齐书·州郡志》，《魏志》谓《魏书·地形志》，《补梁志》谓洪齮孙《补梁疆域志》，《补陈志》谓臧励龢《补陈疆域志》，《隋志》谓《隋书·地理志》(诸家征引，又作《五代志》)，《通鉴》谓《资治通鉴》，胡《注》谓《通鉴》胡注，《考异》谓钱大昕《廿二史考异》，《谭文》谓今人谭其骧《晋永嘉丧乱后之民族迁徙》。

11. 侨州、侨郡又有合为双头州、双头郡者，又有此州、此郡帖治彼州、彼郡合为双头州、双头郡者，详见拙文《东晋南朝双头州郡考论》(《中国历史地理论丛》1989年第2辑)，并请参考本书第一篇第五章的论述，本表不赘。

12. 本表各处所括注之"今地"，除征引史籍、论著者保留原文以外，县及县以上单位以1999年底行政区划为准(详中华人民共和国民政部编《中华人民共和国行政区划简册(2000年版)》，中国地图出版社2000年5月版)；至于县级以下的小地名，因资料所限，或有非1999年区划状况者。

13. 本表"州郡县侨置经过"栏本应置于"梁陈"侨州郡县栏与"附注及备考"栏之间，因表格设计的不便与合理安排页面的考虑，故插入侨州郡县栏之上。读表时，请仍按"原州郡县"、"东晋、宋、齐、梁陈"侨州郡县、"州郡县侨置经过"、"附注及备考"之顺序。

第六章

《晋书·地理志》司兖豫诸州之部侨州郡县考表

<table>
<tr><th rowspan="2">原州郡县</th><th></th><th colspan="8">州郡县侨置经过</th><th rowspan="3">附注及备考</th></tr>
<tr><th></th><th colspan="2">东晋</th><th colspan="2">宋</th><th colspan="2">齐</th><th colspan="2">梁○、陈△</th></tr>
<tr><th>州统郡国/郡国统县</th><th>旧属州郡国/州郡国治</th><th>侨州/侨郡统县</th><th>侨寄地</th><th>侨州/侨郡统县</th><th>侨寄地</th><th>侨州/侨郡统县</th><th>侨寄地</th><th>侨州/侨郡统县</th><th>侨寄地</th></tr>
<tr><td></td><td></td><td colspan="8">《晋志》上司州："永嘉之乱，司州沦没刘聪。……元帝渡江，亦侨置司州于徐，非本所也。"又《读史方舆纪要》卷三："大兴四年，司州侨治合肥，寻治荥阳。咸康五年又治襄阳。"其治襄阳，《通鉴》卷九六咸康五年云："征西将军庾亮欲开复中原，表桓宣为都督沔北前锋诸军事、司州刺史，镇襄阳"，胡《注》曰："自李矩以司州刺史退屯卒于鲁阳，司州已寄治荆州界；今始以司州治襄阳。"后司州旧地一度收复，还复失陷，《宋志》二司州刺史云："晋江左以来，沦没戎寇。虽永和、太元王化暂及，太和、隆安还复湮陷。牧司之任，示举大纲而已。县邑户口，不可具知。武帝北平关、洛，河南底定，置司州刺史，治虎牢。……少帝景平初，司州复没北虏。文帝元嘉末，侨立于汝南（据《南齐志》下司州，"侨立州于汝南悬瓠"），寻亦省废。明帝复于南豫州之义阳郡立司州，（元徽中）渐成实土焉。"其立州于义阳，据《南齐志》下司州及《南齐书·吕安国传》，在泰始六年。自此以后，常为边镇。又《梁书·武帝纪》天监三年八月，"魏陷司州，诏以南义阳置司州"，时南义阳郡侨在孝昌；及天监八年，以夏侯亶持节督司州诸军事、司州刺史、领安陆太守；盖自南义阳徙镇安陆也。此后除司州刺史诸人，并领安陆太守。大通二年，魏郢州刺史元愿达以义阳内附，诏改为北司州；南司州侨安陆依旧。及太清初年，省南司州，而北司州复曰司州；后没于北魏。（《廿二史考异》卷二六梁书武帝纪中、陈庆之传，《隋志》下安陆郡、义阳郡，另参本表义阳郡条）</td><td>○《晋志》上司州统郡十二，县一百，即河南郡十二县，荥阳郡八县，弘农郡六县，上洛郡三县，平阳郡十二县，河东郡九县，汲郡六县，河内郡九县，广平郡十五县，阳平郡七县，魏郡八县，顿丘郡四县。
○东晋初，徐州之淮北沦没，"侨置司州于徐"之"徐"，多以为指徐州临淮国徐县（江苏泗洪县南）。今按徐县在其时淮河之北，元帝渡江之后已失于北，又《晋志》下徐州云："永嘉之乱，临淮、淮陵并沦没石氏。"如此，侨置司州之"徐"，当指尚未沦陷之</td></tr>
</table>

司州	洛阳(河南洛阳市东北)	司州	暂寄徐(江苏苏北)、合肥(安徽合肥市西)、荥阳(河南荥阳市北),移襄阳(湖北襄樊市)							徐州江北部分。杨守敬《东晋疆域图》则作“其地无考”。 ○ 宋泰始后侨立州于义阳。此义阳郡,据《宋志》二司州刺史义阳太守,“《太康地志》、《永初郡国》、何志并属荆州,徐则南豫也。明帝泰始五年度郢州,后废帝元徽四年,属司州。领县七”,其首县平阳。而《南齐志》下司州以南义阳郡为首郡,误。因南义阳郡为侨郡,《南齐志》当以北义阳郡(治平阳,即义阳郡)为首郡。参本表义阳郡条。
司州	虎牢(河南荥阳市西北)			司州	汝南悬瓠(河南汝南),移义阳(河南信阳市),渐成实土	司州	义阳	(北)司州○	义阳	
								(南)司州○	南义阳(湖北孝感市北),移安陆(湖北安陆市)	
		据《晋志》上雍州、《宋志》三雍州刺史:东晋康、穆以后,胡亡氏乱,其后“秦雍流人多南出樊沔,晋孝武始于襄阳侨立雍州,并立侨郡县”。其河南、北河南二郡“并属襄阳”。① 河南郡。《宋志》三雍州刺史河南太守:“侨立,始治襄阳。孝武大明中,分沔北为境。《永初郡国》及何志并又有阳城、缑氏县,徐无此二县,而有侨洛阳、阳城县,孝武大明元年省。洛阳,当是何志后立。领县五”,即河南、新城、河阴、棘阳、襄乡。其棘阳、襄乡二县,旧县,“大明土断属此”。据此,东晋当领侨县五,即河南、新城、河阴、阳城、缑氏;宋又侨立洛阳县。又《南齐志》下雍州河南郡领五县同《宋志》。齐末年没魏。又《通鉴》卷一四六天监五年四月胡《注》:“《齐志》,雍州有河南郡,所领五县,惟棘阳为实土,则河南郡当在南阳棘阳县界。”② 北河南郡。《宋志》三雍州刺史北河南太守:“晋孝武太元十年立北河南郡,后省。《永初郡国》、何、徐,并无。明帝泰始末复立,寄治宛中。领县八。”即新蔡、汝阴、苞信、上蔡、固始、缑氏、新安、洛阳,并云“别见”,是为八侨县。《南齐志》下雍州北河南郡领县同《宋志》。建武中没北魏。								○ 胡《注》“惟棘阳为实土”不确。考襄乡,为实土旧县;大明土断,改属河南郡。河南侨郡,大明中分沔北为境,以棘阳、襄乡为实土,于是各县皆有实土。 ○《东晋志》卷四司州河南郡云:“又谷城县东,有洛阳城,当亦江左时侨县。”考《宋志》“洛阳,当是何志后立”,则《东晋志》误。又《宋志》北河南郡泰

河南郡 河南 河阴 缑氏 阳城 新城	洛阳(河南洛阳市东北)	河南郡 河南 河阴 缑氏 阳城 新城	襄阳(湖北襄樊市)	河南郡 河南 河阴 (阳城) 新城	分沔北为境,在棘阳(河南南阳市南)、襄乡(湖北枣阳市东北)一带	河南郡 河南 河阴 新城	棘阳、襄乡一带			始末复立,寄治宛中,有洛阳、缑氏二县,当是由河南郡度属。
河南郡 新安 新蔡 苞信 固始 汝阴 上蔡 洛阳 缑氏	 豫州汝阴郡 豫州汝阴郡 豫州汝阴郡 豫州汝阴郡 豫州汝南郡	北河南郡	襄阳,后省	北河南郡 新安 新蔡 苞信 固始 汝阴 上蔡 洛阳 缑氏	复立,寄宛中(河南南阳市一带) 谷城(湖北谷城东)	北河南郡 新安 新蔡 苞信 固始 汝阴 上蔡 洛阳 缑氏	宛中 谷城东			
		弘农侨郡,东晋分侨寻阳、上明二地,宋泰始末又有另立者。①《晋志》上司州:元帝渡江,"后以弘农人流寓寻阳者侨立为弘农郡";又《晋志》下扬州云:司州之弘农,寄在寻阳,人户杂居,安帝省为弘农县,属寻阳郡;又《宋志》二江州刺史寻阳太守松滋伯相:"寻阳又有弘农县流寓,文帝元嘉十八年,省并松滋。"按此松滋县,先为晋成帝所立侨郡,后省为县,亦侨在寻阳。②《晋志》上司州:元帝渡江后,"又以河东人南寓者,于汉武陵郡孱陵县界上明地侨立河东郡",统八县,弘农、松滋二县与焉;又《宋志》三荆州刺史南河东太守云:"孝武孝建二年,……弘农、临汾并松滋",弘农注云:"江左立侨郡,后并省为县",松滋注云:"疑是有流民寓荆土,故立。"据此,弘农先为侨郡,后省为县,属河东侨郡;孝建中又并入侨上明之松滋县。参本表河东郡条、松滋县条。③《宋志》三雍州刺史弘农太守:"宋明帝末立,寄治五垄。领县三",即邯郸、圉县、卢氏。《南齐志》下雍州弘农郡领三县同。建武中没魏(《魏志》下荆州恒农郡领圉、恒农、南郦、邯郸四县是也)。								○ 曲阳,两汉治江苏沭阳县东南,西晋废。 ○ 五垄,今地待考,疑在襄阳、南阳间。更考之,弘农侨郡领县卢氏,疑先属京兆侨郡,京兆侨郡割邓县为实土,则五垄当在邓县一带。又据王仲荦《北周地理志》卷五"山南下"之"新野郡穰"条,今河南邓州市有五垄山。参本表京兆郡条。

		又弘农实郡领有曲阳侨县,《宋志》二司州刺史:晋义熙中,刘裕"北平关、洛,河南底定,置司州刺史,治虎牢,领河南、荥阳、弘农实土三郡",其弘农郡领六县,有曲阳,注云:"前汉属东海,后汉属下邳,《太康地志》无。"考《汉志》上东海郡、《续汉志》三徐州下邳国领有曲阳,则《宋志》不诬也。以弘农实郡领东土旧县,其为侨县无疑。少帝景平初,司州及弘农郡复没。								
弘农郡	弘农(河南灵宝市东北)	弘农郡	寻阳(江西九江市西南)							
弘农郡		弘农郡	上明(湖北松滋市西北)							
弘农郡 邯郸 圉县 卢氏	司州广平郡 (汉)兖州陈留国 司州上洛郡			弘农郡 邯郸 圉县 卢氏	五垄(河南邓州市境)	弘农郡 邯郸 圉县 卢氏	五垄			
[弘农郡] 曲阳	东汉徐州下邳国	[弘农郡] 曲阳	弘农(河南灵宝东北)	[弘农郡] 曲阳	弘农					
		上洛侨郡,可考者有四。①《宋志》三梁州刺史南上洛太守:"《永初郡国》、何志并属雍州,侨寄魏兴,即此郡也。徐志巴民新立。徐志时已属梁州矣。《永初郡国》无丰阳而有阳亭,何、徐有,何不注阳亭置立。领县六",即上洛、商、流民(何不注置立)、丰阳(《永初郡国》无,何作酆阳,新立)、渠阳(《永初郡国》、何、徐并作拒阳)、义县(《永初郡国》、何、徐并无);又《南齐志》下梁州南上洛郡领上洛、商、流民、北丰阳、渠阳、义阳六县;又《隋志》上西城郡丰利:"梁置南上洛郡,西魏改郡曰丰利",梁时领县疑同齐。据上,此侨郡疑东晋所立,属侨雍州,"何、徐志雍州南上洛,晋武帝立,……非也。"宋改属梁州。②《宋志》三雍州刺史:"孝武大明中,又分实土郡县以为侨郡县境。徐志雍州有北上洛。……北上洛,晋孝武立,领上洛、北商、酆阳、阳亭、北拒阳五县。……酆阳、阳亭、北拒阳,并云安帝立",今无此郡。								○《晋志》上司州上洛郡领上洛、商、卢氏三县。《东晋志》卷四引《太平寰宇记》云:"晋泰始三年,分商县之地置丰阳县,因丰阳川为名,寻废。"又云:"晋泰始三年,分上洛地置拒阳县,旋省。"是丰阳、拒阳本有实土,为上洛郡领县。

		又《南齐志》下雍州北上洛郡，“不见属县”，建武中没寇。据此，是晋孝武立，宋大明土断省，齐又置也，后没魏。侨地无考，疑在襄阳一带。③《宋志》三雍州刺史南上洛太守：“此上洛盖是何志以后侨立耳。今治臼。……徐有南、北阳亭、阳安县，不注置立。领县二”，即上洛、商；又《南齐志》下雍州南上洛郡领二县同，注云：“建武中，此以下郡皆没寇。”④《宋志》三梁州刺史北上洛太守：“徐志巴民新立。领县七”，即北上洛、丰阳、流民、阳亭、拒阳、商县、西丰阳；又《南齐志》下梁州北上洛郡领上洛、商、丰阳、流民、秬阳、阳亭、齐化、西丰阳、东邺阳、齐宁、京兆、新宁、新附十三县。其侨地，《隋志》中上洛郡上津：“旧置北上洛郡，梁改为南洛州，西魏又改为上州”，又《太平寰宇记》卷一四一山南西道商州上津县：“宋于此置北上洛郡，梁改为南洛州。”								○ 东晋时侨郡当无“南”、“北”字号。 ○ 臼，今地待考，疑在襄阳、南阳间。 ○ 东邺阳，当作“东鄄阳”。
上洛郡 上洛 商 拒阳 阳亭 流民 义 丰阳	上洛(陕西商州市) 新立 疑新立 疑新立	上洛郡 上洛 商 拒阳 阳亭 流民	魏兴(陕西白河)	南上洛郡 上洛 商 渠阳 流民 义 丰阳	魏兴	南上洛郡 上洛 商 渠阳 流民 义阳 北丰阳	魏兴	南上洛郡○ 上洛 商 渠阳 流民 义阳 北丰阳	丰利(陕西白河南)	
上洛郡 上洛 商 丰阳 阳亭 拒阳	 新立	上洛郡 上洛 北商 鄄阳 阳亭 北拒阳	襄阳(湖北襄樊市)一带	北上洛郡 上洛 北商 鄄阳 阳亭 北拒阳	襄阳一带	北上洛郡	襄阳一带			
上洛郡 上洛 商 阳亭 阳亭 阳安	 新立 新立 豫州汝南郡			南上洛郡 上洛 商 南阳亭 北阳亭 阳安	臼，疑在襄阳(湖北襄樊市)、南阳(河南南阳市)间	南上洛郡 上洛 商	臼			

上洛郡 上洛 丰阳 流民 阳亭 拒阳 商 丰阳 丰阳 齐宁 齐化 新宁 新附 京兆	 疑新立 新立 新立 新立 新立 新立 原雍州属郡			北上洛郡 北上洛 丰阳 流民 阳亭 拒阳 商 西丰阳	上津(湖北郧西西北)	北上洛郡 上洛 丰阳 流民 阳亭 租阳 商 西丰阳 东丰阳 齐宁 齐化 新宁 新附 京兆	上津	南洛州○	上津	
		平阳郡侨置有二:①《宋志》三荆州刺史南义阳太守云:“宋初有四县,孝武孝建二年,以平阳县并厥西。平阳本为郡,江左侨立。”侨地当在南义阳郡内,参本表义阳郡条。又河东侨郡领有永安、临汾二县,为旧平阳郡领县,颇疑先属平阳侨郡,后平阳省为县,以二县度属河东郡。参本表河东郡条。②《通鉴》卷一一八义熙十三年:刘“裕以薛辩为平阳太守,使镇捍北道”。按其时刘裕并未取得平阳郡实地,侨置此郡,盖意在防御北道之夏国。不久复失。								○《东晋志》卷四荆州南义阳郡平阳侨县引《宋志》,亦以平阳为“江左侨立”。
平阳郡	平阳(山西临汾市西南)	平阳郡	南义阳郡(湖南安乡西南)							
平阳郡		平阳郡	蒲坂(山西永济市西南蒲州镇)							

		《晋志》上司州：元帝渡江，后“又以河东人南寓者，于汉武陵郡孱陵县界上明地侨立河东郡，统安邑、闻喜、永安、临汾、弘农、谯、松滋、广戚八县，并寄居焉”。又《宋志》三荆州刺史南河东太守：“晋成帝咸康三年，征西将军庾亮以司州侨户立。宋初八县。孝武孝建二年，以广戚并闻喜，弘农、临汾并松滋，安邑并永安。今领县四”，即闻喜、永安、松滋、谯。《南齐志》荆州河东郡领四县同。又《梁书·武帝纪》：中大通三年六月，以“枝江公誉为河东郡王”；又《补陈志》卷三南荆州河东郡领谯、闻喜、松滋三县；又《隋志》下南郡松滋：“江左旧置河东郡，平陈，郡废。”								
河东郡 安邑 闻喜 永安 临汾 弘农 谯 松滋 广戚	安邑（山西夏县西北） 司州平阳郡 司州平阳郡 司州弘农郡 豫州谯郡 豫州安丰郡 徐州彭城郡	河东郡 安邑 闻喜 永安 临汾 弘农 谯 松滋 广戚	上明（湖北松滋市西北）	南河东郡 闻喜 永安 谯 松滋	上明	河东郡 闻喜 永安 谯 松滋	上明	河东郡 闻喜 谯 松滋	松滋（湖北松滋市西北）	
		《宋志》二司州刺史：义熙中，刘裕“北平关、洛，河南底定，置司州刺史，治虎牢”，领有河内侨郡：“寄治河南，领温、野王、轵、河阳、沁水、山阳、怀、平皋、朝歌凡十县”，少帝景平初复没。								○十县，数之只九县，当有脱文，对照《晋志》上司州河内郡，疑脱“州”县。
河内郡 野王 轵 河阳 沁水 山阳 怀 平皋 朝歌 温 州	野王（河南沁阳市）	河内郡 野王 轵 河阳 沁水 山阳 怀 平皋 朝歌 温 州	河南（河南洛阳市东北）	河内郡 野王 轵 河阳 沁水 山阳 怀 平皋 朝歌 温 州	河南					

<table>
<tr>
<td></td>
<td></td>
<td colspan="8">广平侨郡，可考者有二。①《宋志》一南徐州刺史南泰山太守："《永初郡国》有广平，寄治丹徒，领广平、易阳、曲周三县。文帝元嘉十八年，省广平郡为广平县，属南泰山"，注云：广平，"江左侨立郡，晋成帝咸康四年省，后又立"；曲周，"《晋太康地志》属广平，作曲梁"；又《宋书·文帝纪》元嘉十八年，"省南徐州之南燕、濮阳、南广平郡"。②《晋志》上雍州：孝武始于襄阳侨立雍州，立有广平郡，"属襄阳"；又《宋志》三雍州刺史广平太守："江左侨立，治襄阳，今为实土。《永初郡国》及何志并又有易阳、曲周、邯郸，无酂、比阳，徐无复邯郸县。易阳、曲周，孝武大明元年省。邯郸应是土断省。领县四"，其广平，"徐志，南度以朝阳县境立"；酂、比阳、阴三县，为旧南阳郡、顺阳郡属县，后土断改隶广平侨郡。又《南齐志》下雍州广平郡领酂等四县，与《宋志》同。后没于魏。</td>
<td rowspan="3">○广平郡分侨二处。侨丹徒之广平郡立于咸康四年前，咸康四年省，后又立。《东晋志》卷四司州广平郡云："广平郡，沈志，咸康四年江左侨立，治襄阳，晋成帝省，后又立，寄治丹徒，……凡领县四"，即广平、易阳、曲周、邯郸。洪亮吉盖误合二侨郡为一，又以"咸康四年省"为"立"也。又班书阁《东晋河北州郡侨置考》云："既云咸康四年省，则广平之侨置，已前乎此，而《晋志》云在孝武帝时，亦有未合，此问题实一待决者。"班氏此疑，是不知广平分侨二地之故。</td>
</tr>
<tr>
<td>广平郡
广　平
易　阳
曲　梁</td>
<td rowspan="2">广平(河北鸡泽东南)</td>
<td>广平郡
广　平
易　阳
曲　周</td>
<td>丹徒(江苏镇江市东南丹徒镇)</td>
<td>南广平郡
广　平
易　阳
曲　周</td>
<td>丹　徒</td>
<td></td>
<td></td>
<td></td>
<td></td>
</tr>
<tr>
<td>广平郡
广　平
易　阳
曲　周
邯　郸</td>
<td>广平郡
广　平
易　阳
曲　周
邯　郸</td>
<td>襄阳(湖北襄樊市)</td>
<td>广平郡
广　平
(易阳)
(曲周)
(邯郸)</td>
<td>朝阳(河南邓州市东南)境</td>
<td>广平郡
广　平</td>
<td>朝阳境</td>
<td></td>
<td></td>
</tr>
<tr>
<td></td>
<td></td>
<td colspan="8">阳平侨郡有二：①《宋志》一徐州刺史阳平太守："故属司州，流寓来配。《永初郡国》又有廪丘县，今领县三"，即馆陶、阳平、濮阳，其濮阳，"本流寓郡，并省来配。"又《宋书·武帝纪》：慕容超义熙"五年二月，大掠淮北，执阳平太守刘千载、济南太守赵元，驱略千余家"云云，是阳平侨置于淮北也。又《东晋志》卷四徐州阳平郡引《一统志》云："阳平废郡，本晋元帝置，在今灵璧县南"。宋属沛郡南界，《魏志》中徐州南阳平郡"治沛南界"是也。及泰始后淮北没于北魏，阳平郡又侨于北徐州境：《南齐志》上北徐州有阳平郡，永明元年省(参本表梁国条)；《考异》卷二七陈书宣帝纪以《魏志》楚州所领有阳平郡，领阳平、濮阳二县，即钟离之阳平(东魏楚州治钟离城)。②《宋志》一兖州刺史阳平太守："文帝元嘉中，流寓来属，后省。孝武大明元年复立。领县五"，即馆陶，"寄治无盐"；乐平，"寄治下平陆"；元城，"寄治无盐"，又平原、顿丘，"孝武大明中立"。又《隋志》下鲁郡平陆，"后齐曰乐平"，龚丘，"后齐</td>
<td>○《东晋志》引《一统志》云"阳平废郡，本晋元帝置"，盖误沿《晋志》下徐州"元帝渡江之后，徐州所得惟半，乃侨置淮阳、阳平、济阴、北济阴四郡"。参本表济阴郡条。
○阳平郡寄治东平郡无盐。《宋书·邓琬传附刘胡传》、《殷孝祖传》有"东</td>
</tr>
</table>

		曰平原县”，此当沿宋之旧。宋侨郡当是泰始后没于魏，乃又侨置于山阳境内，属北兖州，《南齐志》上北兖州阳平郡领泰清、永阳、安宜、丰国四县，“寄治山阳”是也；查《南齐书·周山图传》：建元中，“于石鳖立阳平郡”，石鳖在山阳境内；又《隋志》下江都郡安宜：“梁置阳平郡”；又《通鉴》卷一六二太清三年：“秦郡、阳平、盱眙三郡皆降（侯）景，景改阳平为北沧州。”								平阳平二郡”，双头郡也；而东平郡治无盐。
阳平郡 馆　陶 阳　平 濮　阳 廪　丘	元城（河北大名东北） 兖州濮阳国 兖州濮阳国	阳平郡 馆　陶 阳　平 濮　阳 廪　丘	沛郡南界今安徽灵璧县南	阳平郡 馆　陶 阳　平 濮　阳	沛郡南界	阳平郡 阳　平 濮　阳	移钟离（安徽凤阳县东北）一带			
阳平郡 馆　陶 元　城 平　原 乐　平 顿　丘 泰　清 永　阳 安　宜 丰　国	 冀州平原国 司州顿丘郡 新立 新立 新立 新立			阳平郡 馆　陶 元　城 平　原 乐　平 顿　丘	无盐（山东东平东） 无盐 龚丘（山东宁阳） 平陆（山东汶上西北）	阳平郡 泰　清 永　阳 安　宜 丰　国	移山阳（江苏淮安市一带）	阳平郡○ 安　宜	安宜（江苏宝应县西南）	
		魏郡侨置可考者有三：①《宋志》一扬州刺史：“成帝咸康四年，侨立魏郡，领肥乡、元城二县，后省元城。又侨立广川郡，领广川一县，宋初省为县，隶魏郡。江左又立高阳、堂邑二郡，……后省堂邑并高阳，又省高阳并魏郡。并隶扬州，寄治京邑。文帝元嘉十一年省，以其民并建康。”据此，京邑侨置魏郡、广川、高阳、堂邑四郡，后渐省并入魏郡；元嘉中又省魏郡。②《宋志》二豫州刺史谯郡太守魏令：“故魏郡，流寓配属。”当是先立侨郡，宋降为县，属谯郡。及泰始后淮北之地没于北魏，又于北徐州境侨立魏郡，《南齐志》上北徐州领有魏郡，永明元年省是也。其侨地，疑在马头郡附近（《南齐志》上北徐州马头郡）。参本表谯郡条、梁国条。③《宋志》二冀州刺史魏郡太守：“江左屡省置，宋孝武又侨立，何无。领县八”，即魏、安阳、聊城、博平、肥乡、蠡吾、顿丘（“孝武孝建二年立”）、临邑（“孝武孝建二年，								○侨建康之魏郡，元嘉十一年六月丁未省废（《宋书·文帝纪》）。《宋志》“江左屡省置”语当指侨历城之魏郡，盖晋义熙平南燕后所置。《东晋志》卷四冀州魏郡二魏郡合为一，误。 ○《宋志》“故魏郡，流寓配属”，降为县，隶谯郡。谯

		与顿丘同立”）。按此郡当是东晋义熙中置，后省；宋孝武又侨立。又《宋志》二冀州刺史高阳太守郧令：“孝武始立，属魏郡。大明七年度此”，是先又领有郧县。泰始后，郡没于魏，《魏志》中齐州东魏郡：“刘骏置，魏因之，治历城。”								郡治蒙。蒙旧县在河南商丘市东北，《宋志》三蒙县当为侨县，《杨图》、《谭文》皆然。虽《宋志》云蒙县“汉旧县，属梁”，但“汉旧县”，并不一定即汉县故地，如本郡“长垣令，汉旧县，属陈留”，刘宋之长垣即不可能为汉旧县原地。又据《宋志》，谯郡治蒙，“去州陆道三百五十”，汉蒙县去州治（寿春）远不止三百五十里，如为侨县（安徽蒙城县西北蒙县），则近是。又《大清一统志》，颍川府表蒙城县有东晋末侨置谯郡，治侨蒙县。 ○ 北徐州境侨立魏郡，疑领有长乐县，参本表盱眙郡条。
魏　郡 肥　乡 元　城 广　川	邺（河北临漳西南） 司州广平郡 司州阳平郡 冀州勃海郡	魏　郡 肥　乡 元　城	京邑（江苏南京市）	魏　郡 肥　乡 广　川	京　邑					
魏　郡		魏　郡	蒙（安徽蒙城县境）	魏　郡	北徐州境，疑在马头郡（安徽怀远南淮河南岸）附近	魏　郡	北徐州境，疑在马头郡附近			
魏　郡 魏 安　阳 聊　城 博　平 肥　乡 蠡　吾 顿　丘 临　邑 鄃	 冀州平原国 冀州平原国 司州广平郡 冀州高阳郡 司州顿丘郡 兖州济北国	魏　郡	历城（山东济南市）	魏　郡 魏 安　阳 聊　城 博　平 肥　乡 蠡　吾 顿　丘 临　邑 鄃	历　城					
		顿丘侨郡可考者有二：①《宋志》一徐州刺史新昌太守顿丘令：“江左流寓立，属秦。先有沛县，元嘉八年并顿丘，后废帝元徽元年度属此。”按顿丘本为侨郡，《晋志》下徐州：元帝“又置顿丘郡，属北徐州”是也。后省郡为县，隶秦郡侨郡。其侨地，《隋志》下江都郡清流：“旧曰顿丘。”②《宋志》二冀州刺史顿丘太守：“江左屡省置，孝武又侨立，何无，领县四”，即顿丘、卫国、肥阳、阴安。泰始后没于魏。侨地无考，疑在今山东济南、淄博两市之间。								○ 顿丘郡侨置有二。前人考顿丘侨置者，例合为一，不妥。 ○《考异》卷一九晋书地理志下云：“顿丘本属司州，

顿丘郡 沛	顿丘(河南浚县北) 豫州沛国	顿丘郡 沛	清流(安徽滁州市)						即使侨立徐土,徐州刺史得兼督之,而未经土断,当犹存司州之名,不得云属北徐州。”且元帝之世,“未闻有南、北徐之分”。
顿丘郡 顿 丘 卫 肥 阳 阴 安	疑新立	顿丘郡	疑在山东济南、淄博两市之间	顿丘郡 顿 丘 卫 国 肥 阳 阴 安	疑在山东济南、淄博两市之间				
		考兖州侨置有二,一为东晋迄陈之兖州(又称南兖州),一为宋齐梁之北兖州。① 兖州(南兖州)之侨置,前后变化甚大。《元和郡县图志》卷一〇河南道兖州峄山:“晋建武初,兖州寄理山上。……中宗假(郗)鉴龙骧将军、兖州刺史,镇邹山”,邹山即峄山;又《南齐志》上南兖州:“晋元帝过江,建兴四年,扬声北伐,遣宣城公裒督徐、兖二州,镇广陵。其后或还江南,然立镇自此始也。”据此,兖州寄理峄山;同时又于广陵立兖州,是为侨兖州立镇之始。其后州镇迁徙无定,据《晋志》上兖州、《晋书・郗鉴传》、《南齐志》上南兖州、《考异》卷二二晋书王恭传与卷二五南齐志、《隋志》下江都郡:遗黎南渡,元帝侨置兖州,寄居京口;明帝世先在合肥,以郗鉴为刺史,太宁三年,又镇广陵,后或还京口,或治盱眙,或居山阳,或镇广陵,或在下邳,或在淮阴,盖无一定。而侨立之徐兖二州刺史,常以一人领之;或又以青兖二州刺史由一人领之,太元十二年,朱序以青兖二州刺史镇淮阴,此青兖同镇之始。晋末,兖州镇广陵,乃定治,历宋齐梁陈基本不变。侨兖州之范围,东晋及宋后亦大不相同:《宋志》一南兖州刺史:“武帝永初元年,(青州及并州)省并南兖。文帝元嘉八年,始割江淮间为境,治广陵。……元嘉二十八年,南兖州徙治盱眙。三十年,省南兖州并南徐,其后复立(按据《宋书・孝武帝纪》及《沈庆之传》,复立兖州在孝建元年),还治广陵”;又《宋志》一南徐州刺史:“徐兖二州或治江北,江北又侨立幽、冀、青、并四州。安帝义熙七年,始分淮北为北徐,淮南犹为徐州。后又以幽、冀合徐,青、并合兖。武帝永初二年,加徐州曰南徐,而淮北但曰徐。文帝元嘉八年,更以江北为南兖州,江南为南徐州,治京口,割扬州之晋陵、兖州之九郡侨在江南者属焉”,云云,据知晋及宋初,兖州所领侨郡县跨长江南北,侨青州及侨并州俱省入焉;元嘉八年,以江南之地划为南徐州,而江淮之间为南兖州,自是徐兖二侨州隔江分治。南兖州之废,据《隋志》下江都郡:“梁置南兖州,后齐改为东广州,陈复曰南兖,后周改为吴州。							〇《晋志》上兖州统郡国八,县五十六。其陈留国统县十,濮阳国统县四,济阴郡统县九,高平国统县七,任城国统县三,东平国统县七,济北国统县五,泰山郡统县十一。后又分陈留立济阳国。 〇《晋志》、《宋志》等述及东晋有南兖、南青等州者,误。详《考异》卷一九晋书地理志。 〇《南齐志》上南兖州云:“晋末以广陵控接三齐,故青兖同镇”,钱大昕考云:“此云青兖同镇者,谓义熙末两刺史同治广陵,非以一人兼领也。宋初省青入兖,而广陵常为南兖州治所矣。”说见《考异》卷二五南齐志上。

		开皇三年改为扬州，置总管府，大业初府废。”②《宋志》一兖州刺史：“武帝平河南，治滑台。文帝元嘉十三年，治邹山，又寄治彭城。二十年，省兖州，分郡属徐、冀州。三十年六月复立，治瑕丘。……宋末失淮北，侨立兖州，寄治淮阴”；又《南齐志》上北兖州：“镇淮阴。……宋泰始二年失淮北，于此立州镇。建元四年，移镇盱眙。”又《通鉴》卷一五三中大通元年：“以陈庆之为北兖州刺史”，胡《注》：“此北兖州当治淮阴”；又《魏志》中淮州：“萧衍置，魏因之，治淮阴城”，是梁又改北兖州为淮州也。太清二年没于东魏。③ 又按二兖分立，在义熙末年，《十驾斋养新录》卷六“晋侨置州郡无南字”条云：“刘裕灭南燕，……兖境亦收复，不别立北兖州，但以刺史治广陵，或治淮阴，而遥领淮北实郡。义熙末，乃以兖州刺史治滑台，而二兖始分。然侨立之州，犹不称南，至永初受禅，始诏除北加南。”								○ 按治滑台、邹山、瑕丘之兖州，为实州，所治亦在西晋兖州境内，盖移置，而非侨置也。 ○ 宋末兖州寄淮阴，在泰始六年，《南齐志》不明。《宋书·恩倖阮佃夫传》：泰始“六年，出为辅国将军、兖州刺史，戍淮阴。立北兖州，自此始也”。
兖　州	廪丘（山东郓城西）	兖　州	广陵（江苏扬州市西北）；后又曾侨京口（江苏镇江市）、合肥（安徽合肥市西）、广陵、京口、盱眙（江苏盱眙东北）、山阳（江苏淮安市）、广陵、下邳（江苏睢宁西北）、淮阴（江苏淮阴西南）；后定治广陵	南兖州	广陵，又曾移盱眙。割江淮间为境	南兖州	广　陵	南兖州	广　陵	

兖州	滑台(河南滑县东),移邹山(山东邹城市东南),[侨彭城],又治瑕丘(山东兖州市)			兖州	彭城(江苏徐州市),移淮阴(江苏淮阴西南)	北兖州	淮阴,又曾移盱眙(江苏盱眙东北)	北兖州○	淮阴
		陈留侨郡,可考者有四:①《宋志》二豫州刺史陈留太守:"汉武帝元狩元年立,属兖州。中原乱废。晋成帝咸康四年复立,《永初郡国》属兖州,何、徐属豫州。《永初郡国》无浚仪,有酸枣。今领县四",即浚仪、小黄、白马、雍丘,"寄治谯郡长垣县界"。按长垣,西晋陈留国属县,今河南长垣东北;《宋志》二豫州刺史谯郡太守长垣令:"汉旧县,属陈留,《永初郡国》无。何故属陈留,徐新配",据知长垣盖东晋侨置于谯郡,先属陈留,宋永初以后移属谯郡。据《东晋志》卷四兖州陈留郡引《一统志》,废县在亳州市东。侨郡泰始后没于北魏,乃又侨立于淮南安丰东北。据《宋志》二南豫州刺史条,领浚仪、小黄、雍丘、白马、襄邑、封丘、尉氏七县;《南齐志》上豫州陈留郡三县,即浚仪、小黄、雍丘;又《隋志》下淮南郡安丰:"梁置陈留、安丰二郡";又《太平寰宇记》卷一二九淮南道寿州安丰县云:"废陈留郡在县东北五里,领浚仪、小黄、雍丘三县,……一郡三县,晋义熙十二年刘义奏置。其陈留郡、浚仪、雍丘两县,隋开皇三年废;小黄县唐武德七年废。"②《考异》卷二四宋书檀超传:"按向弥、檀韶、檀祗并除秦郡太守、北陈留内史,虞丘进亦除秦郡太守、督陈留郡事。而弥有成堂邑之文,则北陈留与秦郡皆侨治堂邑矣。《州郡志》,秦郡有尉氏县,又称《永初郡国》领平丘、外黄、雍丘、浚仪诸县。此皆陈留县名,可证晋末本有陈留郡,殆义熙九年土断侨流郡县时,并入秦郡也。"③《隋志》中汝阴郡颍阳:"梁曰陈留,并置陈留郡及陈州。东魏废州,开皇初废郡,十八年县改名焉。"④《隋志》下宣城郡绥安:"梁末立广梁郡,又改为陈留。平陈,郡废";考《陈书·高祖纪》,永定二年"八月景寅,以广梁郡为陈留郡",则陈留郡非梁郡而是陈郡也。《陈书·陈详传》亦云:"高祖践祚,改广梁为陈留,又以为陈留太守。"							○陈留先为国,宋改为郡,治自小黄移仓垣城。 ○《东晋志》卷四兖州陈留郡于侨亳州与侨安丰之陈留郡未予分别,误。 ○《寰宇记》"晋义熙十二年刘义奏置",考之史传无此事,疑误。 ○《宋志》二南豫州刺史陈留太守述《永初郡国》、何、徐领县情况,当移之豫州刺史陈留太守下。

陈留国 小黄 酸枣 雍丘 白马 长垣 浚仪 襄邑 封丘 尉氏	小黄(河南开封市东) 兖州濮阳国	陈留郡 小黄 酸枣 雍丘 白马 长垣	长垣(安徽亳州市东)	陈留郡 小黄 雍丘 白马 浚仪 襄邑 封丘 尉氏	长垣。泰始后移安丰(安徽寿县西南)东北	陈留郡 小黄 雍丘 浚仪	安丰东北	陈留郡○ 小黄 雍丘 浚仪	安丰东北	
陈留国 尉氏 平丘 外黄 雍丘 浚仪	汉属陈留郡	北陈留郡 尉氏 平丘 外黄 雍丘 浚仪	堂邑(江苏六合县北)							
陈留郡 陈留	仓垣(河南开封市西)							陈留郡○ 陈留	颍阳(安徽太和县东北)	
陈留郡								陈留郡△	绥安(安徽广德县)	
		濮阳侨郡可考者有二:①《晋志》上兖州:明帝置濮阳等郡;又《宋志》一南徐州刺史南濮阳太守:"《永初郡国》又有鄄城县,今领县二",一廪丘,"文帝元嘉十二年,以鄄城并廪丘",一榆次,"汉旧名,至晋属太原";又《南齐志》上南徐州南濮阳郡领廪丘、东燕、会、鄄城("建武三年,省济阳郡度属")、榆次("建武二年省")五县,"郡无实土"。梁陈无考,疑省并。侨地当在旧晋陵郡界,先属侨兖州,元嘉八年改属南徐州。参本表徐州条、东燕郡条。②《宋志》一徐州刺史阳平太守侨郡领濮阳县,注云:"本流寓郡,并省来配",是先为侨郡,后省为县。参本表阳平郡条。								○濮阳先为国,西晋末改为郡。 ○《宋书·文帝纪》,元嘉十八年,"省南徐州之南燕、濮阳、南广平郡",而《宋志》、《南齐志》,南徐州有南濮阳郡,不言何时省

濮阳郡 廪　丘 榆　次 鄄　城 东　燕 会 鄄　城	濮阳(河南濮阳市西南) 并州太原国 旧东燕侨郡疑新立 自侨济阳郡度	濮阳郡 廪　丘 榆　次 鄄　城	旧晋陵郡界(江苏镇江、金坛、常州、无锡等市一带)	南濮阳郡 廪　丘 榆　次	旧晋陵郡界	南濮阳郡 廪　丘 榆　次 东　燕 会 鄄　城	旧晋陵郡界			并，与纪文不相应，颇疑濮阳省后又立也。 ○《东晋志》卷四兖州濮阳郡领濮阳、廪丘、鄄城三县，盖误以《宋志》一兖州刺史所领濮阳实郡(领濮阳、廪丘二县)为侨郡，而又以濮阳郡所领鄄城县混入。 ○南濮阳之省并，疑在梁天监元年。是年，“土断南徐州诸侨郡县”(《梁书·武帝纪》)，《南齐志》南徐州所领无实土侨郡县如临淮、淮陵、南东莞、南清河、南高平、南济阴、南濮阳等郡及领县，不见于梁、陈史载，疑在此次土断中省并。
濮阳郡		濮阳郡	沛郡南界，今安徽灵璧南							
		济阴侨郡可考者有三，分侨五地：①《晋志》上兖州：明帝置济阴等郡；又《宋志》一南兖州刺史：“《永初郡国》有十四郡”，南济阴今属徐州；考《宋志》一南徐州刺史条，盖元嘉八年割度南徐州。《宋志》一南徐州刺史南济阴太守：“《永初郡国》又有句阳、定陶二县。今领县四”，即城武、冤句、单父、城阳；又《南齐志》上南徐州南济阴郡领城武、单父、城阳三县，无实土；疑梁天监元年废。侨地当在旧晋陵郡界。②《魏志》中徐州彭城郡睢陵：“前汉属临淮，后汉、晋属下邳。晋乱，属济阴”；又《宋志》一徐州刺史济阴太守：“流寓徐土，因割地为境”，领睢陵、定陶、顿丘三县；其睢陵，“孝武大明元年度”，为实县，盖郡侨于晋，大明中割睢陵成实土。宋末没于北魏，乃又侨立于钟离境，《南齐志》上北徐州济阴郡领四县，即顿丘(“永明元年罢定陶并”)、睢陵、乐平(“永明元年，割钟离属”)、济安(“永明元年，割钟离属”)。后又没于魏。③《宋志》一徐州刺史北济阴太守：“孝武孝建元年升立”，领城武、丰、离狐三县；其离狐为侨县。《魏志》中徐州北济阴郡：“刘骏置，魏因之。……离狐，晋乱置，郡治。”郡后没于北魏，乃又侨立于广陵境。《宋志》一南兖州刺史北济阴太守：“宋失淮北侨立”，领广平、							○《晋志》下：“元帝渡江之后，徐州所得惟半，乃侨置淮阳、阳平、济阴、北济阴四郡。”《考异》卷一九云：“按淮阳四郡，《宋志》皆在徐州部内，彼志云：淮阳，晋义熙中土断立；北济阴，宋孝武孝建元年立；则皆非元帝侨置矣。《安帝纪》，义熙五年慕容超将慕容兴宗寇宿预，阳平太守刘千载为贼所执。此阳平

		定陶、阳平、上党、冤句、馆陶六县。其广平为旧县,汉属临淮郡;又《南齐志》上北兖州广陵郡:"建元四年,罢北淮阳、北下邳、北济阴、东莞四郡并。"								侨置淮北之证。淮阳领甬城、宿预等县,去京都水七百,陆五百五十,亦淮北地也。《志》既云临淮、淮陵沦没石氏,乃置此四郡,则四郡宜在淮南,微独与《宋志》不合,即与《安帝纪》亦自相抵牾矣。宋末失淮北,始侨立北淮阳、北济阴于广陵,阳平于山阳,《志》殆误仞宋末侨置之郡以为元帝所立乎?" 〇《南齐志》上南兖州:"永明元年,刺史柳世隆奏:'尚书符下土断条格,并省侨郡县'……于是济阴郡六县、下邳郡四县、淮阳郡三县、东莞郡四县,以散居无实土,官民无廨舍,寄止民村,及州治立,见省,民户帖属"云云,与本《志》广陵郡"建元四年罢北淮阳"等郡者互异,考《南齐书·武帝纪》及《竟陵文宣王子良传》,永明元年正月至二年正月,子良为南兖州刺史;再按《南齐书·柳世隆传》,建元三年,世隆为南兖州刺史,高
济阴郡 城 武 冤 句 单 父 城 阳 句 阳 定 陶	定陶(山东定陶西北)	济阴郡 城 武 冤 句 单 父 城 阳 句 阳 定 陶	旧晋陵郡界(江苏镇江、金坛、常州、无锡等市一带地)	南济阴郡 城 武 冤 句 单 父 城 阳	旧晋陵郡界	南济阴郡 城 武 单 父 城 阳	旧晋陵郡界			
济阴郡 定 陶 顿 丘 睢 陵 乐 平 济 安	司州顿丘郡 徐州下邳国 汉兖州东郡 割钟离属	济阴郡 定 陶 顿 丘	睢陵(江苏睢宁)	济阴郡 定 陶 顿 丘	睢 陵	济阴郡 顿 丘 睢 陵 乐 平 济 安	钟离(安徽凤阳东北)境			
济阴郡 离 狐 定 陶 阳 平 上 党 冤 句 馆 陶	司州阳平郡 并州上党郡			北济阴郡 离 狐 定 陶 阳 平 上 党 冤 句 馆 陶	离狐(山东单县),移广陵境(江苏扬州、高邮、泰州市一带),领定陶等五县。	北济阴郡 定 陶 阳 平 上 党 冤 句 馆 陶	广陵境			

										帝敕世隆土断兖部，云云，据此，则罢济阴等四郡当在建元四年，永明元年者误。
		高平侨郡可考者有三：①《晋志》上兖州：明帝置高平等郡。初属侨兖州，元嘉八年度属南徐州。又《宋志》一南徐州刺史南高平太守："《永初郡国》又有巨野、昌邑二县。今领县三"，即金乡、湖陆、高平；又《南齐志》上南徐州南高平郡领金乡、高平二县，"郡无实土"，疑梁天监元年废。侨在旧晋陵郡境。②《南齐志》上南徐州南高平郡领高平、金乡二县，注云："宋泰始五年侨置，初寄治淮阴，复徙淮南当涂。二县侨属南豫"；又《宋志》一兖州刺史高平太守："宋明帝泰始五年，侨立于淮南当涂县界，领高平、金乡二县。其年又立睢陵县"；又《南齐志》上南豫州淮南郡于湖："永明八年，省角城、下邳、高平三县并。"据此，高平郡先是省为县，又省入于湖境。参本表淮南郡条。又《南齐志》上北兖州高平郡"荒"，此盖仍宋侨置淮阴者。据知高平郡初寄治淮阴，后又分侨于淮南当涂。③《隋志》下下邳郡徐城："梁置高平郡。……开皇初郡废。"								○《东晋志》卷四兖州高平郡领任城、高平、方舆、金乡、巨野、平阳、亢父七县，盖以《宋志》一兖州刺史高平太守实郡七县误为侨郡领县。 ○所谓"淮南当涂"者，指淮南侨郡所领当涂侨县，时原当涂已废。中华书局本《南齐志》上南徐州南高平郡注"宋泰始五年侨置，初寄治淮阴，复徙淮南当涂二县侨属南豫，后属南徐"之本文及标点有误。按南徐州所领高平侨郡置于晋明帝；"泰始五年侨置"者自属另一高平侨郡，见载于《宋志》一兖州刺史高平太守及《南齐志》上南豫州淮南郡于湖注。细揣文意，泰始所侨置者，先侨于淮阴，又分侨于当涂，领高平、金乡二县；后省郡为县，永明八年并入于湖。依此，则"后属南徐"四字，
高平国 金乡 湖陆 高平 巨野 昌邑	昌邑（山东巨野南）	高平郡 金乡 湖陆 高平 巨野 昌邑	旧晋陵郡境（江苏镇江、金坛、常州、无锡等市一带）	高平郡 金乡 湖陆 高平	旧晋陵郡境	高平郡 金乡 高平	旧晋陵郡境			
高平郡	高平（山东微山西北）			高平郡 高平 金乡	淮阴（江苏淮阴西南）；分侨当涂（安徽南陵东南），领二县	高平郡	淮阴			
高平郡 高平 金乡 睢陵	徐州下邳国					高平郡 高平 金乡 睢陵	当涂			

高平郡								高平郡○	徐城（江苏泗洪南）	显系子显牵强二侨郡为一而加，当删；标点亦当作“复徙淮南当涂。二县侨属南豫”，“二县”谓泰始侨郡所领之高平、金乡二县，非指淮南、当涂二县也。
		东平侨郡，可考者有三，又有实郡领侨县者：①《晋志》下徐州：元帝以江乘置南东平等郡；又《宋志》一南兖州刺史：“《永初郡国》领十四郡。……南东平郡领范、蛇丘、历城凡三县，……并省属南徐州”，是宋初并省于南徐州也。②《宋志》一南兖州刺史：“诸侨郡县何志又有钟离、雁门、平原、东平、北沛五郡。……雁门领楼烦、阴馆、广武三县，平原领茌平、临淄、营城、平原四县，东平领范、朝阳、历城三县。……《起居注》，元嘉十一年，以南兖州东平之平陆并范，寿张并朝阳，……则平陆、寿张疑在《永初郡国志》，而无此二县，未详。徐志有南东平郡，领范、朝阳、历城、楼烦、阴观、广武、茌平、营城、临淄、平原十县，则是雁门、平原并东平也。孝武大明五年，以东平并广陵。”据此，则宋东平侨郡领范、朝阳、历城、平陆、寿张五县，后省平陆、寿张，而又以雁门、平原来并，东平仍领十县；大明中省入广陵境。③《宋志》一兖州刺史东平太守领无盐、平陆、须昌、寿昌、范五县，后四县并治郡下，是为实郡领侨县；“宋末又侨立于淮阴”，领侨县无考；及齐，据《南齐志》上，东平侨郡割山阳，盱眙间成实土，领二县，一寿张，“割山阳官渎以西三百户置”，一淮安，“割直渎、破釜以东，淮阴镇下流杂一百户置”。后地入魏。								○ 东平先为国，宋改为郡。 ○《考异》卷一九晋书地理志下云：“当时侨立诸郡，或在江南，或在江北，虽非故土，而不加南字。……永初受禅，乃诏郡县寓立于南者，听以南为号；以北为名者，悉除之。而《志》谓元明之世已有南琅邪、南东平、南兰陵、南彭城、南下邳、南东莞诸名，此二误也。……东平本属兖州，虽侨置江南，与东海、琅邪、兰陵之元属徐州者有别，未经土断，当犹属兖州，不得云属南徐州，此四误也。” ○ 历城，西晋属青州济南郡，《晋志》缺。 ○《谭文》云：“宋初又有南东平郡，统范、蛇丘、历城、朝阳、寿张、平陆（山东）；南平原郡，统平原、高唐、茌平（山东）；雁门郡，
东平国 范 蛇　丘 历　城	须昌（山东东平西北） 兖州济北国 青州济南郡	东平郡 范 蛇　丘 历　城	江乘（江苏句容市北境）	南东平郡 范 蛇　丘 历　城	江乘境					
东平国 范 东朝阳 历　城 东平陆	 青州乐安国 青州济南郡			东平郡 范 朝　阳 历　城 （平陆）	广陵境（江苏扬州、高邮、泰州等市一带）					

寿　张 楼　烦 阴　馆 广　武 茌　平 营　城 临、淄 平　原	 旧并州雁门郡 旧并州雁门郡 并州雁门郡 冀州平原国 青州济岷郡 青州齐国 冀州平原国			（寿张） 楼　烦 阴　观 广　武 茌　平 营　城 临　淄 平　原						统楼烦、阴馆、崞、广武、马邑（山西）；济岷郡，统营城、晋宁（山东）；南齐郡统临淄（山东），（又领西安，后配南鲁郡）；后并并入广陵郡。”按此处似有疑：①元嘉八年以江北为南兖州，治广陵；以江南为南徐州，治京口，《宋志》大较以大明八年为断，其时南东平郡（领范、蛇丘、历城）、南平原郡（领平原、高唐、茌平）、雁门郡（领楼烦、阴馆、广武、崞、马邑）、济岷郡（领营城、晋宁）、南齐郡（领西安、临淄）等七郡二十三县，“并省属南徐州”（《宋志》一南兖州刺史），则诸郡县当侨在江南，何由并入江北之广陵郡邪？②考《宋志》一南兖州刺史云：南兖州诸侨郡县，何志又有钟离、雁门、平原、东平、北沛五郡。按承天撰史在元嘉之世，何志大较是元嘉制度；时南兖州领江北之地，有东平郡（领范、朝阳、历城）、平原郡（领平原、茌平、临
[东平郡] 东平陆 须　昌 寿　张 范	无盐（山东东平东）			[东平郡] 平　陆 须　昌 寿　昌 范	无盐（山东东平东）					
东平郡 寿　张 淮　安	 新立			东平郡	淮阴（江苏淮阴西南）	东平郡 寿　张 淮　安	淮阴，后割山阳（江苏淮安市）、盱眙（江苏盱眙东北）间成实土			

										淄、营城)、雁门郡(领楼烦、阴馆、广武),东平郡先又领有平陆、寿张二县,后又并南兖州之雁门、平原二郡入东平郡,大明五年,东平郡并所领县又省入广陵郡。依此,则并入广陵郡者,南兖州之东平郡、平原郡、雁门郡耳。③ 再考之,何以江北、江南,隔一江而有二平原侨郡、二东平侨郡、二雁门侨郡及所领侨县?盖侨立之初,此诸郡县流人,侨寓在江南、北,及划江而分南徐、南兖二州,此诸郡县遂分立于江之南北。江南者称南平原、南东平、雁门(后省属南徐州),江北者称平原、东平、雁门(后省属广陵郡)。又有南沛、北沛郡,同此例。参本表沛国条。
		《宋志》一兖州刺史济北太守,实郡领蛇丘、卢、谷城三县,"宋末又侨立于淮阳",领侨县无考。又《南齐志》上北兖州济北郡"荒",后没于魏。								
济北国	卢(山东长清南),移蛇丘(山东肥城市东南)			济北郡	淮阳(江苏淮阴市西)	济北郡	淮　阳			

		泰山侨郡有二，实郡领侨县一：①《晋志》下徐州云：明帝立南泰山等郡（当云泰山郡）；又《宋志》一南兖州刺史："《永初郡国》领十四郡"，其南泰山，今属徐州（按谓南徐州）。当是元嘉八年改属也。又《宋志》一南徐州刺史南泰山太守："《永初郡国》有广平，寄治丹徒，领广平、易阳、曲周三县。文帝元嘉十八年，省广平郡为广平县，属南泰山。今领县三"，即南城、武阳、广平。又《南齐志》上南徐州南泰山郡"郡无实土"，领南城、广平二县，"建武三年省"；又南城注云："郡省，度属平昌，寻又省"；又考《南齐志》上南徐州淮陵郡武阳云："建武三年，省泰山郡属"，是齐时南泰山郡仍领武阳县也。其侨地，据广平郡省入及此郡属县又省入淮陵侨郡考之，当在武进、丹徒间。参本表广平郡条、淮陵国条。②《宋志》一兖州刺史泰山太守，实郡旧领太原侨县，"本郡，侨立此县"；又《宋志》二青州刺史太原太守太原令："晋安帝义熙中土断立，属泰山"，迄元嘉中，度属太原郡，侨地在升城。参本表太原国条。泰始失淮北后，泰山郡又侨于淮南，《南齐志》上北兖州领泰山郡，"荒"。								○《东晋志》卷四兖州泰山郡领县十，是以明帝侨立之泰山郡与泰山实郡（晋末宋之兖州领实郡）混而为一，误甚。
泰山郡 南　城 南武阳 广　平	奉高（山东泰安市东） 本司州广平郡	泰山郡 南　城 武　阳	武进（江苏丹阳市东）、丹徒（江苏镇江市东南丹徒镇）间	南泰山郡 南　城 武　阳 广　平	武进、丹徒间	南泰山郡 南　城 武　阳 广　平	武进、丹徒间			
泰山郡 太　原	奉高 本并州太原国	［泰山郡］ 太　原	奉　高 升城（山东长清西南）	［泰山郡］ 太　原	奉　高 升　城	泰山郡	淮南北兖州境（江苏淮安市、洪泽县一带）			
		《宋志》一南兖州刺史："《永初郡国》领十四郡。……又有东燕郡，江左分濮阳所立也。领燕县、白马、平昌、考城凡四县。文帝元嘉十八年，省考城并燕。十九年，省东燕郡为东燕县，属南濮阳；后又省东燕县。……并属南徐州。"当是元嘉八年自兖度徐也。又《南齐志》上南徐州南濮阳郡领有东燕县，则县省后又立也。侨地当在旧晋陵郡界。								○东燕郡，东晋分濮阳立，领县疑有燕、白马。《宋志》所领四县，盖是东燕侨郡所领。考平昌，乃青州城阳国属县，与濮阳相距甚远，自非立郡时移属；考城，晋末惠帝分陈留

东燕郡 燕　县 白　马 平　昌 考　城	燕县（河南延津东） 青州城阳国 旧属陈留国	东燕郡 燕　县 白　马 平　昌 考　城	旧晋陵郡界（江苏镇江、金坛、常州、无锡等市一带）	东燕郡 燕　县 白　马 平　昌 考　城	旧晋陵郡界					立济阳，有考城。《东晋志》卷一兖州东燕郡实郡领燕、白马、平昌者，误。 ○ 燕县又有侨属钟离郡者，与东燕侨郡所领者别。 ○《东晋志》卷四兖州东燕郡考城云："《图经》，侨县在怀远县东南四十五里，今为考城铺。"按此考城侨属盱眙郡，与东燕侨郡所领者别。参本表盱眙郡条。
		《续汉志》三："山阳郡，故梁，景帝分置"；西晋改为高平国。东晋末侨立。当因高平流民而立。《宋志》一南兖州刺史山阳太守："晋安帝义熙中土断分广陵立。"领县四：其山阳，"射阳县境，地名山阳，与郡俱立"；盐城，旧县；东城、左乡，"晋安帝立"。又《南齐志》上南兖州山阳郡领四县同；后入于魏；又《隋志》下江都郡山阳："旧置山阳郡，开皇初郡废"；其山阳县，1914 年改名淮安。按山阳为侨郡，《十驾斋养新录》卷十一"《水经注》难尽信"条尚有说："又《淮水篇》云，山阳城，即射阳县故城也。汉世祖建武十五年，封子荆为山阳公，治此。考山阳侨治射阳，乃在东晋安帝之世。汉之山阳郡，自治昌邑（今金乡县境）。以典午之侨治，当东汉之故封，岂其然乎？"								○ 汉郡。西晋改为高平国，治昌邑。 ○ 山阳郡土断中假侨名而新立，分广陵郡射阳为境，领四县或新立或旧县。 ○《晋志》上兖州："安帝分广陵郡之建陵、临江、如皋、宁海、蒲涛五县置山阳郡。"考《宋志》一南兖州刺史海陵太守，则分此诸县立者为海陵郡，非山阳郡。
山阳郡	昌邑（山东金乡西北）	山阳郡	射阳境，山阳（江苏淮安市）	山阳郡	山　阳	山阳郡	山　阳			
		《晋志》下徐州：明帝立南济阳等郡（当谓济阳郡）；又《宋志》一南兖州刺史："《永初郡国》领十四郡"，济阳等七郡今并属徐州（按即南徐州）。当是元嘉八年度属。又《宋志》一南徐州刺史济阳太守领县二，考城，鄄城；又《南齐志》上南徐州南济阳郡："建武三年省"，领考城一县，"郡省，度属鲁，寻又省"；又南濮阳郡鄄城："建武三年，省济阳郡度属"，则齐济阳郡尚领有鄄城。侨地当在旧晋陵郡界。								○ 晋惠帝分陈留为济阳国，治济阴。南渡后废。

济阳国 考　城 鄄　城	济阳（河南兰考东北） 旧属陈留国 兖州濮阳国	济阳郡 考　城 鄄　城	旧晋陵郡界（江苏镇江、金坛、常州、无锡等市一带地）	济阳郡 考　城 鄄　城	旧晋陵郡界	济阳郡 考　城 鄄　城	旧晋陵郡界			
		据《晋志》上豫州，《宋志》二南豫州刺史、豫州刺史，《南齐志》上豫州、南豫州，《考异》卷一九晋书地理志上、卷二三宋书州郡志二，《隋志》下宣城郡，《通鉴》梁纪、陈纪等考之：永嘉之乱，豫州沦没石氏。元帝永昌元年，刺史祖约始自谯城退屯寿春；成帝咸和四年，祖约以城降后赵石勒，乃侨立豫州于江淮之间，庾亮为刺史，治芜湖；庾亮经略中原，咸康四年以毛宝为刺史，治邾城，为后赵所覆；六年，乃以荆州刺史庾翼镇武昌，领豫州；八年，庾怿为刺史，又镇芜湖；穆帝永和元年，刺史赵胤治牛渚，二年刺史谢尚镇芜湖；永和五年，后赵扬州刺史王浃以寿春降，而刺史进寿春，此后又或镇历阳，进马头及谯，不复归旧镇也；哀帝隆和元年，刺史袁真自谯退还寿春；真为桓温所灭，温以子熙为刺史，简文帝咸安元年，戍历阳；孝武宁康元年，刺史桓冲移姑熟；太元十年，刺史朱序戍马头；十二年，刺史桓石虔还历阳；安帝义熙二年，刺史刘毅复镇姑熟。及刘裕欲开拓河南，绥定豫土，乃于义熙九年割扬州大江以西、大雷以北，悉属豫州，豫州基址因此而立。义熙十三年，刺史刘义庆镇寿阳，后常为州治，而遥领淮北诸实郡。据此，东晋豫州先侨治芜湖，后移姑熟，进主寿春，退主历阳，晋末割成实土，常治寿春，其大致也。/宋豫州侨州分为豫州与南豫州。南豫州：永初二年，分淮东为南豫州，治历阳；淮西诸郡立为豫州，治寿阳。元嘉七年罢南豫州并豫州，十六年复分豫州之淮南为南豫州，二十二年复以南豫州并豫州，大明三年再分淮南、北置二豫州。大明五年，又割扬州之淮南、宣城属南豫州，州徙治姑熟；泰始二年又合二豫州为一，而以淮南、宣城还扬州；九月又分，南豫还治历阳；三年五月又合；五年又分豫州之历阳、扬州之淮南、宣城立南豫州，治宣城，是年又罢。时自淮以西，悉没北魏，泰始七年，乃分历阳、淮阴、南谯、南兖州之临江立南豫州；泰豫元年，又以南汝阴郡度属豫州，而以豫州之庐江度属南豫州，南豫州又有宣城、淮南二郡地。据此，刘宋豫州侨置，自永初至于大明，南豫州与豫州乍分乍合，而以分立居多；其豫州治寿阳，即南豫州南梁郡睢阳，而所领郡县在淮西（北），据《宋志》为十郡四十三县；其南豫州治历阳，移治姑熟，还治历阳，又移治宣城，领淮东（南）及江南部分郡县，据《宋志》为十九郡九十一县；爰自泰始甫失淮西，复于淮东（南）分立二豫州，								○《晋志》上豫州统郡国十，县八十五，即颍川郡九县，汝南郡十五县，襄城郡七县，汝阴郡八县，梁国十二县，沛国九县，谯郡七县，鲁郡七县，弋阳郡七县，安丰郡五县。惠帝又分汝阴立新蔡，分梁国立陈郡，分汝南立南顿，分弋阳立西阳国。 ○《南齐志》上南豫州："泰始二年治历阳，三年治宣城"；《宋志》治宣城在泰始四年。考《宋书·明帝纪》及《庐江王袆传》，事在泰始五年。 ○《宋志》二豫州刺史："《永初郡国》、何、徐寄治睢阳。"按睢阳，汉旧名，旧属豫州梁国；东晋侨立南梁郡于寿阳，并置睢阳县，后乃省寿阳入睢阳，北魏复为寿春县，名实之混淆如

		豫州治寿阳，南豫州治宣城，还历阳。/南齐两豫侨置，基本沿宋之旧：建元二年，省南豫；永明二年，割扬州宣城、淮南，豫州历阳、谯、庐江、临江，凡六郡复置南豫州，治淮南郡；其豫州仍治寿阳。/梁二豫侨置：齐永元二年，豫州地入北魏（北魏改名扬州）；天监中，韦叡克合肥，以为豫州；普通七年克寿阳，又徙豫州治焉，而以合肥为南豫州；太清元年，侯景举十三州之地内属，梁又以悬瓠为豫州，而以寿阳为南豫州。次年，寿阳、悬瓠之地尽失于东魏，后江淮之地又尽归高齐，梁仍侨置豫州于怀宁（后改为晋州），侨置南豫于宣城。/陈南豫治宣城（隋初改名宣州），太建五年又曾徙镇历阳（《陈书·宣帝纪》）。								此。以史志仍多作寿阳，故表中亦作寿阳，而不作睢阳。 ○ 按《宋志》，初无西豫州之名。然考《南史·庐陵王义真传》、《南齐书·张岱传》、《南齐志》上南豫州等，则当时本有西豫之称，即豫州，殆以寿阳故称西府，因以西豫称之，而宋、齐二《志》不以西豫标目者，以其未著甲令也。参《考异》卷二三宋书后废帝纪。
豫州	陈县（河南淮阳）	豫州	州治迁徙无定，先侨芜湖（安徽芜湖市东），移邾城（湖北黄冈市西北）、武昌（湖北鄂州市），又移芜湖、牛渚（安徽当涂县北长江南岸），再还芜湖；又进寿春（安徽寿县），移历阳（安徽和县），进马头（安徽怀远南淮河南岸）及谯（安徽亳州市），	豫州	寿阳，领淮北郡县；失淮北后，又领淮南郡县	豫州	寿阳	豫州○	先侨合肥（安徽合肥市西），移寿阳，又移悬瓠（河南汝南），退镇怀宁（安徽潜山）	
				南豫州	历阳，移姑熟，还历阳，移宣城（宛陵，安徽宣州市），还历阳，领淮南、江南部分郡县；失淮北，又分置豫州	南豫州	淮南郡（姑熟，安徽当涂）	南豫州	合肥，移寿阳；退镇宣城；又曾移历阳	

		又还寿春，再迁历阳、姑熟（安徽当涂），又进马头、移姑熟，割成实土，常治寿阳（安徽寿县）							
		颍川郡实郡领侨县一，侨郡可考者二：①《宋志》二豫州刺史颍川太守实郡领邵陵、临颍、曲阳三县，其曲阳云：“前汉属东海，后汉属下邳，《晋太康地志》无”，又云，《永初郡国》无曲阳县。依此，则是侨县也。②《水经注》卷二八沔水中“又东北出居巢县南”注云：“（栅水）东出为后湖北湖，湖南即塘也。塘上有颍川侨郡故城也”，据此，则故址在居巢东南；又《宋志》二南豫州刺史颍川太守领邵陵、临颍、曲阳三县；又《南齐志》上豫州颍川郡领四县，即临颍、邵陵、南许昌、曲阳。后废。③《隋志》中汝阴郡清丘：“梁曰许昌，及置颍川郡，开皇初废郡，十八年县改名焉。”							
[颍川郡] 曲　阳	许昌（河南许昌市东） 东汉徐州下邳国			[颍川郡] 曲　阳	许　昌				
颍川郡 邵　陵 临　颍 曲　阳 许　昌	邵陵（河南郾城东） 东汉徐州下邳国			颍川郡 邵　陵 临　颍 曲　阳	居巢（安徽巢湖市）东南	颍川郡 邵　陵 临　颍 曲　阳 南许昌	居巢东南		
颍川郡 许　昌								颍川郡○ 许　昌	清丘（安徽阜阳市东）

		汝南侨郡可考者有四：①《水经注》卷三五江水下“江水东经大军山南”注：“（涂水）西北流，经汝南侨郡故城南。咸和中，寇难南逼，户口南渡，因置斯郡，治于涂口”；又《宋志》三郢州刺史江夏太守：“汝南侯相，本沙羡土，晋末汝南郡民流寓夏口，因立为汝南县。”依此，汝南侨郡立于咸和，而县立于晋末，当是先侨立郡，后省为县，属江夏郡。参本表江夏郡条。②《宋志》二司州刺史南汝南太守，领县七，即平舆、北新息、真阳、安城、南新息、安阳、临汝；其侨地，当在司州（治义阳）南境。又《南齐志》下司州汝南郡“寄州治”，领平舆、北新息、真阳、安城、南新息、安阳、临汝、汝南、上蔡九县；按“州治”即义阳。又《南史·梁简文帝诸子·汝南王大封传》：“湘东王承制，封汝南王”，又《隋志》下安陆郡吉阳：“梁置，曰平阳，及立汝南郡。西魏改郡曰董城”，据此，梁汝南郡移治吉阳地。③《宋志》二南豫州刺史汝南太守，领十一县，即上蔡、平舆、北新息、真阳、安城、南新息、临汝、阳安、西平、瞿阳、安阳；考《宋志》二豫州刺史所领汝南实郡领十一县，与侨郡领县相较，多一朗陵，少一临汝，此侨郡当是泰始失淮北后，侨立于原南豫州境内；又《南齐志》上豫州汝南郡领瞿阳、安城、上蔡三县，又注云：“《永元元年地志》无。”又考宋侨郡所领十一县，《南齐志》上豫州内有归属弋阳郡者，则汝南侨郡当侨在江淮间的北部，河南、安徽接壤处。④《南齐志》下雍州有西汝南郡，“不见属县”，侨地当在襄阳、南阳间；更考《南齐书·魏虏传》：“军主鲍举助西汝南、北义阳二郡太守黄瑶起戍舞阴城”，则侨地疑在舞阴。								○ 临汝，《宋志》或注“新立”，或注“汉旧名”。考汉临汝，在豫章郡境，今江西临川市，与侨汝南郡所领者别。当是“新立”。 ○ 南汝南郡，初侨立，当属豫州；及明帝复于南豫州之义阳郡立司州，渐成实土，南汝南郡乃改属司州，而豫州刺史仍兼督之。《考异》卷二五南齐书明帝纪云：“按《州郡志》，司州汝南郡寄州治，州治即义阳，……齐世除豫州者，例兼督司州之汝南，未审何故。” ○ 汝南郡，《晋志》治新息，晋移治悬瓠，《宋志》治上蔡。
汝南郡	新息（河南息县西南）	汝南郡	涂口（湖北武汉市旧武昌县东）							
汝南郡 平舆 新息 慎阳 安成 新息 南安阳 临汝 汝南 上蔡	悬瓠（河南汝南县） 新立 新立			南汝南郡 平舆 北新息 真阳 安城 南新息 安阳 临汝	义阳（河南信阳市）南境，至安陆（湖北安陆市）一带	汝南郡 平舆 北新息 真阳 安城 南新息 安阳 临汝 汝南 上蔡	义阳 义阳南境至安陆一带	汝南郡○	吉阳（湖北应城市北）	

汝南郡 上　蔡 平　舆 新　息 慎　阳 安　成 新　息 临　汝 阳　安 西　平 灈　阳 南安阳	上蔡(河南上蔡西南)			汝南郡 上　蔡 平　舆 北新息 真　阳 安　城 南新息 临　汝 阳　安 西　平 瞿　阳 安　阳	江淮间北部,河南接壤安徽处	汝南郡 上　蔡 安　城 瞿　阳	江淮间北部			
汝南郡						西汝南郡	舞阴(河南泌阳西北)			
		《晋志》上豫州:"元帝渡江,以春谷县侨立襄城郡及繁昌县";据《晋书·司马休之传》,隆安后又曾侨于历阳。《宋志》一扬州刺史淮南太守繁昌令:"晋乱,省襄城郡;以此县属淮南,割于湖为境";又定陵令;"汉旧名,本属襄城,后割芜湖为境。"则定陵初侨立,疑亦属襄城郡也。参本表淮南郡条。								○襄城,当是晋末安帝后省,《晋书·刘敬宣传》"安帝反政,征拜冠军将军、宣城内史,领襄城太守"是也。
襄城郡 繁　昌 定　陵	襄城(河南襄城)	襄城郡 繁　昌 定　陵	春谷(安徽繁昌县境) 芜湖界,安徽青阳县东北							
		汝阴郡,侨郡可考者二,实郡领侨县者一:①《宋志》二南豫州刺史南汝阴太守:"江左立。领县五",即汝阴("所治即二汉、晋合肥县")、慎、宋、阳夏、安阳;有实土。其阳夏、安阳,"《永初郡国》、何并属南梁,徐志属此",则东晋当领汝阴、宋、慎三县。又《南齐志》上豫州南汝阴郡:"建元二年罢南陈左郡二县并",领慎、汝阴、宋、安阳、和城、南顿、阳夏、宋丘、樊、郑、东宋、南陈左县、边水十三县,后六县,"《永元志》无"。按南陈左县为南陈左郡省置,								○《宋志》二豫州刺史汝阴太守宋城当作安城,即《晋志》上豫州汝南郡安成,《南齐志》上豫州西汝阴郡亦作安城。

		而南顿、和城本属南顿郡,永元元年郡省划属。又《隋志》下庐江郡合肥:"梁曰汝阴,置汝阴郡。后齐分置北陈郡,开皇初郡废,县改名焉。"②《宋志》二豫州刺史汝阴太守实郡领汝阴、宋、宋城、楼烦四县;其楼烦,"汉旧县,属雁门,流寓配属",是郡泰始后又侨置于江淮间,《宋志》二南豫州刺史西汝阴太守领县四,即汝阴、安城、楼烦、宋,"《永初郡国》、何、徐无此郡";又《南齐志》上豫州西汝阴郡领县九,即楼烦、汝阴、宋、安城、陈、平豫、固始、新蔡、汝南,后五县"《永元志》无";又《补梁志》卷一南豫州西汝阴郡:《寰宇记》引《舆地志》,"梁武克寿春立",领汝阴、宋二县;考《隋志》下淮南郡寿春:"旧有……汝阴等郡,开皇初并废。"								◎ 汝阴郡,东晋侨置,作"南汝阴郡",参本表梁国条。
汝阴郡 汝　阴 宋 慎 阳　夏 南安阳 和　城 南　顿 宋　丘 樊 郑 宋(?)	汝阴(安徽阜阳市) 豫州梁国 豫州汝南郡 东晋豫州南顿郡 东晋豫州南顿郡 疑新立 兖州任城国 雍州京兆郡	南汝阴郡 汝　阴 宋 慎	合肥(安徽合肥市西)	南汝阴郡 汝　阴 宋 慎 阳　夏 安　阳	合　肥	南汝阴郡 汝　阴 宋 慎 阳　夏 安　阳 和　城 南　顿 宋　丘 樊 郑 东　宋	合　肥	汝阴郡○ 汝　阴 慎	合　肥	
[汝阴郡] 楼　烦	 汉并州雁门郡			[汝阴郡] 楼　烦	汝阴(安徽阜阳市)					
汝阴郡 汝　阴 安　成 楼　烦 宋	 豫州汝南郡 汉并州雁门郡			西汝阴郡 汝　阴 安　城 楼　烦 宋	江淮间北部	西汝阴郡 汝　阴 安　城 楼　烦 宋	江淮间北部	西汝阴郡○ 汝　阴 宋	寿春(安徽寿县)	

陈 平舆(?) 固始 新蔡 汝南	豫州梁国 豫州汝南郡 新立					陈 平豫 固始 新蔡 汝南				
		梁国侨置有二，后或分为四：①《南齐志》上豫州云："孝武宁康元年，桓冲移姑熟，以边寇未静，分割谯、梁二郡见民，置之浣川，立为南谯、梁郡"；又《宋志》二南豫州刺史南梁太守："晋孝武太元中，侨立于淮南，安帝始有淮南故地，属徐州。武帝永初二年，还南豫，孝武大明六年废属西豫，改名淮南，八年复旧。《永初郡国》又有虞、阳夏、安丰三县，何、徐无安丰，又有义昌而无宁陵县。今领县九"，即睢阳("汉旧名。孝武大明六年，改名寿春，八年复旧。前废帝永光有义宁、宁昌二县，并睢阳。所治即二汉、晋寿春县，后省")、蒙、虞、谷熟、陈、义宁("何无，徐有，宋末又立")、新汲、崇义("《永初郡国》羌人始立")、宁陵("徐志后所立")。据此，则梁郡在浣川侨立之初，并无实土，后割地成实土，在今安徽寿县一带。又《南齐志》上豫州有三梁郡，即梁郡领北谯、梁、蒙、城父四县，南梁郡领睢阳、新汲、陈、蒙、崇义五县，北梁郡领北蒙、北陈二县，"《永元元年地志》无"；疑此三郡均为宋南梁郡分置。又《补梁志》卷一南豫州梁郡领梁、城父二县，南豫州南梁郡领蒙、虞、陈、新汲、义宁、崇义六县；又《隋志》下淮南郡寿春云旧有梁郡及蒙县，开皇初并废。②《南齐志》上北徐州有梁郡，当是《宋志》二豫州刺史所领梁郡之侨置；盖泰始没淮北后，侨置于淮南北徐州境。永明元年省，后又置。其侨地据《梁书·冯道根传》考之，当在阜陵。								○ 浣川，今地待考，疑在安徽当涂一带。 ○《南齐志》上北徐州领沛郡，又云："永明元年，省北徐谯、梁、魏、阳平、彭城五郡。"此语向未被人注意，而细考之，此六郡皆为侨郡，《宋志》失载。按北徐州，乃宋泰始失淮北后，分割钟离、马头、秦郡、梁郡、历阳之地置，治钟离，则此五郡当侨于北徐州境内。其谯郡、梁郡、魏郡乃《宋志》二豫州刺史所领谯郡、梁郡、魏县(属谯郡)之侨置(《宋志》二豫州刺史领十郡，泰始后全部侨置淮南，另八郡侨属南豫州，见《宋志》二南豫州刺史)；其阳平、彭城、沛郡，乃《宋志》一徐州刺史所领阳平、彭城、沛郡之侨置；又阳平本为侨郡，至是移置也。 ○ 梁国东晋侨置，称"南
梁国 睢阳 蒙 虞 谷熟 陈 阳夏 新汲 安丰 宁陵	睢阳(河南商丘市南) 豫州颍川郡 豫州安丰郡	南梁郡 睢阳 蒙 虞 谷熟 陈 阳夏 新汲 安丰	先在浣川(?)，后割实，移寿春(安徽寿县)	南梁郡 睢阳 蒙 虞 谷熟 陈 新汲 宁陵	睢阳(安徽寿县)	南梁郡 睢阳 蒙 陈 新汲	睢阳	南梁郡○ 蒙 陈 新汲	睢阳	

梁国 谯 梁 蒙 城父	 豫州谯郡 司州河南郡 豫州谯郡					梁郡 北谯 梁 蒙 城父	睢阳一带	梁郡○ 梁 城父	睢阳一带	梁郡"。《东晋志》卷四徐州琅邪郡云:"宋永初后,侨郡又普加南字耳。南谯、南梁、南汝阴等,则晋太元后,已加南字,又非自宋始。"而考诸史传,则仍多称梁郡,如《宋书·向靖传》,义熙八年,督马头、淮西诸军事、龙骧将军、安丰、汝阴二郡太守、梁国内史,戍寿阳;《宋书·刘粹传》:永初三年,督豫、司、雍、并四州,南豫州之梁郡、弋阳、马头三郡诸军事、豫州刺史,领梁郡太守,镇寿阳。南谯、南汝阴郡亦仿此。
梁国 蒙 陈						北梁郡 北蒙 北陈	睢阳一带			
梁郡	下邑(安徽砀山)			梁郡	北徐州境(安徽凤阳、明光、滁州等县市一带)	梁郡	北徐州境	梁郡○	阜陵(安徽全椒东南)	

沛国侨置,可考者三,后分为四:①《宋志》一南徐州刺史南彭城太守:"成帝又立南沛郡(按当云沛郡)。文帝元嘉中,分南沛为北沛,属南兖;而南沛犹属南徐",孝武大明四年,以南沛郡并南彭城;又《宋志》一南兖州刺史:"诸侨郡县何志又有……北沛……领符离、萧、相、沛四县。"又《宋志》一南兖州刺史南沛太守:"何志云,北沛新立。徐云南沛。《永初郡国》又有符离、洨、竹邑、杼秋四县。杼秋治无锡,余并治广陵。文帝元嘉十二年,以北沛郡竹邑并杼秋。……《起居注》,孝武大明五年,分广陵为沛郡,治肥如县。……今领县三",即萧、相、沛;又《南齐志》上南兖州南沛郡领沛、萧、相三县;又《隋志》下江都郡永福:"旧曰沛,梁置泾州,领泾城、东阳二郡;陈废州,并二郡为沛郡,后周改沛郡为石梁郡,改沛县曰石梁县。"据此,梁废南沛郡,陈又置。今按:沛郡侨郡,东晋当领侨县七,即符离、洨、竹邑、杼秋、萧、相、沛;侨地在京口、武进一带(《考异》卷三五南史宋本纪上、《考异》卷二三、本表彭城国条)。又按:其南沛、北沛,当是沛郡流人,或在江北,或在江南(江北如广陵等地,江南如无锡等处),初无实土,统立为沛郡;宋初名南沛郡。迨文帝元嘉八年分南徐、南兖二州,画江为

○ 南、北沛并立,如《宋书·文帝纪》元嘉二十六年二月乙丑,"申南、北沛、下邳三郡复",是其证。类此者尚多。

界,江南为南徐州、江北为南兖州,南沛郡亦因之分为二:以南沛之寄治广陵者别为北沛,属南兖州;江南之南沛仍旧,属南徐州。孝武大明四年,省南徐州之南沛郡并入南彭城;南沛既省,乃以广陵之南兖州北沛郡为南沛,即所谓"徐云南沛"者。大明五年又分广陵之肥如地立为郡治,南沛始有实土。肥如,本辽西县名,因晋末侨立辽西郡于广陵界,故广陵得有肥如县。②《南齐志》上北徐州领有沛郡,领相、萧、沛三县,乃《宋志》一徐州刺史所领沛郡之侨置。参本表梁国条。③《隋志》下庐江郡滍水:"梁置北沛郡及新蔡县。开皇初郡废,又废新蔡入焉。"

沛国	相(安徽睢溪西北)	沛郡	京口(江苏镇江市)、武进(江苏丹阳市东)一带	南沛郡	京口、武进一带				
杼秋		杼秋	无锡(江苏无锡市)	杼秋	无锡				
竹邑 符离 洨		竹邑 符离 洨	广陵(江苏扬州市西北)						
沛国 沛 萧 相		沛 萧 相		北沛郡(南沛郡) 沛 萧 相	广陵,后分实土,治肥如(安徽天长市)	南沛郡 沛 萧 相	肥如	沛郡△ 沛	永福(安徽天长市西北)
沛郡 相 萧 沛	萧(安徽萧县西北) 豫州汝阴郡			沛郡 相 萧 沛	北徐州境(安徽凤阳、明光、滁州等县市一带)	沛郡 相 萧 沛	北徐州境		

沛　郡 新　蔡								北沛郡○ 新　蔡	滭水(安徽霍山东北)	
		谯郡侨置,可考者三,又侨州一,实郡领侨县一:①《南齐志》上豫州:"孝武宁康元年,桓冲移姑熟,以边寇未静,分割谯、梁二郡见民,置之浣川,立为南谯、梁郡";又《宋志》二南豫州刺史南谯太守:"晋孝武太元中,于淮南侨立郡县,后割地成实土。《太康地志》、《永初郡国》又有酂县,何、徐无,今领县六",即山桑、谯、铚、扶阳、蕲、城父。据此,是郡立于浣川时,无实土;后割淮南成实土。其侨地,据《水经注》卷二八沔水"又东北出居巢县南"条:"(栅水)东迳乌上城北,又东迳南谯侨郡城南,又东绝塘",则当在巢湖市东南。又《南齐志》上南豫州南谯郡领山桑、蕲、北许昌、扶阳、曲阳、嘉平六县。②《南齐志》上豫州有北谯郡,领宁陵、谯、蕲("《永元志》属南谯")三县,盖分南梁之宁陵县与南谯之谯、蕲县侨立,郡名新,县仍旧称;又《隋志》下江都郡全淑:"梁曰北谯,置北谯郡。后齐改郡为临滁。"当是北谯地没于高齐,乃移置于全淑耳。③《通鉴》卷一六一太清二年:"冬十月庚寅,(侯)景扬声趣合肥,而实袭谯州",胡《注》云:"此谯州非涡阳之谯州。魏收《志》:梁置谯州于新昌城,领高塘、临徐、南梁、新昌郡。其地当在唐庐、和二州之间。宋白曰:梁大同三年,割北徐州之新昌、南豫州之南谯、豫州之北谯,立为南谯州,居桑根山西,今滁州城是也。"据此,则梁有南谯州、南谯郡;又《隋志》下江都郡清流县:"旧曰顿丘,置新昌郡及南谯州。开皇初改为滁州,郡废";又庐江郡襄安:"梁曰蕲,开皇初改焉。"④《宋志》二豫州刺史谯郡太守,实郡领蒙、蕲、宁陵、魏、襄邑、长垣六县,其蒙、魏、长垣为侨县。参本表魏郡条、陈留国条。⑤《南齐志》上北徐州领有谯郡,乃泰始失淮北后,以《宋志》二豫州刺史所领谯郡侨置,侨县可考者己吾,《南齐志》上北徐州马头郡己吾:"永明元年,罢谯郡属"是也。侨地当在马头郡境。参本表马头郡条、梁国条。								○浣川,今地待考。疑在安徽当涂一带。 ○东晋侨置,名"南谯郡"。参本表梁国条。
谯　郡	谯(安徽亳州市)	南谯郡	浣川(?),割成实土,移居巢(安徽巢湖市)东南	南谯郡	居巢东南	南谯郡	居巢东南	南谯郡○	居巢东南	

山桑		山桑	安徽全淑、无为、巢湖市一带	山桑	全淑、无为、巢湖市一带	山桑	全淑、无为、巢湖市一带			
谯		谯		谯						
铚		铚		铚						
扶阳	汉豫州沛国	扶阳		扶阳		扶阳				
酂		酂								
城父		城父		城父						
蕲		蕲	襄安(安徽巢湖市)	蕲	襄安	蕲	襄安	蕲	襄安	
许昌	豫州颍川郡					北许昌				
曲阳	汉徐州下邳国					曲阳				
嘉平	新立					嘉平				
谯郡						北谯郡	安徽寿县、长丰县一带	北谯郡○	全淑(安徽全淑)	
宁陵	豫州梁国					宁陵				
谯						谯		北谯		
蕲						蕲				
南谯州	新立							南谯州○	清流(安徽滁州市)	
[谯郡]	蒙(安徽蒙城境)			[谯郡]	蒙(安徽蒙城境)					
蒙				蒙						
魏	本司州魏郡			魏						
长垣	兖州陈留国			长垣	安徽亳州市东					
谯郡	蒙			谯郡	马头郡境(安徽怀远、凤阳一带)	谯郡	马头郡境			
己吾	兖州陈留国			己吾		己吾				
		鲁郡侨置,可考者二,又实郡领侨县一:①《晋志》下徐州:明帝又立南鲁等郡(按当云“鲁郡”),以属徐、兖二州。又《宋志》—南徐州刺史南鲁郡太守:“又有樊县。今领县二”,鲁;西安:“汉旧名,本属齐郡。齐郡过江侨立,后省,以西安配此。文帝元嘉十八年,以樊并西安。《永初郡国》无西安县”;又《南齐志》上南徐州南鲁郡领鲁、樊、西安三县,“郡无实土”,						○ 鲁郡,《晋志》属豫州。东晋改属兖州,侨置亦属兖州。当是元嘉八年度属南徐州。		

		“建武二年省”。侨地当在旧晋陵郡界。②《宋志》一兖州刺史鲁郡太守实郡，领县六，邹、鲁、汶阳、阳平、新阳、卞；其阳平为侨县。《魏志》中兖州鲁郡阳平：“刘骏置，魏因之。”此郡宋末失淮北后，又侨置于淮南，侨县可考者鲁县，《东晋志》卷四鲁郡鲁县引《图经》云：“盱眙县南有鲁县故城。当即侨县。”又《南齐志》上北兖州鲁郡，“荒”；萧衍又置，《魏志》中楚州领鲁郡，“萧衍置，魏因之。领县三，邹、砀、鲁”。								○《东晋志》卷四兖州鲁郡领邹、汶阳、鲁、樊四县，盖以《宋志》一兖州刺史所领鲁郡实郡为侨郡，误。 ○ 砀，《宋志》二豫州刺史梁郡太守砀令：“汉旧县”。
鲁　郡 鲁 樊 西　安	鲁(山东曲阜市东) 兖州任城国 青州齐国	鲁　郡 鲁 樊	旧晋陵郡界(江苏镇江、金坛、常州、无锡等市一带地)	南鲁郡 鲁 樊 西　安	旧晋陵郡界	南鲁郡 鲁 樊 西　安	旧晋陵郡界			
[鲁　郡] 阳　平	邹(山东邹城市东南) 司州阳平郡			[鲁　郡] 阳　平	邹(山东邹城市东南)					
鲁　郡 鲁 砀 邹	邹 豫州梁国			鲁　郡 鲁	江苏盱眙南	鲁　郡	江苏盱眙南	鲁　郡○ 鲁 砀 邹	江苏盱眙南	
		《宋志》二南豫州刺史安丰太守：“魏文帝分庐江立。江左侨立。晋安帝省为县，属弋阳。”按此侨郡据《宋志》二江州刺史寻阳太守松滋伯相“江左流民寓寻阳，侨立安丰、松滋二郡，遥隶扬州”，则侨在江北旧寻阳界内。								○ 安丰侨郡，省为县后属弋阳，则当侨于江北，在旧寻阳界内。参本表寻阳郡条。 ○ 安丰郡旧治安风，在霍丘西南。《宋志》安丰郡治安丰，此安丰旧在河南固始东南，后移置于安徽寿县南。
安丰郡	安风(安徽霍邱西南)	安丰郡	寻阳(湖北黄梅西南)							

[弋阳郡] 新　息 上　蔡 平　舆	弋阳(河南潢川西) 豫州汝南郡 豫州汝南郡 豫州汝南郡	《南齐志》上豫州弋阳郡领期思、弋阳及南新息、上蔡、平舆五县。后三县为侨县。								
						[弋阳郡] 南新息 上　蔡 平　舆	弋阳(河南潢川西)			
松滋县	安徽霍邱东	《晋志》下扬州:"成帝初,苏峻、祖约为乱于江淮,胡寇又大至,百姓南渡者转多,乃于江南侨立淮南郡及诸县,又于寻阳侨置松滋郡,遥隶扬州";及何无忌为江州刺史,表扬州之松滋、司州之弘农二郡,寄在寻阳,人户杂居,并宜建督,安帝从之,乃以松滋郡属江州;后又省松滋郡为松滋县,属寻阳郡。《东晋志》卷四扬州松滋郡松滋:"《图经》,今九江府德化县东有松滋废县。"按德化县,1914年改九江县,在九江市西南。参本表寻阳郡条。								○ 松滋郡,乃以松滋县侨置。松滋县,《晋志》上属豫州安丰郡。
		松滋郡	寻阳(江西九江市西南)							
		新蔡郡侨置,可考者有三:①《南齐志》上豫州:"诸郡失土荒民数千无佃业,翼表移西阳、新蔡二郡荒民就陂田于寻阳。"按庾翼领荆州在成帝咸康六年庾亮卒后;及孝武时,"因新蔡县人于汉九江王黥布旧城置南新蔡郡,属南豫州"(《晋志》上豫州);又《宋志》二江州刺史南新蔡太守:"江左立,领县四",即苞信、慎、宋、阳唐左县("孝武大明八年立"),有实土;又《南齐志》上江州南新蔡郡领四县同《宋志》;又《梁书·敬帝纪》:太平二年,"分寻阳、太原、齐昌、高唐、新蔡五郡置西江州",又《陈书·鲁悉达传》:"侯景之乱,悉达纠合乡人,保新蔡,力田蓄谷",是梁有新蔡郡。其侨地,《通鉴》卷一六四胡《注》云:"沈约《宋志》,江州所部有南新蔡郡,不言侨置之地,但云去京都水行一千三百七十六里有余。以水程约言之,南新蔡郡当置于今蕲州界。《五代志》:蕲州黄梅县,旧曰永兴,隋开皇初改曰新蔡,盖因南新蔡郡以名县也。刘昫曰:黄梅县,宋分置新蔡郡。"②《宋志》二豫州刺史新蔡太守:"晋惠帝分汝阴立,今帖治汝南,领县四",即鲖阳、固始、新蔡、苞信。按此郡帖治汝南,为双头郡;所领四县为实县。③ 此郡泰始失淮北后又侨立。《宋志》二豫州刺史新蔡太守领鲖阳、固始、新蔡、东苞信、西苞信五县,西苞信云:"徐志南豫唯一苞信,疑是后侨立所分";又《南齐志》上豫州北新蔡郡领鲖阳、固始、新蔡、苞信四县,是齐改为北新蔡郡。又据《隋志》下弋阳郡殷城、固始,是郡侨置于固始,苞信又置于殷城。								○《晋志》上豫州:"惠帝分汝阴立新蔡。" ○《晋志》"置南新蔡郡,属南豫州"者误。按晋世当称"新蔡郡",时又无南豫州。《考异》卷一九晋书地理志上云:"晋世无南豫之名。宋武经略中原,以豫州镇寿阳,而遥领淮北诸实郡,豫犹未分。至永初受禅后,分淮东西为二,乃有南豫之称,此志亦误以宋人追称为晋时本号也。《宋志》江州有南新蔡,即是此郡。晋属豫州,

新蔡郡 褒　信 慎 宋	新蔡(河南新蔡) 豫州汝阴郡 豫州汝阴郡 豫州汝阴郡	新蔡郡 苞　信 慎 宋	黥布旧城(湖北黄梅西)	南新蔡郡 苞　信 慎 宋	黄梅(湖北黄梅西北)	南新蔡郡 苞　信 慎 宋	黄　梅	南新蔡郡◎	黄　梅	至宋改属江州。”按晋世除江州刺史者，必亦督豫州之西阳、新蔡，此以实州理侨郡，非即属江州也。
新蔡郡				新蔡郡	汝南(河南上蔡西南)					
新蔡郡 鲖　阳 固　始 新　蔡 褒　信 褒　信	汝南(河南上蔡西南)			新蔡郡 鲖　阳 固　始 新　蔡 东苞信 西苞信	固始(河南固始东北) 殷城(河南商城西)	北新蔡郡 鲖　阳 固　始 新　蔡 苞　信	固　始 殷　城	新蔡郡◎ 包　信	固　始 殷　城	
		《宋志》二南豫州刺史陈郡太守领项城、西华、阳夏、苌平、谷阳五县，当是《宋志》二豫州刺史所领陈郡之侨置，泰始失淮北之地，乃侨置于淮南。又《南齐志》上豫州陈郡领南陈、苌平、项、西华、阳夏五县，后四县注云：“《永元志》无”；又有北陈郡，恰领阳夏、西华、苌平、项四县，则是永元后分置北陈郡也；又《魏志》中合州北陈郡领西华、阳夏二县，郡内有舒水，则北陈郡在安徽合肥市西；又《隋志》下淮南郡长平：“梁置北陈郡，开皇初废，又并西华县入”；又《魏志》中霍州南陈郡领有南陈县，为霍州治，《隋志》下庐江郡霍山：“梁置霍州”；疑即齐陈郡分置北陈郡后，改名南陈郡也。								◎《晋志》上豫州：“(惠帝)分梁国立陈郡。”此语不确。旧有陈郡，西晋初废入梁国，惠帝时复置耳。宋时治项城。
陈　郡 陈 陈　郡 项 西　华	项城(河南沈丘) 豫州梁国 豫州梁国 豫州颍川郡			陈　郡 项　城 西　华	淮南，安徽霍山县、合肥市一带	南陈郡 南　陈	霍山(安徽霍山)	南陈郡◎ 南　陈	霍　山	◎谷阳，《宋志》二豫州刺史陈郡太守谷阳令：“本苦县，……成帝咸康三年更名。”
						北陈郡 项 西　华	长平(安徽合肥市西)	北陈郡◎ 西　华	长　平	

阳夏 苌平 谷阳	豫州梁国 豫州颍川郡 豫州梁国			阳夏 苌平 谷阳		阳夏 苌平		阳夏		
		南顿侨郡，可考者三：①②《宋志》二豫州刺史南顿郡、陈郡去州与去京都水陆道里相同，盖南顿郡帖治陈郡也。宋泰始失豫州淮西地后，此双头郡又侨于淮南，《宋志》二南豫州刺史南顿太守："帖治陈郡"，领南顿、和城二县；又《南齐志》上豫州南顿郡领和城、南顿二县，郡注云："《永元元年地志》无"，盖废入南汝阴郡。参本表汝阴郡条。③《南齐志》上豫州西南顿郡领西南顿、和城、谯、平乡四县，"寄治州。《永元元年地志》无。"按豫州时治寿春。								○《晋志》上豫州："惠帝分汝南立南顿"，治南顿；《宋志》二豫州刺史南顿太守实郡领南顿、和城二县，和城"江左立"。 ○ 豫州南顿郡帖治陈郡，说见吴应寿《东晋南朝的双头州郡》。
南顿郡 南顿 和城	南顿（河南项城市西南） 豫州汝南郡 东晋立	南顿郡 南顿 和城	帖治陈郡（河南沈丘）	南顿郡 南顿 和城	帖治陈郡，泰始后又侨于淮南（霍山县、合肥市一带），帖治侨陈郡，领二县	南顿郡 南顿 和城	帖治侨陈郡			
南顿郡 南顿 和城 谯 平乡	豫州汝南郡 东晋立 豫州谯郡 冀州赵国					西南顿郡 西南顿 和城 谯 平乡	寿春（安徽寿县）			
		《考异》卷二四宋书武二王传南郡王义宣云："考汉之西阳，在淮水之南，即今光山县地。晋南渡后，荆州刺史庾翼表移西阳、新蔡二郡荒民，就陂田于寻阳，而江州界内，遂有侨立之西阳郡矣。自后西阳与新蔡、汝南、颍川谓之豫州四郡，江州刺史常兼督之。"又《水经·江水注》三云："江水又东迳赤鲁山南；又东迳西阳郡南，郡治即西阳县也；江之左岸，有鄂县故城"，又《宋志》三郢州刺史西阳太守领县十，其西阳为侨县，西阳郡治所；又义安"明帝泰始二年以来流民立"，不知系何地流民；又《南齐志》下郢州西阳郡又领期思，而义安为左县，疑								○《宋志》三郢州刺史西阳太守："晋惠帝又分弋阳为西阳国，属豫州。" ○ 陈西阳郡疑寄治武昌。《陈书·周炅传》"授戎威将军、定州刺史，带西阳武

		宋义安侨县以蛮民所立，齐改左县。又《梁书·西阳王大钧传》“封西阳郡王”，《陈书·周炅传》有西阳太守，是梁陈有此郡也。又《元和郡县图志》卷二七黄州黄冈县有西阳故城，“在县东南一百三十里”。								昌二郡太守”，钱大昕《考异》卷二七以为炅时镇武昌。西阳、武昌二郡盖双头郡，西阳帖治武昌。
西阳国 西　阳 义　安 期　思	西阳（河南光山西南） 豫州弋阳郡新立 豫州弋阳郡	西阳郡 西　阳	西阳（湖北黄冈东）	西阳郡 西　阳 义　安	西阳（湖北黄冈东）	西阳郡 西　阳 期　思	西　阳	西阳郡	西阳，移武昌（湖北鄂州市）	
		汝阳侨郡可考者二：①《宋志》二南豫州刺史汝阳太守领汝阳、武津二县，当是泰始失淮北后侨置；又《南齐志》上豫州汝阳郡领县同《宋志》；又《南齐志》上南豫州条云：“颍川、汝阳，在南谯、历阳界内，……荒残来久，流民分散在谯、历二境，多蒙复除，获有郡名，租输益微，府州绝无将吏，空受名领，终无实益。但寄治谯、历。”后废。②《魏志》中西楚州汝阳郡：“萧衍置，魏因之。领县一，义阳，萧衍置，魏因之。”								○《宋志》二豫州刺史汝阳太守：“江左分汝南立。晋成帝咸康三年，省并汝南，后又立。领县二”，汝阳、武津。
汝阳郡 汝　阳 武　津	汝阳（河南商水西北） 豫州汝南郡 疑东晋立			汝阳郡 汝　阳 武　津	南谯、历阳间，安徽巢湖市、和县之间	汝阳郡 汝　阳 武　津	南谯、历阳间			
汝阳郡								汝阳郡○	义阳（河南信阳市）	
		《宋志》一徐州刺史淮阳太守：“晋安帝义熙中土断立，领县四。……角城令，晋安帝义熙中土断立；晋宁令，故属济岷，流寓来配；宿预令，晋安帝立；上党令，本流寓郡，后省来配”；其上党、晋宁为侨县。东晋侨置淮阳郡，或初无实土，义熙中割实耳。又《宋志》一南兖州刺史北淮阳太守：“宋末侨立”，领晋宁、宿预、角城三县；又《南齐志》上南兖州广陵郡：“建元四年，罢北淮阳、北下邳、北济阴、东莞四郡并。”据上，淮阳郡先侨立角城，宋末又侨于广陵境，齐建元中省入广陵郡。参本表济阴郡条、济岷郡条、上党郡条。								○《汉志》下淮阳国：“高帝十一年置，县九”，治陈；又《续汉志》二陈国：“高帝置为淮阳，章和二年改”，治陈，后废人梁国。《晋志》上梁国属豫州。

<table>
<tr><td>淮阳国
上党
晋宁</td><td>陈(河南淮阳)
本并州上党郡
青州济岷郡</td><td>淮阳国
上党
晋宁</td><td>角城(江苏淮阴市西南)</td><td>淮阳国
上党
晋宁</td><td>角城</td><td></td><td></td><td></td><td></td><td rowspan="2"></td></tr>
<tr><td>淮阳国
晋宁
宿预
角城</td><td>
青州济岷郡
东晋立
东晋立</td><td></td><td></td><td>北淮阳郡
晋宁
宿预
角城</td><td>广陵境(江苏扬州、高邮、泰州等市一带)</td><td>北淮阳郡
晋宁
宿预
角城</td><td>广陵境</td><td></td><td></td></tr>
<tr><td rowspan="2">新平县</td><td rowspan="2">河南淮阳东北</td><td colspan="8">《宋志》一南兖州刺史:“宋又侨立新平、北淮阳、北济阴、北下邳、东莞五郡”;又新平太守:“明帝泰始七年立。江阳令,郡同立;海安令,郡同立”;又《南齐志》上北兖州新平郡“荒”;又《南齐志》上南兖州海陵郡领有海安县,注云:“永明五年罢新郡,以此县度属。”按刘宋以前之“新平”,有《晋志》上雍州新平郡(治漆,今陕西彬县)、《晋志》下荆州湘东郡新平县(今湖南常宁东北)。而宋齐侨新平郡,则与雍州新平郡无关:其一,新平侨郡立于宋泰始七年,时失豫州淮北之地,新平县正在宋豫州失地范围内;其二,《宋志》一南兖州刺史于北淮阳、北济阴、北下邳等郡,均言“侨立”,以旧有淮阳、济阴、下邳等郡也;而于“新平太守”,则只言“立”,盖旧为新平县,侨置改郡,故言“立”而不言“侨立”也;其三,新平旧为淮阳国属县,侨置又并见于《宋志》之一处,且同时同因侨置淮南之地,益可证新平侨郡乃旧新平县之侨置也;其四,考雍州郡县侨置,多在襄阳附近及汉中,虽亦有侨在淮南江北者,如秦国,然而终属少数,且秦国侨置,在东晋初年,其时形势与宋泰始后迥别,若言此时侨置雍州新平郡于淮南,实难质信。至湘东郡所领新平县,以湘南之县,更无可能侨在淮南。</td><td rowspan="2">○ 新平县,《汉志》下淮阳国属县,《续汉志》二属陈国。陈国后废入梁国,而此县不见于《晋志》上梁国。考《晋志》豫州梁国领有长平县,又颍川郡亦领有长平县;梁国之“长平”当为“新平”之讹。
○《南齐志》“永明五年罢新郡”,“新郡”当作“新平郡”。考《宋志》一南兖州刺史海陵太守无海安县;此县乃侨置新平郡时与郡同立,后新平郡废,乃以此县度属。</td></tr>
<tr><td></td><td></td><td>新平郡</td><td>江阳(江苏海安一带)</td><td>新平郡</td><td>江阳</td><td></td><td></td></tr>
<tr><td rowspan="2">边城郡</td><td rowspan="2">边城(河南商城东)</td><td colspan="8">梁普通中,边城郡入于魏;梁乃侨置边城郡于黄冈,《隋志》下永安郡黄冈界旧有边城郡,开皇初废,即此。参本表义州条。</td><td rowspan="2">○ 边城郡,宋元嘉中置;大明八年省为县,后复置。见《宋志》二南豫州刺史边城左郡太守、《南齐志》上豫州边城郡。</td></tr>
<tr><td></td><td></td><td></td><td></td><td></td><td></td><td>边城郡○</td><td>黄冈(湖北武汉市新洲区</td></tr>
</table>

<table>
<tr>
<td rowspan="2">义州</td>
<td rowspan="2">苞信(河南商城西)</td>
<td colspan="8">《通鉴》卷一四九普通二年六月:“丁卯,义州刺史文僧明、边城太守田守德拥所部降魏。……魏以僧明为西豫州刺史,守德为义州刺史。……秋,七月丁酉,以大匠卿裴邃为信武将军、假节,督众军讨义州,破魏义州刺史封寿于檀公岘,遂围其城,寿请降,复取义州。”胡《注》:“以下文裴邃复义州观之,恐义州与边城郡皆置于安丰境。”今按檀公岘,为庐江雩娄县大别山之异名,则义州与边城郡确当“置于安丰境”,《补梁志》卷一引《一统志》以为“苞信,梁兼置义州”者,大致可信。胡《注》又云:降魏之“义州当置于齐安郡木兰县界”、“黄冈县界旧有边城郡,此正田守德所居之地”者,不可信,与其“皆置于安丰境”语相矛盾,胡《注》盖误以侨义州、侨边城郡为降魏之义州、边城郡也。又《隋志》下蕲春郡罗田:“梁置义州、义城郡,开皇初并废”,是梁侨义州治罗田,而边城侨郡治黄冈(参本表边城郡条)。又《梁书·武帝纪》普通四年六月,“分霍州置义州”,考义州之名,已先有之,此盖义州收复后,又重置而非侨置;义州至太清三年又失于东魏,《魏志》中所谓“义州,萧衍置,武定七年内属”是也。</td>
<td rowspan="2">○ 义州,梁置,治苞信。《隋志》下弋阳郡殷城“旧曰包信”。地在《晋志》豫州安丰郡界,故附表于此。</td>
</tr>
<tr>
<td></td>
<td></td>
<td></td>
<td></td>
<td></td>
<td></td>
<td>义州○</td>
<td>罗田(湖北罗田东)</td>
</tr>
</table>

第七章

《晋书·地理志》冀幽平并雍凉秦梁益诸州之部侨州郡县考表

原州郡县		州郡县侨置经过								附注及备考
		东晋		宋		齐		梁○、陈△		
州统郡国/郡国统县	旧属州郡国/州郡国治	侨州/侨郡统县	侨寄地	侨州/侨郡统县	侨寄地	侨州/侨郡统县	侨寄地	侨州/侨郡统县	侨寄地	
		徐文范《东晋南北朝舆地表·州郡表》卷二冀州："怀帝永嘉中，石勒已扰乱冀州，略据郡县，然尚未有统属。元帝太兴二年，勒称赵王"，以广平、赵等二十四郡国为赵国，冀州自是悉归石勒。其侨置也，据《宋志》一南徐州刺史：冀州流民相率过淮，"江北又侨立幽、冀、青、并四州"。安帝义熙七年，始分淮北为北徐，淮南但为徐州，后又以幽、冀合徐，是冀州侨于江北，当在扬州、高邮、泰州一带，后并入徐州。又晋义熙中刘裕平南燕，乃移冀州治青州，《宋志》二冀州刺史："义熙中更立，治青州，又省。文帝元嘉九年，又分青州立，治历城。割土置郡县。领郡九、县五十"，皆侨郡县。泰始后，局势又大变，《南齐志》上冀州云："泰始初，遇虏寇，并荒没。今所存者，泰始之后更置立也。（青冀）二州共一刺史。郡县十无八九，但有名存，按《宋志》自知也。建元初，以东海郡属冀州，全领一郡"；又《魏志》中齐州："治历城。刘义隆置冀州，皇兴三年更名。"皇兴三年，当宋泰始五年。据此，冀州宋初侨历城，泰始后侨于郁洲，与侨青州同治，两州合一刺史，而旧领郡县尽失。侯景之乱，青冀之地又没于东魏。参本表青州条。								○《晋志》上冀州领郡国十三，县八十三，即赵国统县九，巨鹿国统县二，安平国统县八，平原国统县九，乐陵国统县五，勃海郡统县十，章武国统县四，河间国统县六，高阳国统县四，博陵郡统县四，清河国统县六，中山国统县八，常山郡统县八。后又改安平国为长乐国。 ○《考异》卷二五南齐书桓康传条，据桓康为青冀二州刺史、督北徐之东海之文，以为："今考桓康出镇，在建元四年，其时东海尚属北徐，虽为青冀刺史
冀州	房子（河北高邑西南）	冀州	江北，当在扬州、高邮、泰州等市一带							

冀州		冀州	青州(东阳城,山东青州市)							所督,犹未改隶冀州,《志》所书恐非其实。”未知确否?
冀州				冀州	历城(山东济南市),有实土;移郁洲(江苏连云港市东云台山),无实土	冀州	郁洲	冀州○	郁洲	
		巨鹿国侨置,《晋志》、《宋志》、《南齐志》皆无考,唯《宋书·宗室·长沙景王道邻传》云:“义熙元年,索虏……寇徐州,攻相县,执巨鹿太守贺申”,则东晋当有巨鹿侨郡,且疑其侨置在相县。								
巨鹿国	瘿陶(河北宁晋南)	巨鹿郡	相县(安徽濉溪西北)							
		平原侨郡可考者四:①《宋志》一南兖州刺史云:“《永初郡国》领十四郡。……南平原郡领平原、高唐、茌平凡三县”,并省属南徐州。疑是东晋侨立,领三县当同。侨在旧晋陵郡界。参本表东平国条。②《晋志》下青州:“及苻氏败后,刺史苻朗以州降。朝廷置幽州,以别驾辟闾浑为刺史,镇广固。隆安四年,为慕容德所灭。”考辟闾浑乃以北平原太守领幽州刺史镇广固,《晋书·孝武帝纪》:太元十七年“夏四月,齐国内史苻喆杀乐安太守辟闾濬,据青州反,北平原太守辟闾浑讨击之”是也。③《宋志》一南兖州刺史:“诸侨郡县,何志又有……平原,……领茌平、临淄、营城、平原四县”,后并入东平,侨地在广陵郡境。参本表东平国条。④《宋志》二冀州刺史平原太守领广宗、平原、鬲、安德、平昌、般、茌平、高唐八县;此郡疑置于义熙平南燕后,先治历城,孝建二年移梁邹,《魏志》中齐州东平原郡:“刘裕置,魏因之,治梁邹。”当是泰始后没于魏。								○南平原郡当是宋元嘉十一年后所省。《宋志》一南兖州刺史云:“《起居注》,……元嘉十一年,以……平原之济岷、晋宁并营城,高唐并茌平”是也。参本表济岷郡条。

平原国 平　原 高　唐 茌　平	平原(山东平原西南)	平原郡 平　原 高　唐 茌　平	旧晋陵郡界(江苏镇江、金坛、常州、无锡等市一带)	南平原郡 平　原 高　唐 茌　平	旧晋陵郡界				
平原国 茌　平 临　淄 营　城 平　原	青州齐国 青州济岷郡			平原郡 茌　平 临　淄 营　城 平　原	广陵境(江苏扬州、高邮、泰州等市一带)				
平原国		北平原郡	广固(山东青州市西北)						
平原国 广　宗 平　原 鬲 安　德 西平昌 般 茌　平 高　唐	冀州安平国	平原国	历城(山东济南市)	平原国 广　宗 平　原 鬲 安　德 平　昌 般 茌　平 高　唐	梁邹(山东邹平北故梁邹城)				
		乐陵侨郡可考者二:①《宋志》一南徐州刺史南平昌太守新乐令:“晋江左立乐陵郡及诸县,后省,以新乐县属此。”按南平昌郡侨在京口,则乐陵郡亦在此一带。领县唯新乐可考。参本表平昌郡条。②《宋志》二冀州刺史乐陵太守领乐陵、阳信、新乐、厌次、泾沃五县,有实土;又《魏志》中青州乐陵郡:“故千乘地,刘义隆置。魏因之”,领县五,“阳信,有千乘城、博昌城;乐陵,有薄姑城;厌次;新乐;泾沃”。当是泰始后没于北魏。							

乐陵国 新乐	厌次（山东阳信东南）	乐陵郡 新乐	京口（江苏镇江市）一带							
乐陵国 乐陵 阳信 新乐 厌次 泾沃				乐陵国 乐陵 阳信 新乐 厌次 泾沃	千乘（山东高青东南）、博昌（山东博兴东南）一带					
		《宋志》二冀州刺史勃海太守："江左省置，孝武又侨立，何无，领县三"，长乐，"晋之长乐郡也。疑是江左省为县，至是又立"；蓚；重合。又《魏志》中青州勃海郡领重合、修、长乐三县，郡注云："故临淄地，刘骏置，魏因之。"考东晋未尝有勃海故地，"江左省置"当指侨郡，疑是义熙中平南燕设立（领县无考）；后废，宋孝武帝刘骏又置。又《宋志》二冀州刺史广川太守："何志，广川江左侨立。又有蓚县，而无广川。孝武大明元年，省广川之枣强、勃海之浮阳、高城立广川县"；又《宋志》二冀州刺史河间太守南皮令："孝武始立，属勃海，大明七年度此"，据知蓚县先属广川侨郡；而大明元年前，勃海侨郡又领有浮阳、高城二县，大明七年前，又有南皮；又可推知勃海侨郡，"孝武又侨立"在孝建年中。侨郡当是泰始后没于魏。								
勃海郡 重合 蓚 长乐 浮阳 高城 南皮	南皮（河北南皮东北） 本冀州领郡	勃海郡	临淄（山东淄博市东北）	勃海郡 重合 蓚 长乐 （浮阳） （高城） （南皮）	临淄					
		《宋志》二冀州刺史河间太守："江左屡省置，宋孝武又侨立。何无。领县六"，即乐城、城平、武垣、章武、南皮、阜城；又《晋书·安帝纪》义熙六年"秋七月庚申，卢循遁走。甲子，使辅国将军王仲德、广川太守刘钟、河间内史蒯思等帅众追之"。按河间侨郡，当设立于晋义熙中刘裕平南燕时；东晋侨置，既言"内史"，则为国也。所领侨县据《宋志》二冀州刺史广								○《魏志》中青州河间郡注："刘义隆置，魏因之"，与《宋志》"孝武又侨立"者异，未明孰是。

		川太守中水令“孝武大明七年，自河间度属”，则先又有中水也。侨郡泰始中没于魏。侨地当在寿光、广饶一带。								
河间国 乐　城 成　平 武　垣 章　武 南　皮 阜　城 中　水	乐城（河北献县东南） 冀州章武国 冀州勃海郡 冀州勃海郡	河间国	山东寿光市、广饶县一带	河间郡 乐　城 城　平 武　垣 章　武 南　皮 阜　城 （中水）	寿光市、广饶县一带					
		高阳侨置，可考者二：①《宋志》一扬州刺史：“江左又立高阳、堂邑二郡。高阳领北新城、博陆二县，堂邑领堂邑一县，后省堂邑并高阳，又省高阳并魏郡，并隶扬州，寄治京邑”；又据《通鉴》卷一一七义熙十一年正月：“以高阳内史刘钟领石头戍事，屯治亭”，又《宋书·向靖传》：“（义熙）十年，迁冠军将军、高阳内史、临淮太守，领石头戍事”，则侨京邑者为高阳国也。②《宋志》二冀州刺史高阳太守：“江左屡省置，孝武又侨立，何无。领县五”，即安平、饶阳、鄚、高阳、新城；又据《宋志》二冀州刺史魏郡太守蠡吾令：“孝武始立，属高阳。大明七年度此”，则先又领蠡吾县。此郡当是义熙中置，泰始中没魏。								○《魏志》中青州高阳郡“故乐安地。刘义隆置，魏因之”，与《宋志》“孝武又侨立”互异，莫明孰是。
高阳国 北新城 博　陆	博陆（河北蠡县南）	高阳国 北新城 博　陆	京邑（江苏南京市）							
高阳国 安　平 饶　阳 鄚 高　阳 北新城 蠡　吾	 冀州博陵郡 冀州博陵郡 司州魏郡	高阳郡	乐安（山东邹平东北）	高阳国 安　平 饶　阳 鄚 高　阳 新　城 （蠡吾）	乐　安					

清河国 清 河 东武城 绎 幕 贝 丘	清河(山东临清市东北)	清河侨郡可考者二:①《晋志》下徐州:明帝立南清河等郡(当称清河郡)。又《宋志》一南徐州刺史南清河太守,领清河、东武城、绎幕、贝丘四县(疑东晋同);又《南齐志》上南徐州南清河郡领四县同《宋志》。疑梁天监元年土断中省。侨地在旧晋陵郡界。②《宋志》二冀州刺史清河太守领县七,即清河、武城、绎幕、贝丘、零、鄃、安次;又《魏志》中齐州东清河郡:“刘裕置,魏因之。”据此,则清河侨郡,盖置于义熙中刘裕平南燕,泰始后没于北魏。其侨地,《隋志》中齐郡淄川:“旧曰贝丘,置东清河郡。后齐郡废。”								
		清河郡 清 河 东武城 绎 幕 贝 丘	旧晋陵郡界(江苏镇江、金坛、常州、无锡等市一带地)	南清河郡 清 河 东 武 城 绎 幕 贝 丘	旧晋陵郡界	南清河郡 清 河 东 武 城 绎 幕 贝 丘	旧晋陵郡界			
清河国 清 河 东武城 绎 幕 贝 丘 灵 鄃 安 次	幽州燕国	清河郡	淄川(山东淄博市西南淄川)	清河郡 清 河 武 城 绎 幕 贝 丘 零 鄃 安 次	淄 川					
		广川侨郡,可考者二:①《宋志》一扬州刺史:“成帝咸康四年,侨立魏郡,……又侨立广川郡,领广川一县;宋初省为县,隶魏郡。……并隶扬州,寄治京邑。”②《宋志》二冀州刺史广川太守:“何志,广川江左所立。又有蓨县,而无广川。孝武大明元年,省广川之枣强(前汉属清河,后汉、晋江左无)、勃海之浮阳、高城立广川县,非旧广川县也,属广川郡。领县四”,即广川、中水、武强(“何江左立”)、索卢(“何江左立”),有实土。又《宋志》二冀州刺史河间太守章武令:“江左立,属广川,孝武大明七年度此。”是又领章武一县。又《魏志》中齐州广川郡云:“刘裕置,魏因之”,是郡盖置于义熙平南燕后,泰始中又没于魏。其侨地,据《隋志》中齐郡长山:“旧曰武强,置广川郡。”								○《宋志》二冀州刺史广川太守:“本县名,属信都,《地理志》不言始立。景帝二年,以为广川国。宣帝甘露三年复。明帝更名乐安,安帝延光中,改曰安平。晋武帝太康五年,又改为长乐。”广川侨郡,盖以

广川国 广　川	信都(河北冀州市) 冀州勃海郡	广川郡 广　川	京邑(江苏南京市)								旧广川国侨立。班书阁《东晋侨置州郡释例》以广川为“旧县侨置改郡例”，欠妥。
广川国 蓚 章　武 武　强 索　卢 中　水 广　川 枣　强	 冀州勃海郡 冀州章武国 冀州武邑郡 冀州长乐国 冀州河间国 新立 冀州长乐国	广川郡 蓚 章　武 武　强 索　卢	长山(山东邹平东)	广川郡 (蓚) (章武) 武　强 索　卢 中　水 广　川 (枣强)	长　山						○《魏志》上冀州长乐郡领有索卢，“晋属广川”；又有枣强，“属广川”，对照《晋志》，即属冀州安平国也。又《魏志》上冀州武邑郡：“晋武帝置”，领有武强。《宋志》云索卢、武强二县，“何江左立”，当指侨立耳。 ○《东晋志》卷四冀州广川郡领有广川侨县，盖误以侨京邑之广川郡与侨长山者混二为一。班书阁《河北东晋州郡侨置考》同此误。
		《宋志》一南徐州刺史临淮太守：“长乐令，本长乐郡，并合为县。”按临淮郡侨在武进，长乐侨郡当亦在此。侨郡后省为县，属临淮侨郡。参本表临淮郡条。									○长乐国，晋太康五年改安平国置。
长乐国	信都(河北冀州市)	长乐郡	武进(江苏丹阳市东)								
		《梁书·敬帝纪》太平二年，“分寻阳、太原、齐昌、高唐、新蔡五郡，置西江州”；又《隋志》下同安郡宿松：“梁置高塘郡。开皇初郡废，改县曰高塘。十八年又改名焉”；又《考异》卷三三隋书地理志下：“高塘当作高唐”；又《考异》卷二七陈书程灵洗传“出为高唐、太原二郡太守”条：“按梁陈之际，侨立高唐郡于宿松，太原郡于彭泽。”									○《晋志》上冀州平原国领高唐县，治山东禹城市西南；后又随平原郡侨在山东邹平境。参本表平原国条。

高唐县	山东邹平境							高唐郡	宿松（安徽宿松）	
		幽州侨置，可考者有三：①《晋书·愍帝纪》建兴二年“三月癸酉，石勒陷幽州，杀侍中、大司马、幽州牧、博陵公王浚，焚烧城邑，害万余人”，自此幽州陷。终东晋、宋齐梁陈，幽州未获收复，流民过淮，乃于江北侨置幽州。《宋志》一南徐州刺史：“江北又侨立幽、冀、青、并四州。安帝义熙七年，始分淮北为北徐，淮南犹为徐州。后又以幽、冀合徐。”又考《晋书·谢玄传》，苻坚将彭“超围幽州刺史田洛于三阿，有众六万”，又《舆地纪胜》卷四三高邮军云：“高邮县，东晋有三阿”，王象之自注：“三阿即今之北阿，苻坚遣将彭超，以兵六万围幽州田洛于三阿，去广陵百里。谢玄自广陵救三阿，大败其众”；又杨守敬《东晋疆域图》于徐州之高邮注：“侨幽州”，则幽州侨立三阿，当无疑义。②《晋志》下青州云：“及苻氏败后，刺史苻朗以（青）州降。朝廷置幽州，以别驾辟闾浑为刺史，镇广固”，此为孝武太元中事。（《通鉴》卷一一一隆安三年胡《注》云：“晋氏南渡，侨立幽、冀、青、并四州于江北。秦围幽州刺史田洛于三阿，是其证也。孝武太元之季，复取齐地，徙幽、冀二州于齐，是后镇齐者，率领青、冀二州刺史。浑领幽州刺史，盖自北而南，未纯为晋臣，使领幽州而镇广固也。”）及隆安四年，又为慕容德所灭，德复改为青州。③《读史方舆纪要》卷三一济南府邹平县云：“孝建二年，置平原郡，兼置幽州治焉。泰始三年，幽州刺史刘休宾守梁邹，不附魏，是也”；又《考异》卷二八魏书刘休宾传“稍迁幽州刺史，镇梁邹”条云：“此刘宋侨立之幽州，无实土，《宋志》亦不载。”《宋志》未见有此州，盖侨置未久，而旋废也。								○《晋志》上幽州郡国七，县三十四，即范阳国统县八，燕国统县十，北平郡统县四，上谷郡统县二，广宁郡统县三，代郡统县四，辽西郡统县三。
幽　州	蓟（北京城西南）	幽　州	三阿（江苏金湖东南）							
幽　州		幽　州	广固（山东青州市西北）							
幽　州				幽　州	梁邹（山东邹平北故梁邹城）					

<table>
<tr><td rowspan="2">燕　国</td><td rowspan="2">蓟(北京城西南)</td><td colspan="8">燕国之侨置,《晋志》、《宋志》、《南齐志》未之及,然可于纪传中求之。《晋书·谢安传》:孝武时,“复加侍中,都督扬、豫、徐、兖、青五州、幽州之燕国诸军事,假节”;又《晋书·谢玄传》:“诏以玄为前锋,都督徐兖青三州、扬州之晋陵、幽州之燕国诸军事”;又《宋书·虞丘进传》:元兴“三年,从平京城,定京邑,除燕国内史”。按燕国故地,向未恢复,上述之燕国属侨置无疑。又《宋书·文帝纪》元嘉十八年冬十月“乙卯,省南徐州之南燕、濮阳、南广平郡”。据此,则侨置燕国,宋改为南燕郡,属南徐州,侨于旧晋陵郡界;杨守敬《东晋疆域图》于扬州晋陵郡亦曰:“幽州之燕国疑侨于此。”又按《宋志》一南徐州刺史淮陵太守:“《永初郡国》有下相、广阳”,其广阳为西晋幽州燕国属县,疑先属侨燕国,永初后改属淮陵也。若然,则燕国当侨在武进一带。参本表淮陵国条。</td><td rowspan="2"></td></tr>
<tr><td>燕　国</td><td>旧晋陵郡界(江苏镇江、金坛、常州、无锡等市一带),疑在武进(江苏丹阳市东)一带</td><td>南燕郡</td><td>旧晋陵郡界,疑在武进一带</td><td></td><td></td><td></td><td></td></tr>
<tr><td rowspan="2">辽西郡
新　市
潞
真　定
肥　如</td><td rowspan="2">阳乐(河北卢龙东南)
冀州中山国
幽州燕国(?)
冀州常山郡</td><td colspan="8">《宋志》一南兖州刺史广陵太守:“《永初郡国》又有舆、肥如、潞、真定、新市五县”,又注云:肥如、潞、真定、新市,“并二汉旧名。肥如属辽西,潞属上党,真定前汉属真定,后汉省真定属常山,晋亦属常山。新市,二汉、晋属中山。《永初郡国》云四县本属辽西,则是晋末辽西侨郡省并广陵也”。又肥如,《东晋志》卷四幽州辽西郡引《图经》云:“侨县在今天长县界”,《考异》卷二三宋书州郡志一亦云:“肥如,今之天长县。”</td><td rowspan="2">○《宋志》“潞属上党”。考《晋志》上,并州上党郡、幽州燕国并有“潞”县;而幽州燕国潞县,西汉置,作“路”,东汉改“潞”。据《考异》卷二三宋书州郡志一,钱氏所见《宋书》,正作“路”。颇疑辽西侨郡所领潞县,为旧幽州燕国属县也。</td></tr>
<tr><td>辽西郡
新　市
潞
真　定
肥　如</td><td>广陵郡界(江苏扬州、高邮、泰州等市一带)

安徽天长市</td><td></td><td></td><td></td><td></td><td></td><td></td></tr>
</table>

平　州	昌黎(辽宁义县)	永嘉之乱,平州刺史慕容廆为众所推,而遵晋正朔。及其孙儁移都于蓟,是为前燕。其侨置也,《宋志》一总序云:“自夷狄乱华,司、冀、雍、凉、青、并、兖、豫、幽、平诸州,一时沦没,遗民南渡,并侨置牧司,非旧土也”;又《晋书·刘隗传》:大兴中,“拜镇北将军,都督青、徐、幽、平四州军事、假节,加散骑常侍”;又《晋书·王述传》,“为扬州刺史,都督扬州、徐州之琅邪诸军事、卫将军、并冀幽平四州大中正”。按晋失平州后,向未恢复,上述二传中之平州当属侨置。其侨地,据青、徐、幽、平或并、冀、幽、平连书,当在江北广陵郡一带。								○《晋志》上平州领郡国五,统二十六县,即昌黎郡统县二,辽东国统县八,乐浪郡统县六,玄菟郡统县三,带方郡统县七。 ○ 侨平州,不见于晋、宋、齐诸《志》,亦不见各史纪传,疑侨立未久即废也。又平州旧领郡县,东晋南朝亦无侨置者,或其地辽远,其民少有南至者之故。
		平　州	江北广陵郡(江苏扬州、高邮、泰州等市一带)一带							
并　州	晋阳(山西太原市西南)	《晋志》上并州:惠帝“永兴元年,刘元海僭号于平阳,称汉,于是并州之地皆为元海所有”。其侨置可考者有四:①《宋志》一南徐州刺史:“晋永嘉大乱,幽、冀、青、并、兖州及徐州之淮北流民,相率过淮,……江北又侨立幽、冀、青、并四州,……后又以幽、冀合徐,青、并合兖。”②《通鉴》卷一一九永初元年夏四月胡《注》云:“帝既平关、洛,……秦、并州刺史镇蒲坂;毛德祖既自蒲坂退屯虎牢,则并州尝寄治虎牢也。”(参《晋书·毛宝传附毛德祖传》及《考异》卷三五南史宋宗室诸王传上营浦侯遵考)按《宋志》不载此州,以其暂置而旋失也。③《考异》卷二九魏书地形志上“太原郡,刘义隆置”条云:“刘宋尝置并州于此。《房法寿传》,刘彧以房崇吉为并州刺史,领太原太守,治升城。”④《隋志》上通川郡宣汉:“西魏置并州及永昌县。”考《周书·李迁哲传》:“军次并州,梁并州刺史杜满各望风送款”,《考异》卷三二云:“据此传,则(并州)梁代已有之。”按梁实未能有汾晋片土,此侨州也。								○《晋志》上并州统郡国六,县四十五,即太原国统县十三,上党郡统县十,西河国统县四,乐平郡统县五,雁门郡统县八,新兴郡统县五。惠帝改新兴郡为晋昌郡。
		并　州	江北,疑在扬州、高邮、泰州等市一带							

并　州		并　州	蒲坂（山西永济市西南），移虎牢（河南荥阳市西北）	并　州	虎　牢					
并　州				并　州	升城（山东长清西南）					
并　州								并　州○	宣汉境（四川万源市南固军坝）	
		太原国之侨置情形，甚为复杂：①《宋志》三秦州刺史南太原太守："何志云，故属并州，流寓割配。《永初郡国》又有清河、高堂县（别见冀州平原郡，作高唐），领县一"，即平陶，其侨地当在宋秦州侨地即汉中。疑东晋安帝世所立。又《南齐志》下秦州南太原郡领平陶县。梁无考。参本表秦州条。②《宋志》一兖州刺史泰山太守："《永初郡国》又有……太原，本郡，侨立此县。"当是义熙中平南燕后所立也。《宋志》二青州刺史太原太守太原令所谓"晋安帝义熙中土断立，属泰山"是也。是东晋有太原侨县，而无太原侨郡。又《宋书·文帝纪》元嘉十年，"于青州立太原郡"；据《宋志》二青州刺史太原太守："文帝元嘉十年，割济南、泰山立"，领山茌、太原、祝阿三县；其太原为侨县，侨地仍晋旧。侨郡立在长清地，《隋志》中兖州济北郡长清："又有东太原郡，后齐废"；又《魏志》中齐州太原郡："刘义隆置，魏因之"，当是泰始后没于魏。③《梁书·敬帝纪》太平二年，"分寻阳、太原、齐昌、高唐、新蔡五郡，置西江州，即于寻阳仍立州镇"；《考异》卷二七陈书程灵洗传"出为高唐、太原二郡太守"条："按梁陈之际，侨立高唐郡于宿松，太原郡于彭泽"；又《隋志》下九江郡彭泽县："梁置太原郡，领彭泽、晋阳、和城、天水。平陈，郡县并废，置龙城县。"								○ 太原县侨地，据《魏志》中齐州太原郡太原："司马德宗置，魏因之，治升城。"升城又名东太原城，即太原郡侨治。 ○《宋志》二豫州刺史南顿太守和城令："何江左立"。
太原国 平　陶 清　河 高　唐	晋阳（山西太原市西南） 冀州清河国 冀州平原国	太原郡 平　陶 清　河 高　堂	汉中（陕西汉中市）	南太原郡 平　陶	汉　中	南太原郡 平　陶	汉　中			

太原国 太　原	本并州太原国			太原郡 太　原	长清(山东长清西南) 升城(山东长清西南)				
太原国 晋　阳 和　城 天　水	豫州南顿郡 本秦州天水郡							太原郡 晋　阳 和　城 天　水	彭泽(江西彭泽东北)
		上党郡侨置,可考者有二:①《晋志》下扬州:孝武宁康中,“是时上党百姓南渡,侨立上党郡为四县,寄居芜湖,寻又省上党郡为县”;据《宋志》—扬州刺史淮南太守襄垣令:“其地本芜湖。芜湖县,汉旧县。至于晋末,立襄垣县,属上党。上党民南过江,立侨郡县,寄治芜湖,后省上党郡为县,属淮南。文帝元嘉九年,省上党县并襄垣。”是侨芜湖之上党郡,领四县,可考者襄垣县;后郡省为县,又并入襄垣,属淮南侨郡。参本表淮南郡条。②《宋志》—徐州刺史淮阳太守上党令:“本流寓郡,并省来配。”考淮阳,义熙中土断立,治角城。此上党郡别于侨芜湖之上党郡,而另为一郡,义熙前为侨郡,义熙后土断改县,属淮阳郡。是淮南、江南,均有上党郡之侨置,盖先侨淮阳,后又流徙,乃再侨江南。参本表淮阳国条。							
上党郡 襄　垣	潞(山西黎城南)	上党郡 襄　垣	芜湖(安徽芜湖市)西南						
上党郡		上党郡	淮阳(江苏淮阴市西南)						
		雁门侨郡可考者二:①《宋志》—南兖州刺史:“《永初郡国》领十四郡。……雁门郡领楼烦、阴馆、广武、崞、马邑凡五县。……省属南徐州。”疑东晋末领县同。此侨于江南之雁门郡,当在旧晋陵郡境。②《宋志》—南兖州刺史:“诸侨郡县,何志又有……雁门……领楼烦、阴馆、广武三县”,后省并东平郡(孝武大明五年,又以东平并广陵)。							

雁门郡 楼　烦 阴　馆 广　武 崞 马　邑	广武（山西代县西南） 旧领 旧领	雁门郡 楼　烦 阴　馆 广　武 崞 马　邑	旧晋陵郡境（江苏镇江、金坛、常州、无锡等市一带）	雁门郡 楼　烦 阴　馆 广　武 崞 马　邑	旧晋陵郡境				
雁门郡 楼　烦 阴　馆 广　武	旧领 旧领			雁门郡 楼　烦 阴　馆 广　武	广陵境（江苏扬州、高邮、泰州等市一带）				
		《晋志》下荆州："元帝渡江，又侨立新兴、南河东二郡"；又《宋志》三荆州刺史新兴太守："晋江左侨立，宋初六县。后省云中；孝武孝建二年，又省九原县并定襄，宕渠（流寓立）并广牧。今领县三"，即定襄、广牧、新丰（"汉旧名，属京兆。侨流立"）。疑东晋领六县同宋初。又《南齐志》下荆州新兴郡领三县同《宋志》。又《梁书》有《新兴王大庄传》，"大宝元年，封新兴郡王，邑二千户"；又《南史·梁宗室·南平元襄王伟传》：子祗"天监中，封定襄县侯"；又《隋志》下南郡安兴云："旧置广牧县，开皇十一年省安兴县入，仁寿初改曰安兴。又有定襄县，大业初废入。"据此，梁有新兴郡，领广牧、定襄二县，后废。							
新兴郡 云　中 九　原 定　襄 广　牧 新　丰 宕　渠	九原（山西忻州市） 雍州京兆郡 梁州巴西郡	新兴郡 云　中 九　原 定　襄 广　牧 新　丰 宕　渠	安兴（湖北江陵东）	新兴郡 定　襄 广　牧 新　丰	安　兴	新兴郡 定　襄 广　牧 新　丰	安　兴	新兴郡○ 定　襄 广　牧	安　兴

义昌郡(?)	疑新立侨郡	《东晋志》卷四并州侨郡有义昌,云:"《宋书·刘道邻传》,代诸葛长民为并州刺史、义昌太守;弟道规亦为并州刺史、义昌太守",是知并州刺史常带义昌太守,疑侨在一处。据《宋书·刘道邻传》,义熙中,为义昌太守,镇山阳,或即义昌郡侨地?而钱大昕《〈东晋疆域志〉序》则称:"幽州燕国、并州义昌,不言侨立何方。"								○ 按旧无义昌郡,诸《志》亦无义昌立属之文,则义昌究是侨郡否,尚有疑。姑附于此。
		义昌郡	山阳(江苏淮安市)							
雍　州	长安(陕西西安市西北)	《晋书·孝怀帝纪》、《孝愍帝纪》云:永嘉五年,雍州入刘聪,次年恢复,至建兴四年仍为刘汉所有。其侨置也,《晋志》上雍州云:"自元帝渡江,……初以魏该为雍州刺史,镇酂城,寻省。……其后秦、雍流人多南出樊、沔,孝武始于襄阳侨立雍州,仍立京兆、始平、扶风、河南、广平、义成、北河南七郡,并属襄阳。襄阳故属荆州。"又《宋志》三雍州刺史:"宋文帝元嘉二十六年,割荆州之襄阳、南阳、新野、顺阳、随五郡为雍州,而侨郡县犹寄在诸郡界。孝武大明中,又分实土郡县以为侨郡县境";又《南齐志》下雍州:"镇襄阳。……元帝以魏该为雍州,镇酂城,襄阳别有重戍。庾翼为荆州,谋北伐,镇襄阳。自永嘉乱,襄阳民户流荒。咸康八年,尚书殷融言:'襄阳、石城,疆埸之地,对接荒寇。诸荒残寄治郡县,民户寡少,可并合之。'朱序为雍州,于襄阳立侨郡县,没苻氏。氐败,复还南,复用朱序。襄阳左右,田土肥良,桑梓野泽,处处而有。郗恢为雍州,于时旧民甚少,新户稍多。宋元嘉中,割荆州五郡属,遂为大镇";又《通鉴》卷一五六中大通五年:"魏荆州刺史贺拔胜寇雍州。"胡《注》:"此梁之雍州,治襄阳。"又《隋志》下襄阳郡:"江左并侨置雍州。西魏改曰襄州,置总管府。大业初府废。"另《通典》、《舆地广记》、《元和郡县图志》、《读史方舆纪要》等所载皆类此。据此,雍州东晋始侨立时,无实土,寄治酂城,寻省;咸康中又省寄治郡县。孝武帝以朱序为刺史,又于襄阳立侨郡县,后没苻秦;及胡亡氐乱,秦雍流民多南出樊沔,孝武太元中乃又于襄阳侨立雍州,并立侨郡县,寄在襄阳;襄阳新户多于旧民,宋元嘉中割荆州四郡为雍州实土,而侨郡县犹寄寓诸郡界;大明中,又分实土郡县以为侨郡县境。								○《晋志》上雍州统郡国七,县三十九,即京兆郡统县九,冯翊郡统县八,扶风郡统县六,安定郡统县七,北地郡统县二,始平郡统县五,新平郡统县二。后又改扶风郡为秦国。 ○《考异》卷二三宋书州郡志三云:"随郡本属荆州,孝武孝建元年度属郢,前废帝永光元年度属雍,明帝泰始五年还属郢,改为随阳,后废帝元徽四年度属司州,见司州下。是元嘉廿六年随未尝属雍也,永光元年至泰始五年属雍州,后又改属郢州。" ○ 洪颐煊《诸史考异》云:"顺帝升明二年十一月甲子,改封南阳王翙为随郡王,改随阳郡。《志》误。"
		雍　州	酂城(湖北老河口市西北),寻省。又立,寄襄阳(湖北襄樊市)	雍　州	襄阳,割荆州襄阳、南阳、新野、顺阳四郡成实土	雍　州	襄　阳	雍　州○	襄　阳	

京兆侨郡可考者四：①《宋志》三雍州刺史京兆太守："初侨立，寄治襄阳。朱序没氐。孝武太元十一年复立。大明土断，割襄阳西界为实土。雍州侨郡先属府，武帝永初元年属州。《永初郡国》有蓝田、郑、池阳、南霸城、新康五县，何志无新康而有新丰。徐无。孝武大明元年，省京兆之卢氏、蓝田、霸城县。卢氏当是何志后所立，……新康疑是晋末所立。领县三"，即杜、邓、新丰，其邓县为南阳郡旧县。盖始侨立，寄襄阳，《宋书·柳元景传》："除宁朔将军、京兆广平二郡太守，于樊城立府舍，率所领居之"是也。大明中割邓县属京兆郡，郡成实土。又《南齐志》下雍州京兆郡领邓、新丰、杜、魏四县。梁废。②《宋志》二司州刺史云：晋义熙中，"武帝北平关、洛，河南底定，置司州刺史，治虎牢。……又有河内、东京兆（京兆别见雍州，东京兆新立）二侨郡。……东京兆寄治荥阳，领长安、万年、新丰、蓝田、蒲坂凡六县（按：数之只五县）"。少帝景平初，司州复没。③《宋志》三雍州刺史："孝武大明中，又分实土郡县以为侨郡县境。徐志雍州有北上洛、北京兆、义阳三郡。……北京兆领北蓝田、霸城、山北三县。（三郡）并云景平中立。……今并无此三郡。"按义熙中刘裕收复关中，原京兆郡加"北"成北京兆郡；后失关中，宋景平中，又侨立北京兆郡于襄阳一带，盖大明土断中省。④《宋志》三秦州刺史西京兆太守："晋末三辅流民出汉中，侨立。领县三"，即蓝田、杜、鄠。按是郡乃元嘉二年侨立，《宋书·文帝纪》元嘉二年"八月甲申，以关中流民出汉川，置京兆、扶风、冯翊等郡"是也。又《南齐志》下秦州京兆郡领县三同《宋志》。后地入北魏。

京兆郡 杜　陵 新　丰 蓝　田 郑 池　阳 霸　城 新　康 卢　氏 魏	长安（陕西西安市西北） 雍州扶风郡 新立 司州上洛郡 司州魏郡	京兆郡 杜 新　丰 蓝　田 郑 池　阳 南霸城 新　康	襄阳（湖北襄樊市）	京兆郡 杜 新　丰 （蓝田） （霸城） （卢氏）	襄阳，移邓县境（湖北襄樊市西北），成实土	京兆郡 杜 新　丰 魏	邓县境		

○"雍州侨郡先属府，武帝永初元年属州。"盖侨雍州侨郡县先由都督一将军府系统管理，永初元年刘宋政权成立后，乃改由刺史州职系统管理。

○《考异》卷三○魏书地形志下"京兆郡山北"条云："山北县姚兴所置，见《太平寰宇记》。"按东晋南朝不侨置十六国北朝所新置的州郡县，此山北侨县，盖属特例。

京兆郡 长安 万年 新丰 蓝田 蒲坂	司州河东郡	东京兆郡 长安 万年 新丰 蓝田 蒲坂	荥阳(河南荥阳市东北)	东京兆郡 长安 万年 新丰 蓝田 蒲坂	荥阳					
京兆郡 蓝田 霸城 山北	后秦置			北京兆郡 北蓝田 霸城 山北	襄阳(湖北襄樊市)一带					
京兆郡 蓝田 杜陵 鄠	雍州始平郡			西京兆郡 蓝田 杜 鄠	汉中(陕西汉中市)	京兆郡 蓝田 杜 鄠	汉中			
		侨冯翊郡可考者二:①《宋志》三秦州刺史冯翊太守:“三辅流民出汉中,文帝元嘉二年侨立。领县五”,即莲勺、频阳、下辩(“徐志故属略阳,流寓割配”)、高陆(“何志流寓割配”)、万年;又《南齐志》下秦州冯翊郡领莲勺、频阳、下邽、万年、高陵五县。后地入北魏。②《宋志》三雍州刺史冯翊太守:“三辅流民出襄阳,文帝元嘉六年立。……治襄阳。今治郡,领县三”,即郡县、高陆、莲勺(据成孺《宋书州郡志校勘记》补)。其郡县为东晋襄阳所领旧县,西晋属南郡。又《南齐志》下雍州冯翊郡领郡、莲勺、高陆三县;又《隋志》下竟陵郡蓝水:“宋侨置冯翊郡莲勺县,西魏改郡曰汉东,县为蓝水,又宋置高陆县,西魏改曰激水”,是梁有冯翊郡及莲勺、高陆二县。								○ 高陵,疑是高“陸”之误,盖形近而讹。
冯翊郡 莲勺 频阳 下辩 高陆 万年 下邽	临晋(陕西大荔) 秦州武都郡 雍州京兆郡 雍州京兆郡			冯翊郡 莲勺 频阳 下辩 高陆 万年	汉中(陕西汉中市)	冯翊郡 莲勺 频阳 高陆 万年 下邽	汉中			

冯翊郡 莲勺 高陆	雍州京兆郡			冯翊郡 莲勺 高陆	襄阳(湖北襄樊市),移郡(湖北宜城市东南) 蓝水(湖北钟祥市西北)	冯翊郡 莲勺 高陆	蓝水	冯翊郡○ 莲勺 高陆	蓝水	

扶风侨郡可考者有四:①《宋志》三雍州刺史扶风太守:“侨立,治襄阳,今治筑口。《永初郡国》及何志唯有郿、魏昌县。孝武大明元年省魏昌。领县三”,即筑阳(“大明土断属此”)、郿、汎阳(“大明土断属此”)。其筑阳与汎阳为顺阳郡旧县。考《晋志》上雍州,扶风侨郡为晋孝武时所立,时无实土;大明土断,割筑阳、汎阳二县来属,郡成实土。又《南齐志》下雍州扶风郡领县三,与《宋志》同。梁废。②《宋书·文帝纪》元嘉二年,“秋八月甲申,以关中流民出汉川,置京兆、扶风、冯翊等郡”;又《宋志》三秦州刺史西扶风太守:“晋末三辅流民出汉中侨立。领县二”,即郿、武功;又《南齐志》下秦州西扶风郡领二县同《宋志》。③《宋志》三秦州刺史北扶风太守:“孝武孝建二年,以秦、雍流民立”,领武功、华阴、始平三县。又《南齐志》下秦州无此郡。④《南齐志》下益州扶风郡领武江、华阴、茂陵三县,注云:“见《永元三年志》”,疑是北扶风郡移置于益州境内。其侨地,据《隋志》上普安郡武连:“旧曰武功,置辅剑郡”;又《元和郡县图志》卷三三剑南道剑州武连县:“宋元嘉中,于县南五里侨立武都郡下辩县,又改下辩侨置武功县。”则侨地在武连。

扶风郡 郿 魏昌	池阳(陕西泾阳西北) 冀州中山国	扶风郡 郿 魏昌	襄阳(湖北襄樊市)	扶风郡 郿	襄阳,割成实土,移治筑口(湖北谷城东)	扶风郡 郿	筑口		
扶风郡 郿 武功	雍州始平郡			西扶风郡 郿 武功	汉中(陕西汉中市)	西扶风郡 郿 武功	汉中		

○ 武江,疑当作武功。

扶风郡 武　功 华　阴 始　平	 雍州始平郡 司州弘农郡 雍州始平郡			北扶风郡 武　功 华　阴 始　平	汉中(陕西汉中市)					
扶风郡 武　功 华　阴 茂　陵	 雍州始平郡 司州弘农郡 汉扶风郡县					扶风郡 武　功 华　阴 茂　陵	武连(四川剑阁西南)			
		《宋志》三秦州刺史安定太守:"《永初郡国志》无。领县二。朝那令,汉旧名。宋兴令,何志新立。"又《南齐志》下秦州安定郡领宋兴、朝那二县。								〇《南齐志》下雍州宁蛮府领安定郡,郡统思归、归化、皋亭、新安、士汉、士顷六县。此郡既属宁蛮府,县又均为新置,以不列入侨置为妥。
安定郡 朝　那 宋　兴	临泾(甘肃镇原东南) 新立			安定郡 朝　那 宋　兴	汉中(陕西汉中市)	安定郡 朝　那 宋　兴	汉　中			
		始平侨郡可考者三:①《晋志》上雍州:"始于襄阳侨立雍州,仍立京兆、始平、扶风、河南、广平、义成、北河南七郡,并属襄阳";又《宋志》三雍州刺史始平太守:"后分京兆、扶风侨立,治襄阳。今治武当。《永初郡国》唯有始平、平阳、清水三县,何志有槐里、宋宁、宋嘉(按:二县"何志新立")三县,而清水、始平与《永初郡国》同。领县四",即武当、始平、武功、平阳("江左平阳郡民流寓,立此")。按武当,《晋志》顺阳郡旧县,则始平侨郡先寄在襄阳,无实土,后分武当为实土。又《宋志》三雍州刺史顺阳太守槐里男相:"侨立亦属始平,大明土断属此",又清水令:"侨立属始平,大明土断属此。"据此,大明土断前,始平郡又领有槐里、清水二县也。又《南齐志》下雍州始平郡领县四,为武当、武阳、始平、平阳;梁仍有始平郡,《梁书·武帝纪》普通二年"八月丁亥,始平郡中石鼓村地自开成井"是也。②《宋志》三秦州刺史始平太守:"《永初郡国》无,领县三",始平、槐里为侨县,宋熙"新立"。《南齐志》下秦州始平郡领县三同《宋志》。当侨于秦州治即汉中。后地入北魏。③《隋志》上金山郡涪城:"旧置始平郡,西魏改郡曰涪城",又《读史方舆纪要》卷七十一潼川府涪城废县:"萧梁侨置始平县及始平郡,西魏改郡曰涪城。"								〇《晋志》上雍州:"然自元帝渡江,所置州亦皆遥领。初以魏该为雍州刺史,镇酇城,寻省,侨立始平郡,寄居武当城"云云,则始平先寄武当城,后移寄襄阳,与《宋志》异。当依《宋志》。 〇《南齐志》武阳,《宋志》作"武功"。按武功,旧始平郡属县;武阳,前汉属东海郡,后汉省,以东海郡属县侨置于武当附近,可疑,当作"武功"。

始平郡 始平 平阳 清水 槐里 武功	槐里(陕西兴平市东南) 司州平阳郡 秦州略阳郡	始平郡 始平 平阳 清水 槐里	襄阳(湖北襄樊市)，移武当(湖北丹江口市西北)，成实土	始平郡 始平 平阳 (清水) (槐里) 武功	武当	始平郡 始平 平阳 武功	武当	始平郡○	武当
始平郡 槐里 始平 宋熙	新立			始平郡 槐里 始平 宋熙	汉中(陕西汉中市)	始平郡 槐里 始平 宋熙	汉中		
始平郡 始平								始平郡○ 始平	涪城(四川三台西北)

《晋志》上雍州:“有秦国流人至江南,改堂邑为秦郡,侨立尉氏县属焉”;又《宋志》一南兖州刺史秦郡太守:“晋武帝分扶风为秦国,中原乱,其民南流,寄居堂邑。……安帝改堂邑为秦郡。《永初郡国》属豫州,元嘉八年度南兖。《永初郡国》又领临涂(晋、宋立)、平丘、外黄、沛、雍丘、浚仪、顿丘凡七县。何无雍丘、外黄、平丘、沛,徐又无浚仪。元嘉八年,以沛并顿丘。后废帝元徽元年,割顿丘属新昌。领县四”:一秦,“本属秦国,流寓立。文帝元嘉八年,以临涂并秦,以外黄并浚仪。孝武孝建元年,以浚仪并秦”;二义成,“江左立”;三尉氏,“汉旧名,属陈留。文帝元嘉八年,以平丘并尉丘”;四怀德。按此怀德与侨建康之怀德别,此为大明五年新立。又据《考异》卷二四宋书檀韶传,堂邑本有北陈留侨郡,则尉氏、平丘、外黄、浚仪、雍丘本属陈留侨郡;及安帝义熙九年土断侨流郡县时,改堂邑为秦郡,又并陈留入焉。参本表陈留国条。又《宋志》一徐州刺史新昌太守顿丘令:“江左流寓立,属秦,先有沛县,元嘉八年并顿丘,后废帝元徽元年度属此”,则安帝时秦郡始立时,顿丘、沛二县属焉。又《隋志》下江都郡清流:“旧曰顿丘,置新昌郡及南谯州”,则顿丘、沛二县在清流界。参本表顿丘郡条。又《南齐志》上青州齐郡云:“永明元年,罢秦郡并入,治瓜步。”参本表齐国条。又《隋志》下江都郡六合:“旧曰尉氏,置秦郡。后齐置秦州。后周改州曰方州,改郡曰六合。开皇初郡废,四年改尉氏曰六合。”考《通鉴》卷一六三简文帝大宝元年九月,“初,宁州刺史彭城徐文盛募兵数万人讨侯景,湘东王绎以为秦州刺史”,胡《注》:“《五代志》,江都郡六合县,

○《晋志》上雍州:“惠帝即位,改扶风国为秦国。”而《宋志》一南兖州刺史秦郡太守云:“晋武帝分扶风为秦国”,两《志》异。考《晋书·秦献王柬传》云:“太康十年,徙封于秦,邑八万户”;按柬为西晋首封秦王者,则改扶风为秦国在晋武太康十年前,《晋志》误。更考《元和郡县图志》卷二关内道凤翔府云:扶风郡,“晋太康八年为秦国”。

○《宋志》一南兖州刺史秦郡太守所谓“晋、宋立”,文义不通,当作“晋末立”。

		旧置秦郡。后齐置秦州。抑梁已置之欤？"又《梁书·侯景传》大宝元年"七月，景以秦郡为西兖州"，《梁书·武帝纪》大同六年，"秦郡献白鹿一"，据此，则梁有秦州、秦郡。郡当是萧齐废，梁复置也。秦郡，《补梁志》卷一秦郡领县四，即尉氏、六合、棠邑、昌国；其尉氏、昌国为侨县。								宋、末盖形近致讹。 ○《东晋志》卷一豫州秦郡义成："沈志，江左立。案名与淮南郡所属县同，地亦相近，而沈志于此下云江左立。故两存之。疑亦侨县也。俟再考。" ○《考异》卷三三隋书地理志下云："按《梁书·杜崱传》，齐将郭元建攻秦州刺史严超远于秦郡，则秦州之名，梁末已有之矣。"
秦国	池阳（陕西泾阳西北）	秦国	堂邑（江苏六合北）	秦郡	堂邑	（齐郡）		秦郡○	六合（江苏六合）	
秦		秦		秦						
平丘	汉兖州陈留国	平丘								
外黄	兖州陈留国	外黄								
浚仪	兖州陈留国	浚仪								
尉氏	兖州陈留国	尉氏		尉氏				尉氏		
雍丘	兖州陈留国	雍丘								
顿丘	司州顿丘郡	顿丘	清流（安徽滁州市）							
沛	豫州沛国	沛								
义城	扬州淮南郡	义成		义成						
昌国	青州齐国							昌国		
秦州	新立							秦州○	六合（江苏六合）	
		《梁书·康绚传》："华山蓝田人也。……宋永初中，（绚）祖穆举乡族三千余家，入襄阳之岘南，宋为置华山郡蓝田县，寄居于襄阳，以穆为秦、梁二州刺史，未拜，卒。绚世父元隆、父元抚并为流人所推，相继为华山太守"；又《宋志》三雍州刺史华山太守："胡人流寓，孝武大明元年立。今治大堤。领县三，……华山令，与郡俱立；蓝田令，汉旧名，本属京兆；上黄令，本属襄阳，立郡割度。"据《传》则华山立郡不始于孝武，盖孝武始分上黄县地以为侨郡县境，故史以为孝武所立。又《南齐志》下雍州华山郡领蓝田、华山、上黄三县；又《隋志》下襄阳郡汉南："宋曰华山，置华山郡，西魏改县为汉南，置宜城郡。"据知梁有华山郡、华山县也。按大堤，梁简文帝《雍州曲》三首曰："雍州北渚大堤"，大堤，城名，在襄阳府城外，李白《大堤曲》"汉水横襄阳，花开大堤媛"正谓此也。又按：是郡乃以"胡人流寓"侨置，所谓"胡人"，据《梁书·康绚传》："其先出自康居。……晋时陇右乱，康氏迁于蓝田"是也。								○华山郡，汉、西晋无。《晋书·姚兴载记》："兴率众寇湖城，晋弘农太守陶仲山、华山太守董迈皆降于兴。"按华山郡，盖东晋所立。又《魏志》下华州华山郡领县五，即华阴、郑、夏阳、敷西、郃阳；则疑东晋分弘农之华阴、京兆之郑、冯翊之夏阳而置郡。华山郡地，主要在《晋志》雍州境内，故表于此。

华山郡 蓝　田 华　山	郑（陕西华县） 雍州京兆郡			华山郡 蓝　田 华　山	大堤（湖北宜城市北），割上黄成实土	华山郡 蓝　田 华　山	大　堤	华山郡○ 华　山	汉南（湖北宜城市）	
		《宋书·文帝纪》元嘉六年，“九月戊午，于秦州置陇西、宋康二郡”；又《宋书·刘道产传》：“元嘉三年，督梁、南秦二州诸军事、宁远将军、西戎校尉、梁南秦二州刺史。在州有惠化，关中流民前后出汉川归之者甚多。六年，道产表置陇西、宋康二郡以领之。”考宋、南齐《志》无，当是后废。								○郡以关中流民立，故表于此。
宋康郡	新立侨郡			宋康郡	汉中（陕西汉中市）					
		《宋志》三雍州刺史建昌太守：“孝建元年，刺史朱修之免军户为永兴、安宁二县，立建昌郡，又立永宁为昌国郡，并寄治襄阳。昌国后省。徐志，建昌又有永宁县，今无。领县二”，即永兴、安宁。又《南齐志》下雍州建昌郡、《补梁志》卷三雍州建昌郡领二县同。据“徐志，建昌又有永宁县”，是昌国郡省入建昌郡也。								○《晋志》上兖州：“后石季龙改陈留郡为建昌郡，属洛州”，又《志》下扬州豫章郡有建昌县，又《志》下青州齐国有昌国县，皆与此侨郡无关。今姑表于此。
建昌郡 永　兴 安　宁	新立侨郡 新立侨县 新立侨县			建昌郡 永　兴 安　宁	襄阳（湖北襄樊市）	建昌郡 永　兴 安　宁 （永宁）	襄　阳	建昌郡○ 永　兴 安　宁	襄　阳	
昌国郡 永　宁	新立侨郡 新立侨县			昌国郡 永　宁	襄　阳					
										○凉州，《晋志》上凉州领郡八，县四十六，即金城郡统县五，西平郡统县四，武威郡统县七，张掖郡统县三，西郡统县五，酒泉郡统县九，敦煌郡统县十二，西海郡统县一。惠帝又立晋昌郡，张轨又立武兴郡、晋

<table>
<tr><td></td><td></td><td colspan="8"></td><td>兴郡。是时中原沦没，元帝徙居江左，轨乃控据河西，称晋正朔，是为前凉。东晋南朝，凉州未见侨置，然有侨郡县耳。
○《宋志》一总序云：“自夷狄乱华，司、冀、雍、凉、青、并、兖、豫、幽、平诸州，一时沦没，遗民南渡，并侨置牧司，非旧土也。”而遍检史传之文，无侨置凉州。《志》盖统言之，非尽实也。</td></tr>
<tr><td rowspan="2">金城郡
榆　中
金　城
临　洮
襄　武</td><td rowspan="2">榆中(甘肃榆中西北黄河南岸)

秦州陇西郡
秦州陇西郡</td><td colspan="8">《宋志》三秦州刺史金城太守：“《永初郡国》无。何、徐领县二。金城令，汉旧名；榆中令，汉旧名。”当侨在秦州治即汉中。又《南齐志》下秦州金城郡领金城、榆中、临洮、襄四县。</td><td rowspan="2">○《南齐志》“襄”当作“襄武”，宋为陇西侨郡所领，齐时与临洮度属金城侨郡。参本表秦州陇西郡。</td></tr>
<tr><td></td><td></td><td>金城郡
榆　中
金　城</td><td>汉中(陕西汉中市)</td><td>金城郡
榆　中
金　城
临　洮
襄　武</td><td>汉　中</td><td></td><td></td></tr>
<tr><td></td><td></td><td colspan="8">《宋志》四益州刺史安固太守：“张氏于凉州立。晋哀帝时，民流入蜀，侨立此郡。本属南秦。文帝元嘉十六年度益州。领县六”，即略阳、桓陵（“张氏立”）、临渭、清水、下邽、兴固（“何志新立”）；又《南齐志》下益州安固郡领七县，即桓陵、临渭、兴固、南苞、清水、沔阳、南城固；又《宋志》三秦州刺史安固太守：“《永初郡国志》有安固郡；又有南安固郡，元嘉十六年度益州。今领县二”，即桓陵、南桓陵（“《永初郡国》及何志唯领桓陵一县，徐志又有此县”）；又《南齐志》下秦州安固郡领安固、南桓陵二县。据此，安固郡先侨立汉中；后部分流民入蜀，哀帝时又分立南安固郡。南安固郡疑侨在汶山，《南齐书・高帝纪》：“义熙中，蜀贼谯纵初平，皇考（萧承之）迁扬武将军，安固、汶山二郡太守”是也。</td><td>○ 安固郡、桓陵县，并张氏于凉州始立，确地无考。据《晋书・张轨传附子寔传》及《通鉴》卷九〇建武元年，有安固太守贾骞，胡《注》云：“《晋志》曰：张茂分武兴、金城、西平、安故四郡为定州。盖张氏分金城、西平二郡地置安故郡</td></tr>
</table>

安故郡(?) 桓陵 桓陵 安故	安故(甘肃临洮南)	安固郡 桓陵	汉中(陕西汉中市),又分侨汶山(四川茂县)	安固郡 桓陵 南桓陵	汉中	安固郡 南桓陵 安固	汉中			也。按安故县,二汉属陇西郡。……安故郡,盖即汉之一县置郡”,其地在今甘肃临洮县南。安固侨郡,或即安故郡之侨置邪?张氏始则称晋正朔,故东晋可侨置其所置郡县,至于十六国北朝之州郡县,东晋南朝例不侨立。
安故郡(?) 略阳 桓陵 临渭 清水 下邽 兴固 褒中 沔阳 成固	 秦州略阳郡 秦州略阳郡 秦州略阳郡 司州冯翊郡 新立 梁州汉中郡 梁州汉中郡 梁州汉中郡	安固郡		南安固郡 略阳 桓陵 临渭 清水 下邽 兴固	汶山境(四川都江堰市西北)	安固郡 桓陵 临渭 清水 兴固 南苞 沔阳 南城固	汶山境			○ 南苞、沔阳、南城固,为宋南汉中侨郡所领县(南苞作南苞中),当是齐时南汉中郡并入安固也。 ○ 南安固郡所领六县,疑是元嘉十六年度益州后所立。

大兴三年,南阳王司马保为其下所杀,秦州地入刘曜,以陈安为秦州刺史,镇上邽。自此秦州没。其侨置甚晚,在晋孝武世。《南齐志》下秦州云:“中原乱,没胡。……至太元十四年,雍州刺史朱序始督秦州,则孝武所置也。寄治襄阳,未有刺史,是后雍州刺史常督之。隆安二年,郭铨始为梁、南秦州刺史,州寄治汉中。四年,桓玄督七州,但云秦州。元兴元年,以苻坚子宏为北秦州刺史。自此荆州都督常督秦州,梁州常带南秦州刺史。义熙三年,以氐王杨国为北秦州刺史。十四年,置东秦州,刘义真为刺史。郭恭为梁州刺史,尹雅为秦州刺史。宋文帝为荆州都督,督秦州,又进督北秦州。州名杂出,省置不见。《永明郡国志》秦州寄治汉中南郑,不曰南北。《元嘉计偕》亦云秦州,而荆州都督常督二秦,梁、南秦一刺史。是则《志》所载秦州为南秦,氐为北秦。”据此,梁州刺史常督秦州刺史,以南郑为治所;荆州刺史、雍州刺史又常督秦州。所以称南秦者,以别于仇池氐之北秦州;南秦者,史家之追称耳。至若东秦州,乃刘裕收复关中所置,属实州,宋初复失。

秦州侨置襄阳,盖未久即移往梁州治所汉中南郑,《宋志》三秦州刺史所领十四郡(即武都、略阳、安固、西京兆、南太原、南安、冯翊、陇西、始平、金城、安定、天水、西扶风、北扶风)、

○《晋志》上秦州统郡六,县二十四,即陇西郡统县四,南安郡统县三,天水郡统县六,略阳郡统县四,武都郡统县五,阴平郡统县二。惠帝又立狄道郡。

○《考异》卷二三宋书文帝纪云:“《州郡志》止有秦州,无南北之分。今考秦州本治陇西,晋南渡后,寄治汉中,常以梁州刺史督之,是为南秦,即《志》所载秦州也。仇池氏杨氏世授

		《南齐志》下秦州所领十五郡(无北扶风;而有仇池、东宁二郡。又西京兆改京兆)均寄在汉中,无实土。 又《魏书·世宗纪》:正始元年十一月癸卯朔(当梁天监四年正月朔),“萧衍行梁州事夏侯道迁据汉中来降”,魏军入汉中,梁州之地太半入魏,诸侨郡遂没。乃移梁州于魏兴,仍带秦州,及大同元年克复汉中,移梁州仍治汉中。汉中之地,虽多次易手于梁魏,然多不为梁有也。								北秦州刺史,其地不入版图,故不载于《志》。然南北秦之名,昉于何代,史家宜详解之,不应竟缺。《晋志》云:江左分梁为秦,寄治梁州,又立氐池为北秦州。则北秦之名,东晋已有之,盖自义熙三年授杨盛始矣。”
秦　州	上邽(甘肃天水市)	秦　州	襄阳(湖北襄樊市),移汉中(陕西汉中市)	秦　州	汉　中	秦　州	汉　中	秦　州○	汉中,移魏兴(陕西安康市西北),还汉中	
		《宋志》三秦州刺史陇西太守:“秦立。文帝元嘉初,关中民三千二百三十六户归化,六年立。今领县六,户一千五百六十一,口七千五百三十。”所领六县即襄武、临洮、河关、狄道、大夏、首阳。又《南齐志》下秦州陇西郡领县四,即河关、狄道、首阳、大夏,其襄武、临洮二县度属金城郡。参本表金城郡条。								○《晋志》上秦州:惠帝时,分陇西之狄道、临洮、河关,又立六县,置狄道郡,属秦州。
陇西郡 襄　武 临　洮 河　关 狄　道 大　夏 首　阳	襄武(甘肃陇西东南) 秦州狄道郡 秦州狄道郡 秦州狄道郡 (汉县)			陇西郡 襄　武 临　洮 河　关 狄　道 大　夏 首　阳	汉中(陕西汉中市)	陇西郡 河　关 狄　道 大　夏 首　阳	汉　中			
		南安侨郡可考者二:①《宋志》三秦州刺史南安太守:“何志云故属天水,魏分立。《永初郡国》无。领县二”,即桓道、中陶;又《南齐志》下秦州南安郡领县同。②《南齐志》下益州南安郡:“见《永元三年志》。南安、华阳、白水、乐安、桓道”;又《通鉴》卷一四六天监四年:“(梁将)鲁方达戍南安”;又《元和郡县图志》卷三三剑南道剑州:“宋于此置南安郡,梁武陵王萧纪改郡立安州”,又《隋志》上普安郡普安:“旧曰南安。西魏改曰普安,置普安郡”;又永归:“旧曰白水,西魏改焉”;又黄安:“旧曰华阳,西魏改焉,又置黄原郡。”								○《元和郡县图志》“宋于此置南安郡”者,不知确否。《宋志》梁州、益州无南安郡,秦州南安郡则与此别。 ○华阳,疑是宋立。参本表华阳郡条。

南安郡 獂道 中陶	獂道（甘肃陇西东南）		南安郡 桓道 中陶	汉中（陕西汉中市）	南安郡 桓道 中陶	汉中			
南安郡					南安郡	剑州（四川剑阁）	南安郡○	剑州	
南安 獂道	益州犍为郡				南安 桓道	普安（四川剑阁）	南安	普安	
华阳	梁州华阳郡				华阳	黄安（四川剑阁南）	华阳	黄安	
白水	梁州梓潼郡				白水	永归（四川剑阁东南）	白水	永归	
		天水侨郡可考者四：①《晋书·毛宝传附毛德祖传》：义熙中刘裕平关中，灭后秦，留德祖“为中兵参军、领天水太守，从义真还”，考刘裕未得天水地，此郡盖侨立关中。②《南史·焦度传》：“焦度字文绩，南安氐也。祖文珪，避难居仇池。宋元嘉中，裴方明平杨难当，度父明与千余家随居襄阳，乃立天水郡略阳县以居之”；又《宋志》三雍州刺史南天水太守：“徐志本西戎流寓。今治岩州。《永初郡国》、何志并无，当是何志后所立。又有冀县，孝武大明元年省。领县四”，即华阴、西（“魏、晋属天水”）、略阳、河阳；又《南齐志》下雍州南天水郡领略阳、华阴、西三县。③《宋志》三秦州刺史天水太守：“雍州已有此郡。《永初郡国》无。领县二”，即阿阳、新阳；又《南齐志》下秦州天水郡领县二，新阳、阿阳。④《宋志》四益州刺史天水太守：“《永初郡国》、何志益州无此郡。徐志与今同。领县三”，即宋兴（“徐志不注置立”）、上邽、西县；又《南齐志》下益州天水郡领县四，即西、上邽、冀、宋兴。侨地无考，疑在四川东北部。							○“河阳”当作“阿阳”，说见《宋志》三校勘记[37]。 ○《晋志》上天水郡无“西县”。《宋志》三雍州刺史南天水太守西县令：“前汉属陇西，后汉属汉阳，即天水，魏、晋属天水。”当是西晋初废，故不见诸《晋志》。
天水郡	上邽（甘肃天水市）	天水郡	关中（陕西关中）						

天水郡 华阴 西 略阳 阿阳 冀	司州弘农郡 秦州略阳郡 (汉县)			南天水郡 华阴 西 略阳 阿阳 (冀)	襄阳(湖北襄樊市)，移岩州(湖北宜城市东)	南天水郡 华阴 西 略阳	岩州			
天水郡 阿阳 新阳	(汉县)			天水郡 阿阳 新阳	汉中(陕西关中市)	天水郡 阿阳 新阳	汉中			
天水郡 上邽 西 宋兴 冀	新立			天水郡 上邽 西 宋兴	疑在四川东北部	天水郡 上邽 西 宋兴 冀	疑在四川东北部			
		《宋志》三秦州刺史略阳太守:“《永初郡国》有清水县,何、徐无。领县三”,即略阳、临汉(“何志新立”)、上邽(“何志流寓割配”);又《南齐志》下秦州略阳郡领略阳、临汉二县。此郡疑为东晋安帝世侨立。								
略阳郡 清水 略阳 临汉 上邽	临渭(甘肃秦安东南) 新立 秦州天水郡	略阳郡 清水 略阳 上邽	汉中(陕西汉中市)	略阳郡 略阳 临汉 上邽	汉中	略阳郡 略阳 临汉	汉中			
		武都侨郡可考者有三:①《宋志》三秦州刺史武都太守:“《永初郡国》又有河池、故道县。今领县三”,即下辩、上禄(“汉旧县,后省,晋武帝太康三年又立”)、陈仓(“汉旧县,属扶风。《晋太康地志》属秦国”)。又《南齐志》下秦州武都郡领三县同。按此郡疑东晋安帝世所立。②《晋书·宗室·忠王尚之传》:“先遣武都太守杨秋屯横江”,云云,武都当亦江左侨郡。侨地无考,据传文推之,疑在横江城附近。③《宋志》四益州刺史武都太守:“《永初郡								○《宋志》,汉阳,汉旧名。考东汉有汉阳郡,乃永平中以天水郡改名,治冀县。及三国魏仍改名天水郡。

		国》、何志益州并无此郡。徐志本属秦州，流寓立。领县五"，即武都、下辩、汉阳（"汉旧名"）、略阳、安定（"旧安定郡，流寓配"）；又《元和郡县图志》卷三三剑南道剑州武连县："宋元嘉中于县南五里侨立武都郡下辩县"；又《南齐志》下益州新城郡领下辩、汉阳、略阳、安定四县，是齐省武都入新城也。参本表新城郡条。								
武都郡 下　辩 上　禄 陈　仓 河　池 故　道	下辩（甘肃成县西） 雍州秦国	武都郡 下　辩 上　禄 陈　仓 河　池 故　道	汉中（陕西关中市）	武都郡 下　辩 上　禄 陈　仓	汉　中	武都郡 下　辩 上　禄 陈　仓	汉　中			
武都郡		武都郡	横江城（安徽和县东南长江北岸）（?）							
武都郡 武　都 下　辩 汉　阳 略　阳 安　定	 天水郡旧名 秦州略阳郡 本雍州安定郡			武都郡 武　都 下　辩 汉　阳 略　阳 安　定	武连（四川剑阁西南）一带					
		《晋志》上梁州："寻而梁州郡县没于李特，永嘉中又分属杨茂搜，其晋人流寓于梁、益者，仍于二州立南、北二阴平郡"，据此，梁、益二州各有南、北二阴平郡，是阴平侨郡有四：① 梁州北阴平郡。《宋志》三梁州刺史北阴平太守："《永初郡国》曰北阴平，领阴平、绵竹、平武、资中、青旨五县。何、徐直曰阴平，领二县与此同。……寄治州下"；二县一为阴平，二为平武。"寄治州下"即寄治梁州治，时梁州治汉中。又《南齐志》下梁州北阴平郡领阴平、平武二县。② 梁州南阴平郡。《宋志》三梁州刺史南阴平太守："《永初郡国》唯领阴平一县。徐志无南字，云阴平旧民流寓立，唯领怀旧一县。何无。今领县二"，即阴平、怀旧；又《南齐志》下梁州南阴平郡领阴平、怀旧二县。其侨地，《读史方舆纪要》卷三历代州域形势·							○《宋志》三梁州刺史北阴平太守阴平令："《永初郡国》青旨县，即宙底也。（当是后又立此县，而字误也）"，据此，青旨即宙底之侨县。 ○《晋志》上秦州阴平郡领平广县，当作平武，说见

		晋云："南阴平，今四川龙安府东百里有阴平故城。"③ 益州北阴平郡，《宋志》四益州刺史北阴平太守："《永初郡国》、何志，秦、梁、益并无。领县四"，即阴平、南阳（"徐志本南阳白民流寓立"）、桓陵（"徐志本安固郡民流寓立"）、顺阳（"徐志本南阳民流寓立"）；又《南齐志》下益州北阴平郡领县七，即阴平、南阳、北桓陵、扶风、慎阳、京兆、绥归；又《隋志》上普安郡阴平："宋置北阴平郡，魏置龙州，西魏改郡曰阴平，又名县焉，……开皇初郡废"；又《元和郡县图志》卷三三剑南道剑州阴平县："本汉梓潼县地，宋明帝泰始中于此置北阴平郡及县。隋开皇三年罢郡，以县属始州。"又《通鉴》卷一四八天监十四年："魏之伐蜀也，军至晋寿，蜀人震恐。傅竖眼将步兵三万击巴北，上遣宁州刺史任太洪自阴平间道入其州"，胡《注》："此阴平非邓艾所由之阴平，今利州之阴平县是也。"据此，梁有北阴平郡及阴平侨县。④ 益州南阴平郡。《宋志》四益州刺史南阴平太守："永嘉流寓来属，寄治苌阳。领县二"，即阴平、绵竹（"汉旧县，属广汉"）；又《南齐志》下益州南阴平郡领阴平、绵竹、南郑、南长乐，其南郑、南长乐二县，自南汉中郡度属。参本表汉中郡条。又《隋志》上蜀郡雒："又有西遂宁郡、南阴平郡。后周废西遂宁郡，改为怀中，南阴平郡曰南阴平县，寻并废。"								《校勘记》[37]。 ○ 安国郡、桓陵，张氏于凉州立，参本表安固郡条。 ○《东晋志》卷四益州南阴平郡领有绵竹侨县。考绵竹，汉旧县，属广汉，《晋志》属梁州新都郡，非侨县也。
阴平郡 阴平 平武 绵竹 资中 宙底	阴平（甘肃文县西） 梁州新都郡 益州犍为郡	阴平郡 阴平 平武 绵竹 资中 胄旨	汉中（陕西汉中市）	北阴平郡 阴平 平武	汉中	北阴平郡 阴平 平武	汉中			
阴平郡 阴平 怀旧	 疑新立	阴平郡 阴平	龙安府（四川平武）东	南阴平郡 阴平 怀旧	龙安府东	南阴平郡 阴平 怀旧	龙安府东			
阴平郡 阴平 南阳 桓陵 顺阳 扶风	 本荆州南阳郡 凉州安固郡 荆州顺阳郡 本雍州扶风郡			北阴平郡 阴平 南阳 桓陵 顺阳	阴平（四川江油市东北）	北阴平郡 阴平 南阳 北桓陵 扶风	阴平	北阴平郡○ 阴平	阴平	

慎阳 京兆 绥归	豫州汝南郡 本雍州京兆郡 疑新立					慎阳 京兆 绥归				
阴平郡 阴平 南郑 长乐	 梁州汉中郡 东晋梁州晋昌郡	阴平郡 阴平	苌阳(四川德阳市西北)	南阴平郡 阴平	苌阳	南阴平郡 阴平 南郑 南长乐	苌阳	南阴平郡○ 阴平	苌阳	
		《宋志》四益州刺史怀宁太守："秦、雍流民，晋安帝立。本属南秦，文帝元嘉十六年度益州。领县三，寄治成都。"其三县为始平、西平("《永初郡国》直云西。何志故属天水，名西县")、万年；又《南齐志》下益州怀宁郡领万年、西平、怀道、始平四县；又《通鉴》卷一四五天监元年十二月："久之，奉伯等败，还成都，元起进屯西平"；又《隋志》上蜀郡成都："旧置怀宁、晋熙、宋兴、宋宁四郡，至后周并废。"此郡盖先寄在汉中，元嘉十六年又移寄成都也。								○怀宁郡名新创，然所统县为侨县，郡亦因流民所在创立，又寄在他郡，非有实土，故列侨郡中。他皆仿此。又郡以秦、雍流民立，本属南秦，故表于此。
怀宁郡 始平 西 万年 怀道	新立侨郡 雍州始平郡 秦州天水郡 雍州京兆郡 疑新立	怀宁郡 始平 西 万年	汉中(陕西汉中市)	怀宁郡 始平 西平 万年	汉中，移成都(四川成都市)	怀宁郡 始平 西平 万年 怀道	成都	怀宁郡○ 西平	成都	
		《宋志》四益州刺史始康太守："关陇流民，晋安帝立。领县四，……寄治成都"；四县即始康、新城、谈、晋丰，并"晋安帝立"；又《南齐志》下始康郡领康晋、谈、新城三县；又《隋志》上蜀郡成都："梁置始康郡，西魏废始康郡。"								○《晋志》司州河南郡有新城县，荆州又有新城郡，与始康郡所领新城无关。又郡以关陇流民立，故表于此。 ○《补梁志》卷四益州始康郡以为，《南齐志》康晋当是上脱"始"字，下脱"丰"字，而误合为一县者。不知确否？或齐并始康、
始康郡 始康 晋丰 新城 谈	新立侨郡 新立 新立 新立 新立	始康郡 始康 晋丰 新城 谈	成都(四川成都市)	始康郡 始康 晋丰 新城 谈	成都	始康郡 始康 晋丰 新城 谈	成都	始康郡○	成都	

										晋丰二县为康晋邪？姑依《补梁志》。
		《宋志》四益州刺史晋熙太守："秦州流民，晋安帝立。领县二"，晋熙，苌阳，并"晋安帝立"；又《隋志》上蜀郡绵竹："旧置晋熙郡，……开皇初郡废"；而《南齐志》益州无晋熙郡，盖齐废为县，属南新巴郡，梁又置耳。参本表新巴郡条。								○ 郡以秦州流民立，故表于此。 ○《东晋志》卷四晋熙侨郡属梁州，不知何据。
晋熙郡 晋　熙 苌　阳	新立侨郡 新立 新立	晋熙郡 晋　熙 苌　阳	绵竹(四川绵竹市)	晋熙郡 晋　熙 苌　阳	绵　竹			晋熙郡○	绵　竹	
		《宋志》三梁州刺史白水太守："《永初郡国》、何并无。徐志，仇池氐流寓立。有汉昌县。今领县六"，即新巴、汉德、晋寿、益昌、兴安、平周("徐志作平州。此五县，徐并不注置立")；又《南齐志》下梁州白水郡领晋寿等六县同《宋志》；又《隋志》上义城郡景谷："旧曰白水，置平兴郡，……开皇初郡废，县改名平兴"，是梁改白水郡为平兴郡。								○ 仇池氐，在《晋志》秦州武都郡界，因表于此。 ○ 按《宋志》三梁州刺史，新巴又为新巴郡治，晋寿、兴安又属晋寿郡，平周又属北巴西郡，则白水郡所领诸县或为侨县，或是两属。不明所是，姑录于此。 ○ 白水，本梁州梓潼郡属县，治今四川青川县东北。盖因仇池氐流寓，乃改县为郡。
白水县 新　巴 汉　德 晋　寿 益　昌 兴　安 平　州 汉　昌	四川青川东北 东晋梁州新巴郡 梁州梓潼郡 梁州梓潼郡 宋益州巴西郡 宋梁州晋寿郡 梁州巴西郡 梁州巴西郡			白水郡 新　巴 汉　德 晋　寿 益　昌 兴　安 平　周 (汉昌)	景谷(四川青川东北)	白水郡 新　巴 汉　德 晋　寿 益　昌 兴　安 平　周	景　谷			
		《南齐志》下秦州有仇池郡，领上辩、仓泉、白石、夷安四县。盖侨于秦州治即汉中。								○ 此郡盖以仇池氐流寓立。仇池，在今甘肃西和县西南，《晋志》秦州武都郡界，为氐族所聚居处，因表于此。
仇池郡 上　辩 仓　泉 白　石 夷　安	新立侨郡 疑新立 疑新立 疑新立 疑新立					仇池郡 上　辩 仓　泉 白　石 夷　安	汉中(陕西汉中市)			

广长郡 成　阶	新立侨郡 新立	《宋志》三秦州刺史北扶风太守："孝武孝建二年，以秦、雍流民立。领县三。时又立广长郡，又立成阶县，领氐民，寻省。"								◯ 以氐民立，故表于此。
				广长郡 成　阶	汉中(陕西汉中市)					
东宁郡 西　安 北　地 南　汉	新立侨郡 疑新立 本雍州北地郡 东晋梁州 汉中郡	《南齐志》下秦州领侨郡有东宁郡，领西安、北地、南汉三县。								◯《晋志》上雍州有北地郡，或与此侨县有关；又南汉，《宋志》四益州刺史宋兴太守南汉令："何志晋穆帝立。故属汉中，流寓来配。" ◯ 东宁郡旧无。以侨属秦州，故附表于此。
						东宁郡 西　安 北　地 南　汉	汉中(陕西汉中市)			
		据《晋志》上梁州、《宋志》三梁州刺史、《南齐志》下梁州、《隋志》上西城郡，《通鉴》及胡《注》、《通鉴考异》等考之：梁州旧治汉中南郑。东晋南朝，梁州时没时复。惠帝以后，梁州郡县没于李特，永嘉中又分属氐杨茂搜。东晋于襄阳侨立梁州。据《晋书·周访传》"访以功迁南中郎将、梁州刺史，屯襄阳"；考《通鉴》卷九一"访在襄阳"系太兴二年事；再考《通鉴》卷九六咸康四年云："司州刺史镇襄阳，……梁州刺史镇魏兴"，胡《注》云："周访为梁州，治襄阳；今司州既治襄阳，故梁州治魏兴"，是知侨梁州于襄阳在元帝大兴初年，至咸康四年又移寄魏兴。穆帝永和中，桓温灭成汉，梁州还旧治。及孝武宁康二年，苻秦陷蜀，并失汉中，太元中梁州又寄治襄阳，《通鉴》卷一〇四太元二年"桓豁表兖州刺史朱序为梁州刺史，镇襄阳"是也。太元九年，苻秦败，东晋进复汉中，梁州盖又复归旧治。安帝义熙初，谯纵又没汉中，刺史寄治魏兴。纵灭，还治汉中苞中县所谓南城。宋齐汉中之地大较为南朝所有。汉中为巴蜀捍蔽，是以蜀有难，汉中辄没。虽时还复，而户口残耗。宋元嘉中，甄法护为氐所攻，失守。萧思话复还汉中。后氐虏数相攻击，关陇流民多避难归化，于是民户稍实。州境与氐、胡相邻，亦为威御之镇。及梁天监四年，汉中太守夏侯道迁降魏，魏军入汉中，所至皆捷，遂入剑阁，又破梓潼，于是梁州十四郡地，东西七百里，南北千里，皆入于魏。梁乃侨置梁州于魏兴，亦谓之北梁州；大同初，收复汉中，梁州还旧治，而以魏兴之梁州为南梁州。后梁州又屡陷屡复，终地入西魏。 汉中为东晋南朝所有，则梁州治汉中；其侨置也，若汉中失守，往往寄治魏兴；魏兴再没，则寄治襄阳。此其大较也。								◯《晋志》上梁州统郡八，县四十四，即汉中郡统县八，梓潼郡统县八，广汉郡统县三，新都郡统县四，涪陵郡统县五，巴郡统县四，巴西郡统县九，巴东郡统县三。太康中，又罢新都郡并广汉郡。惠帝时，分巴西置宕渠郡，又以荆州新城、魏兴、上庸三郡属梁州。是梁州有郡十一。

梁州	南郑(陕西汉中市东)	梁州	襄阳(湖北襄樊市),移魏兴(陕西安康市西北),[还旧治],又移襄阳,[还旧治],又寄魏兴,[还旧治]					梁州(北梁州、南梁州)○	魏兴	
		《宋志》四益州刺史南汉中太守:“《晋地记》,孝武太元十五年,梁州刺史周琼表立。徐志,北汉中民流寓,孝武大明三年立。《起居注》,本属梁州,元嘉十六年度。《永初郡国》属梁州,领县与此同。以《永初郡国》及《起居》检,则是太元所立,而何志无此郡,当是永初以后省,大明三年复立也。领县五”,即南长乐、南郑、南苞中、南沔阳、南城固,均“徐志与郡俱立”;又检《南齐志》下益州无南汉中郡,唯安固郡领有南苞、沔阳、南城固三县,南阴平郡领有南郑、南长乐二县,则齐时南汉中侨郡并入安固、南阴平二侨郡。据安固、南阴平二郡侨地,又可推知南汉中郡侨在二郡间。参本表安固郡条、阴平郡条。又《南齐志》下梁州汉中郡有西上庸县,当是实郡所领侨县。								○长乐,据《晋志》上梁州,为桓温平蜀后所立晋昌郡属县。 ○《宋志》此条,盖合述梁州汉中郡与益州南汉中侨郡于一处。《宋志》三梁州刺史汉中太守亦引《晋地记》云云,此其一证也。当以“徐志”为是:侨郡及领县皆大明三年所立。《东晋志》卷四有南汉中侨郡者,不妥。 ○《东晋志》卷四梁州南汉中郡领南汉一县。考《宋志》四益州刺史宋兴太守:“南汉令,何志晋穆帝立。故属汉中,流寓来配”,则南汉立时,为梁州汉中实郡领县,非南汉中侨郡属县至明也。
汉中郡 南郑 褒中 沔阳 成固 长乐	南郑(陕西汉中市东) 东晋梁州晋昌郡			南汉中郡 南郑 南苞中 南沔阳 南城固 南长乐	苌阳(四川德阳市西北)、汶山(四川茂县)之间					
[汉中郡] 上庸	梁州上庸郡					[汉中郡] 西上庸	南郑(陕西汉中市东)			

		巴西侨郡可考者二:①《宋志》四益州刺史巴西太守:“本属梁州,文帝元嘉十六年度。……领县九”,即阆中、西充国、南充国、安汉、汉昌、晋兴、平州、怀旧、益昌;《南齐志》下益州巴西郡有东关,无怀旧。按益州巴西郡为侨郡。考《晋书·穆帝纪》:永和三年“十二月,振威将军萧敬文害征虏将军杨谦,攻涪城,陷之。遂取巴西,通于汉中。……(八年)八月,平西将军周抚讨萧敬文于涪城,斩之”。又《隋志》上金山郡巴西:“旧曰涪,置巴西郡。西魏改县曰巴西,开皇初郡废”;是巴西郡侨于涪城,立于东晋。又《元和郡县图志》卷三三剑南道绵州昌明县:“本汉涪县地,晋孝武帝自白沙戍移汉昌县侨理于此,仍属巴西郡,后魏废帝改汉昌为昌隆县”,又神泉县:“本汉涪县地,晋孝武帝于此侨置西充国县,属巴西郡”;又《隋志》上金山郡金山:“旧置益昌、晋兴二县,西魏省晋兴入益昌,后周别置金山。开皇四年,省益昌入金山。”据知梁有巴西侨郡及西充国、汉昌、晋兴、益昌等县。②《宋志》三梁州刺史北巴西太守:“《宋起居注》,文帝元嘉十二年,于剑南立北巴西郡,属益州。今益州无此郡。又《永初郡国》、何、徐梁州并有北巴西而益州无。疑是益部侨立,寻省。梁州北巴西是晋末所立也。……何、并领县四,今六”,即阆中、安汉、南国、西国、平周、汉昌(据孙虨《宋书考论》补)。据此,则梁州之北巴西郡为实郡,即晋旧巴西郡;立于剑南之北巴西郡为侨郡,寻省。								○《晋志》上梁州:桓温平蜀后,“又置益昌、晋兴二县,属巴西郡”;又以巴汉流人立晋昌郡,领有东关县。 ○巴西郡寄治涪城;涪城为梓潼郡治,则巴西、梓潼二郡同治。据史传之文,多以一人带此二郡太守,即所谓巴西梓潼双头郡也。 ○《晋志》巴西、梓潼二郡相邻,以一郡之地全寄邻郡,殊可注意者。
巴西郡	阆中(四川阆中市)	巴西郡	涪城(四川绵阳市东)	巴西郡	涪城	巴西郡	涪城	巴西郡○	涪城	
阆中		阆中		阆中		阆中				
西充国		西充国	神泉(四川安县南)	西充国	神泉	西充国	神泉	西充国	神泉	
南充国		南充国		南充国		南充国				
安汉		安汉		安汉		安汉				
汉昌		汉昌	昌明(四川江油市西南)	汉昌	昌明	汉昌	昌明	汉昌	昌明	
晋兴	东晋立	晋兴	金山(四川安县)	晋兴	金山	晋兴	金山	晋兴	金山	
平州		平州		平州		平州				
怀归	新立	怀归		怀归						
益昌	东晋立	益昌	金山	益昌	金山	益昌	金山	益昌	金山	
东关	东晋梁州晋昌郡					东关				
巴西郡				北巴西郡	阆中(四川阆中市)					

		宕渠侨郡可考者五:①《宋志》三梁州刺史:“《永初郡国》又有宕渠郡、北宕渠郡。《宋起居注》,元嘉十六年,割梁州宕渠郡度益州。今益部宕渠郡曰南宕渠。何、徐并有北宕渠郡,唯领宕渠一县。何云,本巴西流民。今无。”据此,北宕渠郡为侨郡;既《永初郡国》有,疑是东晋所立,后废;齐又置,《南齐志》下梁州有北宕渠郡,“荒或无民户”。其侨地无考,疑在汉中一带。②《宋志》三梁州刺史南宕渠太守:“《永初郡国》有宕渠郡,领宕渠、汉兴、宣汉三县,属梁州;元嘉十六年度属益州。非此南宕渠也。徐、何梁并无此郡,疑是徐志后所立。”领县四,即宕渠、汉安、宣汉、宋康,其后三县,并“新置”。按“徐志后所立”之南宕渠郡当是侨郡;齐又置,《南齐志》下梁州南宕渠郡领四县同《宋志》。又据《隋志》上巴西郡南充:“旧曰安汉,置宕渠郡,开皇初郡废”,是梁时改为宕渠郡也。③《南齐志》下益州有东宕渠僚郡,领宕渠、平州、汉初三县。此郡乃宋元嘉中所置,《元和郡县图志》卷三三剑南道合州云:“宋文帝元嘉中,于此置东宕渠郡”是也。又石镜县:“宋文帝于此置东宕渠郡”;又《隋志》上涪陵郡石镜云:“旧曰垫江,置宕渠郡。西魏改郡曰垫江。”是梁时改名宕渠郡也。④《南齐志》下益州有西宕渠郡,领宕渠、宣汉、汉初、东关四县;又《元和郡县图志》卷三三剑南道梓州通泉县:“本汉广汉县也,宋于此置西宕渠郡,后魏恭帝移于涌山,改名涌泉郡。”据此,则西宕渠郡为宋所置。又《隋志》上新城郡通泉:“旧曰通泉,置西宕渠郡。西魏改郡、县曰涌泉。”⑤《元和郡县图志》卷三三剑南道梓州盐亭县:“本汉广汉县地,梁于此置北宕渠郡及县,后魏恭帝改为盐亭县。”								○《晋志》上梁州:“惠帝复分巴西置宕渠郡,统宕渠、汉昌、宣汉三县。”按此郡东汉建安中刘备分巴西郡置,治宕渠。其后时有废置。惠帝时盖复置也。
宕渠郡 宕　渠	宕渠(四川渠县东北)	北宕渠郡 宕　渠	疑在汉中(陕西秦岭南)一带	北宕渠郡 宕　渠	疑在汉中一带	北宕渠郡	疑在汉中一带			
宕渠郡 宕　渠 汉　安 宣　汉 宋　康	 新立 新立			南宕渠郡 宕　渠 汉　安 宣　汉 宋　康	南充(四川南充市北)	南宕渠郡 宕　渠 汉　安 宣　汉 宋　康	南　充	宕渠郡○	南　充	
宕渠郡 宕　渠 平　州 汉　初	 梁州巴西郡疑新立			东宕渠郡 宕　渠 平　州 汉　初	石镜(重庆合川市)	东宕渠僚郡 宕　渠 平　州 汉　初	石　镜	宕渠郡○	石　镜	

宕渠郡 宕　渠 宣　汉 汉　初 东　关	疑新立 东晋梁州 晋昌郡			西宕渠郡 宕　渠 宣　汉 汉　初 东　关	通泉(四川射洪东南)	西宕渠郡 宕　渠 宣　汉 汉　初 东　关	通　泉	西宕渠郡○	通　泉	
宕渠郡 宕　渠								北宕渠郡○ 北宕渠	盐亭(四川盐亭)	
		《宋志》四益州刺史新城太守:“何志新分广汉立”,领县二,北五城,“何志新分五城立”;怀归,“何志新立”。又《南齐志》下益州新城郡领下辩、略阳、汉阳、安定四县,盖并武都侨郡诸县也。又《补梁志》卷四新州新城郡领北五城、下辩、略阳、汉阳、安定五县。参本表武都郡条。								○ 按《晋志》荆州有新城郡,惠帝改属梁州,与此郡当无涉。据《宋志》益州新城郡有水陆道里,知其为新立实郡。
[新城郡] 下　辩 略　阳 汉　阳 安　定	北五城(四川三台) 秦州武都郡 秦州略阳郡 秦州天水郡 旧名 本雍州安定郡					[新城郡] 下　辩 略　阳 汉　阳 安　定	北五城	[新城郡]○ 下　辩 略　阳 汉　阳 安　定	北五城	
		《晋志》上梁州:“及桓温平蜀之后,以巴汉流人立晋昌郡,领长乐、安晋、延寿、安乐、宣汉、宁都、新兴、吉阳、东关、永安十县。”又《宋志》三梁州刺史新兴太守:“《永初郡国》、何、徐云新兴、吉阳、东关三县属晋昌郡,何志晋元帝立,本巴汉流民。宋末省晋昌郡,立新兴郡。……《永初郡国》有永安县,何、徐无。今亦无复新兴县。何云巴东夷人。今领县二。吉阳令,本益州流民;东关令,本建平流民。”又《南齐志》下梁州新兴郡领东关、吉阳二县同,注云:“《永元二年志》无”,盖废入晋昌郡也。按此,是宋末晋昌郡改置新兴郡,及齐末又废新兴郡复置晋昌郡。又《补梁志》卷四北梁州晋昌郡领长乐、安晋、宣汉、吉阳、苌寿、东关、新兴、延寿、安乐九县,又《隋志》上西城郡石泉:“旧曰长乐,置晋昌郡。西魏改郡曰魏昌。”								○ 晋昌郡及十县,以巴汉等地流人立,因表于此。 ○ 按晋昌郡乃以“巴汉流人立”,而其领县,据《宋志》三,则长乐、安晋、延寿、宣汉、宁都等乃“蜀郡流民”,新兴“巴东夷人”,吉阳“本益州流民”,东关

晋昌郡	新立侨郡	晋昌郡	长乐(陕西石泉东南)	新兴郡	吉阳(湖北竹溪西)	晋昌郡	陕西石泉东南	晋昌郡○	长　乐	“本建平流民”，据此可知汉中当时流民成分之复杂。 ○《南齐志》下梁州有晋昌郡，领安晋、宣汉、吉阳、苌寿、东关、新兴、延寿、安乐八县。即齐复置之晋昌郡也。 ○《宋志》“何云晋元帝立”者误，《华阳国志》亦无此郡。当依《晋志》。
长　乐	新立	长　乐	汉中(陕西汉中、安康二地区)与湖北西北角、四川东北角				汉中与湖北西北角、四川东北角	长　乐	汉中与湖北西北角、四川东北角	
安　晋	新立	安　晋				安　晋		安　晋		
延　寿	新立	延　寿				延　寿		延　寿		
安　乐	新立	安　乐				安　乐		安　乐		
宣　汉	新立	宣　汉				宣　汉		宣　汉		
宁　都	新立	宁　都								
新　兴	新立	新　兴				新　兴		新　兴		
吉　阳	新立	吉　阳		吉　阳		吉　阳		吉　阳		
东　关	新立	东　关		东　关		东　关		东　关		
永　安	新立	永　安								
苌　寿	新立					苌　寿		苌　寿		
		《宋志》三梁州刺史新兴太守：“晋末省晋昌郡，立新兴郡，以晋昌之长乐、安晋、延寿、安乐属魏兴郡”；又《宋志》三梁州刺史魏兴太守实郡领县十三，长乐、安晋、延寿、宣汉四县并云“《永初郡国》、何、徐属晋昌”，前三县又云“本蜀郡流民”，宣汉云“本建平流民”。考《南齐志》下梁州魏兴郡无此四县，盖又改隶晋昌郡也。								○ 安乐县据成孺《宋书州郡志校勘记》补。 ○ 魏兴旧属荆州，惠帝时改属梁州。
［魏兴郡］	西城(陕西安康市西北)			［魏兴郡］	西　城					
长　乐	梁州晋昌郡			长　乐	汉中、湖北西北角、四川东北角					
延　寿	梁州晋昌郡			延　寿						
安　乐	梁州晋昌郡			安　乐						
安　晋	梁州晋昌郡			安　晋						
宣　汉	梁州晋昌郡			宣　汉						
		《宋志》三梁州刺史安康太守：“宋末分魏兴之安康及晋昌之宁都县立”，宁都，“蜀郡流民”；又《南齐志》下梁州安康郡领安康、宁都二县；又《隋志》上西城郡安康：“旧曰宁都，齐置安康郡，后魏改东梁州，……开皇初郡废。”								○ 宋末分魏兴、晋昌二郡立，治安康。

[安康郡] 宁 都	安康(陕西石泉东南) 梁州晋昌郡			[安康郡] 宁 都	安 康 安康南(陕西紫阳西北)	[安康郡] 宁 都	安 康 安康南	[安康郡]○ 宁 都	安 康 安康南	
		《宋志》三梁州刺史上庸太守实郡领县七,其新安云:"《永初郡国》、何、徐有。何云本建平流民";其吉阳云:"《永初郡国》云北吉阳,何、徐无。"此二县盖侨县。又《南齐志》下梁州上庸郡领二县同。								○ 旧属荆州,惠帝时改属梁州。
[上庸郡] 新 安 吉 阳	上庸(湖北竹山西南) 新立 梁州晋昌郡	[上庸郡] 新 安 北吉阳	上庸(湖北竹山西南)	[上庸郡] 新 安 吉 阳	上 庸	[上庸郡] 新 安 吉 阳	上 庸			
		《宋志》四益州刺史南新巴太守:"《起居注》:新巴民流寓,文帝元嘉十二年,于剑南立。何志新立。新巴民先属梁州,既立割配。领县六",即新巴、晋城、晋安、汉昌(按:此四县晋安帝立)、桓陵(按:晋哀帝立)、绥归("何无此,徐有,不注置立")。沈约又云:"按《起居注》,南新巴元嘉十二年立。何云新立,则非先有此郡,而云此诸县晋哀帝、安帝立,不详。"今按:晋安帝分巴西立新巴实郡,领有新巴、晋城、晋安、新归诸县;及宋元嘉中,侨置南新巴郡,领六县,其新巴、晋城、晋安、汉昌、桓陵均为侨县。又《南齐志》下益州南新巴郡:"《永元志》,寄治阴平。新巴、晋熙、桓陵。"晋熙,乃废宋晋熙侨郡,以县来属,侨县在今绵竹(梁又复立晋熙郡)。又《补梁志》卷四西潼二州新巴郡领新巴一县。参本表阴平郡条、晋熙郡条。								○ 据《宋志》三梁州刺史新巴太守:新巴郡为晋安帝分巴西立,领新巴、晋城、晋安三县,旧又有新归县,并新立。治新巴。
新巴郡 新 巴 晋 城 晋 安 汉 昌 桓 陵 绥 归 晋 熙	新巴(四川青川西南) 东晋立 东晋立 东晋立 梁州巴西郡 凉州安固郡 疑新立 本秦州侨郡			南新巴郡 新 巴 晋 城 晋 安 汉 昌 桓 陵 绥 归	剑南,今四川剑阁以南地	南新巴郡 新 巴 桓 陵 晋 熙	阴平(四川江油市东北) 绵竹(四川绵竹市)	新巴郡○ 新 巴	阴 平	

		《宋志》四益州刺史南晋寿太守："梁州元有晋寿，文帝元嘉十二年，于剑南以侨流立。领县五"，即晋寿、兴安、兴乐、邵欢、白马；又《南齐志》下益州南晋寿郡领南晋寿、白水、南兴三县。此郡盖元嘉十年，甄法护南城失守后侨立，同时侨立者，又有南新巴等郡。又《隋志》上蜀郡九陇："旧曰晋寿，梁置东益州。后周州废，置九陇郡，并改县为九陇。"								○ 东晋分梓潼郡立晋寿郡，据《宋志》三梁州刺史晋寿太守："孝武太元十五年，梁州刺史周琼表立。"宋领县四，即晋寿、白水、邵欢、兴安。其晋寿、白水《晋志》属梓潼郡。 ○《宋志》"白马"疑当作"白水"，说见成孺《宋书州郡志校勘记》。
晋寿郡 晋　寿 兴　安 兴　乐 邵　欢 白　水 南　兴	晋寿（四川广元市南） 先属梁州梓潼郡 益州汶山郡 先属梁州梓潼郡 疑新立			南晋寿郡 晋　寿 兴　安 兴　乐 邵　欢 白　水	剑南，今四川剑阁以南地	南晋寿郡 南晋寿 白　水 南　兴	九陇（四川彭州市西北）	南晋寿郡○ 晋　寿	九　陇	
		《宋志》三梁州刺史怀安太守并所领怀安、义存二县，"何志新立"，"寄治州下"。又《南齐志》下梁州怀安郡领二县同。								
怀安郡 怀　安 义　存	新立侨郡 新立 新立			怀安郡 怀　安 义　存	汉中（陕西汉中市）	怀安郡 怀　安 义　存	汉　中			
		华阳侨郡可考者二：①《宋志》三梁州刺史华阳太守："徐志新立。《永初郡国》、何并无。寄治州下。领县四"，即华阳、兴宋、宕渠、嘉昌，并"不注置立"；又《太平寰宇记》卷一三三山南西道兴元府西县："按《郡县道里记》云：西，本名白马城，因山以名县，又曰浕口城，即宋于此城偏立华阳郡。……开皇三年罢郡"；又《南齐志》下梁州华阳郡领四县同《宋志》。又《魏志》下梁州领有华阳郡，统华阳、河阳、嶓冢三县，盖天监中入魏，其后二县不知是梁置抑入魏后所置？② 梁失汉中华阳郡后，又侨置华阳郡，《隋志》上义城郡绵谷："又有华阳郡，梁置华州，西魏并废"是也。								○ 郡新立。按华阳，古地区名，因在华山之阳而得名。西晋梁州在华阳域内，侨郡既立，又属梁州，因表于此。

华阳郡 华　阳 兴　宋 宕　渠 嘉　昌	新立侨郡 新立 新立 梁州巴西郡 新立			华阳郡 华　阳 兴　宋 宕　渠 嘉　昌	白马城（陕西勉县西北）	华阳郡 华　阳 兴　宋 宕　渠 嘉　昌	白马城	华阳郡○ 华　阳	白马城	
华阳郡	白马城（陕西勉县西北）							华阳郡○	绵谷（四川广元境）	
		《南齐志》下梁州齐兴郡领六县，有略阳。								○郧乡在《晋志》魏兴郡界内，因附表于此。
[齐兴郡] 略　阳	郧乡（湖北郧县） 秦州略阳郡					[齐兴郡] 略　阳	郧乡（湖北郧县）			
		《晋志》上益州："惠帝之后，李特僭号于蜀，称汉，益州郡县没于李特。……是时益州郡县虽没李氏，江左并遥置之"；据《通鉴》卷八五至八九、卷九四等考之，惠帝太安二年，成王李雄陷成都，永兴九年益州刺史罗尚移屯巴郡；永嘉四年，罗尚卒于巴郡，诏以长沙太守下邳皮素代之；寻为罗尚子宇所杀，建平都尉暴重又杀宇，巴郡乱；三府官属表巴东监军南阳韩松为益州刺史，治巴东；此后益州刺史即寄理巴东；东晋成帝咸和五年，巴东亦入成汉。按巴郡、巴东郡，《晋志》梁州属郡，以益州刺史治于梁州属郡，当属侨置；胡孔福《南北朝侨置州郡考》卷一亦云："永安后寄理梁州之巴郡，后又移治巴东，所谓置益州刺史于巴东是也。"永和三年，桓温灭成汉，其地复为晋有，至是益州刺史始还治成都。其后东晋之世，益州又先后为范贲、苻坚、谯纵割据和占有。义熙平谯纵后，益州入刘宋版图，此后即多为南朝所有。及梁末承圣二年，西魏平蜀，陈乃西守三峡而已。								○《晋志》上益州统郡八，县四十四，即蜀郡统县六，犍为郡统县五，汶山郡统县八，汉嘉郡统县四，江阳郡统县三，朱提郡统县五，越嶲郡统县五，牂柯郡统县八。
益　州	成都（四川成都市）	益　州	巴郡（重庆市），又移巴东郡（重庆奉节东）							

蜀郡 永昌	成都(四川成都市) 新立	《宋志》四益州刺史蜀郡太守领有永昌县,"孝建二年,以侨户立";《南齐志》下益州蜀郡亦有此县。								○ 永昌县以何地侨户立无考。
				[蜀郡] 永昌	成都(四川成都市)	[蜀郡] 永昌	成都			
江阳郡 绵水 江阳 汉安 常安	江阳(四川泸州市)(东晋立) 新立	《宋志》四益州刺史江阳太守:"刘璋分犍为立。中失本土,寄治武阳。领县四",即江阳、绵水、汉安、常安("晋孝武立");又《宋志》四益州刺史东江阳太守:"何志晋安帝初,流寓入蜀,今新复旧土为郡",领汉安、绵水("何志晋孝武立")二县;又《旧唐书·地理志》四剑南道眉州彭山:"晋于(犍为)郡置西江阳郡。"据此,江阳郡没于夷獠,乃寄治武阳;后江阳郡复,置东江阳郡,非侨郡;而江阳侨郡俗又加"西"字耳。又《南齐志》下益州江阳郡领县四,江阳、常安、汉安、绵水;又《补梁志》卷四江州江阳郡领江阳、犍为、汉安、绵水四县。								○《东晋志》卷三江阳郡及领县列入益州所领实郡县中,不妥。
		江阳郡 绵水 江阳 汉安 常安	武阳(四川彭山东)	(西)江阳郡 绵水 江阳 汉安 常安	武阳	江阳郡 绵水 江阳 汉安 常安	武阳	江阳郡○ 绵水 江阳 汉安	武阳	
牂牁郡 宜 南平阳 西平阳 南新市 西新市 东新市	万寿(贵州翁安东) 疑新立 疑新立 疑新立 疑新立 疑新立 疑新立	《南齐志》下郢州东牂牁郡:"《永明三年户口簿》云:新置,无属县。"领县六,即宜、南平阳、西新市、南新市、西平阳、东新市;又《补梁志》卷三郢州东牂牁郡领县同。又《南齐志》下郢州新平左郡领平阳、新市、安城三县。既言"左郡",当以蛮民新立,则东牂牁郡亦以蛮民所立邪?								○ 牂牁郡,西晋属益州,东晋、宋属宁州,齐改南牂牁郡,《南齐志》下宁州领有南牂牁郡。郢州所领东牂牁郡,当属侨置,唯所领县无旧属牂牁者,疑此侨郡非为牂牁民而设,特假名耳。侨地在郢州境。
						东牂牁郡 宜 南平阳 西平阳 南新市 西新市 东新市	郢州(治湖北武汉市武昌)境	东牂牁郡○ 宜 南平阳 西平阳 南新市 西新市 东新市	郢州境	

		《太平寰宇记》称臧荣绪《晋书·穆帝纪》:"永和八年,平西将军周抚攻涪,八月戊午克之,斩萧敬文,益州平,以蜀流人立宁蜀、晋昌二郡";又《宋志》四益州刺史宁蜀太守领县四,广汉("遂宁郡复有此县")、广都("汉旧县,属蜀郡")、升迁("《晋太康地志》属汶山")、西乡("本名南乡,属汉中,晋武太康三年更名");又云:"《永初郡国》及徐并有西垫江县,今无。"又《南齐志》下益州宁蜀郡领广汉、升迁、广都、垫江四县;又《补梁志》卷四益州宁蜀郡领广都、升迁、广汉三县;又《隋志》上蜀郡双流:"旧曰广都,置宁蜀郡,后周郡废。"								○ 按诸《志》无寄治之文。据《宋志》宁蜀无水陆道里,又因流人而立,当为侨郡。其领县,据地望判断,广都为实县;另四县当为侨县,或即以其县流人侨置,故皆仍旧名,然诸地志不言,亦难断以究竟。
宁蜀郡 广汉 升迁 西乡 垫江	广都(四川双流) 益州广汉郡 益州汶山郡 梁州汉中郡 梁州巴郡	宁蜀郡 广汉 升迁 西乡 西垫江	广都(四川双流)	宁蜀郡 广汉 升迁 西乡 (西垫江)	广都	宁蜀郡 广汉 升迁 垫江	广都	宁蜀郡○ 广汉 升迁	广都	
		《晋志》下荆州:"时蜀乱,又割南郡之华容、州陵、监利三县别立丰都,合四县置成都郡,为成都王颖国,居华容县。愍帝建兴中,并还南郡,亦并丰都于监利";又考《晋书·成都王颖传》:"太康末受封,邑十万户。"后颖作乱,败死;"永嘉中,立东莱王蕤子遵为颖嗣,封华容县王。后没于贼,国除";又《元和郡县图志》卷三一剑南道成都府:"晋武帝改蜀郡为成都国,以皇子颖为王。"据此,太康以后,蜀郡改为成都国,为司马颖封国;及成都国地没于李氏,乃假侨名而立国,所领并实县。《读史方舆纪要》所谓"惠帝分南郡侨立成都国"是也。此盖西晋末年为封王而置者,颇值得注意。及颖为乱而败死,乃废此侨郡,是更可明为颖而置也。惠帝时有成都内史王机,为杜弢所败(《晋书·王澄传》),即此。								
成都国	成都(四川成都市)	成都郡	华容(湖北监利西北)							

第八章

《晋书·地理志》青徐荆湘扬江诸州之部侨州郡县考表

<table>
<tr><th colspan="2">原州郡县</th><th colspan="8">州郡县侨置经过</th><th rowspan="3">附注及备考</th></tr>
<tr><th rowspan="2">州统郡国／郡国统县</th><th rowspan="2">旧属州郡国／州郡国治</th><th colspan="2">东晋</th><th colspan="2">宋</th><th colspan="2">齐</th><th colspan="2">梁○、陈△</th></tr>
<tr><th>侨州／侨郡统县</th><th>侨寄地</th><th>侨州／侨郡统县</th><th>侨寄地</th><th>侨州／侨郡统县</th><th>侨寄地</th><th>侨州／侨郡统县</th><th>侨寄地</th></tr>
<tr><td></td><td></td><td colspan="8">青州侨置，考之如下：《晋志》下青州："自永嘉丧乱，青州沦没石氏。东莱人曹嶷为刺史，造广固城，后为石季龙所灭"，后又为段龛、慕容恪、苻氏所有，"及苻氏败后，刺史苻朗以州降，朝廷置幽州"；隆安四年，慕容德又有其地，立南燕，复改为青州。① "元帝渡江，于广陵侨置青州。"及安帝义熙六年，刘裕平广固，收复青州，"留长史羊穆之为青州刺史，筑东阳城而居之。……至是始置北青州，镇东阳城，以侨立州为南青州。而后省南青州，而北青州直曰青州"；又《南齐志》上南兖州："晋末以广陵控接三齐，故青兖同镇。宋永初元年，罢青并兖"；据此，青州侨置广陵。又青州曾侨于京口等处，《考异》卷二五南齐书州郡志上云："太元十二年，朱序为青兖二州刺史，镇淮阴，此青兖同镇之始。序移镇，而谯王恬、王恭相代为青兖二州刺史，皆镇京口，……桓玄以桓宏为青州刺史，治广陵，不兼兖州。及刘裕平桓氏，自领徐青兖三州，后又以兖州授刘藩，青州授诸葛长民，两镇仍分。而长民还治京口，及刘藩诛，而刘道邻复为青兖二州刺史，镇京口；义熙八年，檀祗为青州刺史，镇广陵，又不兼兖州。祗卒，而刘怀镇代之，亦不兼兖州。此云青兖同镇者，谓义熙末两刺史同治广陵，非以一人兼领也。宋初省青入兖，而广陵常为南兖州治所矣。"钱氏之说考诸史传，皆确。
②《宋书·宗室·长沙王道邻传》："时北青州刺史刘该反"，此事在义熙之前，《考异》卷二四云："此时青州之地，尚为慕容氏所据，北青州当侨立于徐州境。"《晋志》、《宋志》皆失书。
③ 宋世，青州又别有侨置。《宋志》二青州刺史："孝武孝建二年，移治历城，大明八年，还治东阳。明帝失淮北，于郁洲侨立青州，立齐、北海、西海郡"；又《南齐志》上青州云："青州，宋泰始初淮北没虏，六年，始治郁州上。郁州在海中，周回数百里，岛出白鹿，土有田畴鱼盐之</td><td>○《晋志》下青州领郡国六，县三十七，即齐国统县五，济南郡统县五，乐安国统县八，城阳郡统县十，东莱国统县六，长广郡统县三。惠帝又立平昌郡、高密国。
○《晋志》下青州郡国及领县舛误颇甚，据诸家考证，西晋青州又领有北海郡。
○ 按晋末收复青州，称北青州，而侨置之青州如故，不加"南"字，宋初省侨置之青州，而北青州始去"北"字。《晋志》盖误承《宋志》追称以为本号。又省青州入兖州，在永初受禅以后，亦不应阑入晋史。</td></tr>
</table>

		利，……流荒之民，郡县虚置，至于分居土著，盖无几焉。建元四年，移镇朐山，后复旧。”梁仍齐旧，正平中没东魏。								○《宋志》“孝建二年，移治历城”，当作“孝建三年”，详《宋书·垣护之传》、《通鉴》。 ○《宋志》作“郁洲”，《南齐志》作“郁州”，为免混乱，除引文外，今统一作“郁洲”。
青州	临淄（山东淄博市东临淄区北）	青州	侨淮阴（江苏淮阴市西南），移京口（江苏镇江市），又镇广陵（江苏扬州市西北），还京口，再迁广陵							
青州	临淄	北青州	徐州境，当在淮南江北							
青州	东阳城（山东青州市）			青州	郁洲（江苏连云港市东云台山一带）	青州	郁洲，曾移朐山（江苏连云港市西南锦屏山一带）	青州○	郁洲	
		齐郡侨置可考者二：①《宋志》一南徐州刺史南鲁郡太守：“西安令，汉旧名，本属齐郡。齐郡过江侨立，后省，以西安配此。”考《宋志》一南兖州刺史：“《永初郡国》领十四郡。……南齐郡领西安、临淄凡二县。省属南徐州。”侨地当在旧晋陵郡界。参本表东平国条。②《宋志》二青州刺史：“明帝失淮北，于郁洲侨立青州，立齐、西海、北海郡”，齐郡旧领县七，侨郡领县，据《南齐志》上青州齐郡，或可定为临淄、西安、昌国、益都；又《南齐志》上青州：“宋泰始中淮北没虏，六年，始治郁州上。郁州在海中，后为齐郡治。建元初，徙齐郡治瓜步”；又齐郡：“永明元年，罢秦郡并之，治瓜步”，领县九，即临淄、齐安、西安、宿豫、尉氏、平虏、昌国、泰、益都。按“泰”当作“秦”，与尉氏旧为秦郡所领；齐安、平虏无考，疑新立；宿								○《南齐志》“泰”县，当作“秦”县，为侨秦郡领县。 ○《东晋志》卷四青州齐郡以为齐郡及西安县侨立及省皆在东晋，不妥。《宋志》明言《永初郡国》有，则南齐郡宋初所省也。

		豫，《宋志》一徐州刺史淮阳太守领县，晋安帝立，宋末又侨立北淮阳郡，永明元年，北淮阳郡省；盖以此县度属（参本表淮阳郡条）。又《南齐书·良政刘怀慰传》：“齐国建，上欲置齐郡于京邑，议者以江右土沃，流民所归，乃治瓜步，以怀慰为辅国将军、齐郡太守。上谓怀慰曰：齐邦是王业所基，吾方以为显任。经理之事，一以委卿。”及梁，又置秦州，复秦郡（领有旧齐郡侨县），而齐郡还治旧地，《魏志》中海州武陵郡上鲜：“萧衍齐郡，武定七年改置”是也。侯景乱后，没于东魏。								
齐　国 西　安 临　淄	临淄（山东淄博市东临淄区北）	齐　郡 西　安 临　淄	旧晋陵郡界（江苏镇江、金坛、常州、无锡等市一带）	南齐郡 西　安 临　淄	旧晋陵郡界					
齐　郡 临　淄 西　安 昌　国 益　都 尉　氏 秦 宿　豫 平　虏 齐　安	兖州陈留国 雍州秦国 东晋豫州淮阳郡 疑新立 疑新立			齐　郡 临　淄 西　安 昌　国 益　都	郁洲（江苏连云港市东云台山）	齐　郡 临　淄 西　安 昌　国 益　都 尉　氏 秦 宿　豫 平　虏 齐　安	瓜步（江苏六合东南瓜埠山）	齐　郡○	上鲜（江苏赣榆南）	
		《通鉴》卷一一五义熙五年：慕容“超又遣公孙归等寇济南，俘男女千余人而去”，胡《注》：“此济南郡亦是侨置于淮北。”								○《晋志》下青州济南郡谬误不可读。此据《十驾斋养新录》卷六“青州脱北海郡”条。
济南郡	东平陵（山东章丘市西北）	济南郡	淮　北							

<table>
<tr><td rowspan="2">济岷郡
晋　宁
营　城</td><td rowspan="2">东晋立，与济南郡(治历城今山东济南市)为邻</td><td colspan="8">《宋志》一南兖州刺史：“《永初郡国》领十四郡。……济岷郡(江左立)领营城、晋宁(江左立)凡二县”，后省属南徐州。又《宋志》一南兖州刺史条云：“《起居注》，元嘉十一年，以南兖州东平之平陆并范，寿张并朝阳；平原之济岷、晋宁并营城(先是省济岷郡为县)，高唐并荏平。”按：据此，则济岷郡先省为县，济岷、晋宁、营城三县均隶于平原郡；后又以济岷、晋宁并入营城。又此平原郡为南徐州所领(因领有高唐县之平原郡，属南徐州，不属南兖州也)；《宋志》此处，若于“平原之济岷”前，加上“以南徐州之”五字，则于意更妥。参本表东平国条、平原国条。再考《晋书·石勒载记》云：“济岷太守刘闿、将军张阖等叛，害下邳内史夏侯嘉，以下邳降于石生。”查《晋书·成帝纪》，系此事于咸和元年十二月，则济岷郡侨置时间当在此以前。</td><td rowspan="2">○东晋于青州立济岷郡，领营城、晋宁等县。义熙中并济南。《宋志》二青州刺史济南太守：“晋世济岷郡，云魏平蜀，徙蜀豪将家于济、河，故立此郡。安帝义熙中土断，并济南。案《晋太康地志》无济岷郡”；又《晋志》下青州济南郡注云：“或云魏平蜀，徙其豪将家于济河北，故改为济岷郡。而《太康地理志》无此郡名，未之详。”依《晋志》，是以济南为济岷改名也。钱大昕《十驾斋养新录》卷六“济岷郡”条辩之曰：“济岷郡本江左立，则《太康地志》自不应有此郡；而徙蜀豪将之说，不辩而知其诬也。”
○《宋志》一徐州刺史淮阳太守领晋宁侨县，云“故属济岷，流寓来配”，当是故属济岷实郡，与侨晋陵郡界之济岷郡晋宁县非一也。</td></tr>
<tr><td>济岷郡
晋　宁
营　城</td><td>旧晋陵郡界(江苏镇江、金坛、常州、无锡等市一带)</td><td>济岷郡
晋　宁
营　城</td><td>旧晋陵郡界</td><td></td><td></td><td></td><td></td></tr>
<tr><td></td><td></td><td colspan="8">《宋志》二青州刺史：“孝武孝建二年，移治历城，大明八年，还治东阳。……旧州领县九，县四十六”，其北海太守领县六，郡“寄治州下”，又都昌令，“汉旧县，寄治州下，余依本治”。据此，北海郡及都昌县寄治东阳也。又《宋志》二青州刺史：“明帝失淮北，于郁洲侨立青</td><td>○《晋志》下青州无北海郡，而济南郡领平寿、下密、胶东、即墨诸县，考为北</td></tr>
</table>

		州，立齐、北海、西海郡”；《南齐志》上青州：“郁州在海中，……后为齐郡治。建元初，徙齐郡治瓜步，以北海治齐郡故治，州治如故。”是北海治郁洲也；所领七县为都昌、广饶、赣榆、胶东、剧、下密、平寿，其赣榆非侨县。又《魏志》中海州东海郡：“萧衍置北海郡，武定七年复”，又有都昌、广饶、下密三县，是梁有北海郡，领此三县，侯景乱后没于东魏。								海郡属县，《志》盖脱去北海郡原文。参《十驾斋养新录》卷六“青州脱北海郡”条。
北海郡 都昌 广饶 胶东 剧 下密 平寿	平寿（山东昌乐东南） 青州齐国 徐州东莞郡			北海郡 都昌	东阳城（山东青州市），又移郁洲（江苏连云港市东云台山）	北海郡 都昌 广饶 胶东 剧 下密 平寿	郁洲	北海郡○ 都昌 广饶 下密	郁洲	○《宋志》“寄治州下”，或以为寄治郁洲，误。考《宋志》二青州九郡四十六县皆青州侨置郁洲前之“旧州领”，北海郡、都昌县在此九郡四十六县内；且《宋志》北海郡及都昌县外，郡所领另五县“依本治”，益可明此也。又北海郡常与齐郡（治临淄）合为双头郡，亦可证北海时未侨郁洲也。
		《晋志》下徐州：明帝又立南平昌等郡（当云平昌郡）；又《宋志》一南徐州刺史南平昌太守：领县四，即安丘、新乐、东武、高密；又《宋志》一南兖州刺史：“《永初郡国》领十四郡。……南平昌……今并属徐州”，当是元嘉八年度属也，盖先属侨青州，后青并于兖，又属之，文帝元嘉中土断，改属南徐州。又《南齐志》上南徐州南平昌郡领安丘、新乐、东武、高密四县；建武三年省，以安丘、新乐改属南东莞郡。其侨地据史传考之，当在京口一带，《南史·关康之传》：“河东杨人也。世居京口，寓属南平昌”；又《宋书·孟怀玉传》：“平昌安丘人也，……世居京口。”参本表乐陵国条、高密国条。								○《晋志》下青州：“惠帝元康十年（按元康只九年），又置平昌郡。”据《宋志》二青州刺史平昌太守，治安丘，领安丘、东武、平昌诸县。又《考异》卷二二晋书文苑伏滔传云：“案《地理志》……惠帝元康十年置平昌郡，亦不言所领何县，以《宋志》考之，则安丘、平昌、东武、琅邪、朱虚五县，皆隶平昌也。又考《三国志》，孙礼历平昌太守，则魏时亦尝置平昌郡。”
平昌郡 安丘 东武 新乐 高密	安丘（山东安丘市西南） 冀州乐陵国 青州高密国	平昌郡 安丘 东武	京口（江苏镇江市）一带	南平昌郡 安丘 东武 新乐 高密	京口一带	南平昌郡 安丘 东武 新乐 高密	京口一带			

		高密侨置可考者二：①《宋志》一南兖州刺史：“《永初郡国》领十四郡，……高密郡领淳于、黔陬、营陵、夷安凡四县，……省属南徐州”；当是元嘉八年度属也。又《宋志》一南徐州刺史南平昌太守：“高密令，江左立高密国，后为南高密郡。文帝元嘉十八年，省为高密县，属此。”按高密郡既省属南徐州，则侨在江南；考南平昌郡正侨在江南京口，则高密侨郡当亦在京口一带。②《通鉴》卷一〇四太元四年五月，“(俱)难、(彭)超拔盱眙，执高密内史毛璪之”，胡《注》：“高密，侨国也；璪之领内史，戍盱眙。”								○《宋志》二青州刺史高密太守：“晋惠帝又分城阳立，……领县六”，即黔陬、淳于、高密、夷安、营陵、昌安，并云“《晋太康地志》属城阳”。 ○《东晋志》卷四青州高密郡领淳于、黔陬、营陵、夷安四县，侨在盱眙，是误合二侨郡为一。
高密国 淳于 黔陬 营陵 夷安	黔陬(山东胶州市西南)	高密国 淳于 黔陬 营陵 夷安	京口(江苏镇江市)一带	南高密郡 淳于 黔陬 营陵 夷安	京口一带					
高密国		高密国	盱眙(江苏盱眙东北)							
		《晋志》下徐州：“元帝渡江之后，徐州所得惟半，……是时，幽、冀、青、并、兖五州及徐州之淮北流人相帅过江淮，帝并侨立郡县以司牧之。……(徐州)初或居江南，或居江北，或以兖州领州。郗鉴都督青兖二州诸军事、兖州刺史，加领徐州刺史，镇广陵。苏峻平后，自广陵还镇京口”；又《考异》卷二二晋书王恭传云：“晋南渡已后，徐兖二州刺史，或镇京口，或镇广陵，或镇下邳，率以一人领之。太元二年，以王蕴为徐州刺史，镇京口，谢玄为兖州刺史，镇广陵，始分为二。未几，谢兼领徐州，仍合为一”；又同卷之桓冲传云：“自桓温、刁彝、王坦之领徐兖二州，皆镇广陵，其单称徐州刺史自冲始，移镇京口亦自冲始，而京口遂专北府之名矣。嗣后王蕴代冲为徐州刺史，镇京口，谢玄为兖州刺史，镇广陵，而徐兖遂分两镇。”据此，东晋侨立徐州，始以兖州领徐州，或镇京口，或镇广陵，或镇下邳；孝武宁康三年，桓冲为徐州刺史，遂移镇京口，单称徐州，徐兖遂分两镇。义熙中，刘裕北伐南燕，克复淮北，收复徐州旧土，原徐州分为北徐、徐二州，《宋志》一南徐州刺史云：“安帝义熙七年，始分淮北为北徐，淮南犹为徐州。……武帝永初二年，加徐州曰南徐，而淮北但曰徐。”① 今先述南徐州如次。据《宋志》一南徐州刺史云：“文帝元嘉八年，更以江北为南兖州，江南为南徐州，治京口，割扬州之晋陵、兖州之九郡侨在江南者属焉，故南徐州备有徐、兖、幽、冀、青、并、扬七州郡邑。”据此，宋永初二年，以淮南为南徐州，元嘉八年，又与南兖州划江而治，割晋陵为实								○《晋志》下徐州统郡国七，县六十一，即彭城国统县七，下邳国统县七，东海郡统县十二，琅邪国统县九，东莞郡统县八，广陵郡统县八，临淮郡统县十。后又分东海置兰陵郡，分东莞置东安郡，分临淮置淮陵郡，就堂邑置堂邑郡。 ○ 梁普通中又置徐州于彭城，置东徐州于宿预，非侨州也。

		土,以兖州侨在江南诸郡属焉。又《南齐志》上南徐州“镇京口”。又《隋志》下江都郡延陵:“旧置南徐州,……开皇九年州郡并废。”据此,宋齐梁陈之南徐州侨在京口,领郡全在江南,大抵不出旧晋陵郡界。② 徐州:义熙七年,分淮北为北徐州,淮南为徐州,划淮而治;宋永初二年,北徐州改为徐州,治彭城,为实土州。及宋末乃成立侨州。据《宋志》一徐州刺史:“明帝世,淮北没寇,侨立徐州,治钟离。泰豫元年,移治东海朐。后废帝元徽元年,分南兖州之钟离、豫州之马头,又分秦郡之顿丘、梁郡之谷熟、历阳之酂,立新昌郡,置徐州,还治钟离。”是宋泰始后侨置于钟离,移东海朐,又还钟离。齐改名北徐州,《南齐志》上北徐州“镇钟离”;又《梁书·昌义之传》:天监二年,“迁假节、督北徐州诸军事、辅国将军、北徐州刺史,镇钟离”;又《通鉴》卷一四六天监五年五月胡《注》:“南徐治京口,故以钟离为北徐。”太清三年后没于东魏。③ 及梁,又置西徐州,《梁书·武帝纪》大通元年,“以涡阳置西徐州”;又《隋志》中谯郡山桑:“后魏置涡州、涡阳县,又置谯郡。梁改涡阳曰西徐州”,及太清二年又没于东魏。							
徐　州	彭城(江苏徐州市)	徐　州	广陵(江苏扬州市西北),或镇京口(江苏镇江市),或镇下邳(江苏睢宁西北),又移京口	南徐州	京口,后割晋陵郡地(治晋陵,今常州市,有今江苏镇江、常州、无锡三市及丹阳、金坛、江阴、武进、锡山等市地)为实土	南徐州	京　口	南徐州	京　口
徐　州				徐　州	钟离(安徽凤阳东北),移朐(江苏连云港市西南),又还钟离	北徐州	钟　离	北徐州○	钟　离

徐　州								西徐州○	涡阳(安徽蒙城)	
		①《晋志》下徐州:"分武进立临淮、淮陵、南彭城等郡";又《宋志》一南徐州刺史南彭城太守:"江左侨立,晋明帝又立南下邳郡,成帝又立南沛郡。文帝元嘉中,分南沛为北沛,属南兖,而南沛犹属南徐。孝武大明四年,以二郡并并南彭城。领县十二",即彭城(据孙彪《宋史考论》补)、吕、武原、傅阳、蕃、薛、开阳、杼秋、洨、下邳、北淩、僮。按晋时当领有彭城、吕、武原、傅阳、蕃、薛、开阳七县。又《南齐志》上南徐州南彭城郡领县尽同,"郡无实土",其下邳、吕、杼秋、北淩,建武三、四年省;又《南史·梁宗室·吴平侯景弟昂传》:"征为琅邪、彭城二郡太守",是梁有此郡也。又《陈书·宣帝纪》:"太建十年,罢义州及琅邪、彭城二郡,立建兴郡,属扬州,领县六。"按义州与建兴郡无关;而考《陈书·信义王祇传》、《南平王嶷传》及《后主纪》,至德元、二年有琅邪、彭城二郡太守或南琅邪、彭城二郡太守,则太建十年后罢建兴,复立二郡。②《南齐志》上北徐州有彭城郡,永明元年省。按此郡乃以《宋志》一徐州刺史所领彭城郡侨置。参本表梁国条。								○《晋志》南彭城郡与《宋志》晋明帝立南下邳、成帝立南沛,盖宋时追称,晋时本无"南"字。 ○ 蕃、薛二县,《晋志》上为豫州鲁郡属县,《宋志》一徐州刺史彭城太守云两县晋惠帝元康中度属彭城郡。 ○ 北淩,《晋志》下徐州下邳国作淩,据《宋志》一南徐州刺史南彭城太守,为晋武帝太康二年改名。 ○ 杼秋,先为沛郡侨郡所领;后南沛郡省入南彭城,杼秋亦改隶南彭城侨郡。参本表沛国条。
彭城国 彭　城 吕 武　原 傅　阳 蕃 薛 开　阳 杼　秋 洨 北　淩 下　邳 僮	彭城(江苏徐州市) 徐州琅邪国 豫州沛国 豫州沛国 徐州下邳国 徐州下邳国 徐州下邳国	彭城郡 彭　城 吕 武　原 傅　阳 蕃 薛 开　阳	武进(江苏丹阳市东)	南彭城郡 彭　城 吕 武　原 傅　阳 蕃 薛 开　阳 杼　秋 洨 北　淩 下　邳 僮	武　进 无锡(江苏无锡市)	南彭城郡 彭　城 吕 武　原 傅　阳 蕃 薛 开　阳 杼　秋 洨 北　淩 下　邳 僮	武　进 无　锡	南彭城郡 彭　城	武　进	

彭城郡				彭城郡	北徐州境（安徽凤阳、明光、滁州等县市一带）	彭城郡	北徐州境			
		下邳侨郡可考者二：①《宋志》一南徐州刺史南彭城太守："晋明帝又立南下邳郡，成帝又立南沛郡。……孝武大明四年，以二郡并并南彭城。"今考南彭城领县十二，其北淩、下邳、僮"本属南下邳"，又"南下邳有良城县，文帝元嘉十二年并僮"。东晋当称下邳郡，领四县疑同。参本表彭城国条。②《宋志》一南兖州刺史北下邳太守："宋失淮北侨立"，领僮县、下邳、宁城，当是泰始后侨立。又《南齐志》上南兖州广陵郡："建元四年，罢北淮阳、北下邳、北济阴、东莞四郡并。"参本表济阴郡条。								○《南齐志》上南兖州云"下邳郡四县"见省，而《宋志》北下邳郡只领僮、下邳、宁城三县，盖脱一县。又《宋志》"宁城"注"别见"，而遍检《宋志》，无此县，疑是"良城"之误。良成，《宋志》一徐州刺史下邳太守领县。或宁城新立，所脱一县为"良城"。
下邳国 北　淩 下　邳 僮 良　城	下邳（江苏睢宁西北）	下邳郡 北　淩 下　邳 僮 良　城	武进（江苏丹阳市东）一带	南下邳郡 北　淩 下　邳 僮 良　城	武进一带					
下邳郡 僮 下　邳 宁　城 良　城	疑新立			北下邳郡 僮 下　邳 宁　城 良城(?)	广陵境（江苏扬州、高邮、泰州等市一带）	北下邳郡 僮 下　邳 宁　城 良城(?)	广陵境			
		东海侨郡可考者二：①《晋志》下徐州：元帝渡江之后，"割吴郡之海虞北境，立郯、朐、利城、祝其、厚丘、西隰、襄贲七县，寄居曲阿，以江乘置南东海……等郡，……穆帝时，移南东海七县出居京口"；又《宋志》一南徐州刺史南东海太守："晋元帝初，割吴郡海虞县之北境为东海郡，立郯、朐、利城三县，而祝其、襄贲等县寄治曲阿。穆帝永和中，郡移出京口，郯等三县亦寄治于京。文帝元嘉八年立南徐，以东海为治下郡，以丹徒属焉。郯、利城并为实土。《永初郡国》有襄贲、祝其、厚丘、西隰四县，文帝元嘉十二年，省厚丘并襄贲。何、徐无厚丘，余与《永初郡国》同。其襄贲、祝其、西隰，是徐志后所省也。领县六"，其丹徒、武进、								○细考《晋志》、《宋志》，语有乖忤。《晋志》既割海虞北境立郯等七侨县，是有实土，何以又言寄治曲阿及于江乘立侨郡？且东晋时不应有"南"东海郡。当依《宋志》。其郡县侨置，

		毗陵为旧县;郯,“文帝元嘉八年,分丹徒之岘西为境”;朐,“晋江左侨立,宋孝武世,分郯西界为土”;利城,“晋江左侨立,宋文帝世,与郡俱为实土”。又《南齐志》上南徐州南东海郡领郯、祝其、襄贲、利城、西隰、丹徒、武进七县。又《梁书·武帝纪》天监元年“改南东海为兰陵郡”;又《陈书·高祖纪》永定二年:“改南徐州所领南兰陵郡复为东海郡。”②《宋志》一徐州刺史东海太守实郡:“明帝失淮北,侨立青州于赣榆县。泰始七年,又立东海县属东海郡,又割赣榆置郁县,立西海郡,并隶侨青州。”按泰始七年后之东海郡,为侨郡,其侨地在涟水,《元和郡县图志》卷九河南道泗州涟水县:“宋明帝于此置东海郡,又于城北置襄贲县属焉。”《南齐志》上冀州北东海郡“治涟口”,领襄贲、僮、下邳、厚丘、曲城五县,其厚丘以外四县,所治并非旧地,当为侨县。又《魏志》中海州海西郡领襄贲、海西、临海三县,“萧鸾置东海郡,武定七年改置”,是东海郡太清中没于东魏也。								是元帝渡江之初,于江乘侨置东海郡,然无实土;旋割海虞县北境为侨东海郡,立郯、朐、利城三县,此为有实土者;另有祝其、襄贲、厚丘、西隰无实土,寄治曲阿。永和中,侨东海郡并郯等三县移治京口;及宋世,以丹徒、武进、毗陵等实县割属,侨郡县亦并有实土,郯、朐实土在丹徒;利城在江阴(《隋志》下毗陵郡江阴),改属晋陵郡(《考异》卷二五南齐书孝义传)。 ○《南齐书·周山图传》:建元初,山图“表移东海郡治涟口”,与《宋志》异,疑《传》为是。 ○《魏志》海西郡,当依《隋志》下东海郡涟水与《元和郡县图志》,作海安郡。
东海郡	郯(山东郯城北)	东海郡	江乘(江苏句容市北),移海虞(江苏常熟市)北,又移京口(江苏镇江市)	南东海郡	京口	南东海郡	京口	东海郡△	延陵(江苏镇江市)	
郯		郯	海虞北,移丹徒(江苏镇江市东南)	郯	丹徒	郯	丹徒			
朐		朐		朐	丹徒					
利城		利城	海虞北,移江阴(江苏江阴市)	利城	江阴	利城	江阴			
祝其		祝其	曲阿(江苏丹阳市)			祝其	曲阿			
襄贲		襄贲	曲阿			襄贲	曲阿			
厚丘		厚丘	曲阿							
西隰	(东晋立)	西隰	曲阿			西隰	曲阿			

东海郡 襄贲 僮 下邳 曲城	襄贲(山东苍山南) 徐州下邳国 徐州下邳国 青州东莱国			东海郡 襄贲	涟水(江苏涟水)	北东海郡 襄贲 僮 下邳 曲城	涟口	东海郡○ 襄贲	涟水	
		《宋志》—南徐州刺史南琅邪太守："晋乱，琅邪国人随元帝过江千余户。大兴三年，立怀德县。丹阳虽有琅邪相而无土地，成帝咸康元年，桓温领郡，镇江乘之蒲洲金城上，求割丹阳之江乘县境立郡，又分江乘地立临沂县。《永初郡国》有阳都、即丘、费三县，并割临沂及建康为土。费县治宫城之北。元嘉八年，省即丘并阳都。十五年，省费并建康、临沂。孝武大明五年，省阳都并临沂。今领县二"，即临沂、江乘。又《南齐志》上南徐州南琅邪郡："本治金城，永明徙治白下"，领县五，即临沂、江乘、兰陵、承("建武三年省")、谯("建元二年，平阳郡流民在临江郡者，立宣祚县，寻改为谯，永明元年，省怀化一县并属")。考兰陵、承二县，《宋志》—属南徐州南兰陵郡，而《南齐志》无南兰陵郡，是齐时省南兰陵郡入南琅邪郡也。又《补梁志》卷一南徐州南琅邪郡领临沂、江乘、费三县。参本表兰陵郡条。又《陈书·宣帝纪》："太建十年，罢义州及琅邪、彭城二郡，立建兴郡，属扬州，领县六。"按义州与建兴郡无关；而考《陈书·信义王祗传》、《南平王嶷传》及《后主纪》，至德元、二年有琅邪、彭城二郡太守或南琅邪、彭城二郡太守，则太建十年后罢建兴，复立二郡。								○按东晋时又领有开阳侨县。《宋志》—南徐州刺史南彭城太守开阳令："晋侨立，犹属琅邪，安帝度属彭城"；又《宋书·恩倖徐爰传》："南琅邪开阳人也。" ○承，西晋初属东海郡，元康元年分东海置兰陵郡，据《宋志》—徐州刺史兰陵太守，承属兰陵。 ○《建康实录》卷五："案中宗初，琅邪国人置怀德县，在宫城南七里，今建初寺前路东，后移于宫城西北三里耆园寺西。帝又创已北为琅邪郡，而怀德属之，后改名费县。"依此，则怀德县后改名费县。《东晋志》同。然《实录》为唐人所撰；又考《宋书·符瑞志》中"晋元帝太兴三年四月，甘露降琅邪费"，时北土徐州琅邪国及费县已不为晋守，此"琅邪费"当为
琅邪国	开阳(山东临沂市北)	琅邪郡	丹阳郡(江苏南京市)，移江乘金城(江苏句容市西北)，成实土	南琅邪郡	金城	南琅邪郡	金城，移白下(江苏南京市北幕府山南麓)	南琅邪郡	白下	
怀德	新立	怀德	建康(江苏南京市)							
费		费	建康					费	建康	
即丘		即丘	江乘(江苏句容市北)							
阳都		阳都	江乘							

临沂 开阳 兰陵 承 谯	 徐州兰陵郡 徐州兰陵郡 豫州谯郡	临沂 开阳	江乘西(江苏南京市东北)	临沂	江乘西	临沂 兰陵 承 谯	江乘西	临沂	江乘西	侨置,若然,则琅邪郡及费县之侨置在太兴三年四月之前;而立怀德县,据《晋书·元帝纪》在太兴三年七月。以侨人立侨郡县之始,推琅邪郡及费县;而费县乃怀德县改名一说,颇可疑。
		东莞侨郡可考者四:①《晋志》下徐州:明帝立南东莞等郡(当称东莞郡);又《宋志》一南徐州刺史南东莞太守:"《永初郡国》又有盖县。领县三",即莒、东莞("文帝元嘉十一年,以盖县并此")、姑幕。其侨地,据《东晋志》卷四徐州东莞郡引《江南通志》及《读史方舆纪要》常州府武进县姑幕城、《武进县志》(《东晋志》引)及《大清一统志》,在晋陵南境,今武进市一带。又《南齐志》上南徐州南东莞郡领东莞、莒、姑幕("建武三年省")三县,"郡无实土";疑梁天监元年土断中省。②《宋志》一南兖州刺史东莞太守"宋失淮北侨立",领莒、诸、东莞、栢人四县。其栢人云:"汉旧名,属赵国。宋失淮北侨立";又《南齐志》上南兖州广陵郡云:"建元四年,罢北淮阳、北下邳、北济阴、东莞四郡并。"是东莞侨于广陵境,齐初废。③《南齐志》上青州东莞琅邪二郡,"治朐山也",领即丘、南东莞("永明元年,以流户置")、北东莞;又《梁书·武帝纪》天监十年有东莞琅邪二郡太守邓晰。后没于东魏。按东莞琅邪二郡为双头郡,东莞郡帖治琅邪朐山;此双头郡领三县,今姑以南、北东莞认作东莞郡所领。④《隋志》下江都郡安宜:"梁置阳平郡及东莞郡,开皇初郡废。"								○莒、姑幕、诸旧属青州城阳郡,太康十年改属东莞郡。 ○《补梁志》卷一南兖州东莞郡,"其侨郡县,齐末俱废",不知何据?
东莞郡 东莞 莒 姑幕 盖	莒(山东莒县)	东莞郡 东莞 莒 姑幕 盖	晋陵南境,今江苏武进市一带	南东莞郡 东莞 莒 姑幕	晋陵南境	南东莞郡 东莞 莒 姑幕	晋陵南境			
东莞郡 莒 诸 东莞 栢人	 冀州赵国			东莞郡 莒 诸 东莞 栢人	广陵境(江苏扬州、高邮、泰州等市一带)	东莞郡 莒 诸 东莞 栢人	广陵境			

东莞郡 东　莞 东　莞						东莞郡 南东莞 北东莞	朐山(江苏连云港市西南)	东莞郡○	朐　山	
东莞郡								东莞郡○	安宜(江苏宝应西南)	
广陵郡	淮阴(江苏淮阴市西南)	《东晋志》卷四冀州高阳郡云:"咸康中尝侨置广陵郡于陵阳县,《晋志》亦不载";又班书阁《河北东晋州郡侨置考》亦云:"考东晋广陵有二,一为实土之广陵,在今之江都;一为移置之广陵,在今安徽之石埭。吾于广陵移置另有考。"								○今考《宋志》一扬州刺史宣城太守条,无东晋侨置广陵郡之文。《考异》卷一九晋书地理志下"改陵阳为广陵"条云:"广陵当作广阳";又《宋志》一扬州刺史宣城太守广阳令:"汉旧县曰陵阳,子明得仙于此县山,故以为名。晋成帝杜皇后讳'陵',咸康四年更名。"据此,疑洪亮吉、班书阁二氏所据之本之"广阳"误作"广陵",因之遂有乌有之"广陵"侨郡耳,不可信,姑录存之。
		广陵郡(?)	陵阳(安徽石台东北广阳镇东北)							
		《晋志》下徐州:"永嘉之乱,临淮、淮陵并沦没石氏。……(元帝)分武进立临淮、淮陵、南彭城等郡";又《宋志》一南徐州刺史临淮太守:"江左侨立。《永初郡国》又有盱眙县,何、徐无。领县七",即海西、射阳、淩、淮浦、淮阴、东阳、长乐;又《南齐志》上南徐州临淮郡:"郡无实土。海西、射阳、淩、淮阴、东阳、淮浦(建武二年省)";疑梁天监元年土断中省。								○《补梁志》卷一南徐州临淮郡领海西、射阳、淮阴、东阳四县,则梁有此郡;然无确据。
临淮郡 盱　眙 海　西 射　阳	盱眙(江苏盱眙东北) 徐州广陵郡 徐州广陵郡	临淮郡 盱　眙 海　西 射　阳	武进(江苏丹阳市东)	临淮郡 海　西 射　阳	武　进	临淮郡 海　西 射　阳	武　进			

凌 淮浦 淮阴 东阳 长乐	徐州下邳国 徐州广陵郡 徐州广陵郡 本冀州长乐国	凌 淮浦 淮阴 东阳 长乐		凌 淮浦 淮阴 东阳 长乐		凌 淮浦 淮阴 东阳				
		兰陵侨郡可考者三：①《晋志》下徐州：元帝以江乘侨置南兰陵等郡（按：当称“兰陵郡”）。又《宋志》一南徐州刺史南兰陵太守领县二，兰陵、承（“文帝元嘉十二年，以合乡县并承。《永初郡国》、何、徐并无合乡县”）；又《南齐书·高帝纪》：“晋元康元年，分东海为兰陵郡。中朝乱，淮阴令整字公齐，过江居晋陵武进县之东城里。寓居江左者，皆侨置本土，加以南字，于是为南兰陵兰陵人也。”据此，侨兰陵郡及兰陵侨县等在武进、江乘之间。又《南齐志》上南徐州无南兰陵郡，则齐时尝省并，考南琅邪郡领有兰陵、承（“建武三年省”）二县，知齐世南兰陵郡并省于南琅邪郡也。② 及梁世，又复置兰陵郡，《梁书·武帝纪》：天监元年“改南东海为兰陵郡”；又《隋志》下江都郡延陵“旧置南徐州、南东海郡，梁改为兰陵郡，陈又改为东海”；又《陈书·高祖纪》永定二年，“改南徐州所领南兰陵郡复为东海郡”；又《隋志》下江都郡曲阿：“有武进县，梁改为兰陵，开皇九年并入。”据此，梁世复置兰陵郡，然为改东海郡置；其领县既有旧南东海郡领县，又有旧南琅邪郡领县。又《补梁志》卷一南徐州兰陵郡领县八，即兰陵、承、丹徒、曲阿、郯、祝其、襄贲、西隰。其丹徒、曲阿为旧县，承已于齐建武三年省；又当增入利城一县，以利城旧属南东海，隋初始废也。参本表东海郡条、琅邪国条。③《南齐书·周盘龙传》：“北兰陵兰陵人。宋世土断，属东平郡。”《考异》卷二五云：“按史称南兰陵者，南徐州之兰陵也；称北兰陵者，徐州之兰陵也。《宋志》徐州兰陵郡领昌虑、承、合乡三县，不见兰陵县，疑《志》有脱漏矣。宋泰始以后，淮北陷没，侨立淮南，土断改属东平，故《齐志》无北兰陵之名也。”参本表东平国条。								○《晋志》下徐州：“元康元年，分东海置兰陵郡”；据《宋志》一徐州刺史兰陵太守，领有昌虑、承、合乡三县；而据《考异》卷二五南齐书周盘龙传，又领有兰陵县。 ○改南东海为兰陵郡，改武进为兰陵县，于是郡县皆有实土矣。 ○据《一统志》常州府沿革：武进县地，置南兰陵郡，置兰陵县为郡治。又古迹：兰陵故城，在武进县西北九十里，则南兰陵郡侨在武进县地。
兰陵郡 兰陵 承 合乡	承（山东枣庄市东南）	兰陵郡 兰陵 承	江乘（江苏句容市北）、武进（江苏丹阳市东）间	南兰陵郡 兰陵 承 合乡	江乘、武进间					
兰陵郡								兰陵郡○	延陵（江苏镇江市）	

郯	徐州东海郡							郯	丹徒(江苏镇江市东南)	
祝　其	徐州东海郡							祝　其	曲阿(江苏丹阳市)	
襄　贲	徐州东海郡							襄　贲	曲阿	
西　隰	东晋立							西　隰	曲阿	
兰　陵	徐州兰陵郡							兰　陵	武进(江苏丹阳市东)	
利　城	徐州东海郡							利　城	江阴(江苏江阴市)	
兰陵郡 兰　陵	昌虑(山东滕州市东南)			北兰陵郡 兰　陵	淮阴(江苏淮阴市西南)					
		《宋志》一徐州刺史东安太守:"发干令,汉旧名,属东郡。《太康地志》无。江左来配。"按发干,西晋属司州阳平郡,东晋侨立,属东安郡。其侨地,据《魏志》中南青州东安郡发干"有炮山庙"考之,在沂水县西北(《水经注》卷二五沂水篇及杨《疏》、《元和郡县图志》卷一一河南道沂州沂水县雹山)。泰始后地入北魏。								○《晋志》下徐州:元康七年,"又分东莞置东安郡"。
[东安郡]	盖(山东沂源东南)	[东安郡]	盖	[东安郡]	盖					
发　干	司州阳平郡(山东冠县东南)	发　干	沂水(山东沂水西北)	发　干	沂水西北					
		《晋志》下徐州:"永嘉之乱,临淮、淮陵并沦没石氏。……(元帝)分武进立临淮、淮陵……等郡";又《宋志》一南徐州刺史淮陵太守:"《永初郡国》又有下相、广阳(广阳,汉高立为燕国,昭帝更名。光武省并上谷,和帝永元八年复立。魏、晋复为燕国。前汉广阳县,后汉无,晋复有此也。)二县。今领县三",即司吾、徐、阳乐("汉旧名,本属辽西。文帝元嘉十三年,以下相并阳乐");又《南齐志》上南徐州淮陵郡领司吾、武阳("建武三年,省泰山郡属")、甄城、阳乐、徐("建武三年省"),"郡无实土";疑梁天监元年土断中省。								○《晋志》下徐州:元康七年,"分临淮置淮陵郡";又《宋志》一南徐州刺史淮陵太守:"惠帝永宁元年,以为淮陵国。"当依《宋志》。又下相、司吾、徐三县,《宋志》并云"《晋太康地志》属

淮陵国 下　相 司　吾 徐 阳　乐 武　阳 鄄　城	司吾(江苏新沂市南) 幽州辽西郡 兖州泰山郡 兖州濮阳国	淮陵郡 下　相	武进(江苏丹阳市东)	淮陵郡 司　吾 徐 阳　乐	武　进	淮陵郡 司　吾 徐 阳　乐 武　阳 甄　城	武　进			临淮”。按分临淮立淮陵后,当属淮陵。 ○ 甄城,《考异》卷二五云:“按《宋州郡志》无此县。若云鄄城之伪,则已见南濮阳,不当重出也。” ○《补梁志》卷一南徐州淮陵郡领司吾、武阳、甄城、阳乐四县。无确证。
堂邑郡 堂　邑	堂邑(江苏六合北)	《宋书・刘道邻传》:“高祖镇京口,进道邻号龙骧将军,又领堂邑太守,戍石头。”考《宋志》一扬州刺史:“江左又立高阳、堂邑二郡。……堂邑,领堂邑一县。后省堂邑并高阳,又省高阳并魏郡,并隶扬州,寄治京邑。文帝元嘉十一年省,以其民并建康。” 堂邑郡 堂　邑	京邑(江苏南京市)							○《晋志》下徐州:元康七年,“以堂邑为堂邑郡”,又《宋志》一南兖州刺史秦郡太守:“晋惠帝永兴元年,分临淮、淮陵立堂邑郡。安帝改堂邑为秦郡。”当以《宋志》为是。 ○《东晋志》卷四冀州高阳郡云:“东晋时江北之堂邑,虽在版图,亦曾侨立于江南。义熙元年,刘裕以弟道邻领堂邑太守,戍石头是也。”
[海陵郡] 建　陵	建陵(江苏泰州市) 西汉徐州东海郡	建陵,《汉志》上东海郡属县,治今江苏沭阳县西北;东汉废。《宋志》一南兖州刺史海陵太守:“晋安帝分广陵立。……建陵令,晋安帝立”,为海陵郡治。又《隋志》下江都郡海陵:“并建陵县入”,侨地在今泰州市。 [海陵郡] 建　陵	建　陵	[海陵郡] 建　陵	建　陵	[海陵郡] 建　陵	建　陵	[海陵郡]○ 建　陵	海陵(江苏泰州市)	○ 海陵县,西晋属广陵郡,东晋分广陵立郡,治侨建陵县。梁移治海陵县。

		《晋志》下徐州：义熙七年，以盱眙立盱眙郡，统考城、直渎、阳城三县；又《宋志》一南兖州刺史盱眙太守领考城、阳城、信都、睢陵、直渎五县，其考城、信都、睢陵为侨县。考城，《宋志》一南徐州刺史济阳太守："考城令，前汉曰甾，属梁国。章帝更名，属陈留。《太康地志》无"，侨地在怀远东南，参本表东燕郡条；信都，《宋志》一盱眙太守信都令："信都虽汉旧名，其地非也。地在河北。宋末立"；睢陵令："前汉属临淮，后汉属下邳，《晋太康地志》无，宋末立。"又《南齐志》上南兖州盱眙郡有考城、长乐，无信都、睢陵。长乐，《晋志》司州魏郡属县。疑先属魏郡侨郡（在北徐州境），后废郡，改隶盱眙郡。参本表魏郡条。								
［盱眙郡］ 考　城 信　都 睢　陵 长　乐	盱眙（江苏盱眙东北） 旧属兖州陈留国 冀州安平国 徐州下邳国 司州魏郡	［盱眙郡］ 考　城	盱　眙 安徽怀远东南	［盱眙郡］ 考　城 信　都 睢　陵	盱　眙 怀远东南	［盱眙郡］ 考　城 长　乐	盱　眙 怀远东南			
		《宋志》二青州刺史："明帝失淮北，于郁洲侨立青州，立齐、北海、西海郡"；又《宋志》一徐州刺史东海太守："明帝失淮北，侨立青州于赣榆县。泰始七年，又立东海县属东海郡，又割赣榆置郁县，立西海郡，并隶侨青州"；又《宋书·刘善明传》：元徽"二年，出为辅国将军、西海太守，行青冀二州刺史"；而《南齐志》无西海郡，盖后来并省。考《南齐志》上青州北海郡都昌："宋郁县，建元改用汉名也"，依此，则疑齐建元中废西海郡，以郁县改名都昌，隶侨置之北海郡。								○《续汉志》三徐州琅邪郡领有西海县，治今山东日照市西。西晋废。西海侨郡疑因此县而置，若然，则以旧县置侨郡例。 ○胡孔福《南北朝侨置州郡考》卷二云："东晋失凉州，初未尝侨置州郡，但置侨县，至宋齐始侨置西海郡于海州也。"考《晋志》上凉州有西海郡，治居延（今内蒙古额济纳旗东南）。然以凉州极西之郡，侨置东海旧境，甚不可信。
西海县（?）	东汉徐州琅邪郡。山东日照市西			西海郡	郁县（江苏连云港市东北云台山一带）					

荆州	江陵（湖北江陵）	东晋、宋、齐荆州为实州。其先治所屡迁，后定治江陵。梁先亦治江陵，后寄治武陵。《梁书·元帝纪》大宝元年，“以中卫将军、尚书令、开府仪同三司南平王恪为荆州刺史，镇武陵”；按武陵，《南齐志》下属郢州，不隶荆州，以荆州刺史镇武陵，自是寄治。盖自侯景乱后，“州郡太半入魏，自巴陵以下至建康以长江为限，荆州界北尽武宁，西拒硖口（胡《注》：北尽武宁，与岳阳王詧分界；西拒硖口，与武陵王纪分界）”，故侨寄荆州于武陵也。及陈，与后梁分长江为界，陈不得有江陵故地，侨寄荆州于河东郡，后又移公安。《陈书·世祖纪》：天嘉“二年四月，分荆州之南平、宜都、罗、河东四郡置南荆州，镇河东郡”；《考异》卷二七云：“河东郡治松滋县。南荆州之名，《隋志》失书，罗郡，《志》亦未见也。南平郡前年已改隶武州”；又《陈书·陆子隆传》：以平华皎功，“寻迁都督荆信祐三州诸军事、宣毅将军、荆州刺史，持节、常侍如故。是时荆州新置，治于公安，城池未固，子隆修建城郭，绥集夷夏，甚得民和，当时号为称职”；又《隋志》下南郡公安：“陈置荆州”。								○《晋志》下荆州统郡二十二，县一百六十九，即江夏郡七县，南郡十一县，襄阳郡八县，南阳郡十四县，顺阳郡八县，义阳郡十二县，武陵郡十县，天门郡五县，长沙郡十县，衡阳郡九县，湘东郡七县，新城郡四县，魏兴郡六县，上庸郡六县，建平郡八县，宜都郡三县，南平郡四县，零陵郡十一县，邵陵郡六县，桂阳郡六县，武昌郡七县，安成郡七县。惠帝分桂阳、武昌、安成三郡入江州，以新城、魏兴、上庸三郡属梁州，又新增新野、随郡、竟陵三郡；怀帝时又分长沙、衡阳、湘东、零陵、邵陵、桂阳六郡属湘州。据此，西晋末年荆州领郡十四。
								荆州	武陵（湖南常德市），移松滋（湖北松滋市西北），又移公安（湖北公安西北）	
[江夏郡]	安陆（湖北安陆市）	《宋志》三郢州刺史江夏太守汝南侯相：“本沙羡土。晋末汝南郡民流寓夏口，因立为汝南县。沙羡令，汉旧县，吴省，晋武太康元年复立，治夏口。孝武太元三年，省并沙阳，后以其地为汝南实土。”按汝南侨立，先为郡，后省为县。《元和郡县图志》卷二七江南道鄂州江夏县：“本汉沙羡县地，属江夏郡。东晋以汝南流人侨立汝南郡，后改为汝南县。隋开皇九年改为江夏县，属鄂州”是也。参本表汝南郡条。								
				[江夏郡]汝南	夏口（湖北武汉市武昌）	[江夏郡]汝南	夏口	[江夏郡]汝南	夏口	

		南阳侨郡可考者二，实郡领侨县一：①《宋志》四益州刺史北阴平太守领有南阳，“徐志本南阳白民流寓立”，又有顺阳，“徐志本南阳民流寓立”；又《太平寰宇记》卷七三剑南道汉州什邡县南阳郡故城条引李膺《益州记》云：“南阳，汉中李雄乱蜀，遣李寿尽掠汉川五千余家流寓于此，晋太康元年立郡，后三年废。”②《宋志》三雍州刺史南阳太守：“许昌男相，徐志无。此后所立，本属颍川”；又《南齐志》下雍州南阳郡有许昌。齐永元中，沔北诸郡相继没魏，南阳亦没，梁乃侨置于阴城，《隋志》下襄阳郡阴城：“又梁置南阳郡，西魏改为山都郡，后周废。”								○考李雄据蜀，在惠帝永兴元年，距太康纪元后十三年，乐史年月有误，疑是东晋平蜀后，就南阳流民立南阳郡，领顺阳侨县。后废郡为县，与顺阳并改隶北阴平郡。参阴平郡条。
南阳郡 顺　阳	宛（河南南阳市） 荆州顺阳郡	南阳郡 顺　阳	什邡（四川什邡市）							
南阳郡 许　昌	宛 豫州颍川郡			［南阳郡］ 许　昌	宛（河南南阳市）	［南阳郡］ 许　昌	宛	南阳郡○	阴城（湖北谷城东南）	
		《宋志》三雍州刺史顺阳太守实郡领侨县三，即槐里：“汉旧名，属扶风；《晋太康地志》属始平，侨立亦属始平。大明土断属此”；清水：“《晋太康地志》属略阳。侨立属始平。大明土断属此”；郑县：“汉旧名，属京兆，侨立亦属京兆，后度此。”又《南齐志》下雍州顺阳郡领有此三县。永元后地入北魏。参本表京兆郡条、始平郡条。								
［顺阳郡］ 槐　里 清　水 郑	南乡（河南淅川南） 雍州始平郡 秦州略阳郡 雍州京兆郡			［顺阳郡］ 槐　里 清　水 郑	南乡（河南淅川南）	［顺阳郡］ 槐　里 清　水 郑	南　乡			
		义阳侨郡可考者七：①《晋志》下荆州：穆帝时，“以义阳流人在南郡者立为义阳郡”。②《宋志》三雍州刺史：“孝武大明中，又分实土郡县以为侨郡县境。徐志雍州有北上洛、北京兆、义阳三郡。……义阳，云晋安帝立，领平氏、襄乡二县。……今并无此三郡。”当侨在襄阳境。大明土断省。③《晋志》下荆州：“安帝又侨立南义阳、东义阳、长宁三郡”；又《宋志》三荆州刺史南义阳太守：“晋末以义阳流民侨立。宋初有四县，孝武孝建二年，以平阳县并厥西。平阳本为郡，江左侨立。魏世分河东为平阳郡，晋末省为县。今领县二”，即厥西、平氏；又《南齐志》下荆州南义阳郡领平氏、厥西二县；又《隋志》下澧阳郡安乡：“旧置义阳郡。								

平陈,郡废”,是梁陈并有义阳郡。参本表平阳郡条。④《晋志》下荆州:“安帝又侨立南义阳、东义阳、长宁三郡。”东义阳郡侨地无考,一说在南郡之东(石璋如等著《中国历史地理·两晋篇》)。⑤《南齐志》下司州南义阳郡领孝昌、平舆、义昌、平阳、南安、平春六县;其平舆、平阳、平春为侨县(另三县不知是否侨县,姑不入表)。平阳旧曰平春,晋孝武改;而平春乃孝武孝建三年分平阳立。考《南齐志》下司州有南义阳郡、北义阳郡,其北义阳郡即宋时义阳郡,治平阳;南义阳郡,齐侨置于孝昌(又改宋义阳郡为北义阳郡)。又《隋志》下安陆郡吉阳:“梁置,曰平阳。……又梁置义阳郡,西魏改为南司州,寻废”;又永安郡木兰:梁“又有永安、义阳二郡”。考吉阳、木兰与孝昌邻县,盖是侨孝昌之南义阳郡,境土及于吉阳与木兰。⑥⑦《南齐志》下雍州有左义阳郡、北义阳郡,“没虏”。据《南齐书·魏虏传》:“军主鲍举助西汝南北义阳二郡太守黄瑶起戍舞阴城”,疑北义阳与西汝南合为双头郡而侨在舞阴;左义阳郡不知侨地。

义阳郡	新野,东晋移平阳(河南信阳市)	义阳郡	南郡(湖北江陵)						
义阳郡 平氏 襄乡		义阳郡 平氏 襄乡	襄阳(湖北襄樊市)境	义阳郡 平氏 襄乡	襄阳				
义阳郡 厥西 平氏 平阳	本司州平阳郡	(南) 义阳郡 厥西 平氏	安乡(湖南安乡西南)	南义阳郡 厥西 平氏 (平阳)	安乡	南义阳郡 厥西 平氏	安乡	义阳郡	安乡
义阳郡		东义阳郡	南郡(湖北江陵)东						
义阳郡 平舆 平阳 平春	新立					南义阳郡 平舆 平阳 平春	孝昌(湖北孝感市北)	义阳郡○ 平阳	孝昌

义阳郡 义阳郡						左义阳郡 北义阳郡	舞阴（河南泌阳西北）			
		《宋志》三雍州刺史新野太守池阳令："汉旧名，属冯翊，《晋太康地志》属京兆。侨立亦属京兆。孝武大明中土断，又属此"；又《南齐志》下雍州新野郡有池阳。参本表京兆郡条。永元后地入北魏，乃于沔南侨置新野郡，《梁书·武帝纪》：永元二年，"于沔南立新野郡，以集新附"；又《隋志》下襄阳郡上洪："又梁置新野郡，西魏改曰咸宁，后周废。"								○《晋志》下荆州：惠帝"分南阳立新野郡"。考《宋志》三雍州刺史新野太守领县，则新野郡当是分义阳郡立，《晋志》误。 ○《补梁志》卷三宛州新野郡以旧新野郡与新立之郡混二为一，误。考新野郡在沔东百里外，自非侨立于沔南之郡。
[新野郡] 池　阳 新野郡	新野（河南新野） 雍州扶风郡			[新野郡] 池　阳	新野（河南新野）	[新野郡] 池　阳 新野郡	新　野 上洪（湖北宜城市东南）	新野郡○	上　洪	
		《陈书·世祖纪》：天嘉二年"十一月，以武昌国川为竟陵郡，以安流民"；《考异》卷二七："此侨置之竟陵，《隋志》亦失书。"								○《隋志》下荆州：惠帝"分江夏立竟陵郡"；《宋志》三郢州刺史竟陵太守："晋惠帝元康九年，分江夏西界立。"
竟陵郡	石城（湖北钟祥市）							竟陵郡△	武昌国川（疑在湖北鄂州市）	
		《南齐志》下司州安陆郡领安陆、应城、新市、新阳、宣化五县，"寄州治"。时司州治义阳。梁天监三年司州陷，侨安陆郡遂废，而又侨司州于安陆郡。参本表司州条。								○《宋志》二司州刺史安陆太守："孝武孝建元年，分江夏立，属郢州，后废帝元徽四年度司州。"旧领安陆、应城（据中华书局本《校勘记》[62]补）二县。 ○ 新市，《晋志》江夏郡属县，作南新市；《宋志》三郢州刺史竟陵太守作新市，
安陆郡 安　陆 应　城 南新市 新　阳 宣　化	安陆（湖北安陆市） 荆州竟陵郡 荆州竟陵郡 疑新立					安陆郡 安　陆 应　城 新　市 新　阳 宣　化	义阳（河南信阳市）			

										"汉旧县，属江夏"；新阳，《宋志》竟陵太守新阳男相："《永初郡国》有，何、徐不注置立。" ○ 按安陆为未失之实郡，何以"寄州治"？待考。
		《晋志》下荆州："安帝又侨立南义阳、东义阳、长宁三郡"；又《宋志》三荆州刺史永宁太守："晋安帝侨立为长宁郡，宋明帝以名与文帝陵同，改为永宁。宋初五县，后省绥安（晋安帝立），孝武孝建二年后，以僮阳（晋安帝立）并长宁，绥宁（晋安帝立）并上黄。今领县二"，即长宁（"晋安帝立"）、上黄（"宋初属襄阳，后度。二汉、晋并无此县"）。据此，侨郡初无实土，宋割上黄为实土。又《南齐志》下荆州永宁郡领长宁、上黄二县；又《梁书·张稷传》：齐明帝时，"复为司马，新兴永宁二郡太守，郡犯私讳（按：父名永），改永宁为长宁"；又《梁书·张齐传》："普通四年，迁信武将军、征西鄱阳王司马、新兴永宁二郡太守"；又《梁书·冯道根传》：天监"十三年，出为信武将军、宣惠司马、新兴永宁二郡太守"；又《梁书·王僧辩传》：世祖"以僧辩为征东将军、开府仪同三司、江州刺史，封长宁县公"，世祖即帝位，"改封长宁郡公，食邑五千户"，据此，齐又曾改郡名长宁，后复旧。又《通鉴》卷一六三大宝元年胡《注》："永宁郡置于襄阳南漳县界"；又《隋志》下南郡长林："旧曰长宁县，开皇十一年省长宁县入，十八年改曰长林。"								○《晋志》上凉州西平郡有长宁县，然似与侨长宁郡无涉。今以其与义阳连书，又侨在荆州界内，故表于此。长宁当是新立侨郡，郡名虽新，而初无实土。
长宁郡 绥　安 僮　阳 绥　宁 长　宁	新立侨郡 新立 新立 新立 新立	长宁郡 绥　安 僮　阳 绥　宁 长　宁	上黄（湖北南漳东南），无实土 长林（湖北荆门市）	永宁郡 长　宁	割上黄为实土 长　林	永宁郡 长　宁	上　黄 长　林	永宁郡○ 长　宁	上　黄 长　林	
		《晋书·桓玄传》："移沮漳蛮二千户于江南，立武宁郡；更招集流人，立绥安郡。"考《宋志》三荆州刺史武宁太守乃安帝隆安五年立，则绥安郡亦此后立也。又《南齐志》上江州："何无忌表：……荆州所立绥安郡民户，参入此境，郡治常在夏口左右，欲资此郡助江滨戍防。"								○ 绥安郡乃招集流人立。以何地流人立无考。姑表于此。

绥安郡	新立侨郡	绥安郡	夏口(湖北武汉市)左右							
		《南齐志》下郢州齐兴郡:“永明三年置”,领六县有上蔡;又《隋志》下竟陵郡汉东:“齐置,曰上蔡,及置齐兴郡。后周郡废。开皇十八年县改名焉。”								○ 钟祥地,《晋志》在荆州界内,故表于此。
[齐兴郡] 上　蔡	上蔡(湖北钟祥市北) 豫州汝南郡					[齐兴郡] 上　蔡	上蔡(湖北钟祥市北)	[齐兴郡]○ 上　蔡	上　蔡	
		《东晋志》卷四益州金城郡:“《太平御览》称《周地图记》曰:晋义熙末,刺史朱龄石率建平人征蜀,仍于东山立金城郡。后魏平蜀,改为金水郡。案此郡未知何属,今以征蜀所立,故附益州。”考《宋书》及《南史・朱龄石传》,无立金城郡之事。东山,今地据蒲孝荣《四川历代政区治地今释》(四川省哲学社会科学研究所印),在四川金堂县境。								○ 以征蜀之建平人立,故附此。建平,西晋荆州属郡,治巫(今重庆巫山县)。 ○《晋志》凉州有金城郡,后侨于汉中,与此无涉。
金城郡	新立侨郡	金城郡	东山(四川金堂境)							
		《南北史补志》卷八地理志第四襄阳郡:“江左侨置应州,西魏改曰襄州。”今考《晋志》、《宋志》、《南齐志》无应州,梁置应州于应山(今湖北广水市),但非侨州。汪士铎不知何据,姑附表于此。								
应　州	?							应　州○	襄阳(湖北襄樊市)	
		《隋志》下庐江郡庐江:“梁置湘州,后齐州废。”又《魏志》湘州:“萧衍置,魏因之”,领郡三,其安蛮郡新化,“州、郡治”。								○《晋志》下荆州:“怀帝又分长沙、衡阳、湘东、零陵、邵陵、桂阳及广州之始安、始兴、临贺九郡置湘州。”
湘　州	临湘(湖南长沙市)							湘　州○	庐江(安徽庐江县)	
湘　州								湘　州○	新化(湖北大悟东北)	

[湘东郡] 湘阴	临烝（湖南衡阳市） 新立	《宋志》三荆州刺史湘东太守湘阴男相："后废帝元徽二年，分益阳、罗、湘西及巴、硖流民立"；又《南齐志》下湘阴属湘州长沙郡；又《隋志》下巴陵郡湘阴："梁置岳阳郡及罗州，陈废州。平陈，废郡及湘阴入岳阳县，置玉州。寻改岳阳为湘阴，废玉山县入焉。"又《南齐书·王僧虔传》：宋元徽前，僧虔为湘州刺史，"巴峡流民多在湘土，僧虔表割益阳、罗、湘西三县缘江民立湘阴县，从之"。								○ 长沙郡治临湘（湖南长沙市）；岳阳郡治湖南汨罗市东。
				[湘东郡] 湘阴	临烝 湖南湘阴西北	[长沙郡] 湘阴	临湘 湖南湘阴西北	[岳阳郡] 湘阴	汨罗市东 湖南湘阴西北	
										○ 扬州，实州。《晋志》下扬州统郡十八，县一百七十三，即丹杨郡统县十一，宣城郡统县十一，淮南郡统县十六，庐江郡统县十，毗陵郡统县七，吴郡统县十二，吴兴郡统县十，会稽郡统县十，东阳郡统县九，新安郡统县六，临海郡统县八，建安郡统县七，晋安郡统县八，豫章郡统县十六，临川郡统县十，鄱阳郡统县八，庐陵郡统县十，南康郡统县五。惠帝元康中，割豫章、鄱阳、庐陵、临川、南康、建安、晋安入江州。永兴中，又新增历阳郡；后又立义兴郡，改毗陵郡为晋陵郡，改建邺为建康。 ○ 扬州无侨州，有侨郡县

宣城郡	宛陵（安徽宣州市）	《元和郡县图志》卷二八江南道宣州：宣城郡“东晋或理芜湖，或理姑熟，或理赭圻”。据此，则东晋宣城郡治，不常在宛陵；其赭圻在郡内春谷县界，不为侨置；至若芜湖、姑熟，在丹阳郡地，是宣城寄治丹阳郡。至其所领县，则实县。								
		宣城郡	芜湖（安徽芜湖市东），或理姑熟（安徽当涂）							
		淮南侨郡可考者二：①《宋志》一扬州刺史淮南太守：“其后中原乱，胡寇屡南侵，淮南民多南度。成帝初，苏峻、祖约为乱于江淮，胡寇又大至，民南渡江者转多，乃于江南侨立淮南郡及诸县，晋末遂割丹阳之于湖县为淮南境。宋孝武大明六年，以淮南郡并宣城，宣城郡徙治于湖。八年，复立淮南郡，属南豫州。明帝泰始三年，还属扬州。领县六”，即于湖；当涂：“晋成帝世，与逡道俱立为侨县，晋末分于湖为境”；繁昌：“晋乱，省襄城郡，以此县属淮南，割于湖为境”；襄垣：“其地本芜湖，……至于晋末，立襄垣县，属上党。上党民南过江，立侨郡县，寄治芜湖，后省上党郡为县，属淮南。文帝元嘉六年，省上党县并襄垣”；定陵：“汉旧名，本属襄城，后割芜湖为境”；逡道：“汉作逡遒，晋作逡道，后分芜湖为境。”其于湖为实县。又《晋志》上豫州：“元帝渡江，以春谷县侨立襄城郡及繁昌县。……时淮南入北，乃分丹阳侨立淮南郡，居于湖，又以旧当涂县流人渡江，侨立为县”；又《南齐志》上南豫州淮南郡领县六，与《宋志》同；又《隋志》下丹阳郡当涂：“旧置淮南郡。平陈，废郡，并襄垣、于湖、繁昌入焉”；又宣城郡宣城：“旧曰宛陵，置宣城郡。平陈，郡废，仍并怀安、宁国、当涂、逡遒四县入焉”；又南陵：“梁置，并置南陵郡。陈置北江州。平陈，州郡并废，并所管石城、临城、定陵、故冶、南陵五县入焉”；又《东晋志》卷四扬州淮南郡上党：“《图经》，故城在芜湖县西南”；定陵，“《图经》，故城在今青阳县东北”；逡遒：“《图经》，故城在今宣城县北六十里。”参本表上党郡条、襄城郡条。②《南齐志》下司州淮南郡领阎口、平氏二县，《补梁志》卷三司州淮南郡领二县同。按平氏，《晋志》属义阳郡，疑淮南郡侨寄于此，平氏、阎口当为实县。								◎按淮南侨郡六侨县，繁昌于宣城郡春谷县侨立，当涂分丹阳郡于湖侨立；襄垣、上党、逡遒、定陵侨于丹阳郡芜湖县境。而春谷县自晋元帝时起，便变成了繁昌县；繁昌本汉颍川郡属县，后属襄城郡，在江北；因侨立，是县之名遂移江南。芜湖自侨置襄垣，其名遂隐，重新出现要到五代之时。当涂亦沿名至今，其初割于湖为实土，治今安徽南陵东南，《通典》宣城郡南陵下有当涂故城；隋平陈，废入宣城，后复置当涂县，移姑熟，即今当涂县治。
淮南郡	寿春（安徽寿县）	淮南郡	侨于江南，后割于湖（安徽当涂）为境	淮南郡	今当涂	淮南郡	今当涂	淮南郡	今当涂	

当　涂		当　涂	侨于江南,后分于湖为境,今安徽南陵东南	当　涂	南陵东南	当　涂	南陵东南	当　涂	南陵东南
繁　昌	豫州襄城郡	繁　昌	春谷(安徽繁昌)东北	繁　昌	繁昌东北	繁　昌	繁昌东北	繁　昌	繁昌东北
襄　垣	并州上党郡	襄　垣	芜湖(安徽芜湖市)	襄　垣	芜湖市	襄　垣	芜湖市	襄　垣	芜湖市
上　党	本并州上党郡	上　党	芜湖西南						
定　陵	豫州襄城郡	定　陵	芜湖界,今安徽青阳东北	定　陵	青阳东北	定　陵	青阳东北		
逡　遒		逡　遒	芜湖界,今安徽宣州市境	逡　遒	宣州市境	逡　遒	宣州市境	逡　遒	宣州市境
[南陵郡]	南陵(安徽贵池市西南)							[南陵郡]	南　陵
定　陵	豫州襄城郡							定　陵	青阳东北
淮南郡						淮南郡	平氏(河南桐柏西北)	淮南郡○	平　氏

庐江郡侨置,《考异》卷二三宋书符瑞志下"晋成帝咸康八年,庐江春谷县留珪夜见门内有光,取得玉鼎一枚"条云:"按《晋志》春谷县属宣城,不属庐江,盖南渡后曾侨立庐江郡于此,而史失载尔。《志》又载,穆帝永和元年,庐江太守路永上言,于春谷城北见水岸边有紫赤光。永和在咸康之后也。又云:成帝咸和元年,宣城春谷县山岸崩,获石鼎。咸和在咸康之前,其时春谷县尚属宣城,盖自苏峻、祖约作乱之后,淮南流人始移江南,此庐江置郡,必在咸和四年以后矣。"又庐江实郡领侨县:《南齐志》上南豫州庐江郡治舒,领有和城,"《永元志》无";西华,"《永元志》无";谯,"建元二年,割南谯属"。

○ 和城,《宋志》二豫州刺史南顿太守和城令:"何江左立";又《宋志》二豫州刺史陈郡太守西华令:"汉旧县,属汝南,晋初省,惠帝永康元年复立,属颍川。江左度此。"

庐江郡	舒(安徽舒城)	庐江郡	春谷(安徽繁昌)							
[庐江郡] 和　城 西　华 谯	 东晋豫州南顿郡 东晋豫州陈郡 豫州谯郡					[庐江郡] 和　城 西　华 谯	舒(安徽舒城)			
		历阳实郡领侨县。《宋志》二南豫州刺史历阳太守："晋惠帝永兴元年，分淮南立，属扬州。安帝割属豫州。《永初郡国》唯有历阳、乌江、龙亢三县。何、徐又有酂、雍丘二县。今领县五"，其历阳、乌江为旧县；龙亢"汉旧名，属沛郡，《晋太康地志》属谯。江左流寓立"；雍丘，"汉旧名，属陈留。流寓立，先属秦郡，文帝元嘉八年度"；酂，"汉属沛，《晋太康地志》属谯。流寓立，文帝元嘉八年度"。又《南齐志》上南豫州历阳郡领历阳、龙亢、雍丘三县，酂县改隶新昌郡。又《补梁志》卷一南豫州历阳郡领历阳、龙亢二县。梁末侯景乱后，历阳地入高齐。龙亢侨城，《东晋志》卷四豫州历阳郡云："今含山县南有龙亢村"；酂，《东晋志》卷四豫州南谯郡云："废县在全淑县西南酂湖滨。"参本表秦国条、谯郡条。								○《晋志》下扬州："永兴元年……分淮南之乌江、历阳二县置历阳郡。"
[历阳郡] 龙　亢 酂 雍　丘	历阳(安徽和县) 豫州谯郡 豫州谯郡 兖州陈留国	[历阳郡] 龙　亢	历阳(安徽和县) 安徽含山县东南	[历阳郡] 龙　亢 酂 雍　丘	历　阳 含山东南 安徽全淑西南	[历阳郡] 龙　亢 雍　丘	历　阳 含山东南	[历阳郡]○ 龙　亢	历　阳 含山东南	
		《宋志》一徐州刺史钟离太守实郡领县三。一燕县，"故属东燕"；二朝歌，"本属河内，晋武帝分河内为汲，又属焉"；三乐平，"前汉曰清，属东郡，章帝更名，《晋太康地志》无"。三县并"流寓因配"，东晋当同。又《南齐志》上北徐州钟离郡："燕县(郡治)、朝歌、虞(永明元年，割马头属)、零(永明元年，割马头属)"；虞、零亦侨县。又《梁书·武帝纪》，天监五年十一月，"魏寇钟离，遣右卫将军曹景宗率众赴援"；侯景乱后，没于东魏。参本表马头郡条。								○《宋志》一徐州刺史钟离太守："本属南兖州，晋安帝分立。案汉九江郡、晋淮南郡有钟离县，即此地也。" ○ 此即实郡侨县之例。钟

［钟离郡］ 燕 朝歌 乐平 虞 灵	燕（安徽凤阳东北） 东晋兖州东燕郡 司州汲郡 汉兖州东郡 豫州梁国 冀州清河国	［钟离郡］ 燕 朝歌 乐平	燕（安徽凤阳东北）	［钟离郡］ 燕 朝歌 乐平	燕	［钟离郡］ 燕 朝歌 虞 零	燕	［钟离郡］○ 燕 朝歌 虞 零	燕	离初为淮南郡属县，晋安帝时改立燕县，为钟离郡治。以其所领尽侨县，故何《志》列为侨郡县（《宋志》一南兖州刺史）。及北齐，复改燕县为钟离。
		《宋志》一徐州刺史马头太守："属南豫州，故淮南当涂县地，晋安帝立，因山形立名。领县三"，"虞县令，汉旧名，属梁郡。流寓因配；零县令，晋安帝立；济阳令，故属济阳，流寓因配"。又《南齐志》上北徐州马头郡领县一，己吾，注云："永明元年，罢谯郡属。二年，刺史戴僧静又以济县并之"；又《南齐志》上北徐州钟离郡有虞、零，是马头郡侨县改属钟离郡与并入己吾县也。己吾亦侨县，旧属兖州济阴郡，侨置先属谯郡。								○零，《宋志》二冀州刺史清河太守："零令，汉旧县作灵。"《晋志》有。 ○《南齐志》"又以济县并入"，当作"又以济阳县并入"，《志》脱"阳"字。 ○《晋志》上兖州济阴郡领己氏，当作"己吾"。 ○按东晋成帝时，侨置当涂于江南，废旧县为马头城，当淮河津渡要冲，为东晋、南北朝淮南军事要地。安帝置马头郡，即以为治所，又曾为豫州治所。
［马头郡］ 灵 济阳 虞 己吾	马头城（安徽怀远南淮河南岸） 冀州清河国 兖州济阳国 豫州梁国 兖州济阴郡	［马头郡］ 零 济阳 虞	马头城（安徽怀远南淮河南岸）	［马头郡］ 零 济阳 虞	马头城	［马头郡］ 己吾	马头城			
		《宋志》二南豫州刺史晋熙太守实郡领侨县二：阴安："汉旧名，属魏郡，《晋太康地志》属顿丘"；南楼烦，"《永初郡国》、何、徐无"。按雁门郡有楼烦县，侨于广陵，此侨县盖为区别侨立之楼烦县而又加"南"字。又《南齐志》上豫州晋熙郡领阴安、南楼烦二侨县；又《补梁志》卷一晋州晋熙郡领怀宁、新冶、太湖三实县，无南楼烦，而阴安改属枞阳郡。今安徽枞阳县北有阴安故城，当即阴安侨县故地。								○晋熙郡，晋安帝分庐江立，治怀宁。枞阳郡，梁置，《隋志》下同安郡同安："旧曰枞阳，并置枞阳郡，开皇初郡废。"

[晋熙郡] 阴安 楼烦	怀宁(安徽潜山) 司州顿丘郡 并州雁门郡旧县	[晋熙郡] 阴安	怀宁(安徽潜山) 安徽枞阳北	[晋熙郡] 阴安 南楼烦	怀宁 安徽枞阳北	[晋熙郡] 阴安 南楼烦	怀宁 安徽枞阳北			
[枞阳郡] 阴安	同安(安徽桐城市) 司州顿丘郡							[枞阳郡]○ 阴安	同安(安徽桐城市) 桐城市东南	
		《南齐志》上南豫州临江郡所领乌江、怀德、鄮三县，鄮为侨县，宋时属新昌，盖齐度属。参本表历阳郡条。又《南齐志》上南徐州南琅邪郡谯："建元二年，平阳郡流民在临江郡者，立宣祚县，寻改为谯。永明元年，省怀化一县并属。"据此，临江郡先又领有宣祚、怀化二侨县，寻改宣祚为谯，永明元年，省怀化入谯，又度属南琅邪郡。参本表琅邪国条。								○《宋志》一南兖州刺史秦郡太守怀德令："孝武大明五年立。又以历阳之乌江，并此为二县，立临江郡。前废帝永光元年，省临江郡。"又《南齐志》上南豫州临江郡："建元二年，罢并历阳，后复置。" ○ 平阳郡流民散在多处，雍州始平等侨郡又有之。
[临江郡] 鄮 宣祚 怀化	乌江(安徽和县东北) 豫州谯郡 新立 新立					[临江郡] 鄮 宣祚(谯) 怀化	乌江(安徽和县东北) 安徽全淑西南			
		《宋志》一徐州刺史："后废帝元徽元年，……又分秦郡之顿丘、梁郡之谷熟、历阳之鄮，立新昌郡"，属侨钟离之徐州；又《南齐志》上北徐州新昌郡领顿丘、谷熟、尉氏三县；又《隋志》下江都郡清流："旧曰顿丘，置新昌郡及南谯州，开皇初改为徐州，郡废。"又《梁书·武帝纪》：天监十一年"二月戊辰，新昌、济阳二郡野蚕成茧"。参本表顿丘郡条、秦国条、梁国条、历阳郡条。								
[新昌郡] 顿丘 谷熟	顿丘(安徽滁州市) 司州顿丘郡 豫州梁国			[新昌郡] 顿丘 谷熟	顿丘(安徽滁州市) 清流(安徽滁州市)	[新昌郡] 顿丘 谷熟	顿丘 清流	[新昌郡]○ 顿丘	顿丘 清流	

鄮 尉氏	豫州谯郡 兖州陈留国			鄮	安徽全淑西南	尉氏	六合(江苏六合)			
		《晋书·桓宣传》:“宣与(竟陵太守李)阳遂平襄阳,侃使宣镇之,以其淮南部曲立义成郡”;又《宋志》三雍州刺史义成太守:“晋孝武立,治襄阳,今治均。《永初郡国》又有下蔡、平阿县,何同。孝武大明元年省下蔡,始亦流寓立也。平阿当是何志后省。领县二”,即义成,“晋孝武立”;万年,“汉旧名,属冯翊”。又《南齐志》下雍州义成郡领万年、义成二县。又《隋志》下襄阳郡谷城:“旧曰义城,置义城郡。后周废郡,开皇十八年县改名焉。”								○ 义成,《宋志》“晋孝武立”。考《晋志》下淮南郡原有义城县,治今安徽怀远县东北。 ○《东晋志》卷四扬州义成郡云:“其侨置之地在荆州,其人户则属扬州也”;《考异》卷二二晋书桓豁传亦云:“宣与李阳平襄阳,陶侃使宣镇之,以其淮南部曲立义成郡。此义成、京兆两郡得在荆州界内也。义成本以淮南人户立,故系之扬州。”
义城县 义城 下蔡 平阿 万年	扬州淮南郡 扬州淮南郡 扬州淮南郡 扬州淮南郡 雍州京兆郡	义成郡 义成 下蔡 平阿 万年	襄阳(湖北襄樊市)	义成郡 义成 万年	均(湖北丹江口市北)	义成郡 义成 万年	均	义成郡○ 义成	谷城(湖北谷城)	
		二郡均以吴兵侨立。《宋书·刘道济传》:元嘉九年,“蜀土侨旧,翕然并反。道济惶惧,乃免吴兵三十六营以为平民,分立宋兴、宋宁二郡,又招集商贾及免道俗奴僮,东西胜兵可有四千人”。① 宋宁郡。《宋志》四益州刺史宋宁太守:“文帝元嘉九年,免吴营侨立。领县三”,即欣平、宜昌、永安,“与郡俱立”,“寄治成都”;又《南齐志》下益州宋宁郡领三县同;又《隋志》上蜀郡成都:“旧置怀宁、晋熙、宋兴、宋宁四郡,至后周并废。”② 《宋志》四益州刺史宋兴太守:“文帝元嘉九年,免建平营立。领南陵、建昌二县。何志无复南陵,有南汉、建忠。徐无建忠,有永川。何云建忠新立。领县三”,南汉,“何志晋穆帝立。故属汉中,流寓来配”;建昌,“何志新立”;永川,“徐志新立”。又《南齐志》下益州宋兴郡领有南汉、建昌二县。又《隋志》上蜀郡成都:“旧置怀宁、晋熙、宋兴、宋宁四郡,至后周并废。”								○ 二郡以“吴兵”侨立,疑是以江南吴地在蜀军户立,故表于此。 ○ 宜昌,《宋志》三荆州刺史宜都太守云:“何志晋武帝立”;南陵,《宋志》三荆州刺史建平太守,疑是江左所立。 ○《宋书·文帝纪》元嘉十年七月,“于益州立宋宁、宋兴二郡”,与《宋志》异。

宋宁郡 欣　平 宜　昌 永　安	新立侨郡 新立 荆州宜都郡 新立			宋宁郡 欣　平 宜　昌 永　安	成都（四川成都市）	宋宁郡 欣　平 宜　昌 永　安	成　都	宋宁郡○	成　都	
宋兴郡 南　汉 建　昌 永　川 建　忠 南　陵	新立侨郡 东晋梁州汉中郡 新立 新立 新立 东晋荆州建平郡			宋兴郡 南　汉 建　昌 永　川 （建忠） （南陵）	成都（四川成都市）	宋兴郡 南　汉 建　昌	成　都	宋兴郡○	成　都	
		《陈书·鲁悉达传》："侯景之乱，悉达纠合乡人，保新蔡，力田蓄谷。……招集晋熙等五郡，尽有其地。……景平，梁元帝授持节、仁威将军、散骑常侍、北江州刺史。……（后）悉达勒麾下数千人，济江而归高祖。……（高祖）授平南将军、散骑常侍、北江州刺史，封彭泽县侯"；《考异》卷二七云：元帝所授任之"北江州当置于晋熙郡；及悉达济江而归，高祖授以北江州刺史，则移治江南，《隋志》所云南陵郡，陈置北江州是也"；又王凤生《江汉纪程》："承圣元年，鲁悉达以平侯景功，授北江州刺史，寄治新蔡。"据此，是梁侨北江州于晋熙郡界，疑在新蔡；后没，陈又侨置于南陵。								
江　州	豫章（江西南昌市），东晋治寻阳（江西九江市西南）							北江州○	晋熙郡界，疑在新蔡（湖北黄梅西北）	〇《晋志》下扬州：惠帝元康元年，"割扬州之豫章、鄱阳、庐陵、临川、南康、建安、晋安，荆州之武昌、桂阳、安成，合十郡，因江州之名而置江州"。后桂阳又划入湘州；永兴元年，又增置寻阳郡。
江　州								北江州△	南陵（安徽贵池市西南）	

		《南齐志》下郢州武昌郡："义宁，寄治鄂。"								
[武昌郡] 义　宁	武昌（湖北鄂州市） 疑新立					[武昌郡] 义　宁	武昌（湖北鄂州市） 鄂（湖北鄂州市西南）			
		《宋志》二江州刺史寻阳太守："寻阳县后省，领县三"，即柴桑，"郡既立，治此"；彭泽；松滋，"前汉属庐江，后汉无，《晋太康地志》属安丰。安丰县名，前汉无，后汉属庐江，晋武帝立为安丰郡。江左流民寓寻阳，侨立安丰、松滋二郡，遥隶扬州，安帝省为松滋县。寻阳又有弘农县流寓，文帝元嘉十八年，省并松滋"。又《南齐志》上江州寻阳郡领县二，即柴桑、彭泽；松滋当已废。又《隋志》下九江郡湓城："旧曰柴桑，置寻阳郡，梁又立汝南郡。平陈，郡废，又废汝南、柴桑二县，立寻阳县。"据此，则梁陈寻阳郡领有汝南县。								○《晋志》下扬州："永兴元年，分庐江之寻阳、武昌之柴桑二县置寻阳郡，属江州，……怀帝永嘉元年，又以豫章之彭泽县属寻阳郡。"初治寻阳（湖北黄梅西南），东晋咸和中徙治柴桑（江西九江市西南）。寻阳县咸和中亦移治今江西九江市西南，义熙八年废入柴桑县。 ○《宋志》"安丰县名，前汉无"，误。详中华书局本《校勘记》[38]条。
[寻阳郡] 松　滋 弘　农 汝　南	寻阳（湖北黄梅西南），移柴桑（江西九江市西南） 豫州安丰郡 司州弘农郡 本豫州汝南郡	[寻阳郡] 松　滋 弘　农	柴桑（江西九江市西南）	[寻阳郡] 松　滋 弘　农	柴　桑			[寻阳郡] 汝　南	柴　桑	

第三篇

东晋南朝侨流人口专题

第九章
东晋南朝侨流人口的输出与输入

本章旨在例证与补充谭其骧师开创的由侨州郡县(地名)论侨流人口(移民)的方法。1934年,谭师在《燕京学报》第15期发表《晋永嘉丧乱后之民族迁徙》,张伟然称述此文道:

> 魏晋南北朝史的经典名篇。前人未尝不知那次北人南迁是中国历史上的一大关键,奈史料不明,无处下手。谭先生以侨州郡县为线索,将问题解决到非常清晰的一个程度,充分表现了他的过人才思。①

具体来说,谭师的方法,是依据《宋书·州郡志》及《晋书·地理志》、《南齐书·州郡志》中有关侨州郡县的记载,考述某区域寄寓了哪些外来的侨州郡县,由此看出当地所接受侨流人口的来源、数量及分布情况;这种方法的学理在于:东晋南朝的侨州、侨郡、侨县,多因原州郡县侨流而设,故此可以表达人口迁徙的始点与终点,提供有关迁徙时间与迁徙路线的线索。无疑,这是对侨州郡县史料价值的切实发掘。② 今即沿着谭师开创的方法,密切结合第一、二两篇有关东晋南朝侨州郡县的述论与考证,分别以今山西省域和安徽省域为例,一则补充二则例证谭师所发掘的东晋南朝侨州郡县对于侨流人口研究的史料价值。③

第一节　东晋南朝侨流人口的输出:以山西为例

如上所述,既然东晋南朝侨州郡县多因原州郡县侨流人口而设置,则侨州郡县便与侨流人口的输入有关,而与侨州郡县对应的原州郡县也就与侨流人口的输出有关;进之,如果考清了原州郡县的侨置经过(包括时间、路线)、侨寄之地以

① 张伟然《谭其骧先生的五星级文章及学术活性》,《社会科学论坛》2005年第3期。

② 后来,谭师撰《汉书地理志选释》(收入侯仁之主编《中国古代地理名著选读》第1辑,科学出版社1959年版),于京兆尹下邽条又云:"部族迁徙所至,即以该部族的族名或原住地的地名作为新居的地名,这是古代常见的事;注意了这些史料,对于了解古代的部族迁徙有很大的帮助。"然则考虑到我国史籍历来对民族迁徙或人口迁徙大都语焉不详,历史地名对于移民史研究的特殊重要意义,自当充分重视。

③ 当然,东晋南朝时并不存在政区意义上的山西省与安徽省,此以山西省域与安徽省域为例,既为讨论方便,也考虑到今人有关移民史的地域研究,往往即以现行政区为单位。

及相应的户口数量信息，也就可以大致清楚与侨州郡县相关的侨流人口的输出情况。是为研究东晋南朝侨流人口问题的一种方法。今以山西省域为例说明之。

1. 山西州郡县的陷没与侨置

以《晋书·地理志》太康三年(282年)政区为准，今山西之地，据有并州全部，即太原国统十三县，上党郡统十县，西河国统四县，乐平郡统五县，雁门郡统八县，新兴郡统五县[①]；又有司州平阳(统十二县)、河东(统九县)二郡及幽州代郡之平舒县。惠帝时，八王乱起，永兴元年(304年)，东汉末年内迁的南匈奴单于后裔、匈奴左贤王刘元海[②]乘机反于离石(今山西离石市)[③]，“二旬之间，众已五万”，称汉王。及怀帝永嘉元年(307年)，“并州诸郡为刘元海所陷，晋并州刺史刘琨独保晋阳”[④]。次年，刘元海又“进据河东，攻寇蒲坂、平阳，皆陷之。……河东、平阳属县垒壁尽降”[⑤]；十月，刘元海称帝，国号汉。建兴四年(316年)，刘琨将箕澹、卫雄步骑二万为汉将石勒所败，司空长史李弘又“以并州降石勒”(时并州治阳曲，今山西阳曲县西南)，“刘琨进退失据，不知所为，段匹磾遣信邀之”，琨乃“率众从飞狐奔蓟”[⑥]。至此，山西全境皆为刘汉所有。而与此前后，永嘉五年(313年)汉将刘曜攻陷洛阳、俘晋怀帝；永嘉七年汉帝刘聪杀晋怀帝，晋愍帝即位于长安；建兴四年晋愍帝降汉将刘曜；次年司马睿于建康称晋王，而刘聪杀晋愍帝；再次年，司马睿称帝于建康。于是北方正式进入十六国时代，而南方为东晋。

然则据上所述，最早建号起兵反晋者为内迁之山西匈奴，此并演为“五胡乱华”、长达一百三十五年的十六国局面。[⑦] 而自建兴四年山西全境失于匈奴刘汉

---

① 及晋惠帝时，又改新兴郡为晋昌郡。

② 刘元海即刘渊，渊字元海。唐避高祖李渊名讳，故以字称，如《晋书·刘元海载记》。今因之，作刘元海。

③ 离石为西河国治，亦东汉末年内迁南匈奴单于王庭所在地。又刘元海，先后任内迁五部匈奴的左部帅、北部都尉、离石将兵都尉。其惠帝即位时就任之离石将兵都尉，“很可能是晋朝所派至离石领兵监督匈奴五部的职官。也就是说，此职有一定的实权，掌握一定的军队”。详周伟洲《汉赵国史》第三章第二节，广西师范大学出版社2006年版。此后刘元海的任职情况，以及为部众推为大单于、起兵反晋，亦详周伟洲《汉赵国史》，此不赘述。

④ 《晋书·孝怀帝纪》。按刘琨为并州刺史始于光熙元年(306年)，此前为司马腾(永康元年—光熙元年，即300～306年)。

⑤ 《晋书·刘元海载记》。

⑥ 《资治通鉴》卷八九建兴四年。按段匹磾，鲜卑段部首领，世居辽西。西晋末年东晋初年，先与刘琨结盟，后杀琨降后赵，再因谋乱，事败被杀。

⑦ 中国历史上的“十六国”，起304年匈奴刘渊称汉王，止439年拓跋魏统一北方。

以后，十六国之前赵、后赵、前燕、前秦、后秦、后燕、夏以及北朝之魏、东魏、西魏、北齐、北周先后全部或部分据有山西；换言之，终东晋南朝之世，山西未获收复。[①] 唯考东晋南朝的政区建置与官员授受，仍有并州刺史，太原、上党、新兴、河东等郡太守，平陶、襄垣、定襄、闻喜等县令、长，则侨州、侨郡、侨县也。

图3 《晋书·地理志》山西州郡县分布图

西晋末年山西州郡县陷没后，出于职方不可不完备、郡望不可不保持、侨流不可不安置等考虑，故多有侨置，有的州郡县还侨有几处。山西"籍"的侨州郡县设立后，也并不稳定，同样存在省置交加、分合无常、领属不定以及初寄治而后改实土等种种复杂情形，甚至还有"反客为主"者，如"襄垣寓邑，并夺芜湖之旧称"[②]。为明其始末，下面大体以《晋书·地理志》州统郡国为顺序，依据《宋书·州郡志》、《南齐书·州郡志》、《晋书·地理志》及《魏书·地形志》、《隋书·地理志》诸正史地理志所载[③]，参考其他多种史籍[④]，以州、郡(国)为单位，详考东晋南朝时期山西州郡县侨置如下(参见图3)。[⑤]

---

① 晋义熙十三年(417年)至元熙元年(419年)初，曾收复河东郡部分辖地。

② 洪亮吉《〈东晋疆域志〉序》。

③ 以下简称《宋志》、《南齐志》、《晋志》、《魏志》、《隋志》。按《宋志》年代大致以大明八年(464年)为正，《南齐志》标准年代大体是永明八年(490年)，《晋志》大要以太康元年(280年)平吴之后、太康三年废宁州之前为定，《魏志》上中两卷为东魏武定版籍，下卷为北魏永熙版籍，《隋志》则兼及梁、陈、北齐、北周、隋五代。下节安徽部分同此。

④ 如《晋书》、《宋书》、《南齐书》、《魏书》、《周书》有关纪传，《水经注》、《通典》、《元和郡县图志》、《太平寰宇记》、《资治通鉴》、《读史方舆纪要》、《廿二史考异》、《十驾斋养新录》、《嘉庆重修一统志》、《东晋疆域志》、《补梁疆域志》、杨守敬《历代舆地图》、王仲荦《北周地理志》(中华书局1980年版)等。下节安徽部分同此。

⑤ 侨县归入所隶属的侨郡或实郡下。其领属有变化者，注明原属州、郡、国(基本以《晋志》为准)；侨地无确考者，可即以其所隶郡之所在为侨地。

【平阳郡】治平阳(今山西临汾市西南)。相关侨置在今山西省外者有:其一,《宋志》荆州刺史南义阳太守:“孝武孝建二年(445 年),以平阳县并厥西。平阳本为郡,江左侨立。……晋末省为县。”是东晋侨置平阳郡;后省为平阳县,隶属南义阳郡。侨地当在南义阳郡境,即今湖南安乡县西南一带。其二,东晋侨始平郡于襄阳,领有平阳县。《宋志》雍州刺史始平太守“今治武当”,有实土;其“平阳子相,江左平阳郡民流寓,立此”,治今湖北丹江口市西北。《南齐志》雍州始平郡领县四,有平阳。梁仍有始平郡,而领县无考。其三,又有侨置于蒲坂(治今山西永济市西南蒲州镇)的平阳郡。《资治通鉴》卷一一八义熙十三年(417 年):刘“裕以薛辩为平阳太守,使镇捍北道”。其时刘裕并未取得平阳郡地,侨置此郡,盖意在防御北道之夏国。不久复失。其四,《南齐志》南徐州南琅邪郡谯:“建元二年(480 年),平阳郡流民在临江郡者,立宣祚县,寻改为谯。”永明元年(483年),改隶南琅邪郡。按临江郡治乌江(今安徽和县东北),有今江北之安徽和县、全椒及江苏江浦一带;然而宣祚(谯)县既隶南琅邪郡,则当置于江南境内,今江苏江宁县、句容市一带。

【河东郡】治安邑(今山西夏县西北禹王城)。侨置可考者有:其一,《晋志》司州:司马睿渡江,后“又以河东人南寓者,于汉武陵郡孱陵县界上明地侨立河东郡,统安邑、闻喜、永安、临汾、弘农、谯、松滋、广戚八县。并寄居焉”。考《宋志》荆州刺史南河东太守:河东郡“晋成帝咸康三年(337 年),征西将军庾亮以司州侨户立。宋初八县”,较为明确。按安邑、闻喜(治今山西闻喜县),并属《晋志》河东郡;永安原治今山西霍州市,临汾原治今山西新绛县东北晋城村,均为《晋志》平阳郡属县,颇疑二县之侨置也先属平阳侨郡(详上“其一”),及东晋末年平阳郡省为平阳县,于是二县度属河东侨郡。宋孝建二年(445 年),又“以广戚并闻喜,弘农、临汾并松滋,安邑并永安”。《宋志》荆州南河东郡即领闻喜、永安、松滋、谯四县,有实土。其中南河东郡及闻喜县治今湖北松滋市西北长江南岸,永安治今湖北公安县西南。《南齐志》荆州河东郡领四县同《宋志》。隋平陈,废河东郡及闻喜等县。[①] 其二,《宋志》司州刺史:义熙十三年(417 年),刘裕“北平关、洛,河南底定,置司州刺史,治虎牢。……又有河内、东京兆二侨郡。……东京兆寄治荥阳,领长安、万年、新丰、蓝田、蒲坂”等侨县。按蒲坂,《晋志》河东郡属县(治今山西永济市西南蒲州镇),侨治荥阳(今河南荥阳市东北)一带,宋少帝景平(423~424 年)初复陷没。

① 《隋志》南郡松滋、公安,臧励龢《补陈疆域志》卷三南荆州河东郡。

【并州】治晋阳(今山西太原市西南)。侨置可考者有:其一,《宋志》南徐州刺史:"晋永嘉大乱,幽、冀、青、并、兖州及徐州之淮北流民,相率过淮,亦有过江在晋陵郡界者。……江北又侨立幽、冀、青、并四州。……后又以幽、冀合徐,青、并合兖。"按兖州(侨州)时镇广陵郡(治今江苏扬州市西北蜀岗),罢并入兖疑在宋永初元年(420年)。① 并州侨立"江北",当在今江苏扬州、高邮、泰州等市一带。其二,《资治通鉴》卷一一九永初元年四月胡注:"帝既平关、洛,……秦、并州刺史镇蒲坂。毛德祖既自蒲坂退屯虎牢,则并州尝寄治虎牢也。"②按蒲坂属《晋志》司州河东郡,虎牢(今河南荥阳市西北汜水镇)则在司州荥阳郡。置并州于司州境内,自为侨州;《宋志》不载,以其暂置(418～423年)而旋失也。③ 其三,《魏书·房法寿传附房崇古传》:宋明帝刘"彧以崇吉为龙骧将军、并州刺史,领太原太守,戍升城"。升城,今山东长清县西南。及泰始三年(467年),魏将慕容白曜克升城,侨州废。其四,《隋志》通川郡宣汉(治今四川万源市南固军坝):"西魏置并州,……(开皇)五年(585年)州废。"考《周书·李迁哲传》:"魏恭帝三年(556年)正月,军次并州。梁并州刺史杜满各望风送款。"《廿二史考异》卷三二云:"据此传,则(并州)梁代已有之。"按梁不曾有汾晋片土,此侨置并州也。

【太原国】治晋阳(今山西太原市西南)。侨置可考者有:其一,《宋志》秦州刺史南太原太守:"何志云,故属并州,流寓割配。《永初郡国》又有清河、高堂县。领县一";"平陶令,汉旧名"。此太原侨郡疑东晋末年安帝世所立,大明八年(464年)时领平陶县。平陶,《晋志》太原国属县,治今山西文水县西南平陶。南太原郡、平陶县侨地在秦州侨治即汉中,今陕西汉中市境。《南齐志》秦州南太原郡领平陶县。梁无考,疑废。其二,东晋义熙六年(410年)平南燕后,于升城(今山东长清县西南)侨立太原县,隶泰山郡。④《宋志》兖州刺史泰山太守:"《永初郡国》又有……太原,本郡,侨立此县。"又宋文帝元嘉十年(433年),割济南郡祝阿(实县)与泰山郡山茌(实县)、太原,立太原郡,有实土。⑤ 其太原县仍治升城。升城又名东太原城,即太原郡治。泰始三年(467年)太原郡没于魏后,改称东太原

① 《廿二史考异》卷二五、《宋志》南兖州刺史、《南齐志》南兖州。

② 参《晋书·毛宝传附毛德祖传》及《廿二史考异》卷三五南史宋宗室诸王传上营浦侯遵考。

③ 考《通鉴》卷一一八、卷一一九,并州镇蒲坂,自义熙十四年(418年)至元熙元年(419年),镇虎牢自元熙元年至景平元年(423年)。

④ 《魏志》齐州太原郡、《宋志》青州刺史太原太守。

⑤ 《宋书·文帝纪》、《宋志》青州刺史太原太守。

郡。北齐废郡及县。[1] 其三,《梁书·敬帝纪》太平二年(557 年):"分寻阳、太原、齐昌、高唐、新蔡五郡,置西江州。"又《廿二史考异》卷二七陈书程灵洗传"出为高唐、太原二郡太守"条:"按梁陈之际,侨立高唐郡于宿松,太原郡于彭泽。"彭泽,今江西彭泽县东北。按此太原侨郡梁置,领四县,即彭泽、晋阳、和城、天水。[2] 其中晋阳为《晋志》太原国属县。隋平陈后,郡县并废。其四,《晋志》太原国有榆次县,治今山西晋中市。东晋侨立榆次县,属濮阳郡(晋明帝侨置);齐建武二年(495 年)省。[3] 侨地在旧晋陵郡界(今江苏镇江、金坛、常州、无锡等市一带),确址无考。

【上党郡】治潞(今山西黎城县南古城)。侨置可考者有:其一,《晋志》扬州:晋孝武帝宁康(373～375 年)中,"上党百姓南渡,侨立上党郡,为四县,寄居芜湖。寻又省上党郡为县";又《宋志》扬州刺史淮南太守襄垣令:"其地本芜湖。芜湖县,汉旧县。至于晋末,立襄垣县,属上党。上党民南过江,立侨郡县,寄治芜湖,后省上党郡为县,属淮南。文帝元嘉九年,省上党县并襄垣。"据知上党郡及四县(唯襄垣可考。襄垣,《晋志》上党郡属县,治今山西襄垣县北)侨置芜湖境;后省上党郡为上党县,又并入襄垣县。洪亮吉《东晋疆域志》卷四引《图经》,上党"故城在芜湖县西南",即今安徽芜湖市西南。襄垣则东晋末年分芜湖为实土,治今安徽芜湖市;而芜湖自侨置襄垣,其名遂隐,重新出现要到五代时。隋平陈后,废襄垣县。其二,《宋志》徐州刺史淮阳太守上党令:"本流寓郡,并省来配。"考淮阳郡,东晋义熙中土断立,治角城(今江苏淮阴市西南古淮河与泗水交汇处),有今江苏淮阴、宿迁二市一带。上党"流寓郡"当是东晋义熙前置,侨在今江苏淮阴、宿迁之间;义熙土断降为县,隶属淮阳郡。及泰始二年(466 年)淮北失于北魏后,上党县又侨于广陵郡境(见下)。其三,《宋志》南兖州刺史北济阴太守:"宋失淮北侨立",领广平、定陶、阳平、上党、冤句、馆陶六县。齐建元四年(482 年)罢并广陵郡。据此,则上党县侨在广陵郡境(今江苏扬州、高邮、泰州等市一带),及齐建元四年废。其四,《宋志》南兖州刺史广陵太守:"《永初郡国》又有舆、肥如、潞、真定、新市五县",后四县"并二汉旧名。……潞属上党,……《永初郡国》

① 王仲荦《北周地理志》卷八齐州济南郡山茌、祝阿,《魏志》齐州太原郡,《隋志》济北郡长清。
② 《隋志》九江郡彭泽。
③ 《晋志》兖州、《宋志》南徐州刺史濮阳太守、《南齐志》南徐州南濮阳郡。

云四县本属辽西，则是晋末辽西侨郡省并广陵也"[1]。考此，东晋侨潞县于广陵郡境，隶属辽西郡；东晋末年改隶广陵郡，宋废。

【雁门郡】治广武（今山西代县西南古城）。侨置可考者有：其一，东晋侨立雁门郡，宋初领楼烦（旧雁门郡属县，治今山西宁武县境，西晋初废）、阴馆（旧雁门郡属县，治今山西朔州市东南夏关城，三国魏废）、广武、崞（《晋志》雁门郡领县，治今山西浑源县西麻庄）、马邑（《晋志》雁门郡领县，治今山西朔州市）五侨县。[2] 时雁门郡流人侨寓在江南京口（今江苏镇江市）、江北广陵（今江苏扬州市西北蜀岗）等地，侨郡县也跨江南、江北而立。宋元嘉八年（431年）划江南晋陵郡地为南徐州实土，江淮之间为南兖州实土。[3] 南徐、南兖二州既隔江分治，雁门侨郡及部分侨县也随之分立为二。[4] 江北之雁门郡隶南兖州，领楼烦、阴馆、广武三县，侨在广陵郡境，即今江苏扬州、高邮、泰州等市一带；后雁门郡省并南东平郡，三县随之改隶，"孝武大明五年（461年），以东平并广陵"[5]。江南之雁门郡领楼烦、阴馆、广武、崞、马邑五县，侨于晋陵郡境，今江苏镇江、金坛、常州、无锡等市一带；后"省属南徐州"[6]。其二，《宋志》豫州刺史汝阴太守（实郡）领汝阴（郡治，今安徽阜阳市）、宋、宋城（按当为"安城"）、楼烦四县。楼烦为侨县，"流寓配属"，侨在今安徽阜阳市一带。及泰始二年（466年）汝阴郡没于魏，遂侨置江淮之间，称西汝阴郡，仍领有楼烦县。楼烦侨县疑梁时废。[7] 其三，《宋志》南豫州刺史晋熙太守治怀宁（今安徽潜山县梅城镇），领五县，有南楼烦，"《永初郡国》、何、徐志无"，则盖宋后期因楼烦民侨置，确地无考，当在今安徽桐城、潜山、望江等市县一带。《南齐志》豫州晋熙郡亦领南楼烦县。梁废。

【新兴郡】治九原（今山西忻州市）。[8] 其侨置，《晋志》荆州云："元帝渡江，又

① 辽西侨郡所领四县，据《晋志》，肥如属幽州辽西郡，真定属冀州常山郡，新市属冀州中山国，又潞县，并州上党郡、幽州燕国并有，而据《宋志》，作"潞属上党"。按肥如、真定、新市皆为河北旧县，侨置则属河北旧郡辽西郡，推此，颇疑辽西侨郡所领侨潞县，亦为旧幽州燕国属县。考幽州燕国潞县，《汉书·地理志》属渔阳郡，作"路"，《续汉书·郡国志》亦属渔阳郡，作"潞"；而据钱大昕《廿二史考异》卷二三、成孺《宋书州郡志校勘记》，毛本正作"路"。如此，"潞属上党"疑有误，作"潞属燕国"可能更妥。惟别无坚强证据，而今述山西州郡县侨置，为免遗漏，故仍附于此。

② 《宋志》南兖州刺史。

③ 《宋志》南兖州刺史、南徐州刺史。

④ 说详本书第二篇第六章兖州部东平国考表。

⑤ 《宋志》南兖州刺史。

⑥ 《宋志》南兖州刺史。

⑦ 《南齐志》豫州西汝阴郡、洪齮孙《补梁疆域志》卷一。

⑧ 按新兴郡本为省并侨郡所置，详本书第一章第一节。

侨立新兴、南河东二郡。”①又《宋志》荆州刺史新兴太守:“晋江左侨立。宋初六县”,即定襄、广牧、新丰、云中、九原、宕渠。其定襄(治今山西定襄县)、广牧(治今山西寿阳县西北)、云中(治今山西原平市西)、九原四县,为《晋志》新兴郡属县。“后省云中。孝武孝建二年(455年),又省九原县并定襄,宕渠并广牧。”大明八年(464年)时领县三,即定襄、广牧、新丰。其新兴郡及定襄县侨治今湖北荆州市荆州区东北,广牧县侨治今湖北荆州市荆州区东。《南齐志》荆州新兴郡领三县同《宋志》。梁仍立新兴郡,《梁书》有《新兴王大庄传》,“大宝元年(550年),封新兴郡王,邑二千户”。梁后废郡。隋仁寿(601～604年)初广牧改名安兴,大业(605～618年)初废定襄县。②

2. 由山西州郡县的侨置所见山西侨流人口的输出

以上考列了东晋南朝时期山西州郡县的外侨情况。与这些侨州、侨郡、侨县相联系者,是其所安置的以原州、原郡、原县为主的侨流人口,此侨流人口的概况,又可略据《宋志》等文献作大致的推测。如谭其骧师指出:

> 是时于百姓之南渡者,有因其旧贯,侨置州、郡、县之制。此种侨州、郡、县详载于沈约《宋书·州郡志》,萧子显《南齐书·州郡志》,及唐人所修之《晋书·地理志》中。吾人但须整齐而排比之,考其侨寄之所在地及年代等等,则当时迁徙之迹,不难知其大半也。

其中,“《宋志》于晋、宋、齐三志中为最精”,又有相关的侨州郡户口数字的记载,故谭师即以之为依据,估算“截止宋世止”的“南渡人口”之约数,并且认为:“侨州、郡、县之户口数,非即南移人口之确数,以侨郡县所领,非必尽是侨民,而本土郡县所领,亦非尽本土之民也。然以之当约数,当可无大误。”③又周一良更加详细地讨论云:

> 北人南迁以东晋为最盛,宋时已微,齐梁陈则大批之移民绝迹矣。吾人推求南朝境内北人之分布,自不能以一时代代表此二百余年,然第一步必先知移民将达最后阶段,初呈静止状态时之分布。考人口分布,舍地理志无由。考侨人分布,亦惟有据地志所载侨州郡县及其户口数。晋书地理志撰自唐人,讹误最多,且晋时北人南徙犹未已也。南齐书州郡志简洁可据,而

① 按河东郡加“南”字在宋初。详见钱大昕《廿二史考异》卷二三、《十驾斋养新余录》卷中。

② 《隋志》南郡安兴。

③ 谭其骧师《晋永嘉丧乱后之民族迁徙》,原载《燕京学报》第15期,1934年;收入氏著《长水集》(上),人民出版社1987年版。

无户口数目。梁陈史皆无志，隋志亦不能供此用。惟沈约宋书州郡志较详赡可信，且兼载户数口数。休文自称以大明八年为正，（内史侯相则以昇明末为定，然内史侯相之外，所记亦多不以大明八年为准也。）户口之数未言何时，今姑以为大明编户之数。依上文所阐明，宋代大批移民尽在大明八年前，此后皆不重要，则谓南朝侨人之迁徙于大明八年时已达静止状态，固无不可，吾人先据宋志以窥侨人分布，自最为合理。然大明八年下距侯景乱梁南朝失江北凡八十余年，距陈之亡凡一百二十余年，此两时期不惟侨人分布莫可知，即州郡户口数目亦不能考，是诚无如之何。……侨人分布既大致定于宋世，其后百余年间之生息消长自与本地人相同，比例谅亦不至与宋世过于悬殊。虽未能知其详，亦无伤于立论之大体。惜侨州郡县所领不尽侨民，而侨民亦不尽著籍于侨州郡县，今姑认宋志侨州郡县之户口为侨人户口，而侨人隶实州郡县者不复计算，庶可以截长补短，要是大约之数目，未可固执以求。复次，宋志只在州郡之下记户口数，虽侨郡所领大多为侨县，然亦有属县四五，只一二侨县者。今以郡下所系户口数平均分配与各县，记其大约之数。各县所领户口本多寡悬殊，平均分配不尽得当，……观者只注意其数目大约之比例可耳。①

有关《宋志》所记侨州郡户口数字的意义及其运用方法，谭师、周一良言之已明；又有需要考虑到的四点：

其一，《宋志》所载侨州郡户口数一般认为是宋大明八年（464 年）的数字，其时上距西晋永嘉丧乱已有百五十年。“这些侨州、郡、县的户口即[既]包括历年来的移民，也含有这些移民定居后繁衍的后代。以首批到达的移民为例，如果他们在定居后以 5‰的年平均增长率繁衍的话，150 年内人口总数已经增加到 2.11 倍了。由于我们无法确定在此期间每批移民的数量和他们到达的时间，要推算出初始移民的数量是不可能的。但是因为早期的移民，尤其是永嘉时的移民在总数中占了相当大的比例，所以可以肯定，真正的或第一代移民比这个数字要小得多。”

其二，“无论是西晋的户口数，还是刘宋大明八年的户口数，（《晋志》、《宋志》）都只登记了一部分人口，大大低于实际数。而且由于第一代移民中的‘衣冠’特多，所谓‘中州士女避乱江左者十六七’，贵族官僚、世家大族、地主豪强的

① 周一良《南朝境内之各种人及政府对待之政策》，原载《历史语言研究所集刊》第 7 本第 4 分，1938 年；收入氏著《魏晋南北朝史论集》，中华书局 1963 年版。

比例很高，他们所荫庇和隐匿的户口数量也要比全国正常的比例更高。”[1]

其三，《宋志》所载户口数还存在各州小序中所列该州户口数与该州各郡分列的户口数之和基本不合（只有郢州完全相合）的情况。实际上，《宋志》给出了两组户口数字，即各州所列户口总数为大明八年（464 年）数字，而各郡户口数及其总计数是“宋末”的数字，具体是“宋末”的哪一年，则尚难确定。[2]

其四，《宋志》所载户口数，既有土著户口，也有侨流户口，而侨流户口又来自黄、白两种户籍。其侨流白籍户口数并不系统与完整，而且准确度要远低于土著黄籍户口数；又相对于土著黄籍户口数，侨流黄籍户口数也存在着比较明显的脱籍与离散现象。[3]

总之，依据《宋志》，我们只能大体推论东晋刘宋侨流人口及其后裔数量与分布的概况，而不能详知其确切数量与细部分布；但这并不意味着以谭师、周一良为代表的上述利用《宋志》侨州郡户口数字所作推论的缺乏意义。毕竟，“这一推论最重大的贡献，在于找到了一种相对可靠的，也是目前唯一的对这次移民进行数量分析的依据。……由于现存的史料中只有一般性的描述，如果不采用这种方法，我们就毫无可能对移民的数量作任何有实际意义的估计”[4]。当然，联系以上“需要考虑到的四点”，我们对“推论”出的数字是可以而且应该作出补充说明的。如谭师 1934 年的推论是：“截至宋世止，南渡人口约共有九十万。……即晋永嘉之丧乱，致北方平均凡八人之中，有一人迁徙南土；迁徙之结果，遂使南朝所辖之疆域内，其民六之五为本土旧民，六之一为北方侨民是也”；[5]而 1997 年葛剑雄的补充说明是：“初始移民在迁出地人口中的实际比例应高于八分之一；大明八年移民及其后裔占迁入地人口的实际比例也应高于六分之一。由于移民的迁出地和迁入地都相对集中，所以这些地区人口的迁移率和移民占当地总人口的比例都要大大高于这些比例。……保守的估计：到宋大明年间，北方移民及其后裔的总数至少应是户口数的一倍有余，即 200 万左右。”[6]

然则基础于上面围绕研究方法的讨论，兹以今山西省域为例，由州郡县的侨置推论侨流人口的输出并作补充说明如下。

---

① 以上其一、其二，详葛剑雄《中国移民史》第二卷第十章第四节，福建人民出版社 1997 年版。

② 详本书第十四章第一节之(5)。

③ 详本书第三章第三节。

④ 葛剑雄《中国移民史》第二卷第十章第四节。

⑤ 谭其骧师《晋永嘉丧乱后之民族迁徙》。

⑥ 葛剑雄《中国移民史》第二卷第十章第四节。葛剑雄并且强调：“200 万无论如何只是一个下限。”

概括上一小节所考而重为综合，东晋南朝山西“籍”侨州郡县的地理分布及其见于《宋志》所领户口数[1]可得如下（参见图4）：

今江苏省境内侨置最多：并州，上党郡（户七百一十四，口三千八百四十一），雁门郡（有二）、楼烦县（有二）、阴馆县（有二）、广武县（有二）、崞县、马邑县，榆次县（户一千十三，口四千一百十九），潞县（户八百六十，口五千一），上党县，宣祚县（平阳郡民立）。凡一州、三郡、十二县，领侨户可考者二千五百八十七，合侨口一万二千九百六十一；

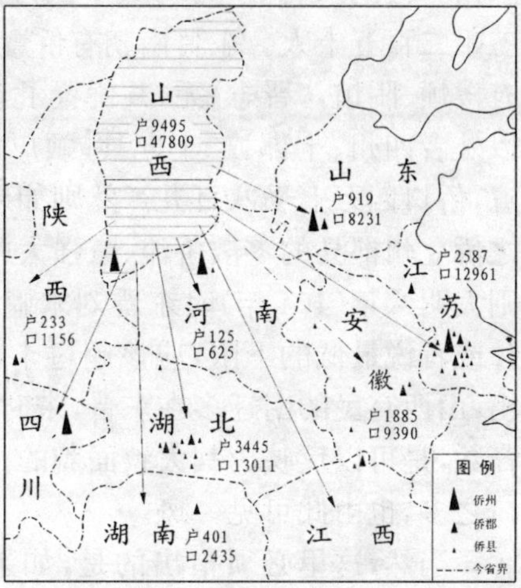

图4　东晋南朝山西州郡县侨置及人口迁徙分布图

今湖北省次之：河东郡、闻喜县、安邑县、永安县、临汾县（户一千二百十二，口五千二百四十四），新兴郡、云中县、定襄县、九原县、广牧县（户一千五百三十四，口六千三百八十九），平阳县（户六百九十九，口一千三百七十八）。凡二郡、九县，领侨户三千四百四十五，侨口一万三千十一；

今安徽省又次之：上党郡、襄垣县（户八百九十四，口四千三百七），楼烦县（有三，汝阴郡之楼烦县户六百八十七，口三千五百八十四；晋熙郡之南楼烦县户三百四，口一千四百九十九）。凡一郡、四县，领侨户可考者一千八百八十五，合侨口九千三百九十；

今山东省再次之：并州，太原郡、太原县（领侨户九百十九，侨口八千二百三十一）；

又今湖南省：平阳郡，领侨户四百一，侨口二千四百三十五；

又今陕西省：太原郡、平陶县，领侨户二百三十三，侨口一千一百五十六；

又今河南省：并州，蒲坂县（领侨户一百二十五，约合侨户六百二十五）；

又今江西省（太原郡、晋阳县）、今四川省（并州）亦有侨置。[2]

---

① 《宋志》只在州郡下记户口数，其与山西有关的侨置并州户口数缺，诸侨县户口数则据郡户口数平均分配；另有大明八年时已废之侨郡县，则据废入之郡户口数斟酌统计，以侨郡县虽废而侨人尚在也。

② 据上一小节，则《晋志》西晋司州河东郡蒲坂境内又曾短暂侨有并州、平阳郡，而蒲坂本在今山西省域。本小节既述山西侨流人口的输出，故类似这种省内的迁徙，不复计入。

按《晋志》，西晋太康三年（282 年）今山西全境凡一州、八郡国、六十七县。其中并州六郡国四十五县五万九千三百户，司州二郡二十一县八万四千五百户，幽州一县约八百五十户，共十四万四千六百五十户；以一户五口计，约七十二万三千二百五十人。东晋南朝有侨置的州、郡（国）、县，则一州、六郡国、十七县，又有楼烦、阴馆，《晋志》无，共侨置了五州、十一郡、二十九县，其中侨于今山西省域以外者四州、十郡、二十九县；领户口可考者七郡、十七县，合侨户九千四百九十五，侨口四万七千八百九。然则如果加上户口无考的三郡十二县[①]，以及没有为之侨立州郡县的零散侨流、豪强大族与各品官员隐匿与荫庇的户口等等情形，[②]则大明八年（464 年）时东晋刘宋疆域范围内的山西侨民及其后裔数，保守地估计或者说最低的下限，应该超过十八万人。[③] 又由山西州郡县的侨置还可以看出，山西官民的南迁多在东晋，宋时已少，故据《宋志》统计南迁山西人民及其后裔数，是可以反映出其大致面貌的。而山西州郡县侨置之盛，山西输出的侨流人口之多，也由此可见一斑。

当然，这里必须指出的是，如果按照上述葛剑雄关于侨流人口“定居后以

---

① 按侨州不直接领侨流户口，故不与侨郡侨县所领侨流户口重复统计。并州侨有五处（山西省外四处），《宋志》也无其户口数字的记载。

② 如《世说新语·政事》注引《续晋阳秋》：“自中原丧乱，民离本域。江左造创，豪族并兼；或客寓流离，名籍不立。”又《南齐志》南兖州条：“时百姓遭难，流移此境，流民多庇大姓以为客。元帝太兴四年，诏以流民失籍，使条名上有司，为给客制度，而江北荒残，不可检实。”又《隋书·食货志》记载东晋给客制度：“其无贯之人，不乐州县编户者，谓之浮浪人，乐输，亦无定数，任量，准所输，终优于正课焉。都下人多为诸王公贵人左右、佃客、典计、衣食客之类，皆无课役。官品第一第二，佃客无过四十户。第三品三十五户。第四品三十户。第五品二十五户。第六品二十户。第七品十五户。第八品十户。第九品五户”云云。又《晋书·孝友颜含传》：“编户虚耗，南北权豪，竞招游食，国弊家丰，执事之忧。”唐长孺《魏晋南北朝隋唐史三论》（武汉大学出版社 1993 年版）第二篇第一章第一节则概括指出：“我们看到自永嘉乱后，大量北方人民南移，侯景乱前，江南并无大的战争，户口理应大幅度增加，但史籍记载户口增长甚少，它表明的是著籍户口远远少于实际户口。由于东晋南朝沉重的赋役压迫，使得大量的人民流亡，更由于东晋南朝继承魏晋封建大土地发展的趋势，大量户口成为封建大土地上的佃客，流亡人民的归宿也有不小一部分成为佃客和部曲。他们绝大部分是不贯户籍的封建依附者。还有世袭性的吏户、兵户或营户等特殊户口不入民籍，因此南朝户籍上的户口数字远远低于实际户口数字。这反映了国家控制的自耕农民的减少，封建大土地上的佃客和将帅所领带有私属性的部曲的增多，也反映了无籍浮浪人与所谓‘山湖逋逸’以及不上州郡户籍的兵、营、吏户和无籍商贩的增多。”

③ 粗略地计算如下：户口可考的十七县为四万七千八百九十口，平均每县得二千八百余口；以此规模推之，户口无考的十二县约计三万三千六百余口。可考无考两者相加，便得八万一千四百九十口。而按照上述葛剑雄对谭师“南渡人口约共有九十万”、实际应有至少“200 万左右”的补充说明，则八万一千四百九十口又可同比放大到约十八万口。按笔者虽不清楚历史人口学的理论与方法，但葛剑雄作为此一方面的专家，其推论当有较为全面的考虑与较为坚强的依据。

5‰的年平均增长率繁衍”计算，那么，相当粗略的一个估计数字是：西晋末东晋初最大规模的山西官民南迁人口数字，约在八万人左右，即为《晋志》山西民户的大约九分之一。

以上依据山西州郡县的侨置及《宋志》有关户口记载所作的推论，其实只是反映了山西迁入东晋南朝疆域范围内的侨流人口概况。而结合其他文献资料，又可得如下认识：其一，山西官民的外迁，数量上远不止《晋志》山西民户的大约九分之一；其二，山西官民外迁之方向与地域，也不限于南迁与东晋南朝疆域范围；其三，山西官民外迁的引发原因，既有“人祸”，也有“天灾”；其四，刘元海的顺利立国，与山西官民的大量外迁关系密切；其五，大量迁入东晋南朝疆域内的山西官民，又对迁入地发生了多方面的影响。以下略作申述。

《晋书·东海王越传》：光熙元年（306 年），“东嬴公（司马）腾之镇邺（今河北临漳县西南）也，携并州将田甄、甄弟兰、任祉、祁济、李恽、薄盛等部众万余人至邺，遣就谷冀州，号为乞活”。据此，号为“乞活”的“部众万余人”似以并州军士为主。而《晋书·刘元海载记》云：司马腾败于刘元海，“率并州二万余户下山（按指太行山）东”，又《晋书·刘琨传》载：“时东嬴公腾自晋阳镇邺，并土饥荒，百姓随腾南下，余户不满二万，寇贼纵横，道路断塞”，“并州刺史、东嬴公腾以晋川荒匮，移镇临漳，太原、西河尽徙三魏”，则“乞活”的主体应是山西的并州汉族民户。按此“乞活”是西晋末年最具特色的流人集团，也是源自山西的最大流人集团，其人数，以“二万余户”、每户五口计，当不下十余万人，他们先是“就谷冀州”即迁入河北地区，后来又辗转流移，有一部分南迁河南以至江淮之间。①

《晋书·刘琨传》：永嘉元年（307 年）刘琨赴并州刺史任，在路上表云，“臣自涉州疆，目睹困乏，流移四散，十不存二，携老扶弱，不绝于路。”人口流失之状况可见。

《晋书·王弥传》：永嘉（307～313 年）初，“河东、平阳、弘农、上党诸流人之在颍川、襄城、汝南、南阳、河南者数万家，为旧居人所不礼，皆焚烧城邑”，云云，计其人数，则山西流人迁在今河南中部及西南部者，当亦不下十余万人。

《资治通鉴》卷八九建兴四年（316 年），《晋书·刘聪载记》：“河东、平阳大

① “乞活”是“流民之中团结最坚，活动地域最广，历时最久者”，其始末详周一良《乞活考》（原载《燕京学报》第 37 期，1949 年；收入氏著《魏晋南北朝史论集》，中华书局 1963 年版）。参考安介生《山西移民史》第二章第三节，山西人民出版社 1999 年版。

蝗,民流殍者什五六”,“司隶部人奔于冀州二十万户,石越招之故也”。按河东、平阳二郡,正属所谓“司隶部人”,而因有“大蝗”,“奔于冀州二十万户”中,属于今山西地域的河东、平阳二郡流民当居其中的多数。①

《晋书·石勒载记》:“时司、冀、并、兖州流人数万户在于辽西,迭相招引,人不安业”,故经营河北的石勒欲引诱之以为己用。

《晋书·苏峻传》:“永嘉之乱,百姓流亡,所在屯聚。”按这是区别于上引史料中漂泊流亡之“纯粹”流人的又种方式,即豪强地主屯守坞壁、聚众自保。与山西迁人有关者如平阳李矩,既为奔走的平阳百姓推为坞主,屯聚荥阳(今河南荥阳市),再移新郑(今河南新郑市),其所屯聚的坞壁,又成为平阳等郡百姓与士人逃难与抵御剽掠的集结之地。最后,在极度困难的情况下,李矩“率众南走”,随行至最后者百余人。②

四处漂流、屯聚自保两种方式外,如史籍中的记载,又有一些山西士族迁徙之初,目标相当明确,即迁往南方。如河东闻喜郭璞,父瑗曾任尚书都令史、建平太守,璞“好经术,博学有高才”,“词赋为中兴之冠”。当“惠怀之际,河东先扰”时,精于五行、天文、卜筮之术的郭璞预测家乡的命运,得出了“嗟乎!黔黎将湮于异类,桑梓其翦为龙荒乎”的结论,于是郭璞“潜结姻昵及交游数十家,欲避地东南”。他先到庐江,继而过江,为王导深相器重,任职于东晋官府。③ 又太原祁县温峤,司徒温羡弟之子,父憺④为河东太守,峤“性聪敏,有识量,博学能属文”,为并州刺史刘琨左长史时,受刘琨委托,奉表渡江拥戴司马睿称帝,后为东晋名臣,在稳定晋室纲纪与平定王敦、苏峻之乱中,功绩卓著。⑤ 又太原晋阳王承,司徒王浑之侄,“弱冠知名”,惠帝永宁中曾任骠骑将军,“值天下将乱,乃避难南下。……是时道路梗涩,人怀危惧,承每遇艰险,处之夷然,虽家人近习,不见其忧喜之色。……及至建邺,为元帝镇东府从事中郎,甚见优礼。……渡江名臣王导、卫玠、周顗、庾亮之徒皆出其下,为中兴第一”⑥。又太原中都孙统,祖父孙楚

① 《晋书·刘聪载记》:“河东大蝗,唯不食黍豆。……后乃钻土飞出,复食黍豆。平阳饥甚,司隶部人奔于冀州二十万户,石越招之故也。”又《资治通鉴》卷八九建兴四年:“河东、平阳大蝗,民流殍者什五六。石勒遣其将石越帅骑二万屯并州,招纳流民,民归之者二十万户。”

② 《晋书·李矩传》。

③ 《晋书·郭璞传》。

④ 2001年2月,南京西郊郭家山西南麓发现温峤墓。据出土墓志及《世说新语·尤悔》注引《温氏谱》,温峤父名襜。

⑤ 《晋书·温峤传》。

⑥ 《晋书·王承传》。

曾为冯翊太守，孙统幼时与弟孙绰、从弟孙盛过江，家于会稽，而皆好山水，善于属文，为一时名士，如孙统“居职不留心碎务，纵意游肆，名山胜川，靡不穷究”，孙绰“游放山水”，“性通率，好讥调”，“于时文士，绰为其冠，温（峤）、王（导）、郗（鉴）、庾（亮）诸公之薨，必须绰为碑文，然后刊石焉”，孙盛“博学，善言名理，于时殷浩擅名一时，与抗论者，惟盛而已”[①]。又河东安邑卫玠，西晋开国元勋卫瓘之孙，永嘉中，“玠以天下大乱，欲移家南行”，“乃扶舆母转至江夏”，又到豫章，再到建邺，“于时中兴名士，唯王承及玠为当时第一云”[②]。又平阳襄陵邓攸，原为河东太守，永嘉末年，陷于石勒，后至新郑投李矩，再奔江东，为吴郡太守，“在郡刑政清明，百姓欢悦，为中兴良守”[③]。

然则依据上引史料与上陈史实，当能证明以上五点认识中的“其一”、“其二”。如山西官民之四处漂流、屯聚自保、明确南迁三种方式中，四处漂流者即使山西民户流失了大半。又此种大规模的民户流失，从时间上看，始自西晋后期；引发原因则既有“人祸”，也有“天灾”。“人祸”者，与匈奴最为有关；“天灾”者，频繁而严重的自然灾害。

先言“人祸”。据《晋书·北狄传》、《江统传》及《刘元海载记》，“前汉末，匈奴大乱，五单于争立，而呼韩邪单于失其国，携率部落，入臣于汉。汉嘉其意，割并州北界以安之。于是匈奴五千余落入居朔方诸郡，与汉人杂处。……其部落随所居郡县，使宰牧之，与编户大同，而不输贡赋。多历年所，户口渐滋，弥漫北朔，转难禁制。……建安中，魏武帝始分其众为五部，部立其中贵者为帅，选汉人为司马以监督之”，散处并州各地。西晋初年，“五部之众，户至数万”。其时复有塞外匈奴两万余落归化，晋武帝悉收纳之，“与晋人杂居，由是平阳、西河、太原、新兴、上党、乐平诸郡靡不有焉”。本来，在一定生产力水平下，一定面积的土地可以容纳的人口是有限的。匈奴的大量涌入，影响了当地的人-地“生态平衡”，并进而引起“生存竞争”。匈奴“天性骁勇，弓马便利”，由于种种原因，又与土著及晋廷存在着矛盾与磨擦。[④] 元康九年（299 年）江统作《徙戎论》即指出：“若有不虞风尘之虑，则并州之域可为寒心。”果然，惠帝失驭，八王兵争，而匈奴刘元海首

① 《晋书·孙统传》、《孙绰传》、《孙盛传》。

② 《晋书·卫玠传》。

③ 《晋书·良吏邓攸传》。

④ 参看唐长孺《晋代北境各族“变乱”的性质及五胡政权在中国的统治》，收入氏著《魏晋南北朝史论丛》，三联书店 1955 年版。

先在山西发难,“为之祸首云”[①],这正是此种汉匈分布形势与汉匈复杂矛盾的必然产物。

再言“天灾”。西晋中期以降,北方地区天灾臻至,山西也不例外。如元康五年(295年),新兴、雁门、太原、上党诸郡国大风,伤禾稼;永宁元年(301年)自夏及秋,并州等地大旱,大旱引起大蝗。此后至于永嘉,“大疾疫,兼以饥馑”,灾荒不断。[②] 而陷于“八王之乱”的西晋中央与地方政府,内斗尚且不暇,其必要的救灾措施也就非常缺乏,百姓们的唯一求生之路,便是流亡乞活,前述“乞活”之发源于山西,可谓当时状况的形象写照。

“天灾”与“人祸”交织在一起,又使形势尤为不堪。如《晋书·食货志》的扼要描述:

> 及惠帝之后,政教陵夷,至于永嘉,丧乱弥甚。雍州以东,人多饥乏,更相鬻卖,奔迸流移,不可胜数。幽、并、司、冀、秦、雍六州大蝗,草木及牛马毛皆尽。又大疾疫,兼以饥馑,百姓又为寇贼所杀,流尸满河,白骨蔽野。

于是刘元海永兴元年(304年)乘机“反于离石,自号大单于”,并、司之地大乱,而山西官民也开始了大流徙,或东入河北辽西,或西走关陇河西,或南下河南以至江左。

特别值得提出的是,山西过半汉族官民的流失,使得山西汉匈力量的对比发生了根本变化。本来,自东汉初年南匈奴归附至西晋初期,山西已经成为南迁匈奴部众居留的大本营,是东汉、曹魏、西晋中央王朝中匈奴部众最集中、人数最多的地区。据安介生的推测,“将百万人左右作为西晋末年山西境内匈奴部众的数量,是较为合理的”[③]。而如此庞大的匈奴部众、大量流走的汉族官民,造成了山西境内明显的、悬殊的匈奴多于汉民的状况,这一方面使得接替司马腾、“善于怀抚而短于控御”的并州刺史刘琨难撑危局[④],另方面又给极富号召力、极具政治头脑与军事手段的匈奴首领刘元海起兵反晋、建号称尊提供了极好的机遇。[⑤]需要说明者还有,刘元海不仅得到了广大匈奴部众的拥戴,留在山西的部分汉人因与匈奴原就交往甚密,也或审时度势、择善而从,参与到刘元海的反晋力量与

① 《晋书·载记·序》。

② 《晋书·五行志》、《食货志》、《孝惠帝纪》、《孝怀帝纪》。

③ 安介生《山西移民史》第二章第二节。

④ 《晋书·刘琨传》。

⑤ 详胡阿祥《中国历史上的汉国号》,《江苏行政学院学报》2005年第5期。

政权建设之中。晋室并州刺史刘琨在山西的艰难及其失败、匈奴汉国刘元海在山西的顺利及其成功，于此当能获得深层的理解。

西晋后期以来大量官民的迁出山西本土，其于迁出地的最大影响是匈奴刘元海在山西的顺利立国；与此相对照，其对迁入地的影响则随着时间与地区的不同而复杂多端。以四处漂流者言，他们“成为各个割据政权争夺的对象，最终往往成为掳掠攻杀的牺牲品”①；以屯聚自保者言，在东晋十六国复杂的政治对立与军事纷争形势下，他们终究无法独处，最后的归宿是或南迁效忠东晋司马氏政权，或就近投靠五胡非汉族政权。至于明确南迁者，或早于司马睿、王导在建康重建晋朝，他们有着先见之明，看上了南方较为安定的局面；但大部分山西南迁官民尤其士族，是在司马睿、王导于建康重建晋朝以后，才义无返顾地率领着宗族、乡里、部曲以及依附人群，越黄河、跨淮汉以至过长江，来到南方，毕竟东晋南朝疆域所在的南方，既为正朔所在，又具更加现实的民族认同，而且此接承西晋的东晋政权、禅代东晋的刘宋政权，还为迁入境内的山西官民准备了职位、安排了寄寓之地、设置了原籍的侨州郡县。② 要之，从山西输出的侨流人口，虽迁徙方式有别，迁往地区不同，比较下来，终以“乡族集团”形式的南迁为主流，其南迁人数，则西晋末东晋初那段迁徙规模最大的时间，依据《宋志》侨郡户口记载逆推，即在八万人左右之数，及至《宋志》所记户口数的断限时间大明八年(464 年)或宋末(宋至 479 年为齐所代)，包括其后裔在内，更是人数超过了十八万。无疑，这动辄数以万计的南迁山西官民及其后裔，对于“输入地”即东晋南朝的人口增长、军事情势、经济开发乃至文化面貌的改观，都产生了重大影响；而若其中的太原王氏、温氏、孙氏，河东裴氏、柳氏、郭氏，上党韩氏，平阳贾氏等山西南迁大

① 安介生《山西移民史》第二章第三节。

② 如上所述，在西晋今山西省域的一州、八郡国、六十七县中，一州、六郡国、十七县有对应的侨州、侨郡、侨县；无侨置的二郡国，一是西河国，此本为匈奴的大本营所在，又一是乐平郡，其时并无显著的大姓迁徙南方，而且其周围又为羯人的主要居住地。进而言之，如果对照山西“籍”侨郡、侨县与山西“籍”南迁大姓，可以明显地感到两者之间相当吻合的关系，详参胡阿祥《中古时期郡望郡姓地理分布考论》，《历史地理》第 11 辑，上海人民出版社 1993 年。

姓,也长期活跃在东晋南朝的政治、军事、经济与文化舞台上。① 此不备述,参见本书第十二章的讨论。

第二节 东晋南朝侨流人口的输入:以安徽为例

上节依据谭师《晋永嘉丧乱后之民族迁徙》宏文大义而有所补充,以今山西省域为例,本于侨州郡县以述西晋末东晋南朝侨流人口的输出;本节则以今安徽省域为例,证明谭师文章开创的利用《宋志》侨州郡县及相关户口记载以复原东晋南朝侨流人口输入的方法。

在《晋永嘉丧乱后之民族迁徙》文中,谭师指出:

> 安徽省境内侨民之来自北方诸省者,以河南占极大多数(八侨郡、五十四侨县),河北次之(一侨郡、六侨县),山东、山西又次之(各三侨县),陕、甘二省无。而本省及江苏省境内淮南、北之人,亦多侨在大江南北(本省四郡、十三县,江苏一郡、六县)。……若即以侨州、郡、县之户口数当南渡人口之约数,则截至宋世止,南渡人口约共有九十万,……安徽约十七万。

按东晋南朝时代,既是安徽地理沿革史中最称混乱的一段时期,也是安徽人口史上至关重要的一段时期,而这正缘于侨州郡县的广泛设置与侨流人口的大量输入。

1. 安徽境内侨州郡县的广泛设置

依据本书第二篇"东晋南朝侨州郡县考表",可得东晋南朝安徽境内所有可考的侨州、侨郡、侨县如下,而为省篇幅,以下侨州、侨郡、侨县的具体考证过程从

---

① 参看《晋书·简文顺王皇后传》、《王接传》、《温峤传》、《孙统传》、《孙绰传》、《郭璞传》、《王湛传附传》、《孙盛传》、《良吏邓攸传》、《文苑郭澄之传》、《外戚王遐传》、《隐逸郭琦传》、《慕容廆载记附裴嶷传》,《南史·后妃武穆裴皇后传》、《宣柳皇后传》、《王玄谟传附传》、《王懿传》、《裴松之传附传》、《柳元景传附传》、《王茂传》、《范云传附传》、《裴邃传附传》、《王神念传附传》、《儒林王元规传》、《文学贾希镜传》、《王子云传》、《孝义解叔恭传》、《韩怀明传》、《刘景昕传》、《王知玄传》、《隐逸周续之传》、《关康之传》,其《南史》各传还可参考《宋书》、《南齐书》、《梁书》、《陈书》各人本传。又这里需要稍加分析的是,以上山西大姓多非举宗南迁。按东晋政权的支柱是侨姓与吴姓,侨姓依地理的远近,又有区别。一类是河南大姓,以路近而多举宗南迁;另一类大姓距离南方较远,有一部分播迁江左,成为侨姓,另一部分则留居北方原籍,就该大姓而言,形成南北两支发展的现象,大多数山西大姓正是如此。然则既留居北方原籍,就难免出仕胡人政权,如匈奴刘氏汉赵政权中的上党崔氏、朱氏,羯族后赵政权中的河东裴氏、柳氏、太原王氏、上党续氏等。详胡阿祥《中古时期郡望郡姓地理分布考论》。

略，改以四栏（用双斜线“//”分开）表述之：第一栏“侨州、侨郡统侨县，实郡统侨县”，均注明原州郡县治地及其对应的今地；[①]第二栏“侨寄地”，亦括注或说明今地（因为均在今安徽省境内，故省“安徽”二字），主要表侨州、侨郡所在，侨县无确地可考者，即以其所隶郡之侨地或实地为侨地；第三栏“备注”，简述侨置始末，以与安徽有关者为主，它不赘述；第四栏“《宋志》户口数”，列出或计算出（凡计算出者以“约”表示）侨郡、侨县见于《宋志》的户数、口数，而有关原则与计算方法同上节山西部分。

【司州】治洛阳（今河南洛阳市东北）//合肥（今合肥市西）//东晋大兴四年（321年）侨置。不久迁至荥阳（今河南荥阳市北）。

【阳平郡】治元城（今河北大名县东北），馆陶（今河北馆陶县）、阳平（今山东莘县）、濮阳（原郡，治濮阳，今河南濮阳市西南）、廪丘（今山东郓城县西北）//沛郡南界（今灵璧县南），移钟离（今凤阳县东北）一带//东晋侨置。宋大明八年（464年）领三县，先又领廪丘。濮阳原为郡，并省来配。泰始二年（466年）淮北没于北魏后，移置钟离一带，领阳平、濮阳二县。齐永明元年（483年）省//《宋志》户一千七百二十五，口一万三千三百三十。

【魏郡】治邺（今河北临漳县西南），长乐（今河南安阳市东）//蒙（今蒙城县西北），移马头郡（治今怀远县南淮河南岸）附近//东晋侨置。宋降为魏县，隶谯郡。泰始二年（466年）淮北没于北魏后，移置马头郡境，领长乐县。齐永明元年（483年）郡省，长乐改隶盱眙郡//《宋志》户约二百三十七，口约一千二百三十四。

【顿丘郡】治顿丘（今河南浚县北），沛（今江苏沛县）//清流（今滁州市境）//东晋元帝侨置，后省为县，与沛县一起改隶秦郡（治堂邑，今江苏六合县北）。宋元嘉八年（431年），并沛县入顿丘。隋改顿丘为新昌，又改新昌为清流。

【兖州】治廪丘（今山东郓城县西北）//合肥（今合肥市西）//东晋永昌元年（322年）侨置，太宁三年（325年）移治广陵（今江苏扬州市西北蜀岗）。

【陈留郡】治小黄（今河南开封市东），小黄（今河南开封市东）、浚仪（今河南开封市）、白马（今河南滑县旧县东）、雍丘（今河南杞县）、酸枣（今河南延津县西南）、襄邑（今河南睢县）、封丘（今河南封丘县）、尉氏（今河南尉氏县）//长垣（今亳州市东），移安丰（今寿县西南）东北//东晋咸康四年（338年）侨置。宋大明八年（464年）领小黄、浚仪、白马、雍丘四县，先又领酸枣。泰始二年（466年）淮北

---

① 今地以1999年底为准，此亦为本书的通例。惟本书的撰著历年颇久，间或有非1999年底之今地者，则失检之故，特此说明。

没于北魏后，移置安丰东北，领小黄、浚仪、白马、雍丘、襄邑、封丘、尉氏七县。齐时并合为浚仪、小黄、雍丘三县。隋开皇三年(583年)废郡及浚仪、雍丘二县，唐武德七年(624年)废小黄县//《宋志》户一百九十六，口二千四百一十三。

【陈留郡】治仓垣(今河南开封市西北)，陈留(今河南开封市东南)//颍阳(今太和县东北)//梁侨置。隋开皇初废郡，开皇十八年(598年)改县名为颍阳。

【陈留郡】治仓垣(今河南开封市西北)//绥安(今广德县)//陈永定二年(558年)改广梁郡置，隋开皇初废。

【考城县】治今河南民权县东北//今怀远县东南//原属陈留郡。东晋侨立，属盱眙郡(实郡)，齐以后废//《宋志》户约三百四，口约一千三百六十五。

【濮阳郡】治濮阳(今河南濮阳市西南)//今灵璧县南//东晋侨置，后省为县，隶阳平郡。

【济阴郡】治定陶(今山东定陶县西北)，定陶(今山东定陶县西北)、顿丘(今河南浚县北)、睢陵(今江苏睢宁县)、乐平(今山东聊城市西南)、济安(新立侨县)//今凤阳县、明光市一带。又乐平在今凤阳县东，济安在今凤阳县一带//宋泰始二年(466年)失淮北后侨置，领定陶、顿丘、睢陵三县。齐永明元年(483年)并定陶入顿丘，又割钟离郡乐平、济安二县来属。后没于魏，隋开皇初废郡。

【高平郡】治高平(今山东微山县西北)，高平(今山东微山县西北)、金乡(今山东嘉祥县南)、睢陵(今江苏睢宁县)//当涂(今南陵县东南)界//宋泰始五年(469年)侨置于淮阴(今江苏淮阴县西南)，又徙治当涂，领三县。后合并为高平县，齐永明八年(490年)并入淮南郡于湖。

【豫州】治陈县(今河南淮阳县)//东晋曾侨芜湖(今芜湖市)、牛渚(今当涂县北长江南岸)、寿春(今寿县)、历阳(今和县)、马头(今怀远县南淮河南岸)、谯(今亳州市)、姑熟(今当涂县)等地，后定治寿阳(今寿县)。及梁，又曾侨合肥(今合肥市西)、寿阳、怀宁(今潜山县)等地//东晋咸和四年(329年)侨置，州治迁徙无定。义熙九年(413年)割扬州大江以西、大雷(今望江县境)以北为豫州实土。义熙十三年定治寿阳，而遥领淮北实郡县。宋分置豫州、南豫州。豫州寄治睢阳(即寿阳)，遥领淮北实郡县。泰始中淮北没于北魏，豫州仍治寿阳，而分领淮南郡县。齐永元二年(500年)寿阳为北魏所有，梁天监五年(506年)于合肥立豫州。普通七年(526年)克寿阳，又置豫州。太清元年(547年)移置悬瓠(今河南汝南县)。后江淮之地尽为高齐所取，梁乃置豫州于怀宁，大宝元年(550年)又改晋州。

【南豫州】治陈县(今河南淮阳县)//宋治历阳(今和县)，曾移姑熟(今当涂县)、宛陵(今宣州市)。齐治姑熟，梁移合肥(今合肥市西)、寿阳(今寿县)、宛陵。

陈太建五年(573 年)又曾徙治历阳//宋永初三年(422 年)分淮南置。元嘉七年(430 年)省,十六年又置。此后或省或置,而以分置为常,领淮南及江南部分郡县。泰始失淮北后,于淮南分置豫州。齐建元二年(480 年)省南豫,永明二年(484 年)复置,治姑熟。梁普通七年(526 年)移治合肥,太清元年(547 年)移治寿阳。梁末及陈治宣城。隋开皇九年(589 年)改置宣州。①

【颍川郡】治邵陵(今河南郾城县东),邵陵(今河南郾城县东)、临颍(今河南临颍县西北)、曲阳(今江苏沭阳县东南)、南许昌(今河南许昌市东)//居巢(今巢湖市)东南//宋泰始失淮北后侨置,领三县。齐增领南许昌。后废。

【颍川郡】治邵陵(今河南郾城县东),许昌(今河南许昌市东)//清丘(今阜阳市东)//梁侨置。隋开皇初废郡,十八年(598 年)县改名清丘。

【襄城郡】治襄城(今河南襄城县),繁昌(今河南临颍县西北)、定陵(今河南舞阳县北)//春谷(今繁昌县西北),又繁昌在今繁昌县东北,定陵在今青阳县东北//东晋元帝侨立。安帝隆安后尝移历阳(今安徽和县)。东晋末省郡,二县改隶淮南郡。

【南汝阴郡】治汝阴(今安徽阜阳市),汝阴(今安徽阜阳市)、慎(今安徽颍上县西北)、宋(今安徽太和县北)、阳夏(今河南太康县)、安阳(今河南安阳县南)、和城(今河南项城市北)、南顿(今河南项城市西)、樊(今山东兖州市西南)、郑(今陕西华县)、东宋(今安徽太和县北)、宋丘(新立侨县)//合肥(今合肥市西)。又慎在今肥东县东北//东晋侨置,领汝阴、慎、宋三县,并改合肥县为汝阴县。宋有实土,又以南梁郡阳夏、安阳二县来属。齐时领十一侨县。梁改汝阴郡,领汝阴、慎等县。隋开皇初废郡,改汝阴仍称合肥。南宋时改慎县为梁县//《宋志》户二千七百一,口一万九千五百八十五。

【西汝阴郡】治汝阴(今安徽阜阳市),汝阴(今安徽阜阳市)、宋(今安徽太和县北)、安城(今河南汝南县东南)、楼烦(今山西宁武县境)、陈(今河南淮阳县)、平豫(今河南平舆县北)、固始(今安徽临泉县)、新蔡(今河南新蔡县)、汝南(原郡,治今河南上蔡县西南)//江淮间北部,梁时治寿春(今寿县)//宋泰始二年(466 年)失淮北后侨置,领汝阴、宋、安城、楼烦四县。齐增领陈、平豫、固始、新蔡、汝南五县(永元前省废)。梁领汝阴、宋二县。隋开皇初郡废。

【南梁郡】治睢阳(今河南商丘市南),睢阳(今河南商丘市南)、蒙(今河南商

---

① 按豫州、南豫州是安徽境内最主要的两个侨州。自东晋迄陈,其分合兴废频繁,治所迁徙不定。划成实土后,辖境及领郡也时有盈缩、增减。以上所述仅其大概。

丘市北)、虞(今河南虞城县北)、谷熟(今河南商丘市东南)、陈(今河南淮阳县)、义宁(新立侨县)、新汲(今河南扶沟县西南)、崇义(以金墉人新立侨县)[①]、宁陵(今河南宁陵县东南)、安阳(今河南安阳县南)、阳夏(今河南太康县)、安丰(今河南固始县东南)//先在浣川(今当涂县一带),后移寿春(今寿县)//东晋宁康元年(373年)侨置浣川。太元中移置寿春,安帝时割成实土。宋大明八年(464年)领县九。先又领阳夏、安阳、安丰,安阳、阳夏后改隶南汝阴郡。齐领睢阳、新汲、陈、蒙、崇义。隋开皇初郡废//《宋志》户六千二百一十二,口四万二千七百五十四。

【梁郡】治睢阳(今河南商丘市南),北谯(今安徽亳州市)、梁(今河南汝州市西南)、蒙(今河南商丘市北)、城父(今安徽亳州市东南)//寿春(今寿县)一带//齐时由南梁郡分置。隋开皇初废。

【北梁郡】治睢阳(今河南商丘市南),北蒙(今河南商丘市北)、北陈(今河南淮阳县)//寿春(今寿县)一带//齐时由南梁郡分置,永元元年(499年)前废。

【梁郡】治下邑(今安徽砀山县)//北徐州境(今凤阳县、明光市、滁州市一带)。梁治阜陵(今全椒县东南)//宋泰始失淮北后侨置。齐永明元年(483年)省,后又置。

【南沛郡】治相(今安徽濉溪县西北),萧(今安徽萧县西北)、相(今安徽濉溪县西北)、沛(今江苏沛县)//肥如(今天长市境)//东晋成帝时侨置。宋大明五年(461年)分广陵,治肥如县,有实土,领三县。梁废郡,陈复置。北周改为石梁郡,改沛县为石梁县//《宋志》户一千一百九,口一万二千九百七十。

【沛郡】治萧(今安徽萧县西北),相(今安徽濉溪县西北)、萧(今安徽萧县西北)、沛(今江苏沛县)//北徐州境,今凤阳县、明光市、滁州市一带//宋泰始失淮北后侨置。

【北沛郡】治萧(今安徽萧县西北),新蔡(今河南新蔡县)//淠水(今霍山县东北)//梁置,隋开皇初郡县并废。

【南谯郡】治谯(今安徽亳州市),山桑(今安徽蒙城县北)、谯(今安徽亳州市)、铚(今安徽宿州市西南)、扶阳(今安徽萧县西南)、蕲(今安徽宿州市南)、城父(今安徽亳州市东南)、酂(今河南永城市西)、北许昌(今河南许昌市东)、曲阳(今江苏沭

---

① 《宋志》二引《永初郡国》:"羌人始立。"王仲荦《北周地理志》(中华书局1980年版)卷六引《宋略》则云:太初元年(453年)迁金墉(今河南洛阳市东北魏、晋洛阳故城西北隅)人于寿阳,号为崇义县。今依王说。

阳县东南)、嘉平(新立侨县)//先在浣川,今当涂县一带,后移居巢东南,今巢湖市东南。又山桑在今巢湖市东南,谯在今舒城县境,扶阳在今无为县西北,蕲在今巢湖市,酂在今全椒县西南酂湖滨,嘉平在今全椒县西南//东晋宁康元年(373年)侨置浣川。太元中移置居巢东南,割成实土。宋大明八年(464年)领山桑、城父等六县,先又领酂县。南齐时领山桑、蕲、北许昌、扶阳、曲阳、嘉平六县,北齐北周之世省郡//《宋志》户四千四百三十二,口二万二千三百五十八。

【北谯郡】治蒙(今安徽蒙城县西北),宁陵(今河南宁陵县东南)、谯(今安徽亳州市)、蕲(今安徽宿州市南)//今寿县、长丰县一带//齐时侨置。

【北谯郡】治蒙(今安徽蒙城县西北),北谯(今安徽亳州市)//全椒(今全椒县)//梁置。北齐改郡曰临滁,北周又改北谯。隋开皇初郡废,改县曰滁水。大业初改县名全椒。

【谯郡】治蒙(今安徽蒙城县西北),己吾(今河南宁陵县西南)//马头郡境(今怀远县、蚌埠市一带)//宋泰始失淮北后侨置。齐永明元年(483年)废郡。己吾改属马头郡。

【蒙】治今河南商丘市北,【魏】原郡,治今河北临漳县西南,【长垣】治今河南长垣县东北//蒙、魏在今蒙城县西北,长垣在今亳州市东//东晋侨置蒙、长垣二县,又宋降侨魏郡为魏县。宋时三县隶谯郡(实郡)//蒙、长垣《宋志》户约四百七十五,口约二千四百六十八。

【陈郡】治项(今河南沈丘县),项(今河南沈丘县)、西华(今河南西华县南)、阳夏(今河南太康县)、苌平(今河南西华县东北)、谷阳(今河南鹿邑县东)//淮南一带。齐治长平(今合肥市西)南//宋泰始失淮北后侨置,领项等五县。齐永元后改置北陈郡,领项、西华、阳夏、苌平四县,隋开皇初废郡。

【南陈郡】治项(今河南沈丘县),南陈(今河南淮阳县)//霍山(今霍山县)//齐永元后由陈郡分置,后废。

【南顿郡】帖治陈郡项(今河南沈丘县),南顿(今河南项城市西)、和城(今河南项城市北)//今霍山县、合肥市之间//宋南顿郡帖治陈郡项。泰始失淮北后侨置淮南,仍帖治陈郡侨郡。齐永元元年(499年)前郡废,二县改隶南汝阴郡。

【西南顿郡】帖治陈郡项(今河南沈丘县),西南顿(今河南项城市西)、和城(今河南项城市北)、谯(今安徽亳州市)、平乡(今河北平乡县西南)//寿春(今寿县)//齐侨置。永元元年(499年)前废。

【汝阳郡】治汝阳(今河南商水县西北),汝阳(今河南商水县西北)、武津(今河南上蔡县东)//南谯、历阳间,今巢湖市、和县一带//宋泰始失淮北后侨置。南齐后废。

【巨鹿郡】治瘿陶(今河北宁晋县南)//相(今濉溪县西北)//原属冀州。东晋侨置,后废。

【高塘郡】原县,治今山东章丘市西北//今来安县东北//原属冀州平原国,治今山东禹城市西南。东晋义熙后侨于梁邹(今山东邹平县境),宋元嘉中有实土。梁侨置。北周废郡,改为高塘县,隋开皇初废县。

【高唐郡】原县,治今山东章丘市西北//宿松(今宿松县)//梁侨置,隋开皇初废为县,十八年(598 年)改名宿松。

【肥如县】治今河北卢龙县北//今天长市界//原属幽州辽西郡。东晋侨置,宋废。

【上党郡】治潞(今山西黎城县南),襄垣(今山西襄垣县北)//今芜湖市西南。又襄垣在今芜湖市//上党百姓南渡,东晋宁康中侨立上党郡,领四县(唯襄垣可考)。后省郡为县,隶淮南郡。宋元嘉九年(432 年)又省上党县并襄垣。

【楼烦】治今山西宁武县境//汝阴(今阜阳市)一带//旧属并州雁门郡。宋侨置,隶汝阴郡(实郡)//《宋志》户约六百八十七,口约三千五百八十四。

【武都郡】治下辩(今甘肃成县西)//横江城(今和县东南)附近//原属秦州。东晋侨置,后废。

【徐州】治彭城(今江苏徐州市)//钟离(今凤阳县东北)//宋泰始中淮北没魏后侨立。泰豫元年(472 年)移治东海朐(今江苏连云港市西南海州镇)。元徽元年(473 年)还治钟离,划为实土。齐改称北徐州。梁太清三年(549 年)后没于东魏,改称楚州。

【西徐州】治彭城(今江苏徐州市)//涡阳(今蒙城县)//梁大通元年(527 年)置,太清二年(548 年)没于东魏,改置谯州。

【彭城郡】治彭城(今江苏徐州市)//北徐州境(今凤阳县、明光市、滁州市一带)//宋泰始失淮北后侨置,齐永明元年(483 年)省。

【宣城郡】治宛陵(今安徽宣州市)//芜湖(今芜湖市)、姑熟(今当涂县)//东晋宣城郡治,不常在宛陵,或理扬州丹阳郡境芜湖,或理扬州丹阳郡境姑熟,为侨郡。

【淮南郡】治寿春(今安徽寿县),当涂(今安徽怀远县南)、繁昌(今河南临颍县西北)、襄垣(今山西襄垣县北)、定陵(今河南舞阳县北)、逡遒(今安徽肥东县东)、角城(今江苏淮阴市西南古淮水、泗水交汇处)、下邳(今江苏睢宁县西北古邳镇东)//于湖(今当涂县南)。又当涂在今南陵县东南,繁昌在今繁昌县东北,襄垣在今芜湖市，定陵在今青阳县东北，逡遒在今宣州市北，角城、下邳在今当涂县南//东晋成帝初，苏峻、祖约为乱于江淮，胡寇又大至。民多南迁，乃于丹阳郡(治建康，今江苏南京市)境侨立淮南郡及诸县，东晋末遂割丹阳之于湖县为实土。宋领于湖县及当涂等五侨县。齐又有角城、下邳二侨县，永明八年(490年)并入于湖。隋平陈后，废郡，襄垣、繁昌并入当涂(隋开皇九年589年置，即今当涂县)，当涂、逡遒并入宛陵，定陵并入南陵//《宋志》户约四千四百六十八，口约二万一千五百三十三。

【庐江郡】治舒(今安徽舒城县)//春谷(今繁昌县西北)//东晋咸和四年(329年)苏峻、祖约乱后，庐江流人始移江南，因侨置庐江郡，永和以后废。

【和城】治今河南项城市北，【西华】治今河南西华县南，【谯】治今安徽亳州市//今舒城县一带//齐时庐江郡(实郡)领。和城、西华永元元年(499年)前废。谯乃建元二年(480年)割南谯郡属。

【龙亢】治今安徽怀远县西北，【雍丘】治今河南杞县，【酇】治今河南永城市西//龙亢在今含山县东南龙亢村，雍丘在今和县西南，酇在今全椒县西南酇湖滨//宋历阳郡(实郡治历阳)领县中，龙亢为侨县，东晋立，北周并入历阳县；雍丘，东晋立，先属秦郡，元嘉八年(431年)度属历阳，齐后废；酇，东晋立，先属南谯郡，元嘉八年度属历阳，后废//《宋志》户约一千八百九十四，口约一万一千六百八十二。

【燕】治今河南延津县东北，【朝歌】治今河南淇县，【乐平】治今山东聊城市西南，【虞】治今河南虞城县北，【零】治今山东高唐县南，【济安】新立侨县//燕在钟离，今凤阳县东北；朝歌、济安在今凤阳县境，乐平在今凤阳县东，虞、零在今怀远县、蚌埠市一带//宋钟离郡(实郡治钟离)领燕、朝歌、乐平三侨县。晋安帝因燕县流人改钟离为燕县，北齐复改钟离。朝歌、乐平东晋侨置，北齐废。齐时钟离郡又领零、虞(原属马头郡，永明元年483年改属)、济安(永明元年改属济阴郡)三侨县，梁太清中没于东魏//《宋志》户三千二百七十二，口一万七千八百三十二。

【虞】治今河南虞城县北，【零】治今山东高唐县南，【济阳】治今河南兰考县东北，【己吾】治今河南宁陵县西南//今怀远县、蚌埠市一带//宋马头郡(实郡)领虞、零、济阳三侨县。齐时虞、零改隶钟离郡；己吾自谯郡来属，济阳又并入己吾//《宋志》户一千三百三十二，口一万二千三百一十。

【阴安】治今河南清丰县北，【南楼烦】治今山西宁武县境//阴安在今枞阳县东北，南楼烦在今桐城、潜山、望江等市县一带//宋晋熙郡(实郡治怀宁)领县中，阴安、南楼烦为侨县。阴安隋开皇三年(583年)废，南楼烦梁废//《宋志》户约六百八，口约二千九百九十九。

【北江州】治柴桑，今江西九江市西南//南陵（今贵池市西南）//陈初置，隋平陈废。

据上所述，为清眉目，再制表如下（参见图5）：

图5 东晋南朝安徽境内侨州郡县（侨流人口）来源分布图

本地	安徽境内之侨州、侨郡、侨县
河南	司州、豫州、南豫州，顿丘郡、陈留郡（有三）、濮阳郡、颍川郡（有二）、襄城郡、南梁郡、梁郡、北梁郡、陈郡、南陈郡、南顿郡、西南顿郡、汝阳郡，长乐、小黄、浚仪、白马、雍丘（有二）、酸枣、襄邑、封丘、尉氏、考城、陈留、顿丘、邵陵、临颍、许昌、南许昌、北许昌、安城、安阳、繁昌、定陵、阳夏（有三）、和城（有三）、南顿、西南顿、陈（有二）、北陈、南陈、平豫、新蔡（有二）、汝南、睢阳、蒙（有三）、虞（有二）、谷熟、新汲、崇义、宁陵（有二）、安丰、梁、北蒙、鄮、长垣、己吾、项、西华（有二）、苌平、谷阳、汝阳、武津、朝歌、济阳、阴安、燕
安徽	南汝阴郡、西汝阴郡、梁郡、沛郡、南沛郡、北沛郡、谯郡、南谯郡、北谯郡（有二）、宣城郡、淮南郡、庐江郡，汝阴（有二）、慎、宋（有二）、东宋、固始、北谯（有二）、谯（有三）、城父（有二）、萧（有二）、相（有二）、山桑、铚、扶阳、蕲（有二）、当涂、逡遒、龙亢

续表

本地	安徽境内之侨州、侨郡、侨县
山东	兖州，济阴郡、高平郡、高唐郡、高塘郡，阳平、廪丘、定陶、乐平、高平、金乡、樊、零
江苏	徐州、西徐州，彭城郡，沛（有二）、睢陵（有二）、曲阳（有二）、角城、下邳
河北	阳平郡、魏郡、巨鹿郡，馆陶、平乡、肥如
山西	上党郡，楼烦（有二）、南楼烦、襄垣
江西	北江州
甘肃	武都郡
陕西	郑
不详	济安、宋丘、义宁、嘉平

统计表中所列，东晋南朝安徽境内凡置侨州七、侨郡三十九、侨县一百二十，这要多于谭其骧师依据《宋志》列出的侨州二（南豫州、豫州）、侨郡十四、侨县八十五。然则既然如此，谭师“若即以侨州、郡、县之户口数当南渡人口之约数，则截至宋世止，南渡人口约共有九十万，……安徽约十七万”的推论，也可以作进一步的补充与修正。

2. 由安徽侨州郡县的设置所见安徽侨流人口的输入

东晋南朝安徽境内侨州郡县的广泛设置，最为直接与明显地意味着这一时代大量外地侨流人口的进入安徽以及安徽境内大体由北而南的侨流人口迁移。依据这些侨州、侨郡、侨县的设置，可以推知相关之侨流人口概况如下：

其一，来源。安徽境内侨州郡县所安置的侨流人口，成分错杂，其中以来自今河南者最多（侨州三、侨郡十六、侨县六十六），本省南流者次之（侨郡十三、侨县二十六），今山东（侨州一、侨郡四、侨县八）、江苏（侨州二、侨郡一、侨县八）又次之，今河北（侨郡三、侨县三）、山西（侨郡一、侨县四）再次之，今江西（侨州一）、甘肃（侨郡一）、陕西（侨县一）最少。①

其二，时间。从侨州郡县的设置能够推知，侨流人口进入安徽及在安徽境内由北而南的再次迁移，多在永嘉乱后司马睿建立东晋（317年）到刘宋泰始二年

① 谭师文中的结论则为：安徽省境内侨民之来自北方诸省者，以河南占极大多数，河北次之，山东、山西又次之，陕、甘二省无。而本省及江苏省境内淮南、北之人，亦多侨在大江南北。

(466年)失淮北之地后这一段时期内，[①]其间共置侨州五、侨郡二十七、侨县八十六；[②]齐(置侨郡五、侨县三十一)、梁(置侨州一、侨郡六、侨县三)、陈(置侨州一、侨郡一)时已少。至于侨流人口迁离本土的原因，则不外乎避兵祸、就食及慕化之心。北人以为东晋“虽僻陋吴越，乃正朔相承”[③]，加以多不屑服属于非汉民族的统治，遂大量南迁。安徽地处南北之交，既紧邻动荡不止的中原青齐，又密迩东晋南朝的京畿之地，于是在较为便捷的交通尤其是水路交通条件下[④]，其所接纳的侨流人口数量，仅次于今江苏省域，而居第二。[⑤]

其三，数量。安徽境内侨流人口的数量，据《宋志》统计[⑥]，截至宋大明八年(464年)或宋末时，可考的十一侨郡、五十一侨县，计领户二万九千六百五十二，领口十八万八千四百十七。[⑦] 按大明八年或宋末时，安徽总人口约户六万九百十一、

---

① 谭师文中指出：“南迁之时代，亦略有先后可寻。大抵永嘉初乱，河北、山东、山西、河南及苏、皖之淮北流民，即相率过江、淮，……成帝初以内乱引起外患，江、淮间大乱，于是淮南人及北方人之向之侨在淮南者，更南走渡江，……宋武帝北平关洛，复有青、冀、司、兖之地。自宋武帝没，南北交相侵略，而宋人屡败。少帝世既已失司州，文帝世，魏人又大举南侵，以至于瓜步(六合县东南)，至明帝世而淮北四州及豫州、淮西并没北庭，于是其民多南渡淮水”云云。又由上一小节可知泰始失淮北与安徽境内侨州郡县的密切关系，兹转引胡阿祥《六朝疆域与政区研究》(西安地图出版社 2000 年版)上编第二章第一节(二)有关内容如下，以明背景：“泰始以前，宋地西有秦岭以南，东有淮河以北(包括今河南南部，江苏、安徽两省北部及山东半岛)，及泰始以后，其地遂蹙。先是泰始二年，明帝刘彧欲示威淮北，命张永、沈攸之北伐。徐州刺史薛安都以曾有反迹，见大军北上，乃惧，遣使乞降于魏，汝南太守常珍奇亦以悬瓠降魏，皆请兵自救。魏遣尉元、孔伯恭等帅骑一万出东道救彭城，拓跋石、张穷奇出西道救悬瓠。十一月，魏师至瑕丘，兖州刺史毕众敬请降于魏。尉元长驱而进，淮西七郡(汝南、新蔡、汝阳、汝阴、陈郡、南顿、颍川)民多不愿附魏，连营南奔。尉元至彭城，薛安都迎降。泰始三年，元又大破张永于吕梁(今江苏徐州市东南)东，‘死者以万数，枕尸六十余里，委弃军资器械不可胜计。’泰始四年冀州刺史崔道固历城、泰始五年青州刺史沈文秀东阳城并为魏将慕容白曜等所陷。于是淮北四州(青、冀、徐、兖)及豫州淮西(汝南、新蔡、谯、梁、陈、南顿、颍川、汝阴、汝阳诸郡)地并失，‘自淮以北，化为虏庭’，惟青冀二州孤悬郁洲，刘宋疆域北界遂收缩在淮水以南。”

② 这些侨州郡县，齐、梁、陈三代又多有变化，如分置、改置、废置等等。

③ 《晋书·苻坚载记附王猛传》。

④ 参考本书第四章第三节。

⑤ 胡阿祥《东晋、南朝江苏境内的侨州郡县》(《江苏地方志》1990 年第 3 期)指出：“江苏地处南北之交，建康又是帝都所在，北方侨流尤为集中；本省沿淮人口又多有侨迁长江南北者，故江苏境内侨立的州郡县特多特杂。……粗粗统计，凡侨州 13，侨郡 65，侨县约 190。”

⑥ 今安徽境内侨州郡县，置于《宋志》大明八年以前者凡四州、十六郡、五十四县。

⑦ 各侨郡县的具体数字，见上一小节四栏中的第四栏“《宋志》户口数”。

口三十三万四千六百六十八，[①]则侨流人口与土著人口的比例为56.3∶43.7；如果加上户口无考的五郡、三县，以及没有入籍侨州郡县的零散然而却不在少数的侨流、豪强大族与各品官员隐匿与荫庇的大量户口、充当兵户或营户以及具有私兵性质的部曲等等情况，[②]则大明八年或宋末时安徽境内侨流人口及其后裔的总数，较低的估计数字就要超过四十四万人。[③] 又大明八年以后侨立的三州、二十三郡、六十六县，虽存在着较为突出的或备职方、或为军事、或因置吏而设的性质，即与侨流人口的安置或无直接对应的关系，但这些侨郡、侨县以至侨州，始置时领有侨流人口，既置后也可招徕侨流人口，应该是没有疑义的；[④]如此，这大明八年以后侨立的三州、二十三郡、六十六县所领的侨流人口及其后裔，保守估计当也不下七八万人。当然，若要进而推求外地输入安徽境内及安徽本省境内的初始侨流人口或第一代侨流人口的数量，那将十分困难，而一个基本的认识是，东晋刘宋是安徽输入侨流人口的主要时期，也因为此，这前期大量输入的侨流人口，如果“定居后以5‰的年平均增长率繁衍”的话，那么到后期亦即南朝的齐、梁、陈时代，安徽境内侨流人口的后裔肯定是一个相当可观的庞大群体；这一庞大群体，若再加上后期陆续输入的侨流人口及其后裔，则到南朝末年，分属陈朝与北齐的今安徽省域侨流人口及其后裔的实际总数，至少约在八十万之谱。[⑤] 按在安徽人口发展史上，侨流如此众多，占有如此巨大的比重，这是空前的一次。

---

① 此据《宋志》今安徽省域郡县户口数统计。列入统计范围者如下：扬州淮南郡六县、宣城郡十县、新安郡三县，徐州沛郡二县、下邳郡一县、阳平郡三县、钟离郡三县、马头郡三县，南兖州盱眙郡一县、秦郡一县、南沛郡三县，南豫州历阳郡五县、南谯郡六县、庐江郡三县、南汝阴郡五县、南梁郡九县、晋熙郡五县、边城左郡一县，豫州新蔡郡二县、谯郡四县、梁郡一县、汝阴郡三县、陈留郡四县。

② 安徽以其特殊的军事地理位置，其境内侨流成为兵户或营户以及具有私兵性质的部曲的情况，相当普遍。参考唐长孺《魏晋南北朝隋唐史三论》第二篇第一章第一节。

③ 粗略地计算如下：户口可考的五十一县为十八万八千四百一十七口，平均每县得三千六百九十四口；以此规模推之，户口无考的三县约计一万一千零八十三口。可考无考两者相加，得十九万九千五百口。而按照葛剑雄对谭师依据《宋志》得出的“南渡人口约共有九十万”，实际应有至少“200万左右”的补充说明，则十九万九千五百口又可同比放大到约四十四万三千三百三十三口。然则四十四万余口，与谭师文中的“安徽约十七万”，差距颇大。

④ 其具体情形，参考第二章第一节。如《资治通鉴》卷一三一泰始二年：“淮西七郡民多不愿附魏，连营南奔。魏遣建安王陆馛宣慰新附。民有陷军为奴婢者，馛悉免之，新民乃悦。”胡注：“淮西七郡：汝南、新蔡、汝阳、汝阴、陈郡、南顿、颍川。”按此淮西七郡及其领县，侨置情况见本书第二章第一节。

⑤ 即以宋大明八年或宋末的四十四万人估计数计算，到南朝末年又已经过去了一百余年，如果按照千分之五的年平均增长率，则达八十余万人。考虑到安徽地处南北交争地带、政局不稳、经济发展受到影响以及南北政权迁移人口离开安徽，加上安徽侨流人口及其后裔主动或被动的迁出与散亡等等因素，而不计齐、梁、陈时代迁入安徽者，如此“截长补短”，笔者相信所谓“八十万之谱”应是从低估计的数字。

其四，分布。谭师就此问题指出："江北所接受之移民较江南为多，……侨在江南者都聚于下游芜湖一隅，江北则散处江、淮间，自滁、和以至于颍、亳，所在皆置侨郡县。"而据上一小节所述，则可更加明确谭师的认识。按照侨州郡县的地域判断，东晋南朝安徽境内侨流人口在地域分布上，以现行政区来说，大致可划分为三区：江淮区最多，相对集中于巢滁一带（包括无为、巢湖、含山、和县、全椒、滁州、来安等市、县地）、淮河南岸一线（寿县、蚌埠、凤阳、明光等市、县地）及合肥周围，天长、长丰、霍山、舒城、桐城、枞阳、潜山、宿松等处也有分布；江南区侨流人口密集在青阳、当涂之间的皖南近江地带，包括芜湖、繁昌、南陵、宣州等市、县地，广德、贵池等处也有侨流；淮北区侨流人口则相对较少，且散布在濉溪、亳州、太和、阜阳、蒙城、灵璧等地。按安徽境内侨流人口的这种分布，受到了多方面因素的综合影响，如侨居地的开发水平、交通条件以及军事地位，朝廷的有意安排，等等；其中对于分布态势起着决定作用者，则是交通条件，谭师即一语破的云："淮域诸支流皆东南向，故河南人大都东南迁安徽，不由正南移湖北也"①；而全面观察安徽境内侨州郡县的分布，也正相对集中在淮河及其北、南支流沿线以及长江两岸地带，然则交通尤其是水路交通与安徽境内侨流人口分布之间的关系，可谓相当密切。②

其五，影响。侨流人口大量、持久而且广泛地输入安徽，对安徽历史产生了多重的影响：首先，几十万侨流人口及其后裔留居安徽，不仅直接促进了安徽人口的增长，而且这来自各方的侨流人口也带来了新的或先进的生产经验与技术，建立了大量新的聚落，从而加速了安徽区域经济的开发；及至侨流在侨居地久习而安，安徽成为他们新的桑梓故里，安徽的文化面貌，包括语言、风俗、信仰、饮食等各个方面，又得以更加地丰富多样、多方融会。其次，就输入安徽境内的侨流人口中之上层分子言，他们或政治地位高、或文化修养深、或社会影响大、或军事能力强，在当时的政治、文化、社会、军事舞台上，扮演着一定的角色，这又无疑提升了安徽区域的政治与军事地位。比如东晋、刘宋时期拥有众多侨流人口的豫州、南豫州，即在对外军事与对内政局方面具有重要作用。《南齐志》豫州条：

> 义熙二年，刘毅复镇姑熟。上表曰："忝任此州，地不为旷，西界荒余，密迩寇虏，北垂萧条，土气强犷，民不识义，唯战是习。逋逃不逞，不谋日会。比年以来，无月不战，实非空乏所能独抚。……"时豫州边荒，乃至如此。十二年，刘义庆镇寿春，后常为州治。抚接遐荒，捍御疆埸。

---

① 所谓"河南人大都东南迁安徽"，即因河南人多取道涡水、颍水、汝水等东南下，抵淮或再过淮。

② 参考本书第四章第三节。

又《南齐志》南豫州条：

> 建元二年，……左仆射王俭启："愚意政以江西连接汝、颍，土旷民希，匈奴越逸，唯以寿春为阻。若使州任得才，虏动要有声闻，豫设防御，此则不俟南豫。假令或虑一失，丑羯之来，声不先闻，胡马倏至，寿阳婴城固守，不能断其路，朝廷遣军历阳，已当不得先机。戎车初戒，每事草创，孰与方镇常居，军府素正。临时配助，所益实少。安不忘危，古之善政。所以江左屡分南豫，意亦可求。……"

按此是就豫州、南豫州抗御北寇而言；在内部纷争中，豫部的作用则在于平衡上下游之间的轻重。豫部之地东逼下游首都建康，西拒上游军事重镇，抵淮跨江，名川四带，既有舟楫之利，又有重险之固，既可以阻断南北，也足以控扼东西，于是成为建康的西藩，地位极是显要；又豫部境内，芜湖、姑熟、历阳等地俱为沿江重镇，是控扼江道的咽喉。如果豫部为上游重镇如东晋荆州江州、刘宋荆州郢州江州权臣甚至不轨之臣所控制，则对下游建康的压力将直接增大，中央政权即处于极为不利的境地。然则在这种形势下，经常掌控豫部的侨居安徽的北方大姓，如东晋豫州之颍川庾氏庾亮、庾怿、庾楷，陈郡谢氏谢尚、谢奕、谢万，谯郡桓氏桓熙、桓冲、桓伊、桓石虔、桓玄，他们或为外戚，或为名族，或为权臣，都在其时的内政外兵中拥有特殊重要的地位；①而东晋置于豫州的军府"西府"②及其所领以安徽侨流人口为主组成的"西府兵"，也就仿佛于著名的京口徐州之"北府"与"北府兵"，同样在内政外兵中往往发挥着关键的作用。③

东晋南朝输入安徽境内的侨流人口，其来源、时间、数量、分布、影响，据上略述，其概况当已明了；而得以明了这些概况的基本史料，便是谭师所揭示的侨州

---

① 详参田余庆《东晋门阀政治》（北京大学出版社 2005 年版）之"庾氏之兴和庾、王江州之争"、"桓温的先世和桓温北伐问题"、"陈郡谢氏与淝水之战"。又颍川庾氏、陈郡谢氏、谯郡桓氏之本郡颍川、陈郡、谯郡皆侨置安徽境内。

② 地方长官带将军号统兵、开府置属谓之军府。魏晋以来，由于战事频繁，各地颇设军府。起初，军府与州郡并立，实行军民分治。东晋南朝时军府逐渐取代州郡而成为事实上的地方政权。东晋置于豫州的军府，因其相对于建康位置在西，故称"西府"。

③ 以淝水之战为例，田余庆指出："淝水之战是在陈郡谢氏诸兄弟迭为州将的豫州境内进行，东晋的指挥者是谢安、谢石等人，主力军是谢玄所组由谢氏豫州旧将刘牢之率领的北府兵。"又可以补充的是，从当时军事动向看，谢玄等指挥的北府兵冲锋于前，谢安当以西府兵殿阵于后，这不仅因为淝水之战就发生在西府防区，谢安的身份又能协调西、北两府的行动，而且豫州西府乃谢氏家族多年经营，以其殿后更形保险。只是北府一战得胜，于是声名大振，而西府殿后之功，相形之下便湮没无闻了。详参《东晋门阀政治》之"陈郡谢氏与淝水之战"、孙永如《东晋的西府及其战略地位》（《南京史志》1991 年第 3 期及增刊）。

郡县之文献价值。

以上两节以今山西与安徽省域为例，分别讨论了东晋南朝侨流人口的输出与输入。笔者的意图在于说明：其一，谭师《晋永嘉丧乱后之民族迁徙》所构建的依据侨州郡县的设置复原侨流人口的输入的方法，尽管谭师谦称"实在很不严谨"，近十几年来中国历史人口学界也不断有后续讨论，但总体上仍是成立的；其二，相对于较为成熟的研究侨流人口输入的方法，被较多忽视的侨流人口的输出同样值得研究，也同样可以利用侨州郡县这类独特的史料。

明确了以上两点，则照套本章第一节的"山西模式"，当能初步勾画出东晋南朝时代今河南、河北、北京、陕西、山东、辽宁、甘肃、四川、重庆、湖北、安徽、江苏等省市侨流人口输出的大致面貌；而照套本章第二节的"安徽模式"，又能初步勾画出东晋南朝今江苏、山东、河南、湖北、湖南、四川、重庆、陕西、山西、江西等省市侨流人口输入的大致面貌。当然，对于既有侨流人口输出又有侨流人口输入的今河南、陕西、山东、四川、重庆、湖北、安徽、江苏等省市，即可综合运用"山西模式"与"安徽模式"进行研究。进而言之，如果摆脱现行政区的框架，改以当时的行政区域（如两晋宋齐的州级政区）、自然或文化区域（如河北、河东、关中、陇右、河西、巴蜀、中原、青齐、淮北、淮南、汉沔、汉中、江南）为单位[①]，具体探讨各别区域之输出移民（侨流人口）与输入移民（侨流人口）的情况，也可参照此所谓的"山西模式"与"安徽模式"。

最后必须强调的是，由以上两节的考证与叙述已能看出，无论是研究侨流人口的输出还是研究侨流人口的输入，由侨州郡县而推断的情况，都需要结合其他文献史料，作出必要的补充、合理的修正与适当的扩展，因为侨州郡县并不能全面、详确、系统地反映侨流人口的各个方面；又不仅如此，有些问题，比如侨流人口的地域选择，主动或被动的地域选择与侨流人口中的世家大族或上层分子之兴衰起伏的关系，侨流人口对当时及后世的影响，等等，也仍然需要在侨州郡县之外，广搜其他文献史料，才能稍明大概。其详并见本篇以下三章，此不展开。

---

① 事实上，研究东晋南朝的侨州郡县与侨流人口问题而以现行政区为单位，是不合适的；甚至可以认为，研究元明清以前的问题，套用现行政区尤其是现行一级政区（省、自治区、直辖市）为研究单位，大体上都是不合适的。详参胡阿祥《以魏晋本土文学为例谈地理分区》，《史学月刊》2004 年第 4 期。

第十章

永嘉乱后北方移民的地域选择:以江南地区为中心①

公元280年,司马氏灭孙吴,晋室统一天下。十余年后的291年,宗室间争夺皇权的"八王之乱"爆发,并于301年发展为大混战,直到306年东海王司马越毒杀惠帝、另立怀帝、权入己手,八王之乱方才终结;而在"八王之乱"争斗正酣时,东汉以来内迁各族乘机纷纷起兵,是为"五胡乱华"。此"八王之乱"与"五胡乱华",使得晋室陷入内外交困之中,遂有改变当时政治版图、民族格局、人口分布的"永嘉之乱"。

"永嘉之乱"的主要两方为匈奴刘汉政权与汉族司马晋政权。惠帝永兴元年(304年)匈奴刘渊起兵离石,国号汉,怀帝永嘉二年(308年)称帝;永嘉四年刘渊死,渊子刘聪杀太子刘和夺得帝位。永嘉五年三月,晋室太傅、录尚书事、丞相、东海王司马越以所在寇乱,上下崩离,忧惧成疾而死于项(今河南沈丘县),太尉王衍等奉越丧还向东海;四月,刘聪部将石勒追王衍等,至苦县宁平城(今河南鹿邑县西南),大败晋军,围杀随军的诸大臣、宗室、将士十余万人,王衍罹难,司马越则被剖棺焚尸;继而六月间,汉将刘曜攻陷洛阳,俘获怀帝,纵兵焚掠,杀太子及诸大臣,士民死者三万余人。又八月,汉兵入关中,下长安,士民存者百无一二。永嘉六年,晋军收复长安;及愍帝建兴四年(316年),刘曜再破长安,愍帝出降,西晋灭亡。

当"永嘉之乱"前后,河西凉州、江南扬州以及辽东之地也出现了一些值得关注的动向。先言河西。"家世孝廉,以儒学显"的安定乌氏(今甘肃平凉市西北)张轨,于惠帝永宁元年(301年)拥据河西。《晋书·张轨传》:

> 轨以时方多难,阴图据河西,筮之,遇《泰》之《观》,乃投策喜曰:"霸者兆也。"于是求为凉州。公卿亦举轨才堪御远。永宁初,出为护羌校尉、凉州刺史。于时鲜卑反叛,寇盗从横,轨到官,即讨破之,斩首万余级,遂威著西州,

① 本章的基础是笔者指导的南京大学历史系1998级硕士研究生刘新光完成于2001年6月的同题学位论文之一部分。此学位论文虽存在一定程度上的游离主题等问题,但总体立意颇佳,值得作为例证举出。现征得刘新光(中国人民大学历史系讲师)的同意,由笔者稍事增补、删削、调整,而成此章。需要说明的是,其一,为求叙述的连贯与表意的明白,本章的部分内容或与本书其他章节有所重复;其二,本章的观点,从尊重原作者考虑,大体仍刘新光之旧。

> 化行河右。以宋配、阴充、氾瑗、阴澹为股肱谋主，征九郡胄子五百人，立学校，始置崇文祭酒，位视别驾，春秋行乡射之礼。……张氏遂霸河西。

次言江南。惠帝永兴二年(305 年)，东海王司马越命平东将军、监徐州诸军事、琅邪王司马睿留守下邳(今江苏睢宁县北)；永嘉元年(307 年)，安东将军、都督扬州诸军事司马睿移镇建邺(今江苏南京市)。司马睿以琅邪临沂大族王导为谋主，引用吴地著姓顾荣、贺循、周玘等，经营江南。愍帝时，加司马睿左丞相，进位丞相、大都督中外诸军事。317 年，司马睿在建康(313 年改建邺为建康)即晋王位，改元建武。318 年司马睿称帝。再言辽东。昌黎棘城(今辽宁义县西)鲜卑人、鲜卑大单于慕容廆，既降晋而为鲜卑都督，愍帝建兴中又拜为昌黎、辽东二国公。廆教诸部务农桑、效仿中原法制。司马睿称帝，慕容廆曾遣使劝进。东晋建国，廆加位至“使持节、都督幽平二州东夷诸军事、车骑将军、平州牧，进封辽东郡公”。

然则在这样的情势下，以汉族官民为主体的人口迁移，便明显表现出由内向外、由核心地区向周边或偏远地域迁移的特点，其集中的体现就是西北迁河西、东北迁辽东、南迁江南的三大趋向。如《晋书·张轨传》：

> 秘书监缪世征、少府挚虞夜观星象，相与言曰：“天下方乱，避难之国唯凉土耳。张凉州德量不恒，殆其人乎?”……及京都陷，……中州避难来者日月相继，分武威置武兴郡以居之。

又《晋书·王导传》：

> 洛京倾覆，中州士女避乱江左者十六七。导劝帝收其贤人君子，与之图事。时荆扬晏安，户口殷实，导为政务在清静，每劝帝克己励节，匡主宁邦。

又《晋书·慕容廆载记》：

> 时二京倾覆，幽冀沦陷，廆刑政修明，虚怀引纳，流亡士庶多襁负归之。廆乃立郡以统流人，冀州人为冀阳郡，豫州人为成周郡，青州人为营丘郡，并州人为唐国郡。于是推举贤才，委以庶政。……于是路有颂声，礼让兴矣。

云云。据此，“八王之乱”、“五胡乱华”及其引发的“永嘉之乱”所导致的人口迁移，就其被动方面言，中原之地内部争斗、民族仇杀、战火纷飞、天灾频至，为避祸、为就食、为求生，故而不得不迁；就其主动方面言，为就近、为习惯、为求官，则究竟迁往何方，于大多数迁流人口，仍是有所选择的，即以心系晋朝的官民来说，起初就有西北、东北、南方的三大选择。按这种地域选择，对于前途莫卜的迁移人口来说，无疑是极为重要的决断；而研究这种地域选择，也关系到非常复杂的政治、军事、社会、文化、经济、心理、观念、地理、交通等等背景。唯兹题太大，故此仅以江南地域为例，就永嘉乱后以迄刘宋时代之北方南迁移民，稍作述论，冀窥全豹于一斑。

所以选择永嘉乱后以迄刘宋时代之江南地域为例，是基于以下两点考虑：

其一，该时期该地域在整个东晋南朝移民史中的地位与影响。永嘉丧乱后，北方移民大量南下，移民最终定居地即迁入地，分布极为广泛，长江流域上至巴蜀，下至扬吴，甚至南方的会稽沿海、珠江流域都有移民的踪迹；与此同时，移民的地域选择又具有不平衡性。就传统行政区域而言，以建康为中心的扬州江南部分，移民的数量在东晋南朝南迁移民中占有相当大的比重，移民的整体素质也优于其他地区；就自然区域而言，长江下游南岸一带即江南地域，是南来移民定居的主要地区。而江南地域或由于自然环境或由于人文因素的差异，又使得移民的定居区可以分为以建康为中心的丹阳郡国都移民聚居区、京口晋陵一带新辟地移民聚居区、以大庄园为主的会稽大族聚居区、北方移民零星介入的吴人区四个子区；这四个子区中，又以前两个子区为江南地域乃至东晋南朝移民聚居区的重中之重。如此，江南地域的研究，就具有了相当的重要性与一定的典型性。①

其二，该时期该地域移民史与移民地理的研究尚有可以深入的空间。虽然人口流动作为东晋南朝史研究的重要问题，如谭其骧、周一良、陈寅恪、葛剑雄等诸多学者都给予了相当的关注②，但具体到各别地域移民的专题探讨，则成果并不丰富。再就研究方法言，谭其骧《晋永嘉丧乱后之民族迁徙》与周一良《南朝境内之各种人及政府对待之政策》，主要利用东晋南朝侨州郡县资料探讨移民问题，而正如后来学者如葛剑雄等所指出的，由于侨州郡县在当时就比较混乱，加以侨置之地并不一定都居住着侨人，土著聚居之地又往往杂居着侨人，因此，通过侨州郡县探讨移民问题，仅可知大概而难求精细；又陈寅恪《述东晋王导之功

---

① 按永嘉乱后北方移民之于其他地区的地域选择，如南迁江汉地区、巴蜀地区、江淮地区、青齐地区，西北迁河西地区，东北迁辽东地区，其影响因素、具体过程、历史背景等等，或同于江南地域，或不同于江南地域。惟本章以下例举的研究方法，也可施之于其他地区。

② 各自的代表论著为谭其骧《晋永嘉丧乱后之民族迁徙》（《燕京学报》第 15 期），周一良《南朝境内之各种人及政府对待之政策》（《历史语言研究所集刊》1938 年第 7 分），陈寅恪《述东晋王导之功业》（《中山大学学报》1956 年第 1 期）、《陈寅恪魏晋南北朝史讲演录》第八篇“晋代人口的流动及其影响（附坞）”（黄山书社 1987 年版），葛剑雄《中国移民史》第二卷（福建人民出版社 1997 年版）。

业》对当时移民的地域选择作了整体把握，只是陈寅恪重在阐述观点，许多问题只是点到为止，并未作详细的展开；又葛剑雄的《中国移民史》第二卷“先秦至魏晋南北朝时期”，论及永嘉乱后移民时，专列“西晋末至南朝期间见于记载的南迁人物及其后裔”长表，将“史料中除帝王、宗室以外有事迹或官爵的人物”悉数列出，以此反映东晋南朝南迁移民的总体状况，唯该表“仅有姓名著录者一般不录。第一代移民或后裔不作区别”的处理方法，颇嫌简单，不利于针对某一区域在某一时段内移民情况的深入讨论。然则尽管如此，上述前辈大家与当世学者的方法探索、整体把握、辛勤劳作，仍为后来者的继续研究奠定了基础；也正是以这些成果为基础，我们才有可能选择具体地域——如江南地域，进行更为全面的讨论。

第一节　永嘉乱后江南地区北方移民的地域分布

1. 建康及其周围地区

“建康及其周围地区”实际是一个比较模糊的地域范围。结合自然地理形势，此所谓建康及其周围地区，大体以刘宋大明八年（464 年）的扬州丹阳郡，亦即《宋书·州郡志》之扬州刺史丹阳尹（治建康）为准，包括建康（治今江苏南京市）、秣陵（治今江苏南京市）、丹杨（治今安徽当涂县东北丹阳镇）、江宁（治今江苏江宁县西南江宁镇）、永世（治今江苏溧阳市南古县桥）、溧阳（治今江苏高淳县东固城镇）、湖熟（治今江苏江宁县东南湖熟镇）、句容（治今江苏句容市）八县。

建康为东晋国都，是司马晋政权新的政治中心，因此首先成为南来移民的一个重要迁入地。307 年追随司马睿渡江者，以及 311 年洛京倾覆后直接或辗转来到新都的中州士女，多在建康安家并繁衍后代。在这些人士中，有些南渡之初并未定居建康，而是家于江南其他地方，待到稳定下来后，方才加入到京官的行列中。他们往往在定居地与首都同时有“家”。其他情况，如一些渡江后即定居新都建康的家族，后来又在会稽等东土有了产业，这是同一家族两处安家的情形。以下即依据正史记载，将过江后定居建康者与本来迁居其他地方、后来又到建康谋求发展者制成表1。①

表1　正史所见迁居建康及其周围地区的北方移民

姓　名	原籍郡县(今地)	时　间	资料来源
01 袁　瓌	陈郡阳夏(河南太康县)	307年	晋83.2166
02 袁　猷	陈郡阳夏(河南太康县)	307年	晋83.2169
03 刘　超	琅邪临沂(山东费县东)	307年	晋70.1875
04 刘超父母	琅邪临沂(山东费县东)	307年	晋70.1875
05 刘　讷?	琅邪临沂(山东费县东)	307年	晋70.1877
06 王　导	琅邪临沂(山东费县东)	307年	晋65.1745
07 王　舒	琅邪临沂(山东费县东)	307年	晋76.1999
08 王　廙	琅邪临沂(山东费县东)	307年	晋76.2002
09 王　彬	琅邪临沂(山东费县东)	307年	晋76.2005
10 王　旷	琅邪临沂(山东费县东)	307年	晋80.2093
11 王　敦	琅邪临沂(山东费县东)	永　嘉	晋98.2553
12 诸葛恢	琅邪阳都(山东沂南县南)	307年	晋77.2041
13 颜　含	琅邪临沂(山东费县东)	307年	晋88.2286
14 颜　髦	琅邪临沂(山东费县东)	西晋末	晋88.2287
15 颜　谦	琅邪临沂(山东费县东)	西晋末	晋88.2287
16 颜　约	琅邪临沂(山东费县东)	西晋末	晋88.2287
17 刘遐母妻子参佐将士	广平易阳(河北永年县东南)	326年	晋81.2131

①　本表主要依据葛剑雄《中国移民史》第二卷表10—1“西晋末至南朝期间见于记载的南迁人物及其后裔”相关部分，经逐条查证后制成。其“今地”括注，于原籍仅知郡者，括注郡治。“时间”指迁入时间，有确切记载者据录，不能确定者先推断年号，再不能定者书其大致朝代。“资料来源”，首字为书名缩写，如“晋”谓《晋书》，“宋”谓《宋书》；书名缩写后点号前的数字，表示该书卷数；点号后面数字，表示该书中华书局点校本页数。又有需要说明者几点：过江后定居建康者，力求考证出第一代移民，而不考虑定居建康后出生的移民后裔；其不能断定是否为第一代移民者，姓名后加“?”。又凡随司马睿渡江者并作307年(永嘉元年)处理；“八王之乱”后至东晋立国前单独移民者，除明确记载者外，均作“西晋末”处理，不能确定者加“?”；又若渡江时年龄尚幼，除有明确记载者外，一律按随父南渡记。又本表所收人物以正史所见为限，见于谱牒、地方史志者不收，此盖为标准的统一。按以下各表除特别说明者外，处理原则同此表。

续表

姓　名	原籍郡县(今地)	时　间	资料来源
18 庾　亮	颍川鄢陵(河南鄢陵县西北)	307 年	晋 73.1915
19 庾　怿	颍川鄢陵(河南鄢陵县西北)	西晋末	晋 73.1926
20 庾　统	颍川鄢陵(河南鄢陵县西北)	西晋末	晋 73.1927
21 庾　冰	颍川鄢陵(河南鄢陵县西北)	西晋末	晋 73.1927
22 庾　翼	颍川鄢陵(河南鄢陵县西北)	西晋末	晋 73.1931
23 庾　蔑	颍川鄢陵(河南鄢陵县西北)	西晋末	晋 88.2280
24 范　汪	南阳顺阳(河南淅川县南)	永　嘉	晋 75.1982
25 范　坚	南阳顺阳(河南淅川县南)	永　嘉	晋 75.1989
26 范　启	南阳顺阳(河南淅川县南)	永　嘉	晋 75.1990
27 王　隐	陈郡陈(河南淮阳县)	建　兴	晋 82.2142
28 褚　翜	河南阳翟(河南禹州市)	建　兴	晋 77.2031
29 褚　裒	河南阳翟(河南禹州市)	西晋末	晋 93.2415
30 温　峤	太原祁(山西祁县东南)	317 年	晋 67.1785
31 荀　邃	颍川颍阴(河南许昌市)	西晋末	晋 39.1158
32 荀　闿	颍川颍阴(河南许昌市)	西晋末	晋 39.1159
33 荀　组	颍川颍阴(河南许昌市)	318 年	晋 39.1160
34 荀　奕	颍川颍阴(河南许昌市)	318 年	晋 39.1161
35 荀　崧	颍川临颍(河南临颍县西北)	318 年	晋 75.1975
36 荀　序	颍川临颍(河南临颍县西北)	318 年	晋 75.1976
37 荀　蕤	颍川临颍(河南临颍县西北)	318 年	晋 75.1976
38 荀　灌	颍川临颍(河南临颍县西北)	318 年	晋 75.1976
39 何　充	庐江灊(安徽霍山县东北)	西晋末	晋 77.2028
40 刘　隗	彭城(江苏徐州市)	西晋末	晋 69.1835
41 周　顗	汝南安成(河南汝南县东南)	西晋末	晋 69.1850
42 周　闵	汝南安成(河南汝南县东南)	西晋末	晋 69.1853

续 表

姓 名	原籍郡县(今地)	时 间	资料来源
43 周 恬	汝南安成(河南汝南县东南)	西晋末	晋 69.1853
44 周 颐	汝南安成(河南汝南县东南)	西晋末	晋 69.1853
45 羊 曼	泰山南城(山东平邑县南)	西晋末	晋 49.1382
46 羊 聃	泰山南城(山东平邑县南)	西晋末	晋 49.1383
47 羊 贲	泰山南城(山东平邑县南)	西晋末	晋 49.1383
48 羊 鉴	泰山(山东泰安市东)	西晋末	晋 81.2112
49 王 承	太原晋阳(山西太原市西南)	西晋末	晋 75.1960
50 王 述	太原晋阳(山西太原市西南)	西晋末	晋 75.1961
51 钟 雅	颍川长社(河南长葛市东北)	西晋末	晋 70.1877
52 阮 孚	陈留尉氏(河南尉氏县)	西晋末	晋 49.1364
53 阮 放	陈留尉氏(河南尉氏县)	西晋末	晋 49.1367
54 阮 裕	陈留尉氏(河南尉氏县)	西晋末	晋 49.1367
55 阮晞之	陈留尉氏(河南尉氏县)	西晋末	晋 49.1367
56 张 舆	范阳方城(河北固安县西南)	西晋末	晋 36.1077
57 孔 衍	鲁国(山东曲阜市)	西晋末	晋 91.2359
58 孔 启	鲁国(山东曲阜市)	西晋末	晋 91.2359
59 孔夷吾	鲁国(山东曲阜市)	西晋末	晋 91.2359
60 邓 攸	平阳襄陵(山西临汾市东南)	西晋末	晋 90.2338
61 桓 宣	谯国铚(安徽濉溪县南)	西晋末	晋 81.2115
62 应 詹	汝南南顿(河南项城市西)	西晋末	晋 70.1857
63 应 玄	汝南南顿(河南项城市西)	西晋末	晋 70.1861
64 王 景	东海郯(山东郯城县北)	东晋初	晋 83.2179
65 华 恒	平原高唐(山东禹城市西南)	东晋初	晋 44.1262
66 华 俊	平原高唐(山东禹城市西南)	东晋初	晋 44.1263
67 华仰之?	平原高唐(山东禹城市西南)	东晋初	晋 44.1263

续 表

姓 名	原籍郡县(今地)	时 间	资料来源
68 郗 鉴	高平金乡(山东金乡县北)	322 年	晋 67.1796
69 苻 朗	略阳临渭(甘肃天水市东)	384 年	晋 114.2936
70 王 睿	太原祁(山西祁县东南)	东晋末	宋 46.1391
71 王 懿	太原祁(山西祁县东南)	东晋末	宋 46.1391
72 王方回	太原祁(山西祁县东南)	东晋末	宋 46.1391
73 辛恭靖	陇西狄道(甘肃临洮县)	元 兴	晋 89.2321
74 郑 袭	荥阳开封(河南开封县西南)	东 晋	宋 64.1691
75 明僧绍	平原鬲(山东平原县西北)	宋	南齐 54.927

2. 京口、晋陵一带

京口(今江苏镇江市)、晋陵(今江苏常州市)一带在自然地貌上与建康及其周围地区十分相似,同属于宁镇低山丘陵。这两个区域成为北方南下移民最重要的定居地,与此不无关系。但考虑到这两个区域间政治地位、文化基础、经济状况的不同,特别是其所吸纳之移民成分与素质等方面的差异,故将京口、晋陵一带单独列出。有关这一地区的移民情况,谭其骧《晋永嘉丧乱后之民族迁徙》曾专门论及,此不赘述,仅就正史记载,列出迁入此地之第一代移民如表 2。

表 2 正史所见迁居京口、晋陵一带的北方移民

姓 名	原籍郡县(今地)	时 间	资料来源
01 祖 逖	范阳遒(河北涞水县)	永 嘉	晋 62.1693
02 祖 约	范阳遒(河北涞水县)	永 嘉	晋 100.2625
03 祖 纳	范阳遒(河北涞水县)	永 嘉	晋 62.1698
04 刘 耽	沛国相(安徽濉溪县西北)	西晋末	晋 75.1990
05 刘 惔	沛国相(安徽濉溪县西北)	西晋末	晋 75.1990
06 徐澄之	东莞姑幕(山东诸城市西北)	永 嘉	晋 91.2356
07 臧 琨	东莞姑幕(山东诸城市西北)	永 嘉	晋 91.2356

3. 三吴地区

"三吴"作为地区名,六朝时屡见记载。三国吴韦昭有《三吴郡国志》,唯其书久佚，所指“三吴”不详。北魏郦道元《水经·渐江水注》以吴、吴兴、会稽三郡为“三吴”，检以《三国志》、《晋书》的有关文字，比较合乎“三吴”的原意。[①] 当东晋刘宋时，吴郡（治今江苏苏州市）、吴兴郡（治今浙江湖州市）接纳北方移民较少，而会稽郡（治今浙江绍兴市）虽接纳北方移民的情形比较特殊，其数量则远过于吴、吴兴二郡。详下表3、表4与表5。

表3　正史所见迁居吴郡的北方移民

姓　名	原籍郡县（今地）	时　间	资料来源
01 王　廞	琅邪临沂（山东费县东）	东　晋	宋63.1675
02 王　泰	琅邪临沂（山东费县东）	东　晋	宋63.1675
03 王　华	琅邪临沂（山东费县东）	东　晋	宋63.1675

表4　正史所见迁居吴兴郡的北方移民

姓　名	原籍郡县（今地）	时　间	资料来源
01 郭　文	河内轵（河南济源市南）	311年	晋94.2440
02 王伟之	琅邪临沂（山东费县东）	东　晋	宋60.1625
03 王韶之	琅邪临沂（山东费县东）	东　晋	宋60.1625

表5　正史所见迁居会稽郡的北方移民[②]

姓　名	原籍郡县（今地）	时　间	资料来源
01 庾　琛	颍川鄢陵（河南鄢陵县西北）	307年	晋93.2414
02 许　归	高阳新城（河北徐水县西）	307年	陈34.458

---

① “三吴”所指，历来说法不一。《资治通鉴》卷九四咸和三年胡注：“汉置吴郡；吴分吴郡置吴兴郡；晋又分吴兴、丹杨置义兴郡，是为三吴。郦道元曰：‘世谓吴郡、吴兴、会稽为三吴。’杜佑曰：‘晋、宋之间，以吴郡、吴兴、丹杨为三吴。’”又《资治通鉴》卷九四咸和四年：“是时宫阙灰烬，以建平园为宫。温峤欲迁都豫章，三吴之豪请都会稽。二论纷纭未决。”观此，会稽正是“三吴之豪”的势力范围，则“三吴”当以郦道元所说为确。

② 按《宋书·州郡志》会稽郡治山阴，领山阴、永兴、上虞、余姚、剡、诸暨、始宁、句章、鄮、鄞十县。会稽本非永嘉南迁移民的重要地区，而是移入建康的世家大族如王、谢等购田置业的地方。永嘉乱后真正渡江迁入此地的北方移民，尤其是第一代移民，并不多见。但在东晋政权相对稳定下来后，此地移民渐渐增多，其中多数情况都是某一家族的某些人或某些大家族的小房支移居于此，将此地作为殖产兴业、休闲娱乐之地，会稽所接纳的移民从而与江南其他地域有所不同。因此，在查考此地的移民情况时，就不能只认第一代移民，只要史书明言其在会稽安家，即可作为移民处理。

续表

姓名	原籍郡县(今地)	时间	资料来源
03许询	高阳新城(河北徐水县西)	307年	陈34.458
04孙统	太原中都(山西平遥县西南)	永嘉	晋56.1543
05孙盛	太原中都(山西平遥县西南)	永嘉	晋56.1543
06孙绰	太原中都(山西平遥县西南)	永嘉	晋56.1544
07傅敷	北地泥阳(陕西耀县东南)	永嘉	晋47.1330
08傅晞	北地泥阳(陕西耀县东南)	永嘉	晋47.1330
09郗愔	高平金乡(山东金乡县北)	东晋	晋67.1801
10王羲之	琅邪临沂(山东费县东)	东晋	晋80.2093
11王凝之	琅邪临沂(山东费县东)	东晋	晋80.2102
12何友	庐江灊(安徽霍山县东北)	东晋	宋91.2257
13何子先	庐江灊(安徽霍山县东北)	东晋	宋91.2257
14何子平	庐江灊(安徽霍山县东北)	宋	宋91.2257
15江彪	济阳考城(河南民权县东北)	东晋	陈27.344
16谢铁	陈郡阳夏(河南太康县)	东晋	宋53.1522
17谢冲	陈郡阳夏(河南太康县)	东晋	宋53.1522
18谢方明	陈郡阳夏(河南太康县)	宋	宋53.1522
19王随之	琅邪临沂(山东费县东)	东晋	宋92.2262
20王镇之	琅邪临沂(山东费县东)	东晋	宋92.2262
21王标之	琅邪临沂(山东费县东)	东晋	宋92.2263
22王弘之	琅邪临沂(山东费县东)	东晋	宋93.2281
23王昙生	琅邪临沂(山东费县东)	宋	宋93.2283
24阮裕	陈留尉氏(河南尉氏县)	东晋	晋49.1367
25阮宁	陈留尉氏(河南尉氏县)	东晋	宋93.2283
26阮万龄	陈留尉氏(河南尉氏县)	东晋	宋93.2283
27孔淳之	鲁郡鲁(山东曲阜市)	东晋	宋93.2283
28戴逵	谯国(安徽亳州市)	东晋	晋94.2457

续 表

姓 名	原籍郡县(今地)	时 间	资料来源
29谢 安	陈郡阳夏(河南太康县)	东 晋	晋79.2072
30谢 玄	陈郡阳夏(河南太康县)	东 晋	宋67.1743
31谢 琰	陈郡阳夏(河南太康县)	东 晋	宋67.1743
32谢灵运	陈郡阳夏(河南太康县)	东 晋	宋67.1743

第二节 永嘉乱后江南地区北方移民的地域分析

1. 江南地区地貌概况

由上节可以看出,永嘉乱后江南地区北方移民的地域分布,或较集中,如建康及其周围地区、京口晋陵一带、会稽郡域,或较零散,如吴、吴兴二郡。所以如此,除了学者们指出的协调主客关系等因素外,自然地理因素特别是其中的地貌因素及其对农业经济形态的影响,也是值得关注的重要方面。

以自然地貌言,江南各地间存在着较大的差异:宁镇低山丘陵、吴地太湖平原、浙北平原、宁绍平原、杭嘉湖平原及浙东会稽山、天台山脉。它们因本身的不同而对古人选择定居地,特别对于原始祖先选择栖息之地,产生了重要影响。

今江苏南部及浙北平原一带,在地貌上大体可以分为两大地理单元:江苏镇江市以东、由长江冲积而成的长江三角洲平原和宁镇低山丘陵岗地。建康及其周围地区与京口、晋陵一带的地域范围,东面以今江苏无锡与苏州间市界、东南以太湖、南以无锡与浙江湖州市界为限。它们东面以东、东南即是吴地。以地形视之,建康及其周围地区与京口、晋陵一带占据了宁镇山脉的主体,而且恰好是一个相对完整的丘陵山地。再进一步,建康及其周围地区又单成一区,在比例尺稍大的地形图上,可以清晰地看到,东以宁镇山脉,东南以茅山山脉,南以宜溧山地,西以牛首山、云台山为界,北以长江为限,形成一个周围隆起、中间凹陷(秦淮河谷地平原)、相对完整的岗地,从属于宁镇低山丘陵地带。而京口、晋陵一带似乎介于丘陵与平原地貌之间,独成较有特色的一个地形区,但仍与建康及其周围地区保持了更多的相同性,只是更趋平缓。宁镇丘陵山地地貌与东面太湖地区存在的差异,孕育出了其不同于东方太湖的、具有鲜明特色的史前文化。

宁镇低山丘陵岗地以宜溧山地、茅山山脉、宁镇山脉、老山山脉为骨架，向东稍稍延伸至今江苏常州市，包含低山、丘陵、岗地、盆地及河谷平原等多种地貌。山岭高度一般在二百～四百米左右，大多为低山浅丘，地势起伏较大，山前坡麓和谷地中普遍覆盖着红黄壤，是江南黄土岗地分布最广的地方。这些高地岗阜由于地势海拔相对较高，尽管雨水充沛，但蓄水不易，土质较长江三角洲平原干燥，属旱地类型，对于以种植水稻为生的吴人来讲，这一地区的开发难度远远大于三吴地区。不过，这种不适宜水稻种植的土质，却与北方黄河流域的土质有相似之处，较为适合北方旱作物的栽植。

长江三角洲、太湖平原及其以南的杭嘉湖平原等，六朝时相当于三吴地区，包括吴、吴兴、会稽等郡，地势总体低平，海拔一般在三米五以下。地表河湖纵横、水网密布，尤以太湖平原和杭嘉湖平原为主要组成部分。该区域的土壤条件，十分适宜于水稻的种植，因而很久以来就被人工熟化为水稻土。建国以来大量新石器时代考古发现也证明，长江三角洲培育和种植水稻的历史由来已久[①]，并且，这种水稻土在各种水稻土质中肥力最高，水稻产量也最高。水稻的大量种植，为先秦时期吴越两国提供了强有力的经济后盾，更为六朝乃至以后的诸多王朝提供了最基本的物质保障。

2. 建康及其周围地区

据学者研究，史前时期的南京市城内，尚不适宜人类居住。与现在的成片陆地不同，史前时期的南京，古长江紧逼城西，城内有宽阔的古河道纵贯南北，两者之间又有水道相通，从而使得整个南京城区，除去雨花台、富贵山、九华山、北极阁、鼓楼岗、清凉山、狮子山等丘陵岗地外，其余几乎皆为水体所浸漫，实际上形成了一块江心洲。只是在古河道淤塞、埋藏之后，整个城区才连成一片陆地，所以迄今为止，没有在南京市内发现早于六千年的人类活动遗迹。[②] 进入历史时期，南京城区内的古河道已经淤塞，原来的“江心洲”也与陆地连为一体。除仍残留下城东北的古玄武湖和城东的古燕雀湖以及一些池塘和积水洼地外，城区已成陆。按原始初民选择生活的场所，总是尽可能选在靠近水源的地带。南京城区已经具备了这种最基本的条件。从距今五千多年前以降，南京附近已发现新

① 详见张志新《江苏吴江县出土新石器时代稻谷》，《农业考古》1984 年第 2 期；浙江省文物管理委员会《河姆渡遗址第一期发掘报告》，《考古学报》1978 年第 1 期；河姆渡遗址考古队《河姆渡遗址第二期发掘的主要收获》，《文物》1980 年第 5 期；罗家角考古队《桐乡县罗家角遗址发掘报告》，《浙江省文物考古所学刊》，文物出版社，1981 年。

② 石尚群、潘凤英、缪本正《古代南京河道的变迁》，《历史地理》第 8 辑，上海人民出版社 1990 年。

石器时代和青铜时代的村落遗址二百多处。其中最早的一批原始村落，就建立在鼓楼岗下的傍水高地之上，即现在的北阴阳营。[①] 随着生产力的进步，人类活动的频繁，南京城区逐渐具备了建城的条件。自秦汉以后，史书对于此地事迹的记载与中央对于这一地区的管辖渐趋明细，西晋平吴后丹阳郡的郡治便迁到了这里。

实际上，南京城区所以能够建制城市，成为地方行政中心，又与其所依赖的腹地密切相关。南京城区位于秦淮河流域的下游。秦淮河水源有二，北源在今句容市宝华山南麓，称句容河；南源在今溧水县东庐山，称溧水河。南北二源合流于江宁县方山埭西北村。这一带河床宽广，水量剧增，形成干流，可通舟楫。流至通济门外九龙桥，又分内秦淮、外秦淮两支。秦淮河长百余公里，流域面积两千六百余平方公里。秦淮河两岸狭长的平原，是宁镇丘陵山地中最为肥沃的地区，因而也是南京地区古代人类遗址发现较多的地带。秦淮河流域为现在的南京城区在很久以前即建城立堡提供了最近、最为直接的依托。随着时间的推移，这一地区在江南乃至全国的地位不断上升。

按前面已对"建康及其周围地区"的地理范围作了限定，即大体包括《宋书·州郡志》丹阳尹的建康、秣陵、湖熟、丹杨、江宁、溧阳、句容及永世等县。事实上，丹阳郡的辖境在东晋南朝以前远比这一范围大得多。丹阳郡在秦时为鄣郡。汉武帝元封二年(前 109 年)，改鄣郡为丹阳郡，治宛陵县，丹阳郡名由此开始。此后至南朝，丹阳郡境渐趋缩小。吴孙权时分立新都郡；西晋太康平吴，分丹阳郡立宣城郡，治宛陵，而丹阳郡治首迁至建邺；后来又分丹阳郡立毗陵郡，郡治丹徒。东晋大兴元年(318 年)，改丹阳太守为丹阳尹，辖县与刘宋相近，约当今江苏南京市及安徽马鞍山市一部。丹阳郡境随着时代的发展而由大变小，从侧面反映出这一地区在秦汉至六朝间得到了逐渐深入的开发。

相比之下，六朝时的国都、丹阳的郡治"建康"的历史，比丹阳郡要长得多。建康的第一个行政建置，是公元前 333 年楚灭越后在今清凉山所置的金陵邑。邑相当于后来的县，金陵则来源于钟山古名金陵山。公元前 210 年，秦始皇帝嬴政巡游东南，途经今南京，改金陵邑为秣陵县。秣陵一名沿用了四百多年。公元 211 年，孙权改秣陵为建业。建业，即建立帝王大业的意思。至 229 年，孙权称帝，奠都建业。西晋太康平吴，还建业为秣陵，又于 282 年分秣陵秦淮河水北为建业，并改建业为建邺。313 年以建邺触犯皇帝司马邺名讳，再改建邺为建康。

① 南京博物院《南京北阴阳营第一、第二次发掘》，《考古学报》1958 年第 1 期。

建康成为此后南方东晋、宋、齐、梁、陈五朝的国都。建康城由最初的仅仅具有军事性质的堡垒——金陵邑,发展至建城置县,再后来成为分裂时期的吴国之都及大一统的晋朝郡治所在,显示了建康城及其周围地区地位的上升。而建康本身所具有的条件,为六朝建都于此提供了物质前提。

3. 京口、晋陵一带

(1) 庞大的移民数量

对照表2与表1,可以看到这样一种现象,即京口、晋陵一带的第一代北方移民,与吴地类似,仅寥寥数家,似乎说明该地只有少量的移民迁入,无论是规模还是数量都无法与相邻地建康及其周围地区相比。事实上,这是一种假象。京口、晋陵一带所接纳的北方移民,在数量上毫不弱于建康及其周围地区,甚至还要大大高于其地。对此,谭其骧肯定地指出:

> 江苏省中南徐州有侨口二十二万余,几占全省侨口十之九。南徐州共有口四十二万余,是侨口且超出于本籍人口二万余。有史以来移民之盛,迨无有过于斯者矣。①

既有如此庞大的移民数量,为什么落实到史籍上,所载第一代移民竟会如此之少?这主要与该地第一代移民的成分及其在政治舞台上所发挥的作用有关。关于这一点,下文将展开讨论,兹先引述陈寅恪的观点,说明为什么会有如此庞大数量的移民选择这一地域作为过江后的定居地:

> 东西晋之间江淮以北次等士族避乱南来,相率渡过阻隔胡骑之长江天堑,以求保全,以人事地形便利之故,自必觅较接近长江南岸,又地广人稀之区域,以为安居殖产之所。此种人群在当时既非占有政治文化上之高等地位,自不能亦不必居住长江南岸新立之首都建康及其近旁。复以人数较当时避难南来之上下两层社会阶级为多之故,又不便或不易插入江左文化士族所聚居之吴郡治所及其近旁,故不得不择一距新邦首都不甚远,而又在长江南岸较安全之京口晋陵近旁一带,此为事势所必致者也。②

陈先生是在论述东晋南朝政治史的时候,引入地域观念,并以地域为基础,探讨各别地域之家族集团在东晋南朝历史上所发挥的不同作用及其影响。今基础于此,就京口、晋陵一带的具体情况略作补充。

---

① 《晋永嘉丧乱后之民族迁徙》。
② 《述东晋王导之功业》。

(2) 永嘉移民前后京口、晋陵一带的变化

京口、晋陵一带,于《尚书·禹贡》属扬州。"淮海惟扬州",扬州的大致范围,约当今江西、浙江全境及苏南、皖南等地区。《禹贡》对扬州地理条件的描述是:"厥草惟夭,厥木惟乔,厥土惟涂泥,厥田惟下下,厥赋下上错。"按《禹贡》一篇,大致成书于战国时代。《禹贡》"九州"反映了时人对"天下"的认识较之过去有了进一步的深入和发展,但九州并非后世地方一级行政区划建制,所谓"九州",不过是时人对方域管理的一种设想而已。扬州已是一个模糊的地域概念,作为其中一部分的京口、晋陵一带乃至江南地区,更不可能被单独列出加以描述。

这种情况至汉代仍未发生重大变化。《史记·货殖列传》云"江南卑湿,丈夫早夭",《汉书·地理志》也称"江南卑湿,丈夫多夭"。按气候"卑湿"导致江南"丈夫早夭"或"丈夫多夭",则西汉时代江南没有得到深入的开发,或多或少与没有足够的劳动力有关。因而,江南的大规模开发一定程度上要以拥有足够的劳动人手为前提,江南本地既不可能提供足够的劳动力资源,外来移民遂成为江南开发所需劳力的重要来源。

东汉时期,京口、晋陵一带仅置丹徒、曲阿、无锡、毗陵等少数几个县级行政单位,表明这一带的开发或仅限于几个行政据点而已。及东汉末年,社会动荡,豪强割据,北方地区陷入混乱,"是时四方贤士大夫,避地江南者甚众"①,"汉末大乱,徐方士民多避难扬土"②,中原人口较大规模地南流。然而由于此次移民多来自"徐方"即徐淮地区,距江南较近,在局势稳定下来后,相当数量的移民又陆续返回原籍,所以尽管移民数量较大,实际定居下来的人数却不是很多,故对江南的影响并不显著。

孙吴立国东南,与中原曹魏对峙,表明江南经济实力已有较大提高。又此时吴地吴郡已经出现顾、陆、朱、张等四姓豪族,与之形成鲜明对比的是,汉时江南尚"无冻饿之人,亦无千金之家"③。孙吴"赤乌中,诸郡出部伍,新都都尉陈表、吴郡都尉顾承各率所领人会佃毗陵,男女各数万口"④;又《宋书·州郡志》:"晋陵太守,吴时分吴郡无锡以西为毗陵典农校尉。晋武帝太康二年,省校尉,立以为毗陵郡,治丹徒,后复还毗陵。"毗陵典农校尉辖境即后来东晋南朝京口、晋陵一带,治今江苏常州市,其范围约当今江苏镇江市、常州市及无锡市的部分区域,

---

① 《三国志·魏书·华歆传》裴注引华峤《谱叙》。
② 《三国志·吴书·张昭传》。
③ 《史记·货殖列传》。
④ 《三国志·吴书·诸葛融传》裴注引《吴书》。

面积较广。一般情况下,由政府组织的屯田活动,无论是军屯还是民屯,都是在政府手中掌握大量闲置土地的情况下进行的①。孙吴于毗陵一带进行如此大规模的屯田活动,又表明江南经济虽较过去有长足的发展,但江南尤其京口、晋陵一带仍有待开发。

至于永嘉之乱,中原地区再度沦为战场,遂引发中原人口又一次大规模南迁。大批北方移民的到来,为江南特别是京口、晋陵一带带来了充足的劳动力资源。史载,"旧晋陵地广人稀,且少陂渠,田多恶秽"②,东晋时张闿补晋陵内史,"立曲阿新丰塘,溉田八百余顷,每岁丰稔"③。降至南朝,京口、晋陵一带的面貌较过去有了根本的变化,"晋陵自宋、齐以来,旧为大郡,虽经寇扰,犹为全实"④,"承陂之家,处处而是,并皆保熟。……陈积之谷,皆有巨万。……温富之家,各有财宝"⑤。

由此可知,在京口、晋陵一带的开发过程中,东晋刘宋年间北方移民的迁入,是其关键所在。然则移民之所以选择京口、晋陵一带作为新居地,正与此一地带的地理位置、自然条件密切相关。京口、晋陵一带与建康及其周围地区相似,却与东面三吴平原地区存在着明显的差异,而由此引起的生产、生活方式的不同,在南来移民地域选择过程中的作用,又为值得注意者。

(3) 移民大规模迁入的原因

据学者研究,宁镇地区(即建康及其周围地区与京口、晋陵一带)由于地处丘陵岗地,自然地理方面诸要素与东面的太湖地区有较大差异。在史前时代,宁镇地区原始先民以农业为主要生存手段,农业传统为犁耕;这与太湖地区以渔猎为主要生存手段,农业传统为耜耕不同。宁镇地区与太湖地区应分属两大文化系统。而且,"正是由于气候、地形、土壤条件诸因素的差异而导致了它们各自的生产工具及生活用具的不同,使这两个地区的文化有着天然的排斥性"。因而,"在整个新石器时代,宁镇地区很少受太湖地区的影响"⑥。相反,由于自然条件与

---

① 按建业周围亦有屯田,并设置官吏管理,如《宋书·州郡志》:"溧阳令,汉旧县。吴省为屯田","湖熟令,汉旧县。吴省为典农都尉","江乘令,汉旧县。本属丹阳,吴省为典农都尉"。建业周围有如此多的闲置土地,也能证明建业周围与京口、晋陵一带有着相似的自然地理条件。

② 《元和郡县图志》卷二五江南道润州丹阳县条。

③ 《晋书·张闿传》。

④ 《陈书·孔奂传》。

⑤ 《宋书·孝义徐耕传》。

⑥ 谷建祥《论宁镇地区古文化之演进》,收入李天石、徐湖平主编《文献与考古研究》,兰州大学出版社 1999 年版。

中原地区有相似之处，尽管有大江之隔，宁镇地区与中原以及江淮间的新石器时代文化，却显示出较为密切的关系。

进入历史时期，三吴地区以其得天独厚的自然地理条件，迅速成为江南区域的经济中心与文化中心。而与之毗邻的京口、晋陵一带，由于自然条件的差异，缺乏吸引吴人开发的动力，因而迟迟未能得到开发，吴人“饭稻羹鱼”的生产、生活方式，在这里也无法展开。因此可以说，三吴地区与京口、晋陵一带间，以地貌差异为基础，以不同的经济生产方式为表征，分属两个不同的自然与经济、文化区域。

三吴地区与京口、晋陵一带在地貌上存在着的这种差异，长期以来形成了三吴与京口、晋陵一带两种差异较大的农作物耕作区：适宜水稻种植的三吴水稻农作区和适合旱地作物的京口、晋陵旱作区。这种差异也导致了永嘉乱前江南人口聚居地的不同：三吴人众而京口、晋陵一带地广人稀。然而，这种差异在北方移民过江后，又以近乎相反的结果体现出来：京口、晋陵一带遍布北方移民，而三吴之北方团聚移民较为罕见。进之，这两种不同的地域选择，又深刻影响了这两块地域在东晋南朝史上的命运与地位。

很久以来，北方人习惯于面食，南齐徐孝嗣曾言：“菽麦二种，益是北土所宜。彼人便之，不减粳稻。”[①]北人南迁，其生活习惯并不能在短时间内改变，如祖逖率宗族南来，同时携带“衣粮”，很可能就是北方菽麦类粮食；又“郭文，字文举，河内轵人也。……洛阳陷，乃步担入吴兴余杭大辟山中穷谷无人之地，倚木于树，苫覆其上而居焉，……区种菽麦，采竹叶木实，贸盐以自供”[②]。抵达京口、晋陵一带的北方移民多为举族而来，北方生活饮食习惯较之零星南下的移民，相对更为长久地保持。大批南迁的北方人需要消耗掉大量的面食，则唯有就地种植。京口、晋陵一带的自然条件与北方相类，适宜种植旱地作物，较之于江南其他地区，更符合他们的生产、生活习惯，因而成为南迁北人生存、居住的新地域。此外，新地域西靠新都建康，北邻天堑长江，既安全又舒适，理所当然地成为北方移民南迁的“乐土”。

从当时政府重视农业生产的史实也能看到，北方作物在江南地区占有相当的比重。重视农业生产，特别是旱作物分布区的农业生产，是东晋、刘宋两朝共同的举措。东晋元帝太兴元年(318 年)诏曰：“徐、扬二州，土宜三麦，可督令熯

---

① 《南齐书·徐孝嗣传》。

② 《晋书·隐逸郭文传》。

地，投秋下种，至夏而熟，继新故之交，于以周济，所益甚大。”[1]京口、晋陵一带即属扬州江南熯（旱）地，“土宜三麦”。晋元帝此道诏书，既是史籍关于江南麦作的最早记载，同时也说明北方麦作物在江南已大面积推广种植。又刘宋元嘉二十一年（444 年）七月，文帝诏曰：“比年谷稼伤损，淫亢成灾，亦由播殖之宜，尚有未尽。南徐、兖、豫及扬州浙江西属郡，自今悉督种麦，以助阙乏。速运彭城下邳郡见种，委刺史贷给。徐、豫土多稻田，而民间专务陆作，可符二镇，履行旧陂，相率修立，并课垦辟，使及来年。”[2]南徐、兖、豫及扬州浙西属郡，或是南迁移民聚居之地，或为南迁大族置业安家、殖产兴利之处，北方作物在这些区域有着较广的分布。重视旱作物生产，不仅能够稳定北方移民，而且对于消融江南土著的抵触情绪，进而处理好土客关系，巩固东晋刘宋政权，有着重要意义。

此外，在历次移民活动中，交通因素往往会起到相当重要的作用，移民的最终定居地常与交通因素密切相关。北方南下移民，翻山越岭，涉险渡河，长途跋涉，交通因素的作用更趋明显。如永嘉乱后北方移民的南来，谭其骧指出：“中原人民南迁，其所由之途径，颇多可寻。……时邗沟已凿，穿通江、淮，故沟南端之江都及其对岸之镇江、武进，遂为山东及苏北移民之集合地。淮域诸支流皆东南向，故河南人大都东南迁安徽，不由正南移湖北也。”[3]又胡阿祥言：“其洛都王公大臣及司、青、兖、并、幽、冀诸州流人，多由汴水、菏水会于彭城，或由汴水、濉水经相县至濉溪，或由沂水、沭水南达下邳、东海；再由泗水抵淮阳，过淮，栖息于山阳、淮阴一带。若更南迁，则例沿贯通江淮之邗沟（中渎水），经安宜、三阿达广陵，渡江至京口，分寄晋陵郡境及江乘、建康诸处。此……侨置最为密集之地。”[4]东晋南朝时期，淮河中下游之北岸支流汝、颍、沙、涡、濉、汴、泗、沂、沭等水之水道，流向上总体偏向东南（这种现象至今仍然存在，唯水道多有徙变），辅之以沟通江淮的邗沟，即构成了北方移民南来重要的迁移路线，并约束和限制着这些移民的最终定居地。大抵在生产力较为落后、交通工具不发达的前工业时代，翻越一座在今天看来并不高大的山脉，都会让古人难上加难；加之他们多是因战乱而南下，故避难趋易，即尽量顺地势、以舟楫通过水路迁移是其最好的选择。因此，大多数南来移民并不是走过了一条直线移民路线，而是总体略呈西北-东南走向。落实到现在的行政区划，便是今河南、山东大部和江苏、安徽北

① 《晋书·食货志》。
② 《宋书·文帝纪》。
③ 《晋永嘉丧乱后之民族迁徙》。
④ 胡阿祥《东晋南朝侨州郡县研究》第五章第三节，复旦大学打印稿，1987 年。

部，甚至包括部分山西、河北的移民在渡过黄河后，顺着地势，渐次迁移到今安徽南部及江苏南部一带。而沿着这条路线南迁的移民，除少数居留于中途如淮南一带外，多数移民最终抵达江南司马晋新的政治中心——建康及其周围地区以及京口、晋陵一带。因此，这一带也就成为当时移民最重要的聚居之地。

（4）京口、晋陵一带与建康及其周围地区移民的比较

对于过江的北方移民，谭其骧分析指出："中原遗黎南渡，虽为民族一般之趋势，然其间要以冠冕缙绅之流为尤盛。《王导传》曰：'洛京倾覆，中州士女避乱江左者十六七。'考东晋、南朝虽立国江左，然其庙堂卿相，要皆以过江中州人士及其后裔任之。"①移民的数量与移民原来社会地位、政治势力的不同，在移民最为聚集的两个地域，即建康及其周围地区与京口、晋陵一带，有着不同的体现，进而影响这两个地域在东晋南朝史上的命运。

建康及其周围地区所接纳的移民，不仅数量庞大，而且相对于其他几个地区，家族地位与影响力也最高，冠冕缙绅之流为最盛，故在查考第一代移民时，见于记载的移民非常之多；京口、晋陵一带的第一代移民则有名可考者相对很少。不过，京口、晋陵一带所接纳的移民数量，并不像其东面吴地那样少，而是相当庞大，以致超过当地土著的数量；而且，这一带所接纳的移民绝大多数是以家族为单位的，其第一代移民名垂青史者既少，说明这些家族原先的地位并不高，势力也没有建康及其周围地区的家族强，正所谓"此种人群在当时既非占有政治文化上之高等地位"②。即使后来出现了代晋而立的彭城刘氏、代宋而立的兰陵萧氏这样的皇族，在东晋南朝的历史舞台上扮演了相当重要的角色，他们的社会地位也无法与建康的世家大族相抗衡。因此，无论就整体而言，还是以个别家族论，京口、晋陵一带的移民家族，社会地位始终无法与建康及其周围地区的大族相比，所以只有选择这一地区作为新的定居地。

4. 三吴地区

吴郡、吴兴郡、会稽郡之"三吴"地区，作为紧密相连的一个整体，其周围为江南丘陵及浙东山地。如前表3、表4所列，北方南下移民最初选择定居吴郡、吴兴郡者并不多。这种现象，学者多已注意到，如陈寅恪认为，北方南下移民"不便或不易插入江左文化士族所聚居之吴郡治所及其近旁"③。而会稽郡同样如此。

---

① 《晋永嘉丧乱后之民族迁徙》。
② 《述东晋王导之功业》。
③ 《述东晋王导之功业》。

永嘉乱后迁人会稽郡的第一代移民甚少,见于史载者仅有数家,有的还是因为做官才迁居此地,如许归,"以琅邪太守随中宗过江,迁会稽内史,因家于山阴"①;庾琛,"永嘉初为建威将军,过江,为会稽太守"②。但随着时间的推移,北方南下的世家大族开始在此筑室建庐,享受会稽佳山胜水。有学者在分析了当时会稽土著与外来大族安家的分布后认为,会稽土著势力实际并不弱,特别是余姚(治今浙江余姚市),"无疑是西晋末年以来形成的一个强有力的点。这就等于筑成一堵遏止北方士人向余姚以东平原地区(句章、鄮、鄞诸县)流动的堡垒"③。正是因为土著势力的不弱,所以会稽一地并未成为北方南下移民的又一聚居点。而后来世家大族在此置业安家的范围多集中在剡溪-曹娥江流域,与会稽土著之集中地也并不冲突。

会稽最初并未成为北方移民的聚集地,其主要原因仍在于自然条件的限制。一方面,建康及其周围地区与京口、晋陵一带各因其相对有利的因素,接纳了大量北方南下的移民,尤其建康以新都的地位,吸纳了多数的北方豪门大族;另一方面,会稽本身地理位置更处南方,交通因素的限制也难以排除。又由于距新的政治中心建康较江南其他地区更为遥远,再加之当地土著势力的不弱,会稽不能成为北方移民首选地不难理解。然则一旦东晋政权稳定下来后,世家大族又绕过吴郡蜂拥而至,会稽遂成为世家大族聚居的新区,此又与会稽当地经济尚未充分发展有关。

按会稽郡在秦及西汉治吴(今江苏苏州市),东汉顺帝时才迁治山阴(今浙江绍兴市)。郡治的迁移,表明山阴一地的经济得到了发展。但较之吴郡,会稽仍不能与之相比。至于东晋南朝,当大量北方移民南下过江后,吴郡不仅因其土著势力十分强大,更由于其地狭人稠而难以接纳新的移民。相反,会稽一地并不是这种情况,以虞、魏、孔、贺为首的会稽土著大族只是占据了余姚、山阴等县,大部分地区仍是地广人稀。因此,过江后第一代移民,除个别外,大多数无法或无暇到达这一地区,而在过江的生活逐渐稳定后,这一地区成为新的移民定居点也就不足为奇了。

以上以江南地域为例,就永嘉乱后以迄刘宋时代之北方南迁移民,探讨其地

---

① 唐许嵩《建康实录》卷八。

② 《晋书·外戚庾琛传》。

③ 王志邦《东晋朝流寓会稽的北方士人研究》,收入谷川道雄主编《日中国际共同研究·地域社会在六朝政治文化上所起的作用》,日本玄文社 1989 年版。

域分布与地域选择的缘由。可以看出，永嘉丧乱所导致的北方官民之大量南迁，有着主动的或被动的地域选择之鲜明特点。就主动方面言，移民一般愿意选择政治上较为稳定、自然地理条件类似甚或优于迁出地、经济上有着一定开发空间的地域居住；接纳移民越多的地域，这些倾向也越是明显。如京口、晋陵一带，有着与北方黄河流域相似的自然地理条件，复因交通上的便利以及荒田废地的众多，于是成为南迁移民的主要聚居地之一；至于建康优越的京都地位、会稽特殊的后方条件，也分别成为吸纳某些或某类移民的关键因素。再就被动方面言，永嘉乱后南迁的移民，多数还是属于生存型移民，他们除了有较明确的南迁目标外，具体定居地域则在迁移之初往往并不明确，一旦遇到远离战争、各方面条件特别是自然环境适宜的地方，他们便极有可能停留并定居下来；而若新居地又受到战乱及其他不稳定因素的影响，他们还会继续迁移，因而有些移民的迁移行为不止一次，或有经过几次辗转后才完成其移民过程。当然，东晋南朝政权也对移民的安置地或定居地起着引导或强制的作用。

然则正是出于移民方面与朝廷方面共同作用的此类地域选择，改变着或者加速了江南地域的历史发展进程。以常被学人引用论述江南社会经济变迁的两条关键史料为例，即能略见大概：

> 楚越之地，地广人希，饭稻羹鱼，或火耕而水耨，果隋蠃蛤，不待贾而足，地埶饶食，无饥馑之患，以故呰窳偷生，无积聚而多贫，是故江淮以南，无冻饿之人，亦无千金之家。
>
> 史臣曰："江南之为国盛矣！虽南包象浦，西括邛山，至于外奉贡赋，内充府实，止于荆、扬二州。自汉氏以来，民户雕秏，荆楚四战之地，五达之郊，井邑残亡，万不余一也。自义熙十一年司马休之外奔，至于元嘉末，三十有九载，兵车勿用，民不外劳，役宽务简，氓庶繁息，至余粮栖亩，户不夜扃，盖东西之极盛也。既扬部分析，境极江南，考之汉域，惟丹阳、会稽而已。自晋氏流迁，迄于太元之世，百许年中，无风尘之警，区域之内，晏如也。及孙恩寇乱，歼亡事极，自此以至大明之季，年逾六纪，民户繁育，将曩时一矣。地广野丰，民勤本业，一岁或稔，则数郡忘饥。会土带海傍湖，良畴亦数十万顷，膏腴上地，亩值一金，鄠、杜之间不能比也。荆城跨南楚之富，扬部有全吴之沃，渔盐杞梓之利，充仞八方，丝绵布帛之饶，覆衣天下。"

两相比较，《史记·货殖列传》有关"楚越之地"的描述与《宋书》卷五四"史臣曰"对"江南之为国盛矣"的感叹，使读史者不能不惊奇于这样的仿佛天壤之别，也使

治史者不能不深思何以会有这样的仿佛天壤之别。进之,读史者治史者还会惊奇与深思诸如这样的记载:

吴粤之君皆好勇,故其民至今好用剑,轻死易发。①

(扬州之地)永嘉之后,帝室东迁,衣冠避难,多所萃止,艺文儒术,斯之为盛。今虽闾阎贱品,处力役之际,吟咏不辍,盖因颜、谢、徐、庾之风扇焉。②

由上引典型而具代表意义的史料出发,则东晋南朝时代江南地域社会变迁之巨、经济发展之速、文化进步之快,可谓至为明显。这种变迁、发展、进步,当然离不开江南之土著民众与家族的努力,更与六朝尤其是永嘉乱后之东晋南朝大量北方民众与家族的南迁关系密切。其详本书第十一章、第十二章将略论之,此不赘述。

附录:有关具体人物定居地史料辑录③

1. 建康及其周围地区

01 袁瓌

瓌"字山甫,陈郡阳夏人。……瓌与弟猷欲奉母避乱,求为江淮间县,拜吕令,转江都,因南渡。元帝以为丹杨令。中兴建,拜奉朝请,迁治书御史。……寻除庐江太守。大将军王敦引为谘议参军。俄为临川太守。敦平,为镇南将军卞敦军司。寻自解还都,游于会稽。苏峻之难,与王舒共起义军,以功封长合乡侯,征补散骑常侍,徙大司农。寻除国子祭酒。顷之,加散骑常侍"。按袁瓌既南渡而常为京官,当安家于建康。

02 袁猷

猷"字申甫,少与瓌齐名。代瓌为吕令,复相继为江都,由是俱渡江。瓌为丹阳,猷为武康,兄弟列宰名邑,论者美之。历位侍中、卫尉卿"。

03 刘超

超"字世瑜,琅邪临沂人。……超少有志尚,为县小吏,稍迁琅邪国记室掾。

① 《汉书·地理志》。

② 唐杜佑《通典·州郡十二》。

③ 本附录中,史料出处未标明者,皆见本章第一节各表之"资料来源"栏。

以忠谨清慎为元帝所拔，恒亲侍左右，遂从渡江，转安东府舍人，专掌文檄。……中兴建，为中书舍人，拜骑都尉、奉朝请”。历事三帝。

04 刘超父母

超入为中书通事郎时，“以父忧去官”；为射声校尉期间，又“遭母忧去官”。则刘超父母居建康无疑。

05 刘讷

讷为超子，不能断定是否随父渡江，姑作随父渡江处理。

06 王导　07 王舒　08 王廙　09 王彬　10 王旷　11 王敦

如所周知，琅邪王氏过江后居建康。如王导，司马睿“徙镇建康，吴人不附，居月余，士庶莫有至者，导患之。……晋国既建，以导为丞相军谘祭酒”；王舒，“丞相导之从弟也。……及元帝镇建康，因与诸父兄弟俱渡江委质焉。参镇东军事，出补溧阳令”；王廙，“丞相导从弟。……元帝作镇江左，廙弃郡过江。帝见之大悦，以为司马”；王彬，“后与兄廙俱渡江，为扬州刺史刘机建武长史。元帝引为镇东贼曹参军，转典兵参军”；王旷，王羲之父，“元帝之过江也，旷首创其议”；王敦，“元帝召为安东军谘祭酒。会扬州刺史刘陶卒，帝复以敦为扬州刺史，加广武将军”；等等。是为《晋书》所载琅邪王氏第一代过江者。

12 诸葛恢

恢“字道明，琅邪阳都人也。……恢弱冠知名，试守即丘长，转临沂令，为政和平。值天下大乱，避地江左，名亚王导、庾亮。……及导拜司空，恢在坐”云云。历仕元、明、成、康四朝，为成帝顾命大臣。

13 颜含

“东海王越以为太傅参军，出补闾阳令。元帝初镇下邳，复命为参军。过江，以含为上虞令，转王国郎中、丞相东阁祭酒，出为东阳太守。东宫初建，含以儒素笃行补太子中庶子，迁黄门侍郎、本州大中正，历散骑常侍、大司农。”

14 颜髦　15 颜谦　16 颜约

三人皆为含子。按含成帝在位期间致仕，“致仕二十余年，年九十三卒”，则推测含之三子皆在渡江前出生，而随含过江。

17 刘遐母妻子参佐将士

遐为徐州刺史，遐死，成帝以徐州授郗鉴，遐部将不乐他属，共立遐子肇。事平，“遐母妻子参佐将士悉还建康”。

18 庾亮

亮“字元规，明穆皇后之兄也。……年十六，东海王越辟为掾，不就，随父在会稽，嶷然自守。……元帝为镇东时，闻其名，辟西曹掾。……中兴初，拜中书郎，领著作，侍讲东宫。……咸康六年薨，时年五十二”。又据《晋书·外戚庾琛传》，亮父琛“永嘉初为建威将军，过江，为会稽太守，征为丞相军谘祭酒”，则过江时间应不早于307年。亮卒后，归葬建康，“丧至，车驾亲临”。

19 庾怿　20 庾统　21 庾冰　22 庾翼

怿、冰、翼为亮弟，统为怿子。怿成帝间饮鸩自杀，“时年五十”，盖与父兄一同渡江。又统年二十九卒，亦渡江前出生。又冰康帝间卒，亦是第一代移民。又“苏峻作逆，翼时年二十二”，则亦渡江前出生。此诸人既属第一代移民，又尝在京，或为京官。

23 庾蔑

蔑为明穆皇后伯父庾衮之子，“后南渡江，中兴初，为侍中”。

24 范汪

汪“字玄平。……汪少孤贫，六岁过江，依外家新野庾氏”。弱冠，至京师。又宦游外地甚久，“自请还京，求为东阳太守。……顷之，召入，频迁中领军、本州大中正。时简文帝作相，甚相亲昵，除都督徐兖青冀四州扬州之晋陵诸军事、安北将军、徐兖二州刺史、假节。……年六十五，卒于家”。又汪子宁，晚年“既免官，家于丹杨，犹勤经学，终年不辍。年六十三，卒于家”。

25 范坚

坚“字子常。……永嘉中，避乱江东，拜佐著作郎、抚军参军。讨苏峻，赐爵都亭侯。累迁尚书右丞”。

26 范启

启为坚子，不能断定是否随父避乱江东，姑作随父避乱江东处理。

27 王隐

隐“字处叔，陈郡陈人也。……建兴中，过江”，为著作郎，令撰晋史。

28 褚翜

翜“字谋远，太傅裒之从父兄也”。先后避地幽州、阳城、荥阳、密县；建兴中遂东过江。“元帝为晋王，以翜为散骑郎，转太子中庶子。”后久为京官，咸康七年卒于建康，时年六十七。

29 褚裒

裒“字季野，康献皇后父也。……少有简贵之风，与京兆杜乂俱有盛名，冠于中兴”。苏峻平后，以功封都乡亭侯，稍迁司徒从事中郎，除给事黄门侍郎。康帝时，以后父，苦求外出。按裒父洽曾为武昌太守，或裒其时已随父过江居武昌、后又至建康，然亦有可能随元帝过江。

30 温峤

峤“字太真，司徒羡弟之子也”。受并州刺史刘琨委派，奉表劝进司马睿，来到建康。死后初葬豫章，移葬建康。峤之渡江抵建康时间，据《晋书·刘琨传》、《资治通鉴》卷九〇，在317年。

31 荀邃　32 荀闿　33 荀组　34 荀奕

邃字道玄，未南渡前随父藩在密县。藩建兴元年薨于开封，邃不久“东渡江，元帝以为军谘祭酒。太兴初，拜侍中”。又邃弟闿，字道明，“与邃俱渡江，拜丞相军谘祭酒。中兴建，迁右军将军，转少府”。又藩弟组，字大章，“太兴初，自许昌率其属数百人渡江，给百兵千骑，组先所领仍皆统摄。顷之，诏组与太保、西阳王兼并录尚书事”。又组子奕，字玄欣，“随父渡江。元帝践阼，拜中庶子，迁给事黄门郎。父忧去职，服阕，补散骑常侍、侍中”。

35 荀崧　36 荀序　37 荀廞

崧字景猷，“元帝践阼，征拜尚书仆射，使崧与刁协共定中兴礼仪。……转太常”。又序、廞二人为崧从弟馗子，馗早亡，序、廞“年各数岁，崧迎与共居，恩同其子”，按时在崧刚刚南渡后，盖亦移民。

38 荀灌

未过江前，崧“使其小女灌求救于(石)览及南中郎将周访”云云，不久崧即渡江，灌盖与之同时南渡。

39 何充

充“字次道，庐江灊人。……初辟大将军王敦掾，转主簿”。按既为主簿，常在王敦左右，必已过江。后“左迁东海王文学。寻属敦败，累迁中书侍郎”。

40 刘隗

隗“字大连，彭城人。……避乱渡江，元帝以为从事中郎”。

41 周顗

顗“字伯仁，安东将军浚之子也。……元帝初镇江左，请为军谘祭酒。……中兴建，补吏部尚书。……太兴初，更拜太子少傅，尚书如故”。

42 周闵　43 周恬　44 周颐

三人皆为顗子。按顗死于王敦之乱(322年)，“时年五十四”，则三人皆有可能过江前出生。

45 羊曼　46 羊聃　47 羊贲

曼、聃二人为兄弟。曼“少知名，本州礼命，太傅辟，皆不就。避难渡江，元帝以为镇东参军，转丞相主簿，委以机密”。聃“初辟元帝丞相府”。又贲为曼子。按曼死于苏峻之乱，“年五十五”，则贲极有可能随父渡江。贲“少知名，尚明帝女南郡悼公主，除秘书郎，早卒”。

48 羊鉴

鉴“字景期，太山人也。……为东阳太守，累迁太子左卫率”。事元、明、成三帝。盖西晋末渡江，居建康。

49 王承　50 王述

承“字安期。……东海王越镇许，以为记室参军，雅相知重。……久之，迁东海太守。……寻去官，东渡江。……及至建邺，为元帝镇东府从事中郎，甚见优礼”。又述字怀祖，承子，太和“三年卒，时年六十六”，则随父过江，而居建康。

51 钟雅

雅“字彦胄，颍川长社人也。……避乱东渡，元帝以为丞相记室参军，迁临淮内史、振威将军。顷之，征拜散骑侍郎，转尚书右丞”。常为京官。

52 阮孚

孚字遥集，“初辟太傅府，迁骑兵属。避乱渡江，元帝以为安东参军”。

53 阮放　54 阮裕　55 阮晞之

放字思度，“父顗，淮南内史。放少与孚并知名。中兴，除太学博士、太子中舍人、庶子”。盖在西晋末渡江。放弟裕，字思旷，“弱冠辟太宰掾。大将军王敦命为主簿，甚被知遇。……咸和初，除尚书郎”。弱冠在二十岁左右，而此时王敦尚未起兵，则裕之为移民盖可推定。又晞之为放子。放年四十四卒，时在成帝初年，则晞之极有可能亦是移民。

56 张舆

舆字公安，“避难过江，辟丞相掾、太子舍人”。

57 孔衍　58 孔启　59 孔夷吾

衍字舒元，鲁国人，“弱冠，公府辟，本州举异行直言，皆不就。避地江东，元帝引为安东参军，专掌记室。……中兴初，与庾亮俱补中书郎”。又启为衍子。按衍“以太兴三年卒于官，年五十三”，启当在渡江前出生。又夷吾为衍宗人，“元帝以为主簿，转参军，稍迁侍中，徙太子左卫率”。

60 邓攸

攸“字伯道，平阳襄陵人也。……攸与刁协、周顗素厚，遂至江东。元帝以攸为太子中庶子”。

61 桓宣

宣"为元帝丞相舍人"。

62 应詹　63 应玄

"詹字思远,汝南南顿人。……镇南大将军刘弘,詹之祖舅也,请为长史,……仍委以军政。弘著绩汉南,詹之力也。迁南平太守。"按此时洛阳尚未倾覆,而詹当已南来;后为后军将军,元帝雅重其才。又玄为詹子。按詹"以咸和元年卒,时年五十三",则玄极有可能也为第一代移民,后"位至散骑侍郎"。

64 王景

景子雅"隆安四年卒,时年六十七"。按隆安四年为公元 400 年,则景及景父隆盖为第一代移民。

65 华恒　66 华俊　67 华仰之

恒字敬则,其欲过江前,"先书与骠骑将军王导,导言于帝。……恒到,……以为卫将军,加散骑常侍、本州大中正"。又俊为恒子,而恒之卒年,在成帝加元服之咸康元年(335 年)后不久,华恒"时年六十九",则俊乃至俊子仰之都有可能在渡江前出生,并随父渡江。俊"为尚书郎",仰之"大长秋"。

68 郗鉴

鉴"字道徽,高平金乡人。……举千余家俱避难于鲁之峄山。元帝初镇江左,承制假鉴龙骧将军、兖州刺史,镇邹山。……永昌初,征拜领军将军,既至,转尚书,以疾不拜"。明帝时鉴以尚书令领诸屯营,助平王敦之乱。

69 苻朗

朗"字元达,坚之从兄子也。……征拜镇东将军、青州刺史,……后晋遣淮陵太守高素伐青州,朗遣使诣谢玄于彭城求降,玄表朗许之,诏加员外散骑侍郎。既至扬州,风流迈于一时"。居建康数年,后为人谮杀。据《晋书·孝武帝纪》,苻朗降晋在太元九年(384 年)。

70 王睿　71 王懿　72 王方回

睿、懿二人为兄弟,睿字元德,懿字仲德,"晋太元末,徙居彭城"。后"仲德闻王愉在江南,是太原人,乃往依之,愉礼之甚薄,因至姑孰投桓玄"。又"元德果敢有智略,武帝甚知之,告以义举,使于都下袭玄"。是皆过江并居建康一带。又方回为睿子。睿、懿谋诛桓玄,事泄,睿"为玄所诛,仲德奔窜。会义军克建业,仲德抱元德子方回出候武帝,帝于马上抱方回与仲德相对号泣"。

73 辛恭靖

恭靖东晋隆安中为河南太守时,为姚兴俘获,被执至长安。"经三年,至元兴中，诳守者，乃踰垣而遁，归于江东，安帝嘉之。桓玄请为谘议参军，置之朝首。寻而病卒。”

74 郑袭

袭“初为江乘令，因居县境”。

75 明僧绍

僧绍“字承烈，……隐长广郡崂山，聚徒立学。淮北没虏，乃南渡江。……住江乘摄山”。

2. 京口、晋陵一带

01 祖逖　02 祖约　03 祖纳

逖“世吏二千石，为北州旧姓。……及京师大乱，逖率亲党数百家避地淮泗。……达泗口，元帝逆用为徐州刺史，寻征军谘祭酒，居丹徒之京口”。又逖弟约“永嘉末，随逖过江”。又逖兄纳“以洛下将乱，乃避地东南”。

04 刘耽　05 刘惔

惔“字真长，沛国相人也。祖宏，字终嘏，光禄勋。宏兄粹，字纯嘏，侍中。宏弟潢，字冲嘏，吏部尚书。并有名中朝。时人语曰：‘洛中雅雅有三嘏。’父耽，晋陵太守，亦知名。惔少清远，有标奇，与母任氏寓居京口”。盖惔祖辈时仍居洛都，至其父为晋陵太守时，方迁居晋陵、京口一带。

06 徐澄之　07 臧琨

“徐邈，东莞姑幕人也。祖澄之为州治中，属永嘉之乱，遂与郡人臧琨等率子弟并闾里士庶千余家，南渡江，家于京口。”

3. 三吴地区

吴郡：

01 王廞　02 王泰　03 王华

华“字子陵，琅邪临沂人。……祖荟，卫将军，会稽内史。父廞，太子中庶子，司徒左长史。居在吴，晋隆安初，王恭起兵讨王国宝，时廞丁母忧在家，恭檄令起兵，廞即聚众应之，以女为贞烈将军，以女人为官属。国宝既死，恭檄廞罢兵。廞起兵之际，多所诛戮，至是不复得已，因举兵以讨恭为名。恭遣刘牢之击廞，廞败走，不知所在。长子泰为恭所杀。华时年十三，在军中，与廞走失，随沙门释昙永逃窜。……遇赦还吴”。

吴兴郡：

01 郭文

文字文举，“洛阳陷，乃步担入吴兴余杭大辟山中穷谷无人之地，倚木于树，苫覆其上而居焉，亦无壁障”。

02 王伟之　03 王韶之

“韶之家贫，父(伟之)为乌程令，因居县境。”

会稽郡：

01 庾琛

琛字子美，“永嘉初为建威将军，过江，为会稽太守”。又《世说新语·德行》刘孝标注云庾亮随“父琛避地会稽。端拱嶷然，郡人严惮之，觐接之者，数人而已”。

02 许归　03 许询

亨“晋征士询之六世孙也。曾祖珪，历给事中，委桂阳太守，高尚其志，居永兴之究山，即询之所隐也”。又《建康实录》卷八：许归，“以琅邪太守随中宗过江，迁会稽内史，因家于山阴”；其子许询，“中宗闻而征为议郎，辞不受职，遂托迹居永兴”。按归、询关系，当以《建康实录》为是。

04 孙统　05 孙盛　06 孙绰

统“幼与绰及从弟盛过江。……家于会稽。性好山水，乃求为鄞令，转在吴宁。……后为余姚令，卒”。据《建康实录》卷八，其过江在永嘉间。又绰“居于会稽，游放山水，十有余年，乃作《遂初赋》以致其意”。

07 傅敷　08 傅晞

二人为兄弟。敷“永嘉之乱，避地会稽，元帝引为镇东从事中郎。……晞亦有才思，为上虞令，甚有政绩，卒于司徒西曹属”。

09 郗愔

愔为临海太守期间，“在郡优游，颇称简默，与姊夫王羲之、高士许询并有迈世之风。……后以疾去职，乃筑宅章安，有终焉之志。十许年间，人事顿绝”。晚年，“以年老乞骸骨，因居会稽”。

10 王羲之

羲之“雅好服食养性，不乐在京师，初渡浙江，便有终焉之志。会稽有佳山水，名士多居之，谢安未仕时亦居焉。孙绰、李充、许询、支遁等皆以文义冠世，并筑室东土，与羲之同好。……羲之既去官，与东土人士尽山水之游，弋钓为娱”。

11 王凝之

凝之为羲之子，“仕历江州刺史、左将军、会稽内史”。遭孙恩之乱，被害于任上。

12 何友　13 何子先　14 何子平

“何子平，庐江灊人也。曾祖楷，晋侍中。祖友，会稽王道子骠骑谘议参军。

父子先，建安太守。子平世居会稽，少有志行，见称于乡曲。”盖至迟从何友起定居会稽。

15 江彪

江总《修心赋》:“太清四年秋七月，避地于会稽龙华寺。此伽蓝者，余六世祖宋尚书右仆射州陵侯元嘉二十四年之所构也。侯之王父晋护军将军彪，昔莅此邦，卜居山阴都阳里，贻厥子孙，有终焉之志。”按“王父”，祖父也。

16 谢铁　17 谢冲　18 谢方明

方明“祖铁，永嘉太守。父冲，中书侍郎。家在会稽，谢病归，除黄门侍郎，不就。为孙恩所杀，追赠散骑常侍”。入宋，方明又曾为会稽太守。

19 王随之　20 王镇之　21 王标之　22 王弘之　23 王昙生

镇之“父随之，上虞令。镇之初为琅邪王卫军行参军，出补剡、上虞令，并有能名。内史谢輶请为山阴令，复有殊绩”。镇之家旧墓在上虞。有子标之。又弟弘之“家在会稽上虞”;子昙生，“大明末，为吴兴太守。太宗初，四方同逆，战败奔会稽”。

24 阮裕　25 阮宁　26 阮万龄

裕为宁父，宁为万龄父。裕字思旷，“咸和初，除尚书郎。时事故之后，公私弛废，裕遂去职还家，居会稽剡县”。又“万龄家在会稽剡县，颇有素情，永初末，自侍中解职东归”。

27 孔淳之

“淳之少有高尚，爱好坟籍，为太原王恭所称。居会稽剡县，性好山水，每有所游，必穷其幽峻，或旬日忘归。”

28 戴逵

逵“后徙居会稽之剡县”。按逵除中间为避官府征辟逃于吴外，大部分时间居于此地。

29 谢安　30 谢玄　31 谢瑍　32 谢灵运

安“寓居会稽，与王羲之及高阳许询、桑门支遁游处，出则渔弋山水，入则言咏属文，无处世意”。又灵运祖玄父瑍，“父祖并葬始宁县，并有故宅及墅，遂移籍会稽，修营别业，傍山带江，尽幽居之美”。

第十一章
地域选择与家族兴衰

上章开首即指出，西晋“八王之乱”、“五胡乱华”及“永嘉之乱”以降，以汉族官民为主体的人口迁移，表现出西北迁河西、东北迁辽东、南迁江南的三大趋向；又本书第一章第二节之3指出：中国中古时代是一个家族时代，呈现出鲜明的家族政治、家族经济与家族文化的特征；这些特征，又都基础于特定的地域之上，即特定地区连片的大地产（一般是庄园经济形态），既维系着家族内部的宗法关系与血缘纽带，又垄断了地方官职，并进而猎取中央政治权力，奠定其政治地位与社会影响。

中古家族的这种特定地域基础，曾在西晋中期以迄东晋十六国时代，受到了严峻的挑战：先是司马氏宗室间争夺皇权的“八王之乱”，使得黄河流域无有宁日；再是非汉民族成为统治民族，在北方建国称尊。于是为了逃避战乱，为了不受非汉民族统治，以及出于其他种种考虑，大量汉魏以来的北方世家大族、新出门户，踏上了流徙的道路。“流向东北的一支，托庇于鲜卑慕容政权之下。流向西北的一支，归依于凉州张轨的领域。流向南方的一支，侨寄于孙吴的故壤。影响所及，不独前燕、前凉及东晋的建国中兴与此北方的流民有关，即后来南北朝的士族亦承其系统。”①

然则一旦踏上流徙的道路，这些家族便失去了本来依托的特定地域，当安身立命于新的政权后，他们就要“凭借权要地位求田问舍，企图尽快地重建家园，以维系其家族地位于不坠。……如果时运不济，无所树立，只有过贫穷的生活了”②。于是可以想见，对于诸多家族而言，是走还是留，是部分走部分留还是义无返顾地举族而迁，以及究竟迁向何方，等等，无疑都是痛苦而又事关家族前途的关键选择。而历史的事实是，各别家族的选择既不相同，其后来的兴衰也颇有差异。兹引述笔者所撰《中古时期郡望郡姓地理分布考论》③文中的相关文字，以见其概况：

> 西晋河内司马氏政权的主要支柱是河南郡姓集团。八王之乱及永嘉之乱后，西晋败亡，司马睿在大家族的拥戴、扶持下，建立起南方的东晋政权。

① 万绳楠整理《陈寅恪魏晋南北朝史讲演录》第八篇“晋代人口的流动及其影响（附坞）”，黄山书社1987年版。

② 田余庆《东晋门阀政治》之“后论”，北京大学出版社2005年版。

③ 载《历史地理》第11辑，上海人民出版社1993年。

当时其政权支柱是侨姓与吴姓。侨姓依地理的远近,又有区别。一类是河南郡姓,以路近而多举宗南迁,如琅邪王氏、陈郡谢氏、袁氏、殷氏、汝南周氏、谯郡桓氏、河南褚氏、陈留江氏、阮氏、颍川荀氏、兰陵萧氏、泰山羊氏,这些郡姓的主要房支与南方政权密切结合,迅速尊荣起来。另一类郡姓距离南方较远,有一部分播迁江左,成为侨姓,另一部分则留居北方原籍,就该郡姓而言,形成南北二支平衡发展的现象,如太原王氏、河东裴氏、柳氏、京兆韦氏。……随着政局的变化,若干郡姓如桓氏、殷氏、褚氏、周氏以及太原温氏、颍川庾氏、高平郗氏、义兴周氏等,因军权过盛而卒致败亡与没落。自此以后,南朝郡姓遂不喜军旅,王、谢、袁等侨姓及沈、张、陆、孔、顾等吴姓子弟,以任文职官吏为主,军权大多掌握在皇帝与宗室手中。

距离南方越远,举宗南下越为困难。即以河东裴氏为例,虽与司马睿关系至密,却宁愿留在北方,以冒风险,盖因族大根深,长距离播迁极为不易。以此之故,河东裴氏、柳氏、太原王氏、京兆韦氏等,虽有一支过江,大部分并不南行。而赵郡李氏、渤海高氏、清河崔氏、博陵崔氏、范阳卢氏、陇西李氏、河东薛氏、京兆杜氏等,皆在原籍谋求发展。荥阳郑氏、弘农杨氏则是世代长居中原的重要郡姓。这些郡姓,历十六国和北朝,维持着比较保守的门风,聚族而居,不轻离根本之地。他们既有坚毅的生存能力,又有盘根错节的社会基础,虽与胡族政权保持着或隐或显的、民族的文化的隔阂,却也历仕胡人,子孙相袭,其基础遂越来越巩固,与南渡侨姓难于固本者大为不同。所以这些郡姓大抵不因胡族政权的频繁易手而骤衰,一直到隋唐时期还保存着固有的势力。

以十六国时期论,当时中原政局极为动荡。失去保护的郡姓多聚坞集堡,以求自卫。如果胡族酋豪一定程度上采用与汉人合作的政策,则一般发展为胡族酋豪与当地郡姓及小部分迁移郡姓相结合的政治实体,在这些胡族政权中,汉人郡姓也可以仕至高位。

云云。又田余庆《东晋门阀政治》之“后论”分析播迁江左的魏晋士族云:

决心过江的士族,就其多数而言,都是八王之乱后期东海王越与成都王颖对峙时属于东海王越阵营的名士。可以说越府聚集的名士,构成了以后江左门阀士族的基础。这些名士,深知江左的琅邪王睿与中朝的东海王越有着极为密切的渊源关系,他们估计过江后在建康朝廷立足是有保障的。而东海王越由于王国地境所在和活动范围所及的原因,所团聚的士族名士

> 大抵为黄河以南诸州人，而且多为新出的门户子弟，所以江左用事臣僚也多籍隶青、徐、兖、豫诸州。……南来以后，他们才得以乘时应世，逐渐尊显起来。……侨姓士族的门户地位既然不是特别稳定，所以一旦政局变化，他们就可能受到大的影响，就会有些士族升起，有些士族沉沦。

田先生的如上分析，把问题引向了更加复杂的领域。要之，士族一旦踏上流徙的道路，其升降沉浮便容易受到多种因素的影响。如陈郡谢氏因南迁而盛，但到东晋末年即盛极而衰，“暨陈之末，诸谢渐微，唐代无入相者”[①]。而部分迁徙、部分留居的河东裴氏，不仅在东晋南朝拥有一定的地位，在北朝更仅次于赵郡李氏、渤海高氏、清河崔氏、河东薛氏、代郡穆氏，而居第六大郡姓；直到隋唐，河东裴氏地位仍高，安史乱前任官五品以上人数四十九人，安史乱后以迄唐末则任官五品以上者还有二十九人。[②] 河东裴氏这样的冠裳不绝，与陈郡谢氏后来的寂尔无闻，可谓恰成对比。

按西晋乱后之纷乱的东晋十六国时代士族地位的升沉显隐，原因至为复杂，需要各别时期各别政权各别地域各别家族地进行具体分析；然而，迁离本土的侨姓家族，起码在一段时间内，失去了盘根错节的社会基础与连片地产的经济势力，故较之那些不离根本或者部分不离根本的家族，更难巩固与发展，却是容易理解的一般情形。然则在影响该时期家族命运的诸多因素中，是流徙还是留居以及流徙何方，换言之，即家族的地域选择，实为值得关注的重要因素。兹以南迁的陈郡谢氏与多方向迁徙而又部分留居的河东裴氏为例，说明地域选择在东晋十六国家族兴衰过程中的作用。

第一节　地域选择与家族兴衰：陈郡谢氏的情形[③]

南齐名士王俭常谓：“江左风流宰相，唯有谢安。”[④]按王俭为江左名相王导

---

① 清周嘉猷《南北史世系表》卷一。

② 胡阿祥《中古时期郡望郡姓地理分布考论》。

③ 本节的基础是笔者指导的南京大学历史系 1998 级硕士研究生刘新光完成于 2001 年 6 月的学位论文《永嘉乱后北方移民的地域选择——以江南为例》第三章“世家大族南迁后的地域选择——陈郡谢氏的情形”，后题为《东晋陈郡谢氏江左地域选择述论》，发表于《南京晓庄学院学报》2004 年第 1 期。现征得刘新光的同意，由笔者进行了较多的修改与补充，而成此节。又与上章同例，为求叙述的连贯与表意的明白，本章的部分内容或与本书其他章节有所重复。

④ 《南齐书·王俭传》。

五世孙，正是琅邪王氏这一望族的后人。王俭如此称赞谢安，一方面“盖自比也”，另方面，说起名士风流，王俭又不得不承认其祖先王导次谢安一等。然则这种称赞，恰当地反映了陈郡谢氏在江左政权中名门望族的地位。陈郡谢氏是在淝水战后达到其家族的鼎盛期的，战后以谢安为代表的谢氏子弟仕宦显赫，乃至一门四公①，当世莫比，从此王、谢才相提并论。按陈郡谢氏本非一流望族，过江后几十年间地位攀升，乃至成为与琅邪王氏并称之显族，一个明显的原因，即与陈郡谢氏南迁后的地域选择有关。

征之史传，陈郡谢氏在渡江以前，乃至渡江以后一段时期内，并非一流望族。《晋书·谢鲲传》：谢鲲“陈国阳夏人也。祖缵，典农中郎将。父衡，以儒素显，仕至国子祭酒”。谢缵其他事迹不可考，其地位不高可以推知；谢衡为“晋硕儒”②，仅于《晋书·礼志》及《宋书·礼志》等史籍中偶见，且多为议论丧服之文，可知谢衡是恪守经学传统的儒生，与当时盛行的玄学风尚不同，因此所议不被时人看重，影响甚微。至谢鲲这一代，一改前辈好儒的习尚，“不修威仪，好《老》、《易》，能歌善鼓琴”③，开始接受当时所谓“元康玄风”④，这就为谢氏一族的发迹提供了契机。然而谢氏在此时仍非望族，以下史料可以证明：

> 长沙王乂入辅政，时有疾鲲者，言其将出奔。乂欲鞭之，鲲解衣就罚，曾无忤容。既舍之，又无喜色。太傅东海王越闻其名，辟为掾，任达不拘，寻坐家僮取官稾除名。于时名士王玄、阮修之徒，并以鲲初登宰府，便至黜辱，为之饮恨。⑤

两位先后掌握朝政大权的宗王，可以恣意惩罚谢鲲，谢氏家族的地位可以想见。谢鲲在中央朝廷中没有施展抱负的机会，“以时方多故，乃谢病去职，避地于豫章”⑥。所谓“谢病去职”，不过托辞而已。此后不久，西晋政权终于灭亡，中原士

---

① 谢安封庐陵郡公，谢石封南康郡公，谢玄封康乐县公，谢琰封望蔡县公。

② 《世说新语·文学》注引《晋阳秋》。

③ 《晋书·谢鲲传》。

④ 《晋书·应詹传》载东晋时应詹上疏曰：“元康以来，贱经尚道，以玄虚宏放为夷达，以儒术清俭为鄙俗”，此可谓“元康玄风”的真实写照。

⑤ 《晋书·谢鲲传》。

⑥ 《晋书·谢鲲传》。按谢鲲到达豫章的时间，黄惠贤《谢鲲年表》(《魏晋南北朝隋唐史资料》第13辑，武汉大学出版社，1994年)系之永嘉五年(311年)，时谢鲲三十一岁，而此前一年，“谢鲲谢病去职，携家累避乱奔江南”。又《谢鲲年表》“附录”云：“永嘉五年(311)谢鲲从洛阳南下时，既率家累，又结伴而行，先至长沙，后居豫章。其同伴有阮放、毕卓、羊曼、桓彝、阮孚等人；其家属中，上有老母，下有二弟裒、广，子尚，女贞石。”

族避难江左。谢鲲不得豫其中，也从一个侧面反映了陈郡谢氏不为时人所重。然则谢鲲之于永嘉年间避地江州治所豫章郡（治今江西南昌市），实为谢氏家族的积聚力量与影响奠定了最初的地域基础。

西晋琅邪王司马睿，即后来的东晋元帝，“初镇江东，威名未著，（王）敦与从弟（王）导等同心翼戴，以隆中兴”[①]。王敦经营上游、镇守豫章时，征辟谢鲲为左将军府长史，后以讨荆湘流民杜弢乱有功，封鲲咸亭侯。元帝永昌元年（322年），王敦举兵向阙，逼谢鲲随行，事后又以谢鲲为豫章太守[②]。谢鲲在豫章太守任上，“莅政清肃，百姓爱之”。明帝太宁元年（323 年），谢鲲卒于任上，时年四十三。据此，则谢鲲从避地豫章到卒于任上，与豫章关系较密的时间有十多年。又谢鲲仅有一子谢尚一女谢贞石。谢尚“十余岁，遭父忧”[③]，可知谢尚童年的大部分时间就在豫章，而正是谢尚，开启了陈郡谢氏成为江左一流望族的序幕。谢鲲死后，葬京都建康，谢尚随之赴京，时“丹阳尹温峤吊之，尚号咷极哀。既而收涕告诉，举止有异常童，峤甚奇之”[④]。谢尚从此开始了在建康的生活。及长，王导深器之，辟为掾，袭父爵咸亭侯。又转西曹属、迁会稽王友，入补给事黄门侍郎，仕途较为顺利。谢尚之仕途顺利，说明谢氏家族的地位，在此期间已逐渐提高。又谢衡除谢鲲外，尚有谢裒、谢广二子，其中谢裒一支人丁兴旺，仕途颇顺，豫州刺史谢奕、谢万，丞相谢安及卫将军谢石，永嘉太守谢铁等，皆为裒子，而谢氏家族的兴盛也正是以这一支为标志的。《世说新语・方正》：

> 诸葛恢大女适太尉庾亮儿，次女适徐州刺史羊忱儿。亮子被苏峻害，改适江虨。恢儿娶邓攸女。于时谢尚书求其小女婚。恢乃云：“羊、邓是世婚，江家我顾伊，庾家伊顾我，不能复与谢裒儿婚。”及恢亡，遂婚。

按诸葛氏郡望琅邪，本为汉魏著姓，诸葛诞为魏司空，诞子靓为吴大司马，靓姊又为西晋琅邪王妃；诸葛恢为靓子，“值天下大乱，避地江左，名亚王导、庾亮”[⑤]。作为与琅邪王氏齐名的高族[⑥]，诸葛恢历仕东晋元、明、成、康四朝，为东晋重臣。谢尚

---

① 《晋书・王敦传》。

② 1964 年南京出土的谢鲲墓志中，言其官至“豫章内史”，《晋书・谢鲲传》则言其官至豫章太守。按“太守”、“内史”或可互称。

③ 《晋书・谢尚传》。

④ 《晋书・谢尚传》。

⑤ 《晋书・诸葛恢传》。

⑥ 《世说新语・排调》：“诸葛令、王丞相共争姓族先后，王曰：‘何不言葛、王，而云王、葛？’令曰：‘譬言驴马，不言马驴，驴宁胜马邪？’”

书即谢裒,"历侍中、吏部尚书、吴国内史"[①]。由以上引文可以看出,在以诸葛恢为代表的世家大族眼中,以谢鲲、谢裒为代表的谢氏家族还仅仅是一般的中等士族。然而永和元年(345年)诸葛恢死后,诸葛、谢两家得以联姻,这一方面说明诸葛氏社会地位的衰落,另方面又反映了谢氏在这段时间内社会地位的上升。

谢氏家族地位的上升,如谢尚在建元之初,"出为建武将军、历阳太守,转督江夏义阳随三郡军事、江夏相,将军如故"。建元二年(344年),"为南中郎将,余官如故。会庾冰薨,复以本号督豫州四郡,领江州刺史。俄而复转西中郎将、督扬州之六郡诸军事、豫州刺史、假节,镇历阳"[②]。按谢尚之为豫州刺史、镇历阳,在穆帝永和二年(346年),从此谢氏得以列为方镇。[③] 而谢尚之所以担任的是江州、豫州的地方军政长官,恐怕还与其父谢鲲在江州豫章郡[④]十多年的经营、又陈郡阳夏(今河南太康县)谢氏本为豫州家族有关。以此,称豫章为陈郡谢氏崛起江左的最初发祥地,当无不可。[⑤] 至穆帝升平元年(357年),谢尚死,从弟谢奕(357~358年在任)、谢万(358~359年在任)又相继为豫州刺史。谢氏刺豫州凡十四年,在此期间,侨置江淮地域的豫州[⑥],正是谢氏家族发展兴盛的地域依靠,谢氏威望与势力都有了很大提高。

谢万于升平三年(359年)被废为庶人。据《晋书·谢万传》载,谢万、郗昙北伐攻燕,郗昙以病退屯彭城,谢万闻之,以为敌势强大,仓皇撤退,众溃,许昌、颍川、谯、沛等城相继为燕所得,于是谢万"废为庶人"。当此之际,优游东土会稽、一直拒绝出仕的谢万之兄谢安"始有仕进志,时年已四十余矣"[⑦]。按谢安之优游东土会稽,为其时众多侨姓高门经济上的一致选择。陈寅恪认为:"南来北人之上层社会阶级","'寄人国土',喘息稍定,旧习难除,自不能不作'求田问舍'之

① 《世说新语·方正》注引《永嘉流人名》。

② 《晋书·谢尚传》。

③ 按谢尚姊谢贞石与河南阳翟褚裒联姻,有女褚蒜子。蒜子先为琅邪王司马岳妃,司马岳即位(康帝)后,蒜子被册立为皇后。康帝死,司马聃幼年即位(穆帝),蒜子为皇太后垂帘听政。谢尚之仕途顺利甚至发达,应该与外甥女褚蒜子有关。

④ 据《宋书·州郡志》,西晋惠帝元康元年(291年)分扬、荆二州十郡置江州,初治豫章郡(郡治南昌,今江西南昌市),东晋成帝咸康六年(340年)移治寻阳郡(郡治柴桑,今江西九江市西南)。又东晋南朝时,江州治所在寻阳与豫章间颇多转移,详胡阿祥《六朝疆域与政区研究》(增订本,学苑出版社2005年版)上编第三章第二节、《宋书州郡志汇释》(安徽教育出版社2006年版)"江州刺史"条。

⑤ 此点参考了朱智武《东晋南朝墓志研究》(南京大学历史系博士学位论文,2006年,指导教师胡阿祥)第六章第二节之二的说法。

⑥ 豫州之侨置始末,详本书第六章"考表"的考证。

⑦ 《晋书·谢安传》。

计，以恢复其旧日物质及精神上之享乐。新都近旁既无空虚之地，京口晋陵一带又为北来次等士族所占有，至若吴郡、义兴、吴兴等皆是吴人势力强盛之地，不可插入。故惟有渡过钱塘江，至吴人士族力量较弱之会稽郡，转而东进，为经济之发展。”①会稽郡是江左侨姓大族“求田问舍”的首选区域，谢氏也不例外。② 谢安年轻时，“初辟司徒府，除佐著作郎，并以疾辞。寓居会稽，与王羲之及高阳许询、桑门支遁游处，出则渔弋山水，入则言咏属文，无处世意”③。谢氏既能在会稽像琅邪王氏那样“求田问舍”，谢安又足以与王羲之这样的世家大族成员“渔弋山水”、“言咏属文”，则谢氏一族的地位已非昔日所能比拟，而达到这种盛况所凭借者，正是谢尚、谢奕、谢万刺豫州、为方镇的声威。而在会稽的谢氏家族之利益能否顺利延续，又完全系于谢氏成员在豫州的地位是否巩固。以此，357 年谢尚死、358 年谢奕亡、359 年谢万“黜废”与 360 年谢安的开始出仕——先为征西大将军桓温司马，再为吴兴太守，再拜侍中，迁吏部尚书、中护军，再为尚书仆射，领吏部，加后将军，及桓温死，谢安已位至中书监、录尚书事，等等，正表明谢氏家族在失去豫州这个可以依赖的资本后，急需一位有能力的成员来维护整个家族的利益。又有值得注意者，寓居会稽，也为谢安早日成为主掌朝政的重臣、成就大业，提供了一个良好的机遇：

> 谢太傅盘桓东山时，与孙兴公诸人泛海戏。风起浪涌，孙、王诸人色并遽，便唱使还。太傅神情方王，吟啸不言。舟人以公貌闲意说，犹去不止。既风转急，浪猛，诸人皆喧动不坐。公徐云：“如此，将无归！”众人即承响而回。于是审其量，足以镇安朝野。④

---

① 《述东晋王导之功业》，收入《金明馆丛稿初编》，上海古籍出版社 1980 年版。

② 按王志邦《东晋朝流寓会稽的北方士人研究》（收入谷川道雄主编《地域社会在六朝政治文化上所起的作用》，日本玄文社 1989 年版）云：“谢氏由谁率先流寓于此，浙江上虞新近发现的《盖东谢氏宗谱》提供了线索。该宗谱记载：谢衡被任命为国子祭酒而寓居始宁。据此，谢氏迁入会稽的时间最迟亦在东晋立国之初。”田余庆《东晋门阀政治》之“陈郡谢氏与淝水之战”就此讨论曰：“案谢衡迁国子祭酒当在元康初，此后谢衡还擢居太子少傅、散骑常侍，在散骑常侍任内曾有奉诏议皇太孙丧礼之事，其活动地点无疑皆在洛阳朝廷。《盖东谢氏宗谱》说谢衡迁国子祭酒而寓居会稽始宁，似难置信。《晋书》卷四九《谢鲲传》误记谢衡‘仕至国子祭酒’，意谓终于此官，这可能是《宗谱》说谢衡居此官而南迁的原因之一。兹检得《盖东谢氏族谱》，似即王志邦书中所引《宗谱》。《族谱》于 1926 年续道光乙酉(1825)刊《前谱》修成，谓谢珸于宋咸淳乙丑(1265)自始宁徙上虞盖山，是盖东谢氏之始。《族谱》载谢衡以国子祭酒渡江寓于始宁东山，并无证据。”

③ 《晋书·谢安传》。

④ 《世说新语·雅量》。

《晋书·谢安传》也载淝水战胜后，谢安不露声色，但“过户限，心喜甚，不觉屐齿之折”，言“其矫情镇物如此”。按在东晋特殊的文化背景与玄学风尚下，上述出海遇险的经历，实为谢安增添了一道神奇的光芒，使其获得了良好的声誉，以至时人有“安石不肯出，将于苍生何”的议论；而这类经历与这种议论，又无疑为谢安最终入主东晋中枢机构、从而实现其个人事业的辉煌与引领谢氏家族达致势力的顶峰，创造了有利的条件。

针对谢万轻易失去豫州的教训[①]，谢安东山再起、权位在手后，即着手建立一支可由自己支配的军队。太元二年（377年），都督扬豫徐兖青五州幽州之燕国诸军事、总摄下游的谢安，先是力荐兄谢奕之子谢玄担当边防重任：

> （玄）转征西将军桓豁司马、领南郡相、监北征诸军事。于时苻坚强盛，边境数被侵寇，朝廷求文武良将可以镇御北方者，安乃以玄应举。中书郎郗超虽素与玄不善，闻而叹之，曰：“安违众举亲，明也。玄必不负举，才也。”时咸以为不然。超曰：“吾尝与玄共在桓公府，见其使才，虽履屐间亦得其任，所以知之。”[②]

尽管有一向结怨的郗超表态，尽管后来淝水之战的胜利也证明谢安确实用人得当，时人对这一举荐却抱有异议，任人唯亲的言论当时可能十分盛行；而谢安急于任用族人、以维护家族利益的迫切心情，也可以想见。谢玄“于是徵还，拜建武将军、兖州刺史、领广陵相、监江北诸军事”，谢玄也因此得以在下游重组北府兵。《晋书·刘牢之传》：

> 太元初，谢玄北镇广陵，时苻坚方盛，玄多募劲勇，牢之与东海何谦、琅邪诸葛侃、乐安高衡、东平刘轨、西河田洛及晋陵孙无终等以骁猛应选。玄以牢之为参军，领精锐为前锋，百战百胜，号为“北府兵”，敌人畏之。

北府兵遂成为拱卫京师、镇御边境的一支重要军事力量，谢安在建康执政也因此有了坚强的凭藉。同时，谢安还委弟谢石以重任，“淮肥之役，诏石解仆射，以将军假节征讨大都督，与兄子玄、琰破苻坚”[③]，又“以琰有军国才用，出为辅国将

① 关于谢氏轻易失去豫州刺史一职的原因，田余庆《东晋门阀政治》之“陈郡谢氏与淝水之战”认为：“谢氏在豫州，并未经营起一支有长久影响的为谢氏门户所用的武力，所以谢万卒以轻易被废而离开豫州。”

② 《晋书·谢玄传》。

③ 《晋书·谢石传》。

军，以精兵八千，与从兄玄俱陷阵破坚"[①]。如此，淝水之战中，陈郡谢氏一门，既有谢安为征讨大都督、总统中枢，又有谢氏子弟手握重兵、冲锋陷阵。淝水之战的胜利，正是在这种前所未有的局面下取得的。

然而，淝水之战的空前胜利，既将谢氏家族的声望与地位提高到极至的境地，也给谢氏家族带来了颇不安定的因素：功高震主，谢氏家族处于功高不赏的尴尬境地。按"以军权谋求门户利益，本来是东晋门阀政治的特点之一，王、郗、庾、桓，概莫能外，谢氏也是如此"[②]；而一旦军权过盛，又反过来孕育了家族的危机。随着淝水战役的结束，南北矛盾暂趋缓和，东晋朝廷内部矛盾则益发明显，特别是皇室对于谢氏的猜忌成为不可避免。淝水之战前夕，朝廷以年方二十的宗室琅邪王司马道子与谢安共录尚书事，既是这一矛盾的微有暴露；及至战后，随着谗毁迭起，太元九年(384 年)八月，谢安就不得不离开中枢之职，自请北征，并于次年四月出居广陵，八月去世；司马道子则为扬州刺史、录尚书事、都督中外诸军事。而在这样的情形下，谢玄也不能自安于北府之任，加上北伐失利与疾病等原因，于是太元十二年退就会稽内史职，并于次年去世。按谢玄的东归谢氏家族殖产兴业的后方以至于死，"标志着谢氏门户越过了其发展的顶点。从此以后，谢氏家族再未产生真正当道处轴的人物"[③]，而谢氏家族成员也大部分蜗居会稽或三吴一带，或仅担任这个"大后方"的地方官，不能再次入主中枢。及至安帝隆安三年(399 年)，孙恩兵起，兵锋所及为会稽等东土与吴地诸郡，于是谢氏子弟首当其冲，也备受其祸，谢氏人物死于孙恩者，如谢安之子谢琰，谢琰之子谢肇、谢峻，谢铁之子谢邈、谢冲，谢冲之子谢明慧等，此远比其他大族为多。[④] 经

---

① 《晋书·谢琰传》。

② 田余庆《东晋门阀政治》之"陈郡谢氏与淝水之战"。

③ 田余庆《东晋门阀政治》之"陈郡谢氏与淝水之战"。

④ 田余庆《东晋门阀政治》之"陈郡谢氏与淝水之战"指出："谢氏是孙恩起事之时影响最大的一家门阀士族。孙恩起事，首先是反对当权的司马元显，同时也特别仇视其时最有影响的士族谢氏。谢氏家族的经济势力在三吴扩展，也较其他门阀士族要显著一些。所以谢氏人物或居家或为官在三吴者，在孙恩起事的战斗中首当其冲。……孙恩起事以后，主要的战场对手，一个是以徐州刺史督吴兴、义兴两郡军事，后来又以会稽内史督五郡军事的谢琰，谢琰不久即被孙恩军杀死；另一个是统领北府兵的刘牢之，而北府兵与谢氏家族关系的密切，是人所共知的。这也是孙恩与谢氏家族矛盾表现得特别尖锐的一个原因。"

过这次沉重打击,陈郡谢氏的辉煌时代一去不复返了。[①]

总结上述讨论,可以得出这样的认识:陈郡谢氏南迁后的地域选择,实对其家族的兴衰有着重大的影响。无论是家居地还是仕宦地,豫章、豫州、建康、会稽是与谢氏家族关系最为密切的四个地域。其中豫章为谢氏家族积聚力量与影响的发祥之地,豫州则是谢氏家族真正崛起的最初基础。依靠在豫州的方镇实力,谢氏家族得以对建康亦即东晋中央政府施加影响,建立起谢氏家族的威望;得以在会稽购田置地,殖产兴业,维系整个家族的发展。而仕宦于建康中央的家族成员,也必须以强有力的豫州方镇为后盾,才能巩固其在中央朝廷的地位。会稽一带可以看做谢氏以及其他侨姓家族成功发展的一个标志,一流侨姓家族都在这里拥有规模宏大的庄园经济。但是会稽作为后方,并不能对整个侨姓家族的发展起到维系、支撑的作用,反过来它必须依靠侨姓大族成员在其他地域或者权力中枢的政治、军事势力来维系和支撑。淝水战后,谢氏被完全排除在中枢权力之外,其家族成员大量到后方任职,加之遭遇孙恩起事的特别打击,于是缺乏其他地域与权力中枢有力支持的陈郡谢氏家族,从此在政治上与军事上辉煌不再,而真正成为"雅道相传"[②]的南朝华丽家族。

第二节　地域选择与家族兴衰:河东裴氏的情形[③]

与陈郡谢氏因南迁而盛、却又很快盛极而衰不同,河东裴氏西晋时就为四海大族,及西晋末年,裴氏或留居本贯,或西奔河西、东走辽东、南渡江左,虽各支的发展都称不上显著,却也相当平稳,而至北朝隋唐,河东裴氏更是进入了空前鼎盛的时代。按裴氏的这种情形,既与其部分留居本贯有关,也与其多方向的迁移

---

① 田余庆《东晋门阀政治》之"陈郡谢氏与淝水之战"分析此后谢氏家族命运云:"晋末以来,几家最高的门阀士族,以谢氏影响最深,潜力最大,所以谢氏人物参预政治的机会,也较其他家族为多。在晋宋皇权复兴之际,谢氏这样的家族,对于皇权来说,既最有利用的价值,又最具生事的危险。所以自东晋义熙年间刘裕当权以后,以迄刘宋之间,谢氏家族人物被刘宋杀戮者,比其他高门都要多,计有谢混、谢晦、谢灵运、谢综、谢约等人,其中谢混是谢琰之子,谢灵运是谢玄之孙。"田氏又指出:谢安、谢玄之后的陈郡谢氏,"家族地位却稳定在一个极限水平上,一直延伸至南朝之末为止"。

② 《南史》卷十九"史臣曰":"谢氏自晋以降,雅道相传。"

③ 本节的基础是笔者指导的南京大学历史系2005级博士研究生宋艳梅所撰论文《两晋之际河东裴氏播迁考论》(《河南科技大学学报》2007年第1期)。现征得宋艳梅的同意,由笔者进行修改与补充,而成此节。又本节的观点,从尊重原作者考虑,大体仍旧。

地域与多样化的入仕政权之选择有关。

1. 两晋河东裴氏家族地位的变化及其播迁

河东裴氏士族地位的形成奠基于东汉末，入《三国志》传的裴潜已被称为“世为著姓”，其父裴茂“仕（汉）灵帝时，历县令、郡守、尚书。建安初，……封列侯”①。裴茂四子：潜、徽、辑、俊。② 除裴俊仕于蜀汉，蜀汉破灭后入洛、其子孙声名不显外③，裴潜、裴徽两支在曹魏西晋政权中成就了“八裴方八王”（“王”谓琅邪王氏）的中朝名望。裴潜官至魏尚书令；子秀处魏晋禅代之世，“声盖朋僚，称为领袖”，任尚书令、拜司空，为“当世名公”④；秀子頠亦位居朝望，历侍中、尚书、光禄大夫等职。裴徽一支较裴潜更为隆盛，其子黎、康、楷、绰，并有盛名，号为“四裴”⑤。又裴辑子颍为司隶校尉，颍子武为玄菟太守。

以裴潜、裴徽、裴辑三支为主体的河东裴氏，曹魏西晋时期入史传者计有三十一人，其中除两人职位不载、一人官居六品之外，任五品官以上者竟达百分之九十以上，毛汉光称之为四海大族⑥。而与官高职显相对应，曹魏西晋时期与河东裴氏联姻者，除皇室、后族之外，太原王氏、太原郭氏、琅邪王氏、河东卫氏、济阴卞氏等均为当世权贵大族。

但历西晋末年之社会动乱、晋室南移后，中原士族高门如琅邪王氏等之权势在江左得到延续和提升，而曾与琅邪王氏齐名的河东裴氏，却在东晋一朝没有取得相应的地位，较为寂寥，史籍所载，仅有裴启、裴松之及其父（珪）祖（昧）四人仕于东晋，原裴潜、裴徽、裴辑三支子孙之大部皆仕于北方胡族政权或河西汉族张氏政权。姻亲关系上，除裴松之之舅为颍川庾楷、属侨姓大族外，另有前凉主安定张重华妻为裴氏⑦，与裴宪同为石赵尚书的枣嵩为裴宪之婿⑧。

如此，西晋已为四海大族、根深势强的河东裴氏，在与十六国对峙而为西晋政权延续的东晋正统政权中，政治地位、社会声望已经陡然下降，仕途不显，唯或

---

① 《三国志·魏书·裴潜传》注引《魏略》。

② 《新唐书·宰相世系表》裴氏条，裴茂“三子：潜、徽、辑”。而《三国志·蜀书·孟光传》有光禄勋河东裴俊，注引《裴氏家记》：“（裴）俊字奉先，魏尚书令潜弟也。”

③ 参考本书“附录3”的相关论述。

④ 《晋书·裴秀传》。

⑤ 《梁书·裴子野传》。

⑥ 毛汉光《中国中古政治史论》第三篇，上海书店出版社2002年版。

⑦ 《晋书·张祚传》只言“重华妻裴氏”，考虑到河东裴多有奔河西者，且家世素贵、为张氏所重，故疑其为河东裴氏。

⑧ 《资治通鉴》卷八七永嘉五年。

为胡主或为偏霸政权所重用。按两晋之际河东裴氏地位的这种变化，与其播迁地域的选择及入仕政权的选择不无关系。

当西晋惠怀之际，中原动乱，二京倾覆，于是士庶官民掀起了大规模的避难迁徙浪潮，其主要迁徙方向，有辽东、河西、南方；其中以迁南方者最多，《资治通鉴》卷八七永嘉五年：

> 时海内大乱，独江东差安，中国士民避乱者多南渡江。镇东司马王导说琅邪王睿，收其贤俊，与之共事。睿从之，辟掾属百余人，时人谓之百六掾。

东晋政权的支柱，即以南迁侨姓为主，江南吴姓为辅。而衡之裴氏，按照迁徙地域、入仕政权的区别，《新唐书·宰相世系表》所书裴氏定著五房中，有西眷裴、东眷裴。西眷为裴徽子裴黎之后，“以其子孙多仕西凉者，故号西眷”；仕于辽东慕容燕者，出自裴辑之后，“永嘉末，避地平州”，号为东眷。如此，除了上文所提到的裴启、裴松之父祖外，河东裴氏几无重要人物渡江，与东晋建国创业失之交臂。河东裴氏家族开始活跃于江左政权，要晚到晋末宋初。[①]

2. 河东裴氏不南渡考

然则在“中原冠带随晋渡江者百家”[②]的浪潮中，为何缺了“四海大族”河东裴氏？进之，为何两晋之际如河东裴氏这样留北不南渡的士族其实不在少数？除了一般所说的路途遥远、安土重迁等原因外，学者们还另有深论。

何启民《五胡乱华时期的中原郡姓》[③]在解释“郡姓”何以留北时强调了文化因素，指出留北的士族为保持传统经学之旧阀阅者，而南下者为那些受过新时代新思潮即玄学洗礼的家族。按何启民的论点就当时士族之整体而言大体是正确的；但具体到河东裴氏，自汉末以来至于魏晋，其家族已由儒学而渐染玄风。如裴徽“有高才逸度，善言玄妙”，“数与平叔共说《老》、《庄》及《易》”[④]；其子裴楷

---

① 《魏书·裴叔业传》：“裴叔业，河东闻喜人也。魏冀州刺史徽之后也。五代祖苞，晋秦州刺史。祖邕，自河东居于襄阳。父顺宗、兄叔宝仕萧道成，并有名位。”又裴英起为叔业兄令宝子彦先之孙，《北齐书·裴英起传》：“其先晋末渡淮，寓居淮南之寿阳县。”据《新唐书·宰相世系表》，苞为徽长子黎之子，《南齐书·裴叔业传》：“徽子游击将军黎，遇中朝乱，子孙没凉州，仕于张氏。黎玄孙先福，义熙末还南，至荥阳太守。叔业父祖晚渡。”又《南史·裴邃传》：“河东闻喜人，魏冀州刺史徽之后也。祖寿孙，寓居寿阳，为宋武帝前军长史。”又裴政为裴邃孙，《隋书·裴政传》：“裴政字德表，河东闻喜人也。高祖寿孙，从宋武帝徙家于寿阳，历前军长史、庐江太守。”

② 颜之推《观我生赋》自注。

③ 收入何启民《中古门第论集》，台湾学生书局1982年版。又何启民将五胡乱后的中原士族，以是否南渡分为“侨姓”和“郡姓”两类。

④ 《世说新语·文学》注引《管辂传》，《三国志·魏书·管辂传》注引《管辂别传》。

"特精《易》义","能清言";[①]徽孙裴遐"以辩论为业,善叙名理,辞气清畅,泠然若琴瑟。闻其言者,知与不知无不叹服"[②];徽兄裴潜之孙頠"谈理,与王夷甫不相推下","时人谓为'言谈之林薮'"[③]。据此,以尚儒或尚玄的文化学术取向来解释裴氏少有南渡者,尚欠确切。

田余庆认为,"决心过江的士族,就其多数而言,都是八王之乱后期东海王越与成都王颖对峙时属于东海王越阵营的名士。……所以只以士族本贯与建康道里远近一端来解释士族是否南行,而不考虑他们在历史上与司马越、司马睿的政治关系,似乎还是未达一间"[④]。然而当八王之乱后期,河东裴氏特别是其中的裴徽后人,多有属于司马越、司马睿阵营者。如裴康子裴盾永嘉年间为徐州刺史,东海王越是其妹夫;裴盾弟裴邵在司马睿为安东将军时,与王导各为其长史、司马,两人相交甚厚;裴绰子裴遐为东海王越主簿。[⑤] 又裴潜孙裴邈曾任太傅司马越从事中郎,为司马越府三才之一。[⑥] 其与司马颖关系密切者,据林校生考证,却只有裴辑之孙裴武。[⑦]

据上,既然从文化因素与政治关系两方面看,河东裴氏都具备了南渡的条件与选择,那么何以事实上南渡者却少呢?这就需要具体问题具体分析。

比较而言,在与东海王越、成都王颖两大阵营的关系上,河东裴氏与司马越及与司马越有着密切渊源关系的司马睿关系更近[⑧],如裴盾、裴邵、裴遐、裴邈都是最有可能渡江者。然而观此四人的命运,却都难以幸免于战乱之中。裴盾于司马越死后,遭逢匈奴刘渊将王桑、赵固的侵逼,与其长史司马奥逃奔淮阴,后又在司马奥的劝诱下降于赵固,终为赵固所杀;裴邵随司马越出项时卒于军中;裴遐被司马越子司马毗所害。[⑨] 裴邈为匈奴军大败于渑池后,生死不明。[⑩] 又裴邵、裴邈后人史无明载;裴盾妻子在盾逃奔淮阴时"为贼人所得"[⑪];裴遐无子,唯

① 《世说新语·德行》注引《晋诸公传》,《世说新语·赏誉》注引《晋阳秋》。
② 《世说新语·文学》注引邓粲《晋纪》。
③ 《世说新语·文学》注引《晋诸公赞》,《世说新语·赏誉》。
④ 田余庆《东晋门阀政治》之"后论"。
⑤ 并见《晋书·裴宪传》。
⑥ 《三国志·魏书·裴潜传》裴松之注,《世说新语·赏誉》。
⑦ 林校生《西晋"八王"幕佐分府考录》,《宁德师专学报》2003年第1期。
⑧ 司马睿之与司马越的关系,田余庆《东晋门阀政治》之"释'王与马共天下'"有详论,此不重复。
⑨ 并见《晋书·裴宪传》。
⑩ 《资治通鉴》卷八七永嘉四年,《魏书·羯胡石勒传》。
⑪ 《晋书·裴宪传》。

女裴穆渡江，妻杜预孙杜乂，生女杜陵，为晋成帝皇后，“遂享荣庆”[①]。又如所周知，较之裴穆更加“荣庆”者为东海王司马越妃裴氏，司马睿、王导过江，系由司马越表遣，裴妃与议；裴妃于大兴中渡江，然而毕竟司马越已死，东海王越世子毗又没于石勒、不知存亡，裴妃难免势孤力单。[②] 由此可知，河东裴氏虽与司马越关系密切，但能有较大作为者，却多在战乱中元气大伤，不待渡江就已身死家破。

又河东裴氏中属于司马越阵营者还有裴楷子裴宪。据《晋书》本传及《资治通鉴》卷八七永嘉五年等考之，东海王司马越曾表裴宪为豫州刺史、北中郎将、假节。永嘉三年(309年)，裴宪奉诏讨石勒，兵败，奔于淮南。司马越党太原王浚于北方承制时，又以裴宪为尚书。裴宪本有南渡之机，但就在司马睿于江左“署置官司、改易长吏”时，裴宪与江州刺史华轶不从，司马睿遣军击之，斩轶，裴宪遂北走幽州。按裴宪“修尚儒学，足不踰阈者数年”，作为传统儒学的抱守者，裴宪虽属司马越阵营，但恪守尽忠中朝晋室之心，宁愿效命“凶粗丑正，尚晋之遗藩”的王浚，而对司马睿假置名号拒不从命。后来，王浚终为石勒所破，裴宪无奈仕于石勒，参与撰定朝仪，最后位至“右光禄大夫、司徒、太傅，封安定郡公”。如裴宪者，可谓归属司马越阵营而不得南渡的又一类型。

属于司马越阵营的河东裴氏最有可能渡江者均不得渡，那么渡江的少数裴氏又是何样情形呢？

史载有名裴纯者于永嘉四年(310年)奔建邺，《晋书·孝怀帝纪》：永嘉四年“五月，石勒寇汲郡，执太守胡宠，遂南济河，荥阳太守裴纯奔建邺”；《晋书·石勒载记》亦记此事：勒“渡河攻广宗、清河、平原、阳平诸县，降勒者九万余口。复南济河，荥阳太守裴纯奔于建邺”。按裴康四子中有名裴纯者，《三国志·魏书·裴潜传》注引《晋诸公赞》：“康子纯，黄门侍郎”；但《晋书·裴宪传》中叙及裴康子，只言裴盾、裴邵而无裴纯，又上引史料中裴纯为荥阳太守而非黄门侍郎，则南奔建邺之裴纯是否即为裴康之子甚至是否本贯河东，暂不得知。

确知仕于东晋的河东裴氏，史载稍详者为裴松之。《宋书》本传记载：“裴松之字世期，河东闻喜人也。祖昧，光禄大夫。父珪，正员外郎。……博览坟籍，立身简素。年二十，拜殿中将军。此官直卫左右，晋孝武太元中革选名家以参顾

---

① 《晋书·成恭杜皇后传》。

② 如果进一步考虑到晋元帝司马睿以少子司马冲继毗后，称东海世子，而后来王敦之乱，欲废睿之长子、明帝司马绍，而代之以司马冲，以为自立的过渡，则裴妃之南来，实际上还引起了东晋初年的某种政治波澜，而此事过后，裴妃之实际影响被淡化，也是可以推知的。参田余庆《东晋门阀政治》之“释‘王与马共天下’”。又东晋之东海王情况，详《晋书·宗室东海哀王冲传》。

问，始用琅玡王茂之、会稽谢輶，皆南北之望。……（元嘉）二十八年，卒，时年八十。”按裴松之卒于元嘉二十八年（451 年），时年八十，则其生年应为晋简文帝咸安二年（372 年）；二十岁拜“殿中将军”，时为晋孝武帝太元十六年（391 年）。松之既任职于晋孝武帝时，其父祖当在此前南下，但其父祖事迹史载不详，究竟于何时在何种境况下渡江，又难确认。

值得注意的是，《梁书·裴子野传》记载：“裴子野字几原，河东闻喜人，晋太子左（卫）率康八世孙。兄黎，弟楷、绰，并有盛名，所谓‘四裴’也。曾祖松之，宋太中大夫。祖骃，南中郎外兵参军。父昭明，通直散骑常侍。”是裴松之为裴康之后。裴康四子纯、盾、邵、廓，裴盾、裴邵据前所考，为极有可能渡江者。但裴盾妻子“为贼人所得”，恐无流落过江者；裴邵与王导深交，如有子孙过江当受举用，亦应为世人所知；裴廓晋中垒将军，事迹不详。联系上文曾述及的不明本贯又与裴康长子同名且南奔建邺的裴纯，这里似可推测南奔的裴纯可能就是裴康之子裴纯；而居于江左的裴松之父祖，也可能就是南奔建邺的裴纯之后。果然如此，河东裴氏始过江于永嘉四年（310 年），距王导、司马睿永嘉元年渡江至建邺仅隔三年。

虽然，裴松之父祖极有可能为西晋末河东裴氏过江之罕见者，但较之琅邪王氏等侨姓而言，河东裴氏的主要宗支仍多留在北方[①]，又因立身简素、“家传素业，世习儒史”[②]（如裴松之，松之子骃，骃孙子野），而与江左上流尚玄之风相左，故此声望不显。不仅裴松之父祖于东晋几无事迹记载，松之所拜殿中将军一职因“直卫左右”，而于“革选名家以参顾问”时被有“南北之望”的琅邪王茂之、会稽谢輶接任，可见河东裴氏于东晋已非名家、难入望族。松之在东晋居官三十年，直至刘宋名望才显，官至太中大夫。[③] 又撰《语林》之裴启，《隋书·经籍志》书其为东晋处士，《世说新语·轻诋》注引《续晋阳秋》曰：“晋隆和中，河东裴启撰汉魏以来迄于今时言语应对之可称者，谓之《语林》”，但裴启之身世与南迁情况也还有待考证。

综上所述，关于河东裴氏永嘉乱后之南渡问题，可以得出三点认识：其一，属于司马越、司马睿阵营而最有可能南渡者，因战祸身死家破而难以成行；其二，有南下之机，但因恪守儒家政治传统而与司马睿政治态度不合者，不被江左接纳；其三，虽有南下建邺者，但非主要宗支，复因远离本贯、专修素业，以至声望难以显著。

---

① 清周嘉猷《南北史世系表》卷二即云：“河东裴氏其迁居江左不在定著五房之中者，又有晋光禄大夫昧，晋太子左卫率康之后。”

② 《南齐书·裴子野传》。

③ 按由东晋而刘宋，门阀政治已逐渐回归到皇权政治（详孔毅《南朝刘宋时期门阀士族由中心到边缘的历程》，《江海学刊》1999 年第 5 期），而这为渡江裴氏一类本非望族者，提供了更大的发展空间。

3. 河东裴氏之西奔河西与东走辽东

前文已述,河东裴氏当永嘉之际多有西奔河西与东走辽东者。就西晋惠怀之际的河西形势言,陈寅恪早有所论:“刘石纷乱之时,中原之地悉为战区,独河西一隅自前凉张氏以后尚称治安”,“盖张轨领凉州之后,河西秩序安定,经济丰饶,既为中州人士避难之地,复是流民移徙之区,百余年间纷争扰攘固所不免,但较之河北、山东屡经大乱者,略胜一筹”①。以此,心系晋室司马氏的河西汉族张氏政权,成为仅次于南方江左的中州士庶避难之域,河东裴氏裴徽长子裴黎子孙即多迁避于此。唯值得提及的是,相对居于宗族本贯自保不迁的河东裴氏来说,播迁河西的河东裴氏,还与其在西晋末的仕宦地有关。

征之史传,裴黎二子粹、苞,粹为晋武威太守,苞为晋秦州刺史。② 按武威郡属凉州,后为前凉张氏政权所辖之地;秦州晋泰始五年(269 年)分雍、凉、梁三州置,治天水冀县,太康三年(282 年)并入雍州,惠帝元康七年(297 年)复立,镇天水上邽。而所谓“子孙多仕西凉者”,多为裴粹、裴苞二人之子孙:粹子诜“太常卿,避地凉州,及苻坚克河西,复还解县”,诜弟晅子憬“自河西归桑梓,居解县洗马川,号洗马裴,仕前秦大鸿胪”;苞孙嗣“西凉武都太守”,嗣长子邕则“自河东居于襄阳”③。由此,播迁河西的河东裴氏,多为西晋仕于此地而遭逢天下大乱不得返归故里者之子孙,“徽子游击将军黎,遇中朝乱,子孙没凉州,仕于张氏”④,即指此事;当然也不排除后来有河东裴氏族人投奔裴粹、裴苞或其子孙者。

按河西为永嘉乱后北方难得的相对秩序安定之一隅,“故托命河西之士庶犹可以苏喘息长子孙,而世族学者自得保身传代以延其家业也”⑤。避居河西的河东裴氏在后世即颇称显著,唐世占“定著五房”之三房(西眷裴、洗马裴、南来吴裴)⑥,其中南北朝时对当时政局甚至南朝政权内部斗争发挥过重要影响的南来吴裴,即为裴苞之后;⑦而且这三房裴氏在唐世共出七位宰相。然则避居河西,

---

① 陈寅恪《隋唐制度渊源略论稿》之二“礼仪”,中华书局 1963 年版。

② 《新唐书·宰相世系表》裴氏条,《三国志·魏书·裴潜传》注引《晋诸公赞》,《晋书·宗室南阳王模传》。

③ 《新唐书·宰相世系表》裴氏条,《魏书·裴叔业传》。

④ 《南齐书·裴叔业传》。

⑤ 陈寅恪《隋唐制度渊源略论稿》之二“礼仪”。

⑥ 据《新唐书·宰相世系表》裴氏条,西眷裴出自裴徽,洗马裴出自裴晅,南来吴裴出自裴苞。又中眷裴出自裴奣。奣为裴苞孙嗣中子,刘裕版为谘议参军、并州别驾。

⑦ 《新唐书·宰相世系表》裴氏条云:裴苞孙嗣之长子裴邕“度江居襄阳”,生顺宗,顺宗三子叔宝、叔业、令宝,叔业南齐南兖州刺史,初归北,号南来吴裴,事后魏,为豫州刺史,封兰陵郡公。

对于河东裴氏之家业传承与家族学术文化的保存，可谓意义重大。

又与司马睿经营江左、张轨图画河西同时，与两晋司马氏关系较密的辽东鲜卑慕容廆，也在积极招怀抚御流亡士庶。仕于慕容廆的河东裴嶷，对于慕容燕政权的创建功绩卓著，《晋书·慕容廆载记》附裴嶷专传，可比羯族石勒之张宾、氐族苻坚之王猛。又裴嶷之侄裴开亦为慕容廆股肱。按裴嶷、裴开仕于辽东也与其仕宦地有关。裴嶷本传记载：嶷为荥阳太守，“属天下乱，嶷兄武先为玄菟太守，嶷遂求为昌黎太守”。玄菟、昌黎二郡西晋俱属平州。后因裴武卒，裴嶷“被徵，乃将武子开送丧俱南”，欲归乡里，但因“既达辽西，道路梗塞，乃与开投廆”。由此，裴嶷、裴开之仕慕容廆，虽以道路梗塞为直接原因，而裴嶷及裴开父裴武起先远仕辽东之地却也实为前提，此与避居河西的河东裴氏颇有相似之处。

需要再加讨论的是，对于裴嶷来说，当时还有其他的选择，一是辽西鲜卑段氏政权，又一是江左东晋政权。

当裴嶷欲投慕容廆时，裴开起初不从：“乡里在南，奈何北行！且等为流寓，段氏强，慕容氏弱，何必去此而就彼也！”裴嶷则曰：“中国丧乱，今往就之，是相帅而入虎口也。且道远，何由可达！若俟其清通，又非岁月可冀。今欲求托足之地，岂可不慎择其人。汝观诸段，岂有远略，且能待国士乎！慕容公清行仁义，有霸王之志，加以国丰民安，今往从之，高可以立功名，下可以庇宗族，汝何疑焉！”裴开乃从之。① 据此，裴嶷往依慕容廆而不依段氏，最基本的意图，还是在于依托慕容廆可以更好地“庇宗族”以至“立功名”。②

又《晋书》裴嶷本传载：裴嶷受慕容廆之命出使建康，“将还，帝试留嶷以观之，嶷辞曰：‘臣世荷朝恩，濯缨华省，因事远寄，投迹荒遐。今遭开泰，得睹朝廷，复赐恩诏，即留京辇，于臣之私，诚为厚幸。顾以皇居播迁，山陵幽辱，慕容龙骧将军越在遐表，乃心王室，慷慨之诚，义感天地，方扫平中壤，奉迎皇舆，故遣使臣，万里表诚。今若留臣，必谓国家遗其僻陋，孤其丹心，使怀义懈怠。是以微臣

① 《资治通鉴》卷八八建兴元年。又当时形势，《资治通鉴》卷八八建兴元年记曰：“初，中国士民避乱者，多北依王浚，浚不能存抚，又政法不立，士民往往复去之。段氏兄弟专尚武勇，不礼士大夫。唯慕容廆政事修明，爱重人物，故士民多归之。廆举其俊，随才授任。”

② 按对于部分流徙士族来说，身居乱世，首要的使命在于保全家族利益，这甚至重于较为抽象的“华夷之辨”。而若要兼顾两者，则可以选择分途迁徙，如《晋书·卫玠传》：河东安邑卫玠为太子洗马，“玠以天下大乱，欲移家南行。母曰：‘我不能舍仲宝(按仲宝，卫璪，玠兄)去也。’玠启谕深至，为门户大计，母涕泣从之。临别，玠谓兄曰：‘在三之义，人之所重。今可谓致身之日，兄其勉之。’乃扶舆母转至江夏。”永嘉五年，卫璪没于匈奴刘聪。又上文所论裴宪为司马睿攻击而北走幽州、后来仕于石勒，亦可以保身全家之念解释。

区区忘身为国,贪还反命耳'",晋元帝"乃遣嶷还"。《资治通鉴》卷九一大兴三年(320年)亦记此事,而语词稍别,胡三省注曰:"谓留江东乃是徇一身之私计,归棘城则可辅廆以讨贼,乃天下之公义也。嶷之心,盖以廆可与共功名,鄙晋之君臣宴安江沱,为不足与共事而已。"按裴嶷不愿留南,鄙司马睿王导君臣之宴安江沱仅为一端,而且也不存在明显的家事之羁绊。[①] 联系上文所述,裴嶷兄裴武本属司马颖阵营,与司马越、司马睿为敌对关系,故当天下丧乱时,裴嶷要求任职辽东昌黎郡既与此有关,裴嶷出使建康既不为晋元帝真诚留用、裴嶷又执意北归慕容廆的真正缘由,还是在于政治阵营的分野。而裴嶷、裴开之后世,此后即多仕于十六国北朝,及唐号称"东眷",也为河东裴氏显支之一。

要之,以裴茂为代表、起自东汉后期的河东裴氏,两晋之际播迁三地,此三地又与裴茂四子潜、徽、辑、俊中的徽、辑两支对应[②]:播迁河西者为裴徽长子裴黎之后,播迁江左者(包括可能南渡而不得渡者)多为裴徽其余三子之后,播迁辽东者为裴辑之后;影响其播迁地域选择与出仕政权选择的主要因素,则不出保全身家之家族观念、与司马越司马睿之政治关系及对司马睿江左政权之态度、永嘉丧乱前之仕宦地三者。至于安土重迁、居于本贯而后世同样多数出仕于十六国北朝政权的其他河东裴氏家族成员,因与本章"地域选择与家族兴衰"主题关系较少,此不赘论。唯可以指出的是,历十六国北朝以至隋唐,留居本贯的河东裴氏也是代有人出,并且声望益趋显赫,此又与河东裴氏之部分不离根本因而势力得以保持与延续有关,清人顾炎武就曾感叹:"河东为唐近畿地,其地重而族厚,若解之柳、闻喜之裴,皆历仕数百年,冠裳不绝。"[③]然则"历仕数百年,冠裳不绝"的关键因素之一,又在地处中原或位属近畿,"地域选择与家族兴衰"的联系,于此亦可得确解。

陈郡谢氏与河东裴氏在两晋时代之兴衰,据上所述,情形颇异,而又都与地域选择有关。当然,陈郡谢氏与河东裴氏之兴衰及与地域选择的关系,又只具有相对的代表意义,因为在这一时代,影响家族兴衰的因素太过复杂,田余庆在《东晋门阀政治》"后论"中总结说:"就魏晋士族而言,他们在两晋之际,在八王之乱和永嘉之乱之中和以后,又出现了一次大分化。他们有的死守北方旧居,有的播迁江左。"而

---

① 《资治通鉴》卷九一太兴三年:"帝谓嶷曰:'卿中朝名臣,当留江东,朕别诏龙骧送卿家属。'"

② 西晋时声望高著的裴潜一支,考之于史,裴潜之后居于惠怀之世而有事迹者为潜孙秀子裴頠及頠二子嵩、该。裴頠当世朝望,与贾氏联姻,赵王伦废贾后时遇害;其子嵩、该虽得不死,后却并为乞活帅陈午所害。又裴俊仕于蜀汉,其子孙在蜀汉破灭后入洛,声名并不显著。

③ 《亭林集》卷五。

无论是“死守北方旧居”，还是“播迁江左”或者播迁其他地域的魏晋士族，在此以后，多数还是拥有一定的权位的，这决定于时代的特征。如以笔者所撰《中古时期郡望郡姓地理分布考论》文中“中古各时期与系统重要郡姓分布及名次表”[①]所列为限，拥有一定权位的家族，“两晋南朝”系统的家族及其名次依次为（括号内数字为名次）：琅邪王氏（1）、陈郡谢氏（2）、吴兴沈氏（3）、吴郡张氏（4）、吴郡陆氏（5）、汝南周氏（6）、彭城刘氏（6）、河东裴氏（7）、太原王氏（8）、陈郡袁氏（8）、谯郡桓氏（9）、会稽孔氏（9）、庐江何氏（10）、河南褚氏（11）、陈留江氏（12）、兰陵萧氏（12）、泰山羊氏（13）、颍川荀氏（13）、吴郡顾氏（14）、陈郡殷氏（15）、陈留阮氏（16）、河东柳氏（17）、京兆韦氏（18）；又“北朝（含隋、不含十六国）”系统的家族及其名次依次为：赵郡李氏（1）、渤海高氏（2）、清河崔氏（3）、河东薛氏（4）、代郡穆氏（4）、河东裴氏（5）、荥阳郑氏（6）、博陵崔氏（7）、代郡于氏（8）、陇西李氏（9）、河内司马氏（9）、范阳卢氏（10）、代郡陆氏（11）、弘农杨氏（12）、代郡长孙氏（13）、京兆韦氏（14）、太原王氏（14）、渤海封氏（15）、清河房氏（16）、上谷张氏（17）、京兆杜氏（18）、陇西辛氏（18）、彭城刘氏（18）、河东柳氏（19）、安定邓氏（20）、北秀容尔朱氏（20）、兰陵萧氏（21）、高阳许氏（22）、代郡罗氏（22）、扶风窦氏（23）、代郡源氏（24）、陈郡袁氏（25）、琅邪王氏（26）、吴兴沈氏（27）、吴郡陆氏（27）。[②] 无疑，以上重要家族中，迁移的家族不在少数；而如果把不离根本或如河东裴氏那样部分不离根本也看成是一种广义上的地域选择，那么，以上“两晋南朝”系统与“北朝”系统的重要家族之地域选择，也就可以全部纳入“地域选择与家族兴衰”的研究范围之内，这既是“东晋十六国南北朝侨流人口”研究的题中应有之意，也是中国中古时代政治、军事、文化、社会、民族研究的基础与前提，道理很简单：离开家族及其兴衰，便无法研究延续近八百年之久的中国中古时代！

---

① 此表系“以正史列传人物材料为主，以三世任官达五品者为郡姓标准，统计五品以上人数，而选择人数最多、家系最长、家族最大的60郡姓”而作出。其河内司马氏、彭城刘氏、兰陵萧氏、渤海高氏、弘农杨氏五品以上人数不含宗室人物。

② 胡阿祥《中古时期郡望郡姓地理分布考论》又指出：“郡姓的兴衰及郡姓集团的地位变化无常，具体到每一朝代都或有不同。如西晋河南郡姓地位最高，江南郡姓地位尚低。及东晋，则以河南、江南两大郡姓集团最为重要。陈朝时，南方郡姓集团的地位更是后来居上。具体到各郡姓，在各期的排名先后也不一致，如东晋前四位郡姓为琅邪王氏、陈郡谢氏、颍川庾氏、太原王氏，刘宋则为琅邪王氏、吴兴沈氏、陈郡谢氏、吴郡张氏，陈又变为吴郡陆氏、琅邪王氏、吴兴沈氏、汝南周氏。”

第十二章 东晋南朝人口南迁概况及其影响补说

历史是在一定的地域空间中展开的，时间、空间、人三者构成为历史的三根支柱。就“人”而论，“人”既是历史的创造者与承载者，则理解与研究历史，便不可不理解与研究“人”；具体到东晋南朝时期，当然也是这样。东晋南朝时期有关“人”的尤为重要的问题，是人口迁移。其时，无论北中国的十六国北朝还是南中国的东晋南朝，人口迁移的规模之大、范围之广、历时之久、影响之深，均超过以前任何一个历史时期，各别政权与各别地域“人”的成分与分布也因此发生了迅速而剧烈的变化，这种变化给予历史的影响是广泛而深刻的。以此，治东晋十六国南北朝的历史，明了当时的人口迁移情况，可谓前提与关键所在。

本章首先在以上各篇章的基础上，拾遗补缺，就东晋南朝时期的人口南迁（指从其他政权范围内迁入东晋南朝疆域范围内的主要人口迁移），略以时代为序，述其概况；然后在学界既往研究成果的基础上，概括并补充说明东晋南朝人口南迁的影响。而因旨在拾遗补缺与补充说明，故本章不求完整齐备。

第一节 东晋南朝人口南迁的概况

东晋南朝时期，汉族人口的南迁呈现汹涌澎湃之势。引致这股汹涌澎湃之人口南迁潮流的原因，简而言之，正如陈寅恪所引广州出土砖铭的描述[①]：

> 永嘉世，天下灾。但江南，皆康平。
> 永嘉世，九州空。余吴土，盛且丰。
> 永嘉世，九州荒。余广州，平且康。

康平丰盛的江南，强力吸纳了因天灾人祸而致空荒的北方士民之南迁。按本书前此有关各章，已就此次人口南迁的缘由与对象、研究方法、迁移形式与地域选择、迁移数量与路线、迁出地与迁入地等方面，进行了详略深浅不一的研究或讨论。兹再就东晋南朝人口南迁的时间过程，略述大概。

① 陈寅恪《述东晋王导之功业》，收入氏著《金明馆丛稿初编》，上海古籍出版社 1980 年版。

关于东晋南朝人口南迁的过程分期,各家说法稍有不同。以代表性的三家为例,如下表:

分期	谭其骧说①	王仲荦说②	葛剑雄说③
一期	西晋永嘉初乱后至东晋明帝	西晋永嘉元年后	西晋元康七年至光熙元年
二期	东晋成帝	东晋太兴四年后	西晋永嘉元年至东晋太宁二年
三期	东晋康帝穆帝至安帝	东晋永和五年后	东晋太宁三年至永和五年
四期	宋少帝至明帝	东晋太元八年后	东晋永和六年至咸安二年
五期		东晋义熙十二年后	东晋宁康元年至宋永初二年
六期		宋元嘉二十七年后	宋永初三年至泰始五年
七期		宋泰始二年后	宋泰始六年后

以上三说,分别出自历史地理学大家谭其骧师、魏晋南北朝史权威王仲荦、中国移民史顶尖学者葛剑雄;而虽然分期不一,叙述的内容则大体相似,这又无疑决定于史料本身的限制。今不再纠缠于具体的分期问题,谨参照后出的葛剑雄主编《中国移民史》第一卷中葛剑雄、吴松弟、曹树基所编"大事年表",检核正史纪传与《资治通鉴》等史籍,整理出起西晋永嘉元年(307 年)至陈祯明三年(589 年)主要的人口南迁史实之系年如下,以此客观而直接地反映东晋南朝人口南迁的概况。④

西晋怀帝永嘉元年(307 年):宗室琅邪王司马睿为安东将军、都督扬州江南诸军事、假节,镇建邺。建邺逐渐成为南方的政治中心与北方士大夫南迁的目标。

永嘉四年(310 年):历经八王之乱、匈奴起兵、流民反抗以及自然灾害,晋朝在北方的统治已经无法维持,士庶官民除为胡族政权与军队控制者外,或武装自保,或逃往周边与险僻之地,而大部分迁走南方。

永嘉五年(311 年):三月,太傅、东海王司马越病死项县。四月,匈奴刘汉将军石勒于苦县宁平城围杀东奔之晋室王公大臣与军民,王公以下死者十余万人,

---

① 谭其骧师《晋永嘉丧乱后之民族迁徙》,《燕京学报》第 15 期,1934 年。
② 王仲荦《魏晋南北朝史》上册第五章第二节,上海人民出版社 1979 年版。
③ 葛剑雄《中国移民史》第二卷第十章第一节,福建人民出版社 1997 年版。
④ 其相应的侨州郡县设置情况,大体不列,详见本书第二章第一节。

太尉王衍遇害。六月，刘汉军队陷洛阳，百官士庶死者三万余人，怀帝被俘；司空荀藩移檄州镇，以司马睿为盟主。八月，刘汉军队又陷长安，长安遗人四千余家奔汉中。自洛阳陷落，中原士族大批南迁，所谓"洛京倾覆，中州士女避乱江左者十六七"。

东晋元帝建武元年（317年）：上年十一月晋愍帝出降匈奴刘汉。三月司马睿在建康即晋王位，改元；此更加强了对北方流民的号召力。

建武二年、大兴元年（318年）：三月愍帝凶讯至建康，司马睿遂称帝，重建晋朝。而北方连年战乱与灾害，驱使官员与百姓继续南迁。

大兴三年（320年）：为安置并优遇随司马睿过江的旧封地琅邪国侨流，于建康侨置琅邪郡及费、怀德诸县。这是东晋最早设立的侨郡侨县。

大兴四年（321年）：诏免中原百姓遭难为扬州诸郡僮客（私家所属仆役）者为良人（平民），以供征役，而大族均怨。

永昌元年（322年）：兖州刺史郗鉴驻峄山数年，至是为羯族石赵所逼，退至合肥；又豫州刺史祖约也退据寿春。

明帝太宁三年（325年）：石赵屡次南攻，晋淮北诸将或败或叛，于是司、豫、徐、兖诸州几全为石赵所有，东晋北界退至淮河一线。淮北居民渡淮南迁，原迁至淮北避乱的北方难民又继续南迁。

成帝咸和三年（328年）：上年豫州刺史祖约、历阳内史苏峻反，是年石赵军队又渡淮攻寿春。在此前后，渡江南迁者颇众。

咸和四年（329年）：为安置徙过江南及留在江北的流民，颇设侨州郡县以司牧之。

咸和七年（332年）：桓宣等收复襄阳，朝廷以其所率淮南部曲立义成郡。

咸康七年（341年）：实编户，诏王公以下至庶人皆正，土断白籍。

穆帝永和五年（349年）：石赵主石虎死，国内大乱。晋遣军北伐，褚裒帅众三万径赴彭城，北方士民降附者日以千计。但褚裒部将败于代陂，褚裒即退还广陵。而因河北大乱，遗民二十余万口渡河欲来归附者，与褚裒无法接应，于是不能自拔，死亡略尽，能够南迁者估计不多。

永和七年（351年）：永和五年以来之北方战乱愈演愈烈，而石赵所迁青、雍、幽、荆徙户及氐、羌、胡、蛮数百万人，各还本土，道路交错，相互杀掠，其能回乡者十有二三；部分汉族士民也以东晋为避乱目的地，南迁江淮、江南。又此前后，秦雍流民由关中而大量南迁汉中，或继续南下蜀地，或顺汉水而下、迁至襄阳一带。

永和十年（354年）：桓温伐前秦，至灞上，旋因缺粮，再战不利而自关中撤兵,徙关中三千余户而归。

永和十二年(356年):桓温与姚襄战于伊水,大败之,迁其余众三千余家于江汉之间。按自永和六年以来,晋朝边将往往将北方流离失所的灾民、饥民掠回江南,或将之作为奴隶买卖,境况颇称悲惨。

哀帝隆和元年(362年):自永和十二年桓温收复洛阳、留兵戍守,是年,温上疏请迁都洛阳,自永嘉之乱播流江表者,一切北徙,以实河南。孙绰等以为不可,王述则请以空言许之,事果不行。

兴宁二年(364年):三月庚戌,大阅户人,令所在土断,严法禁,称为"庚戌制"。次年前燕破洛阳。

孝武帝太元二年(377年):谢玄多募劲勇,徐、兖、青等州侨民纷纷应募,所组织之军队,号"北府兵",为东晋劲旅。

太元八年(383年):东晋败前秦于淝水,大批秦军被俘,或赏赐将士,或配入作部(官方工场)服役。部分前秦宗室、官员投晋,一些北人南迁。

太元九年(384年):前秦乱,北方再陷分裂局面。晋军北上西进,克襄阳、洛阳、彭城乃至黄河以北黎阳等地,所至之地,城堡多有降者,当地一些民户南迁。

太元十年(385年):上年梁州归晋,是年晋克成都,收复益州。而西燕与前秦交战,关中士民流散,颇有迁入梁、益二州者。又前秦苻坚为后秦姚苌杀死,苻坚太子宏将数千骑与母、妻、宗室出奔,后部分辗转入晋。

太元十九年(394年):后燕略地青、兖,晋高平、泰山、琅邪等郡皆委城奔溃,居民南迁。

安帝隆安三年(399年):京兆韦华、谯郡夏侯轨、始平庞眺等率襄阳流人一万叛晋,投奔后秦。后秦攻陷晋洛阳,淮、汉以北诸城多降秦。

元兴三年(404年):刘裕等讨桓玄,交战于长江沿线,晋民避乱,襁负之淮北者道路相属。

义熙元年(405年):刘裕遣使求和于后秦,且索取隆安时失地。后秦以汉水以北的南乡、顺阳、新野、舞阴等十二郡还晋,引起一些北人南迁。

义熙六年(410年):早在隆安三年,南燕王慕容德略地青、兖,取广固为都城。及是年,刘裕破广固,南燕亡,旋返。刘裕没入家口万余人,加之其他降俘人员,南迁者当有数万之众。

义熙九年(413年):刘裕重申庚戌土断之令,于是依界土断,唯徐、兖、青三州居晋陵者不在断例,诸流寓郡县多被并省。

义熙十一年(415年):刘裕攻晋宗室、荆州刺史司马休之,雍州刺史鲁宗之等起兵助休之。刘裕破江陵、襄阳,休之、宗之等奔后秦。按刘裕执政与代晋期间,大量政敌与晋宗室逃亡北方。

义熙十三年(417年):上年,后秦主姚兴死,境内乱,刘裕起兵伐秦,十月晋军入洛阳。是年八月,晋军临长安,后秦主姚泓出降,后秦灭亡。羌众十余万口西奔陇上,晋军追击,俘虏万计。十二月,刘裕南归,关中土侨及沿线一些北人既随同迁入晋境,部分后秦姚氏宗族及降俘人员则被迁至江南。原投奔后秦的晋宗室、大臣、刘裕政敌与家属转投北魏。

义熙十四年(418年):留在关中的晋将自相残杀,夏赫连勃勃又进逼甚急,十一月刘裕次子义真东撤,夏有关中。当晋军撤离关中时,一些关中人随同南迁。又在此后数年关中与北方的战乱中,大量人口南迁汉中、巴蜀、汉水流域,也有流入江淮以至江南等地者。

宋武帝永初三年(422年):秦雍流户南入汉中。宋武帝刘裕死,长子义符嗣立,是为少帝。北魏乘丧南侵,河南、青齐之地又乱。又宋永初中,西域康居人后裔康穆举乡族三千余家从蓝田南迁襄阳之岘南。

少帝景平元年(423年):司州之地尽入于魏,兖州之地自湖陆以北、豫州之地自项城以北也悉为魏有。所失之地,不断有官民南走。

文帝元嘉二年(425年):大批关中流民迁入汉中。

元嘉六年(429年):魏与夏连年战于关陇,关陇流民大量迁往汉中。

元嘉八年(431年):自永初三年以来,宋北方疆土不断丧失,一些居民南迁。至是年,宋魏通好,此后双方保持和平状态二十年。

元嘉十二年(435年):前年,氐王杨难当袭据汉中,次年宋收复汉中。期间梁州民颇多流寓剑南者,是年宋为置侨郡县。

元嘉十三年(436年):北燕亡,燕主冯弘奔高丽,宗室冯业率三百人航海归宋,定居岭南新会,世为牧守。

元嘉二十三年(446年):上年,河东汾阴薛永宗起兵,响应卢水胡盖吴起义。是年败死,其族人薛安都先据弘农,乃率壮士辛灵度等弃城投宋。按薛氏世为强族,同姓有三千家;随安都投宋者当不少。又是年,魏兵攻扰宋兖、青、冀三州境,杀掠甚多,文帝咨访群臣威戎远御之略,何承天建议内徙滞留宋魏边界的青、兖旧民与冀州新附二万家。何氏建议是否被采纳,史无明文,但从当时形势分析,聚集在宋魏交界的数万难民部分迁入宋境的可能性是存在的。

元嘉二十六年(449年):募诸州乐移者数千家,给以田宅,并蠲复,充实京口。

元嘉二十八年(451年):上年,宋军北伐,先胜后败,魏兵大举南下,进至瓜步,扬言将渡江,建康大震。是年,北魏退兵时,大肆杀掠,并将江淮间大批宋民北迁。而魏宁南将军鲁爽、中书郎鲁秀兄弟率家属与部曲六千余人投宋,河东解县柳光世因反魏谋泄亦南奔。冬,徙彭城流民于瓜步,淮西流民于姑熟,合万许家。

孝武帝孝建二年(455年):历年来避难迁入汉中的秦雍等地汉氏流民颇众,宋为置侨郡县。

大明元年(457年):因雍州所统多侨郡县,无有境土,新旧错乱,租课不时,于是雍州刺史王玄谟行土断之制。此举引起侨姓大族与流民的反抗。

明帝泰始五年(469年):先是前废帝景和元年(465年)江州刺史晋安王子勋(孝武帝子)起兵,湘东王彧(文帝子)主衣(执掌帝王服玩之事)阮佃夫等结前废帝主衣寿寂之等杀前废帝子业(孝武帝太子),湘东王彧即位(明帝)。次年(泰始二年),徐州刺史薛安都、冀州刺史崔道固、青州刺史沈文秀等响应晋安王子勋;子勋败,徐州刺史薛安都及汝南太守常珍奇、兖州刺史毕众敬等降魏。及泰始四年、五年,经魏长期围攻,冀州刺史崔道固、青州刺史沈文秀先后降魏。至此,淮北四州(青、冀、徐、兖)及豫州淮西(汝南、新蔡、谯、梁、陈、南顿、颍川、汝阴、汝阳诸郡)地并失,"自淮以北,化为虏庭",唯青冀二州孤悬郁洲,刘宋疆域北界遂收缩到淮水以南。而在此期间,亦有人口南迁。如泰始二年,淮西七郡(汝南、新蔡、汝阳、汝阴、陈郡、南顿、颍川)民多不愿附魏,连营南奔,魏宣慰之,民有陷军为奴婢者悉免,于是民心稍为稳定;而士大夫的情况较为复杂,除了为北魏掳掠或投靠北魏者外,有南迁者,有居留缘淮一带者,有先投北魏再投宋者,总体而言,则迁入淮南乃至江南者不在少数。又是年,魏遣使与宋修好。

泰始六年(470年):因一些家族甚至家庭分处南北,诏父母隔在异域者,悉使婚宦。

齐高帝建元元年(479年):诏青、冀、徐、兖四州士庶,本乡沦陷,簿籍不存,寻校无所,可听州郡保押。

建元二年(480年):齐高帝以宋末户籍混乱,命虞玩之等检定黄籍,以元嘉二十七年籍为准。土断郢司二境上杂民。又淮北四州百姓不愿属魏,常思归江南,齐遣间谍招诱,徐州民桓标之、兖州民徐猛子等纷起反魏。

建元三年(481年):桓标之等有众数万,而齐师救援不及,标之等为魏所灭,余众得南归者尚数千家。另有一些移民被安置在淮南边境。土断豫州。

武帝永明十一年(493年):诏缘淮及青、冀新附侨民复除已讫者,更申五年。

北地民支酉在长安城北石山起兵，秦州民王广起兵响应，秦、雍间纷起者众至十万，各守堡壁，与之呼应。齐师应接不及，旋为魏兵所破。

梁武帝天监元年（502年）：土断南徐州诸侨郡县。

天监六年（507年）：曹景宗、韦睿击败围攻钟离的魏军，魏军溺死与阵亡者各十余万，梁俘敌五万，其中万余人送建康献捷，其余可能就安置在江淮间，或被送往各地为奴婢。

天监七年（508年）：魏郢、豫二州各地守将多降梁，从悬瓠以南到安陆，魏只保有义阳一城。

天监八年（509年）：魏兵攻汉北溽沟，驱迫群蛮。群蛮悉渡汉水降梁，梁开樊城受其降。

普通六年（525年）：前年，北魏六镇兵变，魏乱。是年，魏徐州刺史元法僧称帝，失败后拥其僚属、守令、兵戍及郭邑士女万余口降梁南迁。梁赐新附民长复除，应诸罪失一无所问。按在此前后的北魏内乱中，一些宗室、大臣、地方镇将南奔投梁，随迁人员也颇多。

大通二年（528年）：北魏尔朱荣杀胡太后、幼主元钊及王公大臣二千余人，兵入洛阳，士民逃散，或有南入梁境者。魏汝南王元悦、临淮王元彧、北海王元颢等南奔降梁，郢州刺史元愿达、北青州刺史元世俊、南荆州刺史李志等亦以地降梁。

太清三年（549年）：上年，东魏降将侯景率残部渡淮而南，袭据寿阳。八月，侯景之乱爆发。是年，梁武帝萧衍死于乱中，而侯景免在南方为奴婢的北人万计，并多加擢用，冀收其力。又东魏尽取淮南之地。

简文帝大宝元年（550年）：汉东之地尽为西魏所得。时江南旱蝗，死人蔽野，大批江南百姓外逃，其中一部分远迁东南建安、晋安、义安等郡，一部分迁至岭南，少数西奔湘东王萧绎镇守的江陵。

梁元帝承圣元年（552年）：北齐占有梁江北地。侯景为部下所杀。西魏尽得梁剑阁以北。江北百姓不愿属齐，广陵侨民朱盛等聚众反抗，梁将陈霸先渡江救援。后梁、齐议和，齐许以广陵、历阳还梁，陈霸先引兵还京口，江北居民随陈霸先渡江南迁者万余口。

承圣二年（553年）：江淮之民因齐政烦赋重，多起兵反抗，欲相率而归江南。

承圣三年（554年）：西魏军攻陷梁都江陵，杀梁元帝萧绎，俘王公以下及选百姓男女数万口为奴婢，分赏三军，驱归长安，小弱者杀死。又江陵陷后，部分人迁往岭南。

陈文帝天嘉元年(560年):诏来岁不问侨旧,悉令著籍,同土断之例。

天嘉六年(565年):诏侯景之乱以来迁至建安、晋安、义安郡者,并许还本土,其被略为奴婢者,释为良民。

废帝光大元年(567年):淳于量、吴明彻在郢州击败北周拓跋定与陈叛将后梁华皎联军,俘获万余人,送建康。此俘获的万余人中,当包括北方军人。

宣帝太建二年(570年):诏顷年江北襁负相随,崎岖归化,有在都邑及诸州镇,不问远近,并蠲课役;而若克平旧土,则皆许还乡。又地方长官,宜于良田废村处随便安处,若再有课订,即以扰民论。这说明在此前数年间当有不少流民渡江南迁。

太建十一年(579年):诏淮北义人率户口归国者,建其本属旧名,置立郡县,即隶近州,赋给田宅,唤订一无所预。又青州朱显宗等率所领七百人入附。年底,北周尽取陈淮南江北地,陈在淮南江北的军政人员撤回建康。

后主祯明元年(587年):隋征后梁主萧琮入朝,琮与其群臣二百余人被留长安。隋军逼近江陵,琮叔萧岩、弟萧瓛等率所属文武及居民十万余口(一作二万余口)投陈,陈设吴州加以安置,又以萧瓛为吴州刺史,以萧岩为东扬州刺史。两年后(祯明三年),隋灭陈。

据上所列起永嘉元年至祯明三年主要的人口南迁史实①,略可概括出以下几点补充认识:

首先,西晋永嘉元年至刘宋泰始年间,凡一百六十余年间,人口南迁络绎不绝,而且屡起高潮;此后的近一百二十年间,则规模较小的南迁仍然时有发生。这可看做东晋南朝人口南迁的前后两大阶段。

其次,导致东晋南朝人口南迁的原因,虽颇称复杂,但不外战争动乱、民族仇杀、政治对立、自然灾害、军事斗争、人口掠夺、内部矛盾、文化隔阂等几大方面。

---

① 谭其骧师《晋永嘉丧乱后之民族迁徙》指出:永嘉乱后的人口迁徙,“以事出于人民自动,无关朝廷法令,故正史纪传罕有载及之者;读史者虽熟知有此事,而于当时迁徙之情形,乃竟不能悉其梗概焉”。据此,以上主要依据正史纪传以及《资治通鉴》所列者,疏漏缺略肯定不免,甚至可能有重要的史实遗漏,此亦无可奈何之事。又有需要说明者,十六国北朝既多掳掠东晋南朝人口(其中当然包括已经南迁的侨流人口),而已经南迁的士族、百姓出于种种情形北返者也不在少数,谭师《晋永嘉丧乱后之民族迁徙》略云:“魏一于北,齐、梁、陈篡夺于南,治乱之势既非昔比,而中原人民南迁之风,亦因之大杀。魏兵之屡下江、淮,南人既多被虏北迁;至孝文帝立而崇经礼士,浸浸华化,于是中原士族向之避难在江左者,又相率慕化来归。自晋江左以来之移民趋势,至是乃为之一变;……不过南渡乃是正流,北旋究属返响。”其“被虏北迁”与“慕化来归”之详情,可参考葛剑雄主编《中国移民史》第一卷中葛剑雄、吴松弟、曹树基所编“大事年表”。按这样的情形,实际减少了真正留居东晋南朝境内的南迁士族与百姓。

就前一阶段言，战争动乱、民族仇杀、文化隔阂、自然灾害以及人口掠夺等表现得相当明显；而后一阶段，则内部矛盾、军事斗争以及人口掠夺较为突出。

又次，人口南迁特别是前一阶段的人口南迁，往往与宗族势力或地方权力相联系，呈现出典型的集体行动之形式。对此，葛剑雄分析道：

> 难民在迁移过程中大多以原籍或宗族为单位，或依附于原籍的强宗大族、地方官员，集体行动。这既是在迁出地长期形成的乡土情谊和宗族观念的必然延续，也是在战乱环境中长途迁移的需要。至于北方名门大族的首领、地方官员、豪强、士人，因具有军政实力、社会地位或组织指挥能力，自然成为各个移民团体的领袖。对他们来说，这既是尽了道义上的责任，也是维护本人、本家族或本地人的利益基础的手段。所以一个移民团体往往有数百上千人，甚至数万人。①

而这样的迁移形式，如本书第一章的分析，东晋南朝侨州郡县的设置即与之密切相关。

然则迁移人口数量之众多、迁移家族门第之显盛、迁移涉及地域之广大、迁移延续时间之长久，都堪称空前的东晋南朝人口南迁，其影响同样可谓前所未有地巨大、广泛与深远。

第二节　东晋南朝人口南迁之影响补说

某种意义上说，东晋南朝乃至十六国北朝的历史，大体都与人口南迁有关。东晋南朝是人口南迁的迁入地，十六国北朝是南迁人口的迁出地，人口南迁改变了迁出地胡汉成分、分布与力量的对比，也改变了迁入地侨旧成分、分布与力量的对比，并进而影响到当时以至后世之政治、军事、经济、文化、学术、风俗、民族等各个方面。

按东晋南朝人口南迁的影响，其实早在隋唐就已经引起了政治家、文人、学者的较多注意。隋代王通《文中子·中说·述史篇》有言："江东，中国之旧也，衣冠礼乐之所就也"，正是"衣冠礼乐之所就"，使得"江东"保存了"中国之旧"。隋炀帝《敕责窦威崔祖浚》语曰："昔汉末三方鼎立，大吴之国，已称人物。故晋武帝

① 葛剑雄《中国移民史》第二卷第十章第一节。

云:‘江东之有吴、会,犹江西之有汝、颍。’衣冠人物,千载一时。及永嘉之末,革[华]夏衣缨,尽过江表,此乃天下之名都。自平陈之后,硕学通儒,文人才子,莫非彼至”①,这客观地说明了“永嘉之末,华夏衣缨,尽过江表”,促成了江东文化在孙吴的基础上进一步发展,及至隋代,江东区域已为人才之渊薮、天下之名都。唐人张籍乐府诗《永嘉行》:“晋家天子作降虏,公卿奔走如牛羊。……北人避胡多在南,南人至今能晋语”,这正确地指出了南人能晋语的原因,在于西晋灭亡、公卿南奔、北人多在南。唐人杜佑《通典·州郡十二》述扬州(今江苏、浙江、安徽、福建、江西诸省)风俗,认为造成“今虽闾阎贱品,处力役之际,吟咏不辍”的缘由,是“颜、谢、徐、庾之风扇”,是“永嘉之后,帝室东迁,衣冠避难,多所萃止”,于是才有“艺文儒术,斯之为盛”的状况。又唐人所修《隋书·地理志》,颇多汉(以《汉书·地理志》为代表)隋风俗的比较,如言豫州之域,“荥阳古之郑地,梁郡梁孝故都,邪僻傲荡,旧传其俗。今则好尚稼穑,重于礼文,其风皆变于古”;言扬州之域,“江南之俗,火耕水耨,食鱼与稻,以渔猎为业,虽无蓄积之资,然而亦无饥馁。其俗信鬼神,好淫祀,父子或异居,此大抵然也。……自平陈之后,其俗颇变,尚淳质,好俭约,丧纪婚姻,率渐于礼”;言荆州之域,“自晋氏南迁之后,南郡、襄阳,皆为重镇,四方凑会,故益多衣冠之绪,稍尚礼义经籍焉”。类似这样的描述、议论甚至探讨,由唐迄清可谓夥矣。而如果以1934年谭其骧师发表《晋永嘉丧乱后之民族迁徙》文作为现代学术关注此一问题的标志,则七十余年来,考证、述论、阐发性质的论著迭有所出,普及性质的成果更是层出不穷;其基本状况,本书“引言”已有回顾与总结。

然则面对自古及今如此多量的描述、议论,特别是论著与成果,笔者无意于简单的重复与详尽的展开。以下仅就东晋南朝人口南迁对迁入地即东晋南朝方面的影响,围绕前人与今贤之研究,在概括的基础上,就其未明、未详特别是未及者,以及本书其他章节尚未有系统说明者,稍作补说,以见笔者的看法或者观点而已。

首先,从实质上讲,东晋南朝特别是其中的东晋、宋、齐、梁,是移民政权。东晋皇统是北方的河内司马氏,朝代形式上也是晋朝正统的延续。东晋转换为刘宋,刘宋创始者为彭城刘裕,又兰陵萧道成禅宋建齐,兰陵萧衍禅齐建梁。宋、

① 清严可均校辑《全上古三代秦汉三国六朝文》之隋文,中华书局1958年版。按先是杨广即位之初,窦威等人撰《丹阳郡风俗》,“以吴人为东夷”,杨广大不悦,杖责窦威等,乃有此敕文,并命虞世南等修《十郡志》代之。

齐、梁三朝皇室，原籍也无一不在北方。而据谭其骧师《晋永嘉丧乱后之民族迁徙》文中的统计，《南史》列传人物（不计后妃、宗室、孝义），七百二十八人中原籍北方者五百有六人，南方但得二百二十二人。据知"东晋、南朝虽立国江左，然其庙堂卿相，要皆以过江中州人士及其后裔任之"，而正是北方移民及其后裔（为主）与南方土著（居次）的结合，造就了东晋南朝的局面。陈寅恪也曾指出："晋之皇室及中州避乱南来之士大夫，大抵为曹魏末年拥戴司马氏集团的儒家大族的子孙"，他们与顾荣等江南名宗"虽属于不同的邦土，然就社会阶级来说，实为同一气类"，这导致了两者的结合；而两者既经结合，"南人与北人戮力同心，共御外侮，赤县神州免于全部陆沉，东晋南朝三百年的世局因此决定"①。又周一良着重从政治上分析认为：虽然司马睿、王导等起初还向南人开放政权，但随着"南渡将近百年，侨人势力渐巩固，桓温刘裕又相继立功，威声大振，于是侨人乃不复以南人为意。……宋齐梁三朝皇室俱侨人，宋齐有一贯之政策：侨人握政权，摒南人于政治势力之外"；这种世局的真正变化，要待到陈朝建立，所谓"梁武帝时南北区别渐泯，不惟南人日以兴起，荒伧亦复进用。陈霸先以吴兴人久镇南服，立功交广，故陈世吴人势力取侨人而代之，三吴以外之南方土著亦崭然露头角矣②！"如此，可以断言，正是东晋南朝的南迁人口，造就了东晋在南方的重建晋朝，以及其后宋、齐、梁、陈的递嬗；也由于东晋、宋、齐、梁实质上是移民政权，故南迁人口左右了其时的政治状况，决定了诸多政策的制定与走向。

其次，东晋南朝的人口南迁，极大地丰富了南方文化的内涵，迅速地提升了南方文化的层次，"自是而后，东南人物声教之盛，遂凌驾北土而上之"③。如由于侨旧杂处，语言混同，进而导致方言区的变化，东晋南朝的政治、军事核心地区

---

① 万绳楠整理《陈寅恪魏晋南北朝史讲演录》第九篇"东晋与江南士族之结合"，黄山书社 1987 年版。按东晋南朝以前，孙吴的立国，也与南迁人口的关系相当密切。陈寅恪《述东晋王导之功业》（收入所著《金明馆丛稿初编》，上海古籍出版社 1980 年版）指出："孙氏之建国乃由江淮地域之强宗大族因汉末之扰乱，拥戴江东地域具有战斗力之豪族，即当时不以文化见称之次等士族孙氏，借其武力，以求保全而组织之政权"；而统计《三国志・吴书》传记主人的籍贯，除建国者孙氏家族外，收录传记共五十七篇，其中吴郡十三人，会稽郡八人，丹阳郡一人，扬州其他诸郡六人，荆州、交州、益州四人，北方诸州二十五人，则孙吴政权之得力于南北人士的协力共建，也由此可见。尤其是孙吴建国初年的重要人物，如张昭、周瑜、鲁肃、程普、吕范等，几尽为江北人士。

② 周一良《南朝境内之各种人及政府对待之政策》（收入氏著《魏晋南北朝史论集》，中华书局 1963 年版）。按由于南北人士长时间的交往、共处、融合，南北之间的隔阂、学术思想与文化观念上的不同，遂逐渐淡漠以至消失，于是北方移民认南土为家乡，南人亦视北方移民为土著，及禅梁建陈的陈霸先，即为祖先可能是北方的南方吴兴郡寒门人士。

③ 谭其骧师《晋永嘉丧乱后之民族迁徙》。

今南京、镇江等地，正是在优势的侨人文化作用下，告别了吴语，逐渐转变为间杂吴语的北方语言。[①] 又如饮食方面，北人习惯面食，为了解决这一需求，南移的北方人唯有就地种植，这促使南方的小麦产区不断扩大，南朝以降，小麦成为南方一种重要的农作物。[②] 又就精神文化言，南迁移民中众多的宗室官僚、世家大族、文人学者，他们拥有相当的社会地位、经济实力、文化水平，势必对迁入地的文化成长发生持久的作用，使得南方的文学、书法、绘画、雕塑、音乐、园林以及思想等等，面貌出新。略以文学为例，笔者曾指出：

> 在魏晋这样的家族社会，在文学深受重视的魏晋时期，以“学在家族”的缘故，以众多家族以文学为取向的缘故，世家大族与文学之间，又表现出相当的协调一致：哪里的世家大族比较集中，这里的文学就比较发达；哪个地区世家大族的地位得以维持，这个地区的文学也就得以维持，换言之，魏晋及各期的本土文学，发达或较发达的地区及中心，大体都有分布相对集中、维持相对持久的世家大族。[③]

按上引文中的“魏晋”，包括了东晋，而东晋接纳了众多的南迁世家大族。这些世家大族拥有显贵的政治地位、一定的经济实力、优越的教育条件，因此文化素质较高，从而强有力地促进了迁入地文化的进步。即以作为文化的一种艺术表征的文学来看，世家大族政治、经济、文化方面都满足了，便可以雅聚园林，游玩山水，怡情养性，吟诗作文。比如永嘉乱后南迁发展的“簪缨世家”琅邪王氏与“华丽家族”陈郡谢氏，王以文名，谢凭诗胜，王重“名德重光，爵位相继，人人有

---

① 按照陈寅恪《东晋南朝之吴语》、《从史实论切韵》（收入氏著《金明馆丛稿二编》、《金明馆丛稿初编》，上海古籍出版社 1980 年版）两文的观点，东晋南朝之士族阶层均为雅言，即讲洛阳话。此士族阶层当然包括南方士族。盖北方大族南迁，京洛语言随之南来，成为官方雅言；而南方士人仿效之，渐成习惯。《宋书·顾琛传》：“先是，宋世江东贵达者，会稽孔季恭，季恭子灵符，吴兴丘渊之及琛，吴音不变。”特别强调此数人“吴音不变”，则其他南士已不操吴音。然则即便是南迁的北方大族，因为侨居南方，其语言也多少会受到吴音的影响，即会杂有吴音，此又理所当然也。如由南入北、又精通音韵的颜之推，所著《颜氏家训·音辞》云：“夫九州之人，言语不同，生民已来，固常然矣。……而南染吴越，北杂夷虏，皆有深弊，不可具论。”这说明来到南方的北方雅言洛阳话受到了吴语的影响，从而形成一种新的以洛阳话为基础、杂有吴音的雅言“建康话”，而西晋的洛阳话也因杂有夷虏，而成为十六国北朝新的洛阳话。

② 详参张学锋《再论六朝江南的麦作业》，收入胡阿祥主编《江南社会经济研究·六朝隋唐卷》，中国农业出版社 2006 年版。

③ 胡阿祥《魏晋本土文学地理研究》“结语：拓宽加深魏晋文学地理的研究”，南京大学出版社 2001 年版。

集"[①],谢持名士家风,庄老心态,描山摹水,王、谢子弟在江南的风月山水中,留下了众多传颂千古的文章诗篇。这些文章诗篇及其创作者南迁的王谢一类家族,于是与土著的江东文化家族一起,共同形成了在当时的全域最称繁盛的江东文学局面。[②] 影响所及,江东武力强宗的文化色彩竟也日益浓厚,比如本来尚武修戎的吴兴沈氏,南朝时代也是文才辈出。[③]

再次,大量人口的南迁东晋南朝境内,有力地甚至超常地促进了诸多相关区域的经济开发。按东晋南朝尤其孙吴以前,南方大体还属"地广人稀"之地,缺乏足够的开发动力。及至东晋南朝,上百万的北方人口迁入,而且相对集中地分布在局部区域,这必然会刺激生产的发展,产生经济开发的热情。举皖南傍江地带及旧晋陵郡境为例。皖南傍江如芜湖一带,本是江水宣泄之地,地卑蓄水,湖泊较多,土地是肥沃的,却有待开发。东晋以来,豫、并、兖诸州及江淮间流人南渡长江,侨寓于姑熟、芜湖、春谷一带。这些外来人口不仅给当地提供了劳力,而且带来了北方先进的生产技术,皖南近江的经济因此迅速发展了起来。南齐宣城太守谢朓《宣城郡内登望诗》云:"溪流春谷泉","桑柘起寒烟",可见其时宣城郡一带已是流水潺湲,桑柘一片;姑熟左右亦然,《陈书·宣帝纪》云:"姑熟饶旷,荆河斯拟,……良畴美柘,畦畎相望,连宇高甍,阡陌如绣",一派经济盛况。又晋陵郡境,东晋以前尚属地广人稀、田多恶秽之地,及东晋大兴年间,张闿出补晋陵内史,兴修水利,以至每岁丰稔,经济有了较大的起色;及至南朝,则得到全面发展,据《宋书·孝义徐耕传》,元嘉二十一年(444 年)大旱,"此郡虽弊,犹有富室,承陂之家,处处而是,并皆保熟,所失盖微。陈积之谷,皆有巨万",《陈书·孔奂传》也说:"晋陵自宋、齐以来,旧为大郡,虽经寇扰,犹为全实。"按晋陵郡境的开发乃

---

① 《梁书·王筠传》。

② 按就总体状况言,三国西晋时代,中原地区的文学局面要胜过大于江东地区。及永嘉乱后,由于五胡入主,社会动荡,中原世族文士大量南迁,中原文学因为失去了支撑而萧条不堪,所谓"中州版荡,戎狄交侵,僭伪相属,士民涂炭,故文章黜焉"(《周书·王褒庾信传》"史臣曰"),所谓"自晋永嘉之后,运钟丧乱,宇内分崩,群凶肆祸,生民不见俎豆之容,黔首唯睹戎马之迹,礼乐文章,扫地将尽"(《魏书·儒林传·序》),便是一时的实录。相对来看,东晋偏安下的江东,文化事业受五胡入主、正朔南迁的双重外来刺激,兴旺蓬勃,而在侨寓家族与土著家族的共同努力下,繁荣无双的江东文学局面遂得以出现。详胡阿祥《魏晋时期河淮本土文学的发达及其原因》(收入《面向新世纪的中国历史地理学——2000 年国际中国历史地理学术讨论会论文集》,齐鲁书社 2001 年版)、《魏晋时期的江东本土文学——兼论本土文学的研究方法》(《文学评论丛刊》第三卷第 2 期,江苏文艺出版社 2000 年版)。

③ 东晋刘宋时代吴兴沈氏如沈充沈劲父子、沈田子沈林子兄弟等,均以武著称;齐梁陈时代如沈麟士、沈约、沈旋、沈众、沈文阿、沈洙、沈不害等,则以文闻名。

至具有如此的经济实力，实有赖于南徐州境内的侨流辐辏。皖南傍江地带及旧晋陵郡境以外，类似这样的迁来人口之促进区域经济的发展，在寻阳地区、邗沟沿线、南郡周围、江夏一带、皖北近江等侨流集中之处，也表现得相当明显。① 又近年来更有学者指出，曾经备受指责的南迁世家大族之荫庇大量依附人口、广占大片山林川泽的史实，也反映了平原少而丘陵山地多的南方经济的开发与进步：

> 对于地广人稀的江南来说，占有人口是扩大土地的前提。……适应南方地理特征，占有山林湖泊，"加工修作"，"山作水役，不以一牧"，砍伐山林、填淤湖泊、山地建陂、湖区筑塘，是东晋南朝南方开发的重要方式。山林川泽的开发，需要一定数量的人手及一定程度的组织形式，同时还要相当的资金投入，这都不是个体农户所能独立从事的，贵族豪强对土地与财富的追求及其对人口的占有，恰好具备了这种条件。……因而刘宋中期不得不通过封占山水的法令对于此前私家所占山林湖泊业已开发者一概认可，并对后来占有山泽给予有限制的开放，体现了大族封占山水的过程，是利用他们的依附性人口将江南山地湖泊开垦为良田或生产场所的过程，亦是江南社会经济逐步摆脱渔猎采集原始落后状态的过程。②

按照这样的观点，则"求田问舍"于东土会稽等郡的琅邪王氏、陈郡谢氏等，其"尽山水之游，……修植桑果，……并行田视地利，颐养闲暇"（王羲之）③、"修营别业，傍山带江，尽幽居之美。……既耕以饭，亦桑贸衣，艺菜当肴，采药救颓，……生业甚厚，奴僮既众，义故门生数百，凿山浚湖，功役无已，寻山陟岭，必造幽峻，岩嶂千重，莫不备尽"（谢灵运）④一类举动，便兼具了文化与经济的双重意义，而又都值得肯定。

东晋南朝人口南迁的影响，当然并不限于以上往往为学者们津津乐道的政

---

① 详参万绳楠等著《中国长江流域开发史》第五章（黄山书社1997年版）、张承宗《侨州郡县与长江流域的加快开发》（收入《历史与社会》第1辑，苏州大学出版社1995年）、许辉《六朝时期江南经济的开发与发展述论》（收入胡阿祥主编《江南社会经济研究·六朝隋唐卷》）。又何德章《六朝南方开发的几个问题》（《学海》2005年第2期）还注意到了城市、政区与交通等方面的经济指示意义："建康、京口、广陵、毗陵、芜湖、九江、郢城等一系列新兴中心城市的出现，改变了江南'不待贾而足'的状况，并在以后的历史中长期带动南方社会经济的发展；六朝政权在江南腹地设置远远超过两汉的各种层次的地方行政机构，围绕这些地方行政机构不断形成的南方腹地道路交通网络，都在改变着南方社会落后的面貌。所有这些体现的是南方社会经济有别于两汉的质的进步，也为南方在以后时代的飞速发展奠定了基础。"

② 何德章《六朝南方开发的几个问题》。

③ 《晋书·王羲之传》。

④ 《宋书·谢灵运传》。

治、文化、经济三方面；举凡与南迁人口有关的一切人物、人群、事件、制度等等，也都是广义上的影响。

如就军事言，南迁人口对于东晋南朝政权所具有的意义是广泛的。田余庆尝论东晋初年军事形势指出："吴姓士族坚守自己的经济利益，东晋政府正常的租赋兵徭取给，越来越困难，而兵役征发，困难尤大。因此，从北方南来止于江淮的流民群，就成为东晋朝廷注目的对象。流民群驻足未稳，田宅不立，同仇敌忾，有抗胡的热情。……于是，产生了安顿流民以图得其死力的长远打算，即给流民田宅，用强藩加以控制，组织流民军队屯驻在京师以外的要地作为威慑力量。这样组织起来的流民武装，本意主要是用于防御外敌，不是用于北伐，更不是用于内争。"[①]然而后来，这样的以南迁人口为主组成的军事力量，在东晋南朝的防御外敌、北伐西征以及内部争斗中，都发挥了主要的甚至是关键的作用。以言防御外敌，抗击前秦、取得淝水大捷的东晋北府兵将，主要由寓居长江下游的北方东部之徐、兖、青三州侨民组成；以言北伐西征，东晋的历次北伐西征，从祖逖、庾翼、桓温、褚裒、殷浩，到淝水战后以及刘裕的北伐西征，其将其兵，也均以北方侨民为中坚。而东晋中期及其以后以至刘宋初年南移汉水流域的北方西部之雍、秦、并等州流人，则是南朝精兵强将的主要来源。按所以如此，也与东晋南朝尤其是南朝时代，政治上以及社会上重文轻武风气颇盛，无论侨姓还是土著，高门大族多致力于家族内部的文化修为，不习武备，于是国家的捍城猛将、临敌劲卒，多为荒伧远人、淮南楚子、雍州骑射一类南迁人口有关。周一良尝言其大概云：

> 宋、齐、梁……国家所恃将帅之臣每在雍州。……王玄谟、柳元景、垣护之、谭金、裴叔业[②]，宋、齐世荒伧之仅而见用者，皆由于武功。（梁书更多，见前。）此就将帅言，至于士卒，则雍州以外，江北淮南间人江南目为楚子者，亦为南朝之斗兵。……总括以上所述：宋齐以来将帅多用雍州人，间有晚渡荒伧。（早来侨人不复能立武功，惟宋初檀道济、到彦之等数人而已。）梁时则雍州人与荒伧并用。士卒除雍州外，江北淮南兵最为劲旅，三吴之人无与焉。……陈时荆、雍入于北周、后梁，江北为齐所有，欲求南阳、新野骑射之士江北淮南善战之楚子何从而得，此陈高祖之所以必广为招抚，而尤留心诱致江、湘、交、广之人也。[③]

---

① 田余庆《东晋门阀政治》"后论"，北京大学出版社2005年版。

② 王玄谟太原人，柳元景河东人，垣护之略阳人，谭金"荒中伧人"，裴叔业河东人。

③ 周一良《南朝境内之各种人及政府对待之政策》。

按周先生所言荒伧、楚子，即大抵为北方迁来人口，这些迁来人口，又大抵处身于汉水流域（侨置雍州）、淮南江北等地，并尤其集中在邻近北方、密迩敌境的寿春、襄阳、义阳、钟离、淮阴、彭城等交通要冲、军事重镇，这便深深影响了东晋南朝的对外军事攻守形势。就前线来说，迁来人口自觉或不自觉地起到了“捍边长城”的作用，他们出则战入则守，堪称国家的军事支柱；而对文化高、财富盛、怠于武事的内地来说，他们则等于筑起了一道坚固的军事屏障。而言东晋南朝内部的军事争斗形势，竟也与他们息息相连，不仅东晋苏峻祖约之叛、上下游争衡等等一类事件与格局，与侨民武力直接有关；甚至东晋、宋、齐、梁的频繁更替，即刘裕得以代晋的京口军事集团，萧道成得以代宋的淮阴军事集团，萧衍得以代齐的襄阳军事集团，其主要成员，也都是这些富于战斗力的南迁人口。①

又如就学术言，以地理学为例，大量北人南迁，从世代定居的相对干燥坦荡的小麦杂粮区，来到了低洼潮湿的南方稻作区，他们需要了解、认识新的南方地域的自然地理环境、人文地理环境与历史文化，这一定程度促成了各类地方志书与异物志、风土记等等的迅猛涌现。以异物志为例，王庸就曾指出：“大抵以南方事物为多，所以为北方人士广见闻者”，“大抵皆记长江流域以南之异物者，所记多草木禽兽，以及矿物之属之异于中原者，而间附以故事神话，是殆当时北方士民南移之一种反映也”；②另一方面，大量高层次的北人南迁，在他们政治与文化优越感的刺激下，南人的区域意识也得到了进一步的强化，于是通过地方志书，表彰本土的历史传统、文明教化、古圣先贤、人物俊哲、风俗物产甚至自然山水，也成了南人维护区域尊严、增强群体观念的手段。中国地理学史的研究表明，内容丰富、涉及广泛、题材多样、体裁不一、私撰为主的区域地理著作，正是东晋南朝尤其是东晋刘宋时代的学术特色之一。③ 当然，同样的情况也表现在与东晋南朝相对峙的十六国北朝，原本“天苍苍，野茫茫”的草原自然地理环境和“风吹草低见牛羊”的游牧生活，一变而为大河流域的定居农业，“五胡”民族同样面对着地理环境的深刻变异。然则综合南北，我们甚至可以说，这是一个民族大迁移的时代，是一个地理大发现、地理大交流的时代，是一个产生地理学家与地理著

---

① 详章义和《地域集团与南朝政治》，华东师范大学出版社 2002 年版。

② 王庸《中国地理学史》第三章，商务印书馆 1938 年版。

③ 王卫婷《魏晋南北朝地记述论》（2006 年南京大学历史系硕士学位论文，指导教师胡阿祥）还指出，“州郡记中论时期以晋宋为最多，论地域以荆扬江最多，这些地区的记载加起来占全部州郡记的三分之一强”，而这与荆、扬、江三州的重要性以及侨流人口众多、土著区域意识又较强等因素有关。

作的时代。[1] 在这样的时代，学术与文化的诸多方面，都反映着人们地理思维的活跃，比如在文学作品中，便充满了人们对自然环境与地理景观的真挚感情，以及由这种感情激发出来的丰富多彩的描述。举东晋南朝江东地域为例，江东清流潋滟、山色空蒙的自然风光，极易孕育诗情画意的文学情操，所谓“暮春三月，江南草长，杂花生树，群莺乱飞”[2]，所谓“会稽山川之状，……千岩竞秀，万壑争流，草木蒙笼，若云兴霞蔚”[3]，所谓“山行穷登顿，水陟尽洄沿，岩峭岭稠叠，洲萦渚连绵，白云抱幽石，绿筱媚清涟”[4]，以此等明媚风光、柔和水土，文学素材对于北方迁来文人可谓寓目即得；而最能体现这一点者，是东晋刘宋时代兴起、由南迁北人及其后裔为主要创作队伍的山水文学。关于山水文学，笔者《魏晋本土文学地理研究》“结语”中曾专列“东晋山阴与山水文学”一目，兹转录如下：

> 东晋中期前后，以剧郡会稽（治山阴县）为中心的东土，文坛空前活跃。活跃于东土的文学家，以侨姓世族及其后裔为主；而所以如此，与侨姓世族“求田问舍”、“行田视地利”于土著势力较弱的东土五郡（会稽、东阳、新安、临海、永嘉），从而避免侨旧之间在经济利益（又具体表现在居住地域）上的冲突有关。东土佳山水，美田园，人口宽稀，经济上则适宜于侨姓世族的广占田宅，文学上则耳目一新的侨姓世族之寄情自然，又促成了“庄老告退而山水方滋”的文风转变。据知晋宋间山水文学的兴盛，时间上可以说滥觞于东晋中期前后，空间上可以说发源于东土一带。东土的文学活动中心在会稽，这表现于：首先，移居会稽的北方世家大族最多，其中颇出文才的就有琅邪王氏，陈郡谢氏，太原王氏、孙氏，庐江何氏，高平郗氏，北地傅氏，陈留阮氏，高阳许氏，乐安高氏，鲁国孔氏，颍川庾氏、荀氏等；这颇出的文才，与会稽的青山秀水相融合，为后来世居会稽的谢灵运使山水诗独立成派铺平了道路。其次，东晋永和九年(353)三月三日王羲之主持的会稽山阴兰亭修禊，“群贤毕至，少长咸集”，参加的四十余人中，又以寓居东土的世族子弟为主。兰亭修禊使文人的聚会活动由不定期进入定期，其“渔弋山水”、“言咏属文”、优游风雅，较之西晋的华林、金谷，在当时及后世文坛的影响更大。

又胡宝国也指出：“晋宋以后，地志中于异物外，又明显增添了新的内容，这就是

① 详陈桥驿《郦道元评传》第一章第三节，南京大学出版社1994年版。
② 丘迟《与陈伯之书》。
③ 《晋书·顾恺之传》。
④ 谢灵运《过始宁墅诗》。

关于山水本身的介绍”，究其原因，则与宗教（如佛教，僧人超出尘外，类喜结庐深山）、经济（南来北方大族占领山泽）、风气（以南迁士人及其后裔为主体的日渐盛行的游山玩水的风气）等等关联，于是围绕着山水，“写成诗，就成了山水诗，写成文，就成了地志”[①]。质言之，不仅山水文学的兴起，与新的山水环境对于南迁之世家大族及其后裔之新的文学刺激有直接的关系[②]；山水地志以及其他州郡地志的丰富与成熟，也与新旧环境的对比、差异及刺激有关。再进而言之，东晋南朝与十六国北朝学术演变的分途异向，如南方玄学相对盛行而北方固守经学传统，南方经学清通简要而北方经学渊综广博，南方重视教义理论而北方关注宗教行为，南方文学宜于吟歌而北方文学求便时用，南方史书私撰较多而北方史书官修为主，等等，也都可由南方的侨旧格局及南迁的世家大族对南方士人的影响、北方的胡汉体制及留居的汉魏大姓对胡族政权的改造中，找到解释的理由或理解的路径。[③]

值得指出的还有与制度以及社会关联的重要一点，即东晋南朝由于安置南迁人口而设置了大量的侨州郡县，这大量的侨州郡县又造成了南方政区的混乱与户籍制度上黄白籍的分离，而为了解决这种混乱与分离，曾经多次实行的土断政策，复使得侨寓南方的大部分北方人被定籍当地，从而改变了身份，变成了南方人。[④] 当然，即使那些未经土断或在土断中被保留了名义上的“侨籍”的北方人，也因北方久陷不复、祖宗坟墓又在南方，而认南方为家乡，成为事实上的南方

① 胡宝国《汉唐间史学的发展》之“州郡地志”，商务印书馆 2003 年版。

② 在《魏晋本土文学地理研究》“结语：拓宽加深魏晋文学地理的研究”中，笔者还指出了“东晋建康与玄理文学”、“东晋庐山与佛教文学”的关系，而其中的主要人物，同样是北方南迁人物及其后裔。如“因每多相聚在一起谈玄论文者，以北方南渡文人为主，于是西晋时在中原结合得尚不完美的玄学清谈与诗文创作，在建康终于获得了形式（诗文）与内容（玄学）的协调统一，这也就是《文心雕龙·时序》所说的‘自中朝贵玄，江左称盛，因谈余气，流成文体，……诗必柱下之旨归，赋乃漆园之义疏’的文学现象之发展演变过程”。而“东晋末年，庐山东林寺成长为南方佛教的一个中心；其时玄、佛、道、文相渗透与结合的文化背景，又使往来出入于庐山的名士文家既多，庐山僧众的文学创作活动也相当兴盛。……庐山文学活动中心的形成与延续，标志着佛教文学的走向成熟”。在庐山文学活动中，南迁北人雁门楼烦慧远所召集的、有一百二十余人参加的、带有浓厚宗教意味的诗会，则具有代表意义。

③ 如《北史·儒林传》：“南人约简，得其英华，北学深芜，穷其枝叶”；《隋书·文学传》：“江左宫商发越，贵于清绮，河朔词义贞刚，重乎气质。气质则理胜其词，清绮则文过其意，理深者便于时用，文华者宜于吟歌。”云云。按此题甚大，兹不详论，可参胡阿祥《魏晋本土文学地理研究》、孔定芳《永嘉乱后的中原移民与江左文化》（《江海学刊》1998 年第 5 期）。

④ 详本书第三章。

人。换言之，上百万甚至达到两三百万的东晋南朝南迁人口及其后裔①，或因与南方土著相处既久以及杂居与联姻关系，或因经年历世、祖孙几代地生活在南方的自然环境与人文环境中，其生产与生活方式、观念信仰与风俗习惯之脱北入南或变北为南，便是一个不以个体意识或家族意识为转移的无法逆转的过程。略举两例。例一，东晋太宁元年(323年)谢鲲墓志云："假葬建康县石子罡，……旧墓在荧阳"，及东晋义熙三年(407年)谢球墓志已云"安厝丹杨郡秣陵县赖乡石泉里牛头山"，刘宋永初二年(421年)谢珫墓志也云"安厝丹杨郡江宁县赖乡石泉里中"。"假葬"意谓临时葬地，而"安厝"为最终埋葬之意②，由此可见，从归正首丘的观念来看，东晋初年仍保留着北归故里之期盼的陈郡谢氏，晋末宋初已经接受了安处南方的事实。例二，《洛阳伽蓝记》卷三记南迁的琅邪王氏后人王肃在北魏孝文帝时北奔，"肃初入国，不食羊肉及酪浆等物，常饭鲫鱼羹，渴饮茗汁"。孝文帝弟彭城王元勰嘲笑王肃，肃对曰："乡曲所美，不得不好。"此又可见南迁北人后裔王肃已以南风为"乡曲"，自认为南人了，而其生活习性也已完全南方化。按如陈郡谢氏、琅邪王氏这样在乎郡望、故土意识强烈的一流南迁大族尚且如此，又何况中下层士族与一般南迁百姓？如此，经过土断而又被断为南方人者，只是在身份上或者户籍上，对既成事实的追认而已；至于那些没有经过土断或土断中仍保留着"侨籍"的北方人，也会不可避免地成为南方的一员。③

要之，正如吾友王永平所言："可以毫不夸张地说，'永嘉之乱'后这次民族南迁运动，同时也是中国历史上规模最为巨大、影响最为深远的民族文化南传、移植与重建的过程。……东晋以后之江南文化是以侨姓士族文化为主体，同时兼蓄江南土著士族的传统，两相融合而形成的一种新的江南文化。正是这种文化在六朝时期使'中原士大夫望之以为正朔所在'。……及至隋、唐，江南已成为中

① 此南迁人口数量的估计，详本书第九章第一节。

② 参张学锋《南京象山东晋王氏家族墓志研究》，收入牟发松主编《社会与国家关系视野下的汉唐历史变迁》，华东师范大学出版社2006年版。

③ 以上围绕东晋南朝人口南迁之影响的补说，仍是不全面的，如从比较的角度说，"中原地区与江南地区在经济、政治与文化发展等方面的轩轾状况，从此以后逐步发生了变化，在南北对比的天平上，虽然还没有出现均等的状况，至少天平的砝码增加给江南的部分在日益超出增加给北方的部分"，又就社会阶级言，"在人口的大流徙中，打破了原来固化了的阶级统治关系与宗族聚居关系，从而削弱了血缘因素在国家政治生活中的作用；与此同时，在迁徙过程中，又增加了一些豪族同本族成员和他族成员在共同利害基础上形成的新的血缘与地域相结合的集团，从而加速了大家族制的发展"，云云。详高敏主编《魏晋南北朝经济史》第一章"绪论"，上海人民出版社1996年版。

国一大文明区域”[①]；也正如日本同行中村圭尔的表述：“东晋以后……人口的流入，带给江南地域社会的影响，绝不是小的。随着人口的剧增，江南的开发也飞跃地展开，奠定了十世纪以后江南发展成全中国经济中心的基础，这是相当有名的事”[②]；还正如韩国同行朴汉济的比喻：“如同乘坐‘五月花（May Flower）号’船的移住民（侨民）建立了新亚美利加一样，东晋、南朝时代南方的北来侨民成了主导历史的势力”[③]；又正如吾师谭其骧在《晋永嘉丧乱后之民族迁徙》文中高瞻远瞩的综合评价：东晋南朝的人口南迁，“为吾中华民族发展史上之一大关键，盖南方长江流域之日渐开发，北方黄河流域之日就衰落，比较纯粹之华夏血统之南徙，胥由于此也”。然则当我们把目光北移到十六国北朝、后移到隋唐时代，东晋南朝人口南迁对于当时与后世的深刻而又深远的影响，又为复杂而又重要的研究课题。

---

① 王永平《汉晋之际南方土著士人与侨寓士人的冲突与合流》，收入《扬州大学中国文化研究所集刊》第1辑，江苏古籍出版社1998年版。

② 中村圭尔《六朝时代江南的地域社会与地域性》，收入谷川道雄编《地域社会在六朝政治文化上所起的作用》，日本玄文社1989年版。

③ 朴汉济《“侨旧体制”的展开与东晋南朝史——为整体理解南北朝史的一个提议》，中国魏晋南北朝史学会编《魏晋南北朝史研究》，湖北人民出版社1996年版。

第四篇

《宋书·州郡志》与《南齐书·州郡志》研究

第十三章

《宋书·州郡志》平议

东晋南朝侨州郡县与侨流人口的记载与考证，最为系统全面、权威集中的原始史料，首推《宋书·州郡志》。然而《宋书·州郡志》从成书到体例、从释读到研究，都存在着诸多问题。类似的问题也多少存在于另几部关键的正史地理志如《南齐书·州郡志》、《魏书·地形志》、《晋书·地理志》、《隋书·地理志》中。考虑及此，这里以《宋书·州郡志》为例作平议如下，意在引起从事东晋十六国南北朝侨州郡县与侨流人口研究者的注意。

一

《宋书·州郡志》四卷，是百卷本《宋书》的组成部分，为三十卷的《宋书》"八志"之一。作者沈约。沈约(441～513年)字休文，吴兴郡武康县(今浙江省德清县)人。家世为宋室功臣。沈约历仕宋、齐、梁三朝，官至尚书令；又为当时著名的文坛领袖、历史学家、藏书家。可谓政治地位、学术威望、社会影响三者集于一身的南朝要人。《梁书》、《南史》有传，《宋书》卷一百《自序》则有沈约自述家世源流与奉敕撰修《宋书》的过程。

沈约的历史著作，《晋书》、《齐纪》、《(梁)高祖纪》等今皆不传，保存下来者唯《宋书》一百卷。沈约奉敕撰写《宋书》，始于齐永明五年(487年)春。次年二月即完成本纪十卷，列传六十卷；后十有余年，又续成八志凡三十卷。这里有两点需要明确。其一，沈约《宋书》特别是纪传的成书为何如此之速；其二，八志到底成于何时。这两点又都与释读《宋书·州郡志》有关。

沈约《宋书》特别是纪传的完成时间不足一年，缘于有前人所修国史为基础。据沈约《宋书·自序·上宋书表》，其撰《宋书》乃以徐爰《宋书》为蓝本：先是"宋故著作郎何承天始撰《宋书》，草立纪传，止于武帝功臣，篇牍未广。其所撰志，唯《天文》、《律历》，自此外，悉委奉朝请山谦之。谦之，孝建初，又被诏撰述，寻值病亡，仍使南台侍御史苏宝生续造诸传，元嘉名臣，皆其所撰。宝生被诛，大明中，又命著作郎徐爰踵成前作。爰因何、苏所述，勒成一史，起自义熙之初，讫于大明之末"，是为六十五卷本的徐爰《宋书》。正是主要在徐爰《宋书》的基础上，沈约既改写、重撰、裁夺、调整了若干列传,又补续了“自永光以来,至于禅让,十余年内”事。于是,就纪传部分言,遂成一代全史。

沈约《宋书》八志三十卷是后成的。《上宋书表》云:“所撰诸志,须成续上。”据知沈约在《宋书》纪传完成之后,继续编写诸志。诸志的写成时间,苏晋仁依据诸志中避齐明帝萧鸾、梁武帝萧衍及其父萧顺之讳的现象,判断“此类志至天监年间始陆续完成,距离前七十卷,已约十有余年,朝代也由齐易梁了”①。然则编撰难度最大、分量几占全部《宋书》一半的八志(律历、礼、乐、天文、符瑞、五行、州郡、百官)尽管后成,仍是在诸家《宋书》志特别是何承天、徐爰《宋书》志的基础上完成的。关于何承天的《宋书》志,沈约《宋书·志序》有云:“元嘉中,东海何承天受诏纂《宋书》,其志十五篇,以续马彪《汉志》(按即司马彪《续汉书·志》)”,而结合上段所引沈约《上宋书表》,则何承天自撰《天文》、《律历》两志,其他志实出山谦之之手,而仍称“何承天志”或“何志”,如沈约《宋书》各志中,常见“何承天志”、“何承天曰”、“何承天云”、“何志”一类用语,这既说明了何承天《宋书》有律历、礼、乐、天文、州郡、百官等志,也表明沈约《宋书》志对何承天(以及山谦之)《宋书》志的承袭,沈约《宋书·志序》也说:“其(何承天)证引该博者,即而因之,……其有漏阙,及何氏后事,备加搜采,随就补缀焉。”又徐爰《宋书》是继何承天为书的,同样有志,沈约《宋书·志序》云:“《天文》、《五行》,自马彪以后,无复记录。何书自黄初之始,徐志肇义熙之元”,是徐爰《宋书》有《天文志》、《五行志》,均“起自义熙之初,讫于大明之末”,而沈约《宋书》礼志、州郡志等所引“徐爰曰”、“徐志”以及《南齐书·百官志》等所引“徐志”,也反映了徐爰《宋书》志的一些情况。当然,沈约于何、徐二氏《宋书》志有所继承外,本人也下了颇大的补缺续新、寻源讨流、辨析条理的功夫,其具体情形,沈约在《宋书》八志卷首的《志序》中有所交代,此篇《志序》历叙了前史设《志》的情况以及沈约《宋书》所设八志的缘由与宗旨。

要之,“谨更创立,制成新史,始自义熙肇号,终于昇明三年”②的《宋书》纪传七十卷与后成的八志三十卷,是沈约在前人《宋书》基础上改造、补续而成的。作为流传至今唯一的一部完整记述刘宋一代之兴亡历史与典章制度的纪传体断代史,其价值不必赘言;而需要特别指出的是,《宋书》八志的史料与认识价值,更是超出了刘宋一代的范围。在“二十四史”中,《史记》八书、《汉书》十志、补入《后汉

① 详苏晋仁《论沈约〈宋书〉八志》,收入《周绍良先生欣开九秩庆寿文集》,中华书局 1997 年版。
② 沈约《宋书·自序·上宋书表》。

书》的司马彪《续汉书》八志之后,《宋书》八志是现存史志中资格最老的;而由于《宋书》八志大体都注重渊源沿革,远溯三代,近及秦汉,特别是详载魏晋,此虽有失断限,但其补缺通变、博洽多闻、网罗宏富的特点,使得《宋书》八志既为唐修《晋书》诸志大量取用,又弥补了此前魏晋史籍无志之憾,从而成为古往今来研究三国两晋相关问题的系统、全面甚至第一手之材料,学者们也因此公认《宋书》八志乃《宋书》的精华所在,"是两个半世纪(220～479)天文、地理、政治、社会以及典章制度的总括,为研究了解这一历史阶段,提供了大量宝贵而重要的文献"。①

沈约《宋书》中也存在着诸多的问题,如徐爰旧稿之痕迹尚较明显,叙事有错乱、漏失、详略失宜甚至前后矛盾之处,涉及晋宋与宋齐更替、宋魏和战时多所忌讳、曲意迴护、虚美增饰,不设食货、刑法二志,以及《宋书》流传过程中之衍讹脱倒与后人补正情况,清人钱大昕《廿二史考异》卷二三与卷二四、赵翼《廿二史劄记》卷九,今人王树民《史部要籍解题》②、柴德赓《史籍举要》③、黄宝权《宋书》④、苏晋仁《论沈约〈宋书〉八志》、邱敏《六朝史学》⑤、蒋福亚、李琼英《〈宋书〉说略》⑥等都有或详或略的阐说;又有关《宋书》的研究,以清、民国学者取得的成果较为显著,上述今人的论著中也有简单的交代,这里就一并不再细述了。

《宋书》成书至今,已有一千五百年的历史,早期的各种抄本都已亡佚,赵宋以降的刊刻版本情况也颇是复杂。现存的主要版本有:宋元明三朝递修本(简称三朝本)、明北监本(简称监本)、毛氏汲古阁本(简称毛本)、武英殿本(简称殿本)、金陵书局本(简称局本)、商务印书馆影印三朝本(简称百衲本)、中华书局标点校勘本(简称中华本)。其中中华本被推为"各种版本的《宋书》中最好的本子"⑦。据中华本《宋书》"出版说明",中华本以上举六种版本互校,择善而从,又"纪传方面,还通校了《南史》、《建康实录》、《册府元龟》、《资治通鉴》和《资治通鉴考异》等书的有关部分;志的方面,也参校了《晋书》、《通典》等书的有关部分。对于前人的校勘成果,我们利用了张元济、张森楷的两种《宋书校勘记》稿本,成孺《宋书州郡志校勘记》,李慈铭《宋书札记》,孙虨《宋书考论》,以及钱大昕《廿二史

① 苏晋仁《论沈约〈宋书〉八志》。

② 中华书局 1981 年版。

③ 北京出版社 1982 年版。

④ 收入仓修良主编《中国史学名著评介》(第一卷),山东教育出版社 1990 年版。

⑤ 南京出版社 2003 年版。

⑥ 收入《经史说略》之《二十五史说略》,北京燕山出版社 2002 年版。

⑦ 朱绍侯《中华本〈宋书〉校点失误商榷》,收入《庆祝何兹全先生九十岁论文集》,北京师范大学出版社 2001 年版。

考异》等书”。以此,中华本《宋书》不仅加上了新式标点,颇便阅读,而且整理细致,其校勘记也可称简明且具特色。当然,诚如朱绍侯所言,“由于当时人力不足,时间短促,又处于一种特殊时期,中华本《宋书》还没有达到尽善尽美的程度”①。朱绍侯的文章即就“《宋书》原有失误应校而未校”、“《宋书》在流传过程中产生的失误未予订正”、“中华本《宋书》在校勘标点中的失误”三方面,提出商榷性意见各五例。又丁福林更有《宋书校议》一书②,既肯定王仲荦校点的中华本《宋书》“广征博引,又多所创见,用力之勤,前所未有,可为迄今所见最为完善之精本”,也存在“智者千虑,疏忽之处,亦偶有所见。其中有校勘未到者,或有标点欠妥者,又误改原书处间亦有焉”③。

平心而论,王仲荦校点的中华本确为目前《宋书》的最佳版本,“但是像这样一部规模颇大的历史著作,在长期的流传过程中或因辑补、或因辗转传抄而造成的讹误,以及由于撰者仓促成书而存在的自身史料的错乱,实在相当之多。要想仅仅凭一人一时之力,使之成为尽善尽美的版本,确难做到。所以中华书局校点本《宋书》存在着一些缺憾也属情理中事”④。具体来说,纪、传、志比较下来,志的校点缺憾更多一些,八志比较,则《州郡志》似乎问题尤多,如《州郡志》原有失误以及在流传过程中产生的失误,中华本应校而未校者,便不下百条。按王仲荦本以治魏晋南北朝制度史著名,其代表作有传之不朽的《北周六典》;在地理方面,王仲荦也是卓然大家,代表作有惠及学林的《北周地理志》。然则由此亦可见点校史籍之艰难,不求有功、但求无过之不易。

二

《宋书·州郡志》四卷,是沈约“以班固、马彪二志,太康、元康定户,王隐《地道》,晋世《起居》,《永初郡国》,何、徐《州郡》及地理杂书,互相考覆”而成的⑤,沈约所做的主要工作,是“凡诸记注,悉加推讨,随条辨析,使悉该详”⑥。就其工作

① 朱绍侯《中华本〈宋书〉校点失误商榷》。
② 中华书局2002年版。
③ 丁福林《〈宋书校议〉自序》。
④ 丁福林《〈宋书校议〉后记》。
⑤ 沈约《〈宋书·州郡志〉序》。
⑥ 沈约《宋书·志序》。

底本看，多取何承天与徐爰两家《宋书·州郡志》旧本而自定体例或承袭或增删之。何承天《志》迄于元嘉二十年(443年)，《宋书·州郡志》郢州巴陵郡条："何志讫元嘉二十年"；徐爰《志》止于大明(457～464年)之末，沈约《宋书·州郡志》也是"大较以孝武大明八年为正，其后分派，随事记列。内史、侯、相，则以昇明末为定焉"①，如此可以推知沈约的《宋书·州郡志》盖因徐氏之旧，而补载宋末之事；其"内史、侯相必以昇明为定者，分封王侯国昇明方备也"②。沈约《志》中又多记何《志》、徐《志》异同。而由于"考覆"班固的《汉书·地理志》、司马彪的《续汉书·郡国志》，故沈约《志》州郡县沿革多追至两汉；其"考覆"之晋、宋地志如《晋太康三年地志》、东晋王隐《晋书·地道志》、宋《永初郡国志》等，则分别为西晋、东晋与刘宋初年纪录；又"三国无志，事出帝纪，虽立郡时见，而置县不书"，沈约"以《续汉郡国》校《太康地志》，参伍异同，用相征验"③。至于沈约《志》中所引的"地理杂书"，则有《吴地志》、《会稽记》、《吴录》、《广州记》等等。此诚所谓"远溯太(康)、永(初)，博综徐(爰)、何(承天)，汇其异同，以为因革"是也④；而众多史籍的"互相考覆"，也保证了沈约《宋书·州郡志》虽无山川、古迹、城防等内容，但所述政区建置与沿革较为系统、全面，州郡户口、水陆道里等记载也较为详备。

沈约的《宋书·州郡志》，相对于其前的司马彪《续汉书·郡国志》、其后的萧子显《南齐书·州郡志》，内容要翔实丰富得多；而相对于其后的魏收《魏书·地形志》、唐修《晋书·地理志》，又要明晰确切得多；与唐修《隋书·地理志》比较，也是不相上下。以此，《宋书·州郡志》对于《续汉书·郡国志》与《晋书·地理志》的校勘，对于《南齐书·州郡志》的释读，甚至对于《汉书·地理志》、《魏书·地形志》、《隋书·地理志》的研究，都具有着重要的参考价值。

清人杨守敬《〈刘宋州郡图〉序》中评价沈约《宋书·州郡志》"翔实精密，校之晋、隋二《志》，有上下床之别"。与杨守敬持同样的褒扬态度者，古今并不乏人，当然持批评意见者也有不少，总体来看，古人的评价是褒贬参半，今人则持肯定意见者居多。兹就代表性意见摘要如下，以见一斑。

明朱明镐《史纠》卷一云：《宋书·州郡志》"本之王隐《地道》、《永初郡国》及何、徐两家，其间朝为庐九，夕入长桂，侨寓土断，离合万千，明序千条，灿同观火。但地理不志，风俗无通，鸿文既落，致无卓观"。

---

① 沈约《〈宋书·州郡志〉序》。
② 王鸣盛《十七史商榷》卷五七。
③ 沈约《〈宋书·州郡志〉序》。
④ 杨守敬《〈隋书地理志考证附补遗〉后记》。

清牛运震《读史纠谬》卷六云："刘宋偏安半壁，顾乃侨立河北州郡于南，甚属无谓，遂使作史者重列复叙，条理不清。此中宜有删更，庶存史体。"

清邵晋涵《南江文钞》卷一二云：沈约"所撰诸志，实能裨前史所未备。……惟《州郡志》只据《太康地志》暨何承天、徐爰原本，间为折衷其异同；而于侨置创立者，多不书其置立年月，犹未免于疏略焉"。

清钱大昕《〈东晋南北朝舆地表〉序》云："休文上考沿革，差有条理，而或失之繁。"

清王鸣盛《十七史商榷》卷五六"宋志详述前代"条云："从来史家作志之体，惟详当代，前事但于每志叙首略述，以为缘起而已。惟沈约《宋书·志》述魏晋甚详，殆意以补之，犹唐作《隋书》，并南北朝制度皆收入志也。……约又自作《晋书》，卷数之繁与(臧)荣绪等，必有志矣，何烦补也。考约自序，作《晋书》本在《宋书》之前，则更无庸冗赘矣。今之《晋书》，唐人改修，并非荣绪与约之旧。予读《宋志》，与《晋志》犯复者颇多，盖典故只有此，固不能凭空别造。彼此两载，殊恨其徒烦简牍也。"

清姚鼐《惜抱轩文集》卷二云："南朝诸史，仅沈约为《地志》。约乏于史才，于地志尤为苟简。考其沿革，淆乱莫分，逮于后世而欲求之，不亦难乎?"

清官修《四库全书总目》卷四五"宋书"条云："八志之中，……州郡惟据《太康地志》及何承天、徐爰原本，于侨置创立，并省分析，多不详其年月，亦为疏略。……若其追述前代，晁公武《读书志》虽以失于限断为讥，然班固《汉书》增载《地理》，上叙九州，创设《五行》，演明《鸿范》。推原溯本，事有前规。且魏晋并皆短祚，宋承其后，历时未久，多所因仍。约详其沿革之由，未为大失，亦未可遽用纠弹也。"

中华本《宋书》"出版说明"认为："《州郡志》对南方地区自三国以来的地理沿革，以及东晋以来的侨置州郡分布情况，讲得比较详细。而且在每个州郡名下，都记载着户口数。这些户口数固然不尽准确可信，但多少使人得知当时南方人口分布的一个大概轮廓。"

黄宝权《宋书》指出："《州郡志》记晋宋间州郡分合、户口消长及侨置州郡县的分布情况，远胜于《晋书地理志》，最乎实用。……唐修《晋书》，地志材料，多从《宋书》转录，更显示宋志的宝贵。"

邱敏《六朝史学》第五章评价《宋书·州郡志》为"富于史学价值"的《宋书》之志中"尤为重要"者："汉魏之际，中国历史陷入割据混战局面，长时期的分裂，使地方行政区划的分合变动情况错综复杂。尤其是晋室南渡前后，北方士民大举南迁,东晋南朝政府遂有侨州郡县之设。此制产生于动荡之际,自难严密。但如无《宋书·州郡志》,后人对南方行政区划更加难以了解掌握。……沈约说明,一则此志编纂不易,二则所搜集的材料相当丰富。时至今日,其所据书散佚殆尽,幸赖此志,后人尚可窥见晋宋之间南方州郡地理分合改易,以及户口消长等概貌。20世纪30年代,谭其骧先生撰《晋永嘉丧乱后之民族迁徙》一文,统计南渡士民人数,影响至广,即主要参据此志。足见其价值之珍贵。”

蒋福亚、李琼英《〈宋书〉说略》同样认为:“《州郡志》记述了自魏晋以来州郡沿革、户口数目。魏晋南北朝时期,由于政局动荡,战乱不已,人口辗转迁徙,……特别是永嘉丧乱,晋室南渡,南方多设侨州郡县,版图更显混乱。……但沈约却将其写得极有特色。他参考王隐《地道》、晋《起居注》、《永初郡国》、何承天、徐爰《宋书·州郡志》,并以司马彪《续汉书·郡国志》校正《太康地志》,以宋孝武帝大明八年(464)为断(属王国的内史、侯、相,则以宋顺帝升明末年为准),分州记载,州下系郡,郡下系县,叙述州郡县的源流分合、境内侨州郡县设置情况,其后的设置流变,随事而列,并开列州、郡户数与人数,不少州郡还载有与京都建康、郡与州的水陆距离。《宋书》以后,仅《南齐书》有《州郡志》,《梁书》、《陈书》皆无,当年郡国县邑之区域,百不存一,而户口消长,亦仅见于此。后来唐人修撰《晋书》,其《地理志》有关资料也多由此转录,于此可见《州郡志》史料价值之高。”

按上引对《宋书·州郡志》的评说,见仁见智,立足点不一,轻重也有不同,但多是公允而中肯的;其明显欠妥者,则牛运震、王鸣盛的评说。在《宋书·州郡志》所载诸多内容中,侨州、侨郡、侨县的记述,具有多方面的史料价值与学术意义,牛运震“宜有删更,庶存史体”的说法,实为拘泥之论;又沈约修《宋书》诸志在前,唐修《晋书》诸志在后,所谓“犯复者颇多”,其实也不可简单地归责于沈约。而今人较为一致的肯定性评说,基本都是着眼于《宋书·州郡志》无可替代的史料价值的,这既反映了今人对于史籍的实用态度,也表明了大多数今人对于《宋书·州郡志》存在问题的不甚明了。

三

沈约《宋书·州郡志》存在的问题其实不少。如果不甚明了这些问题,不但《宋书·州郡志》无可替代的史料价值难以充分发挥出来,而且严重者还会误读误用史料,或者根本就无法理解史料。

某种意义上说,《宋书·州郡志》是沈约依据各类资料所编撰的一篇论文。沈约虽有文才、史识、政历,专门的地理沿革之学却非其所长。比附一下《晋书·地理志》的情况,我们对此会有更加确切的认识。唐初史臣所修《晋书》,其中《地理志》上下两卷,虽具体成于何人之手今已无可考详,但其"建置沿革,舛错过半"[①],却是由清迄今的主流评价,如东晋侨州郡县,《晋书·地理志》不仅记述得略而不尽,而且误刘宋制度为东晋制度。然则何以会如此呢?大凡"史之所难,无出于志"[②],而志地理尤难。班固《汉书·地理志》、司马彪《续汉书·郡国志》尚不无缺憾;及晋时版舆,"上承三国之瓜分,下值南朝之侨置,建置沿革,所系非轻",而修《晋书》诸人,皆属文士,昧于地理,"以卤莽之群才,承史志之重寄,……固宜其纪传所列,既与志殊;志之前所列,又与后殊也"[③]。

沈约较之从事《晋书·地理志》的"卤莽之群才",水平显然高出不少,但《宋书·州郡志》的编写难度,又在《晋书·地理志》之上。对此,沈约有不嫌重复的两处感叹。一处见于《宋书·志序》:"地理参差,事难该辨,魏晋以来,迁徙百计,一郡分为四五,一县割成两三,或昨属荆、豫,今隶司、兖,朝为零、桂之士,夕为庐、九之民,去来纷扰,无暂止息,版籍为之浑淆,职方所不能记。自戎狄内侮,有晋东迁,中土遗氓,播徙江外,幽、并、冀、雍、兖、豫、青、徐之境,幽沦寇逆。自扶莫而裹足奉首,免身于荆、越者,百郡千城,流寓比室。人伫鸿雁之歌,士蓄怀本之念,莫不各树邦邑,思复旧井。既而民单户约,不可独建,故魏邦而有韩邑,齐县而有赵民。且省置交加,日回月徙,寄寓迁流,迄无定托,邦名邑号,难或详书。大宋受命,重启边隙,淮北五州,翦为寇境,其或奔亡播迁,复立郡县,斯则元嘉、泰始,同名异实。"又一处见于《〈宋书·州郡志〉序》:"地理参差,其详难举,实由名号骤易,境土屡分,或一郡一县,割成四五,四五之中,亟有离合,千回百改,巧历不算,寻校推求,未易精悉。"而有感于此,平生自负并"尤尽心者地理也"[④]的王鸣盛,也得出了"南北地理得其大概不必细求"的结论:"晋武帝天下一统,为二十州。……后南北分裂,新置之州更多,展转改易,迷其本来;况又有每州各自析为南、北,再加以侨置寄治之名,纠缠舛错,不可爬梳,其势然也。《宋书》志总叙……论作志惟地理最难。又《州郡志》叙首……即总叙意,而言之重复如此。

---

① 李兆洛《〈补梁疆域志〉序》。
② 刘知几《史通·古今正史》。
③ 毕沅《〈晋书地理志新补正〉序》。
④ 王鸣盛《〈东晋南北朝舆地表〉序》。

约身居齐、梁犹如此,况去之又千余年乎?得之大概可耳,不必细求。”①

一方面是《宋书·州郡志》在总志系列中承上启下的重要地位,及其所记载的政区沿革、侨州郡县、州郡户口、人口迁徙、水陆道里、区域状况等等的史料价值,使得今天的学者不得不使用《宋书·州郡志》,而正确使用《宋书·州郡志》,就不得不“细求”;另一方面,“细求”《宋书·州郡志》确实难度非常,若非长期致力于此者,往往开卷即目乱神迷。兹就《宋书·州郡志》中属于沈约原本存在的较为突出的三大问题,举例如下:

其一,断限不严。《宋书·州郡志》最重要的志例之一是州郡县的记载“大较以大明八年为正”,其实断限并不严格。如所载二十二州即非大明八年(464年)建制。其司州,泰始六年(470年)置;越州,泰始七年置;大明八年有东扬州,志亦缺载。又各州所领郡县,亦多非大明八年制度。如徐州“今领郡三”,“今”指元徽元年(473年);南豫州刺史“今领郡十九”,谓泰始(465～471年)末年南豫州、豫州计领十九郡;荆州刺史“今领郡十二”,“今”为泰始三年;郢州刺史“领郡六”,其中无随郡、安陆郡,此二郡元徽四年方由郢州度属司州;湘州刺史“领郡十,县六十二”,数之则六十六县,多出的四县,为元徽二年所立之湘阴,“宋末立”之抚宁、乐化左县,“宋末度”之建陵,故湘州之郡县领属实以宋末为断;雍州刺史“今领郡十七,县六十”,数之为郡十七,县六十八,其中晚于大明八年者,有泰始末所立之北河南郡(领县八),宋明帝末立之弘农郡(领县三),是雍州实以宋明帝泰始末年为断限。又广州所领郡、县之标准年代大略是宋末,如大明八年时广州领有临漳郡,而志中临漳太守属越州;苍梧太守领思安、封兴、荡康、侨宁四县,此四县本属晋康郡,“疑是宋末度此也”,而建陵县大明八年时属苍梧郡,志中属湘州始建国,“宋末度”;新宁郡领县中无永城,“永城当是大明八年以后省”;永平太守领县中无卢平、逋宁、开城三县,此三县“当是大明八年以后省”,等等皆是。交州的标准年代,亦非大明八年,如所领义昌郡便是“宋末立”,而大明八年时属交州的合浦郡、宋寿郡,志中却属泰始七年始立的越州。据此,可以说《宋书·州郡志》事实上并无某一严格的特定标准年代。

其二,为例不纯。如《宋书·州郡志》于州郡下多记水陆道里,钱大昕《廿二史考异》卷二三云:“休文志州郡,于诸州书去京都水陆若干,于诸郡则书去州水陆若干、去京都水陆若干,唯州所治郡,不云去京都水陆若干者,已见于州也。南徐州领郡十七,南东海为州所治,此外则南琅邪、晋陵、义兴皆有实土,故有水陆

① 王鸣盛《十七史商榷》卷五七。

里数，南兰陵以下十三郡，有户口而无水陆里数者，侨寓无实土也。诸州皆仿此。”按钱氏此条颇具卓识，它为我们根据《宋书·州郡志》所载水陆道里，判断州郡是否侨置、侨置是否改为实土，提供了重要的依据。但细检志文，实土州郡有失书水陆道里者，又有侨郡已割为实土，而水陆道里仍缺书者。由此造成的麻烦是，《宋书·州郡志》水陆道里与州郡县有无实土的关系，其实又不可一概而论。

其三，彼此矛盾。要而明显者如户口数字与郡县数目。就户口数字言，《宋书·州郡书》各州小序中所列该州户口数与该州各郡分列的户口数之和，除了郢州完全相合外，其他各州基本不合。何德章认为，《宋书·州郡志》实际给出了两组户口数字，而这两组数字又有着不同的来源，代表着不同时期的户口数状况。具体来说，《宋书·州郡志》各州所列户口总数反映的是大明八年的状况，这源于徐爰的《宋书·州郡书》；而各郡的户口数及其总计数，则是宋末的数字，具体是“宋末”的哪一年，尚难确定。[①] 又就郡县数目言，《宋书·州郡志》各州小序中所说领郡县数、各郡所说领县数，与各州实列郡县数、各郡实列县数，每有出入，其原因也大多在于时间断限不严格及所据材料来源不一致两方面。

除了以上这三大问题外，《宋书·州郡志》中属于沈约原本的各样具体问题尚所在多有，如记载疏漏或欠缺、考辨讹误、叙次不清，以及失之繁冗，体例较为混乱，等等，此处不赘，有兴趣的读者，可参阅本书下一章的考疑。

《宋书·州郡志》存在的另外问题，是可能不属于沈约原本而是在传抄过程中引致的大量的夺误讹衍以及其他问题，如扬州丹阳郡溧阳条“吴省为屯田”当作“吴省为屯田都尉”，南兖州秦郡临涂条“晋宋立”当作“晋末立”，南豫州弋阳郡脱“光城令”一条，南豫州汝阳郡武津令下脱小注“别见”二字，豫州汝南郡“平樂”当作“平舆”，豫州谯郡“去州陆道三百五十”之“道”字衍，豫州汝阴郡“宋城”实为“安城”，江州建安郡脱“建安侯相”一条，冀州广川郡“乐安”应是“乐成”，司州随阳郡“太康年”当是“太康九年”之脱，司州安陆郡脱“应城令”一条，荆州巴东国黾阳令“晋末平吴时”当是“晋未平吴时”之误，湘州临庆国“封阳侯相，汉旧县”后当有“属苍梧”三字，湘州始建国“乐化左令”当作“乐化左县令”，雍州冯翊郡脱“莲芍令”一条；又《宋书》本来的排列次序是纪、传、志，而后来变成了纪、志、传等等。

今天的《宋书》通行本亦即中华本，如前所述，其《州郡志》中似乎存在的问题尤多。如上段认作传抄过程中引致的问题，中华本有未校正者；此类缺憾，本人

---

① 何德章《读〈宋书·州郡志〉札记二则》，《魏晋南北朝隋唐史资料》第15辑，武汉大学出版社1997年。

撰有《〈宋书·州郡志〉脱漏试补》①一文,举例三十三条。这些脱漏中,有《宋书·州郡志》本身的失误以及流传过程中产生的脱漏,还有《宋书·州郡志》本身没有脱漏而中华本误补者。又中华本《宋书·州郡志》之句读、标点以及校勘记本身存在的问题,也不鲜见,试举四例如下:

例一,司州条:"河内寄治河南,领温、野王、轵、河阳、沁水、山阳、怀、平皋、并汉旧名。朝歌二汉属河内,《晋太康地志》属汲郡。晋武太康元年始立。凡十县。"校勘记:"《廿二史考异》云:'今数之只九县。'"按河内郡侨治河南,即侨在今河南洛阳市一带,所领十县,数之只九县,对照《晋书·地理志》司州河内郡,所脱漏者为"州"县。州,《汉书·地理志》、《续汉书·郡国志》河内郡领县,与温、野王等县一样,"并汉旧名"。

例二,雍州京兆郡条:"《永初郡国》有……南霸城、本霸陵,汉旧县。《太康地志》曰,霸城何志魏□。"按"何志"谓何承天的《宋书·州郡志》,"《太康地志》"则为西晋太康地志,也称《晋太康三年地志》,《宋书·州郡志》注引时,或省"三年"字,或并省"晋"字"地"字。又唐初史臣所修《晋书·地理志》,大要以太康元年平吴之后、太康三年废宁州之前为定,故《太康地志》的记载大都与《晋书·地理志》相合。此"《太康地志》曰,霸城何志魏□",句读错误,当作"《太康地志》曰霸城,何志魏□"。检《晋书·地理志》雍州京兆郡领有霸城。又"魏"后所脱一字,疑为"改",谓曹魏改"霸陵"为"霸城"。考汉时三辅诸县,凡以陵名者,皆先帝陵寝所在、因以立县者也;及魏受禅,恶"陵"字而多改之,如改"杜陵"为"杜",改"高陵"为"高陆",改"平陵"为"始平"。然则"霸陵"改"霸城"者同例。

例三,梁州晋寿郡条:"晋寿太守,……而益州南晋寿郡悉有此诸县。《永初郡国》、徐又有南晋寿、南兴、乐南、兴安县。何无南兴乐,云南晋寿,惠帝立。"今按"南晋寿、南兴、乐南、兴安县"句读错误,当作"南晋寿、南兴乐、南兴安县"。又依志例,"兴安"下当有"三"字。所谓"益州南晋寿郡悉有此诸县"者,检《宋书·州郡志》益州南晋寿郡,领有晋寿、兴安、兴乐、邵欢、白马[水]五县,是有兴乐县而无南兴县或乐南县;"何无南兴乐"也证明有南兴乐而无南兴或乐南。东晋十六国南北朝时,州郡县侨置或滥设现象严重,为资区别,加"南"、"北"等字者众多,晋寿、兴乐、兴安与南晋寿、南兴乐、南兴安者即是。又"何无南兴乐,云南晋寿,惠帝立"者,"南晋寿,惠帝立"间以不读开为更妥,意谓何《志》无南兴乐县,而有南晋寿县,并云南晋寿县为晋惠帝所立。

① 《安徽史学》2004 年第 4 期。

例四,交州九德郡条:“九德太守,……都庞长,何志晋武帝分九德立。”校勘记:“‘都庞’《晋书地理志》、《南齐书州郡志》作‘吉庞’。”按志文中的“都庞”当为误字,志中交州九真郡下已有都庞长,则不得在此重出。旧本(如殿本)《宋书·州郡志》作都洪,《南齐书·州郡志》作都洨,此当从旧本正作都洪。又中华本校勘记亦非,检《晋书·地理志》交州九真郡既无“都庞”,也无“吉庞”,而九德郡有“都洨”;又《南齐书·州郡志》交州九真郡有“吉庞”,九德郡有“都洨”,据此,中华本此条校勘记或当移于九真太守都庞长下言之,然又与《晋书·地理志》不合;又疑此是误排,与校勘者本意其实不合。而据实际情况,此校勘记或者应该出为:“‘都洪’《晋书地理志》、《南齐书州郡志》作‘都洨’。”又可以证此者,成孺《宋书州郡志校勘记》“都洪长”云:“洪,《南齐志》作洨”;孙彪《宋书考论》“都洪长”云:“都洪,《晋》、《南齐》俱作都洨。”

坦率地说,中华本《宋书·州郡志》校点方面的问题远不止上举四例,本人曾撰《中华本〈宋书·州郡志〉校点献疑》[①],文中提出了二十一条意见,请读者参阅。

据上,《宋书·州郡志》本身的失误、流传过程中产生的失误、中华本校点中存在的失误,共同决定了《宋书·州郡志》成为不能拿来就用的重要文献;引用《宋书·州郡志》,必须持慎重的态度,必须对既往的研究做到心中有数。其实对于积累深厚的中国传统学术的研究而言,了解研究状况是基本的原则,《宋书·州郡志》当然也不例外。

四

真正对《宋书·州郡志》进行文本研究,直到清朝以前,尚无可观的成果可述。时及清代,有所谓“朴学”,其中致力舆地之学者也不乏其人。研治《宋书·州郡志》成绩堪瞩目者,有王鸣盛、钱大昕、成孺、洪颐煊、孙彪等人。王鸣盛撰《十七史商榷》,其中卷五七专研《宋书·州郡志》,主要在于尽比勘之劳绩。钱大昕为朴学名家,考史释地颇称精当,有关《宋书·州郡志》的考证,较为集中在《廿二史考异》卷二三中;钱氏还善于由考地理进推制度,如《廿二史考异》卷二三“重安侯相”条云:“按《南齐书·王敬则传》,始封重安县子,邑三百五十户,后增封为

① 《文史》总第67辑,中华书局2004年。

千三百户，又增至二千五百户，又加五百户。户增则爵宜序迁。据此志有重安侯相，知敬则在宋末已封重安侯，而传不书者，漏也。齐初封敬则寻阳郡公，止三千户，又知二千余户之必为侯国矣。”此说可补南朝宋齐制度之缺。

清人成孺有《宋书州郡志校勘记》，乃《宋书·州郡志》校勘的集大成之作，杨守敬《〈宋州郡志校勘记〉校补》评云：“宋、齐、北魏、隋《地理志》夺误最多，以习之者颇少故也。成氏校之，有功地学不小。如据哀公十二年杜注橐皋在淮南逡遒，证晋世不作逡道；据李雄之汉康晋穆帝改为晋康，疑晋原为晋康之误；又疑治平为始平；白马为白水；农阳为丰阳之误；于建安郡增建安县；于建宁郡增俞元县，皆至精确。是成氏著有《禹贡班义述》，于地理本专家也。然亦有核之未审者，……小小疏漏，未足为成氏病也。”杨氏之评应属允正。而可指出的是，成孺也有局限之处，其最大的局限在于迷信殿本，如南兖州“后又省东燕郡”条，仅据上下文，便可断定“郡”字为“县”字之误，成孺反据殿本“郡”改毛本“县”；又“永初郡国无苌平父阳”条，毛本已正“父”为“谷”，成孺反据下文又“订正”之。如此游移，皆系囿于殿本之故。

清儒中又有洪颐煊撰《诸史考异》，其中卷四有专研《宋书·州郡志》的成果。孙彪《宋书考论》(其子孙鼎宜整理编次)，其中有关《宋书·州郡志》的校勘与考证分量较大，算得上又一集成之作；孙彪的《宋书考论》与近人张元济、张森楷的两种《宋书校勘记》，都是成绩颇多，中华本《宋书·州郡志》多所采用。近世研究《宋书·州郡志》者，又有杨守敬《补校宋书州郡志札记》、《历代舆地图·刘宋州郡图》。唯杨图虽自觉“准望方隅，征验史传或亦无甚出入”①，其实沿《宋书·州郡志》之误者不少，与《宋书·州郡志》刺谬者也甚多，仅以宁州为例，“建宁郡治味县在曲靖，西平郡治西平县在霑益，夜郎郡治夜郎县在宣威城南，平蛮郡治平蛮县在平夷。此四郡之首邑安置在二三百里之内，只有味县在曲靖是对的”②。

今人考治《宋书·州郡志》的专门成果可谓寥寥。其重要且具代表性者有：谭其骧师《晋永嘉丧乱后之民族迁徙》③，此文通过整齐排比《宋书·州郡志》以及《南齐书·州郡志》、《晋书·地理志》中所载之侨州郡县，勾画出东晋南朝时代北方人口南迁的概貌；谭其骧师主编的《中国历史地图集》第四册④，宋大明八年简图将《宋书·州郡志》部分州郡县落实到图上，而南齐的九幅分幅图，也与《宋

① 杨守敬《〈刘宋州郡图〉序》，宣统元年刊本。

② 方国瑜《中国西南历史地理考释》第二篇 A 之二，中华书局 1987 年版。

③ 《燕京学报》第 15 期，1934 年。

④ 中国地图出版社 1982 年版。

书·州郡志》密切相关;严耕望所撰《中国地方行政制度史》上编卷中之上《魏晋南朝地方行政制度》[①],既颇有助于《宋书·州郡志》的解读,对《宋书·州郡志》志文也有若干的考证;周一良的《魏晋南北朝史札记》[②],专门有"州郡志诸问题"一条;何德章撰有《读〈宋书·州郡志〉札记二则》、《六朝建康的水陆交通——读〈宋书·州郡志〉札记之二》[③],讨论了《宋书·州郡志》所记户口数与水陆道里。又丁福林撰有《宋书校议》一书,其中有关《宋书·州郡志》者二十一条,用力较深。至于王仲荦点校的中华本《宋书·州郡志》,既对前人成果作了总结与吸纳,又颇富进步与创新,其绩效更是值得肯定的。

特别需要指出的还有,业师吴应寿治南朝宋齐沿革地理,饶有发明。吴师在《十六国汉、后赵及南朝齐司州治》[④]一文中说:"我治《宋书·州郡志》有年。治之愈深,愈发现其错误之多。《南齐书·州郡志》虽较简略而且也有错误,但可补《宋书·州郡志》之失。两志可互相补充。"吴师举南齐司州治为例,指出"《宋书·州郡志》司州脱南义阳郡,必须以《南齐书·州郡志》之司州及有关纪、传来补正;《南齐书·州郡志》误以南义阳郡为司州首郡,即误以南齐之司州治南义阳郡,也必须以《宋书·州郡志》及有关纪、传来补正。两志可互相补充,由此可见。"吴师所言,为宋、齐两部《州郡志》的研究点明了方法。又清人沈垚《落帆楼文集》卷四"与温铁华书"云:"诸史地志皆不可无注,而《宋书·州郡》、《魏书·地形》两志则尤不可少注。两史比他史志为难注。……夫侨置与实土相混,有州、郡、县皆侨者,有州侨而郡、县实者,有州实而郡、县侨者,既为之注,当分别部居,详注于下;而地之可考者,详注今之所在:二者是皆然矣。"此又为《宋书·州郡志》的研究指出了具体的用力重点与努力方向。

按沈垚的意见,侨置问题即侨州郡县与侨流人口是读用《宋书·州郡志》的难点所在。本书既于《宋书·州郡志》频繁乃至反复引用,其志文的具体问题也在各章中有所辨析。然则东晋南朝的侨州郡县与侨流人口问题如果研究透彻了,也会反过来大有利于《宋书·州郡志》以及《南齐书·州郡志》、《魏书·地形志》、《晋书·地理志》、《隋书·地理志》等正史地理志的文本理解与文献运用。

---

① 台湾中央研究院历史语言研究所1963年版。

② 中华书局1985年版。

③ 《魏晋南北朝隋唐史资料》第19辑,武汉大学文科学报编辑部2002年。

④ 《历史地理研究》第2辑,复旦大学出版社1990年。

第十四章
《宋书·州郡志》考疑

上章是对《宋书·州郡志》的整体评议。在此基础上，本章就前人未曾言及的《宋书·州郡志》（以下简称《宋志》[①]）四卷本文之讹误脱衍、疑难之处，以及中华书局本校点方面的问题[②]，整理出若干条具体的意见。[③] 一孔之见，愿供校点本再版时参考，并以此请教于研治魏晋南北朝历史地理特别是东晋十六国南北朝侨州郡县与侨流人口的同好。

第一节　《宋书》卷三十五《志》第二十五《州郡一》考疑

（1）1027页："宋书卷三十五"[④]

按：《四库全书总目》卷六五史部史钞类存目"南朝史精语"条云："宋洪迈撰。迈于诸书多有节本。……此所摘，宋、齐、梁、陈四朝史中之语也。……其中所录《宋书》，本纪第一，列传第二、第三，志第四，志反在列传之后。考刘知几《史通》曰：'旧史以表志之帙，分于纪传之间，降及蔚宗，肇加厘革，沈、魏继作，相与因循。'今北监版《魏书》，志在列传后，是其显证，与《史通》合。而《宋书》则移其次第，列于纪传之间。观迈所序，犹从古本，知几之言不妄。"检《南朝史精语》[⑤]，卷一为《宋书》本纪、列传，卷二、三为《宋书》列传，卷四为《宋书》志，即志确实排列在本纪、列传之后，这与今本《宋书》志排列在本纪、列传之间者不同。然则所谓"古本"《宋书》，起码在南宋洪迈辑《南朝史精语》时还有流传；[⑥]而依据"古本"，可推定《宋书·州郡志》四卷原列卷九十五至卷九十八。

---

① 为省篇幅，以下"考疑"中，《汉书·地理志》简称《汉志》，《续汉书·郡国志》简称《续汉志》，《南齐书·州郡志》简称《南齐志》，《晋书·地理志》简称《晋志》。

② 本"考疑"以中华书局1974年10月第1版、1983年4月第2次印刷之校点本为工作本。

③ 有些条更加详细的讨论，参胡阿祥《宋书州郡志汇释》，安徽教育出版社2006年版。

④ 出条之页码与引文，据中华书局校点本照录。

⑤ 邱敏据乾隆五十二年吴照刊本点校，南京出版社1992年版。

⑥ 苏晋仁《论沈约〈宋书〉八志》（收入《周绍良先生欣开九秩庆寿文集》，中华书局1997年版）云：《宋书》"现在的版本，乃是北宋嘉祐年间征集整理后，治平二年在杭州付诸刊刻的。后来井宪孟刻的蜀本，明南、北监本，清武英殿本、金陵书局本，都是以北宋官板为底本，将志列于本纪和列传之间"。

(2) 1028页:"自夷狄乱华,司、冀、雍、凉、青、并、兖、豫、幽、平诸州一时沦没,遗民南渡,并侨置牧司,非旧土也。"

按:遍检史传之文,东晋南朝时虽有凉州侨郡县(如《宋志》秦州刺史金城太守及所领金城、榆中二县),但凉州未见侨置。志盖统言之,非尽实也。又或以为东晋南朝侨置无平州。[①] 检《晋书·刘隗传》:大兴中,"拜镇北将军、都督青徐幽平四州军事、假节,加散骑常侍";《晋书·王述传》:"都督扬州徐州之琅邪诸军事、卫将军、并冀幽平四州大中正,(扬州)刺史如故。"按晋失平州后,向未恢复,上引史料中之平州当属侨置。平州之侨地,据青、徐、幽、平或并、冀、幽、平连书,当在其时之江北广陵郡一带。至于侨平州之不见于《晋志》、《宋志》、《南齐志》者,疑平州侨立未久即废也。

(3) 1028页:"今志大较以大明八年为正,其后分派,随事记列。内史、侯、相,则以昇明末为定焉。"

按:《宋志》"大较以大明八年为正",其实断代颇是不严。如所载二十二州即非大明八年(464年)制度。其司州,泰始六年(470年)置;越州,泰始七年置;大明八年有东扬州,志亦缺载。又各州所领郡县,亦多非大明八年制度。如徐州"今领郡三","今"指元徽元年(473年);南豫州刺史"今领郡十九",谓泰始(465～471年)末年南豫州、豫州计领十九郡;荆州刺史"今领郡十二","今"为泰始三年;郢州刺史"领郡六",其中无随郡、安陆郡,此二郡元徽四年方由郢州度属司州;湘州刺史"领郡十,县六十二",数之则六十六县,多出的四县,为元徽二年所立之湘阴,"宋末立"之抚宁、乐化左县,"宋末度"之建陵,故湘州之郡县领属实以宋末为断;雍州刺史"今领郡十七,县六十",数之为郡十七,县六十八,其中晚于大明八年者,有泰始末所立之北河南郡(领县八),宋明帝末立之弘农郡(领县三),是雍州实以宋明帝泰始末年为断限。又广州所领郡、县之标准年代大略是宋末,如大明八年时广州领有临漳郡,而志中临漳太守属越州;苍梧太守领思安、封兴、荡康、侨宁四县,此四县本属晋康郡,"疑是宋末度此也",而建陵县大明八年时属苍梧郡,志中属湘州始建国,"宋末度";新宁郡领县中无永城,"永城当是大明八年以后省";永平太守领县中无卢平、逋宁、开城三县,此三县"当是大明八年以后省",等等皆是。交州的标准年代,亦非大明八年,如所领义昌郡便是"宋末立",而大明八年时属交州的合浦郡、宋寿郡,《宋志》却属泰始七年始立的越州。要之,可以说《宋志》事实上并无某一特定的标准年代。

---

① 详谭其骧师《晋永嘉丧乱后之民族迁徙》,载《燕京学报》第15期,1934年。

(4) 1029 页:"成帝咸康四年,侨立魏郡,别见。"

按:《宋志》于某州、某郡、某县下小注"别见"者,多系侨州、侨郡、侨县。《宋志》所记侨州、侨郡、侨县,具多方面的史料价值与学术意义。清牛运震《读史纠谬》第六卷宋书州郡志云:"刘宋偏安半壁,顾乃侨立河北州郡于南,甚属无谓,遂使作史者重列复叙,条理不清。此中宜有删更,庶存史体。"按牛运震对《宋志》的上述评价实属不妥。

(5) 1029 页:"扬州刺史,户一十四万三千二百九十六,口一百四十五万五千六百八十五。"

按:何德章《读〈宋书·州郡志〉札记二则》[①]之《〈宋书·州郡志〉所记户口数发疑》略谓:此所列户口数乃沈约照抄徐爰大明八年完成的《宋书》的数字,并不是今本沈约《宋书》扬州下属十郡户口数相加的结果。扬州十郡户口数相加的结果,户二十四万七千一百零八,口一百六十万五千六百九十四,与此所列户口数存在很大的差异;进之,《宋书》各州小序中所列该州户口数与该州各郡分列的户口数之和基本不合(只有郢州完全相合),这说明各郡户口与各州小序中所列户口反映的是不同时期的户口数。考《宋志》徐州、南兖州、南豫州等州小序中之"旧领"、"徐志",可知《宋志》给出了两组户口数字,此两组数字有不同的渊源,代表着不同时期的户口数状况。具体来说,《宋志》各州所列户口总数反映的是大明八年的状况,这源于"徐志"的"旧"记录;"徐志"者,《宋书·自序》所说由徐爰编定,"起自义熙之初,讫于大明之末"的《宋书》的志。沈约《宋书》以之为底本,故《州郡志》"大较以大明八年为正",于各州兼记徐志所列户口数。又《宋志》各郡户口数及其总计数是"宋末"的数字,具体是"宋末"的哪一年,则尚难确定。今按何德章之说颇具见地,录此以待详考。

(6) 1029 页:"太康三年,分秣陵之水北为建业。"

按:《晋志》扬州丹杨郡建邺注:"太康三年,分秣陵北为建邺,改'业'为'邺'。"盖"建业"有僭越色彩,故改"建邺"。此作"建业",疑误。

(7) 1030 页:"溧阳令,汉旧县。吴省为屯田。晋武帝太康元年复立。"

按:"屯田"下疑脱"都尉"二字。《宋志》扬州刺史丹阳尹:"湖熟令,汉旧县。吴省为典农都尉。晋武帝太康元年复立",又南徐州刺史南琅邪太守:"江乘令,汉旧县。本属丹阳,吴省为典农都尉。晋武帝太康元年复立。"孙吴又有"屯田都尉",《三国志·吴书·陆逊传》:"孙权为将军,逊年二十一,始仕幕府,历东西曹

① 载《魏晋南北朝隋唐史资料》第 15 辑,武汉大学出版社 1997 年。

令史,出为海昌屯田都尉。"屯田都尉与典农都尉一样,比于县级。[1] 及晋司马氏灭吴之太康元年,省溧阳屯田都尉,复立溧阳县;同时省湖熟典农都尉、江乘典农都尉,复立湖熟、江乘二县。是《宋志》"溧阳令"条当与"湖熟令"条、"江乘令"条一致,有"都尉"二字。

(8) 1031 页:"贺《续会稽记》云。"

按:"贺《续会稽记》"句读有误。检《隋书·经籍志》有《会稽记》一卷,贺循撰;清姚振宗《隋书经籍志考证》卷二一云:"《宋书州郡志》会稽始宁令下引贺续会稽记,或循之后别有修纂者,又疑续为循字之误,又或续上有循字,循盖续朱育之书也。"据《隋书·经籍志》:"《会稽土地记》一卷,朱育撰。"朱育,三国吴人。又按语法,"贺《续会稽记》"不通。如此,则"贺《续会稽记》"疑当读作"贺续《会稽记》",或"贺循《会稽记》",或"贺循《续会稽记》"。

(9) 1033 页:"武康令,吴分乌程、余杭立永安县,晋武帝太康元年更名。"

按:《宋书·自序》:"晋武帝平吴后,太康二年,改永安为武康县。"与此所云"太康元年更名"相差一年。

(10) 1034 页:"繁昌令,汉旧名,本属颍川。"

按:检《汉志》、《续汉志》并无繁昌县,而据《三国志·魏书·文帝纪》,黄初元年十一月,"以颍阴之繁阳亭为繁昌县",是繁昌县实为魏置。此作"汉旧名",非。

(11) 1034 页:"宣城太守,晋武帝太康元年,分丹阳立。"

按:《晋志》扬州宣城郡作"太康二年置",又本志上文"丹阳尹"条云:"晋武帝太康二年,分丹阳为宣城郡,治宛陵,而丹阳移治建业。"据此,"太康元年"疑是"太康二年"之误。

(12) 1035 页:"广德令,何志云:'汉旧县。'《二汉志》并无,疑是吴所立。"

按:《三国志·吴书·吕蒙传》:"从讨丹杨,所向有功,拜平北都尉,领广德长。"按时在东汉建安十二年(207 年)孙权征黄祖前,而广德已为县。又《元和郡县图志》、《方舆胜览》亦云汉末立。唯《宋志》所谓"吴所立"亦可通,盖"建安"虽为东汉献帝年号,而献帝兴平二年(195 年)孙策已渡江,至建安四年底,孙策已据有江东六郡(吴、会稽、丹阳、庐江、豫章、庐陵),次年孙权继位。

(13) 1035 页:"东阳太守,……户一万六千二十二,口一十万七千九百六十五。"又 1065 页校勘记:"户一万六千二十二口一十万七千九百六十五　张森楷《校勘记》云:'案户口数,一户皆得十口有余,必无是理。疑一万当作二万。'"

---

① 详胡阿祥《孙吴特殊政区制度考论》,《赣南师院学报》1994 年第 1 期。

按:张森楷《校勘记》"疑一万当作二万"无依据。检《宋志》户口数,一户十口以上者,有扬州,南兖州之南沛郡,豫州之陈留郡,荆州之宜都郡、建平郡,湘州之桂阳郡、零陵郡、营阳郡、湘东郡、邵陵郡,广州之永平郡、东官郡;又有一户两口以下者,如雍州之始平郡,秦州之安固郡,益州之南晋寿郡,广州之苍梧郡。此应别有可以解释之缘由,而不可武断为"必无是理"也。

(14) 1036 页:"丰安令,汉献帝兴平二年,孙氏分诸暨立。"又 1065 页校勘记:"丰安令汉献帝兴平二年孙氏分诸暨立 《续汉书·郡国志》刘昭注:'太末,建安四年,孙氏分立丰安县。'按孙策以兴平二年渡江,建安五年死。疑作建安四年是。"

按:《宋志》云丰安分诸暨立,《续汉志》刘昭注云丰安分太末立,是两书分地互异。考诸地志,丰安县当是东分自诸暨,西分自太末,两书各据一方而言也。

(15) 1036 页:"定阳令,汉献帝建安二十三年,孙氏分信安立。"

按:本志云:"信安令,汉献帝初平三年,分太末立曰新安。晋武帝太康元年更名。"又《续汉志》扬州会稽郡太末刘昭注:"初平三年,分立新安县。"是汉献帝建安二十三年时,只有新安而无信安,此云"分信安立"误,当云"分新安立"。

(16) 1038 页:"文帝元嘉八年,更以江北为南兖州,江南为南徐州,治京口,割扬州之晋陵、兖州之九郡侨在江南者属焉。"

按:所谓"兖州之九郡",除本志南徐州刺史下领之南高平、南平昌、南济阴、南濮阳、南泰山、济阳、南鲁七郡外,另有东燕、高密二郡。东燕、高密二郡之沿革参见南兖州刺史条。东燕郡后省并于南濮阳郡,高密郡后省并于南平昌郡。

(17) 1039 页 2 行:"领县六。"

按:"领县六"当作"领县五",不当有毗陵。详下条。

(18) 1039 页 7 行:"武进令,晋武帝太康二年,分丹徒、曲阿立。"又 8 行:"毗陵令,宋孝武大明末,度属此。"又 1065 页校勘记:"毗陵令 杨守敬云:'毗陵令下,脱"汉旧县属晋陵"六字。'"

按:杨守敬《补校宋书州郡志札记》云:"毗陵令下,脱'汉旧县属晋陵'六字。"又成孺《宋州郡志校勘记》云:毗陵宋孝武大明末度属此"十一字毛本误缀前行末,从北监本跳行。'令',毛本误脱,据志例补。"又孙虨《宋书考论》云:"殿本'毗陵'下无'令'字,并宋孝武十一字连上武进为一条,毛本同。又按'毗陵'上当有'属'字。"孙虨之说疑是。依孙说,则此条志文当作:"武进令,晋武帝太康二年,分丹徒、曲阿立,属毗陵。宋孝武大明末,度属此。"即度属南东海郡。检本志"晋陵太守"条,毗陵郡正是太康二年所立,治丹徒,而立郡同时,当即以分毗陵郡丹徒、曲阿二县所立之武进县属焉;又《晋志》扬州毗陵郡统县七,其中有武进县。

至于杨守敬《札记》"毗陵令下脱'汉旧县属晋陵'六字"及成孺《校勘记》脱"令"字云云，并无版本依据；而中华书局本以"毗陵令"云云另行，即作为南东海郡领县之一，亦误。

(19) 1040页："南沙令，本吴县司盐都尉署。"

按："吴县司盐都尉署"当作"吴郡司盐都尉署"。成孺《宋州郡志校勘记》"本吴郡司盐都尉署"条："'郡'，南监本作'县'。"又杨守敬《〈宋州郡志校勘记〉校补》云："'郡'字是。"按先是汉代郡国产盐处设盐官，魏晋时以司盐都尉总领关于盐之政令。洪饴孙《三国职官表》："司盐都尉，郡国出盐者置，第六品(《水经注·沔水下》引乐资《九州记》，盐官县有马皋城，故司盐都尉城)。"据其品，司盐都尉为郡级吏员。

(20) 1041页："义兴太守，晋惠帝永兴元年，分吴兴之阳羡、丹阳之永世立。"

按：义兴郡始置年代有二说，一说晋惠帝永兴元年(304年)，一说晋怀帝永嘉四年(310年)，而又都与周玘有关。按周玘，阳羡人，惠帝永兴元年讨石冰，怀帝永嘉元年讨陈敏，永嘉四年诛钱璯，此号称"三定江南"。据《晋志》及《元和郡县图志》，立义兴郡以表周玘创义讨石冰之功，此永兴元年说；又据《晋书·周玘传》及《资治通鉴》，周玘"三定江南"，晋琅邪王司马睿嘉其功，乃以玘为吴兴太守，并于其乡里置义兴郡以旌之，此永嘉四年说。

(21) 1041页："南兰陵太守，兰陵郡别见。领县二。户一千五百九十三，口一万六百三十四。"

按：《宋志》于州郡下多记水陆道里。王鸣盛《十七史商榷》卷五七于《宋志》扬州刺史会稽太守首出"去京都水一千三百五十五，陆同"下出"去州去京都若干"条，云："司马彪各郡国有去雒阳里数，雒阳是京都。此'京都'，建康也；省'里'字，不言可知。各郡同，亦是一例。此是丹阳尹所领，独言去京都。其余自南徐州以下各州，先列去京都里数；其所领之郡，则先列去州里数，后言去京都里数。其南东海郡无去州若干者，此郡即刺史治也，无去京都若干者，上文州下已见也。下凡郡为刺史治者仿此。南兰陵以下十三郡，阳平以下三郡，南沛以下六郡，皆无去州、去京都里数，他郡如此尚多，不可枚举，又有有水无陆者，未暇详考。"此王鸣盛"未暇详考"者，钱大昕《廿二史考异》卷二三云："休文志州郡，于诸州书去京都水陆若干，于诸郡则书去州水陆若干、去京都水陆若干，唯州所治郡，不云去京都水陆若干者，已见于州也。南徐州领郡十七，南东海为州所治，此外则南琅邪、晋陵、义兴皆有实土，故有水陆里数，南兰陵以下十三郡，有户口而无水陆里数者，侨寓无实土也。诸州皆仿此。"按钱氏此条颇具卓识，它为我们根据《宋志》所载水陆道里，判断州郡是否侨置、侨置是否改为实土，提供了重要的依据。但细检《宋志》，钱氏所论，也有例外：① 因记载疏漏或资料欠缺，实土州郡有失书水陆道里者。州如梁州、兖州（治瑕丘）、越州，郡如边城、光城、南陈三左郡，新昌、安丰、汝阴、武宁、越嶲、顺阳、新巴、巴渠、安康、梓潼、遂宁、沈黎、宁浦、晋兴、乐昌、义昌、宋平、百梁、怃苏、永宁、安昌、富昌、南流、临漳、宋寿等郡皆是。徐州马头郡，司州随阳郡、安陆郡，郢州武昌郡，宁州平蛮郡等，则失书去州道里；雍州河南郡、广州新会郡则失书去京都道里。② 又有侨郡已割为实土，而水陆道里仍缺书者。以雍州为例，本侨无实土。宋元嘉二十六年，以荆州之襄阳、南阳、新野、顺阳四郡来属，雍州因成实土，治襄阳；而侨郡县犹寄寓诸郡界。及"孝武大明中，又分实土郡县以为侨郡县境"，京兆、始平、扶风、广平、冯翊、华山诸侨郡增领当地实县，分得实土。既有实土，当书去京都、去州水陆道里数，而《宋志》仍缺书。据此，《宋志》水陆道里与州郡县有无实土的关系，其实不可一概而论。

(22) 1042 页："长乐令，本长乐郡，别见。并合为县。"

按：翻检本志，无相应之"长乐郡"，此所谓"别见"，当指冀州刺史勃海太守长乐令条："晋之长乐郡也。疑是江左省为县，至是又立。"

(23) 1049 页："兰陵太守，晋惠帝元康元年，分东海立。领县三。……昌虑令，汉旧县。承令，汉旧县。合乡令，汉旧县。"

按：钱大昕《廿二史考异》卷二五云："《宋志》徐州兰陵郡领昌虑、承、合乡三县，不见兰陵县，疑《志》有脱漏矣"，并举《南齐书·周盘龙传》"北兰陵兰陵人也"为证。今按《宋志》徐州兰陵郡之脱漏兰陵县，另有证据两条。其一，《宋志》南徐州刺史南兰陵太守兰陵令条注云"别见"，而遍检《宋志》，不见兰陵令，故可以肯定是本有兰陵令而后来脱漏；其二，《魏书·地形志》徐州兰陵郡领县四，即昌虑、承、合乡、兰陵，自注并云"二汉、晋属东海，后属"，又未见有刘宋废置兰陵县的记载。据此，《宋志》兰陵太守本有"兰陵令，汉旧县"一条，及此条脱漏，校书者遂改"领县四"为"领县三"以求相符。

(24) 1049 页："东莞太守，晋武帝泰始元年，分琅邪立。"

按：考《三国志·魏书·臧霸传》，尹礼为东莞太守，事在东汉建安初。则东莞置郡由来已久。魏仍置东莞郡，《三国志·魏书·胡质传》：黄初中，"为常山太守，迁任东莞。……在郡九年，吏民便安，将士用命"。此云"泰始元年"分立，误。

(25) 1050 页："东安太守，……晋惠帝分东莞立。"

按：考《三国志·魏书·武帝纪》，建安四年八月，曹操"使臧霸等入青州，破齐、北海、东安"。是时，齐、北海为国，则东安当亦为郡或为国，而据《三国志·魏书·曹植传》裴注引挚虞《文章志》,有刘表子刘脩官至东安太守,《三国志·魏书·杜畿传》裴注引《傅子》,有东安太守郭智,是建安四年前,已析置东安郡。后省(吴增仅《三国郡县表附考证》以为建安十九年省),至晋惠帝元康七年复置,《晋志》徐州:元康“七年,又分东莞置东安郡”。

(26) 1050 页:“盖令,前汉属琅邪,后汉属泰山。”

按:成孺《宋州郡志校勘记》云:“汉末有盖县,属泰山郡,此云属琅邪,误也。”又孙彪《宋书考论》:“前后汉盖俱属太山,……后汉太山十二县,无故属琅邪者。”检《汉志》、《续汉志》,盖县并属泰山郡,但盖县也曾属琅邪国,据《后汉书·琅邪孝王京传》,时在东汉永平二年(59 年)至建初五年(80 年)间。

(27) 1051 页:“《永初郡国》又有廪丘县。别置。”

按:依《宋志》志例,此“别置”或为“别见”之误。

(28) 1052 页:“马头太守,……领县三。虞县令,汉旧名,属梁郡。流寓因配。零县令,晋安帝立。济阳令,故属济阳。流寓因配。”

按:零县疑亦“流寓因配”。考《宋志》冀州刺史清河太守:“零令,汉旧县作灵。”灵县,《汉志》清河郡、《续汉志》冀州清河国、《晋志》冀州清河郡并领灵县。如此,“零县令”条当作:“汉旧县作灵,故属清河。流寓因配。”

(29) 1052 页:“晋武帝泰始二年,分淮阳置顿丘郡。”

按:“分淮阳置顿丘郡”于地理形势、淮阳沿革不合,疑“淮阳”当作“阳平”。

(30) 1053 页:“阴馆,前汉作‘观’,后汉、晋作‘馆’也。”

按:《汉志》雁门郡、《续汉志》冀州雁门郡并作“阴馆”,无作“观”者。又《晋志》并州雁门郡领八县,无阴馆。

(31) 1053～1054 页:“济岷郡江左立。领营城、晋宁江左立。凡二县。……《起居注》,元嘉十一年,以南兖州东平之平陆并范,寿张并朝阳,平原之济岷、晋宁并营城,先是省济岷郡为县。高唐并茌平。”

按:据此段志文,则济岷郡省为县后,并原领之晋宁、营城凡三县均隶于平原郡;后又以济岷、晋宁并入营城。又此平原郡实为南徐州所领(《宋志》南兖州刺史:“《永初郡国》领十四郡。……南平原郡领平原、高唐、茌平凡三县。……省属南徐州”,则领有高唐县之平原郡,属南徐州,不属南兖州),故《宋志》此处,若于“平原之济岷”前,加上“以南徐州”四字,则文意更加明妥。

(32) 1054 页:元嘉“三十年,省南兖州并南徐,其后复立。”

按:据《宋书·孝武帝纪》及《沈庆之传》,复立南兖州在孝建元年,即省并于南徐州的次年。

(33) 1054 页:"广陵太守,……《永初郡国》又有舆、前汉属临淮,后汉省临淮属广陵,文帝元嘉十三年并江都也。肥如、潞、真定、新市五县。并二汉旧名。肥如属辽西,潞属上党,真定前汉属真定,后汉省真定属常山,晋亦属常山。新市二汉、晋属中山。《永初郡国》云四县本属辽西,则是晋末辽西侨郡省并广陵也。"

按:东晋侨置辽西郡于广陵郡界,东晋末年省并。其辽西侨郡所领四县,据《晋志》,肥如属幽州辽西郡,真定属冀州常山郡,新市属冀州中山国,又潞县,并州上党郡、幽州燕国并有,而据本志,作"潞属上党"。按肥如、真定、新市,皆为河北旧县,侨置则属河北旧郡辽西郡,推此,颇疑辽西侨郡所领侨潞县,亦为旧幽州燕国之属县也。考幽州燕国潞县,《汉志》属渔阳郡,作"路",《续汉志》亦属渔阳郡,作"潞";而据钱大昕《廿二史考异》卷二三、成孺《宋州郡志校勘记》,毛本正作"路"。如此,"潞属上党"疑有误,作"潞属燕国"可能更妥。

(34) 1056 页:"《永初郡国》又领临涂、晋、宋立。"

按:"晋、宋立"文义不通,依志例,当作"晋末立"。"宋"、"末"盖形近致讹。

(35) 1057 页:"怀德令,孝武大明五年立。又以历阳之乌江,并此为二县,立临江郡。"

按:《宋书·孝武帝纪》:大明七年二月,"割历阳、秦郡置临江郡"。"历阳"者,历阳郡乌江县;"秦郡"者,秦郡怀德县。志文当于"又以"前补"七年"二字,如此语义方才明确。

(36) 1057 页:"竹邑、前汉曰竹。李奇曰,今邑也。后汉曰竹邑。"

按:《汉志》沛郡领竹县,颜师古注引李奇曰"今竹邑"。又《续汉志》沛国领竹邑,"侯国,故竹"。《宋志》所引"今邑也"不确,且"今邑也"义不同于"今竹邑"。

(37) 1059 页:"北下邳太守,下邳郡别见。宋失淮北侨立。僮县令。别见。下邳令。别见。宁城令。别见。"

按:《南齐志》南兖州条云:"下邳郡四县……见省。"此下邳郡即《宋志》北下邳郡,《宋志》北下邳郡仅领僮、下邳、宁城三县,疑脱一县。考《宋志》宁城令下注"别见",而遍检《宋志》无"宁城",则宁城或为"新立"的侨县,而所脱一县为良成。良成,《宋志》徐州下邳郡实县,当是宋失淮北后侨立,而属北下邳侨郡。据此,《宋志》此条志文当作:"北下邳太守,下邳郡别见。宋失淮北侨立。僮县令。别见。下邳令。别见。良成令。别见。宁城令,新立。"

(38) 1059～1060 页:"兖州刺史,……武帝平河南,治滑台,……《永初郡国》有东郡、陈留、濮阳三郡,而无阳平。东郡领白马、别见。凉城、二汉东郡有聊城县,《晋太康地志》无,疑此是。东燕别见。三县。陈留郡领酸枣、汉旧县。小黄、雍丘、白马、襄邑、尉氏六县。郡县并别见。”

按:此段志文问题有三。其一,晋末宋初疆域,东北有今山东半岛,西北有关中,北抵黄河,而阳平郡在河北,且魏属冀州,西晋属司州,以此,代表宋初形势的《永初郡国》自不会有阳平郡,“而无阳平”四字疑有误。其二,聊城县于《晋志》属冀州平原国,考《晋志》大要以太康元年平吴之后、太康三年废宁州之前为定,如此,《晋太康地志》应有聊城县,此云“无”者,恐系沈约失检。又聊城县今地在山东聊城市西北,而白马治今河南滑县旧县东,东燕治今河南延津县东北,是则东郡领白马、东燕的同时,不可能又间隔濮阳等郡而远领聊城县。聊城自是聊城,凉城自是凉城,两者互不相涉。凉城县,东晋末或刘宋初置,故《永初郡国》有,治今河南滑县一带。其三,此东郡与陈留郡并为实土郡,东郡已领白马县,而相邻之陈留郡又领白马县,疑有误。

(39) 1060 页:“宋末失淮北,侨立兖州,寄治淮阴。”

按:宋末兖州寄治淮阴的具体年份,《南齐志》北兖州:“宋泰始二年失淮北,于此立州镇”;又《宋书·恩倖阮佃夫传》:泰始“六年,出为辅师将军、兖州刺史,戍淮阴,立北兖州,自此始也”。疑作泰始六年是。

(40) 1062 页:“东平太守,汉景帝分梁为济东国,宣帝更名。”

按:此据《续汉志》兖州东平国:“故梁,景帝分为济东国,宣帝改。”按《汉志》东平国所述更为完整:“故梁国,景帝中六年别为济东国,武帝元鼎元年为大河郡,宣帝甘露二年为东平国。”

(41) 1062 页:“乐平令,魏立,属阳平。后汉东郡有乐平,非也。”

按:核诸形势,后汉东郡乐平即魏晋阳平郡乐平,治今山东聊城市西。

(42) 1063 页:“济北太守,……领县三。……蛇丘令,……卢令,……谷城令。”

按:本志青州刺史太原太守山茌令条:“汉旧县,属泰山。孝武孝建元年,度济北。”是济北郡当大明八年时,还应领有山茌县。

第二节　《宋书》卷三十六《志》第二十六《州郡二》考疑

(1) 1071 页:“四年,进寿春。”

按:当作“五年,进寿春”。“五年”谓永和五年。考《晋书·穆帝纪》,永和五年六月,“石遵扬州刺史王浃以寿阳来降”,又《南齐志》豫州:“穆帝永和五年,胡伪扬州刺史王浃以寿春降。”是永和四年时，豫州刺史不得进治寿春。

(2) 1072页：泰始“七年，复分历阳、淮阴、南谯、南兖州之临江立南豫州”。

按：“淮阴”为“南汝阴”脱误。孙虨《宋书考论》云：“各州无淮阴郡，疑即南汝阴脱误，若淮阴则只县名，其地在今淮安清河境，亦不如南汝阴在庐州合肥为合。”今据《宋志》紧接之下文“泰豫元年，以南汝阴度属豫州”判断，孙虨之说是，不然则“以南汝阴度属豫州”一句便无着落矣。

(3) 1073页：“南谯太守，谯郡别见。晋孝武太元中，于淮南侨立郡县，后割地成实土。《太康地志》、《永初郡国》又有酂县。”又1108页校勘记：“后割地成实土太康地志永初郡国又有酂县　按各本并作‘后割地志咸实土郡国又有酂县’，文舛夺不可通。今订正。酂县，《晋太康地志》属南谯，文帝元嘉八年度属历阳，故《太康地志》、《永初郡国》南谯郡并有酂县。”

按：本志紧邻之上文即历阳太守酂令条云：“汉属沛，《晋太康地志》属谯。流寓立，文帝元嘉八年度。”如此则校勘记之“酂县，《晋太康地志》属南谯”，当作“酂县，《晋太康地志》属谯”；又校勘记之“《太康地志》、《永初郡国》南谯郡并有酂县”，亦误，考南谯郡为东晋始置的侨郡，西晋之《太康地志》何来南谯郡？再者，本志于历阳太守酂令条已言“《晋太康地志》属谯”，此处自不必重复。综此，中华书局本之“订正”不妥，今重为订正如下：“后割地成实土。《永初郡国》又有酂县。”盖“流寓立”之酂县（侨县，今安徽全椒县西南），元嘉八年始度属历阳郡，故代表宋初建制的《永初郡国》南谯郡有酂县，而以大明八年为大体标准年代的《宋志》南谯太守领县中即无酂县。至于各本并作之“后割地志咸实土郡国又有酂县”者，“志”字衍，“咸”字为“成”字形近之讹，“郡国”上脱“永初”二字。

(4) 1073页：“庐江太守，……光武建武十三年，又省六安国以并焉。”

按：建武十三年(37年)省六安国以并庐江郡，见《后汉书·光武帝纪》及《续汉志》庐江郡。唯据《后汉书·章帝纪》、《和帝纪》，元和二年(85年)，改庐江郡为六安国，章和二年(88年)，六安国复为庐江郡。

(5) 1074页：“南梁太守，……《永初郡国》又有虞、阳夏、安丰三县。”又1108页校勘记：“永初郡国又有虞阳夏安丰三县　孙虨《宋书考论》云：‘前南汝阴郡安阳令下云“《永初郡国》、何并属南梁”，疑虞阳为安阳之讹。’按南梁郡有虞；南汝阴郡有阳夏，本属南梁郡。《宋志》不误。”

按：校勘记所引孙虨《宋书考论》与孙氏原文不符，且理解有误。原文为：“按后列县有虞，不当别言《永初郡国》有，前南汝阴郡安阳县云，《永初郡国》属南梁，虞字疑安阳二字之误。”按孙说是，即依志例，虞县既为南梁太守所领九县之一，所谓"虞令，汉旧名"，则郡沿革中"不当别言《永初郡国》有"；又本志南汝阴太守阳夏令、安阳令两条，并云"《永初郡国》、何并属南梁"，则南梁太守之本条志文应有"安阳"。《宋志》误，志文当作"《永初郡国》又有安阳、阳夏、安丰三县"。

(6) 1075 页："睢阳令，……前废帝永光有义宁、宁昌二县并睢阳。"

按：南梁太守领县九，有义宁而无宁昌。义宁于永光年间(465 年)并入睢阳县后，"宋末又立"；"宁昌"则疑为"义昌"之误。盖据本志南梁太守条，"何、徐……又有义昌而并无宁陵县"，宁陵县列为南梁太守所领九县之一，乃"徐志后所立"，唯义昌县没有着落，以此，前废帝永光年间并入睢阳县之"宁昌"，当为"义昌"之误，如此志文方合。

(7) 1076 页："弋阳太守，……领县六。"又 1108 页校勘记："领县六　按下只五县，疑有讹夺。"

按："领县六"而"下只五县"，所脱一县为光城。检《宋志》南豫州刺史光城左郡太守："乐安令。茹由令。光城令。此三县，徐志属弋阳。"所谓"徐志"，指徐爰《宋书·州郡志》，"徐志"起东晋义熙元年，迄于刘宋大明之末。沈约撰《宋志》，即多取徐爰《宋书·州郡志》旧本而自定体例或承袭或增删之。既然在"徐志"中，光城"属弋阳"，而《宋志》弋阳太守领县中，又有乐安令、茹由令，无光城令，则所脱一县为光城无疑。

(8) 1076 页："安丰太守，魏文帝分庐江立。江左侨立，晋安帝省为县，属弋阳，宋末复立。安丰令，《前汉地理志》无，后汉属庐江。松滋令。别见。"

按："魏文帝分庐江立"之安丰郡与"江左侨立"之安丰郡并非一郡。"江左侨立"的安丰郡，《宋志》江州刺史寻阳太守松滋伯相条云："江左流民寓寻阳，侨立安丰、松滋二郡，遥隶扬州，安帝省为松滋县。"是安丰侨郡在寻阳界内，并于东晋安帝义熙土断时与松滋侨郡一起省为松滋国。此三国"魏文帝分庐江立"之安丰郡，治安风(今安徽霍邱县西南)；"晋安帝省为县，属弋阳"，即弋阳太守所领安丰令，亦治今安徽霍邱县西南；"宋末复立"的安丰郡，治安丰县(秦置安丰县，治今河南固始县东南，东晋安帝时废，"宋末复立"的安丰郡所治安丰县，即弋阳郡所领的安丰县)。然则《宋志》此条，将安丰侨郡与安丰实郡合叙一处，易致混淆，"江左侨立"四字当删，志文应作："安丰太守，魏文帝分庐江立。晋安帝省为县，属弋阳。宋末复立。"又《汉志》六安国有安丰县，此云"《前汉地理志》无"，误。又此松滋令，实县，治今安徽霍邱县东。

(9) 1077 页："临汝令，汉旧名。"

按：临汝，《续汉志》扬州豫章郡领县，"永元八年置"，与此泰始失淮北后侨置的汝南郡所领者别。所注“汉旧名”不确,当是“新立”。本志司州刺史南汝南太守:“临汝令,新立。”

(10) 1078 页:“陈郡太守,别见。《永初郡国》无苌平、谷阳而有扶沟,别见。何无阳夏、扶沟,徐无阳夏。”

按:此陈郡系宋明帝泰始年间失淮北后始置于淮南的侨郡,注“别见”可矣,而历述《永初郡国》、何、徐领县云云,则似宋武帝永初时已有此侨郡县,非是。《宋志》乃误将豫州刺史陈郡太守领县沿革情况在此重述,实当移置合并于豫州刺史陈郡太守下。

(11) 1078 页:“项城令。别见。”又 1109 页校勘记:“项城令　各本并脱‘城’字。杨守敬云:‘项城令脱城字。’今据补。”

按:《南齐志》豫州陈郡领项县,即此县。此县为侨县,侨今安徽合肥市及其周边一带;实县治今河南沈丘县,见《汉志》、《续汉志》、《晋志》,皆作“项”而不作“项城”,则各本作“项令”不误。

(12) 1079 页:“武津令。”

按:本志豫州刺史汝阳太守武津令:“何不注置立。”依志前后例,此“武津令”后当补小注“别见”二字。

(13) 1079 页:“陈留太守,别见。《永初郡国》无浚仪、封丘而有酸枣,何、徐无封丘、尉氏。”

按:此陈留郡系泰始失淮北后始置侨郡,注“别见”可矣,《永初郡国》、何、徐领县云云,当移置合并于豫州刺史陈留太守下。参本节第(10)条。

(14) 1081 页:“领郡十,县四十三。”

按:数之只四十二县。按《宋志》各州小序下所谓领郡县数,与各州实列郡县统计数,每有出入,原因则大多在于时间断限不严格及所据材料来源不一致两方面。

(15) 1081 页:“汝南太守,……平樂令,汉旧县。”又 1110 页校勘记:“平樂令汉旧县　《廿二史考异》云:‘《汉志》山阳郡平樂侯国,武都郡平樂道,两平樂并与此平樂别,不得言汉旧县也。平樂疑是平輿之误。’”

按:成孺《宋州郡志校勘记》与钱大昕《廿二史考异》说全同,疑引《考异》而未注出处。又孙虨《宋书考论》:“樂当为輿。”今按:《汉志》汝南郡、《续汉志》豫州汝南郡并领平輿,本志南豫州刺史汝南太守平輿令、司州刺史南汝南太守平輿令又并作“别见”,则钱大昕、成孺、孙虨说是。輿、樂当为形近致讹。

(16) 1081 页:“汝南太守,……北新息令,汉旧县。……南新息令,汉旧县。”

按:《汉志》汝南郡、《续汉志》豫州汝南郡、《晋志》豫州汝南郡并领新息。南朝宋始分置为南新息、北新息。此统言"汉旧县",不确。

(17) 1082 页:"谯郡太守,何志故属沛,魏明帝分立。按王粲诗:'既入谯郡界,旷然消人忧。'粲是建安中亡,非明帝时立明矣。"

按:王粲,生于东汉熹平六年(177 年),卒于建安二十二年(217 年)。又《晋志》豫州:"魏武分沛立谯郡。"则谯郡当是东汉建安中曹操立。

(18) 1082 页:"去州陆道三百五十。"

按:依志前后例,"道"字衍。

(19) 1083 页:"襄邑令。"

按:《汉志》陈留郡、《续汉志》兖州陈留郡并领襄邑县;又《宋志》南豫州刺史陈留太守襄邑令条注"别见"。依志前后例,此"襄邑令"下当补"汉旧县,属陈留"六字。

(20) 1083 页:"梁郡太守,……去州陆一百六十。去京都水九百。"

按:钱大昕《廿二史考异》卷二三云:"凡豫州属郡,言去州水陆若干者,皆据寿阳而言。"此梁郡治下邑,今安徽砀山县,而云"去州陆一百六十",如此之近,决无可能,估计"一百"前脱"一千"二字,或"一"为"七"之讹。又"去京都水九百",亦与形势不合,道里偏近。按《宋志》水陆道里与实际形势不合的情形,尚有多例,不一一辨正。

(21) 1083～1084 页:"陈郡太守,……去州陆七百六十。去京都水一千四百五十。……南顿太守,……去州七百六十。去京都陆一千四百五十。"

按:据吴应寿师《东晋南朝的双头州郡》与胡阿祥《东晋南朝双头州郡考论》的结论①,此陈南顿二郡为实土双头郡,即南顿郡帖治陈郡,两郡同治。如此,则陈郡、南顿郡之去州、去京都水陆道里应当相同,《宋志》南顿太守水陆道里本文或当作"去州陆七百六十。去京都水一千四百五十",即今本"去州"下脱一"陆"字,"去京都"下误"水"为"陆"。

(22) 1085 页:"汝阳令,汉旧县,属汝南。何故属汝阴,晋武改属汝南。按晋武分汝南为汝阴,何所言非也。"

按:何所言不非,魏时本有汝阴郡。详下条。

(23) 1085 页:"汝阴太守,晋武帝分汝南立。"

---

① 吴文载《历史地理研究》第 2 辑,复旦大学出版社 1990 年;胡文载《中国历史地理论丛》1989 年第 2 辑。

按:《晋志》豫州汝阴郡:"魏置郡,后废,泰始二年复置";又本志豫州刺史汝阳太守汝阳令:"何故属汝阴,晋武改属汝南";又《元和郡县图志》河南道三颍州:"在汉则汝南郡之汝阴县也,魏、晋于此置汝阴郡,司马宣王使邓艾于此置屯田。……汝阴县,本汉旧县,属汝南郡。魏文帝黄初三年属汝阴郡。"然则魏时有汝阴郡明矣,后废,晋泰始二年复分汝南郡立。《宋志》盖误以复立为始置也。

(24) 1086 页:"安丰……后汉属庐江,晋武帝立为安丰郡。"

按:此安丰郡实为魏文帝所立,非晋武帝立,《宋志》误。参见本节第(8)条。

(25) 1087 页:"豫宁侯相,汉献帝建安中立,吴曰西安。"又 1111～1112 页"吴曰西安"条校勘记引《水经·赣水注》"循水东北迳豫宁县"云云。

按:校勘记所引《水经·赣水注》之"循水",当据善本作"脩水",循、脩字形相近而误。脩水即修水。

(26) 1089 页:"庐陵太守,庐陵本县名,属豫章,汉献帝兴平元年,孙策分豫章立。"

按:《续汉志》扬州豫章郡庐陵刘昭注亦云"兴平元年,孙策分立庐陵郡";又《水经·赣水注》:"汉献帝初平二年,吴长沙桓王立庐陵郡","初平"一作"兴平";又《元和郡县图志》江南道四吉州:"献帝兴平二年,分豫章于此置庐陵郡。"考《三国志·吴书·孙策传》、《周瑜传》及裴注,孙策以兴平二年(195 年)渡江。按庐陵置郡当在孙策渡江以后,如此,庐陵置郡不应在初平二年(191 年)或兴平元年,因那时孙策尚未得豫章。郭黎安《读史札记三则》[①]之"庐陵郡始置于何年"条略云:据《三国志》等史籍所载孙策生平事迹,建安四年(199 年)孙策攻刘勋,破皖城,刘勋求助于黄祖,策乃西进夏口攻打黄祖,从夏口东还经过豫章,豫章太守华歆幅巾奉迎。不久,又遣孙贲袭取割据庐陵的僮芝,遂分豫章立庐陵郡。据上,《资治通鉴》将此事系于建安四年是正确的,与《三国志》合。

(27) 1090 页:"安复侯相,汉旧县,本名安成,晋武帝太康元年更名,属长沙。"

按:《晋志》荆州安成郡领安复县,而长沙郡领县中无安成。又《汉志》长沙国领安成,《续汉志》荆州长沙郡领安城。按安成郡,本志云:"孙晧宝鼎二年,分豫章、庐陵、长沙立。"据此,志文有倒误,当作:"安复侯相,汉旧县,本名安成,属长沙。晋武帝太康元年更名。"

(28) 1091 页:"宁都子相,吴立曰杨都,晋武帝太康元年更名。"

---

① 载《学海》1995 年第 1 期。

按:《晋志》扬州南康郡无宁都县,清毕沅《晋书地理志新补正》以为《晋志》脱宁都县。又《三国志·吴书·诸葛恪传》"进封恪阳都侯",则吴立当作阳都欤?

(29) 1091 页:"陂阳男相,吴立曰揭阳,晋武帝太康五年,以西康揭阳移治故陂阳县,改曰陂县。"

按:"西康"无考,疑为"南康"之误。清毕沅《晋书地理志新补正》:"沅案:沈志'吴立曰揭阳,晋太康五年,以南康揭阳移治故陂阳县,改曰陂县'",正作"南康"。

(30) 1093 页:"青州刺史,……孝武孝建二年,移治历城。"

按:青州移治历城,《宋书·自序》作孝建元年,《宋书·垣护之传》及《资治通鉴》皆作孝建三年,此作孝建二年。当以孝建三年为是。据《宋书·孝武帝纪》,孝建二年十一月以垣护之为青、冀二州刺史,次年五月,"木连理生北海都昌",垣护之以闻(《宋书·符瑞志》)。考北海郡都昌县,本志云"寄治州下",即寄治青州治所东阳城,可见孝建三年五月时,青州尚未移治历城。又青冀二州,冀州为侨州,割成实土,治历城;青州实土州,宋孝建三年至大明八年,青州帖治冀州历城,合成青冀双头州,垣护之曾领此青冀双头州刺史。

(31) 1093 页:"青州刺史,……旧州领郡九,县四十六。"

按:所谓"旧州",指"明帝失淮北,于郁洲侨立青州"前之青州,大明八年时治东阳城。又数青州实领郡县,郡九,县四十七,所多一县当为山茌。本志青州刺史太原太守山茌令:"汉旧县,属泰山。孝武孝建元年,度济北。"是则大明八年时,山茌已属兖州济北郡,不当列属青州。

(32) 1097～1098 页:"长广太守,本长广县,……《起居注》,咸宁三年,以齐东部县为长广郡。……昌阳令,晋惠帝元康八年,分长广县立。"

按:据《三国志·魏书·何夔传》,东汉建安初年有长广郡,长广郡并领有昌阳县。又《献帝起居注》所载建安十八年已无长广郡,则长广郡置后不久即省,此"咸宁三年,以齐东部县为长广郡"者,乃长广郡之复置而非初置。昌阳县之情形略同:《汉志》东莱郡、《续汉志》青州东莱郡并领有昌阳;《晋志》青州东莱国无昌阳,当已省并。及元康八年,又复置昌阳县。

(33) 1098 页:"明帝更名乐安,安帝延光中,改曰安平。"

按:"乐安"应是"乐成"。《续汉志》冀州安平国:"故信都,高帝置。明帝名乐成,延光元年改。"《后汉书·明帝纪》:永平十五年,"改信都为乐成国";又《后汉书·乐成靖王党传》:永平"十五年封乐成王。……延光元年,以河间孝王子得嗣靖王后。以乐成比废绝,故改国曰安平,是为安平孝王"。

(34) 1098 页:“中水令,前汉属涿,后汉、《晋太康地志》属河间。孝武大明七年,自河间割度。”

按:此前、后汉及西晋所属,为中水旧县(治今河北献县西北)情况;大明七年云云,则东晋、刘宋中水新县(确址无考,当在今山东邹平、桓台等县一带)情况。《宋志》合旧县、新县于一处而并叙之,易致误解。《宋志》冀州述郡县沿革类此者甚多,下不一一论及。

(35) 1099 页:“平原太守,……平昌令,汉旧县。后汉无。《晋太康地志》曰西平昌。”又 1113 页校勘记:“后汉无　各本并脱‘无’字。成孺《宋书州郡志校勘记》云:‘《续汉志》无西平昌,后汉下当是脱“无”字。’按成校是,今补。”

按:各本不误,成孺《宋书州郡志校勘记》与中华书局本校勘记非。考《续汉志》青州平原郡下紧接之乐安国云:“高帝西平昌置,为千乘。”钱大昕《廿二史考异》卷一四略云:文当云“高帝置”,不应有“西平昌”三字。据《宦者传》“彭愷为西平昌侯”,注云:“西平昌县属平原郡”,则“西平昌”三字本当属上文“平原郡”,后错入乐安国注中。又北海有平昌县,故称“西”以别之;《晋志》平原国亦有西平昌县。按钱说至确,又《汉书·地理志》平原郡有平昌县,如此则“平昌令,汉旧县。后汉、《晋太康地志》曰西平昌”不误。

(36) 1100 页:“乐陵太守,晋武帝分平原立。旧属青州,今来属。”

按:《晋志》序云魏武置郡十二,其中有乐陵;又《晋志》冀州乐陵国:“汉置。”如此,则乐陵郡当置于东汉建安年间。吴增仅《三国郡县表附考证》推测乐陵郡或置于建安十八年五月魏国初建时。又《宋志》有关乐陵郡的叙述,本身就存在着矛盾,此既云“乐陵太守,晋武帝分平原立”,南徐州刺史南平昌太守新乐令条又云:“魏分平原为乐陵郡,属冀州。”当以南徐州刺史南平昌太守新乐令条为是,且魏、西晋乐陵当属冀州。

(37) 1100 页:“溼沃令,前汉属千乘,后汉无。何云魏立,当是魏复立也。《晋太康地志》属乐陵。”

按:溼沃,《汉志》千乘郡作“溼沃”,《晋志》冀州乐陵国作“漯沃”。疑本作“漯沃”。汉晋有漯水,县在漯水近旁,当因水而名。

(38) 1102 页:“阜城令,前汉勃海有阜城县,《续汉》安平有阜城县,注云‘故昌成’。汉信都有昌成,未详孰是。”

按:《续汉志》冀州安平国阜城注云:“故昌城。”又“未详孰是”者,李晓杰以为其实根本不成问题[1],《汉志》信都之昌成与勃海之阜城本为两地,且相距甚远,了不相涉;东汉时,昌成改阜城,而西汉阜城已于东汉初年省并。

(39) 1103 页:"荥阳、晋武帝泰始元年,分河南立。"

按:《晋志》司州荥阳郡"泰始二年置"。考《三国志·魏书·傅嘏传》,魏正始年间,傅嘏"起家拜荥阳太守",则荥阳郡魏时已置。又《水经·济水注》:"魏正始三年,岁在甲子,被癸丑诏书,割河南郡自巩、阙以东,创建荥阳郡,并户二万五千。"杨守敬《水经注疏》云:"《晋志》、《宋志》皆言晋泰始初置荥阳郡,《寰宇记》同。盖魏建郡旋废而晋复置也。《魏志·傅嘏传》,为荥阳太守,在正始末年。又《晋书·魏舒传》,迁宜阳、荥阳二郡太守,在晋文王时。"然则荥阳郡初置于魏正始三年,魏末暂废,而晋泰始初年复立耳。

(40) 1104 页:"东垣、二汉、《晋太康地志》河东有垣县。"又 1113 页校勘记:"二汉晋太康地志河东有垣县　'河东有垣县'各本并作'河有东垣县'。孙虨《宋书考论》云:'当作河东有垣县。'按二汉、晋河东郡并有垣县。孙说是,今改正。"

按:成孺《宋州郡志校勘记》"二汉晋太康地志何有东垣县"条云:"《两汉》、《晋志》并无东垣,疑'地志'下脱'无'字。"又杨守敬《晦明轩稿》"垣、东垣考"略云:前汉河东郡垣县(前汉之垣,以真定有东垣知之。《汉志》真定国真定县下云:故东垣。《十三州志》:河东有垣,此加东),后汉作东垣(后汉因前汉之东垣已废,故垣上加东字),魏、晋亦作东垣;《续汉志》、《晋志》作"垣",所以脱"东"字,或因前汉而误夺,或因唐人于河东立垣县,遂因习而省之。又若两汉、晋本作垣县,则《宋志》此河南郡之东垣县为初立,不得牵涉汉、晋河东之县。考《宋志》往往于侨立县叙汉晋实土沿革,知此河南郡东垣县为侨县,而本县即《汉志》河东郡垣县及《续汉志》、《晋志》河东郡东垣县,而侨地在今河南新安,故《魏书·地形志》新安郡有东垣县。又孙虨《宋书考论》"何有东垣县"条云:"按'何有东垣县',当作'河东有垣县'。"以上成孺、杨守敬、孙虨三说观点不同。今按:河东郡之垣县,东汉改东垣县,魏、晋亦为东垣县,并治今山西垣曲县东南;而《宋志》此条为东晋末年河南郡之东垣县,治今河南新安县东。又据《宋志》司州刺史条"少帝景平初,司州复没北虏",则成孺、孙虨所见本之"何"(依志例,"何"指何承天《宋书·州郡志》,所记迄宋文帝元嘉中)当为"河"之误,又成孺之疑作"二汉、《晋太康地志》无,何有东垣县"亦误;至于孙虨之作"二汉、《晋太康地志》河东有垣县",虽与河东郡垣县、东垣县之实际沿革不合,但与《汉志》、《续汉志》、《晋志》合,应为《宋

① 李晓杰《东汉政区地理》第五章第五节,山东教育出版社 1999 年版。

志》原文，故孙虨《宋书考论》所改是。又杨守敬之说虽近是，但若依之而改《宋志》本文为“前汉河东有垣县，后汉、《晋太康地志》河东有东垣县”，则与《宋志》原文不合。

(41) 1104 页：“河内寄治河南，领温、野王、轵、河阳、沁水、山阳、怀、平皋、并汉旧名。朝歌二汉属河内，《晋太康地志》属汲郡。晋武太康元年始立。凡十县。”又 1114 页校勘记：“领温野王轵河阳沁水山阳怀平皋朝歌凡十县 《廿二史考异》云：‘今数之只九县。’”

按：“晋武太康元年始立”者，指汲郡，《水经·清水注》“又东过汲县北”云：“县故汲郡治，晋太康中立。”而《晋志》司州汲郡注“泰始二年立”，与此异。又河内郡侨治河南，即侨在今河南洛阳市一带，所领十县，数之只九县，当有脱漏，对照《晋志》司州河内郡，疑脱“州”县。州，《汉志》、《续汉志》为河内郡领县，与温、野王等县一样，“并汉旧名”。

(42) 1105 页：“孝武大明八年，省义阳郡所统东随二左郡立为宋安县，属义阳。”

按：“东随二左郡”语义不通，当是“东随安左郡”之讹。左郡左县是存在于南朝宋齐、为集中治理降附的蛮族而置的特殊政区，其行政规模一般较小；若东随安左郡（置于何时无考）之不隶属于州而隶属于义阳郡，便是其行政规模较小的一种反映。又据《南齐志》，有东随安左郡，领西随、高城、牢山三县，是大明八年后又复置东随安左郡。详胡阿祥《南朝宁蛮府、左郡左县、俚郡僚郡述论》。[1]

(43) 1105 页：“太康年，又分义阳为随国。”

按：《元和郡县图志》山南道二随州：“晋太康九年，分义阳置随郡。”又《晋书·随穆王整传》：“武帝以义阳国一县追封为随县王。子迈嗣。太康九年，以义阳之平林益迈为随郡王。”据知此“太康年”当作“太康九年”，志脱“九”字。

(44) 1105 页：“阙西令，别见荆州，作厥西。宋末新立。”

按：《宋志》荆州刺史南义阳太守厥西令：“二汉无，《晋太康地志》属义阳。”考荆州南义阳郡为侨郡，领厥西、平氏两侨县。故就厥西言，此阙西县实为本县。如此，则志作“宋末新立”不妥，当是宋末以厥西改名阙西。

(45) 1105～1106 页：“安陆太守，……领县二。……安陆公相。”又 1114 页校勘记：“领县二 按此云领县二而下实安陆一县，疑脱去应城县。《南齐书·州郡志》有应城县。《元和志》、《寰宇记》并云分安陆立。本书《孔季恭传》言‘大明

---

① 载《历史地理》第 13 辑，上海人民出版社 1996 年。

中安陆应城县民张江陵’云云，则宋世安陆郡有应城县至确，今《宋志》无之，盖脱去。”

按：杨守敬《补校宋书州郡志札记》云：“‘领县二’当作‘领县一’，下文安陆、江夏二县平列误也。江夏立县始于隋，故《齐志》亦无江夏县。《隋志》江夏县但云‘旧置江夏郡’，不云何代置县。《寰宇记》，隋平陈后，以江夏郡为县，居旧汝南县界，开皇十年使人韦焜就州东南焦渡楼下置江夏县。此《志》江夏下不注置立朝代，下接又有‘曲陵县，本名石阳，吴立。《晋起居注》，太康元年，改江夏石阳曰曲陵，明帝泰始六年，并安陆’，则知石阳已并安陆，故安陆郡只领安陆一县，所云‘改江夏石阳曰曲陵’者，谓江夏郡之石阳，非谓江夏县也，足知此‘又有’上‘江夏’二字为衍文，‘又有’以下直接上安陆县下不知何时误叠‘江夏’二字，浅人遂以江夏为县，而提行书之，又改安陆郡领县二，而江夏乃误为宋置矣。”今按：杨守敬《补校宋书州郡志札记》所辨“安陆江夏二县平列误也”是，所辨“领县二当作领县一”以及“又有上江夏二字为衍文”则非。本志司州刺史条云：“领郡四，县二十”，数之，则郡四，县十九，此亦证明脱去一县。所脱一县为应城，中华书局本校勘记是。又中华书局本校勘记与孙虨《宋书考论》说同，而未指明。孙氏云：“《孔季公传》言大明中安陆应城县民张江陵。按安陆应城县，《元和志》、《通典》及《太平寰宇记》俱云宋分安陆置，今《宋书·志》乃无此县名，盖脱去矣。”参下条。

（46）1106页：“安陆公相，汉旧县，属江夏。江夏又有曲陵县。”又1114～1115页校勘记：“江夏又有曲陵县　杨守敬云：‘安陆、江夏二县平列，误也。江夏立县始于隋，故《齐志》无江夏县。不知何人遂以江夏为县而提行书之。’孙虨《宋书考论》云：‘案江夏与安陆实一条，后人误分之以足领县二之数。’按杨、孙二家说是。今订正为一条。”

按：杨守敬《〈宋州郡志校勘记〉校补》“江夏又有曲陵县”条又云：“当接上为一条。此江夏无令、公、侯、子、相字样，观下文泰始并安陆，知安陆只领一县，并无江夏县。上文领县二者，系后人据误本改。”又谭其骧师以为：“杨说非也。休文志州郡大较以孝武大明八年为正，曲陵，明帝泰始六年始并于安陆，当自为一条。上文领县二不误，惟‘江夏又有’四字衍，‘县’字当易以令、长、侯、相等字样。”①今按：《宋志》虽“大较以孝武大明八年为正”，但“其后分派，随事记列”，且《宋志》于时间断限，多有为例不纯者。即以此司州言，乃泰始六年所立；又此安陆郡属司州，更迟至元徽四年。据此，中华书局本校勘记补“应城”较之谭其骧师

① 谭其骧师《〈宋州郡志校勘记〉校补》，收入氏著《长水集》(上)，人民出版社1987年版。

以“曲陵”自为一条更胜。又有可以与此比照者，本志在安陆太守条中叙安蛮（“徐志有安蛮县，《永初郡国》、何并无，当是何志后所立。寻为郡，孝武大明八年，省为县，属安陆，明帝泰始初，又立为左郡，宋末又省”），而若依谭其骧师的上引推论，则安陆郡当领有安蛮县，而事实上，安蛮（县、郡、左郡）并未“自为一条”。

（47）1106 页：“改江夏石阳曰曲陵。”又 1115 页校勘记：“改江夏石阳曰曲陵 ‘曲陵’各本并作‘曲阳’。成孺《宋书州郡志校勘记》云：‘阳当作陵，盖涉石阳而讹，据上文订正。’按成校是，今改正。”

按：成孺所谓“据上文订正”，“上文”盖指此安陆公相条“江夏又有曲陵县，本名石阳”。而检《宋志》郢州刺史江夏太守条“又有安陆、曲陵”云云，则各本并作之“曲阳”确为“曲陵”之误。

第三节 《宋书》卷三十七《志》第二十七《州郡三》考疑

（1）1117 页：“南郡太守，秦立。汉高帝元年，为临江国，景帝中二年复故。”又 1159～1160 页校勘记：“南郡太守秦立汉高帝元年为临江国景帝中二年复故 ‘汉高帝’各本作‘汉文帝’，‘中二年’各本作‘中元年’，并据《汉书·地理志》改。《汉书·地理志》南郡下云：‘秦置，高帝元年，更为临江郡，五年，复故。景帝二年（当作七年），复为临江，中二年复故。’《宋志》略去高帝五年省临江国复置南郡，景帝七年复为临江国一节，‘高帝’又讹‘文帝’，‘中二年’又讹‘中元年’。《汉书·高帝纪》，元年以怀王柱国共敖为临江王，则《宋志》作临江国是，《汉志》作临江郡者误。景帝七年复为临江国，以废太子荣为临江王，至中二年荣自杀，国除。”

按：校勘记之“景帝二年（当作七年）”误。《汉书·景帝纪》：二年“春三月，立皇子德为河间王，阏为临江王”；四年“秋七月，临江王阏薨”；七年“春正月，废皇太子荣为临江王”；中元二年“三月，临江王荣坐侵太宗庙地，征诣中尉，自杀”。据此，则南郡此段沿革如下：南郡，秦立。汉高帝元年，为临江国。五年临江国除，南郡复故。景帝二年，复以南郡置临江国，四年国又除，再为郡，七年又复置临江国，中元二年临江国又再除，为南郡。然则《宋志》所略去者，高帝五年至景帝七年间沿革。按《宋志》类此者颇众，实难一一补出；此所以补者，既为中华本校勘记之误，不可不辨，亦聊作一例耳。

（2）1119 页：“南安令，晋武帝分江安立。”又 1160 页校勘记：“南安令晋武帝分江安立'南安'各本并作'安南',据成孺《宋书州郡志校勘记》说乙正。按《水经·油水注》:'晋太康元年,分孱陵立南安县。'"

按:《水经·澧水注》:"澧水又东迳安南县南,晋太康元年分孱陵立。"按《水经注疏》熊会贞曰:"《元和志》、《旧唐志》亦作南安,《宋志》、《齐志》、《隋志》、宋本《寰宇记》、《舆地广记》则作安南,与此同。错出已久,未能定为孰是,当两存之。《宋志》晋武帝分江安立,与此微异。"又方恺《新校晋书地理志》云:"《水经注》澧水篇:'澧水又东迳安南县南,晋太康元年分孱陵立。'此作南安,未详。"综上,各本并作之"安南",以不改"南安"为妥。

(3) 1120页:"巴东公相,谯周《巴记》云,初平元年,荆州帐下司马赵韪建议分巴郡诸县安汉以下为永宁郡。建安六年,刘璋改永宁为巴东郡,以涪陵县分立丹兴、汉葭二县,立巴东属国都尉,后为涪陵郡。"又1160页校勘记"初平元年"条云:"'元年'各本并作'六年',据《晋书·地理志》改。成孺《宋书州郡志校勘记》云:'案献帝初平纪元仅四年,六年疑有误。《晋志》益州下云,献帝初平元年,刘璋分巴郡立永宁郡。知"六"为"元"字之误,当据正。'"又1160页校勘记"刘璋改永宁为巴东郡"条:"《廿二史考异》云:'据《华阳国志》,建安六年,乃改固陵为巴东。若永宁之分,虽与固陵同时,其后改称巴西,与巴东不相涉。'"

按:此段志文问题较多。其一,关于初平元年。《晋志》益州:"献帝初平元年,刘璋分巴郡立永宁郡。"钱大昕《廿二史考异》卷一九略云:《华阳国志》、《水经注》、《晋志》皆言初平元年(190年),而考刘焉以兴平元年(194年)卒,子璋始为益州牧,则初平元年璋尚未牧益州,诸书之初平或当为兴平之讹乎?又《晋志》中华本校勘记直言"初平当为兴平之讹"。又清吴增仅《三国郡县表附考证》、今人刘琳《华阳国志校注》[1]亦以为应作兴平元年。如此,则成孺《宋书州郡志校勘记》与中华本校勘记并误,此各本并作之"初平六年"当为"兴平元年"之讹。其二,关于"荆州帐下司马赵韪"。《廿二史考异》卷二三云:"荆州当作益州";又成孺《宋书州郡志校勘记》云:"《三国志·刘焉传》:州太史赵韪等共上璋为益州刺史,诏书因以韪为征东中郎将。疑赵韪当是益州下司马。且《志》注引《英雄记》曰:璋使赵韪进攻荆州。其非荆州帐下司马甚明。故《考异》云荆州当作益州。"其三,关于"分巴郡诸县安汉以下为永宁郡"。据《华阳国志·巴志》,安汉人赵韪欲得巴旧名,故白益州牧刘璋,以垫江以上为巴郡,治安汉;以江州至临江为永宁

① 巴蜀书社1984年版。

郡,朐忍至鱼复为固陵郡。又李晓杰《东汉政区地理》以为[①]:赵韪分巴郡之议,是以垫江以上诸县为巴郡,治安汉,以江州以东诸县为巴东郡;刘璋从其垫江以上诸县为巴郡之议,而改以江州至临江为永宁郡,朐忍至鱼复为固陵郡。然则巴郡既以垫江为治,而安汉在垫江以上,永宁郡在垫江下游,安汉自不能越境而隶属永宁。据此知谯周《巴记》之文及《宋志》此云"分巴郡诸县安汉以下为永宁郡"者并误。其四,关于"刘璋改永宁为巴东郡"。《廿二史考异》卷二三云:"考晋、宋二《志》,安汉属巴西,不属巴东也。据《华阳国志》,鱼复、朐忍诸县,初平中,始分为固陵郡。建安六年,鱼复蹇允白璋争巴名,乃改固陵为巴东。若永宁之分,虽与固陵同时,其后改称巴西,与巴东不相涉。"李晓杰《东汉政区地理》以为[②]:钱氏《考异》虽正确指出了《宋志》所载永宁郡改称巴东郡之误,但认为永宁郡后改称巴西郡,则又误矣。其实,永宁郡后改称巴郡(同时改固陵郡为巴东郡,巴郡为巴西郡,合称"三巴"),《华阳国志·巴志》:"建安六年,鱼复蹇胤白璋,争巴名。璋乃改永宁为巴郡,以固陵为巴东。"然则综合以上考释,《宋志》此段所叙永宁郡、巴东属国、涪陵郡云云,与此"巴东公相"并无直接关系,当移入益州刺史巴郡太守下。而与此"巴东公相"直接有关者,为固陵郡。固陵郡,东汉兴平元年或二年刘璋分巴郡朐忍至鱼复置,治鱼复县,建安六年改为巴东郡。又据《华阳国志·巴志》:建安二十年,刘备据有益州,改巴东郡为江关都尉;次年,复改江关都尉为固陵郡;及章武元年,又改固陵郡为巴东郡。

(4) 1120 页:"黾阳令,何志不注置立。晋末平吴时,峡中立武陵郡,有黾阳、黔阳县,咸宁元年并省。"

按:"晋末平吴时"有误。按晋起泰始元年(265 年),及泰始八年,以王浚为益州刺史,浚造大船,准备伐吴。咸宁五年(279 年)十一月,晋伐吴,次年三月吴亡。又所谓"西晋",止建兴四年(316 年),至于所谓"东晋",更延至元熙二年(420 年)。如此,"平吴时"及"咸宁元年"都决非"晋末"。疑此处"晋末平吴时"当作"晋未平吴时","未"、"末"盖形近致讹。

(5) 1121 页:"僮阳令。"

按:《水经·沮水注》:"沮水东南流,迳沮阳县东南。县有潼水,东迳其县南,下入沮水。沮水又东南迳汶阳郡北,即高安县界。"按僮阳县当是取潼水之阳为名,《谷梁传·僖公二十八年》所谓"水北为阳,水南为阴"是也,故原本当作"潼

① 李晓杰《东汉政区地理》第九章第二节。
② 李晓杰《东汉政区地理》第九章第二节。

阳”，而今本《宋志》、《南齐志》并讹作“僮阳”。

(6) 1121 页：“南义阳太守，……平阳本为郡，江左侨立。魏世分河东为平阳郡，晋末省为县。”又 1160 页校勘记：“魏世分河东为平阳郡晋末省为县　洪亮吉《东晋疆域志》云：‘平阳本平春，晋太元中，避郑太后讳乃改，与河东郡之平阳迥别，沈志合以为一，非是。’”

按：平阳郡，《晋志》司州领郡，治平阳（今山西临汾市西南）；东晋侨立，后省为县，隶此。据《宋志》荆州刺史南义阳太守条，平阳郡侨地当在南义阳郡内，今湖南安乡县西南一带。又据《宋志》荆州刺史南河东太守条，颇疑平阳侨郡领有永安、临汾等县，及平阳侨郡省为县，永安、临汾二县遂度属河东郡。又洪亮吉《东晋疆域志》卷四荆州南义阳郡平阳县条：“汉县名。《史记正义》：故城即晋州城西面，今平阳故城东面也。沈志：平阳本为郡，江左侨立。魏世分河东为平阳郡，晋末省为县。”据此，本志不误，所谓“晋末省为县”者，指“江左侨立”之平阳郡，而标点应作“魏世分河东为平阳郡。晋末省为县。”

(7) 1121 页：“厥西令，二汉无，《晋太康地志》属义阳。”

按：此厥西县为侨县，“二汉无，《晋太康地志》属义阳”云云，当移于司州刺史随阳太守阙西令下，而此厥西令依志例注“别见”可矣。参上节第(44)条。

(8) 1122 页：“松滋令，前汉属庐江，后汉无，晋属安丰。疑是有流民寓荆土，故立。”

按：此松滋令，《晋书·地道记》云：“咸康三年，以松滋流户在荆土者立松滋县。”又“前汉属庐江，后汉无，晋属安丰”云云，《宋志》江州刺史寻阳太守松滋伯相条已叙，此处不必重复，盖沈约失检耳。

(9) 1124 页：“孝武孝建元年，分荆州之江夏、竟陵、随、武陵、天门，湘州之巴陵，江州之武昌，豫州之西阳，又以南郡之州陵、监利二县度属巴陵，立郢州。天门后还荆。领郡六。”

按：郢州领郡六，即江夏、竟陵、武陵、巴陵、武昌、西阳。考本志荆州刺史天门太守条，天门郡还荆州在泰始三年(467 年)，若依本志“大较以大明八年为正”，则天门郡大明八年(464 年)仍属郢州。又随郡，大明八年时亦属郢州，及永光元年(465 年)度属雍州，泰始五年还属郢州，元徽四年(476 年)又度属司州，而本志属司州，见司州刺史随阳太守条。又孝建元年(454 年)，分江夏郡立安陆郡，亦属郢州，及元徽四年方度属司州，见司州刺史安陆太守条；本志“豫州之西阳”后，当补“又分江夏立安陆”，于意方全。

(10) 1125 页：“沙阳男相，二汉旧县，本名沙羡，属武昌，晋武帝太康元年更名，又立沙羡，而沙阳徙今所治。"

按：二汉有沙羡无沙阳，沙羡于《汉志》、《续汉志》属江夏郡，此"二汉旧县，本名沙羡"间不可断句。又"属武昌"者，孙权曾短期置有武昌郡，后改江夏郡，及西晋太康元年又改为武昌郡。又"晋武帝太康元年更名"者，旧沙羡县更名沙阳县也。又《水经·江水注》：沙阳"县本江夏之沙羡矣。晋太康中改为沙阳县"；《水经注疏》杨守敬云："晋初之沙阳，仍沙羡故治，旋复徙治也。"

(11) 1125 页："羡阳子相，晋惠帝世，安陆人朱伺为陶侃将，求分安陆东界为此县。"

按：孙彪《宋书考论》所见本"羡阳"作"滠阳"，又洪亮吉《东晋疆域志》卷二荆州江夏郡、《南齐志》郢州江夏郡、《水经·江水注》并作"滠阳"。按作"滠阳"是，杨守敬《水经注疏》云："晋置县，属江夏郡，宋、齐、梁因。在今黄陂县南"，即治今湖北武汉市黄陂区西南。滠阳县名盖取意于滠水。滠水，《水经·涢水注》："涢水又南，分为二水，东通滠水，西入于沔"；又《水经·江水注》："又东合滠口，水上承涢水于安陆县，而东迳滠阳县北，东流注于江。"

(12) 1129 页："湘州刺史，……领郡十，县六十二。"

按：湘州实领郡县，数之为十郡、六十六县。多出的四县，当为宋末元徽二年所立之湘阴，"宋末立"之抚宁、乐化左县，"宋末度"之建陵。又据此十郡、六十六县之沿革、割属情况推之，《宋志》湘州之郡县领属，并非大明八年情况，而其实是以宋末为断的。

(13) 1131 页："零陵内史，……去州一千四百。去京都水四千八百。"

按：此"去州一千四百"者，指水路里程，依志例，当作"去州水一千四百"，脱"水"字。

(14) 1132 页："阴山令，阴山乃是汉旧县，而属桂阳。吴湘东郡有此阴山县，疑是吴所立。"

按：《汉志》桂阳郡、《续汉志》荆州桂阳郡并有阴山，而《晋志》阴山属湘东郡，桂阳郡领县无阴山，当是吴立湘东郡时度属；又汉晋阴山并治今湖南攸县西南。是则两汉、孙吴、晋、宋阴山为一地，《宋志》此处误，依志例，作"阴山令，汉旧县，属桂阳，吴度湘东"可矣。

(15) 1132 页："邵陵太守，吴孙晧宝鼎元年，分零陵北部都尉立。"

按：《三国志·吴书·孙晧传》：宝鼎元年，"以零陵北部为邵陵郡"。按本作昭陵，晋武帝时避其父司马昭名讳改"邵陵"，陈寿由后言之，故作"邵陵"。依本志江州刺史建安太守邵武子相条"吴立曰昭武，晋武帝更名"例，此当作"吴孙晧宝鼎元年，分零陵北部都尉立昭陵郡，晋武帝更名”。

（16）1132页：“邵陵子相，何志属长沙。按二汉无，《吴录》属邵陵。”

按：此两处“邵陵”，均本作“昭陵”，晋武帝时避其父司马昭名讳始改“邵陵”。然则“昭陵”，《汉志》长沙国、《续汉志》荆州长沙郡领县，是本志“二汉无”误。又依志例，《宋志》本条当作“邵陵子相，汉旧县曰昭陵，属长沙。后度零陵。晋武帝更名”。按昭陵县由长沙改属零陵的时间，当在东汉末年（参吴增仅《三国郡县表附考证》卷八）；“何志属长沙”疑误，不然，则何志前曾废邵陵郡入长沙郡，故邵陵县“何志属长沙”。

（17）1133页：“邵阳男相，吴立曰昭阳，晋武改。”

按：《续汉志》荆州零陵郡领“昭阳，侯国”，此作“吴立曰昭阳”误，当作“后汉曰昭阳”。“晋武改”者，晋武帝时避其父司马昭名讳改“昭阳”为“邵阳”。又据《汉书·王子侯表》，元始五年汉平帝封长沙剌王[①]子赏为昭阳侯，是则西汉末年已有昭阳侯国。吴增仅《三国郡县表附考证》卷八杨守敬《补正》亦云：“《郡国志》零陵郡已有昭阳，何得云‘吴立’？沈《志》误。据《汉表》，是元始五年分昭陵立，然则西汉已有此县。”

（18）1133页：“阳山侯相，汉旧县，后汉曰阴山，属桂阳。”又1163页校勘记：“阳山侯相汉旧县后汉曰阴山　惠栋云：‘《前志》亦有阴山县，沈说非也。’按《前志》桂阳郡有阳山县，又有阴山县。应劭阳山下云：‘今阴山也。’颜师古驳应云：‘下自有阴山，应说非也。’沈志亦从应说而误。”

按：《汉志》桂阳郡领阳山、阴山，并注“侯国”，又《续汉志》荆州桂阳郡领阴山县，无阳山。按此阳山、阴山及其地望，长期以来各家争论不休。其与本志有关者，据最新研究成果周振鹤《西汉政区地理》上篇第十章第二节的观点，《宋志》的阳山乃前汉旧县，然后汉已省，后汉的阴山与《汉志》阴山为一地，与《宋志》阳山了不相涉，故《宋志》“阳山侯相，汉旧县，后汉曰阴山，属桂阳”误；又李晓杰《东汉政区地理》第十章第四节认为：《汉志》桂阳郡阳山县不载《续汉志》，宋本《太平寰宇记》连州阳山县上云：“后汉省入含洭。”含洭，两汉《志》属桂阳郡，故可知阳山已在东汉省并。《宋志》“阳山侯相，汉旧县，后汉曰阴山，属桂阳”，所记误矣。两汉《志》皆有阴山，另为一地，与《宋志》阳山了不相涉。《宋志》阳山实乃《汉志》阳山也，至东汉已省。然则综上所考，《宋志》“阳山侯相，汉旧县，后汉曰阴山，属桂

① 周振鹤以为“剌王”为“孝王”之误，见氏著《西汉政区地理》上篇第十章第二节，人民出版社1987年版。

阳”当作“阳山侯相，汉旧县，属桂阳，后汉省”。

(19) 1134 页：“临庆内史，吴分苍梧立为临贺郡，属广州，晋成帝度荆州。”

按：临贺郡始置时当属荆州（时无广州），及晋平吴，乃属广州。《晋志》广州：“及太康中，吴平，遂以荆州始安、始兴、临贺三郡来属”；本志前广兴公相条亦云：“吴孙晧甘露元年，分桂阳南部都尉，立为始兴郡。晋武帝平吴，以属广州。”又洪亮吉《补三国疆域志》卷一四荆州始兴郡：“今遍检诸地志，临贺郡之立当在置广州之前，不得云立郡时已属广州。《通典》吴广州领郡六，亦不数临贺。《元和郡县志》、《方舆胜览》临贺、始兴二郡皆属荆州。”

(20) 1134 页：“封阳侯相，汉旧县。”

按：依《宋志》前后例，“汉旧县”后，当有“属苍梧”三字。按封阳，《汉志》苍梧郡、《续汉志》交州苍梧郡领县。

(21) 1134 页：“宁新令，二汉无，当是吴所立，属苍梧，晋武帝太康元年更名。”

按：此“晋武帝太康元年更名”一句无所指，志文当有脱漏。检本志广州刺史苍梧太守条：《永初郡国》又有宁新县，宁新，吴立，晋武帝太康元年，改新宁曰宁新，云云。按吴始立当名新宁，及晋武帝太康元年更名宁新。如此，“当是吴所立”后应补“新宁”二字，于意方通。又《南齐志》广州苍梧郡、湘州临贺郡并有宁新县，颇疑此湘州临贺郡宁新县为宋末与本郡抚宁县同时新立，而与上引之广州刺史苍梧太守条所云宁新县别；果如此，则此“宁新令”注“宋末立”可矣，“二汉无”云云，当移置本志广州刺史苍梧太守条内。

(22) 1135 页：“始建内史，吴孙晧甘露元年，分零陵南部都尉立始安郡，属广州，晋成帝度荆州。”

按：《晋志》广州：“及太康中，吴平，遂以荆州始安、始兴、临贺三郡来属”，是孙吴时始安郡属荆州；此云“属广州”，与《晋志》异。按洪亮吉《补三国疆域志》卷十四、吴增仅《三国郡县表附考证》卷八、谢钟英《三国疆域表》始安郡皆列吴荆州内。考始安郡乃分荆州零陵郡立，吴时宜与零陵郡并属荆州，《晋志》说是。如此，则依本志前广兴公相条例，此“属广州”三字前，当补“晋武帝平吴，以”六字。

(23) 1135 页：“乐化左令，宋末立。”

按：《宋志》南豫州刺史晋熙太守有“太湖左县长”，郢州刺史西阳太守有“蕲水左县长”、“东安左县长”、“建宁左县长”、“希水左县长”、“阳城左县长”，江州刺史南新蔡太守有“阳唐左县令”，则依志例，“乐化左令”当作“乐化左县令”，志脱“县”字。

(24) 1136 页:“襄阳公相,魏武帝平荆州,分南郡编以北及南阳之山都立,属荆州。鱼豢云,魏文帝立。”

按:《晋志》荆州云:“后汉献帝建安十三年,魏武尽得荆州之地,分南郡以北立襄阳郡”;《太平寰宇记》卷一四五襄州云:“《荆州图副》云:建安十三年,曹操平荆州,始置襄阳郡,以地在襄山之阳为名。”又吴增仅《三国郡县表附考证》卷三云:“《蜀志·关侯传》:曹公引兵退,先主收江南诸郡,以关侯为襄阳太守,驻江南。是时先主固未有襄阳也,三国诸臣遥领敌郡,皆实有其地,从无虚领其名者。知《魏略》之言为不可信也。”据此,襄阳郡当置于建安十三年,鱼豢(《魏略》作者)所云魏文帝立者不确。

(25) 1137 页:“冠军令,汉旧县,武帝分穰立。”

按:《汉志》南阳郡冠军:“武帝置。故穰卢阳乡、宛临駣聚。”如此则武帝分穰、宛立冠军。又《汉志》南阳郡冠军应劭曰:“武帝以封霍去病。去病仍出匈奴,功冠诸军,故曰冠军。”

(26) 1137～1138 页:“《永初郡国》及何志有朝阳、武当、酂、阴、汎阳、筑、并别见。”

按:“筑”当作“筑阳”,“别见”本志雍州刺史扶风太守:“筑阳令,汉旧县,属南阳,又属顺阳。大明土断属此。”

(27) 1138～1139 页:“《永初郡国》有……南霸城、本霸陵,汉旧县。《太康地志》曰,霸城何志魏□。”

按:“何志”谓宋何承天《宋书·州郡志》,“《太康地志》”则为西晋太康地志,此“《太康地志》曰,霸城何志魏□”,句读明显错误,当作“《太康地志》曰霸城,何志魏□”。检《晋志》雍州京兆郡正领有霸城。又“魏”后所脱一字,疑为“改”,谓曹魏改“霸陵”为“霸城”。考汉时三辅诸县,凡以陵名者,皆先帝陵寝所在,因以立县者也;及魏受禅,恶“陵”字而多改之,如改“杜陵”为“杜”,改“高陵”为“高陆”,改“平陵”为“始平”。然则“霸陵”改“霸城”者同例。

(28) 1139 页:“始平令,魏立。”

按:汉旧县曰平陵。《汉志》右扶风、《续汉志》司隶右扶风领县。魏文帝改名始平。《元和郡县图志》关内道二京兆府下兴平县:“本汉平陵县,属右扶风。魏文帝改为始平。”此“始平令,魏立”不确,当作“始平令,汉旧县曰平陵,魏改名”。

(29) 1140 页:“魏昌,魏立,属中山。”

按:《续汉志》冀州中山国有汉昌县。《元和郡县图志》河北道三定州陉邑县:“汉苦陉县也。……汉属中山国,章帝改为汉昌,魏文帝改曰魏昌。”《晋志》冀州中山国领有魏昌县。依此,本志“魏昌,魏立,属中山”当作“魏昌,汉旧县曰汉昌,属中山,魏改名”。

(30) 1140页:“南上洛太守,……此上洛盖是何志以后侨立耳。今治臼。何、徐志雍州南上洛,晋武帝立,北上洛云晋孝武立,非也。”

按:“今治臼。何、徐志”当作“今治臼口。徐志”,说详孙虨《宋书考论》。“臼口”,见《水经·丹水注》及《宋书·柳元景传》。又志文“北上洛云晋孝武立”之“北”字,细审文义,疑为“此”字之误,以与“此上洛盖是何志以后侨立耳”相应。考徐志亦有北上洛郡,见本志雍州刺史条:“徐志雍州有北上洛、北京兆、义阳三郡。北上洛,晋孝武立。……今并无此三郡。”又志文“晋武帝立”,盖指侨立前之本郡,《晋志》司州上洛郡:“泰始二年,分京兆南部置。”

(31) 1141页:“河阴子相,魏立。”

按:洪亮吉《补三国疆域志》卷一司州河南尹河阴:“汉平阴县,魏改今名。《宋书·州郡志》云魏立,微误”;又谢钟英《补三国疆域志补注》云:“按《夏侯惇传》,韩浩舅杜阳为河阴令,在建安中,是河阴系桓、灵后所改。”金兆丰《校补三国疆域志·魏疆域志》司州河南尹河阴则以为:“河阴,汉旧县。按《两汉志》皆无河阴。《水经注》云故平阴,魏帝改。顾祖禹谓为魏文帝改。然则《三国补注》谓浩舅杜阳为河阴令,时不应有此名,盖史家追改之耳。”今按《三国志·魏书·夏侯惇传》裴注引《魏书》“太守王匡以为从事,将兵拒董卓于盟津。时浩舅杜阳为河阴令”云云,则谢说是,东汉末平阴县改名河阴县。

(32) 1141页:“广平太守,……阴县令,汉旧县,属南阳。”

按:据本志雍州刺史顺阳太守条“《永初郡国》及何志有”酂、阴等八县云云,则“属南阳”后当补“后属顺阳”四字,《晋志》荆州顺阳郡正领有阴县。又阴县与酂县汉晋间沿革相同,《宋志》广平太守酂县令条亦作“汉旧县,属南阳,后属顺阳”。

(33) 1142页:“领县三。疑”又1164页校勘记:“领县三疑 成孺《宋书州郡志校勘记》云:‘三下原注“疑”字。冯翊只统鄀、高陆二县,而乃曰领县三,故校者注云疑也。今按《南齐志》冯翊郡县三,曰鄀,曰莲勺,曰高陆,疑此志本亦属县三,而传写者误脱莲勺欤?’杨守敬云:‘按《晋志》、《齐志》、《魏志》冯翊并有莲勺县,是知此脱莲勺一县。’按成、杨二家说是。鄀县下,高陆县上似脱‘莲勺令,汉旧县,属冯翊’云云一条。”

按:校勘记补“莲勺令”一条是。唯作“莲芍令”更妥,考《宋志》秦州刺史冯翊太守莲芍令条注云“别见”,而别不见,然则此所脱一县,应作“莲芍令”。

(34) 1142 页:“鄀县令,汉旧县,属南郡,作‘若’字。《晋太康地志》作‘鄀’。”

按:《汉志》南郡作“若”,颜师古注云:“《春秋传》作鄀,其音同。”又《续汉志》荆州南郡已作“鄀”,并云“永平元年复”,是若县当在东汉初年一度省并,及永平元年(58 年)复置鄀县,不待《晋太康地志》始作“鄀”也。

(35) 1142 页:“河阳令。别见。”又 1164 页校勘记以为“河阳”当作“阿阳”。

按:校勘记以为当作“阿阳”者是。《宋志》秦州刺史天水太守正作“阿阳”:“阿阳令,汉旧名,《晋太康地志》无。”所谓“别见”,正指此也。

(36) 1143 页:“华山太守,胡人流寓,孝武大明元年立。”

按:东晋本置华山郡,及刘宋永初中侨置,宋孝武大明元年成为实土。考华山郡,汉、西晋无;《晋书·姚兴载记》:“兴率众寇湖城,晋弘农太守陶仲山、华山太守董迈皆降于兴。”则东晋时有华山郡。又《梁书·康绚传》:“华山蓝田人也。……宋永初中,(绚)祖穆举乡族三千余家,入襄阳之岘南,宋为置华山郡蓝田县,寄居于襄阳,以穆为秦、梁二州刺史,未拜,卒。绚世父元隆、父元抚并为流人所推,相继为华山太守”;又《宋志》雍州刺史华山太守领县三,其中上黄县“本属襄阳,立郡割度”。如此,则华山侨郡不始于宋孝武,盖孝武始分上黄县地以为侨郡县境,故史以为孝武所立。又是郡乃以“胡人流寓”侨置,所谓“胡人”,据《梁书·康绚传》:“其先出自康居。……晋时陇右乱,康氏迁于蓝田也”是也。

(37) 1144 页:“弘农太守,汉武帝元鼎四年立。”又 1164 页校勘记:“弘农太守汉武帝元鼎四年立　‘四年’各本并作‘六年’,据《汉书·地理志》改。”

按:成孺《宋书州郡志校勘记》亦云:“《汉志》弘农郡,武帝元鼎四年置。‘六’字疑有误。”今按以为弘农郡乃汉武帝元鼎四年置立者,疑仍有误。周振鹤《西汉政区地理》下篇第一章第一节考证谓:《汉书·武帝纪》曰:“元鼎三年冬,徙函谷关于新安,以故关为弘农县。”弘农郡当以弘农县为中心而设,故清人钱坫疑弘农郡之置亦当在元鼎三年,《汉志》曰四年置有误。钱氏之说甚为得当。弘农郡乃武帝元鼎三年割右内史东南两县及函谷关合河南、南阳两郡部分地以置。

(38) 1144 页:“邯郸令,汉旧名,属赵国。《晋太康地志》无此县。”

按:《宋志》注引《晋太康地志》,大都与《晋志》(唐初史臣所修《晋志》,大要以太康元年平吴之后、太康三年废宁州之前为定)相合。《晋志》司州广平郡领有邯郸县,则《晋太康地志》不应“无此县”,疑沈约失检耳。

(39) 1145 页:“魏兴太守,魏文帝以汉中遗民在东垂者立。”

按:魏兴郡非始置,乃先有西城郡,魏文帝时改名耳。《三国志·魏书·武帝纪》:建安二十年,曹操平张鲁,“复汉宁郡为汉中;分汉中之安阳、西城为西城郡,置太守”，又《水经·沔水注》：“《地理志》曰：西城，故汉中郡之属县也。汉末为西城郡。建安二十四年，刘备以申仪为西城太守。仪据郡降魏。魏文帝改为魏兴郡，治故西城县之故城也。”按魏文帝改西城郡为魏兴郡当在黄初初年。

(40) 1145 页：“郧乡令，本锡县，二汉旧县，属汉中，后属魏兴，魏、晋世为郡，后省。武帝太康五年，改为郧乡。何志晋惠帝立，非也。锡县令，前汉长利县，属汉中，后汉省。晋武帝太康四年复立，属魏兴。五年，改长利为锡。”

按：西汉置锡县，治今陕西白河县东南汉江南岸、白石河西，西魏废；郧乡县，西晋太康五年置，治今湖北郧县，元初废；又长利县，西汉置，治今湖北郧西县西南，东汉废，西晋太康四年复置，次年又废。本志以上郧乡令、锡县令两条述沿革疑有误。又《三国志·魏书·明帝纪》太和二年(228 年)二月，“锡县为锡郡”，景初元年(237 年)六月，“省锡郡，以锡县属魏兴郡”，《晋志》荆州魏兴郡领锡县。据此，锡县魏世为郡，后省，晋世仍为县。

(41) 1146 页：“新兴太守，《永初郡国》、何、徐云新兴、吉阳、东关三县，属晋昌郡。何云晋元帝立，本巴、汉流民。宋末省晋昌郡，立新兴郡，以晋昌之长乐、安晋、延寿、安乐属魏兴郡，宣汉属巴渠郡，宁都属安康郡。《永初郡国》有永安县，何、徐无。今亦无复新兴县。何云巴东夷人。今领县二。”

按：此段志文问题有三。其一，晋昌郡“何云晋元帝立”者误，《华阳国志》亦无此郡，当依《晋志》。《晋志》梁州：“及桓温平蜀之后，以巴汉流人立晋昌郡，领长乐、安晋、延寿、安乐、宣汉、宁都、新兴、吉阳、东关、永安十县。”按《水经·沔水注》“汉水又东迳晋昌郡之宁都县南”条杨守敬疏曰：“《晋志》：桓温平蜀以巴汉流人立晋昌郡，领十县”；洪亮吉《东晋疆域志》卷三梁州晋昌郡亦不取《宋志》，而以为“案当以《晋书地理志》为是”。其二，晋昌郡之“宣汉属巴渠郡”疑误。《宋志》梁州魏兴太守领有宣汉令，明言“《永初郡国》、何、徐属晋昌”，则晋昌郡之宣汉改属了魏兴郡；《宋志》梁州巴渠郡“何志新立”即为宋时所立，所领宣汉县则“与郡新立”，与原晋昌郡宣汉县无关。其三，“今亦无复新兴县。何云巴东夷人”标点当作“今亦无复新兴县，何云巴东夷人”，意谓新兴县为安置巴东夷人而立。

(42) 1147 页：“新城太守，故属汉中，魏文帝分立。”

按：《水经·沔水注》：堵水“东历新城郡，郡故汉中之房陵县也。……汉末以为房陵郡”；又《三国志·蜀书·刘封传》：“建安二十四年，命(孟)达从秭归北攻房陵，房陵太守蒯祺为达兵所害”；又《元和郡县图志》山南道二房州：“汉立房陵县，属汉中郡。后汉末，立为房陵郡。……魏文帝时，孟达降魏，魏改房陵郡为新城郡。”据上，东汉末年(建安二十四年前)先置房陵郡，魏文帝时方改为新城郡，

《宋志》“新城太守,故属汉中,魏文帝分立”所述沿革不全。

(43) 1147 页:“上庸太守,魏明帝太和二年,分新城之上庸、武陵、北巫为上庸郡。景初元年,又分魏兴之魏阳,锡郡之安富、上庸为郡。疑是太和后省,景初又立也。魏属荆州,江左还本。《永初郡国》有上庸、广昌。何有广昌。”

按:此段志文问题有三。其一,《三国志·魏书·明帝纪》:太和二年“分新城之上庸、武陵、巫县为上庸郡”。此“北巫”之“北”字衍。参下条。其二,据《三国志·魏书·明帝纪》、《三少帝纪》,上庸郡太和二年正月立,太和四年六月省,景初元年六月又“分魏兴之魏阳,锡郡之安富、上庸为上庸郡”,后又省,甘露四年十月“分新城郡,复置上庸郡”;又李晓杰《东汉政区地理》第九章第一节据《三国志·魏书·武帝纪》以为:建安二十年改汉宁郡为汉中郡,且分置西城、上庸二郡;又吴增仅《三国郡县表附考证》荆州上庸郡以为:太和二年前的黄初元年,上庸郡并于新城郡,而景初四年后又省者,在嘉平中。是魏上庸郡置废颇为复杂,而《宋志》所述不详。其三,“《永初郡国》有上庸”者,“庸”当为“廉”之误。据志例,既在郡沿革中云“《永初郡国》有上庸、广昌”云云,则郡下领县便不当有上庸、广昌,今郡下领县有上庸无广昌,“上庸”必误,据上魏兴太守上廉令“《晋太康地志》、《永初郡国》、徐并属上庸,何无”,知“上庸”为“上廉”之误。

(44) 1147~1148 页:“北巫令,何志晋武帝立。按魏所分新城之北巫,应即是此县,然则非晋武立明矣。”又 1166 页校勘记:“按魏所分新城之北巫应即是此县 各本并脱‘北’字,据成校补。成孺《宋书州郡志校勘记》云:‘据上庸太守序云,魏明帝太和二年,分新城之上庸、武陵、北巫为上庸郡,知此“巫”上脱“北”字。’”

按:《三国志·魏书·明帝纪》:太和二年“分新城之上庸、武陵、巫县为上庸郡”。据知本志上庸太守条“北巫”之“北”字衍。又吴增仅《三国郡县表附考证》荆州上庸郡巫:“案太和二年魏所分新城之巫,上无北字。吴宜都虽有巫县,与魏分立,无取南北以为识别。及晋武平吴,南北一家,始于巫县之在北者加北字,以别于南。沈志引何志云晋武帝立北巫县,亦以晋武改为北巫,遂误云武帝立也。”按吴说是,校勘记及成孺误。盖依校勘记及成孺,“应即是此县”一句便无有着落。又“然则非晋武立明矣”一句亦当改作“晋武帝改名北巫”。要之,此段志文应作:“北巫令,何志晋武帝立。按魏所分新城之巫,应即是此县。晋武帝改名北巫。”

(45) 1148 页:“晋寿太守,……而益州南晋寿郡悉有此诸县。《永初郡国》、徐又有南晋寿、南兴、乐南、兴安县。何无南兴乐,云南晋寿,惠帝立。”

按:“南晋寿、南兴、乐南、兴安县”句读误,当作“南晋寿、南兴乐、南兴安县”。又依志例,“兴安”下当有“三”字。又所谓“益州南晋寿郡悉有此诸县”者,检《宋志》益州刺史南晋寿太守,领有晋寿、兴安、兴乐、邵欢、白马[水]五县,是有兴乐县而无南兴县或乐南县;“何无南兴乐”亦证有南兴乐而无南兴或乐南。按东晋十六国南北朝时,州郡县侨置或滥设现象严重,为资区别,加“南”、“北”等字者众,晋寿、兴乐、兴安与南晋寿、南兴乐、南兴安者即是。又“何无南兴乐,云南晋寿,惠帝立”者,“南晋寿,惠帝立”间以不读开为更妥,意谓何志无南兴乐县,而有南晋寿县,并云南晋寿县为晋惠帝所立。

(46) 1150 页:“北阴平太守,《晋太康地志》故广汉属国都尉。何志蜀分立。”

按:《晋志》“总叙”云:“魏武定霸,三方鼎立,生灵版荡,关洛荒芜,所置者十二”,其一即为阴平,是东汉建安中,曹操改广汉属国为阴平郡(治今甘肃文县西白龙江北岸)。又据吴增仅《三国郡县表附考证》及李晓杰《东汉政区地理》第九章第三节,则至迟在建安二十四年,阴平郡内徙,可能侨置于关中;而三国鼎立后,魏又置阴平郡,遥领之也。又《三国志·蜀书·后主传》:建兴“七年春,(诸葛)亮遣陈式攻武都、阴平,遂克定二郡”,《华阳国志·汉中志》所载略同,是阴平郡至此始属蜀汉。然则“何志蜀分立”者不确。

(47) 1150 页:“阴平令,前汉、后汉属广汉属国,名宙底。”

按:检《汉志》广汉郡、《续汉志》益州广汉属国,本领阴平道、甸氐道;又阴平道在《汉志》为“北部都尉治”,在《续汉志》为广汉属国治。此“阴平令,前汉、后汉属广汉属国,名宙底”者,既与两《汉志》不符,其认“阴平”与“宙底”为一,亦颇可疑。

(48) 1155 页:“陈仓令,汉旧县,属扶风,《晋太康地志》属秦国。”

按:《宋志》注引《晋太康地志》,大都与《晋志》相合。唐初史臣所修《晋志》,大要以太康元年(280 年)平吴之后、太康三年废宁州之前为定。而检《晋志》雍州扶风郡,领有陈仓县。又晋太康十年前(可能即太康八年),始改扶风郡为秦国。[①] 如此,则“《晋太康地志》属秦国”疑误。

(49) 1155 页:“略阳太守,《晋太康地志》属天水。何志故曰汉阳,魏分立曰广魏,武帝更名。”又 1167 页校勘记:“略阳太守晋太康地志属天水　成孺《宋书州郡志校勘记》云:‘略阳、天水各自为郡,略阳太守何得属天水邪?疑《太康地志》下脱“故”字。’”

① 参本书第十六章第(11)条。

按:校勘记是,“《晋太康地志》故属天水”者,或指略阳县(略阳县于《汉志》天水郡为略阳道,于《续汉志》凉州汉阳郡为略阳县。汉阳郡魏时复改名天水郡,略阳县属焉,即所谓“故属天水”也),或指略阳郡地(略阳郡于魏时为广魏郡,广魏郡乃分天水郡置,亦可谓“故属天水”也)。又此天水、汉阳、广魏、略阳四郡,置废如下:《汉志》天水郡:“武帝元鼎三年置。……明帝改曰汉阳”;《续汉志》凉州汉阳郡:“武帝置,为天水,永平十七年更名”;《晋志》秦州天水郡:“汉武置,孝明改为汉阳,晋复为天水”,《晋书》中华本校勘记指出:“‘晋’当作‘魏’。魏时有天水郡,见《三国志·姜维传》及《注》、《杨阜传》、《曹真传》、《张既传》、《阎温传》”;吴增仅《三国郡县表附考证》:“凡史文于魏未代汉之先,皆书汉阳而不书天水,文帝即位之后,则书天水而不书汉阳,犁然有别,盖魏初已复旧名,志失载耳”;《宋志》雍州刺史南天水太守西县令条亦云:“后汉属汉阳,即天水,魏、晋属天水”,是魏时汉阳已复名天水。又《晋志》秦州略阳郡:“本名广魏,泰始中更名焉。”然则《宋志》“何志故曰汉阳,魏分立曰广魏”,所述沿革不确,广魏郡实魏时分自天水郡,而魏之天水郡,东汉永平十七年前名天水郡,永平十七年以降名汉阳郡。

(50) 1156 页:“南安太守,何志云故属天水,魏分立。”

按:《续汉志》凉州汉阳郡下刘昭注引《秦州记》曰:“中平五年,分置南安郡”;又《水经·渭水注》:“渭水又东南,迳獂道县故城西。……应劭曰:獂,戎邑也。汉灵帝中平五年别为南安郡。”据此,南安郡故属汉阳,后汉末分立,“故属天水,魏分立”者不确。又天水、汉阳二郡之沿革,参上条。

(51) 1156 页:“桓道令,汉旧名,属天水,后汉属汉阳,作‘獂’。”

按:“獂”当作“獂道”。《汉志》天水郡、《续汉志》凉州汉阳郡作“獂道”;《水经·渭水注》作“獂道”,并云“昔秦孝公西斩戎之獂王于此”,杨守敬曰:“宋、齐县有迁徙,志并作桓道,《史记·秦本纪》则作獂。”又《史记·秦本纪》:秦孝公“西斩戎之獂王”,《集解》:“《地理志》天水有獂道县。应劭曰:獂,戎邑,音桓。”按秦汉时,在少数民族地区设置的特殊县称为道,故“獂道”即“獂”县。

(52) 1157 页:“高陆令,二汉魏无,《晋太康地志》有,属京兆。”

按:吴增仅《三国郡县表附考证》卷四云:“按汉时三辅诸县,凡以陵名者,皆先帝陵寝所在,因以立县者也。魏氏受禅于京兆之杜陵县,则去陵为杜,于高陵县则改陵为陆,于扶风之平陵县则改为始平,意谓夷汉陵为平陆耳。”又《元和郡县图志》关内道二京兆府高陵县:“本秦旧县,孝公置。汉属左冯翊。魏文帝改为高陆,属京兆郡。隋大业二年,复为高陵”;又《魏书·地形志》雍州冯翊郡高陆:“郡治。二汉曰高陵,属。晋属京兆”;又《隋书·地理志》京兆郡高陵:“后魏曰高陆，大业初改焉。”分析上引，则自曹魏文帝至隋大业初，县名高陆。又《汉志》左冯翊、《续汉志》司隶左冯翊领高陵；吴增仅《三国郡县表附考证》云魏文帝时高陵移属京兆。如此，“高陆令，二汉魏无，《晋太康地志》有，属京兆”者不确，当作“高陆令，汉旧县曰高陵，属冯翊。魏改名，属京兆。《晋太康地志》属京兆”。

第四节 《宋书》卷三十八《志》第二十八《州郡四》考疑

(1) 1169 页：“蜀郡太守，秦立。晋武帝太康中，改曰成都国，后复旧。”

按：《晋书・武帝纪》太康十年，“立皇子乂为长沙王，颖为成都王”。是太康十年改蜀郡为成都国。又成都王司马颖及二子被害于光熙元年，成都王国因无人继嗣而废，所谓“后复旧”是也。

(2) 1170 页：“新都令，汉旧县，晋武帝为王国，太康六年省为县，属广汉。”

按：《晋志》梁州新都郡“泰始二年置”，清方恺《新校晋书地理志》云：“(晋书)诸王传有新都王，太康四年薨，则此当作国”；吴翊寅案云：“《武帝纪》，咸宁三年立皇子该为新都王，太康四年新都王该薨。《武十三王传》亦云太康四年薨，无子国除。本志新都郡，泰始二年置。是始立为郡，继为国，后省为县。惟咸宁三年前当称郡耳。《州郡志》云太康六年省为县，岂国除之后复改为郡，至六年始省并广汉耶？或沈志误也。”又参证其他地志，可知新都郡乃泰始二年(266 年)分广汉郡置，咸宁三年(277 年)改置为新都国，太康四年(283 年)国除，复为新都郡，太康六年省为县，属广汉。然则《宋志》此条所述沿革不全。

(3) 1170 页：“伍城令，晋武帝咸宁四年立，太康六年省，七年又立。何志刘氏立。”

按：《元和郡县图志》卷三三剑南道下梓州玄武县：“本先主所立五城县也，属广汉郡”；又《华阳国志・蜀志》：“五城县，……汉时置五仓，发五县民，尉部主之，后因以为县”；又《晋志》梁州广汉郡领五城县。是“何志刘氏立”是，又本作五城。后省，晋武帝咸宁四年复立。

(4) 1170～1171 页：“西充国令，《汉书・地理志》，巴郡有充国县。《续汉郡国志》，和帝永元二年，分阆中立充国县。二志不同。”

按：所谓“二志不同”者，其实二志并不误。唯《续汉志》益州巴郡充国“永元二年分阆中置”以作“永元二年分阆中复置”为妥。钱大昕《三史拾遗》卷五云：“《前志》本有充国县。此疑误”；又王先谦《后汉书集解》：“前汉县，后汉初省入阆中，和帝复置，见《一统志》。"

(5) 1172页："巴兴令，徐志不注置立，疑是李氏所立。"

按：《太平寰宇记》卷八七剑南东道六遂州长江县："本东晋巴兴县，穆帝永和十一年置，属遂宁郡。"此作"疑是李氏所立"者，盖误。按李氏成汉政权，起304年，止347年，347年即东晋穆帝永和三年，是年，桓温平蜀，灭成汉。巴兴县，当立于东晋。

(6) 1174页："苏利长，汉县曰苏示，□曰苏利。"

按：《殿本考证》："诸本示下俱阙一字，疑是宋字。"孙虨《宋书考论》："按示音祇，后乃作祁，遂误为利。《考证》云，阙处疑是宋字。按此当是蜀字或晋字，必非宋也。"考《三国志·蜀书·张嶷传》云："苏祁邑君冬逢、逢弟隗渠等，已降复反。(越嶲太守张)嶷诛逢"；又洪亮吉《东晋疆域志》卷三益州越嶲郡领县作"苏祁"。据此，"□曰苏利"或为"蜀曰苏祁"之脱误。

(7) 1177页："下邽令，何志汉旧县。案二汉、晋并无此县。"

按：《汉志》京兆郡领有下邽县。下邽县不见于《续汉志》，当是东汉初年省并。及汉桓帝时，复置下邽县，考《续汉志》京兆郡郑刘昭注引《三辅黄图》："下邽县并郑。桓帝西巡复之"，又《三国志·魏书·华歆传》："董卓迁天子长安，歆求出为下邽令"，又《晋志》雍州冯翊郡领有下邽县。据此，"下邽令，何志汉旧县"是，沈约之案语"二汉、晋并无此县"疑误。

(8) 1177页："南汉中太守，晋地记，孝武太元十五年，梁州刺史周琼表立。徐志，北汉中民流寓，孝武大明三年立。《起居注》，本属梁州，元嘉十六年度。《永初郡国》属梁州，领县与此同。以《永初郡国》及《起居》检，则是太元所立，而何志无此郡，当是永初以后省，大明三年复立也。领县五。"

按：《宋志》此条，盖合述梁州汉中郡与益州南汉中侨郡于一处。《宋志》梁州刺史汉中太守亦云："晋地记云，孝武太元十五年，梁州刺史周琼表立"，此其一证也。当以"徐志"为是，即南汉中侨郡及所领五侨县皆大明三年所立。

(9) 1178页："汉阳令，汉旧名。"

按：汉阳于汉时为郡，《汉志》天水郡："武帝元鼎三年置。……明帝改曰汉阳"；又《续汉志》凉州汉阳郡："武帝置，为天水，永平十七年更名。"此"汉阳令，汉旧名"误。

(10) 1178页："略阳令，汉属略阳郡，流寓配。"

按：汉无略阳郡，此"汉属略阳郡"误，当依本志秦州刺史略阳太守略阳令条："前汉属天水，后汉汉阳即天水，《晋太康地志》属略阳。"按《汉志》天水郡有略阳道，秦汉时，在少数民族地区设置的特殊县称为道；东汉明帝时改天水郡为汉阳郡，《续汉志》凉州汉阳郡领有略阳县；又魏时汉阳郡复名天水郡，略阳县属焉；魏又分天水郡置广魏郡，晋泰始中并更名略阳郡，领有略阳县。

(11) 1181页："汉兴令，二汉、魏无，晋地志有，属兴古郡。"

按：《晋志》宁州兴古郡确实领有汉兴县(治今贵州兴义市境)，但与此汉兴县(治今四川巴中市境)无涉。此汉兴县当为新置。

(12) 1181页："宣汉令，前汉无，后汉属巴郡，《晋太康地志》无。"

按：《续汉志》益州巴郡领有宣汉，刘昭注引《巴汉记》曰："和帝分宕渠之东置。"又据《水经·江水注》及《晋志》梁州，晋太康中有宣汉县。辨详方恺《新校晋书地理志》之梁州巴西郡条。

(13) 1181页："沈黎太守，……领县四。"

按：下仅有城阳、兰、旄牛三县，此云"领县四"，或脱漏一县，或"四"为"三"之讹。

(14) 1183页："存驱□，《晋太康地志》有。"

按：《汉志》犍为郡、《晋志》宁州建宁郡有存驱县，而《续汉志》无，据知存驱县至迟在东汉顺帝永和五年前已省并，而或在蜀汉时复立，故"《晋太康地志》有"。又据《宋志》体例，郡下列县，类以称令者列前，称长者列后，今存驱前有新定长等，后有同并长等，皆为"长"，则知此处所缺一字当为"长"。

(15) 1183页："晋宁太守，……〔俞元长，汉旧县，属益州郡，《晋太康地志》〕属建宁。"又1210～1211页校勘记："俞元长汉旧县属益州郡晋太康地志属建宁　各本并脱'俞元至晋太康地志'十五字。晋宁太守领县七，而下实只六县，盖脱去一县。成孺《宋书州郡志校勘记》云：'《南齐志》晋宁郡有俞元，疑此志所阙，即俞元也。《两汉志》益州郡、《晋志》建宁郡并有俞元，据志例当补云"俞元长，汉旧县，属益州郡，《晋太康地志》属建宁"。'按成校是，今订正。"

按：孙虨《宋书考论》："按南齐宁州诸郡领县多与此同，晋宁七县有俞元，俞元亦汉属益州郡，晋属建宁，可据补。"又方国瑜《中国西南历史地理考释》[①]第二篇建宁郡俞元条云："《晋》、《宋志》并曰：'惠帝分建宁以西七县别立为益州郡，后改名晋宁郡。'然《宋志》晋宁郡只领六县，缺其一，成孺《宋书州郡志校勘记》、洪亮吉《补东晋疆域志》，并以为所缺者即俞元县，以地理考之，俞元应属晋宁郡，《南齐志》晋宁郡亦有俞元县，所说是也。"今检《宋志》宁州刺史兴古太守律高令

① 中华书局1987年版。

条云:“晋武帝咸宁元年,分建宁郡修云、俞元二县间流民复立律高县。修云、俞元二县,二汉无。”此既言俞元县“二汉无”,则以上成孺、孙虨、方国瑜等补“俞元”一条者,仍有疑问,即并不合《宋志》原文;而此处所缺究竟为何县,尚待考。

(16) 1184 页:“故且兰令,汉旧县曰故且兰,《晋太康地志》无。”又 1211 页校勘记:“故且兰令 各本无‘故’字,而下条‘毋敛令’上有‘故’字。按两汉皆有故且兰,而无曰故毋敛,今移‘毋敛’上‘故’字于‘且兰’之上。”

按:《汉志》牂柯郡、《续汉志》益州牂柯郡并治故且兰县,是校勘记之“按两汉皆有故且兰”不误。然考《晋志》益州牂柯郡、《南齐志》宁州南牂牁郡皆领且兰县,吴增仅《三国郡县表附考证》以为三国蜀汉时改“故且兰”为“且兰”;又据“汉旧县云故且兰”一句,则校勘记改“且兰令”为“故且兰令”亦不妥,盖改为“故且兰令”后,“汉旧县云故且兰”一句即无所着落。又按“且兰”,据《史记·西南夷传》,或作“头兰”,为小国名,乃《汉志》“故且兰”县之前身,“且兰”、“头兰”者,为译音,其义不详。又《晋志》益州牂柯郡有且兰县,此言“《晋太康地志》无”者,未详;而据方愷《新校晋书地理志》,刘昭注《续汉志》益州牂柯郡故且兰,引《地道记》曰“有沈水”,则《晋志》盖从《地道记》也。

(17) 1185 页:“汉阳长,前汉属犍为,后汉无。”又 1211 页校勘记:“后汉无 孙虨《宋书考论》云:‘后汉属犍为属国,沈失检。’”

按:《三国志·蜀书·费诗传》:“建兴三年,随丞相亮南行,归至汉阳县。”是三国蜀汉亦有汉阳县。

(18) 1186 页:“西平太守,晋怀帝永嘉五年,宁州刺史王逊分兴古之东立。何志晋成帝立,非也。《永初郡国》、何志并有西宁县,何云晋成帝立,今无。领县五。”

按:《晋书·王逊传》不言分立西平郡,而据《华阳国志·南中志》,“西平郡,刺史王逊时,爨量保盘南,逊出军攻讨,不能克。及逊薨后,……刺史尹奉重募徼外夷刺杀量,……盘南平。……乃割兴古、盘南之盘江、来如、南零三县为郡。”是西平郡乃宁州刺史尹奉时立。考《华阳国志》作者常璩与尹奉为同时人,且曾为同事,故《华阳国志》应为可信。又检清万斯同《晋方镇年表》、《东晋方镇年表》,西晋永嘉元年(307 年)十二月,王逊拜宁州刺史,四年始至镇,及东晋太宁元年(323 年)四月王逊卒,逊子坚代任,三年(325 年),尹奉为宁州刺史。按太宁三年八月明帝崩,继位者为成帝。尹奉为宁州刺史至成帝咸和八年(333 年),是年,宁州降成汉李氏。如此,则何承天《志》所云西平郡“晋成帝立”是也,沈约《宋志》所云晋怀帝永嘉五年宁州刺史王逊立西平郡实误。又西宁县及西平郡所领之西平、温江、都阳、晋绥、义成五县，何承天《志》并云"晋成帝立"，沈约则加按语云西平等五县"应与郡俱立"，即不应为"晋成帝立"(所谓西平郡"何志晋成帝立，非也")，而是晋怀帝永嘉五年宁州刺史王逊分兴古郡立西平郡时立。今按：何承天《志》所云西宁县及西平等五县并"晋成帝立"者是，沈约驳之非也。

(19) 1187页："西河阳太守，晋成帝分河阳立。"又1211页校勘记："西河阳太守　各本并脱'阳'字，据《南齐书·州郡志》补。按《南齐书·州郡志》，西河阳郡，领比苏、建安、成昌三县。与此领县并同。"

按：此以后出之《南齐志》改先前之《宋志》，而又别无依据，不妥。清毕沅《晋书地理志新补正》、洪亮吉《东晋疆域志》卷三、汪士铎《南北史补志》卷五、谭其骧师主编《中国历史地图集》第四册[①]均作"西河郡"，应是。盖晋成帝时分河阳郡西部立西河郡，而原河阳郡也改称东河阳郡。

(20) 1187页："东河阳太守，晋怀帝永嘉五年，宁州刺史王逊分永昌、云南立。"

按：钱大昕《廿二史考异》："按《王逊传》不言分立东河阳郡。"孙虨《宋书考论》："按河阳名郡始此，当本无东字，成帝分郡时加。"又《水经·温水注》"后立河阳郡，治河阳县"云云熊会贞按："考《华阳国志》四，河阳郡宁州刺史王逊分云南立，郡治河阳县。……《宋》、《齐志》谓之东河阳郡东河阳县。"又《晋志》宁州、清毕沅《晋书地理志新补正》、洪亮吉《十六国疆域志》卷六，成汉李氏时有河阳郡，洪亮吉《东晋疆域志》卷三："永昌郡，汉置。东晋分出东河阳、西河等郡。"又谭其骧师主编《中国历史地图集》第四册5～6"东晋"(太元七年)作"河阳郡"，25～26"刘宋"(大明八年)作"东河阳郡"，40～41南齐建武四年"宁州"作"东河阳郡"(治东河阳)、"西河阳郡"(治楪榆)。据此，则先有河阳郡，东晋始分立为东河阳郡(治东河阳)、西河阳郡(治楪榆)。

(21) 1187页："《永初郡国》又有西阿，领楪榆、遂段、新丰三县。"又1211～1212页校勘记："永初郡国又有西阿领楪榆遂段新丰三县　'西阿'各本并作'西河阳'，据《南齐书·州郡志》改。按《南齐志》，西阿郡领楪榆、新丰、遂段三县，与此领县并同。"

按：此以后出之《南齐志》改先前之《宋志》，而又别无依据，不妥。谭其骧师主编《中国历史地图集》第四册40～41南齐建武四年"宁州"东河阳郡(治东河阳)、西河阳郡(治楪榆)、西河郡(治比苏)并列，如此，则应改《南齐志》"西阿郡"

---

① 中国地图出版社1989年10月第2次印刷本。

为“西河阳郡”，而不应改《宋志》此处“西河阳”为“西阿”。

(22) 1189页：“广州刺史，吴孙休永安七年，分交州立。”

按：吴黄武五年(226年)分交州东部置广州，旋复旧，永安七年(264年)复分交州置广州。见《三国志·吴书·孙权传》、《吕岱传》、《孙休传》。此直云“永安七年分交州立”广州，非是。

(23) 1190页：“南海太守，……高要子相，汉旧县，属苍梧，文帝废。”

按：高要，《汉志》、《续汉志》交州、《晋志》广州属苍梧郡，《宋志》、《南齐志》属南海郡。此作“文帝废”，于文意不通，“废”或是“度”之误，言本属苍梧郡，宋文帝度属南海郡，故下苍梧太守条云：“《永初郡国》又有高要、建陵、宁新、都罗、端溪、抚宁六县。……高要何志无，余与《永初郡国》同”；又或“文帝废”后脱“后复置”三字。

(24) 1191～1192页：“晋康太守，……《永初郡国》又有封兴、荡康、思安、辽安、开平县。何志无辽安、开平二县，余与《永初郡国》同。封兴、荡康、思安、别见。辽安、开平，应是晋末立，元嘉二十年前省。”

按：封兴、荡康、思安“别见”者，“别见”上条苍梧太守，所谓“《永初郡国》有，及何志并属晋康，徐志度此”。又此处标点作“封兴、荡康、思安、别见。辽安、开平，应是晋末立，元嘉二十年前省”，与苍梧太守思安令、封兴令、荡康令条不合。推详此段志文，应是“封兴、荡康、思安，别见”与“辽安、开平，应是晋末立，元嘉二十年前省”两层意思，其第一层意思，有苍梧太守思安令、封兴令、荡康令条志文为证；其第二层意思，是就“《永初郡国》又有……辽安、开平县。何志无辽安、开平二县”所作的推论与补充说明，按何志正“讫元嘉二十年”(见郢州刺史巴陵太守条)。如此，则此段志文应读作：“封兴、荡康、思安，别见。辽安、开平，应是晋末立，元嘉二十年前省。”

(25) 1191～1192页：“晋康太守，……都城令，何志晋初分建陵立，今无建陵县。按《太康地志》唯有都罗、武城县。”

按：《晋志》广州苍梧郡领有建陵、都罗、武城，唯建陵在今广西荔浦县境，武城在今广西平南县境，都罗虽不可考，亦当在今广西梧州市以西。如此，治今广东郁南县的都城县，与建陵、都罗、武城三县不存在分合关系，都城县当是刘宋新置。又“晋初分建陵立”者，据上苍梧太守条为都罗，所谓“都罗，晋武分建陵立”是也。又“今无建陵县”者，若谓晋康郡无建陵县则不误，若谓当时无建陵县则误，检本志湘州刺史始建内史：“建陵男相，吴立，属苍梧，宋末度”，即此建陵县。

(26) 1195页：“郁林太守，……《永初郡国》有安远、程安、威定、三县别见。中胄、归化五县。中胄疑即桂林之中溜。”

按:《宋志》广州刺史桂林太守治中溜(今广西武宣县西南),中溜之沿革清楚,所谓“汉旧县,属郁林,《晋太康地志》无”是也;又中胄,“《永初郡国》有”,“何志无”,“徐志有”,则是元嘉二十年前废,后又置,其与中溜各别为县,不得云“中胄疑即桂林之中溜”。

(27) 1196 页:“桂林太守,……吴孙晧凤皇三年,分郁林,治武熙县,不知何时徙。”

按:“治武熙县”应作“治武安县。”吴孙晧凤皇三年分郁林郡立桂林郡时,县名武安,及晋太康元年武安始更名武熙,见本志桂林太守武熙令条。又《晋志》广州桂林郡首县潭中,是西晋太康时已移治潭中,而武熙于《晋志》还属郁林郡;又《宋志》桂林郡首县中溜,是刘宋时桂林郡治中溜。

(28) 1197 页:“高凉太守,……吴分立,治思平县,不知何时徙。吴又立高熙郡,太康中省并高凉,宋世又经立,寻省。《永初郡国》高凉又有石门、广化、长度、宋康四县。何、徐并无宋康,当是宋初所立,元嘉二十年以前省,其余当是江左所立。”

按:此段志文问题有三。其一,既云“治思平县,不知何时徙”,而下领县之首县又为思平,此亦沈约自乱其例也。据《晋志》及《南齐志》,高凉郡治安宁,疑《宋志》亦治安宁,谭其骧师主编《中国历史地图集》第四册南朝宋幅高凉郡正治安宁。盖高凉郡先治思平,及西晋平吴,徙治安宁。其二,“吴又立高熙郡”疑误。金兆丰《校补三国疆域志·吴疆域志》高兴郡条云:“《晋志》无高熙郡,疑即高兴郡也。”按清洪亮吉、吴增仅、谢钟英诸家三国疆域补志补表皆无高熙郡而有高兴郡;《晋志》广州亦有高兴郡无高熙郡,且高兴郡治广化县,及《永初郡国》广化县属高凉郡,本志广州刺史宋康太守广化令条:“《晋太康地志》有,属高兴,《永初郡国》属高凉。”据此,此高熙郡当为高兴郡之误,盖“熙”、“兴(興)”形近而讹。其三,“其余当是江左所立”者,于广化不符,据宋康太守广化令条,广化乃吴置,而非江左(东晋)立。

(29) 1198 页:“新会太守,晋恭帝元熙二年,分南海立。《广州记》云:‘永初元年,分新宁立,治盆允。’未详孰是。”

按:晋恭帝元熙二年即宋永初元年,元熙二年六月,刘裕代晋建宋,改元熙二年为永初元年,而《晋志》广州云:“恭帝分南海立新会郡”,则新会立郡在元熙二年六月前。又一云分南海立,一云分新宁立,考诸形势,当是分南海立,盖新会郡始立治盆允,而下“盆允令”条即云“《永初郡国》故属南海,何、徐同”。

(30) 1199页:"东官太守,何志故司盐都尉。"又1214页校勘记云:"何志故司盐都尉 '司盐都尉'各本并作'司监都尉'。张森楷《校勘记》云:'司监都尉官不经见,疑是司盐都尉之误。'按张校是。《通典·职官典·晋官品》有司盐都尉。今订正。"

按:校勘记所改是。《太平寰宇记》卷一五七岭南道一广州东莞县:"吴孙皓以甘露元年置始兴郡,以其地置司盐都尉";又南海县:"《郡国志》云:东官郡有芜城,即吴时司盐都尉垒。"

(31) 1200页:"绥建太守,文帝元嘉十三年立。孝武孝建元年,有司奏化注、永固、绥南、宋昌、宋泰五县,旧属绥建,中割度临贺,相去既远,疑还绥建。今唯有绥南,余并无。何、徐又有新招县,云本属苍梧,元嘉十九年改配。徐志晋康复有此县,疑误。今领县七。疑"又1214页校勘记:"今领县七疑 按此云领县七,而下只有六县,故校者注云疑。《南齐书·州郡志》绥建郡领县尚有化注县,疑《宋志》夺化注。"

按:"疑还绥建"句,孙虨《宋书考论》云:"殿本'疑'作'宜',剜改。"又张元济《百衲本二十四史校勘记·宋书校勘记》[①]曰:宋本、三本、北本、汲本"疑",殿本作"宜"。今按殿本作"宜",于语义更胜。又"新招县"应为"文招县"之误,检《宋志》广州刺史晋康太守领有文招县,云"文招令,何志无,徐志有二文招,一属绥建,一属晋康",据此,晋康郡何志无文招县而徐志有,徐志绥建郡又有文招,则"何、徐又有新招县"当作"何、徐又有文招县";又原此段志文之义,也不应有"新招县",盖"新招"已见下文"新招令"条,云"新招令,本四会之官细乡,元嘉十三年分为县",与此"本属苍梧,元嘉十九年改配"之县沿革不合。又校勘记"疑《宋志》夺化注"者误,考上文已云"化注、永固、绥南、宋昌、宋泰五县","今唯有绥南,余并无",则何来"化注"? 所夺一县待考。

(32) 1202页:"宁浦太守,《晋太康地志》,武帝太康七年改合浦属国都尉立。《广州记》,汉献帝建安二十三年,吴分郁林立,治平山县。《吴录》,孙休永安三年,分合浦立为合浦北部尉,领平山、兴道、宁浦三县。又云晋分平山为始定,宁浦为涧阳,未详孰是。"

按:据宁浦太守所领兴道令、宁浦令两条志文,孙吴时有连道无兴道,有昌平无宁浦,如此,"领平山、兴道、宁浦三县"者误,所领三县应为平山、连道、昌平。又"未详孰是"者,实指前所引《晋太康地志》、《广州记》及《吴录》之不同的说法,

① 商务印书馆2001年版。

非指"领平山、兴道、宁浦三县。又云晋分平山为始定,宁浦为涧阳",故"未详孰是"前,当作句号,作逗号不确。

(33) 1206 页:"军安长,何志晋武帝立。《太康地志》无此县,而交趾有军平县。"

按:军平、军安自为二县。军平吴立,晋武帝改名海平,治今越南广宁省先安附近;军安晋武帝立,治今越南清化省安定东马江南岸。

(34) 1206～1207 页:"九德太守,……都庞长,何志晋武帝分九德立。"又1216 页校勘记:"都庞长 '都庞'《晋书·地理志》、《南齐书·州郡志》作'吉庞'。"

按:此志文"都庞"当为误字。按交州刺史九真太守下已有都庞长,则不得于此重出。旧本(如殿本)《宋志》作都洨,《南齐志》作都洨,此当从旧本正作都洨。又上揭校勘记亦非,检《晋志》交州九真郡既无"都庞",也无"吉庞",而九德郡有"都洨";又《南齐志》交州九真郡有"吉庞",九德郡有"都洨",据此,上揭校勘记或当移于九真太守都庞长下言之,然又与《晋志》不合;又疑此是误排,与校勘者本意其实不合。而据实际情况,此校勘记或者应该出为:"都洨长 '都洨'《晋书·地理志》、《南齐书·州郡志》作'都洨'。"又可以证此者,成孺《宋书州郡志校勘记》"都洨长"云:"洨,《南齐志》作洨";孙虨《宋书考论》"都洨长"云:"都洨,《晋》、《南齐》俱作都洨。"

(35) 1207 页:"日南太守,……吴省,晋武帝太康三年复立。"

按:《三国志·吴书·孙晧传》:建衡三年(271 年),"(虞)汜、(陶)璜破交阯,禽杀晋所置诸将,九真、日南皆还属"。又《三国志》中,日南郡名多见。吴增仅《三国郡县表附考证》、谢钟英《三国疆域表》、洪亮吉《补三国疆域志》、金兆丰《校补三国疆域志》等诸家,于吴交州俱列日南郡。大要以太康元年(280 年)平吴之后、太康三年废宁州之前为定的《晋志》,交州亦领有日南郡。此"吴省,晋武帝太康三年复立"不知依据何在。

(36) 1208 页:"义昌郡,宋末立。宋平郡,孝武世,分日南立宋平县,后为郡。"

按:《宋志》书法,凡各州所领之郡,皆书某太守,不言郡。此交州末义昌郡、宋平郡单言郡而不言太守,未详所以。

(37) 1209 页:"徐闻令,故属朱崖。晋平吴,省朱崖,属合浦。"

按:《汉志》合浦郡、《续汉志》交州合浦郡、《晋志》交州合浦郡领有徐闻县。按西汉朱崖郡(置于海南岛上,存在于前 110 年至前 46 年)领县可考者六,无徐闻,此"故属朱崖",当指孙吴时属朱崖郡。孙吴朱崖郡置于赤乌五年,有今广东雷州半岛一带,治徐闻县境;晋平吴后朱崖郡省入合浦郡。[①] 然则依《宋志》书法,此条当改作:"徐闻令,汉旧县,属合浦。吴属朱崖。晋平吴,省朱崖,还属合浦。"

① 参考谭其骧师《自汉至唐海南岛历史政治地理——附论梁隋间高凉冼夫人功业及隋唐高凉冯氏地方势力》,《历史研究》1988 年第 5 期。

第十五章

《宋书·州郡志》政区治所今地

治东晋十六国南北朝侨州郡县者，或者更推广些，治魏晋南北朝历史者，常需比勘、括注当时政区之今地，而这一工作，仅靠查考目前通用的几种“中国历史地名词典”，往往并不能解决问题，还必须进一步翻检如《晋书·地理志》、《宋书·州郡志》、《南齐书·州郡志》、《魏书·地形志》等正史地理志。以上正史地理志所记当时政区，其治所今地，据谭其骧师主编的《中国历史地图集》，大体可知者有《晋书·地理志》之政区治所今地、《南齐书·州郡志》之政区治所今地以及《魏书·地形志》之政区治所今地；其有正史地理志而《中国历史地图集》只出“全图”未出“分幅图”者，则《宋书·州郡志》。考虑及此，本章释出《宋书·州郡志》所有列目的州、郡（含国）、县（含国）之政区治所今地，今地确址无考者，也尽量给出一个大致的地域范围，以便学者参考。需要说明者三点：

其一，本章仅出结论，至于定点依据，另详拙著《宋书州郡志汇释》[①]。

其二，《宋书·州郡志》存在诸多问题，比如“今志大较以大明八年为正，其后分派，随事记列。内史、侯、相，则以昇明末为定焉”云云，实际断代颇是不严。本章只据《宋书·州郡志》志文次序，释其所有列目的州、郡（含国）、县（含国）之政区治所今地；至于《宋书·州郡志》存在的问题，另详拙著《宋书州郡志汇释》与本书第十四章“《宋书·州郡志》考疑”。

其三，本章所谓“今地”，县及县以上单位以 1999 年底行政区划资料为准；[②]县级以下的小地名及国外地名，因资料所限，或有非 1999 年区划资料者。

一、扬州部

扬州，治今江苏南京市。

丹阳尹，治今江苏南京市。建康，治今江苏南京市；秣陵，治今江苏南京市；

① 安徽教育出版社 2006 年版。

② 详中华人民共和国民政部编《中华人民共和国行政区划简册（2000 年版）》，中国地图出版社 2000 年版。

丹杨，治今安徽当涂县东北丹阳镇；江宁，治今江苏江宁县西南江宁镇；永世，治今江苏溧阳市南古县桥；溧阳，治今江苏高淳县东固城镇；湖熟，治今江苏江宁县东南湖熟镇；句容，治今江苏句容市。

会稽郡，治今浙江绍兴市。山阴，治今浙江绍兴市；永兴，治今浙江萧山市；上虞，治今浙江上虞市；余姚，治今浙江余姚市姚江北岸部分；剡，治今浙江嵊州市；诸暨，治今浙江诸暨市；始宁，治今浙江上虞市西南曹娥江东岸；句章，治今浙江鄞县南；鄮，治今浙江鄞县东鄮山之北；鄞，治今浙江奉化市东北白杜。

吴郡，治今江苏苏州市。吴，治今江苏苏州市；娄，治今江苏昆山市东北；嘉兴，治今浙江嘉兴市东南；海虞，治今江苏常熟市；海盐，治今浙江海盐县；盐官，治今浙江海宁市西南盐官镇南；钱唐，治今浙江杭州市西灵隐山麓；富阳，治今浙江富阳市；新城，治今浙江富阳市西南新登镇；建德，治今浙江建德市东北梅城镇；桐庐，治今浙江桐庐县西分水江西岸；寿昌，治今浙江建德市西南大同镇西。

吴兴郡，治今浙江湖州市。乌程，治今浙江湖州市；东迁，治今浙江湖州市东东迁镇；武康，治今浙江德清县；长城，治今浙江长兴县东；原乡，治今浙江安吉县北安城镇东；故鄣，治今浙江安吉县北安城镇西北；安吉，治今浙江安吉县西南孝丰镇；余杭，治今浙江余杭市西南余杭镇南之苕溪南岸；临安，治今浙江临安市北；於潜，治今浙江临安市西於潜镇。

淮南郡，治今安徽当涂县。于湖，治今安徽当涂县南；当涂，治今安徽南陵县东南；繁昌，治今安徽繁昌县东北；襄垣，治今安徽芜湖市；定陵，治今安徽铜陵县东顺安镇；逡道[当作逡遒]，治今安徽宣州市北。

宣城郡，治今安徽宣州市。宛陵，治今安徽宣州市；广德，治今安徽广德县西南；怀安，治今安徽宁国市东南；宁国，治今安徽宁国市南；宣城，治今安徽南陵县东弋江镇；安吴，治今安徽泾县西南；泾，治今安徽泾县西北；临城，治今安徽青阳县南；广阳，治今安徽黄山市广阳镇；石城，治今安徽东至县北。

东阳郡，治今浙江金华市。长山，治今浙江金华市；太末，治今浙江龙游县；乌伤，治今浙江义乌市；永康，治今浙江永康市；信安，治今浙江衢州市；吴宁，治今浙江东阳市东；丰安，治今浙江浦江县西南；定阳，治今浙江常山县东南；遂昌，治今浙江遂昌县。

临海郡，治今浙江临海市东南章安镇。章安，治今浙江临海市东南章安镇；临海，治今浙江临海市；始丰，治今浙江天台县；宁海，治今浙江宁海县东北；乐安，治今浙江仙居县。

永嘉郡，治今浙江温州市。永宁，治今浙江温州市；安固，治今浙江瑞安市；

松阳，治今浙江松阳县西北古市镇；乐成，治今浙江乐清市；横阳，治今浙江平阳县。

新安郡，治今浙江淳安县西北新安江北岸。始新，治今浙江淳安县西北新安江北岸；遂安，治今浙江淳安县西南汾口乡仙居附近；歙，治今安徽歙县；海宁，治今安徽休宁县东万安镇；黟，治今安徽黟县东。

二、南徐州部

南徐州，治今江苏镇江市。

南东海郡，治今江苏镇江市。郯，治今江苏镇江市；丹徒，治今江苏镇江市东南丹徒镇；武进，治今江苏丹阳市东；毗陵，治今江苏常州市；朐，治今江苏丹徒县西；利城，治今江苏江阴市西利港镇西南。

南琅邪郡，治今江苏句容市西北。临沂，治今江苏南京市东北栖霞山西；江乘，治今江苏句容市北。

晋陵郡，治今江苏常州市。晋陵，治今江苏常州市；延陵，治今江苏丹阳市西南延陵镇；无锡，治今江苏无锡市；南沙，治今江苏常熟市西北；曲阿，治今江苏丹阳市；暨阳，治今江苏江阴市东南长寿镇南。

义兴郡，治今江苏宜兴市。阳羡，治今江苏宜兴市；临津，治今江苏宜兴市西北；义乡，治今浙江长兴县西北；国山，治今江苏宜兴市西南国山西、章溪东岸；绥安，治今江苏宜兴市西南。

南兰陵郡，侨今江苏武进市西北万绥镇。兰陵，侨今江苏武进市西北万绥镇；承，侨今江苏常州市境。

南东莞郡，侨今江苏常州市、武进市一带。莒，侨今江苏常州市、武进市一带；东莞，侨今江苏常州市、武进市一带；姑幕，侨今江苏常州市西南。

临淮郡，侨今江苏丹阳市、常州市、武进市一带。海西，侨今江苏丹阳市、常州市、武进市一带；射阳，侨今江苏丹阳市、常州市、武进市一带；凌，侨今江苏丹阳市、常州市、武进市一带；淮浦，侨今江苏丹阳市、常州市、武进市一带；淮阴，侨今江苏丹阳市、常州市、武进市一带；东阳，侨今江苏丹阳市、常州市、武进市一带；长乐，侨今江苏丹阳市、常州市、武进市一带。

淮陵郡，侨今江苏丹阳市、常州市、武进市一带。司吾，侨今江苏丹阳市、常州市、武进市一带；徐，侨今江苏丹阳市、常州市、武进市一带；阳乐，侨今江苏丹阳市、常州市、武进市一带。

南彭城郡，侨今江苏镇江市、丹阳市、常州市一带。吕，侨今江苏镇江市、丹阳市、常州市一带；武原，侨今江苏镇江市、丹阳市、常州市一带；傅阳，侨今江苏镇江市、丹阳市、常州市一带；蕃，侨今江苏镇江市、丹阳市、常州市一带；薛，侨今江苏镇江市、丹阳市、常州市一带；开阳，侨今江苏镇江市、丹阳市、常州市一带；杼秋，侨今江苏无锡市；洨，侨今江苏镇江市、丹阳市、常州市一带；下邳，侨今江苏镇江市、丹阳市、常州市一带；北凌，侨今江苏镇江市、丹阳市、常州市一带；僮，侨今江苏镇江市、丹阳市、常州市一带。

南清河郡，侨今江苏镇江、无锡二市间。清河，侨今江苏镇江、无锡二市间；东武城，侨今江苏镇江、无锡二市间；绎幕，侨今江苏镇江、无锡二市间；贝丘，侨今江苏镇江、无锡二市间。

南高平郡，侨今江苏镇江、无锡二市间。金乡，侨今江苏镇江、无锡二市间；湖陆，侨今江苏镇江、无锡二市间；高平，侨今江苏镇江、无锡二市间。

南平昌郡，侨今江苏镇江市一带。安丘，侨今江苏镇江市一带；新乐，侨今江苏镇江市一带；东武，侨今江苏镇江市一带；高密，侨今江苏镇江市一带。

南济阴郡，侨今江苏镇江、无锡二市间。城武，侨今江苏镇江、无锡二市间；冤句，侨今江苏镇江、无锡二市间；单父，侨今江苏镇江、无锡二市间；城阳，侨今江苏镇江、无锡二市间。

南濮阳郡，侨今江苏镇江、无锡二市间。廪丘，侨今江苏镇江、无锡二市间；榆次，侨今江苏镇江、无锡二市间。

南泰山郡，侨今江苏镇江、常州二市间。南城，侨今江苏镇江、常州二市间；武阳，侨今江苏镇江、常州二市间；广平，侨今江苏镇江、常州二市间。

济阳郡，侨今江苏镇江、无锡二市间。考城，侨今江苏镇江、无锡二市间；鄄城，侨今江苏镇江、无锡二市间。

南鲁郡，侨今江苏镇江、无锡二市间。鲁，侨今江苏镇江、无锡二市间；西安，侨今江苏镇江、无锡二市间。

三、徐州部

徐州，治今江苏徐州市。

彭城郡，治今江苏徐州市。彭城，治今江苏徐州市；吕，治今江苏铜山县东南吕梁集;蕃,治今山东滕州市;薛,治今山东滕州市东南皇殿岗;留,治今江苏沛县东南。

沛郡,治今安徽萧县西北。萧,治今安徽萧县西北;相,治今安徽濉溪县西北;沛,治今江苏沛县。

下邳郡,治今江苏睢宁县北古邳镇东。下邳,治今江苏睢宁县北古邳镇东;良成,治今江苏邳州市东南;僮,治今安徽泗县东北。

兰陵郡,治今山东滕州市东南。昌虑,治今山东滕州市东南;承,治今山东枣庄市东南峄城镇西北;合乡,治今山东滕州市东北。

东海郡,治今山东苍山县南。襄贲,治今山东苍山县南;赣榆,治今江苏连云港市东北云台山一带。

东莞郡,治今山东莒县。莒,治今山东莒县;诸,治今山东诸城市西南;东莞,治今山东莒县东北。

东安郡,治今山东沂源县东南。盖,治今山东沂源县东南;新泰,治今山东新泰市;发干,侨今山东沂水县西北。

琅邪郡,治今山东费县东方城镇。费,治今山东费县东方城镇;即丘,治今山东郯城县东北。

淮阳郡,治今江苏淮阴市西南古淮河与泗水交汇处。角城,治今江苏淮阴市西南古淮河与泗水交汇处;晋宁,治今江苏宿豫县东南;宿预,治今江苏宿豫县南废黄河东北岸古城;上党,治今江苏宿迁市、宿豫县一带。

阳平郡,侨今安徽灵璧县南。馆陶,侨今安徽灵璧县境;阳平,侨今安徽灵璧县境;濮阳,侨今安徽灵璧县境。

济阴郡,治今江苏睢宁县。睢陵,治今江苏睢宁县;定陶,治今江苏睢宁县一带;顿丘,治今江苏睢宁县一带。

北济阴郡,治今山东单县。城武,治今山东成武县;丰,治今江苏丰县;离狐,治今山东单县。

钟离郡,治今安徽凤阳县东北临淮关。燕县,治今安徽凤阳县东北临淮关;朝歌,治今安徽凤阳县、明光市一带;乐平,治今安徽凤阳县东。

马头郡,治今安徽怀远县南淮河东岸马城镇。虞县,治今安徽怀远县一带;零县,治今安徽怀远县南淮河东岸马城镇;济阳,治今安徽怀远县一带。

新昌郡,治今安徽滁州市。顿丘,治今安徽滁州市;谷熟,治今安徽和县西北;鄭,治今安徽全椒县西南。

四、南兖州部

南兖州，治今江苏扬州市西北蜀岗上。

广陵郡，治今江苏扬州市西北蜀岗上。广陵，治今江苏扬州市西北蜀岗上；海陵，治今江苏泰州市；高邮，治今江苏高邮市；江都，治今江苏扬州市西南。

海陵郡，治今江苏姜堰市北。建陵，治今江苏姜堰市北；临江，治今江苏如皋市南；如皋，治今江苏如皋市；宁海，治今江苏如皋市西南；蒲涛，治今江苏如皋市东南白蒲镇；临泽，治今江苏高邮市东北。

山阳郡，治今江苏淮安市。山阳，治今江苏淮安市；盐城，治今江苏盐城市；东城，确址无考，当治今江苏淮安、盐城二市间；左乡，治今江苏淮安市东。

盱眙郡，治今江苏盱眙县东北。考城，治今江苏盱眙县西南；阳城，治今江苏盱眙县西南；直渎，治今江苏盱眙县南；信都，确址无考，当治今江苏盱眙县境；睢陵，治今安徽明光市东北。

秦郡，治今江苏六合县北。秦，治今江苏六合县北；义成，确址无考，当治今江苏六合县一带；尉氏，治今江苏六合县；怀德，治今江苏江浦县西。

南沛郡，治今安徽天长市境。萧县，确址无考，当治今安徽天长市一带；相县，确址无考，当治今安徽天长市一带；沛县，治今安徽天长市西石梁镇。

新平郡，侨今江苏海安县一带。江阳，侨今江苏海安县一带；海安，侨今江苏海安县。

北淮阳郡，侨今江苏扬州、高邮、姜堰等市一带。晋宁，侨今江苏扬州、高邮、姜堰等市一带；宿预，侨今江苏扬州、高邮、姜堰等市一带；角城，侨今江苏扬州、高邮、姜堰等市一带。

北济阴郡，侨今江苏扬州、高邮、姜堰等市一带。广平，确址无考，当侨今江苏扬州、高邮、姜堰等市一带；定陶，确址无考，当侨今江苏扬州、高邮、姜堰等市一带；阳平，确址无考，当侨今江苏扬州、高邮、姜堰等市一带；上党，确址无考，当侨今江苏扬州、高邮、姜堰等市一带；冤句，确址无考，当侨今江苏扬州、高邮、姜堰等市一带；馆陶，确址无考，当侨今江苏扬州、高邮、姜堰等市一带。

北下邳郡，侨今江苏扬州、高邮、姜堰等市一带。僮县，确址无考，当侨今江苏扬州、高邮、姜堰等市一带；下邳，确址无考，当侨今江苏扬州、高邮、姜堰等市一带；宁城，确址无考，当侨今江苏扬州、高邮、姜堰等市一带。

东莞郡，侨今江苏扬州、高邮、姜堰等市一带。莒县，确址无考，当侨今江苏扬州、高邮、姜堰等市一带；诸县，确址无考，当侨今江苏扬州、高邮、姜堰等市一带；东莞，确址无考，当侨今江苏扬州、高邮、姜堰等市一带；栢人，确址无考，当侨今江苏扬州、高邮、姜堰等市一带。

五、兖州部

兖州，治今山东兖州市。

泰山郡，治今山东泰安市东。奉高，治今山东泰安市东；钜平，治今山东泰安市南；嬴，治今山东莱芜市西北；牟，治今山东莱芜市东；南城，治今山东平邑县南；武阳，治今山东平邑县；梁父，治今山东新泰市西；博，治今山东泰安市东南。

高平郡，治今山东微山县西北。高平，治今山东微山县西北；方与，治今山东鱼台县西；金乡，治今山东嘉祥县南；钜野，治今山东巨野县东北；平阳，治今山东邹城市；亢父，治今山东济宁市南。

鲁郡，治今山东邹城市东南。邹，治今山东邹城市东南；汶阳，治今山东宁阳县东北；鲁，治今山东曲阜市东古城；阳平，治今山东滕州市西；新阳，确址无考，当治今山东宁阳县、滕州市之间；卞，治今山东泗水县东。

东平郡，治今山东东平县东。无盐，治今山东东平县东；平陆，侨今山东东平县东；须昌，侨今山东东平县东；寿昌，侨今山东东平县东；范，侨今山东东平县东。

阳平郡，侨今山东东平县东。馆陶，侨今山东东平县东；乐平，侨今山东汶上县西北；元城，侨今山东东平县东；平原，侨今山东汶上县西南；顿丘，侨今山东兖州市西北。

济北郡，治今山东肥城市东南。蛇丘，治今山东肥城市东南；卢，治今山东长清县西南；谷城，治今山东平阴县西南。

六、南豫州部

南豫州，治今安徽和县。

历阳郡，治今安徽和县。历阳，治今安徽和县；乌江，治今安徽和县东北乌江镇；龙亢，治今安徽含山县东南；雍丘，治今安徽和县西南；酂，治今安徽全椒县西南。

南谯郡，治今安徽巢湖市东南。山桑，治今安徽巢湖市东南；谯，确址无考，当治今安徽巢湖市、无为县一带；铚，确址无考，当治今安徽巢湖市、无为县一带；扶阳，治今安徽无为县西北；蕲，治今安徽巢湖市；城父，确址无考，当治今安徽巢湖市、无为县一带。

庐江郡，治今安徽舒城县。灊，治今安徽霍山县东北；舒，治今安徽舒城县；始新，确址无考，当治今安徽霍山、舒城、庐江、桐城等市县一带。

南汝阴郡，治今安徽合肥市西。汝阴，治今安徽合肥市西；慎，治今安徽肥东县东北梁园镇；宋，确址无考，当治今安徽合肥市一带；阳夏，确址无考，当治今安徽合肥市一带；安阳，确址无考，当治今安徽合肥市一带。

南梁郡，治今安徽寿县。睢阳，治今安徽寿县；蒙，治今安徽寿县南；虞，确址无考，当治今安徽寿县、淮南市一带；谷熟，确址无考，当治今安徽寿县、淮南市一带；陈，确址无考，当治今安徽寿县、淮南市一带；义宁，确址无考，当治今安徽寿县、淮南市一带；新汲，确址无考，当治今安徽寿县、淮南市一带；崇义，治今安徽寿县东南；宁陵，确址无考，当治今安徽寿县、淮南市一带。

晋熙郡，治今安徽潜山县。怀宁，治今安徽潜山县；新冶，治今安徽望江县；阴安，治今安徽枞阳县北柳寺村附近；南楼烦，确址无考，当治今安徽桐城、潜山、望江等市县一带；太湖左县，治今安徽太湖县。

弋阳郡，治今河南潢川县西。期思，治今河南淮滨县东南期思镇；弋阳，治今河南潢川县西；安丰，治今安徽霍邱县西南；乐安，治今河南光山县西；茹由，治今河南光山县南。

安丰郡，治今安徽霍邱县西南。安丰，治今安徽霍邱县西南；松滋，治今安徽霍邱县东。

汝南郡，确址无考，当侨今河南潢川县及其周边一带。上蔡，确址无考，当侨今河南潢川县及其周边一带；平舆，确址无考，当侨今河南潢川县及其周边一带；北新息，确址无考，当侨今河南潢川县及其周边一带；真阳，确址无考，当侨今河南潢川县及其周边一带；安城，确址无考，当侨今河南潢川县及其周边一带；南新息，确址无考，当侨今河南潢川县及其周边一带；临汝，确址无考，当侨今河南潢川县及其周边一带；阳安，确址无考，当侨今河南潢川县及其周边一带；西平，确址无考，当侨今河南潢川县及其周边一带；瞿阳，确址无考，当侨今河南潢川县及其周边一带；安阳，确址无考，当侨今河南潢川县及其周边一带。

新蔡郡，侨今河南固始县东北。鲖阳，确址无考，当侨今河南固始县一带；固始，侨今河南固始县东北；新蔡，确址无考，当侨今河南固始县一带；东苞信，确址无考，当侨今河南固始县一带；西苞信，侨今河南商城县西。

陈郡，确址无考，当侨今安徽合肥市及其周边一带。项城[当作项]，确址无考，当侨今安徽合肥市及其周边一带；西华，确址无考，当侨今安徽合肥市、舒城县一带；阳夏，确址无考，当侨今安徽合肥市、舒城县一带；苌平，确址无考，当侨今安徽合肥市、寿县一带；谷阳，确址无考，当侨今安徽合肥市及其周边一带。

南顿郡，确址无考，当侨今安徽合肥市及其周边一带。南顿，确址无考，当侨今安徽合肥市及其周边一带；和城，确址无考，当侨今安徽合肥市及其周边一带。

颍川郡，侨今安徽巢湖市东南。邵陵，确址无考，当侨今安徽巢湖市、和县之间；临颍，确址无考，当侨今安徽巢湖市、和县之间；曲阳，确址无考，当侨今安徽巢湖市、和县之间。

西汝阴郡，侨江淮间北部，当治今安徽寿县一带。汝阴，侨江淮间北部，当治今安徽寿县一带；安城，侨江淮间北部，当治今安徽寿县一带；楼烦，侨江淮间北部，当治今安徽寿县一带；宋，侨江淮间北部，当治今安徽寿县一带。

汝阳郡，侨今安徽巢湖市、和县之间。汝阳，侨今安徽巢湖市、和县之间；武津，侨今安徽巢湖市、和县之间。

陈留郡，侨今安徽寿县西南。浚仪，侨今安徽寿县西南；小黄，侨今安徽寿县西南；雍丘，侨今安徽寿县西南；白马，确址无考，当侨今安徽寿县一带；襄邑，确址无考，当侨今安徽寿县一带；封丘，确址无考，当侨今安徽寿县一带；尉氏，确址无考，当侨今安徽寿县一带。

南陈左郡，确址无考，当治今安徽合肥市、寿县之间。

边城左郡，治今河南商城县东。雩娄，治今河南固始县东南；开化，治今安徽六安市西南；史水，治今河南商城县东北；边城，治今河南固始县东南。

光城左郡，治今河南光山县。乐安，治今河南光山县西；茹由，治今河南光山县南；光城，治今河南光山县。

七、豫州部

豫州，侨治今安徽寿县。

汝南郡，治今河南汝南县。上蔡，治今河南上蔡县西南；平乐[当作平舆]，治今河南平舆县北；北新息，治今河南息县东；慎阳，治今河南正阳县北；安成，治今河南汝南县东南；南新息，治今河南息县；朗陵，治今河南确山县西南；阳安，治今河南确山县东北；西平，治今河南西平县西；瞿阳，治今河南遂平县东北；安阳，治今河南正阳县西南。

新蔡郡，治今河南汝南县。鲖阳，治今安徽临泉县西鲖城镇；固始，治今安徽临泉县；新蔡，治今河南新蔡县；苞信，治今河南息县东北包信镇。

谯郡，治今安徽蒙城县西北。蒙，治今安徽蒙城县西北；蕲，治今安徽宿州市南蕲县镇；宁陵，治今河南宁陵县东南；魏，确址无考，当治今安徽蒙城县一带；襄邑，治今河南睢县；长垣，治今安徽亳州市东。

梁郡，治今安徽砀山县。下邑，治今安徽砀山县；砀，治今河南夏邑县东南。

陈郡，治今河南沈丘县。项城[当作项]，治今河南沈丘县；西华，治今河南西华县南；谷阳，治今河南鹿邑县东；长平，治今河南西华县东北。

南顿郡，治今河南沈丘县。南顿，治今河南项城市西南；和城，治今河南项城市北。

颍川郡，治今河南郾城县东。邵陵，治今河南郾城县东；临颍，治今河南临颍县西北；曲阳，确址无考，当治今河南郾城县、临颍县一带。

汝阳郡，治今河南商水县西北。汝阳，治今河南商水县西北；武津，治今河南上蔡县东。

汝阴郡，治今安徽阜阳市。汝阴，治今安徽阜阳市；宋，治今安徽太和县北；宋城[当作安城]，确址无考，当治今安徽阜阳市一带；楼烦，确址无考，当治今安徽阜阳市一带。

陈留郡，侨今安徽亳州市东。浚仪，侨今安徽亳州市东南；小黄，侨今安徽亳州市；白马，确址无考，当侨今安徽亳州市境；雍丘，确址无考，当侨今安徽亳州市境。

八、江州部

江州，治今江西九江市西南。

寻阳郡，治今江西九江市西南。柴桑，治今江西九江市西南；彭泽，治今江西湖口县东；松滋，治今江西九江市东。

豫章郡，治今江西南昌市。南昌，治今江西南昌市；新淦，治今江西樟树市；丰城，治今江西丰城市西南；建城，治今江西高安市；望蔡，治今江西上高县；吴平，治今江西樟树市西南；永修，治今江西永修县西北艾城西南；建昌，治今江西永修县西北艾城；豫宁，治今江西武宁县西；康乐，治今江西万载县东北；新吴，治今江西奉新县西；艾，治今江西修水县西。

鄱阳郡，治今江西波阳县北广进乡。广晋，治今江西波阳县北广进乡；鄱阳，治今江西波阳县；馀干，治今江西余干县；上饶，治今江西上饶市西北；葛阳，治今江西弋阳县西；乐安，治今江西德兴市东北。

临川国，治今江西临川市西。临汝，治今江西临川市西；西丰，治今江西临川市南；新建，治今江西崇仁县西南；永城，治今江西黎川县西北；宜黄，治今江西宜黄县东；南城，治今江西南城县东南；南丰，治今江西广昌县东；东兴，治今江西黎川县东北；安浦，治今江西乐安县西南。

庐陵郡，治今江西吉水县东北。石阳，治今江西吉水县东北；西昌，治今江西泰和县西；东昌，治今江西吉安县东南永和镇；吉阳，治今江西吉水县东；巴丘，治今江西峡江县北；兴平，治今江西永丰县东北；阳丰，治今江西永丰县西北；高昌，治今江西吉安县西南；遂兴，治今江西万安县西。

安成郡，治今江西安福县。平都，治今江西安福县；新喻，治今江西新余市西南；宜阳，治今江西宜春市；永新，治今江西永新县西；安复，治今江西安福县西；萍乡，治今江西萍乡市东；广兴，治今江西莲花县南。

南康国，治今江西赣州市东北。赣，治今江西赣州市东北；宁都，治今江西宁都县东北；雩都，治今江西于都县东北；平固，治今江西兴国县南；南康，治今江西南康市；陂阳，治今江西石城县西南；南野，治今江西南康市西南章江南岸；虔化，治今江西宁都县西。

南新蔡郡，治今湖北黄梅县西。苞信，治今湖北黄梅县西；慎，确址无考，当治今湖北黄梅县、武穴市一带；宋，确址无考，当治今湖北黄梅县、武穴市一带；阳唐左县，确址无考，当治今湖北黄梅县、武穴市一带。

建安郡，治今福建建瓯市。[建安]，治今福建建瓯市；吴兴，治今福建浦城县；将乐，治今福建将乐县；邵武，治今福建邵武市；建阳，治今福建建阳市东北；绥成，治今福建建宁县西南；沙村，治今福建沙县东古县。

晋安郡，治今福建福州市。候官，治今福建福州市；原丰，治今福建福州市；晋安，治今福建南安市东丰州；罗江，确址无考，疑在今福建连江、罗源二县境；温麻，治今福建霞浦县东南。

九、青州部

青州，治今山东青州市。

齐郡，治今山东淄博市东临淄区北。临淄，治今山东淄博市东临淄区北；西安，治今山东临朐县西南；安平，治今山东淄博市东临淄区东；般阳，治今山东临朐县东南；广饶，治今山东寿光市北；昌国，治今山东临朐县；益都，治今山东寿光市南。

济南郡，治今山东济南市。历城，治今山东济南市；朝阳，治今山东邹平县西北；著，治今山东济阳县西；土鼓，治今山东淄博市西南淄川区西南；逢陵，治今山东淄博市西南淄川区西北；平陵，治今山东章丘市西。

乐安郡，治今山东广饶县北。千乘，治今山东广饶县北；临济，治今山东高青县东南；博昌，治今山东寿光市。

高密郡，治今山东胶州市西南黔陬。黔陬，治今山东胶州市西南黔陬；淳于，治今山东安丘市东北杞城；高密，治今山东高密市西南；夷安，治今山东高密市；营陵，治今山东昌乐县东南；昌安，治今山东安丘市东南。

平昌郡，治今山东安丘市西南。安丘，治今山东安丘市西南；平昌，治今山东诸城市西北；东武，治今山东诸城市；琅邪，治今山东胶南市西南；朱虚，治今山东临朐县东。

北海郡，侨治今山东青州市。都昌，侨治今山东青州市；胶东，治今山东平度市；剧，治今山东昌乐县西；即墨，治今山东平度市东南；下密，治今山东昌邑市东；平寿，治今山东潍坊市西南。

东莱郡，治今山东莱州市东北。曲城，治今山东莱州市东北；掖，治今山东莱州市；㡉，治今山东龙口市西南；卢乡，治今山东平度市西北；牟平，治今山东烟台市福山区西北；当利，治今山东莱州市西南；黄，治今山东龙口市东黄城集。

太原郡，治今山东长清县西南。山茌，治今山东长清县东南；太原，治今山东长清县西南；祝阿，治今山东长清县东北。

长广郡，治今山东青岛市西北。不其，治今山东青岛市西北；长广，治今山东莱阳市东；昌阳，治今山东莱阳市东南；挺，治今山东莱阳市南。

十、冀州部

冀州，治今山东济南市。

广川郡，治今山东邹平县东长山。广川，治今山东邹平县东长山一带；中水，确址无考，当治今山东邹平、桓台等县一带；武强，治今山东邹平县东长山一带；

索卢，治今山东桓台县。

平原郡，侨治今山东邹平县东北。广宗，侨治今山东章丘市南；平原，侨治今山东邹平县东南；鬲，侨治今山东邹平县东北；安德，确址无考，当侨治今山东邹平县、章丘市一带；平昌，确址无考，当侨治今山东邹平县、章丘市一带；般县，确址无考，当侨治今山东邹平县、章丘市一带；茌平，确址无考，当侨治今山东邹平县、章丘市一带；高唐，侨治今山东章丘市西北。

清河郡，治今山东淄博市西南淄川区。清河，治今山东淄博市西南淄川区；武城，治今山东淄博市西南淄川区东；绎幕，确址无考，当治今山东淄博市西南淄川区与章丘市之间；贝丘，治今山东淄博市西南淄川区一带；零，确址无考，当治今山东淄博市境；鄃，治今山东淄博市东南；安次，治今山东淄博市东北。

乐陵郡，治今山东博兴县境。乐陵，治今山东博兴县境；阳信，确址无考，当治今山东博兴、高青二县间；新乐，确址无考，当治今山东博兴、广饶等县一带；厌次，确址无考，当治今山东博兴等县一带；溼沃，确址无考，当治今山东博兴县、滨州市之间。

魏郡，侨治今山东济南市一带。魏，侨治今山东邹平县东北；安阳，侨治今山东邹平县东；聊城，侨治今山东济南、章丘二市间；博平，侨治今山东章丘市东；肥乡，侨治今山东济南、章丘二市间；蠡吾，侨治今山东章丘市西；顿丘，侨治今山东济南市东；临邑，侨治今山东济阳县西南。

河间郡，侨治今山东寿光市一带。乐城，侨治今山东寿光市一带；城平，确址无考，当侨治今山东寿光市一带；武垣，确址无考，当侨治今山东寿光市、潍坊市一带；章武，确址无考，当侨治今山东寿光市、淄博市一带；南皮，侨治今山东寿光市东北；阜城，确址无考，当侨治今山东寿光市一带。

顿丘郡，侨治今山东章丘市一带。顿丘，侨治今山东章丘市一带；卫国，侨治今山东章丘市西南；肥阳，确址无考，当侨治今山东章丘市一带；阴安，确址无考，当侨治今山东章丘市一带。

高阳郡，侨治今山东淄博市东临淄区东北。安平，侨治今山东淄博市东临淄区境；饶阳，确址无考，当侨治今山东淄博市一带；鄚，确址无考，当侨治今山东淄博市、章丘市一带；高阳，侨治今山东淄博市东北；新城，侨治今山东淄博市一带。

勃海郡，侨治今山东高青县东南。长乐，侨治今山东高青县东南；蓨，侨治今山东高青县一带；重合，侨治今山东高青县一带。

十一、司州部

司州，治今河南信阳市。

义阳郡，治今河南信阳市。平阳，治今河南信阳市；鄳，治今河南罗山县西浉河北岸；钟武，治今河南信阳市东南；宝城，治今河南罗山县西；义阳，治今河南信阳市西北；平春，治今河南信阳市西北；环水，治今湖北广水市东。

随阳郡，治今湖北随州市。随阳，治今湖北随州市；永阳，治今湖北广水市西北；阙西，治今湖北随州市西北；西平林，治今湖北随州市东北。

安陆郡，治今湖北安陆市。安陆，治今湖北安陆市；[应城]，治今湖北应城市。

南汝南郡，确址无考，当侨治今河南信阳市、湖北安陆市一带。平舆，确址无考，当侨治今河南信阳市、湖北安陆市一带；北新息，确址无考，当侨治今河南信阳市、湖北安陆市一带；真阳，确址无考，当侨治今河南信阳市、湖北安陆市一带；安城，确址无考，当侨治今河南信阳市、湖北安陆市一带；南新息，确址无考，当侨治今河南信阳市、湖北安陆市一带；安阳，确址无考，当侨治今河南信阳市、湖北安陆市一带；临汝，确址无考，当侨治今河南信阳市、湖北安陆市一带。

十二、荆州部

荆州，治今湖北荆州市荆州区。

南郡，治今湖北荆州市荆州区。江陵，治今湖北荆州市荆州区；华容，治今湖北监利县北；当阳，治今湖北当阳市；临沮，治今湖北当阳市西北；编县，治今湖北当阳市东北；枝江，治今湖北枝江市西南。

南平国，治今湖北公安县西北。江安，治今湖北公安县西北；孱陵，治今湖北公安县西；作唐，治今湖南安乡县北；南安[当作安南]，治今湖南华容县。

天门郡，治今湖南石门县。澧阳，治今湖南石门县；临澧，治今湖南桑植县；零阳，治今湖南慈利县东北；溇中，治今湖南慈利县西三官寺。

宜都郡，治今湖北宜都市。夷道，治今湖北宜都市；佷山，治今湖北长阳县西；宜昌，治今湖北宜昌市西北长江南岸；夷陵，治今湖北宜昌市东南。

巴东国，治今重庆市奉节县东白帝城。鱼复，治今重庆市奉节县东白帝城；朐䏰，治今重庆市云阳县西；新浦，治今重庆市开县西南；南浦，治今重庆市万州区东长江东岸；汉丰，治今重庆市开县南；巴渠，治今重庆市开县东北；黾阳，治今重庆市巫山县南。

汶阳郡，治今湖北保康县南。僮阳，治今湖北保康县南；沮阳，治今湖北保康县南；高安，治今湖北远安县西北。

南义阳郡，侨治今湖南安乡县西南。厥西，确址无考，当侨治今湖南安乡县西南一带；平氏，确址无考，当侨治今湖南安乡县西南一带。

新兴郡，侨治今湖北荆州市荆州区东北。定襄，侨治今湖北荆州市荆州区东北；广牧，侨治今湖北荆州市荆州区东；新丰，确址无考，当侨治今湖北荆州市荆州区境。

南河东郡，治今湖北松滋市西北。闻喜，治今湖北松滋市西北；永安，治今湖北公安县西南；松滋，治今湖北松滋市西北；谯县，确址无考，当治今湖北松滋市一带。

建平郡，治今重庆市巫山县。巫，治今重庆市巫山县；秭归，治今湖北秭归县西北归州镇；归乡，治今湖北秭归县西；北井，治今重庆市巫山县北大昌镇东南；泰昌，治今重庆市巫山县北大昌镇；沙渠，治今湖北恩施市；新乡，确址无考，当治今湖北恩施土家族苗族自治州北境。

永宁郡，治今湖北荆门市西北。长宁，治今湖北荆门市西北；上黄，治今湖北南漳县东南。

武宁郡，治今湖北荆门市北。乐乡，治今湖北荆门市北；长林，治今湖北荆门市。

十三、郢州部

郢州，治今湖北武汉市武昌区。

江夏郡，治今湖北武汉市武昌区。汝南，治今湖北武汉市武昌区；沌阳，治今湖北武汉市蔡甸区东临嶂山下；孝昌，治今湖北孝昌县；惠怀，治今湖北仙桃市南；沙阳，治今湖北嘉鱼县东北；羡阳[当作滠阳]，治今湖北武汉市黄陂区西南；蒲圻，治今湖北嘉鱼县西南长江中。

竟陵郡，治今湖北钟祥市。苌寿，治今湖北钟祥市；竟陵，治今湖北潜江市西北；新市，治今湖北京山县东北；霄城，治今湖北天门市东北；新阳，治今湖北京山县；云杜，治今湖北仙桃市西。

武陵郡，治今湖南常德市。临沅，治今湖南常德市；龙阳，治今湖南汉寿县；

汉寿，治今湖南常德市东北；沅南，治今湖南桃源县东；迁陵，治今湖南保靖县东北；辰阳，治今湖南辰溪县西南；舞阳，治今湖南靖州县南；酉阳，治今湖南永顺县东南；黚阳，治今湖南龙山县南；沅陵，治今湖南沅陵县西南。

巴陵郡，治今湖南岳阳市。巴陵，治今湖南岳阳市；下隽，治今湖北通城县西北；监利，治今湖北监利县东北；州陵，治今湖北洪湖市东北。

武昌郡，治今湖北鄂州市。武昌，治今湖北鄂州市；阳新，治今湖北阳新县西南阳新镇；鄂，治今湖北鄂州市西南。

西阳郡，治今湖北黄冈市东南。西阳，治今湖北黄冈市东南；西陵，治今湖北武汉市新洲区西；孝宁，治今湖北浠水县西南长江边；蕲阳，治今湖北蕲春县西南蕲州镇西北沙洲上；义安，确址无考，当治今湖北浠水、英山、蕲春等县一带；蕲水左县，治今湖北浠水县东；东安左县，确址无考，当治今湖北浠水、英山、蕲春等县一带；建宁左县，治今湖北麻城市西南；希水左县，治今湖北浠水县；阳城左县，确址无考，当治今湖北麻城市一带。

十四、湘州部

湘州，治今湖南长沙市。

长沙国，治今湖南长沙市。临湘，治今湖南长沙市；醴陵，治今湖南醴陵市；浏阳，治今湖南浏阳市东北官渡镇；吴昌，治今湖南平江县东南；罗县，治今湖南汨罗市北；攸县，治今湖南攸县东北；建宁，治今湖南株洲县南。

衡阳国，治今湖南株洲县西南。湘西，治今湖南株洲县西南；湘南，治今湖南湘潭县西；益阳，治今湖南益阳市；湘乡，治今湖南湘乡市；新康，治今湖南宁乡县西南；重安，治今湖南衡阳县北；衡山，治今湖南衡山县南。

桂阳郡，治今湖南郴州市。郴县，治今湖南郴州市；耒阳，治今湖南耒阳市；南平，治今湖南蓝山县东北；临武，治今湖南临武县东；汝城，治今湖南汝城县西南；晋宁，治今湖南资兴市南。

零陵国，治今湖南永州市。泉陵，治今湖南永州市；洮阳，治今广西全州县西北；零陵，治今广西全州县西南；祁阳，治今湖南祁东县东南；应阳，治今湖南东安县东北芦洪市镇；观阳，治今广西灌阳县东灌江东岸；永昌，治今湖南祁东县西北。

营阳郡，治今湖南道县东北。营浦，治今湖南道县东北；营道，治今湖南宁远县东南；舂陵，治今湖南宁远县西；泠道，治今湖南宁远县东南。

湘东郡，治今湖南衡阳市。临烝，治今湖南衡阳市；新宁，治今湖南常宁市西南；茶陵，治今湖南茶陵县东北；湘阴，治今湖南湘阴县北；阴山，治今湖南攸县西南。

邵陵郡，治今湖南邵阳市。邵陵，治今湖南邵阳市；武刚，治今湖南武冈市北；建兴，治今湖南武冈市东北；高平，治今湖南隆回县东北；都梁，治今湖南隆回县；邵阳，治今湖南邵东县东北；扶，治今湖南邵阳县西南。

广兴国，治今广东韶关市西南。曲江，治今广东韶关市西南；桂阳，治今广东连州市；阳山，治今广东阳山县西南连江南岸；贞阳，治今广东英德市东南滃江北；含洭，治今广东英德市西北浛洸镇；始兴，治今广东曲江县东北；中宿，治今广东清远市西北河洞堡。

临庆国，治今广西贺州市东南贺街镇。临贺，治今广西贺州市东南贺街镇；冯乘，治今湖南江华县西南；富川，治今广西钟山县；封阳，治今广西贺州市东南信都镇；兴安，治今广西贺州市东北桂岭镇；谢沐，治今湖南江永县西南；宁新，确址无考，疑治今广西贺州市一带；开建，治今广东封开县东北；抚宁，确址无考，疑治今广西贺州市一带。

始建国，治今广西桂林市。始安，治今广西桂林市；熙平，治今广西阳朔县东北兴坪镇；永丰，治今广西荔浦县西北；荔浦，治今广西荔浦县西；平乐，治今广西平乐县东北恭城河北岸；建陵，治今广西荔浦县西南修仁镇西；乐化左县，确址无考，当治今广西桂林市及平乐、荔浦等县一带。

十五、雍州部

雍州，治今湖北襄樊市。

襄阳国，治今湖北襄樊市。襄阳，治今湖北襄樊市；中庐，治今湖北襄阳县西南；邔县[当作邵县]，治今湖北宜城市北。

南阳郡，治今河南南阳市。宛县，治今河南南阳市；涅阳，治今河南邓州市东北；云阳，治今河南南阳市南；冠军，治今河南邓州市西北；郦县，治今河南内乡县北；舞阴，治今河南泌阳县西北；许昌，侨治今河南南阳市一带。

新野郡，治今河南新野县。新野，治今河南新野县；山都，治今湖北谷城县东南；池阳，确址无考，当治今河南新野县及其周边一带；穰县，治今河南邓州市；交木,确址无考,当治今河南新野县及其周边一带。

顺阳郡,治今河南淅川县西南老城镇东南原丹江南岸(今已成水库)。南乡,治今河南淅川县西南老城镇东南原丹江南岸(今已成水库);槐里,确址无考,当治今河南淅川县附近一带;顺阳,治今河南淅川县东南;清水,确址无考,当治今河南淅水县附近一带;朝阳,治今河南邓州市东南;丹水,治今河南淅川县西南;郑县,确址无考,当治今河南淅川县附近一带。

京兆郡,治今湖北襄阳县西北。杜县,治今湖北襄阳县西;邓县,治今湖北襄阳县西北;新丰,确址无考,当治今湖北襄樊市、襄阳县一带。

始平郡,治今湖北丹江口市西北。武当,治今湖北丹江口市西北;始平,确址无考,当治今湖北丹江口市一带;武功,确址无考,当治今湖北丹江口市一带;平阳,治今湖北丹江口市西北。

扶风郡,治今湖北谷城县东北。筑阳,治今湖北谷城县东北;郿县,治今湖北谷城县一带;汎阳,治今湖北谷城县西南。

南上洛郡,治今陕西商南县南。上洛,确址无考,当治今陕西商南县一带;商县,确址无考,当治今陕西商南县一带。

河南郡,治今河南南阳市东南。河南,治今河南南阳市东南;新城,确址无考,当治今河南唐河、社旗二县境;河阴,确址无考,当治今河南南阳市及其周边一带;棘阳,治今河南南阳市南;襄乡,治今湖北枣阳市东北。

广平郡,治今河南邓州市东南。广平,治今河南邓州市东南;酇县,治今湖北老河口市西北;比阳,治今河南泌阳县;阴县,治今湖北老河口市西北。

义成郡,治今湖北丹江口市北。义成,治今湖北丹江口市北;万年,确址无考,当治今湖北丹江口市境。

冯翊郡,治今湖北宜城市东南。鄀县,治今湖北宜城市东南;高陆,治今湖北钟祥市北;[莲勺],治今湖北钟祥市西北。

南天水郡,治今湖北宜城市东南。华阴,确址无考,当治今湖北宜城市境;西县,确址无考,当治今湖北宜城市境;略阳,治今湖北宜城市东南;河阳[当作阿阳],确址无考,当治今湖北宜城市境。

建昌郡,侨治今湖北襄樊市。永兴,侨治今湖北襄樊市境;安宁,侨治今湖北襄樊市境。

华山郡,治今湖北宜城市北大堤村。华山,治今湖北宜城市;蓝田,确址无考,当治今湖北宜城市一带;上黄,治今湖北南漳县东南。

北河南郡,侨治今河南南阳市一带。新蔡,确址无考,当侨治今河南南阳市一带；汝阴，确址无考，当侨治今河南南阳市一带；苞信，确址无考，当侨治今河南南阳市一带；上蔡，确址无考，当侨治今河南南阳市一带；固始，确址无考，当侨治今河南南阳市一带；缑氏，确址无考，当侨治今河南南阳市一带；新安，确址无考，当侨治今河南南阳市一带；洛阳，确址无考，当侨治今河南南阳市一带。

弘农郡，侨治今河南邓州市西。邯郸，确址无考，当侨治今河南邓州市一带；圉县，确址无考，当侨治今河南邓州市一带；卢氏，确址无考，当侨治今河南邓州市一带。

十六、梁州部

梁州，治今陕西汉中市。

汉中郡，治今陕西汉中市。南郑，治今陕西汉中市；城固，治今陕西城固县东北湑水河西岸；沔阳，治今陕西勉县东；西乡，治今陕西西乡县南。

魏兴郡，治今陕西安康市西北汉江北岸。西城，治今陕西安康市西北汉江北岸；郧乡，治今湖北郧县；锡县，治今陕西白河县东南汉江南岸、白石河西；广城，治今陕西紫阳县东南；兴晋，治今湖北郧西县西北；旬阳，治今陕西旬阳县北旬河北岸；上廉，治今陕西平利县西北老县镇东南；长乐，治今陕西石泉县东南汉江北岸；广昌，确址无考；安晋，确址无考；延寿，确址无考；宣汉，确址无考。

新兴郡，治今湖北竹溪县西。吉阳，治今湖北竹溪县西；东关，治今湖北竹溪县西北。

新城郡，治今湖北房县。房陵，治今湖北房县；绥阳，治今湖北神农架林区东南；昌魏，治今湖北房县西南；祁乡，治今湖北南漳县西南；阆阳，确址无考，当治今湖北房、南漳等县一带；乐平，确址无考，当治今湖北房、南漳等县一带。

上庸郡，治今湖北竹山县西南。上庸，治今湖北竹山县西南；安富，确址无考，当治今湖北竹山、竹溪等县一带；北巫，确址无考，当治今陕西镇坪、湖北竹山、竹溪等县一带；微阳，治今湖北竹溪县东；武陵，治今湖北竹山县西北；新安，治今湖北竹山县一带；吉阳，确址无考，当治今湖北竹山、竹溪等县一带。

晋寿郡，治今四川广元市西南。晋寿，治今四川广元市西南；白水，治今四川青川县东北；邵欢，治今四川广元市北沙河；兴安，治今四川广元市。

华阳郡，侨治今陕西勉县西老城。华阳，侨治今陕西勉县西老城；兴宋，侨治今陕西勉县西老城；宕渠，侨治今陕西勉县西老城；嘉昌，侨治今陕西勉县西老城。

新巴郡，治今四川江油市东北雁门。新巴，治今四川江油市东北雁门；晋城，治今四川江油市境；晋安，治今四川广元市西南。

北巴西郡，治今四川阆中市。阆中，治今四川阆中市；安汉，治今四川南充市北；南国，治今四川南部县；西国，治今四川南部县西北；平周，治今四川平昌县。

北阴平郡，侨治今陕西汉中市。阴平，侨治今陕西汉中市境；平武，侨治今陕西汉中市境。

南阴平郡，侨治今四川平武县东。阴平，确址无考，当侨治今四川平武县一带；怀旧，确址无考，当侨治今四川平武县一带。

巴渠郡，治今四川达州市。宣汉，治今四川达州市；始兴，治今四川达县南；巴渠，治今四川宣汉县东；东关，治今四川万源市东南；始安，治今四川宣汉县南；下蒲，治今四川宣汉县西北；晋兴，确址无考，当治今四川达县、宣汉一带。

怀安郡，侨治今陕西汉中市。怀安，侨治今陕西汉中市；义存，侨治今陕西汉中市。

宋熙郡，治今四川旺苍县西嘉川镇。兴乐，治今四川旺苍县西嘉川镇；归安，确址无考，当治今四川广元市境；宋安，治今四川苍溪县东北歧坪镇；元寿，确址无考，当治今四川广元市境；嘉昌，治今四川广元市东南。

白水郡，侨治今四川广元市境。新巴，侨治今四川广元市境；汉德，侨治今四川广元市境；晋寿，侨治今四川广元市境；益昌，侨治今四川广元市境；兴安，侨治今四川广元市境；平周，侨治今四川广元市境。

南上洛郡，侨治今陕西白河县南。上洛，侨治今陕西白河县境；商，侨治今陕西白河县境；流民，侨治今陕西白河县境；丰阳，侨治今陕西白河县境；渠阳，侨治今陕西白河县境；义县，侨治今陕西白河县境。

北上洛郡，侨治今湖北郧西县西北上津镇。北上洛，侨治今湖北郧西县西北上津镇；丰阳，确址无考，当侨治今湖北郧西县一带；流民，确址无考，当侨治今湖北郧西县一带；阳亭，确址无考，当侨治今湖北郧西县一带；拒阳，确址无考，当侨治今湖北郧西县一带；商县，确址无考，当侨治今湖北郧西县一带；西丰阳，确址无考，当侨治今湖北郧西县一带。

安康郡，治今陕西石泉县东南池河镇西北汉江东岸。安康，治今陕西石泉县东南池河镇西北汉江东岸；宁都，治今陕西紫阳县西北安家河入汉江处。

南宕渠郡，侨治今四川南充市北。宕渠，侨治今四川南充市北；汉安，侨治今四川南充市北；宣汉，侨治今四川南充市境；宋康，侨治今四川南充市境。

怀汉郡，确址无考，当治今四川南充、广元二市之间。永丰，确址无考，当治今四川南充、广元二市之间；绥来，确址无考，当治今四川南充、广元二市之间；预德，确址无考，当治今四川南充、广元二市之间。

十七、秦州部

秦州，侨治今陕西汉中市。

武都郡，侨治今陕西汉中市境。下辨，侨治今陕西汉中市境；上禄，侨治今陕西汉中市境；陈仓，侨治今陕西汉中市境。

略阳郡，侨治今陕西汉中市境。略阳，侨治今陕西汉中市境；临汉，侨治今陕西汉中市境；上邽，侨治今陕西汉中市境。

安固郡，侨治今陕西汉中市境。桓陵，侨治今陕西汉中市境；南桓陵，侨治今陕西汉中市境。

西京兆郡，侨治今陕西汉中市境。蓝田，侨治今陕西汉中市境；杜，侨治今陕西汉中市境；鄠，侨治今陕西汉中市境。

南太原郡，侨治今陕西汉中市境。平陶，侨治今陕西汉中市境。

南安郡，侨治今陕西汉中市境。桓道，侨治今陕西汉中市境；中陶，侨治今陕西汉中市境。

冯翊郡，侨治今陕西汉中市境。莲芍，侨治今陕西汉中市境；频阳，侨治今陕西汉中市境；下辨，侨治今陕西汉中市境；高陆，侨治今陕西汉中市境；万年，侨治今陕西汉中市境。

陇西郡，侨治今陕西汉中市境。襄武，侨治今陕西汉中市境；临洮，侨治今陕西汉中市境；河关，侨治今陕西汉中市境；狄道，侨治今陕西汉中市境；大夏，侨治今陕西汉中市境；首阳，侨治今陕西汉中市境。

始平县，侨治今陕西汉中市境。槐里，侨治今陕西汉中市境；宋熙，侨治今陕西汉中市境。

金城郡，侨治今陕西汉中市境。金城，侨治今陕西汉中市境；榆中，侨治今陕西汉中市境。

安定郡，侨治今陕西汉中市境。朝那，侨治今陕西汉中市境；宋兴，侨治今陕西汉中市境。

天水郡，侨治今陕西汉中市境。阿阳，侨治今陕西汉中市境；新阳，侨治今陕西西汉中市境。

西扶风郡，侨治今陕西汉中市境。郿，侨治今陕西汉中市境；武功，侨治今陕西汉中市境。

北扶风郡，侨治今陕西汉中市境。武功，侨治今陕西汉中市境；华阴，侨治今陕西汉中市境；始平，侨治今陕西汉中市境。

十八、益州部

益州，治今四川成都市。

蜀郡，治今四川成都市。成都，治今四川成都市；郫，治今四川郫县；繁县，治今四川新都县西北新繁镇；犍县，治今四川简阳市西；永昌，确址无考，当治今四川成都市境。

广汉郡，治今四川广汉市北。雒县，治今四川广汉市北；什邡，治今四川什邡市；郪县，治今四川中江县东南；新都，治今四川新都县西；阳泉，治今四川德阳市西北；伍城，治今四川中江县东南。

巴西郡，侨治今四川绵阳市东。阆中，侨治今四川绵阳市境；西充国，侨治今四川安县南；南充国，侨治今四川绵阳市境；安汉，侨治今四川绵阳市境；汉昌，侨治今四川江油市南；晋兴，侨治今四川安县东北；平州，侨治今四川绵阳市境；怀归，侨治今四川中江县西北；益昌，侨治今四川安县东南。

梓潼郡，治今四川绵阳市东。涪，治今四川绵阳市东；梓潼，治今四川梓潼县；西浦，治今四川安县南；万安，治今四川罗江县西。

巴郡，治今重庆市。江州，治今重庆市；临江，治今重庆市忠县；垫江，治今重庆市合川市；枳，治今重庆市涪陵区东北长江南岸、乌江东岸。

遂宁郡，治今四川蓬溪县西南。巴兴，治今四川蓬溪县西南；德阳，治今四川遂宁市东南龙凤场；广汉，治今四川射洪县南；晋兴，治今重庆市潼南县北。

江阳郡，侨治今四川彭山县东南。江阳，侨治今四川彭山县东南；绵水，侨治今四川彭山县南；汉安，确址无考，当侨治今四川彭山县一带；常安，确址无考，当侨治今四川彭山、眉山二县一带。

怀宁郡，侨治今四川成都市。始平，侨治今四川成都市境；西平，侨治今四川成都市境；万年，侨治今四川成都市境。

宁蜀郡，治今四川双流县。广汉，侨治今四川双流县境；广都，治今四川双流县;升迁,侨治今四川双流县境;西乡,侨治今四川成都市境。

越嶲郡,治今四川西昌市东南。邛都,治今四川西昌市东南;新兴,治今四川甘洛县东北;台登,治今四川冕宁县南泸沽;晋兴,治今四川西昌市北;会无,治今四川会理县西北;卑水,治今四川昭觉县东北;定莋,治今四川盐源县;苏利,治今四川西昌市西北礼州。

汶山郡,治今四川都江堰市东。都安,治今四川都江堰市东;晏官,治今四川都江堰市东南。

南阴平郡,侨治今四川德阳市西北。阴平,侨治今四川德阳市西北;绵竹,治今四川德阳市北。

犍为郡,治今四川彭山县东。武阳,治今四川彭山县东;南安,治今四川乐山市;资中,治今四川资阳市;僰道,治今四川宜宾市西南安边镇;冶官,治今四川荣县西北。

始康郡,侨治今四川成都市。始康,侨治今四川成都市;新城,侨治今四川成都市;谈,侨治今四川成都市;晋丰,侨治今四川成都市。

晋熙郡,治今四川绵竹市。晋熙,治今四川绵竹市;苌阳,治今四川德阳市西北。

晋原郡,治今四川崇州市西北怀远镇。江原,治今四川崇州市西北怀远镇;临邛,治今四川崇州市东南;晋乐,治今四川崇州市西北公议场;徙阳,治今四川天全县东南;汉嘉,治今四川芦山县。

宋宁郡,侨治今四川成都市。欣平,侨治今四川成都市境;宜昌,侨治今四川德阳市西北;永安,治今四川德阳市西北。

安固郡,治今四川都江堰市、汶川、茂县一带。略阳,治今四川都江堰市、汶川、茂县一带;桓陵,治今四川都江堰市、汶川、茂县一带;临渭,治今四川都江堰市、汶川、茂县一带;清水,治今四川都江堰市、汶川、茂县一带;下邽,治今四川都江堰市、汶川、茂县一带;兴固,治今四川都江堰市、汶川、茂县一带。

南汉中郡,确址无考,当侨治今四川德阳市与都江堰市、汶川、茂县之间。南长乐,确址无考,当侨治今四川德阳市与都江堰市、汶川、茂县之间;南郑,确址无考,当侨治今四川德阳市与都江堰市、汶川、茂县之间;南苞中,确址无考,当侨治今四川德阳市与都江堰市、汶川、茂县之间;南沔阳,确址无考,当侨治今四川德阳市与都江堰市、汶川、茂县之间;南城固,确址无考,当侨治今四川德阳市与都江堰市、汶川、茂县之间。

北阴平郡,侨治今四川江油市东北。阴平,侨治今四川江油市东北;南阳,确址无考，当侨治今四川江油市一带；桓陵，确址无考，当侨治今四川江油市一带；顺阳，确址无考，当侨治今四川江油市一带。

武都郡，侨治今四川剑阁县一带。武都，侨治今四川剑阁县一带；下辩，侨治今四川剑阁县一带；汉阳，侨治今四川剑阁县一带；略阳，侨治今四川剑阁县一带；安定，侨治今四川剑阁县一带。

新城郡，治今四川三台县。北五城，治今四川三台县；怀归，治今四川中江县西北。

南新巴郡，侨治今四川剑阁县以南一带。新巴，侨治今四川剑阁县以南一带；晋城，侨治今四川剑阁县以南一带；晋安，侨治今四川剑阁县以南一带；汉昌，侨治今四川剑阁县以南一带；桓陵，侨治今四川剑阁县以南一带；绥归，确址无考，当治今四川剑阁县以南一带。

南晋寿郡，侨治今四川彭州市西北。晋寿，侨治今四川彭州市西北；兴安，侨治今四川彭州市一带；兴乐，侨治今四川彭州市一带；邵欢，侨治今四川彭州市一带；白马[当作白水]，侨治今四川彭州市一带。

宋兴郡，侨治今四川成都市。南汉，侨治今四川成都市境；建昌，侨治今四川成都市境；永川，侨治今四川成都市境。

南宕渠郡，治今四川渠县东北。宕渠，治今四川渠县东北；汉兴，治今四川巴中市境；宣汉，治今四川达州市。

天水郡，确址无考，当侨在今四川东北部。宋兴，确址无考，当侨治今四川东北部；上邽，确址无考，当侨治今四川东北部；西县，确址无考，当侨治今四川东北部。

东江阳郡，治今四川泸州市西南大渡口镇。汉安，治今四川泸州市西南大渡口镇；绵水，治今四川江安县东南二龙口。

沈黎郡，治今四川汉源县东北。城阳，治今四川汉源县东北；蘭，治今四川甘洛县西；旄牛，治今四川汉源县南大渡河南岸。

十九、宁州部

宁州，治今云南曲靖市西。

建宁郡，治今云南曲靖市西。味县，治今云南曲靖市西；同乐，治今云南陆良县东北；谈稾，治今贵州盘县西；牧麻，治今云南寻甸县境；漏江，治今云南泸西县境；同濑，治今云南马龙县境；昆泽，治今云南宜良县东北南盘江北岸；新定，治今贵州盘县、普安县北部一带；存䣢，治今云南宣威市北；同并，治今云南弥勒县境；万安，确址无考，当治今贵州盘县、普安县一带；毋单，治今云南宜良县南；新兴，确址无考，当治今云南宣威市、贵州盘县、普安县一带。

晋宁郡，治今云南晋宁县境。建伶，治今云南晋宁县境；连然，治今云南安宁市；滇池，治今云南晋宁县东北晋城镇；谷昌，治今云南昆明市东北；秦臧，治今云南禄丰县东；俞元，治今云南澄江县北；双柏，治今云南双柏县东南。

牂牁郡，治今贵州瓮安县东北。万寿，治今贵州瓮安县东北；故且兰[当作且兰]，治今贵州黄平县西南；毋敛，治今贵州独山县北境；晋乐，治今贵州贵阳市西北一带；丹南，治今贵州雷山县北；新宁，治今贵州独山县南境。

平蛮郡，治今贵州毕节市境。平蛮，治今贵州毕节市境；鳖县，治今贵州遵义市西。

夜郎郡，治今贵州关岭县境。夜郎，治今贵州关岭县境；广谈，治今贵州平坝县东北；谈乐，治今贵州罗甸县境；谈栢[当作谈指]，治今贵州贞丰县西北。

朱提郡，治今云南昭通市。朱提，治今云南昭通市；堂狼，治今云南巧家县东；临利，确址无考，当治今云南彝良县境；汉阳，治今贵州威宁县东；南秦，治今云南镇雄县境。

南广郡，治今四川筠连县西南。南广，治今四川筠连县西南；新兴，确址无考，当治今云南盐津、绥江、大关及四川筠连等县一带；晋昌，确址无考，当治今云南盐津、绥江、大关及四川筠连等县一带；常迁，确址无考，当治今云南盐津、绥江、大关及四川筠连等县一带。

建都郡，确址无考，当治今云南武定、禄劝等县一带。新安，确址无考，当治今云南武定、禄劝等县一带；经云，确址无考，当治今云南楚雄彝族自治州及禄劝县境一带；永丰，确址无考，当治今云南楚雄彝族自治州及禄劝县境一带；临江，确址无考，当治今云南楚雄彝族自治州及禄劝县境一带；麻应，确址无考，当治今云南楚雄彝族自治州及禄劝县境一带；遂安，确址无考，当治今云南楚雄彝族自治州及禄劝县境一带。

西平郡，治今广西西林县东南西平。西平，治今广西西林县东南西平；温江，治今广西田林县西北；都阳，治今广西凤山县北；晋绥，确址无考，当治今广西百色地区一带；义成，确址无考，当治今广西百色地区一带。

西河阳[当作西河]郡，治今云南云龙县境。茈苏，治今云南云龙县境；成昌，确址无考，当治今云南云龙、泸水二县一带；建安，确址无考，当治今云南云龙、泸水二县一带。

东河阳郡，治今云南大理市东凤仪镇。东河阳，治今云南大理市东凤仪镇；楪榆，治今云南大理市西北喜洲镇。

云南郡，治今云南祥云县东南云南驿。云南，治今云南祥云县东南云南驿；云平，治今云南宾川县境；东古复，治今云南永胜县东；西古复，治今云南永胜县西北；[邪龙]，治今云南巍山县境。

兴宁郡，治今云南姚安县北。梇栋，治今云南姚安县北；青蛉，治今云南大姚县。

兴古郡，治今云南罗平县境。漏卧，治今云南罗平县境；宛暖，治今云南砚山县北；律高，治今云南弥勒县南竹园镇；西安，治今云南文山县境；句町，治今云南广南县境；南兴，治今贵州兴义市境。

梁水郡，治今云南开远市境。梁水，治今云南开远市境；腾休[当作胜休]，治今云南江川县北；西隋，治今云南金平县境；毋棳，治今云南华宁县境；新丰，治今云南蒙自县境；建安，治今云南建水县境；镡封，治今云南丘北县境。

二十、广州部

广州，治今广东广州市。

南海郡，治今广东广州市。番禺，治今广东广州市；熙安，治今广东广州市西北；增城，治今广东增城市东北；博罗，治今广东博罗县；酉平，治今广东惠阳市西北；龙川，治今广东龙川县西南佗城；怀化，治今广东广州市东南；绥宁，治今广东增城市西南；高要，治今广东肇庆市；始昌，治今广东四会市北。

苍梧郡，治今广西梧州市。广信，治今广西梧州市；猛陵，治今广西苍梧县西北孟陵；怀熙，确址无考，当治今广西梧州市及其周边一带；思安，确址无考，当治今广西梧州市及其周边一带；封兴，治今广东封开县东北；荡康，确址无考，当治今广西梧州市及其周边一带；侨宁，确址无考，当治今广西梧州市及其周边一带；遂成，治今广西苍梧县；丁留，确址无考，当治今广西梧州市及其周边一带；广陵，确址无考，当治今广西梧州市及其周边一带；武化，确址无考，当治今广西梧州市及其周边一带。

晋康郡，治今广东德庆县。端溪，治今广东德庆县；晋化，治今广东郁南县东南；都城，治今广东郁南县；乐城，治今广东德庆县东悦城；宾江，治今广东德庆县东;说城,治今广东德庆县东北;元溪,治今广东德庆县东;夫阮,治今广东罗定市西;侨宁,确址无考,当治今广西梧州市与广东郁南县、罗定市一带;安遂,治今广东郁南县东南连滩;永始,确址无考,当治今广东郁南县、罗定市一带;武定,确址无考,当治今广东郁南县、罗定市一带;文招,治今广东德庆县东北;熙宁,确址无考,当治今广东郁南县、罗定市一带。

新宁郡,治今广东新兴县东北。南兴,治今广东新兴县东北;临允,治今广东新兴县南新兴江东;新兴,治今广东新兴县;博林,治今广东高要市西南;甘东,治今广东阳春市西北;单牒,治今广东新兴县东;威平,确址无考,当治今广东高要市、阳春市之间;龙潭,治今广东阳春市东北;平乡,确址无考,当治今广东高要市、阳春市之间;城阳,确址无考,当治今广东高要市、阳春市之间;威化,确址无考,当治今广东高要市、阳春市之间;初兴,确址无考,当治今广东高要市、阳春市之间;抚纳,治今广东高要市南;归顺,确址无考,当治今广东高要市、阳春市之间。

永平郡,治今广西岑溪市西北。安沂,治今广西岑溪市西北;丰城,确址无考,当治今广西岑溪市及其周边一带;苏平,确址无考,当治今广西岑溪市及其周边一带;啷安,确址无考,当治今广西岑溪市及其周边一带;夫宁,治今广西藤县东北;武林,治今广西平南县东南。

郁林郡,治今广西桂平市西南古城。布山,治今广西桂平市西南古城;领方,治今广西宾阳县西南古城;阿林,治今广西桂平市东南油麻镇;郁平,治今广西贵港市;新邑,确址无考,当治今广西柳州、桂平、南宁三市之间;建初,确址无考,当治今广西柳州、桂平、南宁三市之间;宾平,确址无考,当治今广西柳州、桂平、南宁三市之间;威化,确址无考,当治今广西柳州、桂平、南宁三市之间;新林,治今广西上林县北;龙平,确址无考,当治今广西柳州、桂平、南宁三市之间;安始,确址无考,当治今广西柳州、桂平、南宁三市之间;怀安,治今广西贵港市西南;晋平,确址无考,当治今广西柳州、桂平、南宁三市之间;绥宁,治今广西宾阳县东;归代[当作归化],治今广西昭平县西北;中胄,确址无考,当治今广西柳州、桂平、南宁三市之间;建安,确址无考,当治今广西柳州、桂平、南宁三市之间。

桂林郡,治今广西武宣县西南。中溜,治今广西武宣县西南;龙定,治今广西宜州市;武熙,治今广西柳江县东南;阳平,确址无考,当治今广西武宣、宜州、柳江等市县一带;安远,确址无考,当治今广西武宣、宜州、柳江等市县一带;程安,确址无考,当治今广西武宣、宜州、柳江等市县一带;威定,确址无考,当治今广西武宣、宜州、柳江等市县一带。

高凉郡，治今广东阳江市西。思平，治今广东恩平市东北；莫阳，治今广东阳春市西南漠阳江西；平定，确址无考，当治今广东恩平、高州二市之间；安宁，治今广东阳江市西；罗州，治今广东高州市西；西巩，确址无考，当治今广东恩平、高州二市之间；禽乡，确址无考，当治今广东恩平、高州二市之间。

新会郡，治今广东新会市境。宋元，治今广东新会市境；新熙，确址无考，当治今广东江门、新会二市及其周边一带；永昌，确址无考，当治今广东江门、新会二市及其周边一带；始成，确址无考，当治今广东江门、新会二市及其周边一带；招集，确址无考，当治今广东江门、新会二市及其周边一带；盆允，治今广东新会市北；新夷，治今广东新会市西；封平，治今广东新会市西南；封乐，治今广东新会市西北；初宾，治今广东开平市西北；义宁，治今广东开平市西北天露山东；始康，治今广东新会市南。

东官郡，治今广东深圳市宝安区西南头镇。宝安，治今广东深圳市宝安区西南头镇；安怀，治今广东惠东县西北梁化；兴宁，治今广东兴宁市西北；海丰，治今广东海丰县；海安，治今广东台山市西南；欣乐，治今广东惠阳市北。

义安郡，治今广东潮安县东北。海阳，治今广东潮安县东北；绥安，治今福建漳浦县西南；海宁，治今广东惠来县西；潮阳，治今广东潮阳市西北；义招，治今广东大埔县。

宋康郡，治今广东阳江市西。广化，治今广东阳江市西；单城，确址无考，当治今广东阳江市及其周边一带；逐度，确址无考，当治今广东阳江市及其周边一带；海邻，确址无考，当治今广东阳江市及其周边一带；化隆，确址无考，当治今广东阳江市及其周边一带；开宁，确址无考，当治今广东阳江市及其周边一带；绥定，确址无考，当治今广东阳江市及其周边一带；石门，确址无考，当治今广东阳江市及其周边一带；威覃，确址无考，当治今广东阳江市及其周边一带。

绥建郡，治今广东广宁县南绥江南岸。新招，治今广东广宁县南绥江南岸；化蒙，治今广东广宁县东南绥江北岸；怀集，治今广东怀集县；四会，治今广东四会市；化穆，治今广东广宁县东南；绥南，确址无考，当治今广东广宁、怀集等县一带。

海昌郡，治今广东高州市东北。宁化，治今广东高州市东北；威宁，确址无考，当治今广东高州、信宜二市一带；永建，确址无考，当治今广东高州、信宜二市一带；招怀，确址无考，当治今广东高州、信宜二市一带；兴定，确址无考，当治今广东高州、信宜二市一带。

宋熙郡，治今广东高要市东南。平兴，治今广东高要市东南；初宁，治今广东高要市东南境;建宁,治今广东高要市东南境;招兴,治今广东高要市东南境;崇化,治今广东高要市东南境;熙穆,治今广东高要市东南境;崇德,治今广东高要市东南境。

宁浦郡,治今广西横县西南六十里,郁江南岸。涧阳,治今广西横县西南六十里,郁江南岸;兴道,治今广西横县东南;宁浦,治今广西横县西南七里,郁江南岸;吴安,治今广西横县西;平山,治今广西横县东北平山;始定,确址无考,当治今广西横县一带。

晋兴郡,治今广西南宁市南郁江南岸。晋兴,治今广西南宁市南郁江南岸;熙注,确址无考,当治今广西南宁市以西境;桂林,确址无考,当治今广西南宁市以西境;增翊,治今广西隆安县西北;安广,治今广西横县西北;广郁,治今广西凌云县东境;晋城,治今广西崇左县东北左州镇;郁阳,确址无考,当治今广西南宁市以西境。

乐昌郡,治今广东四会市北。乐昌,治今广东四会市北;始昌,治今广东四会市北;宋元,治今广东四会市北;乐山,治今广东四会市北;义立,治今广东四会市北;安乐,治今广东四会市北。

二十一、交州部

交州,治今越南河北省仙游东。

交趾郡,治今越南河北省仙游东。龙编,治今越南河北省仙游东;句漏,治今越南河山平省石宝;朱䳒,治今越南海兴省快州附近;吴兴,确址无考,当治今越南红河口一线以北境;西于,治今越南永富省东英境;定安,治今越南河南宁省南定西北红河南岸;望海,治今越南河北省北宁西北求河北岸;海平,治今越南广宁省先安附近;武宁,治今越南河北省北宁;羸娄,治今越南河内市西北;曲易,治今越南海兴省海阳附近;南定,治今越南河南宁省南定东南。

武平郡,治今越南永富省永福东南平州。[武定],治今越南永富省永福东南平州;[封溪],治今越南永富省安朗东;[平道],治今越南永富省福安东南;[武兴],确址无考,当治今越南永富省及其周边一带;[根宁],确址无考,当治今越南永富省及其周边一带;[南移],确址无考,当治今越南永富省及其周边一带。

[新昌郡],治今越南永富省安朗西夏雷乡。[范信],治今越南永富省安朗西夏雷乡;[嘉宁],治今越南永富省白鹤南风州;[封山],治今越南河内市西北一

带;[西道],治今越南黄连山省安沛附近;[临西],治今越南永富省锦溪附近;吴定,治今越南河宣省宣光南;新道,确址无考,当治今越南永富省、河内市及其周边一带;晋化,确址无考,当治今越南永富省、河内市及其周边一带。

九真郡,治今越南清化省清化西北马江南岸。移风,治今越南清化省清化西北马江南岸;胥浦,治今越南清化省清化西北东山阳舍村;松原,治今越南清化省清化西南;高安,治今越南清化省清化东南;建初,治今越南清化省农贡附近;常乐,治今越南清化省清化东南;军安,治今越南清化省安定东马江南岸;武宁,确址无考,当治今越南清化省境;都庞,治今越南清化省石城附近;宁夷,确址无考,当治今越南清化省境;津梧,治今越南清化省清化东北。

九德郡,治今越南义静省荣市东南。浦阳,治今越南义静省荣市东南;九德,治今越南义静省荣市;咸驩,治今越南义静省演州西;都庞[当作都洑],治今越南义静省演州西;西安,治今越南义静省香山附近;南陵,治今越南义静省锦川附近;越常,治今越南义静省甘禄附近;宋泰,确址无考,当治今越南义静省境;宋昌,确址无考,当治今越南义静省境;希平,确址无考,当治今越南义静省境。

日南郡,确址无考,当侨治今越南河内市、河北省、永富省、海兴省及其周边一带。西卷,确址无考,当侨治今越南河内市、河北省、永富省、海兴省及其周边一带;卢容,确址无考,当侨治今越南河内市、河北省、永富省、海兴省及其周边一带;象林,确址无考,当侨治今越南河内市、河北省、永富省、海兴省及其周边一带;寿泠,确址无考,当侨治今越南河内市、河北省、永富省、海兴省及其周边一带;朱吾,确址无考,当侨治今越南河内市、河北省、永富省、海兴省及其周边一带;无劳,确址无考,当侨治今越南河内市、河北省、永富省、海兴省及其周边一带;北景,确址无考,当侨治今越南河内市、河北省、永富省、海兴省及其周边一带。

义昌郡,确址无考,当治今越南横山以北境。

宋平郡,治今越南河内市。

二十二、越州部

越州,治今广西合浦县东北旧州东。

百梁郡,治今广西合浦县东北。

陇苏郡,治今广西浦北县北苏村附近。

永宁郡，治今广东电白县东北。

安昌郡，治今广西合浦县北。

富昌郡，确址无考，当治今广西合浦、浦北二县及其周边一带。

南流郡，治今广西玉林市。

临漳郡，治今广西合浦县东北旧州东。

合浦郡，治今广西合浦县东北旧州。合浦，治今广西合浦县东北旧州；徐闻，治今广东徐闻县南；朱官，治今广东徐闻县南；荡昌，治今广西容县；朱卢，确址无考，当治今广西玉林市、博白县一带；晋始，确址无考，当治今广西合浦县一带；新安，确址无考，当治今广西合浦县一带。

宋寿郡，治今广西钦州市东北钦江西北岸。

第十六章

《南齐书·州郡志》札记

萧子显(489～537年),字景阳,南兰陵郡南兰陵县(今江苏常州市西北)人。齐高帝萧道成之孙,豫章王萧嶷第八子。子显在梁官至吏部尚书,终于吴兴太守任上。他留意前代史事,撰有《后汉书》一百卷,《晋史草》三十卷,另有《普通北伐记》五卷等,今都不存。流传至今者唯《南齐书》六十卷。[①]

萧子显撰作《南齐书》,盖以檀超、江淹所修"国史"为蓝本,而又参酌众书,断以己意[②],开始于梁天监年间,约完成于梁普通年间。[③] 其八《志》基本依据江淹《齐史》十《志》发展而来。[④] 江淹《齐史·州郡志》体例依徐爰《宋书·州郡志》[⑤],而萧子显在撰作《州郡志》的过程中,虽然参阅了《元嘉计偕》、《永明三年户口簿》、《永明郡国志》、《永元元年地志》、《永元二年志》、《永元三年志》等书,却仅略述建置,又不著户口及去京师、去州道里。其断限亦不清楚,虽大要以齐武帝永明八年(490年)为定[⑥],而附注建元、隆昌、延兴、建武、永泰、永元中省置得失情况,却又为例不纯、年代错出,如巴州领四郡,建元二年(480年)立,永明元年(483年)省,即不当入志。

《南齐书·州郡志》(以下简称《南齐志》)分上下两卷,记载了萧齐的二十三

① 萧子显所撰《齐书》,北宋时始加"南"字,以别于唐李百药所撰《北齐书》。

② 赵翼《廿二史劄记》卷九"齐书旧本"条。

③ 刘知几《史通·古今正史》:"梁天监中,太尉录事萧子显启撰齐史。书成,表奏之,诏付秘阁。"按天监为梁朝第一个年号,起502年,止519年,按照子显年龄以及此前他还撰《后汉书》推测,子显撰《齐书》当在天监后期。又撰成《齐书》后,子显"启撰《高祖集》,并《普通北伐记》"(《梁书·萧子显传》),普通北伐起普通(520～527年)五年,延续几年。

④ 据《南齐书·文学檀超传》,建元二年(480年)初置史官,檀超与江淹掌史职,上表立条例,凡立十志,即律历、礼乐、天文、五行、郊祀、刑法、艺文、朝会、舆服、州郡。后檀超修史未就被杀,由江淹继续撰述。江淹以为"修史之难,无过于志",故先成十志。《南齐书》八志则礼、乐、天文、州郡、百官、舆服、祥瑞、五行,是子显省去刑法、艺文、朝会等志,另立百官、祥瑞二志,这是按照沈约的旧规。子显与沈约同时,而沈约长于子显。

⑤ 《南齐书·文学檀超传》。

⑥ 南豫州淮南郡于湖注:"永明八年,省角城、高平、下邳三县并。"谭其骧师《自汉至唐海南岛历史政治地理——附论梁隋间高凉冼夫人功业及隋唐高凉冯氏地方势力》(载《历史研究》1988年第5期)则认为"《南齐书·州郡志》所载州郡县以建元时建制为准"。按建元,齐高帝萧道成年号,起479年四月,止482年。

州及所领郡县名目,是研究萧齐疆域政区的主要依据。与《宋书·州郡志》失之繁冗相反,《南齐志》存在的主要问题是失之太简。萧齐年祀虽短,政区却度属宏多,置立不少,《南齐志》对此略而不书处太多,前人云"《齐志》略称形似"[①]、"子显謏闻,更无讥矣"[②],即此之谓;但若据此全盘否定《南齐志》,却也欠妥。持全盘否定意见者,如清人牛运震以为:《南齐志》"第存郡县名目大概,疆域沿革,邑里物产,均阙如也,岂特户口不详而已"云云;[③]又民国姚士鳌《历代地理志评议》也说:

> 无总序。州下略举沿革,间略谈形胜,与当时名人之言论,以资参证耳。其非各州均详者,以萧子显撰史钩名,非苦心经营,精于史学之人也。记述之法,以州统郡,郡下仅具县名,鲜有注释,而沿革且尽缺略。既未言物产风俗,亦未言户口数目,盖一残缺之郡县名册表耳。州郡之下,如巴郡、梁州,郡县多付阙如。取材不备,而考证之功复缺。又未举缺略之故以告人,其何以自解于后人耶?总而论之,惟视北齐、北周、陈书等,聊胜于无耳。[④]

按说子显"非苦心经营,精于史学之人",既不确当;指"巴郡、梁州,郡县多付阙如",也有失平允;[⑤]责其"未举缺略之故以告人",则疏于检索。据高似孙《史略》所引《子显进书表》:"素不知户口,故州郡志辄不载。"看来《南齐志》的简略,主要还是材料不足的缘故。[⑥] 其实,《南齐志》仍有其独特的价值。如各州所撰小序,概述一州的沿革、政治、军事、经济、交通、风俗等内容,资料价值颇高。《南齐志》于侨州郡县也多有载列。以《南齐志》较沈约的《宋书·州郡志》(以下简称《宋志》),则宋齐间侨州郡县的省并、改属、移徙、新置、割实等,略有线索可寻。

今本《南齐志》错误不少,其中既有萧子显本文之误,更多传抄、翻刻或校订中造成的讹误脱衍。后出的王仲荦校点、宋云彬编辑整理的中华书局本[⑦],广参

① 顾祖禹《〈读史方舆纪要〉凡例》。

② 钱大昕《〈东晋南北朝舆地表〉序》。

③ 牛运震《读史纠谬》第七卷"南齐书"之"州郡志"条,齐鲁书社 1989 年版。

④ 载《地学杂志》第 12 年第 1 期,1921 年。

⑤ 姚士鳌《历代地理志评议(续)》(《地学杂志》第 12 年第 2 期,1921 年)具体云:"巴州郡县全缺,东晋寿郡县邑事亡,梁州四十五郡荒无民户。"按据张元济《校史随笔》(商务印书馆 1938 年版)"南齐书·补阙二叶"条,殿本志第七州郡下缺十八行,明监本、汲古本同,其行数适当宋本之一页,而宋本此页犹存,则"巴州郡县全缺"是因为流传所致,岂可归责于子显?

⑥ 另外值得注意的原因是《南齐书》的叙事风格向称简洁,而《百官志》尤为简明扼要。如后来《南史》于《南齐书》一般都增添史实,颇不同于其他之删削文字。

⑦ 本章以中华书局 1972 年 1 月第 1 版、1983 年 11 月第 3 次印刷之校点本为工作本。

众多版本，并据前人考订成果及《晋书·地理志》(以下简称《晋志》)、《宋志》等，作《校勘记》，有所諟正，但遗漏之处尚多。概而言之，《南齐志》存在的问题，一是断代不严，二是谬述沿革，三是置废迁徙时间错误，四是郡县统属乖乱，五是郡县重出，六是州下列郡、郡下列县次序不合志例，七是双头州误为二州，八是侨郡名称多省称"南"、"北"二字，九是行文过简致伤文意，十是多脱字、误字、衍字，十一是错简，十二是整理者句读错误。而杨守敬《历代舆地图·南齐州郡图》即据《南齐志》编绘，未予推勘考证，故随之而误者亦十之七八。

《南齐书》自问世以来，研究者不多①，至于《南齐志》更是乏人问津。② 笔者多年以来，在研读《宋志》的同时，也颇用功于《南齐志》，这十多年来且在断断续续地做着《南齐书州郡志汇释》。这里先整理出的二十九条短札，除考订《南齐志》的十几处疑误外，也对志文进行阐释，并讨论了与侨州郡县等有关的几个问题。其中难免卤莽之处，还望方家批评指正。

(1) 义熙土断清河郡不在断例

东晋义熙九年(413 年)，刘裕"准庚戌土断之科"，主持土断。当时明确规定："依界土断，唯徐、兖、青三州居晋陵者，不在断例。"③对此，周一良指出："盖刘裕北来而寓晋陵，京口起义及佐命诸臣亦十九隶籍徐、兖、青三州，……多居晋陵郡地。故晋陵独异于他郡，以示优异。"④今以《南齐志》南徐州临淮郡以下十二郡证之，旧属徐州者临淮、淮陵、南东莞、南彭城四郡，旧属兖州者南高平、南济阴、南濮阳、南鲁、南泰山、南济阳六郡，旧属青州者南平昌，都侨在旧晋陵郡境，"郡无实土"，未经土断。但有一郡不合，即南清河郡。按清河郡旧属冀州，东晋明帝侨立清河郡，宋改南清河郡。《南齐志》在南清河郡下特别注明："南徐州属冀州"，也是"郡无实土"的侨郡，没有土断。可见"唯徐、兖、青三州居晋陵者，不在断例"云云，并不尽然。

按侨在江南的清河郡不在土断之例，必有原因。推测与义熙六年刘裕灭南

---

① 清人有些校勘、考异、补正成果。今人朱季海著有《南齐书校议》(中华书局 1984 年版)，周一良《魏晋南北朝史札记》(中华书局 1985 年版)中有关《南齐书》者三十六条；又丁福林正在做着《南齐书校议》。

② 业师吴应寿有《十六国汉、后赵及南朝齐司州治》(载《历史地理研究》第 2 辑，复旦大学出版社 1990 年)一文，指出"《南齐书·州郡志》虽较简略而且也有错误，但可补《宋书·州郡志》之失。两志可互相补充"。吴师之言，为研究《南齐志》点明了方法。

③ 《宋书·武帝纪》。

④ 周一良《南朝境内之各种人及政府对待之政策》，收入氏著《魏晋南北朝史论集》，中华书局 1963 年版。

燕后，为照顾南迁青齐地区的河北清河大族崔、张、房、傅诸氏利益，及安抚青齐人心有关。[①]

（2）北陵

南徐州南彭城郡领有北陵县。按“陵”应作“凌”。

北凌，“二汉无。《晋太康地志》属下邳，本名凌。而广陵郡旧有凌县，晋武帝太康二年，以下邳之凌县非旧土而同名，改为北凌”[②]。到东晋，明帝侨立下邳郡（宋改南下邳郡），就领有北凌县（侨）。北凌改属南彭城郡，始于宋大明四年（460年）南下邳郡并入南彭城郡。在《宋志》南彭城郡所领十二县中，下邳、北凌、僮皆“本属南下邳”，而《南齐志》南彭城所领十二县一如《宋志》，北凌“建武四年省”，则“北陵”为“北凌”之误甚明。

（3）南高平郡纠谬

南徐州南高平郡领高平、金乡二县；郡注：“宋太始五年侨置，初寄治淮阴，复徙淮南当涂二县侨属南豫，后属南徐。”按此段志文及标点皆误。

考南徐州所领高平郡乃晋明帝侨置，初属侨兖州；[③]宋元嘉八年分江南、江北为南徐（治京口）、南兖（治广陵），高平郡以侨在江南旧晋陵郡境，遂度属南徐州。《宋志》南徐州南高平郡领金乡、湖陆、高平三县。后省湖陆，《南齐志》南高平郡因领高平、金乡二县。梁天监元年，“土断南徐州诸侨郡县”[④]，南高平郡以无实土，疑被并省，故不见诸梁、陈史载。

“宋太始五年侨置”者，则另一高平郡，见载于《宋志》兖州高平郡（“宋明帝泰始五年，侨立于淮南当涂县界，领高平、金乡二县。其年又立睢陵县”）、《南齐志》北兖州高平郡（“荒”）及《南齐志》南豫州淮南郡于湖注（“永明八年，省角城、下邳、高平三县并”）。细揣文意，此高平郡盖泰始五年失淮北后，以《宋志》兖州高平郡侨置；初寄在淮阴（今江苏淮阴县西南），分徙淮南郡（治于湖，今安徽当涂县）及所领当涂县（今安徽南陵县东南），领高平、金乡二县（侨置淮阴者，南齐时“荒”）。后高平郡省并为高平县，永明八年又并入于湖境。

依上所考，萧子显当于《南齐志》南豫州内补“高平郡”一目，领“高平、金乡”

---

① 参考唐长孺《北魏的青齐土民》（收入氏著《魏晋南北朝史论拾遗》，中华书局 1983 年版）、崔世平《崔芬墓志与南北争战下的青州崔氏》（载《南京晓庄学院学报》2005 年第 1 期）、胡阿祥《晋宋时期山东侨州郡县考述》（载《中国历史地理论丛》1989 年第 3 期）。

② 《宋志》南徐州刺史南彭城太守北凌令。

③ 《晋志》兖州。

④ 《梁书·武帝纪》。

二县;并移南徐州南高平郡注于"高平郡"下。注文当作"宋泰始五年侨置,初寄治淮阴,复徙淮南当涂。二县侨属南豫。""二县"谓泰始侨高平郡所领高平、金乡二县,非指淮南、当涂二县;"后属南徐"四字,则系萧子显牵强二侨郡为一所加,当删。

(4) 侨郡省称"南"或"北"字

东晋南朝侨立州郡,名称多加"南"、"北"等字。加"南"字绝大多数在宋永初元年(420年)后。晋末刘裕北伐,青、兖、徐、豫、司、雍等州一度收复,然而侨州郡保留不废,乃于收复诸州郡上加"北"字以资区别。永初元年,又诏令"诸旧郡县以北为名者,悉除;寓立于南者,听以南为号"①,不独郡县,即州名亦从而改易,于是有南青、南徐、南兖、南豫等州及南琅邪、南东莞、南彭城、南平昌、南济阴、南泰山、南鲁、南河东等郡。其后中原、关西、淮北等再度陷没,诸州郡南侨则冠以"北"字,如北徐、北兖等州及北济阴、北淮阴、北下邳、北京兆等郡皆是。

《南齐志》记侨郡名称,于"南"、"北"二字则多有省称,这极易导致误解、误考,应予注意。如南徐州南平昌郡:"建武三年省。安丘,郡省,属东莞。新乐,郡省,属东莞。"按东莞郡治莒县(今山东莒县),南平昌郡侨在京口(今江苏镇江市)一带。南平昌郡省,其属县不可能度属东莞。此处"东莞"即"南东莞郡"之省称。南东莞郡侨在晋陵南境,今江苏武进市一带。《南齐志》中,类此者尚有南泰山郡省称为泰山郡,南鲁郡省称为鲁郡,南平昌郡省称为平昌郡,等等。②

侨郡又有省称"北"字者。冀州条:"建元初,以东海郡属冀州",又《南齐书·周山图传》:建元初,山图"表移东海郡治涟口",这两处东海郡,均为"北东海郡"省称。其他如北淮阳郡省称为淮阳郡,北下邳郡省称为下邳郡,北济阴郡省称为济阴郡③,皆此一类。

(5) 东晋侨郡有"以南为号"者

钱大昕曾反复指出:"东晋之世,侨立州郡无南字,断可识矣","至永初受禅后,始诏去北加南","而千二百年来,曾无一人悟其失者,甚矣史学之不讲也","至仆始悟其失"④。按钱氏此说,颇有发现,其立说当据《宋书·武帝纪》永初元

① 《宋书·武帝纪》。

② 详胡阿祥《东晋南朝江苏境内的侨州郡县》,载《江苏地方志》1990年第3期。

③ 南兖州条、南兖州广陵郡条。

④ 《十驾斋养新录》卷六"晋侨置州郡无南字"条;《十驾斋养新余录》卷中"晋书地理志之误"条;《潜研堂文集》"东晋疆域志序"、"东晋南北朝舆地表序"、"与徐仲圃书"等。

年诏[①]，今人多从之。但钱说并非定论。

《南齐书》豫州条载："孝武宁康元年，桓冲移姑熟，以边寇未静，分割谯、梁二郡见民，置之浣州，立为南谯、梁郡。"考《宋志》，南谯、南梁二郡乃晋孝武太元中侨立于淮南。据知太元年间，侨郡已有加"南"字者。《宋书·武帝纪》永初元年八月辛酉诏"诸旧郡县以北为名者，悉除；寓立于南者，听以南为号"，"听"即"顺从"、"同意"之意，可见此前即东晋年间，侨郡已有个别"以南为号"者，永初元年诏只是对现状的一种认可。[②] 洪亮吉也认为："宋永初后，侨郡又普加南字耳。南谯、南梁、南汝阴等，则晋太元后已加南字，又非自宋始。"[③]

然而核诸史传，"南"字仍多有省称者。以南梁郡为例，《宋书·向靖传》：义熙"八年，转游击将军，寻督马头、淮西诸郡军事、龙骧将军、镇蛮护军，安丰、汝阴二郡太守、梁国内史，戍寿阳"；又《宋书·刘粹传》：永初三年，"督豫、司、雍、并四州、南豫州之梁郡、弋阳、马头三郡诸军事，豫州刺史，领梁郡太守，镇寿阳"。南谯郡、南汝阴郡亦仿此。

(6) 南豫州泰始三年治宣城

南豫州条："三年治宣城，五年省。"今按《宋书·明帝纪》泰始五年"二月丙申，分豫州、扬州立南豫州，以太尉庐江王祎为车骑将军、开府仪同三司、南豫州刺史"。六月，"南豫州刺史庐江王祎免官爵。……罢南豫州"。又《宋书·文五王·庐江王祎传》：泰始五年下诏，"以淮南、宣城、历阳三郡还立南豫州"，降祎为刺史，"出镇宣城"。六月，"逼令自杀。时年三十五，即葬宣城"。记述甚明，南豫

---

① 《十驾斋养新录》卷六"晋侨置州郡无南字"条称："此诏载于宋书本纪，可谓信而有徵矣。"

② 附记：此条写定后，获读周振鹤《历史学：在人文与科学之间？》(《复旦学报》2002年第5期)，文中议论说："东晋南渡以后设置许多侨州郡县，以安置北方移民，这些州郡县都以移民的原居地为名，也就是说一时间在中国南北方有许多完全同名的州郡县，如北方有青州，南方也有青州，北方有兰陵郡，南方也有兰陵郡。到了南朝刘宋时期，为了使南方与北方的同名州郡县区分开来，就在南方的同名州郡县上加上一个'南'字，如南青州，南兰陵郡等等。但唐朝人写《晋书》时却以为东晋一开始就将侨州郡县加上'南'字。这个错误从未有人觉察，等到钱大昕读《晋书》时才破了这个千年之谬。……也许有人要说，加不加这个'南'字，似无关紧要。其实不然。东晋王朝偏安一偶[隅]，为了争取北来移民的支持，必须让他们觉得这个政权的基础仍在北方，仍在他们身上，因此不但免去他们的赋税，而且还要以移民的原居地命名他们的新居地，使他们效忠偏安王朝。所以其时南方与北方同名州郡县加不加'南'字有其政治目的，不是随意之举。钱大昕读出《晋书》此误，于理解历史发展过程显然有用。推而广之，一切史料必须正确，才能用于解释历史，否则岂不是盲人摸象？"然则本条札记虽指出东晋年间已有少数侨郡"以南为号"，但钱大昕之说，仍是大抵成立的；又本章以及第十四章"斤斤计较"于史料的考辨，其意亦在于"一切史料必须正确，才能用于解释历史"。

③ 《东晋疆域志》卷四徐州琅邪郡条。

州治宣城自在泰始五年，六月州废。“三年治宣城”实误。

(7) 永明元年省北济阴等四郡十七县

南兖州条载：“永明元年，刺史柳世隆奏：‘尚书符下土断条格，并省侨郡县……’，于是济阴郡六县、下邳郡四县、淮阳郡三县、东莞郡四县，以散居无实土，官长无廨舍，寄止民村，及州治立，见省，民户帖属。”而广陵郡注：“建元四年罢北淮阳、北下邳、北济阴、东莞四郡并。”按以建元四年(482年)为是，永明元年(483年)为非，说详陈乾康《〈南齐书·州郡志〉“永明元年”土断南兖州勘误》，载《中国史研究》1986年第2期。

又所省十七侨县，志无明文，可据《宋志》南兖州刺史北济阴太守、北下邳太守、北淮阳太守、东莞太守四条拟补。北济阴六县：广平、定陶、阳平、上党、冤句、馆陶，北下邳四县：僮、下邳、宁城、良成(?)[1]，北淮阳三县：晋宁、宿预、角城，东莞郡四县：莒、诸、东莞、栢人。

(8) 永明五年罢新郡

南兖州海陵郡海安注：“永明五年罢新郡，并此县度属。”按《宋志》南兖州刺史海陵太守领建陵等六县，无海安县。据《宋志》南兖州刺史：“宋又侨立新平”等五郡；又新平太守：“明帝泰始七年立。江阳令，郡同立；海安令，郡同立。”是海安乃新平侨郡属县，与郡新立。《南齐志》南兖州无新平郡，当省废；而据上引海安注，则新平郡盖罢入海陵郡，故海陵郡得领海安县。依此，“罢新郡”当作“罢新平郡”，《南齐志》脱一“平”字。

(9) 马头郡已吾之济县

《宋志》徐州刺史马头太守：“故淮南当涂县地，晋安帝立”，领虞、零、济阳三县。其济阳，“故属济阳(郡)，流寓因配”。《南齐志》北徐州钟离郡领有虞、零二县，注云：“永明元年，割马头属”；是年，又罢谯郡(侨)，以所领已吾县度属马头，故《南齐志》马头郡领已吾一县。而原马头郡所领济阳县不见于《南齐志》，当省并；据马头郡已吾注：“永明元年，罢谯郡属。二年刺史戴僧静又以济县并之”，《晋志》、《宋志》、《南齐志》并无济县，则“济县”当是“济阳县”之讹，《南齐志》脱一“阳”字。

(10) 北徐州沛、谯、梁、魏、阳平、彭城六郡

北徐州领沛郡(辖相、萧、沛三县)，又云：“永明元年，省北徐谯、梁、魏、阳平、彭城五郡。”按六郡均为侨置，《宋志》失载，《南齐志》又不先叙明原委，考侨置者，

---

① 《宋志》北下邳太守领僮、下邳、宁城三县，盖脱一县。又“宁城”注“别见”，而遍检《宋志》无此县，疑是新立侨县，所脱一县为良成。良成，《宋志》徐州下邳郡属县。

遂不知有此六郡。

六郡之侨置，在宋泰始失淮北后。明帝初年，北魏南侵，及泰始五年，青、冀、徐、兖四州及豫州淮西诸郡并皆不守，“自淮以北，化为虏庭”①，于是侨置徐州治钟离（今安徽凤阳县东北），兖州治淮阴（今江苏淮阴县西南），青冀二州治郁洲（今江苏连云港市东云台山），四州原领郡县也多有侨置；至豫州淮西，则不独陷魏十郡悉数予以侨置，即各郡领县也几乎全部侨立。然则此种“一一对应”式地侨置郡县，主要是为职方不可不备，讳言削弱，故画地立名耳。沛、谯、梁等六郡也是备职方而立的侨郡，与原郡领县对照关系如下表：

原郡领县②	侨郡领县
谯郡　蒙　蕲　宁陵　魏　襄邑　长垣	谯郡　己吾③（余无考）
梁郡　下邑　砀	梁郡（领县无考）
魏	魏郡（领县无考）
阳平郡　馆陶　阳平　濮阳	阳平郡（领县无考）
彭城郡　彭城　吕　蕃　薛　留	彭城郡（领县无考）
沛郡　萧　相　沛	沛郡　萧　相　沛

又六郡既北徐州④所领，则侨在北徐州境内，今安徽凤阳、嘉山、滁州等县市一带。

《南齐志》行文过简，常致文意不明。既略去北徐州沛、谯等六郡侨置经过，则永明元年见省云云，遂觉含糊其词，突无来历。似这等但求简略致伤文意者，尚见多处。⑤

（11）青州齐郡之“泰”

青州齐郡领“泰”。按当作“秦”，侨秦郡领县。

---

① 《〈宋书·州郡志〉序》。

② 《宋志》豫州领谯郡、梁郡，豫州谯郡领魏县，《宋志》徐州领阳平郡、彭城郡、沛郡。

③ 《南齐志》北徐州马头郡领。

④ 即《宋志》徐州，《资治通鉴》卷一四六天监五年五月胡注：“南徐治京口，故以钟离为北徐。”

⑤ 如《南齐志》记刘宋南豫州省置简略其言：“宋永初二年，分淮东为南豫州，治历阳，而淮西为豫州。元嘉七年省并。大明元年复置，治姑熟。泰始二年治历阳，三年治宣城，五年省。淮西没虏。七年，复分淮东置南豫。”实际南豫省置，远不止此。永初三年，分淮东为南豫州，治历阳，淮西为豫州，治寿阳。元嘉七年省南豫，十六年复置。二十二年罢，大明三年再置。大明五年徙置姑熟。泰始二年又省，九月再置，还治历阳。三年五月又省，五年又立，治宣城。是年又罢。淮西陷没北魏后，泰始七年分淮东置南豫州。

《南齐书·良政刘怀慰传》:“齐国建,上欲置齐郡于京邑,议者以江右土沃,流民所归,乃治瓜步。”考齐郡先侨置郁洲(今江苏连云港市东云台山),“建元初,徙齐郡治瓜步”[①]。瓜步,今江苏六合县东南瓜埠。秦郡则侨在堂邑,今六合县北。“永明元年,罢秦郡并之”齐郡[②]。齐郡凡领九县:临淄、西安、昌国、益都,旧郡所领[③];齐安、平虏无考,疑新立;宿豫,原北淮阳侨郡所领,建元四年郡省,盖以此县度属[④];尉氏与秦,则秦郡领县。

按秦郡之侨置,据《晋志》雍州:“有秦国流人至江南,改堂邑为秦郡,侨立尉氏县属焉”;又《宋志》南兖州刺史秦郡太守:“晋武帝分扶风为秦国[⑤]。中原乱,其民南流,寄居堂邑。……安帝改堂邑为秦郡”,领秦(“本属秦国,流寓立”)、尉氏(“汉旧名,属陈留”)等四县。秦、尉氏改隶齐郡,当是秦郡并入齐郡后度属之故。

(12) 东莞琅邪二郡

青州:“东莞琅邪二郡,治朐山也。即丘、南东莞(永明元年,以流户置)、北东莞。”顾颉刚、史念海《中国疆域沿革史》[⑥]第十五章第五节认为:“双头郡县始见于《南齐书·州郡志》,青州之东莞琅邪二郡即其滥觞。”按此说欠允妥。

《魏书·地形志》中颍州条:“汝阴、弋阳二郡。萧衍置双头郡县。魏因之。领县七,户一千六百六十五,口六千七十八。汝阴、陈留、楼烦、宋、弋阳、新息、期思。”钱大昕《廿二史考异》卷二九释曰:“双头郡者,两郡同治,一人带两郡守也。此本汝阴郡地,又侨立弋阳郡,《宋志》所谓‘帖治’。”按钱氏用“双头郡”来解释“双头郡县”,盖以为“双头郡县”即双头郡及其领县。何谓双头郡?两郡合治一地,设置一名太守,实际上合为一个行政单位。如东莞琅邪二郡,虽侈称二郡,其实是一郡,所领三县也不再分此郡与彼郡,而统隶于东莞琅邪双头郡。

见于地志记载的双头郡,并不昉自东莞琅邪二郡。《宋志》就有南豫州南顿郡“帖治陈郡”,豫州新蔡郡“今帖治汝南”。而检诸纪传,东晋最早出现的可考双

① 《南齐志》青州。

② 《南齐志》青州齐郡。

③ 《宋志》青州刺史齐郡太守。

④ 《宋志》南兖州刺史北淮阳太守、《南齐志》南兖州广陵郡。

⑤ 《晋志》雍州:“惠帝即位,改扶风国为秦国”,与此异。考《晋书·秦献王柬传》:“太康十年,徙封于秦,邑八万户。”柬为西晋首封秦王者,则改扶风为秦国在晋武太康十年前,《晋志》误。更考《元和郡县图志》卷二关内道凤翔府云:扶风郡,“晋太康八年为秦国”。

⑥ 商务印书馆1938年版。

头郡，则推巴西梓潼二郡，穆帝永和三年(347年)前即已设置。[①] 其他如谯梁二郡、秦北陈留二郡、高阳临淮二郡、西阳新蔡二郡、安固汶山二郡、清河阳平二郡、淮南宣城二郡、略阳武都二郡等，东晋设置；入宋以后，双头郡建置更繁，有南琅邪彭城二郡、南琅邪临淮二郡、南琅邪清河二郡、南彭城下邳二郡、广陵南沛二郡、南高平临淮二郡、京兆广平二郡、平原乐安二郡、清河广川二郡、高阳渤海二郡等等。[②] 依此，东莞琅邪二郡只是双头制度推行已久时，齐梁的一个双头郡而已，并非双头郡的肇始。

(13) 宁浦、晋兴二郡并有"安广"

广州领郡第十八宁浦，第十九晋兴，并有"安广"县。按二郡壤地相接，安广不应重出，宁浦安广疑涉下(晋兴安广)而衍。

《宋志》宁浦太守领六县：涧阳(《永初郡国》作简阳)、兴道、宁浦、吴安、平山、始定；晋兴太守领八县：晋兴、熙注、桂林、增翊、安广、广郁、晋城、郁阳。《南齐志》晋兴郡八县同《宋志》，宁浦郡六县则有安广，无始定。按始定，晋分平山立[③]，南齐时不云改属，当仍属宁浦。安广，《汉书·地理志》郁林郡领县，宋初曾隶宁浦[④]，后度属晋兴；而晋兴郡正"晋元帝太兴元年，分郁林立"[⑤]。洪齮孙《补梁疆域志》卷二、臧励龢《补陈疆域志》卷四，晋兴郡并有安广。据此，《南齐志》宁浦郡疑衍"安广"而脱"始定"。

(14) 寿泠

交州日南郡领寿冷县。《宋志》、《隋书·地理志》、成孺《宋州郡志校勘记》、《水经·温水注》、《三国郡县表附考证》等，均作寿泠。按作寿泠是。泠，音líng，零。

(15) 越州割广交朱戴三郡属

越州设置的经过，《南齐志》越州云："镇临漳郡，本合浦北界也。夷獠丛居，隐伏岩障，寇盗不宾，略无编户。宋泰始中，西江督护[⑥]陈伯绍……启立为越州。七年，始置百梁、陇苏、永宁、安昌、富昌、南流六郡，割广、交朱戴三郡属。元徽二

---

① 吴应寿师《东晋南朝的双头州郡》，载《历史地理研究》第1辑，复旦大学出版社1986年。

② 详胡阿祥《东晋南朝双头州郡考论》，载《中国历史地理论丛》1989年第2期，此不赘述。

③ 《宋志》宁浦太守。

④ 《宋志》宁浦太守："《永初郡国》有安广县。"

⑤ 《宋志》晋兴太守。

⑥ 所谓"西江督护"，《南齐志》广州云："俚獠猥杂，皆楼居山险，不肯宾服。西南二江，川源深远，别置督护，专征讨之。"此即西江督护、南江督护(后又置东江督护)。督护一职，一般以郡守充任(如高要太守多领西江督护)，得开府置佐，掌握军队，配置僚属，有自己独立的经费开支，大多实力雄厚。

年，以伯绍为刺史，始立州镇，穿山为城门，威服俚獠。”按“割广、交朱戴三郡属”者，语义不明。考朱戴，《宋志》交州刺史交趾太守领县，在可知史料范围内，朱戴未尝立为郡；而依据《宋志》越州刺史的记述，越州临漳郡先属广州，越州合浦郡、宋寿郡先属交州，如此，“割广、交朱戴三郡属”，指临漳、合浦、宋寿三郡，“朱戴”二字为衍文无疑。

(16) 隆川郡

越州隆川郡，领良国。按“隆川”为“陆川”之误。

陆川郡，《宋志》无，当是萧齐新置。杨守敬萧齐、萧梁《疆域图》并有陆川郡，治良国（今广西北流市东南陆靖），后省郡为县。汪士铎《南北史补志》卷六《地理志·梁陈》：“陆川郡，齐旧郡，后省为县”；《补陈疆域志》卷四合浦郡陆川引《一统志》：“本齐陆川郡，梁陈间废为县。”隋大业初，陆川县又废入北流县。① 唐武德四年复置，宋淳化五年始迁治今广西陆川县。

(17) 齐隆郡“还属□州”

越州齐隆郡：“永泰元年，改为齐隆，还属□州。”《补梁疆域志》卷二作“越”字，甚是。

(18) 司州镇义阳

司州“镇义阳”，所领郡以南义阳为首，北义阳次之。杨守敬图州郡，据《南齐志》，司州治南义阳。今按：依照州郡志体例，首郡列州所治郡，首县列郡所治县，则司州以南义阳为首郡殊误，首郡当列北义阳。

《南齐志》司州：“宋景平初，失河南地。元嘉末，侨立州于汝南悬瓠，寻罢。泰始中，立州于义阳郡。”②这里的义阳郡，即《宋志》司州首郡，“魏文帝立，后省，晋武帝又立”，领县七，治平阳（今河南信阳市）。《南齐志》司州领有南、北义阳郡，其南义阳是侨郡，寄治孝昌（今湖北孝感市北）；又改宋义阳郡为北义阳郡（仍治平阳）。司州镇北义阳，故“有三关之隘，北接陈、汝，控带许、洛，自此以来，长为边镇”③。及梁天监三年（504 年）八月，“魏陷司州，始诏以南义阳置司州”④；

---

① 《隋书·地理志》合浦郡北流。

② 立州于义阳，《宋书》、《南史》明帝纪并失书；《南齐书·吕安国传》载此事云：“累至宁朔将军、义阳太守。(泰始)四年，又改封湘南县男。虏陷汝南，司州失守，以安国为督司州诸军事、宁朔将军、司州刺史。六年，义阳立州治，仍领义阳太守。”

③ 《南齐志》司州。“三关”即北义阳郡境平靖、黄岘、武阳三关。平靖关在今河南信阳市西南，黄岘关在今信阳市南，武阳关在今河南罗山县南。三关与郡城势如首尾，为南北兵争要地。

④ 《梁书·武帝纪》。

天监八年，夏侯亶持节督司州诸军事、司州刺史，领安陆太守[①]，此后任司州刺史职者，例领安陆太守，盖司州又自南义阳徙镇安陆(今湖北安陆市)。大通二年(528年)，魏郢州刺史(魏克义阳，以梁之司州为郢州)元愿达以义阳(即北义阳)内附，诏改为北司州；南司州治安陆依旧。太清初省南司州；而北司州复曰司州，太清三年(549年)后没于北魏。[②]

依上所考史实，萧齐时司州镇北义阳无疑，当列为《南齐志》司州首郡；司州也曾治南义阳，然在梁天监中，且为时甚短。[③]

(19) 朱序为雍州

雍州条："朱序为雍州，……没苻氏。"按淝水战前朱序之"没苻氏"，《资治通鉴》卷一〇四太元四年记云："朱序屡出战，破秦兵，引退稍远，序不设备。二月，……戊午，克襄阳，执朱序，送长安"；《晋书·天文志》亦云太元"四年二月，襄阳陷，朱序没"。又前此，《资治通鉴》卷一〇四太元二年记"桓豁表兖州刺史朱序为梁州刺史，镇襄阳"，而《晋书·朱序传》也称朱序没氏前，"拜使持节、监沔中诸军事、南中郎将、梁州刺史，镇襄阳"。以此，朱序没氏前应是梁州刺史，而非雍州刺史。

(20) 荀眺为湘州刺史

湘州条："晋永嘉元年，分荆州置，荀眺为刺史。"此条甚误。据吴廷燮《晋方镇年表》，永嘉元年分荆、江八郡为湘州，永嘉元年至三年，领刺史者温幾。永嘉四年至五年，荀眺[④]刺湘州。适流人汝班等聚众，共推杜弢为主。弢自称湘州刺史，攻破郡县，眺委城走广州，弢追擒之，时在五年五月。六月，琅邪王司马睿承制，以甘卓为湘州刺史。

(21) 东邺阳

梁州北上洛郡领县有"东鄴阳"。按旧无鄴阳，疑"鄴"(邺)是"酆"(豐、丰)字形近之讹。

豐阳，旧县。《魏书·地形志》洛州上庸郡(原东上洛郡)领豐阳，"太安二年置"；《太平寰宇记》："晋泰始三年，分商县之地置豐阳县，因豐阳川以为名，寻废。

---

① 《梁书·夏侯亶传》。

② 《廿二史考异》卷二六梁书武帝纪、陈庆之传；《隋书·地理志》安陆郡、义阳郡；《魏书·地形志》中南司州。

③ 附记：此条写定后，获读周一良《魏晋南北朝史札记》(中华书局1985年版)。在"《南齐书》札记·州郡志郡下列县之次序"条中，周先生指出："州郡志体例应先举州所治郡，郡下先举郡所治县。而南齐州郡志郡下所列县之次序多与此例不合者"，因举不合者十一例，其说极是。可见《南齐志》不仅首列之郡有非州治者，首县非郡治者亦多。希读者参看。

④ 《晋书·杜弢传》、《资治通鉴》卷八七永嘉五年作"荀眺"，《晋书·怀帝纪》作"苟眺"。

后魏太安二年，与旧县复置"，其地在今陕西山阳县城关。东晋南朝时，上洛侨郡有四，即《宋志》梁州南、北上洛郡与雍州南、北上洛郡。其雍州北上洛郡领有酆阳，梁州南上洛郡也有豐阳（何承天《州郡志》作酆阳，《南齐志》作北豐阳）。梁州北上洛郡则领豐阳与西豐阳，《南齐志》增领"东鄷阳"，盖因原有豐阳与西豐阳，故冠以"东"，则"东鄷阳"应作东酆阳。

东晋南北朝多有沦没一州一郡一县，而侨置数州数郡数县者。为资区别，侨名遂加"南"、"北"、"东"、"西"等方位字。以侨县为例，南汉中郡所领南长乐、南苞中、南沔阳、南城固[①]，北梁郡所领北蒙、北陈[②]，新蔡郡所领东苞信、西苞信[③]，以及本条所考北上洛郡所领东丰阳、西丰阳等等皆是。

(22) 金城郡襄县

秦州金城郡领襄县。按襄当作襄武。

《宋志》秦州刺史陇西太守："文帝元嘉初，关中民三千二百三十六户归化，六年立。今领县六"，即襄武、临洮、河关、狄道、大夏、首阳；又秦州刺史金城太守："《永初郡国》无。何、徐领县二"，即金城、榆中。陇西、金城二郡，均寄治秦州治即汉中南郑。后陇西郡部分领县度属金城郡。据《南齐志》，秦州陇西郡领河关、狄道、首阳、大夏四县，而秦州金城郡增领临洮、襄二县。旧无"襄"县，当作"襄武"，志脱一"武"字。襄武，汉旧县，《宋志》陇西郡所领，后与临洮俱度属金城郡。

(23) 高陵

秦州冯翊郡领高陵县（侨）。按高陵当作高陸（陆），字形相近致误。

《元和郡县图志》卷二京兆府高陵："本秦旧县，孝公置。汉属左冯翊。魏文帝改为高陆，属京兆郡。隋大业二年，复为高陵"；又《魏书·地形志》雍州冯翊郡高陆："郡治。二汉曰高陵，属。晋属京兆，魏明帝改属"；又《隋书·地理志》京兆郡高陵："后魏曰高陆，大业初改焉。"分析上引，则自曹魏文帝至隋大业初，县名高陆。其侨置县亦名高陆[④]。《宋志》秦州刺史冯翊太守领莲勺等五县，有高陆，"何志流寓割配"；《南齐志》秦州冯翊郡领县与《宋志》略同，则"高陵"以作"高陆"为是，即《宋志》高陆也。

(24) 晋康郡

益州领晋康郡。按"晋康"或是"晋原"之误。

---

① 《宋志》益州刺史南汉中太守。

② 《南齐志》豫州北梁郡。

③ 《宋志》南豫州刺史新蔡太守。

④ 《宋志》雍州刺史冯翊太守所领高陆令。

《宋志》益州刺史晋原太守:"李雄分蜀郡为汉原,晋穆帝更名,领县五",即江原(郡治,今四川崇州市西北)、临邛、晋乐、徙阳、汉嘉。《南齐志》益州领江原等五县者,则晋康郡。考晋康,乃"晋穆帝永和七年分苍梧立,治元溪",宋《永初郡国》治龙乡,元嘉中徙治端溪①,《南齐志》治威城,属广州。可见晋康郡与益州邈不相涉。再检诸史传,未见益州晋原郡有改称晋康郡的记载;诸地志如《隋书·地理志》(蜀郡晋原:"旧曰江原,及置江原郡,后周废郡,县改名焉")、《元和郡县图志》(卷三一剑南道蜀州晋原县:"本汉江原县,属蜀郡。李雄时改为汉原,晋为晋原。周立多融县,又改为晋原,属益州")、《太平寰宇记》(卷七五剑南西道蜀州晋原县:"本汉江原县地,属蜀郡。李雄立汉原郡,晋改为晋原郡。多融县,后周废郡,改为晋原县,以县界晋原山为名")等,记叙晋原沿革甚详备,也都不载晋原曾改晋康,则《南齐志》益州"晋康郡"疑为"晋原郡"之误,"康"、"原"为字形相似致讹②。

(25) 宁蜀郡治广都

益州宁蜀郡领四县,首县广汉,次升迁、广都、垫江。按《隋书·地理志》蜀郡双流:"旧曰广都,置宁蜀郡。后周郡废。"据此,宁蜀郡当治广都,依志例,宁蜀郡首县当列广都。又《宋志》宁蜀太守领四县,首县也为广汉,然广汉令注云"遂宁郡复有此县",又升迁令注云"《晋太康地志》属汶山",西乡令注云"本名南乡,属汉中,晋武太康三年更名",是知此三县均为侨县,唯广都一县为实土:"汉旧县,属蜀郡",盖置宁蜀郡后度属。宁蜀郡因流人而置,《太平寰宇记》卷七二剑南西道益州称臧荣绪《晋书·穆帝纪》:"永和八年,平西将军周抚攻涪,八月戊午克之,斩萧敬文,益州平,以三蜀流人立宁蜀、晋昌二郡",《宋志》宁蜀郡又无水陆道里,则宁蜀当为侨郡,而治于实土广都县。

(26) 康晋

益州有始康郡,领康晋、谈、新成三县。《宋志》益州刺史始康太守:"关陇流民,晋安帝立,领县四。……寄治成都。"四县即始康、新城、谈、晋丰,皆"晋安帝立"。据此,始康、晋丰二县齐时并为康晋耶?洪齮孙《补梁疆域志》卷四以为,

① 《宋志》广州刺史晋康太守。

② 成孺《宋州郡志校勘记》"晋原太守李雄分蜀郡为汉原"条:"《南齐志》作晋康,疑李雄分蜀郡为汉康,晋穆帝更名晋康。康、原形近易致讹舛。"杨守敬称成氏此条"至精确"(见谭其骧师《长水集》上册《〈宋州郡志校勘记〉校补》)。成、杨二氏疑晋原为晋康之误,与本条所论晋康为晋原之误恰恰相反。按晋穆帝分广州苍梧郡立晋康郡,则不得于益州改汉原郡为晋康郡以致重名;且晋原郡或以境内晋原山得名,必不作晋康也。

《南齐志》"康晋"当是上脱"始"字，下脱"丰"字，而误合为一县者。洪说疑是。《读史方舆纪要》卷六七金水废县条："县治南一里有始康城。晋末置始康郡，寄治成都，始康县属焉。宋齐因之，西魏废。即此城矣"，即系佐证。

(27) 建平郡、建宁郡

宁州领郡，第一建平。按"建平"疑作"建宁"为是。

《南齐志》："宁州，镇建宁郡。"州郡志体例先书州所治郡，宁州既治建宁，则州下当先书之，《宋志》宁州首郡即为建宁（治味县，今云南曲靖市北）。又《宋志》建宁太守领味、同乐等十三县，《南齐志》领同乐（郡治，今云南陆良县境）、味等十三县者，则"建平郡"，而史传不言建宁曾改建平，是《南齐志》"建平"或系"建宁"之误。齐时也有建平郡，《南齐志》巴州所领，治巫（今重庆市巫山县北），与宁州远不相涉。

又《南齐志》宁州领郡第六为建宁，领新安、永丰等六县。按《宋志》宁州刺史建都太守："晋成帝分建宁立，领县六"，一如《南齐志》建宁郡六县，而建都也不曾改称建宁，是《南齐志》建宁郡又或是建都郡之误。

(28) 不建

宁州永昌郡领不建。按旧无不建，当作不韦，"建"为"韦"字笔误。

不韦，《汉书·地理志》益州郡领县，汉武帝置。其得名，据《后汉书·西南夷列传》注引东晋孙盛《蜀谱》曰："初，秦徙吕不韦子弟宗族于蜀，汉武帝开西南夷，置郡县，徙吕氏以充之，因置不韦县"；又《华阳国志·南中志》云："孝武帝时通博南山，度兰沧水、渚溪，置嶲唐、不韦二县。徙南越相吕嘉子孙宗族实之，因名不韦，以彰其先人恶。"东汉、蜀汉、晋、萧齐因之，隶永昌郡。《宋志》不载，疑以其僻远荒废，不在域内也。

(29) 永昌郡"有名无民曰空荒不立"

宁州永昌郡注云："有名无民曰空荒不立"，紧接之益宁郡注云："永明五年，刺史董仲舒启置，领二县，无民户。"按《南齐志》于无土、无民、"没虏"之郡多有罗列，清牛运震《读史纠谬》第七卷南齐书州郡志举例说："临淮以下十二郡，'郡无实土'；高平以下五郡，并重书注云'右荒'；南上洛以下二十一郡，左义阳郡以下十二郡，注云'没虏'；宏农郡以下四十五郡，并注云'荒'；永昌郡、益宁郡，并'有名无民'，注云'空荒不立'。"牛运震就此批评道："《州郡志》所以履舆地之实也，自东晋刘宋以来，江左偏安，州郡多侨置空立，史官记载，自宜考其本真，不得因仍假备。今载其郡，而'郡无实土'，考其地，而民无真户，或云已没强虏，或曰'空荒不立'，何以为完志信史也？草率残缺，莫此为甚，读史至此，为之废卷而叹。"

今按牛氏所批评者，其实正是《南齐志》的部分特殊史料价值所在，“郡无实土”表明侨郡尚未经历土断，“没虏”表明疆域已有变迁，“荒”或“有名无民”则联系着边地的民族状况或正常的民政治理的废弃等等复杂情形，然则以上种种，正是当时政治地理的一些关键特征。

余论
十六国北朝侨州郡县与侨流人口研究开题

从总体上说,东晋十六国南北朝时代是人口大流动、民族大迁移的时代,是侨置制度发展、完善以至成熟的时代,是侨州郡县普遍设置、扇成风气的时代。本书以上篇章已就具有主流地位与典型意义的东晋南朝侨流人口、侨置制度与侨州郡县作了述、论、考、辨,至于非主流与非典型的十六国北朝侨流人口、侨置制度与侨州郡县的研究,当待之将来、争取另外成书。兹先开题如下。

一

与东晋南朝相比较,十六国北朝的人口流动、民族迁移,次数特多、规模更大、情形更加复杂。而尤为分裂动荡的十六国时期与相对统一安定的北朝时期,其人口流动、民族迁移亦有颇多不同之处。今略言十六国北朝内部的人口流动,至于该时期非汉民族的进一步内迁,因与本书主题“侨州郡县与侨流人口”关系稍远,且葛剑雄著《中国移民史》第二卷已有比较全面系统的表述①,这里不再重复。

十六国时期的人口流动极为频繁。所谓“五胡乱华”,从 304 年到 439 年,凡一百三十多年间,北方地区先后或同时建立的政权,竟有二十多家,学人归纳为一“成”(后改“汉”,巴氏)、一“夏”(匈奴)、二“赵”(匈奴的“汉”,后改“赵”,史称“前赵”;羯族的“赵”,史称“后赵”)、三“秦”(氐族的前“秦”、羌族的后“秦”、鲜卑的西“秦”)、四“燕”(鲜卑的前“燕”、后“燕”、南“燕”,高句丽与汉族的北“燕”)、五“凉”(汉族的前“凉”、氐族的后“凉”、鲜卑的南“凉”、汉族的西“凉”、匈奴的北“凉”),以上即“十六国”,加上氐族的“仇池”,汉族的冉“魏”,鲜卑的西“燕”、“代”(灭国后重建者称“魏”,史称“北魏”)、段部与宇文国,丁零的“魏”,北方地区进入了前所未有的混战割据、分崩离析的局面。在这样的局面下,人口流动也是长期延续。其南迁东晋刘宋境内者,即本书所谓“东晋南朝侨流人口”,此不再述;又

① 葛剑雄著《中国移民史》第二卷(福建人民出版社 1997 年版)第十二章为“少数民族的进一步内迁”,凡设九节,即匈奴,羯,氐、羌,卢水胡,鲜卑,蛮,獠,高句丽(高丽)、夫余,西域诸族。

有与此相类的主动性质的外散型迁移，多是西北迁往汉族前凉政权与东北迁往效忠晋室的鲜卑前燕政权。[①] 而除此以外的人口流动，则大体以被动性质为主，而且基本呈现为以各自政权为趋向的内聚型迁移。

诸多十六国政权竭尽所能地多次甚至反复地强制迁移人口，目的非常明显。当此战乱频仍的时期，中原地区较之以前，可谓已经地旷人稀，于是掠夺人口而拣选其中的壮勇为兵、老弱妇孺耕耘，就成为各别政权立国的军事与经济保证，否则将难以足兵足食；[②]掠夺来的人口而特别是大族豪户，率皆集中于都城所在或统治区域内的重要地区，则有着便于控制的政治缘故。又通过这样的人口迁移，还可以起到削弱敌对政权、控制敌对势力、消除潜在威胁的作用。然则由于十六国时期诸多政权的兴亡并合太过频繁与迅速，实施这些迁移的统治者之愿望往往难以达到，其造成的实际结果是，频繁的、大规模的、强制性的汉族以及内迁非汉民族的人口迁移，并没有形成多少的定居移民，葛剑雄分析其原因指出：

> 原因之一是迁移往往反复进行，被迁对象在迁入地还没有住上几年，就又被迁往其他地方。原因之二是迁移大多出于强制，所以只要强制的压力消除或情况出现变化，被迁对象就会返回原地或离开迁入地。原因之三是这些迁移往往很少考虑安置的条件，在战乱不已的情况下，被迁对象更难在迁入地区定居。原因之四是在战争时期采用掠夺手段的迁移必然造成被迁人口的大量死亡，最终到达迁入地的甚至只是少数。[③]

也因为此，十六国时期的人口迁移，尽管见于史籍记载者颇多[④]，“但具体情况，尤其是结果往往难以搞清，数量也很不准确，重复和遗漏都有”[⑤]；另一方面，真正为了安置侨流人口而设立的侨州郡县，也就除了西北河西走廊凉地与东北辽域因有比较稳定的流动人口、故有相对稳定的侨郡侨县外，其他政权范围内与侨

---

① 详本书第十章。按除了第十章所述的政治与民族因素外，汉族前凉政权拥有的河西走廊地区较适合农业开发，鲜卑前燕政权拥有的辽西地区早在秦汉之际、两汉之际、东汉末年都有不少汉人迁入，也是值得注意的原因。

② 如《晋书·石季龙载记》：“镇远王擢表雍、秦二州望族，自东徙已来，遂在戍役之例，既衣冠华胄，宜蒙优免，从之。自是皇甫、胡、梁、韦、杜、牛、辛等十有七姓蠲其兵贯，一同旧族，随才铨叙，思欲分还桑梓者听之；其非此等，不得为例。”这说明“衣冠华胄”都被编入“兵贯”，何况普通百姓？

③ 葛剑雄《中国移民史》第二卷第十三章第一节。

④ 详史念海《十六国时期各割据霸主的人口迁徙》（载《中国历史地理论丛》1992年第3、4辑）、葛剑雄《中国移民史》第二卷第十三章第一节“十六国期间的人口迁移及其影响”。

⑤ 葛剑雄《中国移民史》第二卷第十三章第一节。

流人口有关的侨州郡县较为少见。

十六国时期结束于439年，是年，北魏统一北方。与十六国时期不同，统一后的北魏，政局比较稳定；又近百年后，虽然北魏分裂为东魏、西魏，再后来为北齐、北周所取代，却毕竟不似十六国时期那样干戈时起，人民辗转流离。如此，伴随着386年拓跋珪建魏以后北魏的崛起与迅速扩张，仍然频繁的人口迁移，某种意义上获得了成功，被动与主动迁移人口中的大多数后来成为定居的移民，并且“北魏的移民成果在很大程度上为东、西魏及北齐、北周所继承，对北朝后期以至隋唐的人口分布具有重大影响”①。

有学者指出，若以439年为界，统一前的前期，北魏移民活动相当频繁，“几乎年年都有，规模也相当大，超过十万人的有十几次，规模最大者达百万之众”；统一后的后期尤其是493年迁都洛阳后，“徙民相对减少，主要是与南朝争夺民户”。又总北魏一百五十年论，移民次数近两百次，移民总数达五百万人以上。这些移民的迁出地，“主要是被征服地区，即漠北、关陇、山东、凉州、辽东及与南朝接壤地区”；迁入地则比较明显地集中在三个重心地区，即“移民实京”、总数达一百五十万至两百万的平城地区，“移民实边”、总数约两百万以上的北镇地区，“移民实内地”、不下几十万人的河北等内地州郡。而北魏政府对移民的处置，也可分别出四种主要情况：“对自发移民纳入郡县体系；对京畿移民实行‘计口授田’；对北镇移民实行双重管制；对移民上层中的汉族地主予以区别对待。”然则其与侨州郡县有关者，以第一种情况即“对自发移民纳入郡县体系”为主。②

一般来说，强制移民或被掠人口或被征服者的地位要低于自发移民。主动归附北魏政权的自发移民，略有三种情形：其一，迫于政治压力或军事形势而降附，如在与东晋南朝交争地带，此类降附的地方军政官员与兵士民户颇多；其二，周边民族慑于大国声威而降附，如南朝汉水流域的群蛮；其三，招怀政策下的归顺流民，这也以南北交争地带的民户为主。而所谓“纳入郡县体系”，一是纳入既有郡县，二是纳入新设郡县。③ 其纳入新设郡县者，如“景明初，大阳蛮酋田育丘等二万八千户内附，诏置四郡十八县”④；又拓跋焘“略地至于陈汝，淮北之民诣军降者七千余户，迁之于兖豫之南，置淮阳郡以抚之，拜(赵郡李)祥为太守，加绥

① 葛剑雄《中国移民史》第二卷第十三章。

② 详操晓理《北魏移民初论》，《首都师范大学学报》1998年第6期。

③ 详操晓理《北魏移民初论》。

④ 《魏书·蛮传》。

远将军，流民归之者万余家，劝课农桑，百姓安业”[①]；又“先是，河外未宾，民多去就，故权立东青州为招怀之本，新附之民，咸受优复”[②]。这后一条史料，颇类于东晋南朝之“欲擅中华之称，且以招诱边民，故侨置中州郡县”[③]；而事实也正是这样，在东晋南朝侨置中州郡县的同时，北魏也以此为手段之一，通过设立侨州郡县，招集流散，从而与东晋南朝争夺境上民户。

二

据上所述概况，十六国北朝内部的人口流动与东晋南朝的侨流人口，其实颇多不同。如东晋南朝境内的侨流人口，多为主动迁徙而来，成为定居移民的比例较大；东晋南朝尤其是东晋、宋、齐、梁政权，实质上为移民政权，以此，侨流人口的地位高，政治、军事、文化影响大，受到的优待也多；又在特殊的正统观念与郡望意识下，东晋南朝政府大量设立侨州郡县，以安置侨流人口并且使之享受一定时间的优复待遇。反观十六国北朝特别是十六国，汉族以及其他非统治民族的非汉族之频繁而大规模的人口流动，是由胡族统治者实施的，并且以强制迁移性质为主，他们不仅地位低下，而且往往境况悲惨，胡族统治者强制迁移他们的目的，是以之为兵、用之耕耘；而随着政权的兴亡更替、时局的动荡混乱，此被强制迁移的人口，又不得不被不同的统治者屡次迁移，所以能够长期定居下来的移民其实数量有限。

东晋南朝与十六国北朝移民性质、地位、目的、政策的种种不同，使得长期、普遍、广泛设置于东晋南朝的侨州、侨郡、侨县，在十六国北朝境内，总体上说，是不长期、不普遍、不广泛的。当然，造成这种差别的原因是多方面的，除了上述因素外，诸如胡族先则以“外来者”的身份拥据传统的汉族中原之地（这以十六国时期为典型）、继则以既拥据传统的汉族中原之地遂生长已为正统的意识（这以北朝时期为典型），于是通过侨置州郡县表达正统观念，便先则缺乏民族传统的根据、继则没有文化心理的必要；又十六国诸多政权强制迁移人口的目的既在足食

① 《魏书·李孝伯传附李祥传》。

② 《魏书·韩茂传附韩均传》。按北魏皇兴年间取刘宋青齐地区后，徙青齐民于平城周围，并为其中的民望置平齐郡及怀宁、归安二县，然而毕竟性质与主动归附不同，“平齐民”的身份起初总体而言还是俘虏。

③ 《魏书·韩麒麟传附韩显宗传》。

足兵、而北朝强制迁移人口的目的也多在实京实边实内地，加之胡族为统治者、汉族为被统治者，则意在照顾侨流人口之郡望或乡里观念、给予赋役优免待遇、协调主客矛盾的侨州郡县，就显得多余了；况且经过长期动乱，北方地区存在大片地旷人稀的区域，即便需要妥善安置流动人口，也可或纳入既有郡县，或为之新设实土政区，从而达到人地结合、成为国家编户齐民、征收租赋派发徭役的目的。

要之，不同的统治民族、政治状况、移民性质，决定了东晋南朝侨流人口与侨州郡县存在密切关系，而十六国北朝尽管存在更大数量、更大规模的流动人口，为侨州郡县所安置者却只是其中的很小部分；也决定了东晋南朝的侨州郡县，多数在土断之前虽无土但有民，而十六国北朝特别是十六国的多数侨州郡县，是既无土也无民。如此，本书所谓十六国北朝“侨流人口”、“侨州郡县”，是立足于与东晋南朝侨流人口、侨州郡县比较的意义上来说的；如果单从十六国北朝言，称为“流动人口”、“虚州郡县”，也许更加切实、妥当。

然则十六国北朝的“侨州郡县”究竟怎样呢？此作概述如下。

十六国的侨州郡县，舍实课虚者为多。所谓“复有逞其胸臆，则务广虚名，核彼舆图，则多非事实。如石氏建扬州之号，仅得一城；前燕标荆土之名，惟余数县。夏、宋誓书，指恒山为界，既涉张皇；慕容郡册，援唐国为称，亦渐假借。……甚有指南为北，革旧标新。赫连也，以陕地为荆州；乞伏也，以漒川为益土。琅邪之国，强号幽、燕；朔、代之区，忽标齐服。近而易混，骤每不详”①。又有“地未得而遥建空名，或城已失而犹仍旧号。遥领、寄治，远近相悬；故土、侨邦，名实难指”②。按此类好大喜功、铺张声势、既无人民、又无土地的“侨置”，实与“虚设”无别。前、后赵，前、后秦，成汉，北凉，前、后燕，南、北燕，西秦及夏诸国所置侨州郡县，多此一类。

然而也有较上轨道的侨置。如在东北辽西地区，《晋书·慕容廆载记》：“时二京倾覆，幽冀沦陷，廆刑政修明，虚怀引纳，流亡士庶多襁负归之。廆乃立郡以统流人，冀州人为冀阳郡，豫州人为成周郡，青州人为营丘郡，并州人为唐国郡”，是为平州境内为“流亡士庶”所设的四郡。此四郡是没有实土的真正侨置，抑或

① 洪亮吉《〈十六国疆域志〉序》。

② 胡孔福《南北朝侨置州郡考》卷六。

拥有实土的名义"侨置"，虽待详考①；但冀阳、成周、营丘、唐国都是沿用流人本来的地望②，却至为明确。及廆子慕容皝，"罢成周、冀阳、营丘等郡。以勃海人为兴集县，河间人为宁集县，广平、魏郡人为兴平县，东莱、北海人为育黎县，吴人为吴县，悉隶燕国"③。按此诸县既"悉隶燕国"，也就是由燕主直接治理，而其是否侨置虽仍不可知，但诸县名称的意存抚慰或用流人地望，还是相当明显。又如西北河西地区，《晋书·凉武昭王李玄盛传》："初，苻坚建元之末，徙江汉之人万余户于敦煌，中州之人有田畴不辟者，亦徙七千余户。郭黁之寇武威，武威、张掖已东人西奔敦煌、晋昌者数千户。及玄盛东迁，皆徙之于酒泉，分南人五千户置会稽郡，中州人五千户置广夏郡，余万三千户分置武威、武兴、张掖三郡，筑城于敦煌南子亭，以威南虏。"若会稽、广夏，既是沿用南方与中州流人地望，武威、武兴、张掖，更是直接取用侨名，而且这五郡在设置之初确为无实土侨置。④ 只是

① 《晋书·慕容皝载记》云："自永嘉丧乱，百姓流亡，中原萧条，千里无烟，饥寒流陨，相继沟壑。先王以神武圣略，保全一方，威以殄奸，德以怀远，故九州之人，塞表殊类，襁负万里，若赤子之归慈父，流人之多旧土十倍有余，人殷地狭，故无田者十有四焉。"按此即慕容廆为四州流人设四郡的背景。而由"流人之多旧土十倍有余，人殷地狭，故无田者十有四焉"，以及慕容廆从诸州流人中"推举贤才，委以庶政"，慕容廆既拥有合法的地位、又基本实行晋朝的制度等等情况推测，这四郡估计都在慕容廆的统治中心棘城（今辽宁义县西北）附近，而且诸州流人也颇受礼遇，所以冀阳、成周、营丘、唐国四郡，以无实土侨置的可能性为大。如《水经·大辽水注》云：渝水"又南迳营丘城西。营丘在齐，而名之于辽、燕之间者，盖燕齐辽迥，侨分所在"。又《陈寅恪魏晋南北朝史讲演录》（黄山书社1987年版）第八篇"晋代人口的流动及其影响（附坞）"即认为："前燕立郡以统流人与东晋侨置郡县以居流人相同"，日本学者谷川道雄《隋唐帝国形成史论》（李济沧译，上海古籍出版社2004年版）第二章"慕容国家的君权与部族制"更明确指出："慕容廆为流寓汉人设置四郡，这与江南的所谓侨立州郡一脉相通。"然则特别值得注意者，慕容廆为流寓汉人设置这四个侨郡的时间，《资治通鉴》系之314年，洪亮吉系之建武（317～318年）初（《十六国疆域志》卷三），王仲荦系之310年（见氏著《魏晋南北朝史》上册第四章第二节，上海人民出版社1979年版），葛剑雄系之311年（见氏著《中国移民史》第一卷"大事年表"，福建人民出版社1997年版），都早于东晋始置侨郡侨县的320年（参考本书第二章第一节）；而且与设置侨郡的措施相配套，慕容氏"对中原流亡来的汉族人民，赋予一定程度上的优待办法，如免役权等"（王仲荦《魏晋南北朝史》上册第四章第二节），这与东晋籍注侨州郡县的侨民享有免除赋役的优待，同样"一脉相通"。如此，东晋侨置制度或者取法于慕容廆乎？记此待考。

② 冀阳之名得自冀州。成周，周成王时周公筑成周城，后曾为东周天子之都，东汉曹魏西晋时成周又为都城洛阳的代称，《晋书·石勒载记》："勒以成周土中，汉晋旧京，复欲有移都之意，乃命洛阳为南都"；而洛阳又为天下中州豫州之中。营丘，西周齐国之都，后改名临淄，为东汉曹魏西晋青州与齐国治所。唐国，远则陶唐氏、近则商周唐国，都在汉晋并州域内。

③ 《晋书·慕容皝载记》。按此"吴人"，当非特指南方的吴郡或狭义的吴地之人，而是泛指南方移民，并且应该是此前就留居北方、而后迁入辽西的。

④ 如洪亮吉《十六国疆域志》卷八即云："案此时张掖属（北凉沮渠）蒙逊，武威、武兴属（南凉秃发）傉檀，故寓于敦煌城外筑城，侨置三郡，非实土也。"

此类较为"正规"的侨郡侨县，在十六国诸政权中，终究属于少数。

前人曾称："五胡倡乱，迭起滂兴，僭窃者十六国，蔓延至百余年。……并吞为雄，我往彼亡，分合无常，朝南暮北。实地仅据偏隅，侨置辄兼数郡；或旋得而旋失，或已失而复收。鹤言城郭之非，鼋带河山以去。沧桑多变，陵谷屡迁，舍实课虚，灼知者寡，不加辨晰，最易溷淆。"[①]但辨晰十六国的侨置或虚设，以可稽之史籍甚少而且混乱，尤难质正，如洪亮吉《十六国疆域志》、徐文范《东晋南北朝舆地表》，所考证者就大约十不及一。

下至北朝，也颇有侨州郡县，而且较十六国时期为正规、普遍。其设置情形，则大体不外以下几类：

其一，因招抚或安置流民而置。《魏书·韩茂传附韩均传》："先是，河外未宾，民多去就，故权立东青州为招怀之本，新附之民，咸受优复。然旧人奸逃者，多往投焉。"又《魏书·寇赞传》载：寇赞上谷人，因难徙冯翊万年。赞父修之为苻坚东莱太守，弟谦之因有道术而为拓跋焘敬重。及后秦姚泓灭，秦、雍之人千余家推赞为主，归顺北魏，拜绥远将军、魏郡太守；其后，秦、雍之民来奔河南、荥阳、河内者户至万数，乃拜赞为安远将军、南雍州刺史、轵县侯，治于洛阳，"立雍州之郡县以抚之。由是流民襁负自远而至，叁倍于前。赐赞爵河南公，加安南将军，领护南蛮校尉，仍刺史，分洛、豫二州之侨郡以益之。虽位高爵重而接待不倦"。又据《魏书·司马楚之传》，刘裕诛夷司马戚属，司马楚之亡于汝颍之间，"及刘裕自立，楚之规欲报复，收众据长社，归之者常万余人。……山阳公奚斤略地河南，楚之遣使请降。……于是假楚之使持节、征南将军、荆州刺史。奚斤既平河南，以楚之所率户民分置汝南、南阳[汝阳]、南顿、新蔡四郡，以益豫州"。类似这样因绥抚流亡而立的侨州郡县，还有不少，如延和二年，以刁雍招集的五千余家，"立徐州于外黄城，置谯、梁、彭、沛四郡九县"[②]；"孝昌末，冀州流民聚于河外，因立东冀州"[③]；太和中置、孝昌中陷、天平中领流民置而寄治幽州军都城的东燕州及所领平昌、上谷等郡[④]；因恒农人率户来归、于"兴和二年置，寄治汲郡陈城"的义州及所领恒农、新安、渑池、宜阳诸郡[⑤]；因河北流人侨置河间等河北侨郡县[⑥]；

① 胡孔福《〈南北朝侨置州郡考〉叙》。

② 《魏书·刁雍传》。

③ 《魏书·崔鉴传附崔秉传》。

④ 《魏书·地形志》上。

⑤ 《魏书·地形志》上司州汲郡汲县、义州，《魏书·孝静纪》兴和二年，《廿二史考异》卷二八孝静纪。

⑥ 《魏书·孝庄帝纪》、《神元平文诸帝子孙传天穆传》。

等等皆是。

其二，为安置特殊性质的移民而设。皇兴三年，魏平青州，“乃徙青齐士望共（崔）道固守城者数百家于桑乾，立平齐郡于平城西北北新城。以道固为太守，赐爵临淄子，加宁朔将军。寻徙治京城西南二百余里旧阴馆之西”；又“以梁邹民为怀宁县，（刘）休宾为县令”，“以历城民为归安县，（房）崇吉为县令”①。此一郡二县，是为“青齐士望”即具有相当地位的青齐豪族而立，所谓流寓郡县；其余青齐流民与兵士则没为奴婢，分赏将军与百官。又《魏书·常山王遵传附子素传》：“世祖初，复袭爵。休屠郁原等叛，素讨之，斩渠率，徙千余家于涿鹿之阳，立平原郡以处之。”按这种具有侨寓性质的郡县，其领民有别于东晋南朝及北朝一般的侨州郡县领民，它一定程度上带有俘虏性质，并不能享受诸如优复等特殊待遇，故多饥寒困苦，难以存立。②

其三，备职方而立。北魏初与宋、齐、梁对峙，六镇兵变后其疆域又较大规模地内缩，再分裂成东魏、西魏，复为北齐、北周所代。南北异壤，东西别邦，疆埸之上，实地常有得失；然而每每丧州失郡、辄画地立名者，也是出于职方不可不备的考虑。例言之，北魏后期侨置政区纷纷涌现；又东魏多假西魏州郡侨置于境内，如《魏书·地形志》上所载汾州及所领五城郡、定阳郡寄治西河，南营州寄治英雄城，恒州寄治肆州秀容郡城，安州寄在幽州北界，朔州、云州、西夏州寄在并州界，蔚州寄在并州邬县，宁州寄在汾州介休城，灵州寄在汾州隰城县，此皆属备职方而侨立者。

其四，又有务广虚名者。《魏书·崔逞传附崔赜传》：崔赜“初为太子洗马，后稍迁散骑常侍，赐爵清河侯。后世祖闻（宋文帝）刘义隆以湮为冀州刺史，乃曰：‘义隆知用其兄，我岂无冀州也。’乃以赜为平东将军、冀州刺史”。按北魏实有冀州，然而由此一事，可以想见当时讳言瓯缺之心理。北魏始终未有荆、扬、湘、江等州，而北扬、北江、三荆（北荆、东荆、南荆）及湘、郢诸州遍置于北者，即是务广虚名的产物。

其五，承东晋南朝之侨置而不废者，也有不少。《魏书·地形志》中所载青州所领勃海、高阳、河间、乐陵，齐州所领东魏、东平原、广川、太原，徐州所领南阳

---

① 《魏书·崔玄伯传附崔道固传》、《刘休宾传》、《房法寿传附房崇吉传》。

② 如平齐民之待遇，历见《魏书·高聪传》、《蒋少游传》、《释老志》、《傅永传》、《刘芳传》、《崔道固传》、《房法寿传附传》、《刘休宾传附传》、《慕容白曜传》，《梁书·刘峻传》等。唯被迁徙的青齐士望并没有一蹶不振，后来他们逐渐摆脱了俘虏身份，重新恢复了士族地位，孝文帝迁洛后，许多人还联翩登朝，做了大官。

平、北济阴等郡，都是东晋南朝所置侨郡，及地入北魏，沿而不废。大凡北魏初得南境之州郡县，多因其旧；后则郡县有省并，又多析置之州，于是名目纷然，考证益难。

按考证北朝侨置，最集中的史料是《魏书·地形志》。只是北齐魏收志州郡，“不述太和全盛之规，转录武定分裂之制。至秦、雍以西，不在东魏疆域之内，乃据永熙绾籍以足之，未免自乱其例矣”①；其实还不仅“自乱其例”，《魏书·地形志》之“参差重复，脱落讹误，不一而足。读北魏史书，地形志殊难凭信，较之南朝侨州郡县之纷纭错杂，尤不易理董也”②。以此之故，清人温曰鉴《魏书地形志校录》、徐文范《东晋南北朝舆地表》及钱大昕、杨守敬诸人，虽对北朝侨州郡县作过若干考证，但远非全面、未及深入。又今人严耕望的《中国地方行政制度史》上编卷中之下《北朝地方行政制度》，号称穷尽式的北朝政区研究专著，却也未及北朝的侨置问题。最值得称道的是今人王仲荦“前后经过四十多年的时间，作了四次较大的修改”所撰就的《北周地理志》③，其“附录三种”中有“东西魏北齐北周侨置六州考略”，而在《〈北周地理志〉序言》中，王仲荦更概说了北朝侨州郡的复杂：

> 在侨州郡方面，北朝的混淆情况，并不次于南朝。像东魏在并州和汾州附近侨置恒、云、朔、燕、蔚、显六州；北齐又在北方沿长城置立北恒、北朔、北燕、北蔚、北显、北灵六州。西魏在宁州附近侨置恒、云、朔、燕、蔚、显六州；北周又在渭水上游今宝鸡一带，侨置恒、云、朔、燕、蔚、显等六州。这几处侨置六州的建立，和当时内移的六镇鲜卑兵力的分布及后来府兵制度的发展，关系极大。可是前后四个朝代，六州州名全同，地区不同，容易混淆不清。又像东西魏对峙，北齐、北周交战的疆界上，拉锯战很激烈，侨州郡的交错复杂也特别厉害。举汾水流域为例，东魏的南汾州在定阳；西魏侨立的南汾州在玉壁（后来改称勋州）。东魏的建州在高都；西魏侨立的建州在车箱城。西魏的南绛郡在车箱城；东魏的南绛郡在浍交川。北齐的正平郡在临汾；北周的正平郡在柏壁。汾水流域是这样，汾水流域以外只要接近周齐或周陈

① 《廿二史考异》卷二九魏书地形志上。

② 周一良《魏晋南北朝史札记》之“《魏书》札记·西兖州与南兖州”，中华书局1985年版。按所以如此的原因，劳干《北魏州郡志略》（《历史语言研究所集刊》第32本，1961年）指出：“魏收为《魏书地形志》，当大乱之后，文簿散亡。而收之为人又属文章之士，虽有史才，亦不愿多费工力，以搜集阙遗，参斟得失。于是《魏书地形志》踳驳纠结，遂为诸史之最。且收本齐人，专主东魏，序称录自武定之世，而武定之世，已分东西。于是西魏之地，遂据永熙时之旧籍以足之。”

③ 中华书局1980年版。

的边境地区，也是这样，到处都在闹双包案。

王仲荦的这段话，既揭示出北朝侨州郡县研究的重要意义，也形象地说明了较之东晋南朝，十六国北朝侨州郡县的考证与研究，难度更大。

迄今为止，全面考述十六国北朝侨州郡县者，只有清人胡孔福所著《南北朝侨置州郡考》卷六至卷八。兹列其所考述的侨州郡县名目如下，以见大概：

其一，十六国侨州郡县：雍州、幽州、荆州、殷州、卫州、东梁州、西河阳州、北兖州，阳曲县（属并州太原郡）、秀容县（属并州新兴郡），以上汉；徐州、荆州、贝州、凉州，以上后赵；荆州、南阳郡，秦州、雍州、益州、梁州、江州、扬州、兖州、徐州、豫州、北冀州，乐浪郡、朝鲜县，冀阳郡、成周郡、唐国郡、营邱郡（以上五郡属平州），兴集县、宁集县、兴平县、育黎县、吴县（以上五县属幽州燕国），以上前燕；荆州、扬州、青州、兖州、益州、宁州，武都郡，扶风郡、苑川县（以上两郡属雍州），以上前秦；徐州、冀州、扬州，天水郡（属秦州），扶风郡、苑川县（属雍州），以上后秦；商州，武兴郡、建康郡（以上二郡属凉州），汉中郡（属河州），以上前凉；武威郡、武兴郡、张掖郡、会稽郡、广夏郡（以上五郡属凉州），以上西凉；荆州、交州，以上成汉；秦州、张掖郡，沙州、酒泉郡、金城郡，以上北凉；雍州、青州、并州、徐州、营州、幽州、冀州，以上后燕；并州、幽州、徐州、扬州、南兖州、荆州，以上南燕；并州，青州、营邱郡，幽州、冀州，以上北燕；益州、商州，定州、兴晋郡，晋兴郡（属凉州），以上西秦；荆州、豫州、雍州，以上夏；梁州、秦州，以上成都王谯纵；梁州，以上氐王杨盛。

其二，魏侨州郡县（括号内为侨县）：并州、武观城，肆州、平齐郡（怀宁、归安），建州，东雍州，安州、广阳郡（广兴、方城、燕乐）、安乐郡（安市）、密云郡（要阳），义州、五城郡（隰城、介休、五城）、泰宁郡（泰宁、义兴、郃阳）、新安郡（西垣、新安、东垣）、渑池郡（北渑池、俱利、西新安）、恒农郡（恒农、北郏、崤）、宜阳郡（宜阳、南渑池、金门）、金门郡（北陆），南汾州、南吐京郡（新城）、北吐京郡（平昌、北平昌、石城、吐京）、西五城郡（西五城、昌宁、平昌）、西定阳郡（定阳、洛陵）、定阳郡（永宁）、北乡郡（龙门、汾阴）、五城郡（定阳、五城、平昌）、中阳郡（洛陵、昌宁）、龙门郡（西太平、汾阳），南营州、昌黎郡（龙城、广兴、定荒）、辽东郡（新昌）、建德郡（石城、广都）、营邱郡（富平、永安、带荒）、乐浪郡（永乐），东燕州、昌平郡（昌平）、上谷郡、偏城郡（沃野、广武），恒州、平原郡，朔州、太安郡（狄那、捍殊）、广宁郡（石门、中川）、神武郡（尖山、殊颓）、太平郡（太平、太清、永宁）、附化郡（附化、息泽、五原、广牧），云州、云中郡（延民、云阳），蔚州，廓州、广安郡、永定郡、建安郡，武州、吐京郡、齐郡、新安郡，西夏州、宁州、灵州，齐州、东平原郡（平原）、渤海郡、东魏郡,豫州、汝南郡、汝阴郡、南顿郡、南阳郡、淮阳郡,东蔡州、新蔡郡(新蔡、鲖阳)、城阳郡(安定、淮阳、真阳、建兴、建宁)、广陵郡(宋安、光武、安蛮、新蔡、汝南),西兖州、沛郡(考城、己氏、新安),南兖州、沛郡(萧)、陈留郡(小黄、浚仪、阳谷、延津)、马头郡(蕲、己吾、下邑),广州、南阳郡(南阳)、顺阳郡(龙山)、汝南郡,南青州,北扬州、丹阳郡(秣陵、邵陵、南阳、白水)、陈留郡(小黄、宋、雍邱、新蔡)、汝阴郡(汝)、会稽郡,东徐州、盱眙郡,东豫州,颍州、汝阴弋阳二郡、北陈留颍川二郡、财邱梁兴二郡、西恒农陈南二郡、东郡汝南二郡、清河南阳二郡、东恒农郡、新蔡南陈留二郡、荥阳北通二郡、汝南太原二郡、新兴郡,北荆州、依阳郡、新城郡,南定州、弋阳郡(汝南、期思、南弋阳、北弋阳)、汝阴郡(汝阴)、安定郡(安定)、新蔡郡(新蔡)、北建宁郡(建宁、阳武),西楚州、汝阳郡、仵城郡、城阳郡,南朔州、梁郡、新蔡郡、边城郡、义阳郡、新城郡、黄川郡,南建州、高平郡、新蔡郡、陈留郡、鲁郡、南陈郡、光城郡、清河郡,北江州,湘州、安蛮郡、梁宁郡、永安郡,东益州、益州,东梁州、金城郡(直城)、其章郡,东夏州、朔方郡、偏城郡(广武),荆州、东恒农郡(西城、北郦、南乡、左南乡、上忆、东石),南襄州、西淮郡(钟离、襄城)、襄城郡(陈阳、上马)、北南阳郡(南阳),郢州、安阳郡、城阳郡、汝南郡、义阳郡,南郢州、冯翊郡(山阳、彭城、城、建安),恒州、东荆州、南荆州、南雍州、汾州、东秦州、西益州、东冀州、幽州,乐乡县、新城县(属瀛州高阳郡),东西河郡、隰城县(属沧州),吐京郡、五城郡、定阳郡(属汾州),新昌县、朝鲜县(属平州北平郡),南济阴郡(睢宁)、淮阳郡(上党)、南阳平郡(以上属徐州),琅邪郡、西海郡(襄贲,以上属海州),新蔡郡、边城郡、南颍川郡(以上属霍州),鲁县(属淮州淮阴郡),魏兴郡(属洛州),平原郡(阴盘,属泾州),略阳郡(属兴州),北五城郡(平昌、石城、北平昌)、定阳郡(平昌、西武城)、敷城郡(敷城)、西河郡(夏阳)、五城郡(北枣、南枣、永安)、汾西郡(临汾、安泽)、西河郡(永安、隰城、介休)、冀氏郡(冀氏、合阳)、南绛郡(南绛、小乡)、义宁郡(团城、义宁、安泽、沁源,以上属晋州),始平郡、南阳郡(以上属利州),乐陵郡(新乐,属冀州),陈留郡(浚义)、新蔡郡(以上属扬州)。

其三,齐周侨州郡县(括号内为侨县):南营州、昌黎郡(新昌、永乐)、冀阳郡,北恒州、安远郡、临塞郡、威远郡、临阳郡、齐德郡、长宁郡(蔚汾),齐州、东平原郡(平原),秦州、廓州、南司州,义州、伍城郡,衡州、青州、北徐州、北荆州,以上北齐;汾州、恒州、扬州,荆州、西义阳郡,信州、并州、东徐州,东平郡(属淮州),以上北周。

观此,可得的基本印象是,十六国北朝侨州郡县还是相当繁复的,而胡孔福的《南北朝侨置州郡考》也有着一定的参考价值。但是正如本书"引言"的平议,

"胡氏并不精于地理,故所考述显得相当紊乱,而且谬误可谓百出,又于各家之说抄汇卷中,既少加辩证,又不注出处,以此,此书的考证基本失败、略不足观"。然则笔者既已矢志钻研东晋南朝侨州郡县及相关的侨流人口问题逾二十年,又定谳胡孔福《南北朝侨置州郡考》为"考证基本失败、略不足观",如此,笔者今后将继续"发思古之幽情",贡献心力于十六国北朝侨流人口与侨州郡县之研究欤?

附录一

六朝概念辨析与六朝文化研究

在本书“引言”中，笔者提到：东晋十六国南北朝错综复杂的历史中，有着主要线索可寻。此主要线索，在十六国北朝为胡汉问题，在东晋南朝为侨旧问题。侨旧之间既颇多矛盾，又有各种形式的合作。因有矛盾，促成了东晋南朝侨州郡县的大量设置；因有合作，东晋南朝得以长久立国于南方。然则侨旧问题，又离不开魏晋南北朝历史的大环境。三国的分裂以及西晋中央与江南地方的对立，既造成了孙吴故地从政治、经济到文化乃至心理等方面区域意识的成长，也直接影响到东晋政府诸多政策的制定或者形成，这其中就包括侨州郡县的建立与侨流人口的安置。而从另一个角度来看，东晋上承孙吴，南朝接续东晋，在“北据江，南尽海”的立国规模、南北协力以“限江自保”的守国方针等方面，又是一以贯之的。以此，我们不妨立足于南方区域史的立场，看待、理解、研究东晋南朝，换言之，即把东晋南朝作为南方六朝的组成部分。

南方六朝以短暂的西晋统一而分为孙吴与东晋南朝两段，但无论是在首都选择、疆域形势、统治阶层、政策制度等方面，东晋、宋、齐、梁、陈之间以及这五朝与孙吴之间，都保持着相对的共通性。比如具体到侨流人口，就不仅是东晋南朝也是孙吴始终存在的问题。孙吴境内大量的侨流人口①，同样产生了多方面的影响。举其明显者言之：其一，江东的开发实际上开始于孙吴时期，而侨流人口

① 东汉兴平二年(195年)，孙策南渡长江，开创江东基业，江淮间人多有随之南迁者。建安四年(199年)，孙策袭取皖城(今安徽潜山县)，得到袁术留下的百工及鼓吹部曲三万余人，迁于吴(今江苏苏州市)。建安五年孙策死后，庐江太守李术叛变，孙权再破皖城，并迁徙李术部曲三万余人于江东。建安八年、建安十三年，孙权两次西征长江中游之江夏太守黄祖，掳掠数万人口移往江东。建安十八年，因曹操移民政策的失误，造成“自庐江、九江、蕲春、广陵户十余万，皆东渡江”，进入孙吴境内。建安十九年，孙权破曹魏皖城，将男女数万口移到江东。又孙吴正式建国以后，依靠军事行动和采用“招降纳叛”的办法，多次取得长江中游、汉水流域、淮南地区甚至辽东一带的人口，如其中人数最多的一次是五凤二年(255年)，曹魏镇守淮南的毌丘俭、文钦起兵反对司马氏，失败之后，“余众数万口来奔”。值得一提的还有黄龙二年(230年)，孙权“遣将军卫温、诸葛直将甲士万人浮海求夷洲”，“得夷洲数千人还”，这是见于记载最早的大陆与台湾发生关系之始。以上详《三国志·吴书》及裴松之注，参考钮仲勋《东汉末年及三国时代人口的迁徙》(《地理学资料》1959年第6期)。

的迁入是主要原因之一。[①] 正是建立在经过开发、逐渐发展起来的江东地域经济的基础上，东晋才能立国并与北方对抗，江东地域也才有能力接纳络绎南迁的北方侨流。其二，孙吴的立国，与侨流人口的关系相当密切。陈寅恪曾经指出："孙氏之建国，乃由江淮地域之强宗大族因汉末之扰乱，拥戴江东地域具有战斗力之豪族，即当时不以文化见称之次等士族孙氏，借其武力，以求保全而组织之政权。"[②]这种情形，与东晋乃至南朝是一致的，只不过东晋南朝所依托的北方侨流的来源地域更为广大而多变。要之，六朝前半段之孙吴与后半段之东晋南朝，侨流人口的产生、安置、作用诸端，是可以而且应该联系起来进行比较的。再如孙吴的遥领虚封，据笔者在第一章中的分析，与东晋南朝的侨州郡县，政治意义上具有相当的一致性，则遥领虚封与侨州郡县的对比研究，无疑能够加深对彼此的理解。

综上考虑，拓宽加深东晋南朝侨州郡县与侨流人口问题的研究，离不开对南方六朝的整体观照，离不开对六朝时代特征、社会风气、文化面貌的整体把握。唯此题太大，谨先以六朝概念的辨析与六朝文化研究中的前提问题、需要注意的问题为范围，略述笔者的一些意见，以供读者参考。[③]

一、六朝的概念与文化的概念

首先讨论两个概念，一是六朝的概念，一是文化的概念。

六朝的概念可以从以下四个方面去把握：

其一，朝代内涵。从公元3世纪初至6世纪末，前后三百多年间，在中国内地农耕社会的地域范围内，建立过许多大大小小的政权，如曹魏、蜀汉、孙吴、西晋、东晋、五胡十六国、宋、齐、梁、陈、北魏、东魏、西魏、北齐、北周。这些政权，历史上总称为三国两晋南北朝；若以魏代表三国，则又称为魏晋南北朝。其中孙

---

① 比如建安初年迁吴的百工及鼓吹部曲三万余人，对以后江东地区手工业的发展起了促进作用，而且丰富了孙吴统治集团的文化生活。至于外来人口之传播先进的生产技术，增加劳动人口，又自不待言。正是在江东土著居民与外来劳动人口的共同作用下，东汉时期经济状况还比较落后的江东，到孙吴的中后期，农业、手工业、商业都有了一定程度的发展。

② 《述东晋王导之功业》，收入氏著《金明馆丛稿初编》，上海古籍出版社1980年版。

③ 附记：本"附录"以下文字，系据笔者近年来在国内几所高校与江苏省内几处地方历史文化研究会所作报告的讲稿整理而成。这些报告，虽然在"学术"上无甚贡献，但在"普及"以引发研究的兴趣，"宣传"以促成社会的重视两方面，或许有些用处。

吴、东晋、宋、齐、梁、陈都以建康(今江苏南京市)为首都[1],合称六朝。《宋史·张守传》说:"建康自六朝为帝王都";南宋张敦颐撰《六朝事迹编类》,以叙孙吴、东晋、宋、齐、梁、陈建康古迹。需要说明的是,国内外学者特别是日本学者也有混用六朝与魏晋南北朝这两个概念的,即把起自三国、止于隋统一以前的历史时期泛称为六朝,这样六朝就南北兼指了。又以朝代论,也还有北方六朝说,即把曹魏、西晋、北魏、北齐、北周、隋称为六朝,这比较多地用在旧时的文学史上。按北方六朝说并不妥当:不仅国都不一致(北魏早中期都平城,北齐、北周分都邺、长安,其他都洛阳)、时间不连续(缺十六国、东魏、西魏),而且性质也不同(曹魏、西晋、隋皇族为汉人,北齐为鲜卑化的汉人,北魏、北周为鲜卑拓跋部、宇文部;又西晋、隋为统一时期,其他则为分裂时期)。故严格地定义,六朝还是专指魏晋南北朝时期定都于建康的南方六个王朝为妥。

其二,时间起讫。南方六朝的纪年,《四库全书总目》"建康实录"条:"起吴大帝迄陈后主。"吴大帝孙权始建黄武年号为222年,陈后主陈叔宝被俘于589年,扣除西晋灭吴后的三十七年(280年至316年)不算,则六朝计四十帝、三百三十三个年头:吴四帝,222年至280年;东晋十一帝,317年至420年;宋八帝,420年至479年;齐七帝,479年至502年;梁五帝,502年至557年;陈五帝,557年至589年。按这种传统说法,在六朝史研究上其实并不恰当。首先,定六朝上限为222年不妥。229年孙权称帝,孙权是六朝史上的第一位皇帝,也是吴国的开国之君与守业之主。然而,孙权继承的是长兄孙策的事业。孙策割据江东,奠定孙氏基业,实始于兴平二年(195年)过江;又孙策过江所率武装,中坚乃是其父孙坚旧部,孙坚势力的形成,则早至熹平三年(174年)"坚以(吴)郡司马募召精勇,得千余人"[2]。以此,作为相对独立的南方区域史的六朝史,可从195年或174年开始讲起。又六朝后半段即东晋南朝史也可以从317年提前至307年,正是在这一年司马睿南渡,从而开东晋南朝局面。

其三,空间范围。这是个重要但又常常被忽视的问题。空间不明,谈何其他?历史是戏剧,那么地理就是舞台;人是旅客,地理就是旅馆。地理在变化,地

---

① 东汉建安十六年(211年)孙权自京(今江苏镇江市)徙治秣陵(今江苏南京市),次年改名建业。晋太康元年(280年)灭吴,复改名秣陵。三年分淮水(今称秦淮河)南为秣陵,北为建业,并改"业"为"邺"。建兴元年(313年)因避愍帝司马邺讳,改名建康。又公元221年至229年,265年至267年,孙吴曾两次迁都武昌(今湖北鄂州市);552年至554年,梁元帝又都江陵(今湖北江陵县)。六朝其他时期,则皆都于建业或建康。

② 《三国志·吴书·孙坚传》。《资治通鉴》卷五七系此事于熹平三年。

名在变，河湖在变，自然地理、人文地理都在变，研究“人”的历史，“地”的状况也必须尽量搞清楚。研究一个政权、一个朝代，最起码地，要搞清空间范围，即疆域的大小。六朝实际占有的、控制的空间范围，有着频繁的变迁。这个问题讨论起来很麻烦，我们可以从三个角度去理解：首先，在六朝中，大体吴、陈两朝空间范围最小，约在一百万至一百三十万平方公里；晋末宋初空间范围最大，约在二百六十万至二百九十万平方公里。其次，影响六朝空间范围变化的主要因素来自北方的曹魏、十六国、北朝，而六朝守国的整体防线，不外三条，一为守河，以保河淮之间，这种情况出现在晋末宋初刘裕时代；二为守淮守汉守秦岭守大巴守米仓，以保江淮之间、江汉之间及汉中、巴蜀，这种情况出现在东晋到梁朝；三为守江，以保江南根本，比如孙吴与陈朝。从南北对立的形势看，守河守江的时间都不长，而守淮守汉守秦岭守大巴守米仓则为常态。再次，从区域来看，六朝的北方边境（如关中、河南、青齐、江汉、江淮）与西方边境（如汉中、巴蜀）的变迁最为频繁，而且总的趋势是越变越南，越变越东，越变越小；西南宁州地方因土族爨氏势力日强，东晋南朝的统治渐弱，到梁朝后期更是放弃了对于西南宁州的主权；又南疆交州的南端，因与林邑国接壤而疆界进退不定，海南岛则在梁陈时期收归了版图。

其四，六朝的一贯性相共通。六朝既然是六个政权或者说朝代，为什么往往要习称“六朝”呢？原因就在于六朝的一贯性相共通。六朝在时间上是一个基本连续的单元，西晋的统一并没有打破孙吴故地独立发展的步伐；从历史的属性看，六朝在许多方面也是一以贯之，保持着相对的共通性。这种共通性又尤其明显地表现于东晋、宋、齐、梁、陈五朝。此五朝首都相同，疆域虽有变动，但总以秦岭、淮河以南地区为主；五朝享国时间都不算长，其更迭皆出于禅让，国号虽改，国家性质不变；又当时社会风气孝重于忠，以致前朝之贵戚，可能即后朝之功臣。人物、阶级的一系相承，复使政策、制度陈陈相因，政治、文化息息相通，即便经济与社会的发展，也如同一个朝代。进之，孙吴与五朝，除外部对立力量不同（吴与汉、魏三分，是军阀混战的结果；东晋南朝与十六国北朝对峙，则是受北方游牧民族入主中原而被迫退守）外，其他诸多方面也是一以贯之，具有着多样的同一性。比如孙吴确立的“限江自保”政策，即以建业为中心，以扬州为根本，以日益发展的南方经济为基础，以南方土著豪族与北方南迁大姓的协力为依托，凭借地理上的山河之险，层层防御，从而与北方相对抗，这样的基本守国政策，为东晋南朝所继承；又作为第一个确具规模、立国于江南的汉族国家，孙吴对江南所作的普遍而又深入的播殖，孙吴对蛮越的开发，实为东晋及其后的南朝立国江南的契机；

孙吴之开疆拓土，则为东晋南朝的疆域打下了基础，东晋南朝疆域的主体部分，正是"北据江，南尽海"①的孙吴旧壤；孙吴以荆州为军事重地，以扬州为财赋要区，即政治中心与军事中心分立，政治中心与经济区域重合，这样的立国形势，东晋南朝时并无大的改变。要之，孙吴一代其实已经奠定了六朝乃至中国历史上南北对立时期南方政权的立国方针与疆域规模。所以孙吴一代是值得特别重视的。

"文化"的概念则较之"六朝"的概念更为复杂。时至今日，国内外学者给文化下的定义，大概不少于百种。也许文化天然地就是模糊的概念。我们与其追求一个简单而精确的定义，不如确定一个有弹性的文化研究范围。在文化学上，把文化的内容归纳为三个方面：第一，意识形态，即人们的世界观、思维方式、宗教信仰、心理特征、价值观念、道德标准、认识能力等等；第二，生活方式，即人们在衣食住行、婚丧嫁娶、生老病死、家庭与社会生活等方面的态度与形式；第三，精神的物化产品，即从形式上看是物质的东西，但透过物质形式能够反映出人们观念上的差异与变化，如书，如机器。具体到中国古代文化的研究，现在提倡从五个方面展开，即物质文化、精神文化、制度文化、行为文化、心态文化。这是一种广义的大文化，其内涵与外延比单纯的精神文化要丰富得多。我们研究六朝文化，也应该立足于这种大文化观。

二、开展六朝文化研究的几个前提

概念既明，接下来我们要明确一下开展六朝文化研究的几个前提。如果把做研究比做说话，那么，真正的研究应该是：接着前人的话往下说；说实实在在的话；说前人说不出的话。

1. 接着前人的话往下说：了解研究状况

真正的学术研究，尤其是积累深厚的中国传统学术的研究，不是从头说起，而是接着前人的话往下说。前人都说过哪些话？这就要求我们必须了解研究状况。

下面以六朝文化的研究为例，就笔者所了解的极为有限的情况，略述

① 杜佑《通典·州郡典一》。

梗概。[①]

首先值得关注的是20世纪以前的旧史学。早在南朝时代，就有裴松之的《三国志》注、刘孝标的《世说新语》注；隋唐出现了研究与重新撰写这段历史的高潮，如杜佑《通典》、刘知几《史通》与一批正史；宋元的代表作有司马光的《资治通鉴》(其中魏晋南北朝部分由刘恕主笔)、胡三省的《资治通鉴》注、李焘的《六朝通鉴博议》、郑樵的《通志》、马端临的《文献通考》等；清人的主要贡献是对文献的研究与史实的考证，除了"脸上贴金"的王鸣盛之《十七史商榷》、"披沙沥金"的赵翼之《廿二史劄记》、"点石成金"的钱大昕之《廿二史考异》[②]外，有关六朝的一《志》六《书》一《史》的补志、补表、校勘、注释、考证方面的成果颇多，合计不下百余种，部分收在《二十五史补编》(开明书店版、中华书局版)与《二十五史三编》(岳麓书社版)中，另外陈乃乾有遗稿《二十四史注补表谱考证书籍简目》刊于《中国历史文献研究集刊》第四集(岳麓书社1984年版)。按旧史学并未完成文献之研究与史实之考证，继续这方面的事业，必须以了解既有成果为前提；对于新史学而言，以著史、考史、评史为基本路数的旧史学也是值得重视的，因为文献不明、史实不清，则新史学不能建立。

20世纪的国内六朝文化研究，则可以划分为五个阶段，即1901～1931年，1931～1949年，1949～1966年，1966～1978年，1978年至今。

1901～1931年：这是由旧史学向新史学过渡的时期。中国的新史学在19、20世纪之交开始萌动。所谓新史学者，力图通过分析史料，寻找隐藏在历史表象背后的动因、联系和演进规律。六朝文化的新史学研究，在20世纪的头三十年并不明显，不多的论文、著作，既显示出研究状况的寂寞，又大部分的论著还未脱旧史学的窠臼；其运用新史观进行开拓性研究的力作，则有汤用彤《竺道生与涅槃学》(1925年)、鲁迅《魏晋风度及文章与药及酒之关系》(1927年)等。

1931～1949年：这是六朝文化研究的黄金时代。相关论著的数量既大幅增加，涉及的领域也十分广泛，而又重在思想、宗教、学术、家族、民族等方面。特别值得提出的是陈寅恪与吕思勉的贡献。1931年陈寅恪在清华大学开始讲授"魏晋南北朝史研究"专题课，包括六朝文化在内的这段历史的研究，从此在史学界逐渐兴旺起来。陈寅恪的研究，极为重视种族、家族、地域、文化等几大因素，往往从习见的史料出发，由小见大，提出并解答了许多前人认识所不能及的问题。

① 以下参考了曹文柱、李传军撰《二十世纪魏晋南北朝史研究》，载《历史研究》2002年第5期。

② 周振鹤《点石成金、披沙沥金与脸上贴金》，载《读书》1995年第3期。

陈寅恪的《金明馆丛稿初编》与《二编》、《隋唐制度渊源略论稿》以及《唐代政治史述论稿》、《元白诗笺证稿》、《寒柳堂集》等，影响至今，而且影响越来越大。万绳楠整理的《陈寅恪魏晋南北朝史讲演录》也可看看。陈寅恪的影响还表现在：这一时期研究范围包括六朝在内的史学大家，如蒋天枢、周一良、杨联陞、徐高阮、万绳楠、余逊、刘汝霖、王仲荦、唐长孺、谭其骧、何兹全、缪钺、牟润孙、王伊同、严耕望等，或是直接受业于陈寅恪的学生，或多少受到了陈寅恪学风的影响①；由此再薪火相传、发扬光大，时至今日，诸多的中青年学者，其研究课题、研究路径、研究的理论与方法，多有在陈寅恪以及上述诸位先生的基础上进行的。又吕思勉在魏晋南北朝史以及六朝文化研究领域同样富有开拓之功。1948 年出版的吕著《两晋南北朝史》，是一部一百一十万字的宏篇巨制。该书分为前后两部分。前部分是政治史，按历史顺序编排；后部分是社会经济文化史，采取分门别类的叙述方法。在后部分中，与六朝文化有关的民族分布与构成、社会组织、社会等级、农工商业、衣食住行、社会风俗、学术思想、宗教迷信等等，内容丰富，见解精辟。吕著还以辑录史料全面著称，见于正史的材料，收入吕著者约半。吕著的意义还表现在，当时史学界较为普遍的看法，以两晋南北朝是黑暗的甚至是倒退的时代，吕著则雄辩地证明，这仍是向前发展、取得诸多进步的时代，而文化的发展与进步，便是其中重要的一端，并为隋唐文化的繁荣奠定了基础。

1949～1966 年：这是六朝文化研究在理论与方法方面的初步转型阶段。中国大陆的史学工作者自觉地以马克思主义为指导，探索新的理论与新的方法，提出新的课题，开拓新的领域。六朝文化的研究，一个突出的特点，是重视社会、经济、阶级、政治、民族等宏观背景的探讨。这一阶段，几部马克思主义史学家编写的中国通史相继出版，其中对于六朝文化的概况，多有比较清楚的叙述；那些在三四十年代已经成就卓著的学者，也纷纷以马克思主义观点为指导修订或者重新撰写著作与论文，其中尤以何兹全的《魏晋南北朝史略》(1958 年)、王仲荦的《魏晋南北朝隋初唐史》(1961 年)两部断代史为重要；文化史方面的专门著作则有侯外庐的《中国思想通史》第三册(1957 年)、汤用彤的《汉魏两晋南北朝佛教史》(1938 年初版，1955 年重印)，又唐长孺的《魏晋南北朝史论丛》(1955 年)、《魏晋南北朝史论丛续编》(1958 年)和周一良的《魏晋南北朝史论集》(1963 年)，是至今时时为人参阅的论文集，唐集所论思想文化、周集所论宗教文化，都达到

① 周一良《纪念陈寅恪先生》，载《纪念陈寅恪教授国际学术讨论会文集》，中山大学出版社 1989 年版。

了很高的水平。不必讳言的是，这一阶段的研究也存在着若干明显的问题，今天看来，这也许是转型阶段难以避免的。如对马克思主义理论与方法运用的生硬，极左文章、“以论代史”的空头文章、一哄而上的“凑热闹文章”占有相当大的比重。又在魏晋南北朝史论著中，真正以六朝文化为主要研究对象者不多，而尤其值得关注的一个现象是，由于受到非正常的政治因素的影响，开始出现了贬低儒玄佛道、抨击世族文化的偏向。

1966～1978年：这是六朝文化研究陷入停顿与失去客观的时期。从1966年开始的“文革”，使真正意义上的六朝文化研究基本陷入停顿状态，仅有的少数论著，或在上一阶段存在问题的基础上变本加厉，以至发展为恶性的以“影射史学”为特征的帮派文章；或失去客观，如全盘否定世家大族对于学术与文化的贡献，肆意评判儒玄佛道之为统治人民的工具与麻醉社会的鸦片，不顾事实地强行划分人物为儒法两大阵营。

1978年至今：这是六朝文化研究全面繁荣的可喜阶段。这表现在诸多方面：

其一，各种规模的学会与研究机构陆续成立。如1984年成立了中国魏晋南北朝史学会，1985年成立了江苏省六朝史研究会，2001年成立了南京六朝文化研究会。中国社会科学院历史研究所、武汉大学、北京师范大学、四川大学、郑州大学、北京大学、南京大学、南京师范大学等单位设立了或曾经设立了专门的相关研究室、所或中心，又山东大学、华东师范大学、上海师范大学、首都师范大学、江苏省社会科学院历史研究所、南京博物院、南京市博物馆等单位拥有或曾经拥有较多的研究人员。值得指出的还有研究队伍的结构合理：老一辈学者不断有成果问世，突出者如田余庆、高敏、卞孝萱等；一大批中青年学者年富力强，意气风发，逐渐成为研究的主力军，少数佼佼者已经成为学科带头人。

其二，高水平的研究论著不断涌现。如以著作言，罗宏曾的《魏晋南北朝文化史》、万绳楠的《魏晋南北朝文化史》、熊铁基的《汉唐文化史》、曹文柱的《中国文化通史·魏晋南北朝卷》，对六朝文化的整体研究，都多少具有开拓性的功绩。这里特别强调一下江苏省的情况。就六朝文化的研究言，江苏在全国具有举足轻重的地位。由江苏省六朝史研究会组织编写的《六朝丛书》，先后出版了《六朝人生哲学》、《六朝园林》、《六朝思想史》、《六朝考古》等六种五册；由卞孝萱师主持的《六朝文学丛书》，含《〈世说新语〉研究》、《阴铿与近体诗》、《东晋南朝的谢氏文学集团》、《六朝辞赋史》、《六朝诗歌语言研究》、《敦煌本〈昭明文选〉研究》、《世族与六朝文学》、《六朝作家年谱辑要》计八部；由南京六朝文化研究会运作的《六朝文化丛书》，已出《六朝文化概论》、《六朝史学》、《六朝科技》、《六朝民俗》、《六朝都城》、《六朝经学与玄学》、《六朝文学》、《六朝艺术》、《六朝宗教》、《六朝文物》十种，待出《六朝政治》、《六朝经济》、《六朝军事》、《六朝教育》、《六朝政区》、《六朝民族》、《六朝制度》、《六朝交流》、《六朝家族》、《六朝论著》十种。这些，都显示了以六朝古都南京为中心、以六朝京畿江苏为主力的六朝文化研究队伍的实力与追求。

其三，研究领域不断得到开拓，研究水平不断向纵深发展。这二十多年来，就发表的文章、出版的著作看，涉及到了六朝文化的众多方面。如社会生活的研究，包括了衣食住行、婚姻、丧葬、建筑、社会习俗、社会风气等；宗教研究，包括了佛教、道教以及其他宗教；地区文化研究，如江南、淮域、江汉、巴蜀、岭南等，都进入了学者们的视野；人物思想、社会思潮以及学术文化研究，更是内容繁富；又民族文化研究，涵盖了语言、宗教、服饰、姓氏、生活习俗、思想感情和心理状态各个方面；文化交流研究，涉及地域文化交流、南北文化交流、民族文化交流以及中外文化交流。在领域开拓的同时，研究水平也不断向纵深发展。仅以家族研究为例，举凡家族源流的梳理、婚宦特征及其变化原因、文化特征以及家风家学、家族兴衰、家族历史地位与作用评析，等等，都有内容厚重的大部头著作与见解深刻的重头文章。著作如田余庆的《东晋门阀政治》，已为学界周知；近出的王永平著《六朝江东世族之家风家学研究》，也出手不凡。

以上的介绍当然是挂一漏万的，而且没有涉及港台地区以及日、韩、欧美。有兴趣者，可以进一步查阅《中国史研究动态》每年的魏晋南北朝史研究综述，《中国历史学年鉴》的有关内容，中国人民大学报刊复印资料的《魏晋南北朝隋唐史》，中国魏晋南北朝史学会的《魏晋南北朝史研究通讯》，《历史研究》2002年第5期所刊曹文柱、李传军的《二十世纪魏晋南北朝史研究》，以及中国魏晋南北朝史学会网站（http://www.6ch.com.cn）。日本方面的情况可看每五年出版一次的《日本历史学的发展与现状》中的魏晋南北朝部分，另外韩国方面有魏晋隋唐史学会编的《魏晋隋唐史研究》辑刊、中国古中世史学会编的《中国古中世史研究》辑刊。

2. 说实实在在的话：熟悉基本文献资料

相对于中国古代史的其他时段，研究六朝史的明显优势在于：文献资料数量适中而且比较容易掌握，一流大师多而余意丰富，研究者相对较少。

此数量适中的文献资料，仍然存在如何掌握的问题。其中的关键是要会找书，要懂目录学，当然一些入门指导书也是很好的，如文学方面，有穆克宏的《魏晋南北朝文学史料述略》(中华书局 1997 年版),有刘跃进的《中古文学文献学》(江苏古籍出版社 1997 年版)。但是六朝文化方面,毕竟缺乏如黄永年《唐史史料学》(上海书店出版社 2002 年版)这样具有指导研究意义的好书。另外就是要明了史料的特点,六朝史料特点值得提出的有以下几点:正史占重要地位,私史众多,史注之风盛行,传记与谱学兴盛,地志发达,佛教道教史料涌现,总集出现。

具体说到基本文献资料,可以例举如下:首先是正史。直接的八部正史,即《三国志》、《晋书》、《宋书》、《南齐书》、《梁书》、《陈书》、《隋书》、《南史》,相关的四部正史是《魏书》、《北齐书》、《周书》、《北史》。如此,在所谓的"二十四史"中,一半的正史与六朝文化的研究密切相关;同时还要注意范晔《后汉书》的纪传、司马彪《续汉书》的志、《新唐书·宰相世系表》,以及《二十五史补编》、《二十五史三编》中的相关成果。其次是"资料书",如《全上古三代秦汉三国六朝文》、《先秦汉魏晋南北朝诗》、《汉唐地理书钞》、《汉唐方志辑佚》,以及三国与南朝宋、齐、梁、陈等几部《会要》。再次是与正史意义相当的《资治通鉴》、《建康实录》、《通典》。又次是几部经常使用的类书,如《北堂书钞》、《艺文类聚》、《初学记》、《太平御览》、《册府元龟》。以上都属需要通读或者常翻的基本文献资料。关涉六朝文化具体门类的文献,最要者如《文选》、《玉台新咏》、《诗品》、《文心雕龙》、《抱朴子》、《搜神记》、《人物志》、《高僧传》、《弘明集》、《洛阳伽蓝记》、《世说新语》、《颜氏家训》、《水经注》、《华阳国志》、《六朝事迹编类》、《荆楚岁时记》、《博物志》等等。颇富"史识"的《六朝通鉴博议》、《读通鉴论》一类,能够启发我们读史的思考;《四库全书总目》、《中国丛书综录》等则是研究中经常要查的目录工具书。

值得指出的是,研究六朝文化的上述文献资料,都属常见书。读常见书其实是传统研究的基本功。这里引述葛兆光的一段话说明"读常见书"的重要:"现在有的人对文献缺乏常识和通识,乱找乱引,喜欢找一些偏僻的、怪异的文献,而常见的书却视而不见。……陈寅恪对古代历史和文化的研究,就没有什么偏僻的文献,但是一样有大见识。依靠那些偏僻文献,出奇兵,走偏锋,就像武侠小说里面讲的小巧一路,没有正派的内功为底子,终究不是正路,而且一遇到堂堂正正的功夫,就会一下子崩溃。"①当然,读常见书而能读出大见识,没有挖掘机、显微镜、望远镜的三样功夫,没有全面系统的国学根底,没有专而且通的研究素质,也是不行的;就笔者个人的体会说,常见书还需要常读,道理很简单,做大学生时读书与做教授时读书,哪怕读的是同一本书,见识是不会一样的。

---

① 葛兆光《大胆想象终究还得小心求证——关于文史研究的学术规范》,《文汇报》2003 年 3 月 9 日。

3. 说前人说不出的话:重视文物考古资料

从根本上说,文物考古资料所反映的人类社会历史是至为广泛的,一切与人类社会历史有关的学问,都无疑可从文物考古资料中汲取养分,寻求证据。以历史学(利用文献记载进行研究的狭义历史学)为例,中国古代史的研究,尤其是隋唐以前历史的研究,不结合新出土的文物考古资料,难有重大的突破;百余年来,商史研究之得益于甲骨文资料,秦汉史研究之得益于简牍资料,魏晋南北朝隋唐史研究之得益于敦煌吐鲁番文书资料,都切实地说明了这一点。另方面,从金石学、古器物学过渡到今日先进的考古学,也同样离不开历史学理论、方法与内容的进步。正是在互通与结合中,文物考古与历史研究达致了合则兼美的理想境界。反之,则是离则俱伤。如在笔者的周围,或有治六朝史者不知用六朝墓志补正传世文献之缺误,又或有从事文物考古的学者,不明文献资料,脱离历史背景,臆说南朝石辟邪、神道柱之与中外文化交流的关系,臆解出土六朝文物反映的思想观念、文化象征,臆断一些遗址的年代与性质。

有些文物考古材料真的是非常精彩。比如南朝墓中的砖拼壁画“竹林七贤与荣启期”、“羽人戏龙”、“羽人戏虎”、“骑马乐队”、“仪仗出行”、“飞天”,它们所表现的内容当然与古代典籍有关联,但它们又绝不是典籍的翻版或“文字化”,它们有典籍中不能描述的生动和充满意味的细节。

研究六朝文化,应该养成关注、查找、利用文物考古资料的习惯,这是研究是否入流的一个衡量标准。六朝的文物考古资料,比较系统或者丰富的是:孙吴武昌城,六朝建康城,超过千座的六朝墓葬。可由以下这些资料入手:《新中国考古收获》,《文物考古工作三十年》,《江苏考古五十年》,《江苏省志·文物志》,《汉魏南北朝墓志汇编》,《考古》、《文物》、《考古学报》等期刊,长沙走马楼吴简,各种考古发掘专题报告,罗宗真《六朝考古》、《魏晋南北朝考古》、《探索历史的真相——江苏地区考古、历史研究文集》,蒋赞初《长江中下游历史考古论文集》,罗宗真、王志高《六朝文物》,等等。

三、拓宽加深六朝文化的研究

上面我们谈了六朝文化研究的三个前提,即了解研究状况,从而接着前人的话往下说;熟悉基本文献资料,从而说实实在在的话,不说空话;重视文物考古资料,从而说前人说不出的话。仅仅如此,还是不够的,我们不能说笑话,不能说套话，不能说没有水平的话，不能说没有反响的话。落实到我们的研究上，就是要拓宽加深六朝文化的研究。

1. 胸有成竹，不说笑话：把握时代特征，关注文化特点，抓住关键线索

六朝史既是相对独立的南方区域史，六朝又毕竟是魏晋南北朝的组成部分，六朝历史与文化是在魏晋南北朝的大背景下展开的。从比较与宏观的角度看，魏晋南北朝有以下时代特征：

其一，深层的分裂局面。这一时期，真正意义上的统一只有二十一年（280～301 年），即便是这二十一年，西晋也没有恢复东汉盛时的版图：鲜卑基本已据有匈奴旧地，并日益南下；渭北高原以北至河套已为羌胡所占；内徙的匈奴人实际上已控制了今山西的北部。西晋以前，有三国的鼎立；西晋以后直到隋朝统一，长江流域与黄河流域始终分属不同的政权，而黄河流域更是始终存在着两个以上的政权，甚至同时有十多个政权存在。在政局或南北分裂或东西对峙或地区割据的长期影响下，各别区域的经济、文化、学术乃至心理，也逐渐"区域"色彩浓厚，"区域"独立趋势加强。区域意识的强化与区域传统的生成，也是一种"分裂"。值得指出的还有，哪怕在同一政权内部，也有着明显的地区军事割据倾向，如东晋南朝的地方州镇，北朝的镇戍，这既造成了中央与地方的争衡、内外的对抗，也进一步加深了魏晋南北朝大分裂局面下的地区割据与对抗倾向。

其二，复杂的民族关系。四周的边疆民族南下北上、东进西入，迁徙频繁，造成民族成分复杂，民族融合（自然的融合与强制的融合即战争）加速，民族战争剧烈，民族更替迅速。北方地区的主角是入主的"五胡"与留居的汉族，在北方整体"胡化"的同时，是颇多曲折艰难的胡人的逐渐"汉化"；在南方，则特别表现为退守南方的北方汉族与南方汉族以及越蛮俚僚的自然融合与强制融合，这也是一种"汉化"。如果再考虑到周边特别是蒙古高原、东北、西域的民族，则魏晋南北朝历史实际是由北方边疆民族（重要者先后有鲜卑、羌胡、高句丽、柔然、高车、突厥等）、中原地区（曹魏、西晋、十六国北朝）、南方六朝三大地域所构成的。其间区域对抗、民族兴衰、社会转型、制度冲突等等，复杂异常。

其三，特殊的社会结构。魏晋南北朝时期，由于宗法封建性大土地所有制的发展而引起的生产关系的变革，由于按照家族系统分配政治、经济权利而出现的门阀政治，由于民族矛盾和各种社会矛盾的剧烈运动而造成的动荡、对峙、分裂局面，使得这一时期的等级性、宗法性、民族性、宗教性四个特征尤为强烈与明显，我们可以称之为该时期社会结构的四大特征。其中，以宗法性与等级性为内核的门阀世族成为统治阶层。西晋以至东晋，门阀世族的统治不断强化；及南朝以降，门阀世族的政治地位虽有所下落，社会地位仍很巩固。与此相联系，该时期世族寒门界限森严，而随着世族的衰落，寒门地位逐渐上升，南朝帝王大抵出身二等乃至寒门军功地主即是明证。[①]

其四，变动的典章制度。魏晋南北朝时期，制度上每多权宜之制，从中央官制到地方行政制度，往往处于一种过渡状态，缺乏凝固的制度，诸多制度因时、因地、因人、因族地发生着流变；也正因为这是制度上的过渡时代，各种制度显得尤为复杂。中国制度史的研究表明，汉制与唐制有巨大差别，这种差别不是一朝一夕造成的，而是由魏晋南北朝三百多年的自然演变所致。

魏晋南北朝的时代特征当然不止以上四点。比如在经济上，南方六朝加速开发，这首先表现在长江下游，并向西（长江中游）、向南（岭南）推进；在生产关系上，北方十六国北朝封建制与奴隶制残余相结合，其突出表现之一是当时有各种名目的依附者。又频繁的人口迁移，也堪称这一时代的特征。三国特别是东晋十六国南北朝时代，人口迁移的规模之大、范围之广、历时之久、影响之深，超过以前任何一个历史时期；这由本书第三篇的“东晋南朝侨流人口专题”，已可见其大概。

进一步看，六朝在文化上又有哪些特点呢？要而言之，这是人性觉醒的时代，是没有思想权威的时代，多元文化显得是那样的生动活泼，其兼容发展、自由争辩的文化发展模式，其对外来文化吸收、融合的成功范例，使得六朝堪称是中国历史上第二次百家争鸣的时代。以经学独尊为内核的文化模式崩解，儒玄佛道四家并立，而且在相互影响，有的人儒玄双修，有的人调和儒佛。就儒学言，虽然儒学不再有两汉的盛况与“独尊”地位，儒家的政治观念、道德说教、人生理想，依然是维系国家政教传统的核心准则，也是当时世族仍在传承的内在命脉。以玄学言，玄学是援道入儒，以老、庄、易三玄解经，盛行于社会上层和知识界的新的学术思潮，玄学清谈成为时尚；以佛、道言，在这一时期广泛传播，并且佛教在这一时期初步完成了中国化的过程，道教在这一时期则完成了官方化的过程。又这一时期文学地位在不断地上扬，以垂训鉴戒为基本特征的史学也受到了普遍的重视，而内容庞杂、往往未易驾驭的诸子地位下降。士人在力求调整纲常礼教与人性自由之间关系的过程中，逐渐形成一种新的时代风尚，学术界将之概括为“魏晋风度”，“魏晋风度”与追求生命长度的正始名士、追求生命密度的竹林名

① 关于特殊的社会结构问题，可参阅简修炜、高永清《论陈寅恪的魏晋南北朝史研究》，载《纪念陈寅恪教授国际学术讨论会文集》。

士、徒具形式的中朝名士,至今都还为人向往。总之,在中国传统文化的积累与演变过程中,六朝是对原有文化继承与开拓的时期,是文化上呈现多元性、开放性、兼容性、个性化、率真化的时期,是独具特色的重要时期。正是这些独具特色的文化,使得六朝时代充满了别样的魅力,长久地吸引着研究者的目光。

研究六朝历史与文化,还需抓住关键线索。比如十六国北朝的关键线索是胡汉问题,六朝特别是东晋南朝的关键线索为侨旧问题。再如六朝文化的研究,家族问题又是关键中的关键,这有几点意思:其一,治魏晋南北朝文化必须由家族入手;其二,家族与地域不可分离,家族都基础于特定的地域之上;其三,家族文化的核心内容在于优美之门风(家风)与因袭之学业(家学);其四,家族的家风与家学关系着、影响着当时的政治社会。

2. 更新认识,不说套话:分裂不等于反动,偏安不等于无为,世族不意味着腐朽

魏晋南北朝是分裂的时代,六朝是偏安政权,这都是没有疑问的。但这里要强调的是,分裂不等于反动,偏安不等于无为。这是关涉中国历史与六朝评价的大问题。在社会财富的投向与使用、行政效率、地区开发、思想文化、保持"汉统"等方面,分裂时代、偏安政权的地位与贡献是不容抹杀的。[①] 具体到六朝,也是如此。六朝在政局上相对于北方要稳定一些,六朝在经济上取得了明显的进步,六朝在民族融合上成效显著,六朝与北方以及海外的政治、经济、文化交流相当频繁、活跃,在思想文化方面,六朝更是继春秋战国之后又一个思想活跃、文化繁富的时代,给后世留下了非常丰富的思想文化遗产。我们不能简单地、表面地仅仅把六朝认做分裂割据、偏安短促的王朝,而对其采取轻视的态度。六朝政局是分裂的,但在分裂中孕育着未来的统一;六朝政权是割据的,但在割据中传承着先进的文明;六朝政治上是偏安的,但偏安维护了南方的稳定,为南方经济与文化的发展,提供了必要的条件。我们应当看到,在五胡十六国大乱时期,正是由于司马睿、王导君臣在南方重建晋朝,及以后的宋、齐、梁、陈较为平稳的递嬗,才使先进的传统文明在南方得以保存与延续,才没有被相对落后、野蛮且具强大破坏力的胡兵毁于一旦。进一步说,保存、延续于南方的先进的传统文明,也给十六国北朝的统治者逐渐接受这种文明提供了机会与条件。范文澜说:"在东晋南朝时期,长江流域开发出来了,使隋唐封建经济得到比两汉增加一倍的来源;文化事业发展起来了,使隋唐文化得到比两汉提高一层的凭藉;东晋南朝对历史是

---

① 参考葛剑雄《普天之下——统一分裂与中国政治》,吉林教育出版社 1989 年版。

有贡献的，不能因为政治上是偏安，轻视它们的贡献。”[①]这才是马克思主义的唯物史观。恩格斯在《费尔巴哈与德国古典哲学的终结》中，肯定了欧洲中世纪的进步作用，其精神也适用于我们对六朝的评价。

研究六朝历史与文化，更新我们的认识，还是一个关键，就是关于世家大族的评价问题。什么是世家大族？《新唐书·高俭传》云：“太上有立德，其次有立功，其次有立言，其次有爵为公卿大夫，世世不绝。”即在婚、宦、学三方面都有得一说的家族。然而在特别重视阶级观点的时代，世家大族被认为是腐朽没落的。按这样的观点来理解六朝历史与文化，便觉格格不入了。在中国悠久绵长的历史中，六朝应该是最具贵族气质的时代了。在这个时代，把持从中央到地方各级权力的是世家大族，拥有连片大地产的是世家大族，撑起这一时代文化大厦的也是世家大族。这是一个世家大族起决定性历史作用的时代，是世族政治、经济与文化相结合的时代。如果全盘否定世家大族的作用、地位、影响，还谈什么六朝历史与文化呢？

3. 追求创新，不说没有水平的话：正视存在问题，避免追捧热点，明确努力方向[②]

六朝历史的研究，当前最突出的一个问题是：从全国现有成果看，多数是把六朝作为魏晋南北朝的一部分来处理的，相形之下，研究六朝的专著少了，研究六朝文化的专著更少，这样，六朝的地域性、一贯性以及其不同于十六国北朝的特点，便不能完整、充分地展现出来。又一个较为明显的问题是：在缺口多的同时，“热点”的重复现象严重，如士族研究，往往重复做个案，琅邪王氏、陈郡谢氏等侨姓，吴郡顾、陆等吴姓，文章很多，但较少新的角度，缺乏新的资料；一些过去比较重视的老课题，如人物评价、赋役制度之类，现在还常见“炒冷饭”的论著。六朝文学的研究，也存在重复现象，日本学者就曾指出中国《诗品》、《文心雕龙》研究中的这一问题。没有新角度地“炒冷饭”，没有新资料地做“热点”，可能是由于不了解学术信息，也可能是一种急功近利的心理在起作用。东拼西凑、资料陈旧、观点雷同的“论著”，于个人是浪费了时间和精力，于学术更是无功于发展的。

还有些问题是带有普遍性的，不止反映在六朝研究领域。比如把复杂的历史简单化、公式化；比如割裂历史的整体感，政治、经济、军事、文化等门类分得过

---

① 范文澜《中国通史简编》第四册，人民出版社 1964 年版。

② 参考卞孝萱师《关于六朝研究的几点思考》，载《南京大学学报》2001 年第 2 期。按此文由卞师撰写初稿，笔者敷衍成文，最后卞师定稿。

于绝对，互不关照；比如避难就易，不肯下功夫去研究经济基础，研究生产力的发展；比如无心去搜集、占有资料，而好发没有坚强依据的泛泛之论，甚至好发空论、怪论。

一方面是存在问题不少，另一方面，六朝研究有待努力的方向很多。六朝疆域变迁、政区沿革，六朝都城建设，六朝政治制度、改革措施，六朝民族与人口，六朝宗教与信仰，六朝南北交流与中外交流，六朝社会状况与地区开发，六朝考古发现及其史学意义与史学解释，等等，都还研究得不充分，而又不能不去做深入的探讨。篇幅有限，这里不一一去说，仅以六朝文化为例说明之。

六朝文化是有历史特点和地方特色的文化，它承上启下、继汉开唐，继承发展了秦汉文化，并孕育了空前繁荣昌盛的隋唐文化。陈寅恪指出：六朝文化在传承汉魏以前中国传统文化方面发挥了重要作用，并且成为隋唐礼乐政刑典章制度的重要渊源；国外学者把包括六朝在内的汉晋文化与罗马文化，并列为世界古代文明的两大中心，这又说明了六朝文化在世界史上的意义。六朝文化研究的现实意义也是可以肯定的：六朝在中国南方开发史上占有十分重要的地位，南京作为六朝的首都，江苏苏南作为六朝的王畿区，秦岭淮河以南作为六朝较稳定的疆域范围，六朝文化的探讨，对于该区域弘扬历史文化传统，进行新的文化创造，具有相当的参考价值。

六朝文化研究具有如此重要的学术意义与现实意义，而目前的研究，距离学术与现实的要求，还差之较远。从全国现有研究六朝文化的专著看，上层的雅文化占大多数，下层的俗文化相对要少得多。在雅文化中，又以文学占大多数。在文学专著方面，也呈现出不平衡的状态，如对六朝文学的研究与对六朝文论的研究不平衡，《文心雕龙》的研究非常活跃，《文选》的研究相形见绌；诸种文体的研究不平衡，研究诗的成果多，研究骈文的成果少；作家的研究不平衡，陶渊明的研究者最多，嵇康、陆机、陆云、鲍照、江淹、沈约、庾信的研究者较少。这种不平衡的状态，也存在于史学、哲学领域中。总之，目前的研究成果，尚不能完全、圆满地反映出六朝文化的全貌。

针对这种状况，当前开展六朝文化的研究，应开拓新的专题，运用新的材料，提出新的观点，展示新的风格。在研究方法上，分门别类地理清思想、学术、教育、文学、艺术、宗教、风俗等各方面的具体史实与发展线索，是十分必要的；与此同时，更应强调的是：在时间上，把六朝文化与此前的秦汉文化、此后的隋唐文化进行比较，以明了其纵向的流变；在空间上，把六朝文化与同时期的北方文化进行比较，以探究其地域的差异。在层次上，上层的雅文化即以世家大族为代表的文化，值得深入研讨；下层的俗文化——包括民众的衣食住行、婚丧嫁娶等方面，因其丰富多彩，而构成为当时社会文化景观极其重要的一部分，也是六朝文化研究中不可缺少的部门。研究六朝文化，还应避免物质文化与精神文化的轻重失衡，仅仅重视精神文化的研究，是不够的，物质文化、制度文化、精神文化、行为文化、心态文化，都要顾到。至于六朝文化精神（即六朝文化的精髓所在），六朝文化建设（如图书，目录，官学设施，各级文化机构等），六朝文化内部的时代变迁（如孙吴之尚武，不同于齐、梁之尚文）、区域差异（如淮域不同于江东，江东不同于江汉，江汉有异于巴蜀，巴蜀有异于岭南）、民族特征，各文化因子的交互影响（如佛道与文学之间），北人南迁所带来的南北文化由冲突到融会，六朝文化遗存及其开发利用，等等，也都是六朝文化研究的题中应有之义。

4. 经世致用，不说没有反响的话：以《六朝文化》的获奖与浙江长兴的做法为例

我们做研究的目的是什么？追求名山事业，这是很高的境界；作为个人兴趣，这也非常正常，并且值得提倡。但是，只有这些，还是不够的。往大处说，学习研究六朝文化，有助于深刻地认识中国传统文化，有助于准确地理解六朝在中国历史上的地位，有助于全面地把握中国文化的多样性和中国文化的博大精深。往小处说，为了实现自身的发展与学术的价值，也必须去关注地方历史文化资源的发掘，去服务于地方经济社会文化的发展，也就是说，要走经世致用之路。这里不妨举两个例子。

在2003年第八届江苏省哲学社会科学优秀成果评奖中，由江苏省六朝史研究会组织编写的《六朝文化》（许辉、邱敏、胡阿祥主编，江苏古籍出版社2001年版），荣膺一等奖。为什么《六朝文化》能获得这样的殊荣？这必有其突出的地方。突出的地方，笔者认为主要体现在以下方面：一是江苏特色，六朝之于江苏之于南京太有意义了；二是众手成书而能做到吸纳众人之长，并且自成一体；三是最新的文物考古资料的合理应用；四是把经世致用落到了实处，注重可操作性。这第四点应该是最重要的。《六朝文化》一书由“基础研究编”和“应用开发编”两部分组成。“应用开发编”意在学以致用、服务社会，包含了七个富有创意的专题，即“江苏省域六朝文化遗存及其开发利用”、“六朝石刻的保护和利用”、“六朝京口云阳文化带与现代文化振兴”、“六朝旅游与江苏六朝专题旅游发展战略”、“六朝家族研究与姓氏资源开发”、“六朝文物陈列与六朝文化开发”、“南京市博物馆‘六朝风采’陈列专馆及其启示”。其实这方面的作为空间还是相当广阔的，接下来江苏省六朝史研究会准备“经世致用”的方面，就有六朝衣食住行的综合研究及其开发利用、六朝文化对江苏城市雕塑创意的启示、六朝文物的仿制与江苏旅游纪念品市场、六朝历史文化与江苏爱国爱乡教育。江苏省六朝史研究会甚至在考虑接手一些家谱的编修与续修。

2003年11月27日至12月1日，浙江省长兴县举办了“陈武帝诞辰1500周年国际学术研讨会暨文化经贸系列活动”。研讨会的档次相当高，主题为“陈武帝的历史作用及南朝史”。其他的活动主要有三类：一是陈皇后裔系统的，有联谊会成立仪式、主题报告会、工商代表投资恳谈会、代表联谊座谈、祭祖活动；二是陈皇故里摄影大奖赛；三是地方政府主办的，如“太湖韵·帝乡情”中国民乐演奏音乐会、“帝乡风情”广场文艺演出、陈霸先铜像揭幕仪式、陈霸先研究中心成立，以及众多的考察参观活动。从当时的感觉来说，那是丰富多彩的，整个长兴县城如同节日般热闹；从后来的报道与笔者了解的情况看，学术上的陈霸先研究与经济上的陈皇后裔投资，都是卓有成效。

作为历史文化积淀深厚、经济社会实力强劲的江苏与南京，在六朝历史与文化的基础研究与应用开发方面，当然是大有可为的。以上所述，虽然浮光掠影，但有一点是明确的：作为江苏，作为南京，不能不了解六朝，研究六朝，进而理解六朝，利用六朝。因为江苏是六朝京畿所在，因为南京是六朝古都，因为六朝是文彩风流的时代，因为六朝的知识分子是最具有人文精神的。笔者相信，江苏以及南京的六朝历史与文化的研究与开发，一定会成为政府支持、学界重视、社会关心的热点，并且取得显著的成效。

附录二
东晋十六国南北朝地理环境述论

1934年3月1日出版的《禹贡》半月刊第一卷第1期之“发刊词”云：

> 历史是最艰难的学问，各种科学的知识它全部需要。因为历史是记载人类社会过去的活动的，而人类社会的活动无一不在大地之上，所以尤其密切的是地理。历史好比演剧，地理就是舞台；如果找不到舞台，哪里看得到戏剧！所以不明白地理的人是无由了解历史的，他只会记得许多可佐谈助的故事而已。自然地理有变迁，政治区划也有变迁。如果不明白这些变迁，就到处都成了“张冠李戴”的笑柄。①

又1944年3月，《求是月刊》创刊号所载李长傅《淮域形势与中国历史》一文指出：

> 离地无人，离人无史，人类活动于地面之上，演出可歌可泣的历史。我们固然不是机械的唯物论者，说一切历史，都受地理环境的支配。但要是彻底明了人类历史的因果，不能不对于人类与其活动的空间在历史上的相互关系有深切的认识。

就东晋南朝以至东晋十六国南北朝之侨州郡县与侨流人口的理解与研究而言，当然也不例外。从最浅显处来说，侨州郡县的设置联系着侨流人口，侨流人口联系着民族迁移与战争动乱，民族迁移与战争动乱又联系着当时诸多的地理环境因素及其变迁；而反过来说，明了该时期的地理环境，也无疑有助于我们更加客观全面地理解其时的战争动乱、民族迁移、侨流人口、侨州郡县。为了说明问题与引起重视，这里不妨引证美国史家汪荣祖《气候变化与明清代兴》②文中的观点。在汪荣祖看来，朱明其实亡于民变，民变直接缘于饥饿，饥饿因为特异的灾荒，特异灾荒根源于异常的寒冷气候，而异常寒冷气候联系着太阳活动周期的变化；换言之，太阳活动周期的变化导致了地球气候变化，地球气候变化“既直接影响至生态环境，如果略为持久，必然危及人文景观，诸如生存条件、经济活动、甚至发生社会之动乱与夫政治结构之崩溃”，而“明清代兴之深层原因”，亦即十六、

---

① 此“发刊词”由谭其骧师起草，顾颉刚改定。

② 载《纪念陈寅恪先生诞辰百年学术论文集》，北京大学出版社1989年版。

七世纪之“小冰期”。进之，汪荣祖指出：“历史知识有‘长时’、‘中时’、‘短时’之分。‘短时’者，民变蜂起、崇祯自缢之属；‘中时’者，连年饥馑、民不聊生之属；‘长时’者，乃气候变化之属。此短、中、长时之分，就结构而言，各为外层之知、中层之知、内层之知。明清代兴就其短时之外层现象观之，不外甲申之变、清师入关、扬州十日、嘉定三屠等等，此读史者较易触见者，而欲洞悉史事之深层结构，则其事较难”，当重视“自然界之异变及其难以抵御之伟力，岂沧海一粟之人类所能旋转”。

然则本书有关东晋南朝侨州郡县与侨流人口的研究，大体局限于“短时”之“外层之知”与“中时”之“中层之知”，至于“长时”之“内层之知”，则尚待努力。其实，起码就东晋十六国南北朝时期自然地理环境及其变迁而言，历史地理学界已有较为全面的研究成果可供治史者参考，一些观点也已成为历史地理学界的通识。仅以气候为例，蓝勇曾概括地指出：“以往学者的研究表明，中国历史上北方游牧民族周期性南迁往往是以这些地区的寒冷气候为潜在动力，故中国历史上几次重大的北方游牧民族南迁高潮对应着千年尺度的寒冷期，西周时期北方游牧民族南迁正对应着公元前1000年左右的寒冷期，东汉两晋南北朝时期游牧民族南迁正对应着100至500年左右的寒冷期，南宋时期游牧民族南迁正对应着1100至1200年左右的寒冷期，明末清初满清民族南下，正对应着‘明清宇宙期’。通过对历史地理的进一步研究表明，这不是一种简单的有次序的事件对应，而是有其因果联系和历史事实作为根据的。北方游牧民族南迁往往是由于寒冷气候而来的基本生存和生产受到严重威胁为潜在压力的。必须指出的是，历史时期北方游牧民族的南下对中国北方汉族人口东移南迁的作用不仅仅在于战乱对北方地区经济的极大破坏，极大地分散了统治者的治国精力，而更重要的是历史时期我国北方汉族地区也同样经历了周期性寒冷气候的冲击，北方汉族地区的农业生态也受到极大的破坏，使中国北方从经济上失去了与北方游牧民族抗衡的经济力量，穷于应付游牧民族南下的威胁；经济的越来越困难，也更加重了内乱，戎马蹂躏，更使北方汉族地区经济衰落。”[①]而具体到东晋十六国南北朝时期的史事，正是在相对寒冷的气候背景下，“形成了北方游牧民族南下的高潮，出现了历史上有名的‘五胡乱华’。也是在这样的寒冷干旱的背景下，北魏孝文帝将都城从平城迁往洛阳。在北方战乱不已的背景下，受多米诺骨牌效应的影响，北方汉民也同时大量南迁，在南方建立了许多侨置郡县，中国政治经济文

① 蓝勇《中国历史地理学》第一章第五节，高等教育出版社2002年版。

化中心出现了明显的东移南迁的端倪”[①]。

在生产力水平较为低下的时代，“自然力之决定史事发展，果未可忽视也欤”[②]，这是符合历史唯物主义的正确理论。比如经济生产方式的选择相当程度上决定于自然地理基础，战争的胜负相当程度上受山川形势的影响；再如东晋南朝侨流人口的水陆迁移路线与山地走向、河流流向之间，侨流人口的地域选择与自然条件、经济基础之间，也都存在着明显的对应关系或密切的因果联系。如此，自然地理的诸多要素都是值得我们去了解与把握的，而不能仅仅注意气候。

值得注意者还有自然地理因素以外的人文地理因素，如疆域、政区、民族分布。以疆域为例，侨州郡县的设置是与疆域变迁联系在一起的，疆域丧失后，出于正统观念，乃有借地寄寓的侨州郡县，而疆域的失而复得、得而复失等等复杂的变迁，使得废置无常的侨州郡县越来越迷人耳目。如此，梳理侨州郡县的重要线索之一，便是明确疆域的变迁。而侨州郡县在当时政区体系中的地位，侨州郡县对正常政区的冲击及与其他特殊政区的关系、比较，也决定了深入研究侨州郡县，需要全盘掌握当时政区的面貌。又东晋南朝侨州郡县主要是为当时大量存在的侨流人口设置的，此大量存在的侨流人口到底具有怎样的政治、军事、经济、文化意义，也需以了解当时东晋南朝范围内人口概况与民族分布等等为前提。

要之，东晋南朝之侨州郡县与侨流人口，虽属政区与移民的研究范围，却也密切关涉其他众多领域，其中宏观之地理背景即为不可忽视者。而问题的复杂之处在于，无论自然地理还是人文地理，东晋十六国南北朝时期的状况与现今的状况都存在种种的不同，则我们不能以现今的地理状况去阐释东晋十六国南北朝的历史，包括本书所研究的侨州郡县与侨流人口的历史。进一步说，自然地理状况与人文地理状况及其变迁，本身就是东晋十六国南北朝侨州郡县与侨流人口研究的题中应有之义，也是“狭义”的东晋十六国南北朝侨州郡县与侨流人口研究的必要前提与基础。

有鉴于此，本附录择要叙述东晋十六国南北朝时期之地理环境，包括自然地理方面的生态环境与自然资源，人文地理方面的疆域与政区。需要说明者三点：其一，生态环境与自然资源既是自然地理的重要内容，本身内涵又相当丰富。这里所选择者，仅为气候形势、动植物资源、河流湖泊、海岸推移、自然灾害五个方面。其二，自然地理这五个方面的述论，在地域上南北兼及，这主要是考虑到本

① 蓝勇《中国历史地理学》第一章第四节。

② 汪荣祖《气候变化与明清代兴》，载《纪念陈寅恪先生诞辰百年学术论文集》。

书所谓侨流人口，主体是指由北迁南的官民；又自然地理对于人文历史的影响往往存在“滞后”效应，而在诸如气候、河流、灾害等方面，魏晋南北朝时期又为一个比较完整的阶段，以此有关述论，时间上也不局限于东晋十六国南北朝时期，而是向前延伸，包括了三国西晋乃至东汉。其三，至于人文地理方面疆域与政区的述论，时空范围仅取与东晋南朝侨州郡县、侨流人口直接有关者，而不及同时之北方十六国北朝，以免繁琐。

一、生态环境与自然资源

生态环境与自然资源本身的内涵相当丰富。今选择与民族关系、政局治乱、人口迁移等联系密切，又与现今存在颇多差异的五个方面，述之如下。

1. 气候形势

魏晋南北朝时期气候的基本特征是寒冷。① 寒冷的气候既反映在农业物候上，也反映在一些极端气候事件上。

以农业物候来说，约成书于 533 年至 544 年的北朝贾思勰所撰《齐民要术》颇能说明问题。作为一部农业专著，《齐民要术》大体反映了黄河中下游地区的农业经验。据该书《种谷》记载：“三月上旬及清明节桃始花为中时，四月上旬及枣叶生、桑花落为下时。”与现在相比较，当时春季物候推迟了十天至半个月，即春季温度比现代低，这显然是寒冷期的现象。又《齐民要术·安石榴》：“十月中，以蒲蒿裹而缠之，不裹则冻死也。二月初乃解放。”现在河南、山东等地石榴树可在露地过冬，无需包裹，这表明当时冬季气温冷于现代。

类似的物候记载在《齐民要术》中还有一些，如《黍穄》：“常记十月、十一月、十二月冻树日种之，万不失一”，自注云：“冻树者，凝霜封著木条也。”此种冻树现象即现代的雾凇。当时雾凇现象应该相当普遍，否则贾氏不会以此作为第二年黍子播种宜日的指示现象，而出现雾凇的季节，一般气温较低。

据上，以代表平均状况的物候而论，《齐民要术》所反映的公元 6 世纪上半叶黄河中下游地区的气候，无疑是寒冷的。然而，更能表明此期寒冷气候的，还是一些极端气候事件，如霜雪日期的异常现象，见下表：

① 本小节有关冷暖的标准，采用我国 1951 年至 1980 年的平均气候及物候指标。

时间(公元)	地点与现象	资料来源
嘉禾四年七月(235.8.2～8.31)	南京[①]一带陨霜	晋书·五行志
泰始九年四月(273.5.4～6.2)	洛阳一带陨霜	晋书·五行志
咸宁三年八月(277.9.15～10.15)	河北中部至山东中部暴风寒冰陨霜	晋书·五行志
太康八年四月(287.4.30～5.30)	山东中部陨霜	晋书·五行志
光熙元年闰八月甲申(306.9.24)	洛阳一带霰雪	太平御览卷三四
太宁元年三月丙戌(323.4.30)	南京一带陨霜	晋书·明帝纪
太宁三年三月癸巳(325.4.26)	南京一带陨霜	晋书·五行志
建元元年八月(343.9.6～10.4)	南京一带大雪	晋书·五行志
永和二年八月(346.9.2～10.1)	河北中北部大雪,人马冻死	晋书·五行志
永和十一年四月壬申(355.4.28)	南京一带陨霜	晋书·五行志
天赐五年七月(408.7.9～8.7)	河北中部陨霜	魏书·灵征志
义熙五年三月己亥(409.4.11)	南京一带雪深数尺	晋书·五行志
太和六年四月(482.5.4～6.1)	河南中部陨霜	魏书·灵征志
太和九年四月(485.4.30～5.29)	山东中部陨霜	魏书·灵征志
太和九年六月(485.6.28～7.27)	河南中部、河北中南部陨霜	魏书·灵征志
景明元年八月(500.9.9～10.8)	河南中部暴风陨霜	魏书·灵征志
天监三年三月(504.4.1～4.29)	南京一带陨霜	南史卷六
正始二年四月(505.5.19～6.16)	山东中部陨霜	魏书·灵征志
正始四年九月(507.9.22～10.21)	洛阳一带大雪	魏书·灵征志
延昌四年三月(515.3.31～4.28)	黄河中上游南部八州陨霜	魏书·灵征志
熙平元年七月(516.8.14～9.11)	黄河中下游南北地区十一州陨霜	魏书·灵征志

类似这样的记载,其实还能找到不少。以上极端霜雪现象,具有气候指示意义。一般来说,霜雪初日提早,则秋季气温下降提前,秋季平均气温较常年偏低;又霜雪终日的推迟,表明春季气温的偏低。以此衡量,上表中的霜雪日期,大部分是接近或者超过现代的极端,这说明当时气温较现代低。如表中吴嘉禾四年

① 当时称建业(孙吴)、建康(东晋南朝)。按本节为叙述方便,多用现代地名。

七月南京一带陨霜，初霜日至少提前七十天，由此推算，该年秋季平均气温要比现代低 2.8℃；其他年的资料也可作类似的推算。

当时一些年份霜雪期的延续时间，也反映了严寒冬季的存在。如太元二十一年（396 年）十二月，南京一带“雨雪二十三日”[①]；元嘉二十九年（452 年）“自十一月霖雨连雪，太阳罕曜”，次年“正月，大风飞霰且雷”[②]；又建元三年（481 年）十一月“雨雪，或阴或晦，八十余日，至四年二月乃止”[③]。现代南京一带年雪日数的平均值仅八点四天，以上雨雪日大大超过现代极值，其为严寒冬季无疑。有学者还据此推测，以上东晋南朝时的这三个严寒冬季，苏北沿海或钱塘江等江湖可能出现冻结现象，其严寒极端情况，均超过现代气候所见极端现象，而仿佛于明清小冰期时的极端情况。[④]

值得注意的是，在基本特征呈现为寒冷的该时期，寒冷程度也有着一定的波动。据《晋书》、《宋书》、《南齐书》之《五行志》与《魏书·灵征志》及相关正史本纪所见资料分析，魏晋南北朝寒冷期的第一个寒冷低值过程，出现在 3 世纪 80 年代至 4 世纪 40 年代，时间长约六十年；在这六十年中，寒冷事件的出现频率很高。第二个寒冷低值过程至迟在 5 世纪初叶已有迹象，如神瑞元年（414 年）后，北魏平城（今山西大同市东北）一带“比岁霜旱，五谷不登”，云、代等郡人民死亡甚多。[⑤] 此后一直到北魏迁都洛阳间，这一带霜雪极端事件屡见记载。据《魏书·灵征志》，太延元年（435 年）七月，平城一带“大陨霜，杀草木”；太平真君八年（447 年）五月，“北镇寒雪，人畜冻死”；又 465、479、483、485 等年，情况也都类似。直到太和十七年（493 年），“魏主以平城地寒，六月雨雪，风沙常起”[⑥]，将都城由平城迁往洛阳。当时平城一带六月雨雪，而现代大同一带平均在阳历 4 月上旬已经断雪，7 月正是一年中温度最高的月份，平均温度达 20℃ 左右。又当时南方长江流域也不例外，如刘宋大明六年（462 年），设置凌室于首都建康（今江苏南京市），修藏冰之礼。[⑦] 现代南京一带 1 月平均气温 2℃，河湖结冰时间不长，冰块很薄，不能储藏；当时南京一带既有冰可供收藏，可见当时冬季气温比现

① 《晋书·五行志》。

② 《宋书·二凶传》。

③ 《南齐书·五行志》。

④ 邹逸麟主编《黄淮海平原历史地理》第一章第三节，安徽教育出版社 1991 年版。

⑤ 《魏书·天象志》、《资治通鉴》卷一一七。

⑥ 《资治通鉴》卷一三八。

⑦ 《宋书·孝武帝纪》。

在大约冷 2°C 左右。然则综合有关寒冷事件的各种记载，这第二个寒冷低值过程大约延续到了 6 世纪的 20 年代。

以上两个寒冷低值过程，累计一百七十年左右。这一百七十年左右，是时间跨度长达三百六十余年的寒冷的魏晋南北朝时期相对更为寒冷的时期。

魏晋南北朝时期气候的另一大要素即湿度，呈现出相对干旱的特征。统计正史五行志、正史本纪有关大水年与大旱年的记载，大旱年出现的次数稍多于大水年[①]；换言之，魏晋南北朝总体上可以被认做是一个寒冷干燥的时期。

2. 动植物资源

魏晋南北朝时期的动植物资源，受自然条件（特别是其中的气候因素）与人为活动的影响，已不及先秦秦汉丰富，但是较之今日，还是远远胜出。又各地区动植物资源及其影响因素，也每有不同。

大兴安岭北段的寒温带林、小兴安岭和长白山的温带林，植被发育良好，以森林为主，三江平原则广布沼泽植被。该地区拥有多量的鹿、貂等野生动物资源。

华北暖温带落叶阔叶林地带，由于强烈的人类活动影响，森林迅速减少，许多平原森林被采伐殆尽，不少地方因缺乏木材，不得不远途去外地伐木。另一方面，长期而大规模的战乱，引起大片土地抛荒，变成次生的草地和灌木丛。据《三国志·魏书·高柔传》，魏明帝时（227～239 年），荥阳附近千余里因人口耗散，土地荒芜，林木获得发展，野生动物如狼、虎、狐、麋、鹿又在此栖息。

华北地带的少数山区，出现了“上无草木”的荒凉现象，但大部分山区及一些相对僻远的平原，仍分布着茂密的森林。依赖森林环境的动物，如猕猴、鹦鹉、虎等等，在华北广为分布。据《魏书·灵征志》，直到东魏时，淮北仍可见到从南方来的并不过冬的野象。

相对于华北，华东、华中、西南的亚热带常绿阔叶林地带，动植物资源更为丰富。以华东言，北部沿长江、淮河一带，次生林成为主要的林相，而东部宁绍地区，虽经人类的大肆采伐，原始林木仍多有留存，如直到刘宋时，当地还有先秦的古樟。华中之汉水上游陕鄂边境，“秀林茂木，隆冬不凋”[②]；西南方面，秦岭巴山一带山地仍是茂密的北亚热带森林和竹林，三峡地区“林高木茂”[③]，云贵高原植

① 张步天《中国历史地理》上册第四章第一节之（五），湖南大学出版社 1987 年版。
② 《水经·沔水注》。
③ 《水经·江水注》。

被良好。

今日一些珍稀动物，如犀、象、虎、孔雀、鹦鹉、麋鹿、长臂猿、大熊猫、竹鼠、扬子鳄等，在当时的华东、华中、西南地区广泛分布。如野象，西至四川盆地，东达淮北江南，南及江西、广西，都曾经见于记载；三峡、湘西、浙西、闽中，处处可见长臂猿的活动；江淮之间和长江中下游活动着扬子鳄；孔雀当时在四川盆地相当常见。

动植物资源尤为丰富多彩的地区，是包括今闽南、岭南和滇南的热带林地带。以岭南为例，热带雨林、季雨林发育良好，热带海洋林也有留存。椰子、荔枝、龙眼、榕桂、紫荆、铁力木、八角茴香、沉香等植物品种，犀、象、虎、孔雀、猩猩、马来鳄等动物品种，生长、栖息于热带林中。比如孔雀，在岭南是常见的飞禽，由于容易猎获，大都作为食物，其羽毛则作为装饰品，大量使用。

区别于以上各地区的，是北部温带草原。据《魏书·序纪》，拓跋推寅从大兴安岭以北南迁，经过呼伦贝尔时，这里还是大片沼泽，湖面也比以后大得多，这表明了汉晋时代呼伦贝尔草原优越的植被状况与湿润条件。今内蒙古高原的草原景观，北齐的《敕勒歌》"天苍苍，野茫茫，风吹草低见牛羊"，是形象精到的概括。在黄土高原西北部的森林草原地带，直到南北朝时期，森林资源仍十分丰富，《魏书·世祖本纪》载北魏时曾"就阴山伐木，大造攻具"，可知阴山一带森林的茂密。又河西的植被状况，较之西汉有了若干变化，不仅屯田大多废弃，而且由于从事游牧生活的部族大量进入河西地区，退耕还牧，使畜牧业生产比重大为提高。如北魏平北凉，获"牛马畜产二十余万"①，这说明了当地畜牧业已占到了主导地位，由此又可见河西一带次生草原在东晋以后逐渐恢复的事实。在陇右、湟中和祁连山等山区，森林资源比中原丰富得多，《水经·河水注》即称黄河上游"河湟之间多禽兽，以射猎为事"。

3. 河流与湖泊

魏晋南北朝时期的河流与湖泊，颇有不同于今日之面貌者；与先秦秦汉时期相比较，也有众多的河流与湖泊发生了频繁而复杂的变迁。

魏晋南北朝时期的黄河，仍沿袭着东汉王景公元69年至70年治理后所固定的河道。这一河道是从长寿津（今河南濮阳县西旺宾一带）自西汉大河故道别出，循古漯水河道，经今范县南，在今阳谷县西与古漯水分流，经今黄河和马颊河之间，至今利津入海。这条河道在形成以后的大约八百年时间里，比较稳定。魏

① 《魏书·世祖纪》。

晋南北朝时期，正处于河道的最稳定阶段，一共只发生了六次河溢，即曹魏时两次，西晋时两次，北魏时两次，平均每六十年一次，远远低于王景治河后至东汉灭亡的平均三十七点五年一次河溢及唐代平均十八年一次的河患。

该时期黄河下游河道相对稳定的原因是多方面的。首先，东汉以后大批游牧民族入居泥沙来源最多的黄河中游的黄土高原地区，原来的农耕民族内迁，中游许多土地退耕还牧，次生植被开始恢复，水土流失相对减轻，下游河道的淤积速度减缓，决溢次数就必然减少了。其次，黄河下游两岸存在着许多分流和湖泊，洪水来时起着调节水沙的作用，减轻了干流的负担。再次，十六国时期下游河道两岸土地荒弃颇多，灌木杂草丛生，对固堤有一定作用。还有下游河道入海比较顺直，水流迅急，可将泥沙大量输送入海，有一段时间可能冲刷超过堆积。还有海平面下降等因素，可能也在其中起着一定的作用。

魏晋南北朝时期的淮河，干流相对稳定，独流入海。依据《水经·淮水注》的记述，淮水干流源出桐柏胎簪山，上中游流路与今淮河基本一致，下游自今盱眙以下，与今流路完全不同，它穿过今洪泽湖，东北至今淮阴市，沿废黄河流路至今涟水县东境入海。

淮河是一条多支流的河流，这与黄河不同。魏晋南北朝时期，黄河下游的分流和汊道逐渐淤浅和减少，南岸分流除了漯水外，主要分流是鸿沟水系，北岸则基本上已无分流和汊道。淮河支流却相当密集。《水经·淮水注》记载的淮北平原，有大小十九条支流，自西北向东南流注淮河，如汝、颍、沙、過、涣、睢、泗、汳、沂、沭、游等水，都属重要的淮北支流；相对而言，淮河以南由于山地丘陵逼近淮河干流，平原狭窄，支流相对较少且多数为短小河流。又淮河支流的历史演变，南岸支流除中渎水外，大体稳定少变，北岸支流则变迁较为频繁。

魏晋南北朝时期的海河水系，演变情况复杂。当西汉时，今海河的五大干流即北运河（汉时的沽水）、永定河（汉时的治水）、大清河（汉时的泒水及滱水）、子牙河（汉时的虖池水）、南运河（汉时的清水），从北、西、南三面分别由天津附近的洼淀分流入渤海，还没有形成一个统一的水系。成书于东汉至三国时期的《水经》沽河云："又东南至泉州县，与清河合，东入于海。清河者，泒河尾也"，这是海河诸水同归于海的较早记录。东汉末曹操在统一北方的战争中，为了漕运的需要，于建安九年（204 年）"遏淇水东入白沟"[①]，使东北进入清河，成为日后的卫河，后又凿利漕渠引漳水以增加白沟的水源，为以后南运河的形成奠定了基础。

① 《水经·淇水注》。

建安十一年(206年),开凿了一条使虖池水改流向北入泒水的平虏渠,其故道大致相当于今青县北至静海独流镇间的一段南运河,把现在的南运河、子牙河、大清河等三大海河干流沟通起来。同年,又凿泉州渠,从今宝坻县西的泃河口入潞河,与南来的清河会合,为以后北运河的形成奠定了基础。

以上平虏、泉州等渠的兴建,使得河北平原上几条大的支流相互连通起来;而这时的渤海西岸陆地又向海有所伸展,合流以后的河道,得以转而向东并流入海,即形成了自今天津市的三岔口向东入海的海河尾闾部分(当时称"泒河尾",是泒河与其他各河汇流后的下游),至此,海河水系得以初步形成。

海河水系初步形成时,南部的淇水虽经曹操导入白沟与清河合,但在淇水以西今卫河上游的清河,仍由朝歌独流入黄河,到东晋十六国时,始导清合淇入白沟,并入海河水系。又北部的鲍丘水(潮河前身)因未与沽河会合,也不属海河水系。及北魏时,㶟水(汉时的治水)、沽水在武清相汇,转而东流,与潮河一起循今蓟运河入海。雍丘县以下的潞河,虽有水道存在,但只是一个枯渎,海河水系被分割为南、北两系。据此,北魏时期海河南北两大水系,尚未正式进入合流局面。海河南北水系连成一体,海河水系各大河在天津附近汇流入海局面的固定,要晚到隋炀帝大业四年(608年)开凿永济渠以后。

黄、淮、海以外,魏晋南北朝时期的又一重要河流是长江。[①] 据《水经·江水注》,当时仍把岷江作为长江的上源;长江变迁较为复杂者是长江中游的上段即荆江河段。荆江上起枝江,下迄城陵矶,其江陵以西的荆江河段,最突出的问题是江、沱易位;江陵以东的荆江河段,则是统一河床的塑造。

所谓江、沱易位,缘于荆江分汊河道的南为江、北为沱。先秦两汉时,江、沱约在今松滋涴市合流,然后沿今江道东流至江陵,当时沮水下游在今江陵西南附近折向东流至江陵城南,又东纳入阳水,即江陵县南的北江尚未形成。及魏晋时,江、沱的分流量逐渐趋于平衡,故东晋南朝之际,江又称为外江,沱又称为内江。内江流量增大的结果,沮水下游东折流路被江水劫夺,江水以此紧逼江陵城南,威胁江陵城的安全。东晋时开始沿江北岸创筑金堤,以策安全,同时逼沮南下,形成《水经注》所记载的江陵西南的北江分汊河道。原来江、沮之间的滩地则被水流冲断,形成一系列沙洲,而沮水也改在今江陵西南附近入江。

魏晋南北朝时期,又是江陵以下的荆江统一河床塑造的重要阶段。魏晋时,

---

① 以下有关长江的叙述,参考张修桂《中国历史地貌与古地图研究》"第一篇　长江中下游河湖地貌演变",社会科学文献出版社2006年版。

今石首境内的荆江河段，开始摆脱湖沼区的漫流状态，塑造自身的河床；这时监利境内的荆江河段，仍旧通过云梦湖沼区，尚无独立河床可言，仅有东南方向的大体流路。至南北朝时，荆江河床仍然如此。据《水经·江水注》记载，石首境内的荆江河床形态极为清晰，两岸不但有众多的穴口分流，还有较高爽的自然堤供人类定居，江中并有不少沙洲分布；但监利境内的荆江河段，几乎不见任何记载，不但没有城邑，连穴口分流和沙洲也不见记载，这反映了当时监利境内荆江河段横穿云梦泽、尚处于漫流为主要形态的情况。荆江统一河床最后塑造完成，是监利境内云梦泽消失的结果，而这要晚到唐宋时期。

长江中游的下段即城陵矶至湖口之间的河段，属于分汊型河段，其中又可分为顺直分汊和弯曲分汊两种类型。顺直分汊类型河段有：城陵矶至石码头，沙帽山至武汉市，西塞山至武穴；弯曲分汊类型河段有：石码头至沙帽山，武汉市至西塞山，武穴至湖口。又无论顺直分汊还是弯曲分汊，江中都发育有江心洲，如石码头至沙帽山段有归粮洲，沙帽山至武汉市段有叹洲、鹦鹉洲，武汉市至西塞山段有东城洲、武洲、峥嵘洲、举洲、芦洲、五洲、三洲，西塞山至武穴段有石穴洲，武穴至湖口段有桑落洲。这些江心洲或稳定，或多变；与现今比较，河道及其顺直或弯曲，也不尽相同，如城陵矶至石码头段中的杨林矶以下河段，在今河道以南；西塞山至武穴段，江面较今略宽。

湖口以下的长江下游，可以今南京为界分为上下两段。上段即湖口至南京段，河谷较为开阔，采石矶外的江心洲为较大的江心洲之一。下段即南京以下，有的地方宽阔，有的地方狭窄，与现代不同。瓜埠至青山之间，河道相当宽阔。龙潭以下，南岸紧靠宁镇山脉北麓，岸线平直；北岸岸线则凹凸不平。又今扬州、镇江之间为喇叭形海湾，有涌潮可供观赏。处于入海口一段的长江，有不少沙洲见于记载，如白沙洲、贵洲、新洲、嘉子洲、中洲、瓜洲等。白沙洲在今仪征一带，瓜洲在今镇江市北靠近南岸，其余沙洲在此二者之间。

由以上黄河、淮河、海河、长江的简单叙述，可以大致明了古今河流的变迁概况；然而与河流比较起来，古今湖泊的变迁尤为巨大，竟至每每有面目全非之处。

魏晋南北朝时，反映湖泊状况最为全面的资料，当推北魏郦道元的《水经注》。《水经注》共记有湖泊五百余个，其名称各有不同，据统计，有湖一百一十四，泽一百，陂一百六十，池一百一十七，淀十二，薮十一，海七，其他三十八。实际上，当时许多湖泊还未计入。而由当时比较大的湖泊的古今情况对照，则湖泊变迁之巨可见一斑。如现已堙没或基本堙没的当时较大湖泊，有泑泽（今罗布泊）、居延海（今内蒙古额济纳旗境）、屠申泽（今内蒙古磴口县境）、芍陂（今安徽寿县境）、孟诸泽

(今河南虞城县境)、圃田泽(今河南中牟县境)、黄泽(今河南汤阴、内黄一带)、白洋陂(今河南杞县境)、九泽(今山西祁县、介休一带)、王泽(今山西新绛县境)、董泽(今山西闻喜县境)、大陆泽(今河北隆尧、巨鹿、任县间)、林台泽(今河北魏县、临漳一带)、鸡泽(今河北永年县境)、天井泽(今河北安国市境)、夏泽(今河北大厂县境)、雍奴泽(今河北霸州市、天津静海间)、大野泽(今山东巨野县境)、菏泽(今山东定陶县境)、雷泽(今山东菏泽县境)、夷安潭(今山东高密市境)、都野泽(今甘肃民勤县境)等;现已大为缩小或缩小的当时较大湖泊,有洞庭(今洞庭湖)、震泽(今太湖)、镜湖(今浙江绍兴县境)、参合陂(今岱海)、巨淀(今清水泊)、青海(今青海湖)、敦薨薮(今博斯腾湖)等;当时的彭蠡(今鄱阳湖)则现已大为扩大。

4. 海岸推移

魏晋南北朝时期的基岩岸线变化不大,而一些沙质海岸,受河流、波浪、潮汐等动力作用的影响,岸线较此前此后有所不同。

有关辽东湾顶部海岸线的资料较少。根据今辽宁黑山以南、台安以西、北镇以东的近海地区汉魏时空无城邑的情况,以及晋末到唐初辽东辽西间往返的相关记载,可以推测这一带还是沼泽化滩地。长期的沼泽化,延缓了三角洲的形成和海岸的伸展。辽东湾滨海平原的主要入海水道为辽河及大、小凌河,其上源在汉魏时期居住着乌桓族和鲜卑族,他们以游牧为生,原始植被未遭破坏,水土保持良好,河流来沙很少,海岸线因此长期处于较稳定的状态。据研究,辽东湾顶部的古岸线,在今右屯卫、闾阳驿、杜家台、盘山、沙岭、牛庄、大石桥至盖平一线,这一岸线直到 11 世纪,仍无多大变动。①

滦河三角洲平原海岸,汉末三国时在今河北省昌黎北碣石山南附近,曹操曾登临碣石观海。由于滦河入海尾闾在三角洲上游荡不定,根据《水经注》的有关记载,可知当时的海岸线已在今乐亭县治以南。

渤海湾西部岸线,魏晋南北朝时期较为稳定,这缘于黄河入海口的南撤。公元 11 年以后,黄河在渤海湾南部的山东入海,渤海湾西部岸线接受黄河来沙显著减少。在供沙不足的条件下所形成的贝壳堤,北起天津东郊白沙岭、军粮城,向南经泥沽、邓岭子、上沽村、马棚口、歧口、张百河、贾家铺、狼坨子一线。该道贝壳堤的主体,代表着一千五百年至两千年前的古岸线。②

---

① 王育民《中国历史地理概论》上册第一编第四章第二节,人民教育出版社 1985 年版。

② 在渤海湾西岸宽三十至四十公里的范围内,由陆向海方向分布着数条贝壳堤,它们是古海岸线停顿的可靠标志。以上所述是第二道贝壳堤。详《黄淮海平原历史地理》第六章第一节。

魏晋南北朝时期的黄河尾闾，长期稳定在今黄河口附近，今河北、山东交接处的海岸线因此向前伸展较快。《水经注》载五世纪时黄河在今山东博兴、利津间以下分汊，一股东南出，是支津，与济水汇合入海，一股是主流，出东北径直入海。当时黄河口是一个扇形三角洲，三角洲南沿的海岸线与现代相近，三角洲北沿则远在今海岸线以内。

苏北海岸线魏晋南北朝时期较为稳定。较为稳定的原因，仍是由于黄河安流于山东半岛北部，及在苏北入海的河流含沙量较少。南北朝时，苏北海岸线的大致走向为今赣榆、连云港市、板浦镇、响水西、云梯关、阜宁、建湖东、盐城、东台、富安、李堡、如东；当时云台山及其周围以及南通市，都仍在海中，为海岛。

长江口南岸沙嘴，从四世纪起，开始向东推进。自孙吴征服山越和晋室东渡以后，由于大量山地得到开发，森林植被遭到破坏，水土流失，加大了固体径流，泥沙逐渐在河口沉积。东晋时期，上海地区的海岸线大致北起娄塘，经嘉定城、南翔、诸翟、莘庄、闵行、南桥、柘林，然后进入杭州湾中的王盘山，再往西则至海盐的澉浦。至于杭州湾的南沿今浙江宁绍地区的海岸，则在现代岸线以南。

5. 自然灾害

自然灾害是指自然界的异常现象给人类社会带来的灾难。魏晋南北朝时期，自然灾害相当频繁，对此，邓云特有较为全面的说明："终魏晋之世，黄河长江两流域间，连岁凶灾，几无一年或断。总计二百年中，遇灾凡三百零四次。其频度之密，远逾前代。举凡地震、水、旱、风、雹、蝗螟、霜雪、疾疫之灾，无不纷至沓来，一时俱见。以言旱灾，则二百年间，见于史书者，凡六十次；以言水灾，亦达五十六次。至于风灾，共达五十四次；次为地震，计五十三次，频度亦密；再次为雨雹之灾，计亦三十五次。此外疫灾十七次；蝗灾十四次；歉饥十三次。他如霜雪、'地沸'，各仅两次，不足述矣。"[①]又南北朝时期，"所见之灾害更多。计水、旱、蝗螟、地震、霜雹、疫疠诸灾，总共达三百十五次。以与一百六十九年之数目相较，所超者及一倍以上。如再加以详细之分析，则此一百六十九年中，频数最高者为水旱之灾，计各七十七次；其次为地震，凡四十次；再次为风灾，共三十三次。此外霜雪为灾二十次；雨雹为灾十八次；蝗灾十七次；疫灾亦如之，歉饥十六次"[②]。

以上有关魏晋南北朝灾害次数的统计，还是比较粗略的。如《黄淮海平原历

① 邓云特《中国救荒史》第一编第一章第一节第三项，商务印书馆 1937 年版。

② 邓云特《中国救荒史》第一编第一章第一节第三项。

史地理》统计魏晋南北朝时期蝗灾发生年数为四十八年[①]，即多出邓云特统计的三十一次。

魏晋南北朝时期的自然灾害，不仅次数频繁，而且受灾程度往往非常严重。如大旱，西晋永嘉三年（309年），“江、汉、河、洛皆竭，可涉”[②]；宋大明七年（463年）至次年，“东诸郡大旱，甚者米一斗数百，都下亦至百余，饿死者十六七”[③]。又水灾，西晋泰始六年（270年）“六月，大雨霖，甲辰，河、洛、伊、沁水同时并溢，流四千九百余家，杀二百余人，没秋稼千三百六十余顷”[④]；咸宁三年（277年）九月，“兖、豫、徐、青、荆、益、梁七州大水，伤秋稼”[⑤]；北魏太和九年（485年），“京师及州镇十三水旱伤稼”，“南豫、朔二州各大水，杀千余人”[⑥]；北齐天统三年（567年）秋，“山东大水，人饥，僵尸满道”[⑦]。又暴风，西晋太康二年（281年）“五月济南暴风，折木，伤麦。六月，高平大风，折木，发坏邸阁四十余区。七月，上党又大风，伤秋稼”[⑧]；宋元嘉三十年（453年）“正月，大风拔木，雨冻杀牛马”[⑨]；南齐永元六年（499年）七月，“大风，京师十围树及官府居民屋皆拔倒”[⑩]；北魏景明元年（500年）“二月癸巳，幽州暴风，杀一百六十一人”[⑪]。又雨雹，《晋书·五行志》载咸宁五年（279年）“五月丁亥，巨鹿、魏郡雨雹，伤禾麦；辛卯，雁门雨雹，伤秋稼；六月庚戌，汲县、广平、陈留、荥阳雨雹。丙辰又雨雹，陨霜，伤秋麦千三百余顷，坏屋百二十余间；癸亥，安定雨雹；七月丙申，魏郡又雨雹；闰月壬子，新兴又雨雹；八月庚子，河南、河东、弘农又雨雹，兼伤秋稼三豆”；《晋书·石勒载记》载咸和六年（331年），“雹起西河介山，大如鸡子，平地三尺，洿下丈余，行人禽兽死者万数，历太原、乐平、武乡、赵郡、广平、巨鹿千余里，树木摧折，禾稼荡然”。又地震，宋大明六年（462年）“七月甲申，地震，有声自河北来，鲁郡山摇地动，彭城城

---

① 《黄淮海平原历史地理》第三章第二节。
② 《晋书·孝怀帝纪》。
③ 《南史·宋前废帝纪》。
④ 《晋书·五行志》。
⑤ 《晋书·武帝纪》。
⑥ 《魏书·高祖纪》、《魏书·灵征志》。
⑦ 《北史·齐后主纪》。
⑧ 《晋书·五行志》。
⑨ 《宋书·五行志》。
⑩ 《南齐书·五行志》。
⑪ 《魏书·灵征志》。

女墙四百八十丈坠落，屋室倾倒，兖州地裂。泉涌，二年不已”[①]；北魏延昌元年(512年)“四月庚辰，京师及并、朔、相、冀、定、瀛六州地震。恒州之繁畤、桑乾、灵丘，肆州之秀容、雁门，地震陷裂，山崩泉涌，杀五千三百一十人，伤者二千七百二十二人，牛马杂畜死伤者三千余”[②]。又蝗螟之灾，西晋永嘉四年(310年)五月，“大蝗，自幽、并、司、冀至于秦、雍，草木牛马毛鬣皆尽”[③]；东晋太兴元年(318年)“六月，兰陵合乡蝗，害禾稼。乙未，东莞蝗虫害苗稼。七月，东海、彭城、下邳、临淮四郡蝗虫害禾豆。八月，冀、青、徐三州蝗，食生草尽，至于二年”[④]；北魏太和六年(482年)，“八月，徐、东徐、兖、济、平、豫、光七州，平原、枋头、广阿、临济四镇，蝗害稼”[⑤]。

魏晋南北朝时期频繁而严重的自然灾害，结合以某些时段与地区相对频繁而严重的人为战争，又往往引起歉饥之灾与疾疫之灾。[⑥] 疾疫之灾如西晋咸宁元年(275年)十二月，“大疫，洛阳死者太半”[⑦]；永嘉四年(310年)，“襄阳大疫，死者三千余人”[⑧]；东晋永昌元年(322年)十月，“大疫，死者十二三”[⑨]。歉饥之灾如梁太清三年(549年)七月，“九江大饥，人相食者十四五”[⑩]；北魏景明二年(501年)“三月，青、齐、徐、兖四州大饥，民死者万余口”，次年，“河州大饥，死者二千余口”[⑪]。熙平三年(518年)正月，“幽州大饥，民死者三千七百九十九人”[⑫]。

魏晋南北朝时期，社会分裂动荡，战争连绵不断，加上频繁而且严重的自然灾害，真可谓天灾人祸并作。然则类似这样的天灾与人祸并作，又表明了天灾与人祸之间，往往存在着种种复杂的联系，兹举两例如下。

---

① 《宋书·五行志》。

② 《魏书·灵征志》。

③ 《晋书·五行志》。

④ 《晋书·五行志》。

⑤ 《魏书·灵征志》。

⑥ 如疾疫的发生与旱涝灾害密切相关。大旱大涝之后，环境污染，病菌滋生，粮食奇缺，人们的体质和免疫力明显下降，此时传染病最易流播。又战争也往往诱发疾疫，如孙权建衡年间，诸葛恪连年征战，发州郡兵二十万围攻曹魏合肥新城。时值盛暑，因连月不克，军人已十分疲惫，再由饮水不洁而致腹泻，“病者大半，死伤塗地”(《三国志·吴书·诸葛恪传》)。

⑦ 《晋书·武帝纪》。

⑧ 《晋书·孝怀帝纪》。

⑨ 《晋书·元帝纪》。

⑩ 《南史·梁简文帝纪》。

⑪ 《魏书·世宗纪》。

⑫ 《魏书·肃宗纪》。

例一：西晋末年，匈奴刘渊立国于今山西，开五胡十六国局面。刘渊的顺利立国，与山西民户的流失、并进而使当地胡汉力量的对比发生了根本变化有关。山西民户的大规模迁离本土，始自西晋末年，引发原因既有"人祸"，也有"天灾"。"天灾"如元康五年（295年），新兴、雁门、太原、上党大风，伤禾稼；永宁元年（301年）自夏及秋，并州等地大旱，并引起大蝗。此后至于永嘉，疾疫兼以饥馑，灾害不断。永兴元年（304年），刘渊遂反于山西，自号大单于。[①]

例二：梁天监十三年（514年），梁武帝萧衍接受北魏降将王足堰淮水以灌寿阳之计，征发役人及战士合二十万，筑浮山堰（今安徽嘉山县北淮河上）。天监十五年夏四月堰成，长九里，下广一百四十丈，上广四十五丈，高二十丈。于是引淮水灌寿阳，城坏，洪水泛滥数百里。及九月，淮水暴涨，浮山堰倒塌，其声如雷，闻三百里，缘淮城戍村落十余万口皆漂入海。若无浮山堰之筑，此次水患不会如此惨烈。

其实不仅自然灾害与人类社会之间有着复杂的互动关系，人类社会的历史发展过程，与前述之气候形势、动植物资源、河流湖泊、海岸变迁等等，也都息息相关。比如魏晋南北朝时期东亚大陆相对寒冷干燥的气候与五胡的长期入主中原，就不能认为只是一种偶然的巧合，因为类似的历史大格局的变化，如女真的南下与宋室的仓皇南渡、满洲的入关与明帝国的土崩瓦解，都分别对应着寒冷的气候；或者说，当时气候的日趋寒冷，是促使本来就地处高纬度地区的北方游牧民族南下的一个重要动因。又以河流为例，东晋十六国南北朝时代的淮河，干流稳定，独流入海，漕深流急，东晋南朝的舟师可由江由海进入淮河，这对于与东晋南朝对峙而不善水战的十六国北朝军队是不容忽视的威胁，使得北方军队往往不敢太过深入；至于淮河北岸支流相当密集，并且大体都是自西北向东南流注淮河，这种形势，又从总体上约束和限制了诸多移民的迁移路线与最终定居地，它使得大多数南来江淮之间的移民的初始迁移路线，也总体上略呈西北-东南走向。若更南迁，则沿沟通江淮的中渎水抵今扬州，渡江至今镇江，寄寓在今宁镇等地。

二、疆域与政区

所谓疆域，是指国家或政权实体的境界所能达到的范围，即实际占有的、控

① 详本书第九章第一节。

制的地域。国家的存亡,以疆域为最基本的前提;国家的盛衰,也以疆域的得失盈缩为先决条件。广大的疆域,可以孕育出一个强大的国家;反之,疆域狭小的国家,虽然可以在经济与社会的发展方面达到很高的水准,但因受空间的限制,而终难成为强国。[①] 在战争时,疆域的大小也十分重要。疆域愈广,则抵抗外来侵略的回旋余地就愈多,此即惯常所称的以空间换取时间。

除非疆域特别狭小,任何一个国家或政权实体都要划分疆域、建置政区。政区即行政区,又称行政区域,是国家为进行分级管理而划分的区域。这些区域都设有相应的地方各级政府,以管辖该区域的政治、经济、社会、文化等事务。政区与地方政府两者是相互依存的,国家划分政区是为了设置相应的地方政府,而地方政府的设置是为了管理一定的政区,两者共同决定着国家政权的纵向结构体系。

据上,疆域与政区实为一个问题的两个方面。完全意义上的疆域,是设置了政区的地域,疆域变迁,政区随之而有增减;政区的置废,也往往代表了疆域的得失。

就东晋南朝疆域与政区论,其研究难度可谓极大。东晋南朝疆域太多伸缩不定,东晋南朝政区太多离析变迁。即以政区而言,昔童书业撰《中国疆域沿革略》[②]时感叹道:“当时(东晋至隋)南北地方制度同入混乱状态,实无法细加研究;即当时之沈约已不明其究竟,何况千余年后之我辈耶!”以此之故,下面仅就东晋南朝疆域之大致范围及其形势,东晋南朝政区之建置概况及其制度特点,进行综述。[③]

1. 疆域

东晋南朝疆域时有消长。这种时有消长,不仅表现在东晋、宋、齐、梁、陈五朝之间,而且表现在各朝代的内部。兹先略述东晋南朝首都、各朝代的稳定疆域及其重要变迁如下。

东晋南朝首都:东晋南朝疆域的政治中心无疑是其首都。东晋南朝绝大部分时间以建康(今江苏南京市)为首都[④],而奠定这一格局的是孙吴。孙吴所以

---

① 疆域小而成为强国者,多通过夺取殖民地的方式,但其强国的地位,往往随着殖民地的独立而丧失。当然疆域广大也并非一定就能成为强大的国家,还必须有良好的自然条件与充分的经济开发。

② 台湾开明书店 1974 年版。

③ 其详细情形,参阅拙著《六朝疆域与政区研究》(增订本),学苑出版社 2005 年版。

④ 自 307 年西晋琅邪王司马睿以安东将军、都督扬州江南诸军事、假节的身份入镇建邺,直到 589 年隋灭陈,东晋南朝的首都一直在建康,仅 552 年十一月至 554 年十一月梁元帝改都江陵(今湖北江陵县)。

定都建康(时称建业),究其原因,可能有下列诸端。其一是出于经济上的考虑。孙吴境内,长江下游最为富庶,其中尤以太湖地区及东土宁绍一带最为丰沃,建都建业,可以有效地控制其经济命脉,军国所需就近取给。其二为建业地理环境优越。建业山川形胜,气象雄伟,西、北有长江环绕,西有石头城为其捍御,南有秦淮河川为阻,东有钟山、北有幕府诸山环卫,进可以战,退足以守。其三为政治因素。建都于长江下游的当时扬州地区,比较符合孙吴土著大族的利益;而在扬州地区,以建业的地理位置最为优越。至于东晋南朝仍都建康的原因,既以建康地理形胜与经济交通形势依旧、孙吴建都的历史与打下的基础、东晋南朝之颇多依赖于吴地大族,也以与北方对峙、不能示弱的攻守形势。①

东晋疆域:东晋大体继承了孙吴的规模②,偏安江左,其间疆域广狭无常,极是复杂,洪亮吉《东晋疆域志·序》称:“其蹙境也,始于咸和,甚于宁康,再甚于隆安;其拓疆也,肇于永和,再振于太元,大启于义熙。其朝南暮北,旋有旋亡者,虽巧术不能算也。”大略而论,其较稳定的疆域范围,北抵淮南、江北,东及东海,南达南海兼有交趾。西土巴蜀、南中,当成汉衰亡以后,为东晋所取;后来又落入前秦苻坚之手,继为东晋叛乱的地方官谯纵割据,及东晋末年义熙中,重新收复。又义熙年间,东晋大将刘裕北伐,平南燕,灭后秦,于是东北有今山东半岛,西北有关中,北抵黄河,疆域范围之大,不仅居东晋之首,而且为东晋南朝二百七十余年间所仅见,只是这一极盛疆域,维持的时间十分短暂,关中旋即丧失。

南朝疆域:南朝疆域也是很不稳定,大体“伸于宋,屈于齐,赢于梁,缩于陈”③。当刘宋初年强盛时,北以秦岭、黄河(今黄河稍北)与北魏为界,西至四川大雪山,西南包有今云南,南以今越南横山与林邑接壤,东、东南抵海,这是南朝疆域最大的时期。后来河南、淮北逐渐为北魏所侵夺,刘宋疆域于是几乎回复到东晋原有的版图。齐朝疆域大致与宋后期相同,而北界时有变动,后来更内移到大巴山脉、淮河以南一线。又梁朝疆域起初与萧齐后期相仿佛,一度乘北魏衰乱而向北扩展,并几乎恢复到刘宋初期的疆域。及侯景乱后,长江以北沦陷于北齐,巴蜀地区沦陷于西魏,放弃云贵高原于当地土著民族,不久又失襄樊一带于西魏,失江陵一带于西魏的附庸国后梁。及继起的南朝最后一个朝代陈朝,其疆域遂西不得巴蜀云贵,北不得淮淝荆襄,以长江为界,成为南朝四代中疆域最小

① 参赖萍《东晋南朝定都建康述论》,《南京晓庄学院学报》2006 年第 2 期。

② 孙吴割据江东,其开疆拓土,东抵东海,南及南海兼有交趾,北自江北与曹魏为界,西沿三峡及今湖南、贵州、云南、广西边界与蜀汉为邻。其疆域较曹魏小而较蜀汉大。

③ 重野安绎、河田罴《支那疆域沿革略说》第八图,日本东京富山房 1903 年版。

的王朝。

据上综述，可知陈朝疆域最小，但也在一百万平方公里以上；晋末宋初疆域最大，约在二百六十万至二百九十万平方公里之间。如果纯粹以疆域广狭立言，则东晋南朝的疆域仍是较大的，东晋南朝也因之立国并得以抗衡强敌。

值得讨论的是，东晋南朝立国并抗衡强敌的地理基础，除了其较大的疆域范围外，险固的地理形胜及相关的军事重镇更是至为关键。盖在生产力不发达的古代，使用戈矛甲盾作战，险固的地理形胜自然具有重要的意义；而我国地形地势为西北高、东南低，山脉水道又多东西横列，这就使得南北对立，一般总是北胜于南，东晋南朝时期也是如此。东晋南朝立国于南方，其东、南两面被大海封闭，缺乏回旋余地，又处低地，不便仰攻，故东晋南朝对北方政权着重采取以守为主的防御战略，力求以舟师水战阻扼骑兵陆争，而其守国所恃者，则在于长江淮河及秦岭巴山。进之，控扼长川大山者，又在于重镇要地。东晋南朝以经济、武备均弱于北方，故重视守城，特别是高筑墙、广积粮，以守住军事重镇；在重镇之间，则以众多的郡县军戍为要地，彼此间相互策应，以收到“城壁相望，其间远者才百余里，一城见攻，众城必救”[①]之效，从而构成为整体防线。

此东晋南朝守国的整体防线，又可分别为东、中、西部。其东部守国防线，为守河、守淮与守江。其中，陈多守江，东晋至梁多守淮，晋末宋初刘裕守河。守河重镇有四，即洛阳（今河南洛阳市东北）、虎牢（今河南荥阳县西北汜水镇）、滑台（今河南滑县东旧滑县）、碻磝（今山东茌平县西南古黄河岸），号称河南四镇。无力守河便守淮。守淮有淮北、淮南、淮西三线；淮北之本在彭城（今江苏徐州市），淮南之本在寿阳（今安徽寿县），淮西之本在悬瓠（今河南汝南县）。守淮重镇又有淮西义阳（今河南信阳市），淮北谯郡（今安徽亳州市）、下邳（今江苏淮阴市西南古淮河与泗水交汇处）、涟口（今江苏涟水县）、朐山（今江苏连云港市西南锦屏山）、郁洲（今江苏连云港市东云台山，当时尚为海岛）、峡石（今安徽凤台县西），淮南马头（今安徽怀远县南淮河南岸）、钟离（今安徽凤台县东北）、淮阴（今江苏淮阴县西南甘罗城）。又无力守淮便守江。守江重镇，江北者合肥（今安徽合肥市西）、历阳（今安徽和县）、广陵（今江苏扬州市西北蜀岗），江南者采石（今安徽马鞍山市采石矶）、京口（今江苏镇江市）、建康（今江苏南京市）。

东晋南朝之守国，在中部有两道防线，即守汉与守江。守汉先守南阳（今河南南阳市），而重戍襄阳（今湖北襄樊市汉水南岸部分），江陵（今湖北江陵县）则

① 《晋书·蔡谟传》。

为襄阳防线的后盾。又中部守汉重镇还有酂城（今湖北老河口市西北）、樊城（今湖北襄樊市汉水北岸部分）、石城（今湖北钟祥县）、下溠戍（今湖北枣阳市东南），守江重镇还有巴陵（今湖南岳阳市）、夏口（今湖北武汉市武昌）、武昌（今湖北鄂州市）、寻阳（今江西九江市西南）。

又东晋南朝之守，在西部守秦岭、米仓、大巴等山以为屏障。秦岭北为关中，南为汉中，又米仓、大巴北为汉中，南为巴蜀。汉中重镇为南郑（今陕西汉中市），又成都（今四川成都市）为蜀地中心，巴郡（今重庆市）为巴地中心。

总上所述（参见图 6），则东晋南朝守国，自北而南，自东徂西，一为守河，以保河淮之间；二为守淮守汉守秦岭守大巴守米仓，以保江淮之间、江汉之间及汉中、巴蜀；三为守江，以保江南根本。不过三条防线中，守河守江的时间其实都不长。比较而言，取均衡之势，处攻守之中，还是以守淮守汉守秦岭守大巴守米仓为常态。盖秦岭、淮河一线作为地理上的南北分界，北则骑兵称雄，南则水师占势，所以成为南北对峙时的中间推移地带，又是东西部的南北交通要冲。此线的得失，即关系到南北双方的存亡。以此之故，东晋南朝二百七十多年间，守此线为时最长，重镇最多，兵力也最强；此线的南北，战争最为剧烈，战事规模最大，疆

图 6　六朝疆域形势示意图

域变迁也最为频繁。

东晋南朝虽东、中、西部各有防线与重镇，如果不能做到彼此连接，互相呼应，那么也难以固守。如此，守长江就必须控制江北，布兵于江淮之间与江汉之间，守住淮河、汉水，以为长江屏蔽。再者守长江，又必须同时守上中下三游，所谓“吴为天下之首，蜀为天下之尾，而荆楚为天下之中；击其首则尾至，击其尾则首至，击其中则首尾俱至”①，故巴蜀与荆楚、荆楚与吴越、荆楚与巴蜀及吴越，也相为唇齿。同样的道理，守淮河守汉水，也必须尽可能地控制淮河汉水以北的土地，以为南北缓冲，如有可能，当巩固黄河防线，以屏蔽淮汉。而在河淮之间，青齐与中原又互为唇齿。至于汉中与巴蜀、巴蜀与南中，也无不体现出这种关系。

然而，东晋南朝虽据南面北，依托地理上的山河之险，层层设防，线线固守，重镇要地间此呼彼应，却仍然无从挽回亡国的危机，北方政权还是统一了南方，南方的自然地理形势并没能起到长久的或最终的作用，这应是人为的不臧。如隋之灭陈，陈叔宝自信“王气在此，……彼何为者耶”②，奏伎、纵酒、赋诗不辍，几乎静待隋军的来临，而“朝廷百官，人各有心，四方万里，民各有意，是以万里长江，守之者无人，隋人取之，如拾草芥”③。地丑德齐抑或地齐德丑，本非一言可蔽，而守国所依靠者，也本在德而不尽在于险。山川空地形，历代兴亡事，这实在令人深思！

2. 政区

建置政区是为了治理疆域。对于东晋南朝统治者来说，这是巩固统治的直接需要与重要手段。总体上说，魏晋南北朝的政区建置与政区制度处于由盛汉型向盛唐型的过渡阶段④，既不同于前此之秦汉，也不同于后此之隋唐；而具体到东晋南朝的政区建置与政区制度，又颇异于同时之北方十六国北朝政权。概

① 李焘《六朝通鉴博议》卷三。

② 《资治通鉴》卷一七六祯明二年。

③ 李焘《六朝通鉴博议》卷一〇。

④ 严耕望《魏晋南北朝地方行政制度约论》(《大陆杂志》第二十七卷第4期，1963年)：“按汉为郡县两级制，郡以仰达君相，县以俯亲民事。而郡府尤为地方行政重心之所在，统地不广，而权力极重，故政令推行可彻底，谋叛中央则未能。此实为一良好制度。唐代前期典型制度亦州以仰达君相，县以俯亲民事。然曰‘郡’曰‘州’，其名不同，唐代州长官之权力亦视汉代郡守为小弱，而州之上又有虚名统辖之都督，此其异耳。而尤要者，州府内部组织，上佐曰长史、司马，诸曹曰参军，与汉代郡府之置丞尉掾史者固异，与汉代州佐称从事者亦殊。而汉世州郡县之属吏由长官自辟用本地人，唐世州县僚佐则由朝廷除授，且大抵用外州县人。此亦殊异特甚。凡此不同之点甚多，皆由魏晋南北朝三百数十年间逐步自然演变有以致之，非有一人改汉型为唐型者。”

而言之，东晋南朝政区表现出以下几个主要特点：

其一，政区层次增多，制度上是州郡县三级制，而事实上都督府凌驾于州以上，俨然为最高级行政区，于是形成了府、州、郡、县四级制。又有太守、内史、相都督区，也具备一定的政区意义，层次在州之下、郡之上。“此种都督制度之运用，在当时甚为成功；在后世多所仿袭，如唐中页以后之节度观察使制，与明清时之都督制，皆显例也。”①

其二，地方政权多实行双轨制，即州、郡开府者，长官虽为一人，僚佐别为两系（府吏与州、郡吏）。又府吏由中央除授，并以外籍为原则，而州吏则辟用本地人士。

其三，政区的建置十分混乱，这表现在多方面，如置废无常，分合不定，升降、改名、迁治频繁等，又政区的建置单位不断增加，到了南朝后期，已经呈现出严重的滥置倾向。兹表列各时期政区建置数如下表②：

朝代及标准年代	州数与州名	郡数	县数
晋义熙十四年418年	23。扬、徐、北徐、兖、北青、司、北雍、荆、江、梁、益、宁、广、交，以上实州；兖、豫、冀、并、并、雍、秦、东秦、青，以上侨州。	252	1236
宋大明八年464年	21。扬、南徐、徐、南兖、兖、南豫、豫、江、青、冀、幽、荆、郢、湘、雍、梁、秦、益、宁、广、交。	251	1283
齐建武四年497年	22。扬、南徐、豫、南豫、南兖、北兖、北徐、青冀、江、广、交、越、荆、郢、司、雍、宁蛮府、湘、梁、秦、益、宁。	373	1444
梁中大同元年546年	109。扬、东扬、南徐、南兖、北兖、泾、武、西徐、东徐、南谯、豫、南豫、湘、霍、豫、北徐、安、安丰、义、汴、仁、睢、潼、建、光、西豫、淮、朔、郢、湘、沙、楚、华、南荆、陈、青冀、南北二青、江、广、衡、嬴、新、高、成、罗、合、建、双、石、东宁、龙、静、南定、桂、安、越、黄、崖、交、兴、爱、利、明、德、荆、宜、郢、新、北新、北郢、定、土、富、洄、泉、濠、应、义、北江、北司、南司、雍、宁蛮府、湘、北梁、东梁、南洛、洵、岐、绥、益、东益、北益、南梁北巴、黎、华、巴、东巴、渠、邻、戎、信、泸、西益潼、绳、万、并、巂、宁。	405	

① 严耕望《魏晋南北朝地方行政制度约论》。

② 本表依据拙著《六朝疆域与政区研究》（增订本）下编“史料评说及六朝政区建置表”制作。

续 表

朝代及标准年代	州数与州名	郡数	县数
陈祯明二年588年	43。扬、吴、东扬、丰、南徐、南豫、北江、江、郢、巴、湘、武、荆、雍、祐、信、广、新、高、南合、罗、越、桂、东衡、西衡、东宁、成、静、建、双、石、南定、安、龙、黄、崖、宜、兴、利、明、交、爱、德。	145	579

按上表数字及州名，只是可以考见者，可以视为该年最少应有之数，当时州郡县的实际数字必不止此。唯各朝疆域大小不一，如义熙十四年、中大同元年为东晋、梁朝疆域的极盛期，其疆域远过于陈祯明二年。为便于比较，此再就疆域大体相当的孙吴、陈朝末年作一对比①：

年　代	州数	郡数	县数	户数	口数	户口资料出处
吴天纪四年280年	4	47	340	52.3万	230万	《晋书·武帝纪》
陈祯明二年588年	43	145	579	50万	200万	《北史·隋文帝纪》②

吴、陈两朝户口相近，疆域相当（陈稍小），而陈以视吴，三百年中县增0.7倍，郡增两倍余，州增十倍，则东晋南朝州郡县的增置以至滥置倾向，可谓十分显然。

其四，东晋南朝多特殊政区，这些特殊政区的成立又各有其必要性，是东晋南朝政权针对不同时期、不同地区、不同民族、不同人群、不同统治形势及疆域状况而采取的随宜而明智的措施。如东晋南朝为安置侨流人口而有侨州郡县，因侨置或荒残或藉以控制要地而有双头州郡；宋、齐为豫州等地蛮族置有左郡左县，齐为部分降附的俚族、僚族置有俚郡、僚郡，又齐、梁为治理雍州蛮而有宁蛮

---

① 参考拙著《六朝疆域与政区研究》（增订本）下编"史料评说及六朝政区建置表"。

② 《北史·隋文帝纪》：祯明三年，"陈国平，合州四十，郡一百，县四百，户五十万，口二百万"。杨守敬《隋书地理志考证附补遗》卷一云："皆计成数也。"

府划领郡县，与州比同。[①] 随着时代的推移，各种特殊政区也在发生着流变乃至消亡。如东晋南朝的侨置因土断而废除或割实；宁蛮府由东晋刘宋的军事性统治机构过渡到齐梁的兼具地方行政机构性质，左郡左县、俚郡僚郡入梁、陈后则为新的治蛮俚僚政策所替代。[②]

其五，东晋南朝建置的有些政区不符合政区的一般定义。按照政区的一般定义，构成一个政区必须具备以下八个要素：一定数量的人口；一定范围的地域空间(即有明确的、封闭的边界线，同级行政区既不重叠，亦无空白)；相应的机构(如行政、司法、监察等机关或其派出机构、分支机构)；一个行政中心(即地方政府驻在地，我国古代称治所)；隶属关系(即某个政区在整个政区体系中的地位及与上下级政区之间的从属关系)；行政建制(即政区通名，用于区分政区的不同类型，并在一定程度上反映政区的行政等级)；行政等级(即政区的行政地位)；名称。然而，如东晋南朝的侨置，起初"无有实土"即缺了政区的"地域空间"要素；双头州郡二州二郡共一刺史、太守，同治一地。又如在敌对政权的军事胶着地带及脱离接触地带，无人居住区，疆域内的未开发地域，存在着政区划分上的空白；一些少数部族地区(如西南宁州)虽然设置了政区，王朝的实际控制范围却只在交通沿线以及政区的治所周围。又政区的隶属关系存在着不正常的越界隶属即飞地、插花地现象。如此等等，其他情形尚多。

---

① 按东晋南朝政权的统治民族是汉族，然而东晋南朝又都是多民族国家。就分布较广、人数较多、地位较重、影响较大，以及自身的社会、经济、文化特色较明显，与东晋南朝政权关系较密切几点衡量，则推蛮、俚、僚。东晋南朝时期的蛮族，可分为两大类，一为"荆雍州蛮"，以荆、雍二州即长江中游、汉水流域为活动中心；二为"豫州蛮"，主要基地在大别山西南麓的西阳郡，并向四周不断扩展。又东晋南朝时期的俚族，主要聚居地在岭南，并进一步向周围播散，且越过南岭，入于湘、衡。又东晋南朝时期的僚族，主要分布于西部梁、益二州，并向东达于荆州西界。东晋南朝时蛮、俚、僚三族人口也甚多。据朱大渭《南朝少数民族概况及其与汉族的融合》(《中国史研究》1980 年第 1 期)依可考资料所推梗概，蛮人一百四十万左右，加上无考者，蛮人当是南朝少数民族中人口最多的；僚人约三十万户，一百五十万人；俚人十余万口。然则人口众多、分布广泛的蛮、俚、僚三族，在东晋南朝具有着十分重要的政治、经济、军事地位。为了统治的稳固与发展，为了物质财富的增加与劳动人手的扩大，东晋南朝政权必然要加强对蛮、俚、僚的控制。除了与汉人错杂居住、已成国家编户齐民及深山远夷未与汉人接触两种情形外，东晋南朝政府对蛮、俚、僚或实施军事性极强的统治，为置校尉、护军、督护；或迫使归降，纳入正规的州郡县系统，以征取赋役；或"以夷制夷"，敕封其首领，为建特殊政区；或直接用武力讨伐"不宾"，虏其生口，括其钱财。参阅胡阿祥《南朝宁蛮府、左郡左县、俚郡僚郡述论》(《历史地理》第 13 辑，上海人民出版社 1996 年)。又蛮、俚、僚之外，尚有分布于今江西、湖南等地的溪(或作奚、傒、豀)，分布于云南、贵州等地的爨，等等。有关情况，可参看陈寅恪《魏书司马睿传江东民族条释证及推论》，收入所著《金明馆丛稿初编》，上海古籍出版社 1980 年版。

② 详本书的相关内容及胡阿祥《南朝宁蛮府、左郡左县、俚郡僚郡述论》。

其六，我国封建社会划分政区的三大原则（总括人口原则、行政区与自然区重合原则、便宜赋税征收原则）①，在东晋南朝也未得到完全的贯彻。虽然总括人口原则在郡县两级政区划分时，行政区与自然区重合原则（又称山川形便原则）在州级政区划分时，便宜赋税征收原则在县及县以下基层政区划分时，尚具有较多的兑现机会，部分州的划分却有意采用犬牙交错原则，以防止地方割据，便于中央控制地方；部分都督府、州，一些侨州郡县、双头州郡的设置与划分，与军事形势及地方分权有关；又侨置与政治因素的关系较为密切；宁蛮府划领郡县、左郡左县、俚郡僚郡则主要是境内民族矛盾的产物。及齐梁以后，由于政区的不断分割，境域的直线下降，政区划界遂无一定的规律与原则可寻。

其七，上述东晋南朝政区建置以及政区制度上所表现出的特点，虽然是由东晋南朝具体的时代背景（外有异族强敌，内有军人弄权，军政局势讫不能宁）与特殊的国情（侨流人口的众多，民族关系的复杂，地区开发的加深及地区差异的增大，大批官吏的需要安置等）所决定的，但也引发出了诸多弊端，其值得注意者，如“外重内轻”，必然导致割据与动乱，东晋因之荆扬争衡，内乱不已，宋、齐、梁、陈也无一不是以镇将拥兵，势成尾大，举兵向阙而更代。又如军政合治，必然导致民刑诸政不修，民刑诸政不修，又表现在东晋南朝乡里组织的破坏上，而乡里组织既经破坏，人民耗散，户口著籍者寡少，州郡空虚，又动摇了政区制度乃至国家统治的基础。再如政区层次过多，政区制度过分不整齐划一，政区建置过滥，必然导致行政效率下降，其最后的结果，便是政区的历史继承性与相对稳定性遭到沉重破坏，政区制度与政区建置走向没落与虚妄，各级政区的统辖、幅员、境域、领户等逐渐失常、失控，地方权力近乎解体，而中央集权也因之衰弱。还有，如由政区建置所引发的机构重叠，官吏冗滥，必然导致地方吏治败坏，进而影响了地方行政，加深了政治危机。②

东晋南朝政区建置与政区制度演变到了这一步，可谓已是穷途末路，必须改弦更张了。然而实施彻底的改弦更张者，并非东晋南朝政权本身，而是平灭陈朝的杨隋。先是隋开皇三年（583年），尽罢诸郡；及开皇九年，隋灭陈，对南方政区也进行了同样的改革：废郡存州，以州统县。至此，自东汉末年以来相沿四百年

① 详侯甬坚《古代中国的行政区划原则》，收入所著《历史地理学探索》，中国社会科学出版社2004年版。

② 详胡阿祥《六朝疆域与政区的演变及其经验教训》，《江苏行政学院学报》2001年第3期。

之久的州郡县三级制回复为州县二级制。大业三年(607 年),隋炀帝又大举并省州县,并改州为郡,以郡统县。并省以后,全国仅存一百九十郡,一千二百五十五县。隋朝的重新规划政区建置与改革政区制度,使得政区面貌焕然一新,而东晋南朝政区制度与政区演变,也随之宣告终结。

附录三

论蜀汉灭国后其上层侨寓集团的解体分流[①]

西晋的统一终结了三国鼎立的历史，曾经的霸主都成了亡国之人。然而，同样是亡国，蜀汉、曹魏、孙吴三个政权的统治阶层却有着不同的境遇。作为最终胜利者的北方中原政权，魏、晋的改朝换代较为平稳，从下至上的各级统治机构、文武官吏没有受到大的震动，因为自司马懿而司马师、司马昭，魏政掌于司马氏已十余年，及司马炎取代曹奂，所变换者只是国号和国姓。又最后亡国的孙吴，其宗室虽然被迁至洛阳，构成孙吴统治中坚的吴地世族却仍然保有强大的经济与文化实力，并且凭此而在东晋立国江东后，以另一种形式复兴。与此二者不同的是，蜀汉统治阶层经历了彻底的解体与分流，其间的根本原因，则在于蜀汉政权的支柱是在巴蜀地区根基尚欠深固的侨寓集团。

还在刘焉刘璋父子统治益州时期，就有不少亲朋故旧随其入蜀，同时汉末大乱也使不少士人因避难而流寓蜀地。这些先期入蜀的侨寓人士，在刘备据蜀后受到了进一步的重用。[②] 而刘备入蜀，更带来一批新的侨寓人士，其中除随刘备转战的旧属外，大多是其在荆州招致的士人。[③] 这些士人在蜀汉政权中地位更崇，世称“豫州入蜀，荆楚人贵”[④]。侨寓集团掌握着蜀汉中央乃至地

---

① 本附录据笔者指导的南京大学历史系2000级本科生赖萍的同题论文修改、补充而成。其删略稿曾署名“赖萍、胡阿祥”，提交2004年7月在成都召开的“中国魏晋南北朝史学会第八届年会暨纪念缪钺先生百年诞辰国际学术研讨会”，后被收入《魏晋南北朝史论文集》(巴蜀书社2006年版)。按蜀汉政权是以侨寓集团掌控权力的，此点与孙吴早期以及东晋刘宋甚至萧齐相似；不同之处则在于，蜀汉、孙吴并未为侨人设置专门的政区如侨州郡县。又蜀汉侨寓集团灭国后的命运既与孙吴有别，而陈朝灭亡后，西晋永嘉之乱以来南迁侨人及其后裔的命运又与蜀汉侨寓集团颇多近似之处。诸如此类的相同或不同之点尚多，而又都可与本书研究的东晋南朝侨州郡县与侨流人口进行比较，并颇有助于东晋南朝侨州郡县与侨流人口问题更加深入的理解。特此说明。

② 如随刘焉入蜀的陈留吴壹，刘璋时为中郎将，蜀汉时官至关中都督、车骑将军(《三国志·蜀书·杨戏传附〈季汉辅臣赞〉》)。又汉末“率宗族西迁”的南郡董和，刘璋时官至成都令，入蜀汉则与诸葛亮“并署左将军大司马府事”(《三国志·蜀书·董和传》)。

③ 刘备依附刘表时，即“荆州豪杰归先主者日益多”(《三国志·蜀书·先主传》)；刘表卒后，更是“荆、楚群士从之如云”(《三国志·蜀书·刘巴传》)。

④ 《华阳国志·李特雄期寿势志》。按刘备曾为豫州牧。有关蜀汉的人才政策与状况，参胡阿祥《论魏晋时期巴蜀地区本土文学的寂寥》，载《南京理工大学学报》2003年第6期。

方的各级政权[①]，侨寓士人也就藉由任官掌权，而在巴蜀地区建立起自己的势力。不过，由于蜀汉立国时间较为短促，侨寓集团在巴蜀地区并未真正地巩固根基。

另一方面，就益州本地人士而言，他们在蜀汉政权中虽也多有任用，但基本上只出任地方长官或属吏；间或有些参与中央政事的益州人士，但大多数仍处于中央政权的外围，无一人能够真正地执掌中枢大权。[②]

如上的政治权力分配，使得蜀汉政权实际建立在侨寓集团的基础之上，同时也造成了对益州本土人士的压制，因此两者之间始终存在着矛盾冲突。而正是蜀汉政权的这种特殊性，导致了蜀汉灭国后其统治阶层迥异于魏、吴二国的特殊命运。为了根除蜀汉复国的可能性，也为了适应益州本地人士的要求，司马氏对蜀汉侨寓统治者采取了强制迁徙的措施，由此直接促成了蜀汉侨寓集团的解体；当然，侨寓者本身根基未固的脆弱性，也使得司马氏能够轻易地将他们迁走。

关于司马氏对蜀汉侨寓集团的强行迁徙，前人已有不少研究成果。王仲荦指出："司马昭灭蜀之后，一面为了防范蜀汉政权卵翼下的残余势力在益州的再起，甚至和中央闹对立，一面也为了满足益州土著集团——主降派驱逐外来地主势力的要求，在公元二六四年，把旧蜀汉政权中非益州籍的重要文武官吏，全部召回到中原地区去，给他们官做，因此，也可以说，他们的势力，已随着蜀汉政权的覆灭而撤出益州了。"[③]李文才在其《两晋、刘宋统治益、梁政策之异同》[④]文中，对司马氏的徙民作了进一步阐述。而目前对此问题研究最为细致者，是王永平的《入晋之蜀汉人士命运的浮沉》[⑤]。该文广搜史料，论述了司马氏强行迁移蜀汉政权之侨寓大臣子孙至中土的政策，并详述其所导致的侨寓人士地位急剧下降的结果，以及晋武帝对他们的安抚举措。

然则以往的研究，大都集中在司马氏内徙蜀汉侨寓集团的政策；对于仍然留居巴蜀的侨寓人士，则较少涉及。实际上，蜀汉侨寓集团在解体之后出现了分流，在大部分外徙的同时，也有一部分留居在了巴蜀地区，并有所发展。以此，本

① 《三国志·蜀书》所载列传人物中侨人占大多数，也说明了蜀汉政权以侨寓人士为核心的性质。

② 据查相关史籍，益州人士在蜀汉政权中任职最高者为巴西马忠，官至镇南大将军，延熙七年，"大将军费祎北御魏敌时"，曾"留忠成都，平尚书事"(《三国志·蜀书·马忠传》)。

③ 王仲荦《魏晋南北朝史》上册第一章第三节，上海人民出版社 1979 年版。

④ 载《汉中师范学院学报》2000 年第 3 期。

⑤ 载《史学月刊》2003 年第 2 期。

附录拟在前人研究的基础上，从外徙和留居两方面，论述蜀汉侨寓集团的解体与分流。

一、侨寓集团的外徙

蜀汉政权中的侨寓集团在蜀汉灭国后迅即趋向解体，其中大部分被徙出巴蜀地区。在这一外徙群体中，根据各自的性质及史料记载的不同，又可以具体分为几个类型。

一类在史书中称为“徙还”、“迁还”。《三国志・蜀书》中有两条记载，可称两种典型。

一条记载是扶风孟达之子孟兴，蜀灭前“为议督军，是岁徙还扶风”①。“是岁”谓蜀汉灭亡的次年咸熙元年（264 年）。按孟达建安初年与同郡法正入蜀依刘璋，后归刘备。达因不救关羽而惧怕获罪，同时又与刘备养子刘封忿争不和，遂于延康元年（220 年）率部曲四千余家降魏，官至新城太守；后于太和元年（227 年）叛魏，次年为司马昭攻破斩首。② 然则孟达的叛魏被杀，使其在曹魏的势力破灭；而在蜀汉仅任一般官职的孟达后人孟兴，也就无由再在北方政权中任职，只能被作为庶民迁还原籍。

另一条记载是关于河东裴俊之子裴越的。《三国志・蜀书・孟光传》注引晋傅畅《裴氏家记》：

> 俊字奉先，魏尚书令潜弟也。俊姊夫为蜀中长史，俊送之，时年十余岁，遂遭汉末大乱，不复得还。既长知名，为蜀所推重也。子越，字令绪，为蜀督军。蜀破，迁还洛阳，拜议郎。

按裴潜河东闻喜人，则其侄裴越当同。不过，裴越并未徙还原籍，而是“迁还洛阳”，即魏都，并被授以中央官职。裴越与孟兴的境遇可谓大相径庭，究其原因，当因河东裴氏在曹魏时已为高门大族，在曹魏与西晋中央与地方任高官者比比

① 《三国志・蜀书・刘封传》裴注。

② 参见《三国志・魏书・文帝纪》及裴注，《三国志・蜀书・法正传》、《刘封传》。

皆是[1],其势力远非孟达者可以比拟。裴越作为裴氏家族的成员[2],依其家荫,被徙还中央任职自是情理中事。

据上两例,无论是徙还原籍的孟兴,还是迁还洛阳的裴越,他们的籍贯都在北方,而且父祖辈都任职于北方政权中。因此,史载所谓“徙还”、“迁还”者,必是与北方中原政权关系密切者,而他们迁徙的目的地是原籍还是洛阳,则依其家族势力而定。

与上述“徙还”、“迁还”者不同,其他迁出巴蜀的蜀汉侨寓士人,在史书记载中大多被称为“内移”、“内徙”,举相关记载如下:

> (后主太子)璿弟,瑶、琮、瓒、谌、恂、璩六人。蜀败,谌自杀,余皆内徙。[3]
>
> (诸葛瞻)次子京及攀子显等,咸熙元年内移河东。
>
> (刘)封子林为牙门将,咸熙元年内移河东。
>
> 咸熙元年春,(廖)化、(宗)预俱内徙洛阳,道病卒。[4]

另有一些记载虽未标明为“内徙”、“内移”,却也明显具有类似性质:

> 后主举家东迁,既至洛阳。
>
> 蜀破之明年春,(董)厥、(樊)建俱诣京都。
>
> (文立)又上:诸葛亮、蒋琬、费祎等子孙流徙中畿,宜见叙用。[5]

由上列史料可见,其一,内移内徙之地为洛阳、河东等地,即北方政权所在的中原地区。相对于巴蜀,中原地区为“内”。其二,内移内徙具有一种强制的意味在内,往往是将其举家迁徙,脱离原居住地。其三,内移内徙的对象大致分为两类,一是蜀汉宗室,即后主一家及刘备养子刘封后裔;二是蜀汉大臣,特别是执掌中央政权者及其后裔。而在蜀汉大臣中,又可区别出不同的类别:

---

① 详本书第十一章第二节。

② 据《新唐书·宰相世系表》裴氏条,裴茂有潜、徽、辑三子,裴俊并不在内。可能因裴俊年少入蜀,且其后裔无有突出者,因此漏载。按《三国志》裴注所引傅畅(? ～330年)《裴氏家记》较《新唐书·宰相世系表》为早出,当更可信。

③ 据《三国志·蜀书·后主传》,景耀“五年春正月,西河王琮卒”,则琮不应在内徙之列,内徙者可能为琮后裔。

④ 以上见《三国志·蜀书·二主妃子传》注引孙盛《蜀世谱》、《诸葛亮传》、《刘封传》裴注、《宗预传》。

⑤ 以上见《三国志·蜀书·后主传》、《诸葛亮传》、《华阳国志·后贤志》。

琅邪诸葛亮、零陵蒋琬、江夏费祎为蜀汉前期和中期的实际掌权者。[①] 诸葛亮、蒋琬为随刘备入蜀者;费祎少孤,随族父游学入蜀,遇刘备定蜀,遂留居焉。他们在蜀汉享有很高的声望,其子孙特别是诸葛亮后裔也因此在蜀汉政权中拥有相当大的影响力和号召力。正如史载诸葛亮之子诸葛瞻事:

> 蜀人追思亮,咸爱其才敏。每朝廷有一善政佳事,虽非瞻所建倡,百姓皆传相告曰:"葛侯之所为也。"是以美声溢誉,有过其实。……临阵死,时年三十七。[②]

又西晋泰始四年(268 年),也有故蜀兵王富假借诸葛亮之子诸葛瞻发动兵变之事。[③] 正是为了避免此类事变的发生,作为征服者的司马氏政权,有必要强制内徙那些曾经掌权的蜀汉大臣子孙,将其迁至便于控制的中原地区,使他们脱离在蜀汉的势力和影响力范围。因此,诸葛亮、蒋琬、费祎子孙只能"流徙中畿",不受任用。西晋初年,原蜀汉臣巴郡文立等向晋武帝举荐,诸葛亮之孙诸葛京方才"随才署吏,后为郿令",最终官至江州刺史。[④] 而蒋琬、费祎子孙则再也未见于记载。

义阳董厥、樊建二人为蜀汉后期的统事者。董厥在蜀汉后期任辅国大将军、与诸葛瞻并平尚书事,樊建任侍中、守尚书令。[⑤] 他们是作为蜀汉灭国时其中央政权的代表而被内徙的,这也是司马氏为维护统治的必需措施。但与前述掌权者诸葛亮、蒋琬、费祎不同之处在于,当时宦官黄皓专政,大将军姜维则常年征战在外,董厥、樊建只能处理一般的行政事务,并未真正执掌机要。因此,其势力、影响力远不及诸葛、蒋、费诸人。同时,也正因为如此,董、樊二人既可作为蜀汉中央政权的代表,又不会对司马氏政权产生实际威胁。这一特殊性质,使得他们在入魏之后即受到任用,被辟为"相国参军,其秋并兼散骑常侍,使蜀慰劳"[⑥]。不过,此类蜀汉中央政权的代表,在魏、晋只能担任一般性官职,他们及其家族在新政权中都无法有更大的发展。

---

① 据《三国志·蜀书》,诸葛亮为丞相,蒋琬官至大司马、大将军、录尚书事,费祎官至大将军、录尚书事。

② 《三国志·蜀书·诸葛亮传》。

③ 参见《华阳国志·大同志》。又云:"初,诸葛瞻与邓艾战于绵竹也,时身死失丧,或言生走深逃。瞻亲兵言富貌似瞻,故富假之也。"

④ 《三国志·蜀书·诸葛亮传》裴注。

⑤ 《三国志·蜀书·诸葛亮传》。

⑥ 《三国志·蜀书·诸葛亮传》。

南阳宗预建安中随张飞入蜀;襄阳廖化曾为关羽主簿,关羽败后属吴,再投刘备。作为武将,宗预、廖化未预中央政事。[①] 二人之所以会被内徙,在于他们是蜀汉武将的代表、蜀汉侨寓集团的老臣,当诸葛瞻初统朝事时,他们都已"年逾七十"[②]。不过,宗、廖二人的影响不及诸葛等执政者子孙,地位也不及董厥、樊建,因此他们即使没有在内徙途中病卒,估计到了中原地区后,境况也不会怎样的乐观。

据上,被内移内徙北方中原地区的蜀汉侨寓集团之文臣武将,多为刘备刘禅统治的中坚力量,且以荆楚人士为多,他们掌握了蜀汉政权各方面的军政大权。因此,控制了他们,也就等于在最大程度上避免了蜀汉势力的再兴。正是基于这一点,这些侨寓人士被内徙到了中原地区。虽然司马氏根据他们在地位、影响力等方面的差异,给予了不同待遇,但最终目的都是为了巩固司马氏的统治、削弱蜀汉故地的割据或反抗势力。按这一目的顺利达到了,灭国后蜀汉侨寓集团由于失去了核心而迅速土崩瓦解,它在巴蜀地区作为一个整体而形成的强大势力也被分解殆尽。而被强制内徙的蜀汉政治核心与军事将领,那些曾经的执政掌军者,也逐渐泯没无闻,不登史籍了。

需要特别讨论的是,在被徙出巴蜀的侨寓群体中,有一个特殊的家族——"蜀薛"。"蜀薛"的迁徙,明显不同于蜀汉宗室及执政大臣的内徙,通过对它的分析,可以大体推知另一种相对特殊的迁徙类型。

"蜀薛"家族在《三国志·蜀书》及《华阳国志》中皆未见记载,然而"蜀薛"却盛于北朝,有多名成员在《魏书》中有传,《新唐书·宰相世系表》薛氏条更是详载该族在北朝以至唐世的发展盛况。通过这些史书的零星记载,可以得知"蜀薛"在蜀汉前后的大概状况。据《魏书·薛辩传》载:"其先自蜀徙于河东之汾阴,因家焉";唐修《北史·薛辩传附薛聪传》亦云:薛辩后裔薛聪自称"臣远祖广德,世仕汉朝,时人呼为汉。臣九世祖永,随刘备入蜀,时人呼为蜀"。至宋人所修《新唐书》之"宰相世系表",薛氏条中则详细说明:薛氏祖广德之孙薛愿"为淮阳太守,因徙居焉",其后裔薛永"从蜀先主入蜀,为蜀郡太守。永生齐,字夷甫,巴、蜀二郡太守,蜀亡,率户五千降魏,拜光禄大夫,徙河东汾阴,世号蜀薛"。据此数条

---

① 据《三国志·蜀书·宗预传》,宗预官至"镇军大将军,领兖州刺史",廖化官至"右车骑将军,……领并州刺史"。按二人武职为实职,所领二州则在魏境内,只是虚领。

② 《三国志·蜀书·宗预传》。

史料，则薛氏也应为随刘备入蜀的侨寓家族。[1] 作为不见于史载的蜀汉地方郡守[2]，薛氏对于司马氏政权而言，既不具有多大的威胁性，又缺乏典型的代表性，理应没有必要被强制迁徙。然而，司马氏却把他们迁到了河东汾阴。迁徙后的薛氏不但没有衰落，反而颇有发展，在晋世即有多人任职各地郡守；[3]到了北朝，薛氏地位更是逐步上升，最终壮大成为河东的世族大姓[4]，堪与河东裴氏相比拟，其势力延绵至唐世犹未衰减。

按薛氏之被迁至河东，又能有如此的发展，原因当在薛氏所掌握的家族私兵，即薛齐率以降魏的五千户部曲。而司马氏"将地方豪族蜀薛迁于河东"，目的就是"一则减弱蜀汉之旧势力，二则填塞此一地区之地方势力，引以抗拒南进之胡族"[5]。也就是说，司马氏看中了薛氏所拥有的部曲势力有助于"抗拒南进之胡族"，才把他们迁徙至河东汾阴。同时，也正是这些部曲家兵，使薛氏能够在北朝迅速强盛起来。[6]

如"蜀薛"这样的例子虽然少见于史籍，但应该不妨碍据此作出一些合理的推测。在蜀汉侨寓集团中，本有不少家族掌有部曲，如义阳魏延即是"以部曲随先主入蜀"[7]。这些家族可能官位不显，地位不崇，因而不见于史籍的记载，但他们却通过掌握部曲而拥有相当的实力。蜀汉灭亡后，司马氏很可能迁徙他们以

---

① 《资治通鉴》卷一二四元嘉二十二年"河东蜀薛永宗聚众以应(盖)吴"元胡三省注："蜀人迁居河东者，谓之河东蜀，居绛郡者谓之绛蜀，居关中赤水者谓之赤水蜀"；而据陈寅恪《魏书司马睿传江东民族条释证及推论》(《金明馆丛稿初编》，上海古籍出版社 1980 年版)的推测，蜀薛"非华夏高门"，而是属于名为"蜀"的少数民族，如此则蜀薛不为侨寓巴蜀之汉姓家族。此不取陈说。

② 毛汉光《中国中古政治史论》(上海书店出版社 2002 年版)第三篇"晋隋之际河东地区与河东大族"云：巴、蜀二郡太守在蜀汉地方级中非常重要，"但《三国志・蜀书》及《华阳国志》之中皆无记载，可能是《蜀书》甚少传记地方级官吏，而《华阳国志・先贤士女总赞后贤志》记载，又选择德行高操之人之故"。

③ 参见《新唐书・宰相世系表》薛氏条。

④ 关于薛氏之列入河东郡姓，《资治通鉴》卷一百四十记云："众议以薛氏为河东茂族。(魏孝文)帝曰：'薛氏，蜀也，岂可入郡姓！'直阁薛宗起执戟在殿下，出次对曰：'臣之先人，汉末仕蜀，二世复归河东，今六世相袭，非蜀人也。伏以陛下黄帝之胤，受封北土，岂可亦谓之胡邪！今不预郡姓，何以生为！'乃碎戟于地。帝徐曰：'然则朕甲、卿乙乎？'乃入郡姓。"可见迁至河东汾阴的薛氏在北朝不仅已落籍河东，同时也正式以河东为其郡望。

⑤ 毛汉光《中国中古政治史论》第三篇"晋隋之际河东地区与河东大族"。

⑥ 《魏书・薛辩传》："薛辩……祖陶，与薛祖、薛落等分统部众，故世号三薛。父强，复代领部落，而祖、落子孙微劣，强遂总摄三营。善绥抚，为民所归，历石虎、苻坚，常凭河自固。仕姚兴为镇东将军，入为尚书。强卒，辩复袭统其营"，云云。由此可见，薛氏世代相袭的部曲，正是其在混乱的十六国能够自保、进而又在北朝发展壮大的基础。

⑦ 《三国志・蜀书・魏延传》。

御边，如此，在利用了这些家族实力的同时，也能够达到削弱蜀汉旧有势力的目的。只是不同于大多数此类家族的泯然无闻，"蜀薛"依凭着部曲力量逐步壮大，终由被迁徙的蜀汉地方豪族，发展成为后来的北方高门大姓。

有关蜀汉灭国后的宗室大臣将相内移问题，还有两条相关研究者往往引用的记载需作辨析。其一，《华阳国志·大同志》记载：

> 魏咸熙元年，蜀破之明年也，……后主既东迁，内移蜀大臣宗预、廖化及诸葛显等并三万家于东及关中，复二十年田租。

前人多以"三万家"来说明当时内移蜀汉统治集团侨寓人士的规模之大[①]，不过此说有可商榷处。首先，此条记载在提及蜀大臣后有一"并"字，蜀大臣自是指"宗预、廖化及诸葛显等"，"并"字之后的"三万家"则极可能另有他指。其次，《华阳国志·大同志》在该记载之后文，有晋泰始五年"散骑常侍文立表复假故蜀大臣名勋后五百家不豫厮剧，皆依故官号为降"，"厮剧"者卑贱、繁重的劳役，而此处提及"蜀大臣名勋后"为"五百家"，即使这"五百家"仅为内徙蜀大臣的十数分之一，其总数也不满万，更遑论文立所表之"蜀大臣名勋后"也可能包括留居巴蜀的侨寓人士甚至益州籍蜀臣。再者，《三国志·魏书·陈留王奂纪》有载：咸熙元年，"劝募蜀人能内移者，给廪二年，复除二十岁"。这里同样提到给内移蜀人免除二十年租赋的优惠，可见二者极可能指同一史事，也就是说，内移之"三万家"有可能是概指"蜀人"，其中既有蜀汉旧臣，也有一般平民，既有侨寓者，也有当地土著。最后，蜀汉灭国时，其士民簿上"领户二十八万，男女口九十四万，带甲将士十万二千，吏四万人"[②]。当时蜀汉在籍者仅为二十八万户，则"三万家"几为全蜀人口的九分之一，更甚者，吏者仅为四万人，即蜀汉上下官员及属吏人数总共还不满"三万家"。由此可以推知，上引史料中的内移"三万家"，当是概指蜀地民众，而非特指作为蜀汉统治阶层的侨寓人士。

其二，《宋书·州郡志》青州刺史济南太守条记载：

> 晋世济岷郡，云魏平蜀，徙蜀豪将家于济、河，故立此郡。安帝义熙中土断，并济南。案《晋太康地志》无济岷郡。

王仲荦即以此条史料的前一句说明司马氏之迁移"旧蜀汉政权中非益州籍的重

---

① 如王仲荦《魏晋南北朝史》上册第一章第三节、李文才《两晋、刘宋统治益、梁政策之异同》(《汉中师范学院学报》2000 年第 3 期)、王永平《入晋之蜀汉人士命运的浮沉》(《史学月刊》2003 年第 2 期)。

② 《三国志·蜀书·后主传》注引王隐《蜀记》。

要文武官吏”[①]，而李文才则云“为之专门建立一郡，人数之众不难想见”[②]。按此条记载也见于唐修《晋书·地理志》青州济南郡小注：“或云魏平蜀，徙其豪将家于济河北，故改为济岷郡。而《太康地理志》无此郡名，未之详。”今按钱大昕《十驾斋养新录》卷六“济岷郡”条谓：“予谓此条亦《晋志》之误。考《宋志》南兖州篇云，济岷郡（江左立）领营城、晋宁（江左立）凡二县。蒙上《永初郡国》之文，是济岷郡本江左所立，而宋初尚有此郡也。又称何《志》有平原郡，领茌平、临菑、营城、平原四县。《起居注》，元嘉十一年，以平原之济岷、晋宁并营城（先是省济岷郡为县）。是济岷郡废为县，并所领二县，改隶平原，在元嘉十一年以前也。又称徐《志》有南东平郡，领范、朝阳、历城、楼烦、阴观、广武、茌平、营城、临菑、平原十县。是元嘉以后，又并平原郡及所领县入南东平郡也。又称孝武大明五年，以东平并广陵。则并南东平之名亦不存矣。济岷一郡，侨置并合之迹，《宋志》历历可考。修《晋史》者，采无稽之谈，不一检照正史，甚矣其无识也。济岷郡本江左立，则《太康地志》自不应有此郡；而徙蜀豪家之说，不辨而知其诬矣。”如此，济岷郡之实郡乃东晋于青州所立，及义熙中土断，并入济南郡，侨郡则东晋咸和元年（326 年）以前侨置于江南；[③]至于“魏平蜀，徙蜀豪将家于济、河，故立此郡”云云，虽然并不排除有“蜀豪将家”被迁徙到这一带的可能，但采取为之立郡的措施或迁徙规模大到足以单立一郡，则不可信据。

最后补充说明，蜀汉灭国后其侨寓集团的外徙，除了被司马氏强行迁徙者外，也有一小部分具有自发迁徙的性质。此类迁徙在史书中往往没有明确记载，只能根据零散史料加以推测，如《新唐书·宰相世系表》中就有一些此类记载：来氏之来敏，义阳新野人，“蜀执慎将军，七世孙崱，始徙江都”[④]；又上官氏之上官胜，陇西上邽人，“蜀太尉。二子：曰茂，曰先。先徙东郡，后徙陕郡。……至弘为江都总监，又徙扬州”[⑤]；又河东解县之关氏，“蜀前将军汉寿亭侯羽，生侍中兴，其后世居信都”[⑥]。诸如此类，大致反映了蜀汉侨寓人士的后裔，在灭国后的相当长一段时间内，陆续徙居各地的情况。

---

① 王仲荦《魏晋南北朝史》上册第一章第三节。

② 李文才《两晋、刘宋统治益、梁政策之异同》。

③ 参胡阿祥《宋书州郡志汇释》南兖州刺史条汇释，安徽教育出版社 2006 年版。

④ 《新唐书·宰相世系表》来氏条。

⑤ 《新唐书·宰相世系表》上官氏条。

⑥ 《新唐书·宰相世系表》关氏条。

二、侨寓集团的留居巴蜀

蜀汉灭国后，虽然大部分侨籍人士徙出了巴蜀，但也有小部分侨寓人士及其后裔仍留居当地。

蜀汉立国时间虽短，但侨寓集团在此期间仍然通过控制中央至地方的各级政权而发展出了一定的势力。蜀汉灭国后，司马氏的强制迁徙也并未完全彻底地根除巴蜀区域的侨寓势力。虽然侨寓集团核心的内徙，使得侨寓势力不再统治已属西晋的梁、益、宁地区，但部分侨寓家族的势力仍留存于当地，有的甚至得到了进一步发展。如在西晋分置为宁州的南中地区，就有一支颇有实力的侨寓家族——霍氏。

据《华阳国志·南中志》的记载，建宁郡有"霍家部曲"，与当地"四姓"并列。此"霍家"指蜀汉的霍弋家族。霍弋父霍峻，南郡枝江人，随刘备入蜀，任梓潼太守、裨将军。[①] 霍弋与南中发生关系，在后主时，"为参军庲降屯副贰都督[②]，又转护军，统事如前。时永昌郡夷獠恃险不宾，数为寇害，乃以弋领永昌太守，率偏军讨之，遂斩其豪帅，破坏邑落，郡界宁静。迁监军翊军将军，领建宁太守，还统南郡事"。景耀六年(263年)，霍弋进号安南将军，是年，司马氏灭蜀。当是时也，霍弋"保全一方，举以内附"，于是得以"因仍前任，宠待有加"[③]。霍弋之孙霍彪，曾任晋越嶲太守、建宁太守。[④] 然则霍氏在南中的军政势力始于霍弋，霍弋蜀汉后主时期的任职南中，奠定了霍氏在南中的基础；而归附司马氏政权后，霍弋未被内徙，且"拜南中都督，委以本任"[⑤]，则霍弋在南中的势力不仅未见削弱，反而有所增强。又霍彪亦在益州越嶲、宁州建宁为郡守，可见霍氏家族的势力已经明显盘桓于当地。再据《华阳国志·南中志》刘琳校注，今云南昭通县城东北发现有东晋霍承嗣墓，据壁上墓志，其人为南郡枝江人，官交、宁二州都督及刺史，建宁、越嶲、兴古三郡太守，南夷校尉，死于太元中，先葬蜀郡，后葬朱提。[⑥] 这一考古发现证实了南郡霍氏在蜀地、南中拥有强盛的家族势力，他们虽然仍保留了原

---

① 《三国志·蜀书·霍峻传》。

② 按蜀汉但有益州，而分其南中七郡(建宁、越嶲、朱提、云南、永昌、牂柯、兴古)置庲降都督以统之。

③ 见《三国志·蜀书·霍弋传》。

④ 《三国志·蜀书·霍弋传》注引《汉晋春秋》载霍彪为"晋越嶲太守"。而据《华阳国志·李特雄期寿势志》记载，霍彪曾为东晋建宁太守，降于成汉后为宁州刺史。

⑤ 《三国志·蜀书·霍弋传》注引《汉晋春秋》。

⑥ 霍弋之父霍峻据《三国志·蜀书·霍峻传》葬于蜀郡成都，可见蜀郡为霍氏家族墓地所在。而霍承嗣后葬朱提，可能因其支系居于朱提，同时亦可见霍氏势力之盛，遍于南中。

籍“南郡枝江”，但实际上已逐步趋向本土化，成为益、宁当地的豪族大姓。

按霍氏之所以在蜀汉灭国后仍然能够保持家族势力，并且进一步发展成为南中大姓，除了晋政权的助力之外，更重要的原因在于该家族拥有一支世袭家兵，即“霍家部曲”。据《三国志·蜀书·霍峻传》载：自霍峻之兄霍笃开始，就“于乡里合部曲数百人。笃卒，荆州牧刘表令峻摄其众。表卒，峻率众归先主”。部曲是霍氏势力的重要保证，正是由于在侨寓巴蜀时就领有大量部曲，才使霍氏势力不仅未随蜀汉灭国而外徙覆灭，反而在南中巩固并壮大起来，最终成为以“霍家部曲”而闻名于南中的豪族大姓。

不过，留居蜀地的侨寓人士，并不都能如南郡霍氏一般实力强盛，有一些仅因个人行事而在史籍中留下一笔。如陈留吴壹之孙吴乔，“没李雄中三十年，不为雄屈也”[①]。李雄于303年攻下成都，304年自称成都王，306年称帝，建立大成政权，至334年李雄病死，恰为三十年左右。这条史料强调的是吴乔的气节，但从另一个角度看，它也证明了吴乔仍然留居巴蜀。因为吴乔只有仍居蜀地，才会在李雄割据巴蜀时“没”于其中，而吴乔“不为雄屈也”，又反映出吴乔在当地仍是有一定影响的士人，并非一般无闻之庶民。

如南郡霍氏、陈留吴氏这样可以通过明确的史料证明其仍然留居巴蜀者，毕竟只是少数，更多的是一些片断史料，可供推测。

其中一类史料，是关于侨寓人士子孙在梁、益等州任职地方长官者，如《三国志·蜀书》及裴注载：襄阳向朗子向条“入晋为江阳太守、南中军司马”，向朗兄子向充咸熙元年“为梓潼太守”，义阳邓芝子邓良“晋朝广汉太守”[②]。这些史料并不能完全确切地证明这些侨寓人士的后代在蜀灭后即留居巴蜀为官，但它们提供了一些线索，使得我们可以从官制方面对其进行考察。

从官制方面考察，魏晋地方官制承自东汉，但由于形势变化，两者之间也存在着一些差别。如东汉时期开始了明确的回避制度。《后汉书·蔡邕传》：“初，朝议以州郡相党，人情比周，乃制婚姻之家及两州人士不得对相监临。至是复有三互法，禁忌转密，选用艰难。”按这一回避制度主要是针对“婚姻之家”，对于籍贯回避还没有明确规定，只是在实际操作中很少由本地人担任本地长官。到了魏晋时期，仍然没有制定明确的籍贯回避制度，而本地人担任本地长官者反而逐

① 《三国志·蜀书·二主妃子传》注引孙盛《蜀世谱》。

② 《三国志·蜀书·向朗传》注引《襄阳记》、《三国志·蜀书·邓芝传》。

渐增多。以蜀地为例，益州蜀郡成都人杜毗官至益州刺史，江阳侯馥则任江阳太守[①]；至于本州人士为本州各郡太守的记载，更是不胜枚举。

按魏晋地方官制中籍贯回避制度的缺失，原因在于魏晋时期的混乱局势与豪强势力。自东汉末年至于魏晋，中央权力不断衰落，地方割据势力十分强大，同时地方宗族势力也在逐步强盛。造成的结果，正如陈仲安、王素所指出的："魏晋南北朝时期，……中央为了笼络地方豪强，允许在他们所在地区设立州郡县，让他们担任自己地盘的刺史、太守、令长，有时还另给他们将军、校尉等名号。"[②]以此，魏晋时期不仅不存在籍贯、地域的回避制度，能在关系密切的地区担任地方长官，恰恰反映出任官者及其家族在当地的势力。

然则如果从这一角度考察上述向条、向充、邓良任官的情形，其意义就凸显出来了。蜀汉侨寓人士的籍贯本不在巴蜀地区；但是对于侨寓人士的后代来说，其父祖仕于蜀汉政权，其产业及先人墓茔皆在巴蜀，其家族势力也在巴蜀地区有一定的根基。因此，侨寓家族后裔在梁益地区任官的性质，就颇不同于北方政权的家族在此地为官。对于那些曾经仕于蜀汉政权的侨寓人士来说，巴蜀已成为他们的实际居住地；而侨寓人士后裔能在梁、益等州任官，也潜在地证明了这些侨寓家族在当地仍保有相当的势力，虽然这一势力已经被大大削弱了，却还足以使他们能够出任梁益地区的地方长官。

另一类可以提供相关线索的片断史料，是关于侨寓人士在巴蜀地区仕于郡县的记载。

巴郡文立在入仕晋朝后，有过关于故蜀大臣子弟的多次上书，其中一条上书为："故蜀大官及尽忠死事者子孙，虽仕郡国，或有不才，同之齐民为剧。"[③]这条上书的重点在于说明故蜀大臣子孙从事繁重劳动的境况，希望朝廷给予改善；而同时指出的"故蜀大官及尽忠死事者子孙"有"仕郡国"者，亦值得重视。首先，"故蜀大官"在当时的记载中，多指蜀汉侨寓统治阶层。正如前文所述，蜀汉政权是以侨寓人士为支柱的，中央政权基本掌握在侨人手中，也就是说，为大官大臣者多是侨人，那么史料中的"蜀大官"自然也主要是指侨籍大臣。按史书中的类似记载颇多，如前引《华阳国志·大同志》"蜀大臣宗预、廖化及诸葛显等"；又原蜀汉大臣襄阳罗宪，西晋泰始中入朝，"从帝宴于华林园，诏问蜀大臣子弟，后问

---

① 见《华阳国志·后贤志》。

② 陈仲安、王素《汉唐职官制度研究》第二章第一节，中华书局1993年版。

③ 《华阳国志·后贤志》。

先辈宜时叙用者”，罗宪既举荐了益梁本土人士如蜀郡常忌、巴西陈寿等，而更多举荐者为“南郡高轨、南阳吕雅、许国、江夏费恭、琅邪诸葛京、汝南陈裕”等侨寓人士。[①] 由此可见，“蜀大官”、“蜀大臣”多指蜀汉侨寓大臣。其次，文立作为巴蜀本地士人，必然更为了解梁益当地的状况，上书也应以梁益地区为基础。由此推测，文立上书中所指的“郡国”，当以梁益地区为主。同时，《华阳国志·后贤志》此条上书之后，即为另一条相关上书：“又上：诸葛亮、蒋琬、费祎等子孙流徙中畿，宜见叙用。”这两条上书相辅相成，第二条上书既是关于流徙中原的故蜀大臣子孙，那么这第一条中的“仕郡国”，很可能就是指的留居巴蜀的故蜀大臣子孙，而他们所“仕”的也就是梁益地区的“郡国”。[②]

据上，通过对各类史料的分析可以推知：其一，蜀汉灭亡后，其侨寓势力仍有小部分留居巴蜀，并未被司马氏彻底迁出这一地区。其二，留居巴蜀的侨寓势力，有个别家族依靠原本的实力进一步发展，乃至成为当地大姓；大多数则仕于州郡县，或有出任地方郡守者。[③]

蜀汉在灭国之后，其统治阶层侨寓集团即刻趋于解体，并分流为两部分，大部分被强行外徙，小部分尚留居巴蜀。这一解体分流过程，摧毁了蜀汉侨寓人士作为一个统治集团之整体曾在巴蜀所形成的相对强大的势力。虽然外徙者中有个别家族后来发展壮大，成为高门，而留居巴蜀者也有凭其残余力量任职地方，甚或成为地方豪族者，但大多数侨寓人士及其后裔还是因为势力瓦解，导致其地位急剧下降，甚至沦落到“同之齐民为剧”。

蜀汉侨寓集团地位的骤降，与司马氏政权对他们所采取的压制分解措施有直接的关系，不过，更深层的原因还在于侨寓者自身。

一方面，三国时期是士族社会形成的初步阶段，同时也是世家大族形成发展的重要阶段，许多高门大姓都是在这一时期逐步凝成的，并奠定了其后的势力与

---

① 《三国志·蜀书·霍弋传》注引《襄阳记》。

② 关于蜀汉官吏仕于西晋州郡还有一条史料。《华阳国志·李特雄期寿势志》记汉兴元年（338 年）巴西龚壮上封事与汉主李寿云：“昔刘氏郡守令长方仕州郡者，国亡主易故也。”刘琳校注本解释说：“此句意为：刘禅降晋后，原蜀汉郡守令长以上者方可在州郡为官，一般官吏则降为庶民。”按蜀汉从中央到地方的各级政权中，侨寓人士任“郡守令长以上者”不在少数，则“国亡主易”后留居梁益地区“在州郡为官”者当也不在少数。

③ 必须说明的是，由于西晋中后期形势的混乱，此留居巴蜀者也有可能再陆续迁出。所以，由外徙和留居两方面构成的蜀汉侨寓人士之分流状况并非固定不变，反之，它是随着局势的改变而处于不断变化中的。限于史料，以上的分析仅能勾勒出大致的轮廓，尚无法描绘出更多的细节。

地位。同时，许多在东汉势力尚弱、仅为次等士族的小姓家族，也是在这一时期跻身于高门大族之列。因此，三国初建之时，各自的统治阶层中都是既有大族，也有相当一部分小姓乃至寒素出身者。而虽然同是由大族和小姓构成，三个割据政权统治集团的具体情况又各不相同，并因此造就了不同的命运。曹魏作为最强大的割据政权，又占据了传统的中原地区，其政权中的大族本就多于其他两个政权；次等士族在其中也最有晋级的可能与机遇。因此，两晋南北朝的世族大姓，以出自原曹魏政权者为最多。又孙吴政权稳定以后，以吴地大族为统治中坚，这些家族的势力多自东汉末年起就颇为强盛，三国鼎立时期，他们更依托着本地发展的优势，进一步壮大实力，从而为其在东晋南朝时期的延续甚至兴盛打下了坚实的基础。

比较而言，蜀汉政权颇不同于曹魏与孙吴。蜀汉的统治支柱侨寓集团中，本就缺乏渊源较久而实力强大的家族，益州相对偏僻的地理位置、路途险峻的交通状况，又使得当时外地的人士和家族难以大量流入蜀地，这造成了蜀汉侨寓人才的匮乏。[①] 虽然在蜀汉政权内部，侨寓集团中实力较为强大者成为当地大族，小姓、寒素也因参与政权而有所发展，但他们的地位却局限于蜀汉政权的内部，势力也仅囿于益州；就全国来说，蜀汉侨寓家族的势力并不为强。同时，蜀汉立国未久即被平灭，那些已经较有实力的家族以及刚刚有所发展的小姓，尚未真正巩固其在蜀地的根基，就沦为亡国者。如此，蜀汉侨寓集团始终未能培育出势力强大、根基坚实的世家大族，蜀汉灭国之后，失去了政权依靠的他们，也就很难有所发展。加之司马氏的强行迁徙政策，进一步摧毁了蜀汉侨寓势力发展的可能性，故唯有个别拥有自身部曲势力的家族如薛氏、霍氏，才能藉机发展，而大多数的蜀汉侨寓家族，在后世的士族社会中难觅踪迹，大抵沦为编户平民。

另一方面，蜀汉侨寓集团自身的侨寓性质，也在一定程度上决定了其极易衰落的命运。侨寓者，即迁离原籍而侨居外地者。在汉末中央政权衰落、割据力量强大、局势十分混乱的情况下，许多家族和士人流徙各地，或者依附于某一割据者。其中，避难入蜀以及依附刘备的家族、士人，构成了蜀汉政权中的侨寓集团。他们依附蜀汉政权，如同统一时期在中央为官的大族依附中央政权一般，然而两者之间却存在着很大的差别。统一时期的大族在原籍仍然保有相当强大的势

① 《三国志·蜀书·诸葛亮传》注引《袁子》谓蜀汉“小国贤才少”，《许慈传》注引孙盛语云“蜀少人士”，《马良传》注引习凿齿语云“今蜀偏陋一方，才少上国”。又王夫之《读通鉴论》卷一〇“三国”条之五：“蜀所得收罗以为己用者，江、湘、巴、蜀之士耳。”

力，具有城市和乡村的双家性质，并以原籍为其根本所在。至于蜀汉的侨寓家族，由于当时的割据形式而隔绝于原籍之外，有些甚至是举族迁徙，并在实际上脱离了原籍。他们失去了原籍的产业、根基，完全依附于蜀汉政权，成为官僚性家族，而这种性质的家族，极易受到政权变化的影响，往往随着朝代的兴衰而浮沉，他们一旦失去了政权基础，也就失去了势力来源，成为无本之木、无源之水。蜀汉侨寓家族的衰落正是如此。由于这些家族过于依附蜀汉政权，并完全借助政权之力来取得其在巴蜀的地位和势力，所以随着蜀汉政权的破灭，这些侨寓家族也就踏上了衰败破灭之路。

由此可见，侨寓人士和家族作为蜀汉的统治阶层，他们在蜀汉灭国后的命运，是与其依附蜀汉中央政权的程度，以及自身实力的强弱密切相关的。曾经执掌政权的诸葛亮、蒋琬、费祎等故蜀大臣家族，由于中央化程度较高，受蜀汉灭国的影响也最大，他们的子孙只能“流徙中畿”，最终沦为平民；其他大多数侨寓人士及其后代，同样由于过分依附蜀汉政权、缺乏自身实力，在蜀汉灭国后，地位随之急剧下降。唯有那些与中央政权的关系不是特别密切，同时又拥有部曲实力的薛氏、霍氏一类家族，无论是外徙还是留居巴蜀，都未受到蜀汉政权覆灭的深层影响，反而在外徙地或者留居地逐渐发展起强大的家族势力，最终成为延续许久的高门大姓或地方豪族。

引用书目

(1)本篇所录引用书目,按书名首字汉语拼音排序。

(2)引用论文出自期刊、辑刊者,均随文出注,此处不列。

B

《百衲本二十四史校勘记·宋书校勘记》,张元济著,商务印书馆2001年版

《宝应图经》,刘宝楠著,清光绪九年淮南书局刻本

《北朝史研究》,殷宪主编,商务印书馆2004年版

《北齐书》,李百药著,中华书局1972年校点本

《北史》,李延寿著,中华书局1974年校点本

《北魏州郡志略》,劳干著,台湾中央研究院历史语言研究所1961年版

《北周地理志》,王仲荦著,中华书局1980年版

《补陈疆域志》,臧励龢著,《二十五史补编》本

《补梁疆域志》,洪齮孙著,《二十五史补编》本

《补三国疆域志补注》,洪亮吉著,谢钟英补注,《二十五史补编》本

C

《长水集》,谭其骧著,人民出版社1987年版

《长水集续编》,谭其骧著,人民出版社1994年版

《陈书》,姚思廉著,中华书局1972年校点本

《陈寅恪魏晋南北朝史讲演录》,万绳楠整理,黄山书社1987年版

《重松先生古稀记念九州大学东洋史论丛》,九州大学东洋史研究室1957年版

《辞海》,上海辞书出版社1979年版,1989年版,1999年版

D

《地方行政制度志》,周振鹤著,上海人民出版社1998年版

《地域集团与南朝政治》,章义和著,华东师范大学出版社2002年版

《东北亚历史地理研究》,孙进己主编,中州古籍出版社1998年版

《东北亚史中的国家与地域》,唐代史研究会编,刀水书房1999年版

《东汉政区地理》,李晓杰著,山东教育出版社 1999 年版
《东晋方镇年表》,万斯同著,《二十五史补编》本
《东晋疆域志》,洪亮吉著,《二十五史补编》本
《东晋门阀政治》,田余庆著,北京大学出版社 2005 年版
《东晋南北朝舆地表》,徐文范著,《二十五史补编》本
《东晋南朝墓志研究》,朱智武著,南京大学历史系博士学位论文,2006 年
《读史方舆纪要》,顾祖禹著,贺次君、施和金点校,中华书局 2005 年版
《读史纠谬》,牛运震著,李念孔等点校,齐鲁书社 1989 年版
《读通鉴论》,王夫之著,中华书局 1975 年版
《敦煌地理文书汇辑校注》,郑炳林著,甘肃教育出版社 1989 年版

G

《更生斋文甲集》,洪亮吉著,《四部备要》本
《谷梁传》,《十三经注疏》本

H

《汉书》,班固著,颜师古注,中华书局 1962 年校点本
《汉唐地理书钞》,王谟辑,中华书局 1961 年影印本
《汉唐间史学的发展》,胡宝国著,商务印书馆 2003 年版
《汉唐职官制度研究》,陈仲安、王素著,中华书局 1993 年版
《汉学师承记笺释》,江藩著,漆永祥笺释,上海古籍出版社 2006 年版
《汉赵国史》,周伟洲著,广西师范大学出版社 2006 年版
《后汉书》,范晔著,李贤等注,中华书局 1965 年校点本
《后汉书集解》,王先谦著,中华书局 1984 年影印本
《湖北历史文化论集》(二),李锦章主编,中国地质大学出版社 2000 年版
《华阳国志校注》,常璩著,刘琳校注,巴蜀书社 1984 年版
《黄淮海平原历史地理》,邹逸麟主编,安徽教育出版社 1991 年版
《晦明轩稿》,杨守敬著,清光绪二十七年刻本

J

《纪念陈寅恪教授国际学术讨论会文集》,中山大学出版社 1989 年版
《纪念陈寅恪先生诞辰百年学术论文集》,北京大学出版社 1989 年版

《嘉庆重修一统志》，中华书局 1986 年影印本
《建康实录》，许嵩著，张忱石点校，中华书局 1986 年版
《建炎以来系年要录》，李心传著，《四库全书》本
《江汉纪程》，王凤生著，清道光十二年刻本
《江南社会经济研究》（六朝隋唐卷），胡阿祥主编，中国农业出版社 2006 年版
《校补三国疆域志》，金兆丰著，商务印书馆 1935 年版
《校史随笔》，张元济著，商务印书馆 1938 年版
《金明馆丛稿初编》，陈寅恪著，上海古籍出版社 1980 年版
《金明馆丛稿二编》，陈寅恪著，上海古籍出版社 1980 年版
《晋方镇年表》，万斯同著，《二十五史补编》本
《晋方镇年表》，吴廷燮著，《二十五史补编》本
《晋书》，房玄龄等著，中华书局 1974 年校点本
《晋书地理志新补正》，毕沅著，《二十五史补编》本
《经史说略·二十五史说略》，北京燕山出版社 2002 年版
《九家旧晋书辑本》，汤球辑，中州古籍出版社 1991 年版
《九品官人法的研究——科举前史》，宫崎市定著，同朋舍 1956 年版
《旧唐书》，刘昫等著，中华书局 1975 年校点本

L

《历代舆地图》，杨守敬、熊会贞等编绘，清光绪三十二年至宣统三年杨氏观海堂木刻朱墨套印本
《历史地理学探索》，侯甬坚著，中国社会科学出版社 2004 年版
《郦道元评传》，陈桥驿著，南京大学出版社 1994 年版
《梁书》，姚思廉著，中华书局 1973 年校点本
《两汉魏晋南北朝宰相制度研究》，祝总斌著，中国社会科学出版社 1990 年版
《两晋南北朝史》，吕思勉著，上海古籍出版社 1983 年版
《辽史》，脱脱等著，中华书局 1974 年校点本
《六朝疆域与政区研究》，胡阿祥著，西安地图出版社 2000 年版
《六朝疆域与政区研究》（增订本），胡阿祥著，学苑出版社 2005 年版
《六朝史》，张承宗等主编，江苏古籍出版社 1991 年版

《六朝史学》，邱敏著，南京出版社 2003 年版
《六朝事迹编类》，张敦颐著，张忱石点校，上海古籍出版社 1995 年版
《六朝通鉴博议》，李焘著，胡阿祥、童岭点校，南京出版社 2007 年版
《六朝文化》，许辉、邱敏、胡阿祥主编，江苏古籍出版社 2001 年版
《六朝政治史研究》，安田二郎著，京都大学学术出版会 2003 年版
《洛阳伽蓝记校注》，杨衒之著，范祥雍校注，上海古籍出版社 1978 年版
《落帆楼文集》，沈垚著，刘氏嘉业堂刊本

M

《闽书》，何乔远著，福建人民出版社 1995 年版

N

《南北朝侨置州郡考》，胡孔福著，1912 年刊行
《南北史补志》，汪士铎著，《二十五史补编》本
《南北史世系表》，周嘉猷著，《二十五史补编》本
《南朝史精语》，洪迈著，邱敏点校，南京出版社 1992 年版
《南方的奋起》，姚大中著，台湾三民书局 1981 年版
《南江文钞》，邵晋涵著，清道光十二年刻本
《南京大学历史系考古专业成立三十周年纪念文集》，蒋赞初主编，天津人民出版社 2002 年版
《南齐书》，萧子显著，中华书局 1972 年校点本
《南齐书校议》，朱季海著，中华书局 1984 年版
《南史》，李延寿著，中华书局 1975 年校点本
《廿二史考异》，钱大昕著，江苏古籍出版社 1997 年《嘉定钱大昕全集》本
《廿二史劄记》，赵翼著，中国书店 1987 年影印本

P

《普天之下——统一分裂与中国政治》，葛剑雄著，吉林教育出版社 1989 年版
《普通地名学》，B. A. 茹奇克维奇著，崔志升译，高等教育出版社 1983 年版

Q

《齐民要术校释》，贾思勰著，缪启愉校释，农业出版社 1982 年版

《潜研堂集》，钱大昕著，吕友仁点校，上海古籍出版社 1989 年版

《清人文集别录》，张舜徽著，中华书局 1963 年版

《清人文集地理类汇编》(第一册)，谭其骧主编，浙江人民出版社 1986 年版

《清儒学记》，张舜徽著，齐鲁书社 1991 年版

《庆祝何兹全先生九十岁论文集》，北京师范大学出版社 2001 年版

《全上古三代秦汉三国六朝文》，严可均辑，中华书局 1958 年影印本

R

《日本中青年学者论中国史》(六朝隋唐卷)，刘俊文主编，上海人民出版社 1995 年版

《日中国际共同研究·地域社会在六朝政治文化上所起的作用》，谷川道雄编，玄文社 1989 年版

S

《三国会要》，杨晨著，中华书局 1956 年校点本

《三国疆域表》，谢钟英著，《二十五史补编》本

《三国郡县表附考证补正》，吴增仅著，杨守敬补正，《二十五史补编》本

《三国职官表》，洪饴孙著，《二十五史补编》本

《三国志》，陈寿著，裴松之注，中华书局 1982 年校点本

《三史拾遗》，钱大昕著，江苏古籍出版社 1997 年《嘉定钱大昕全集》本

《山西移民史》，安介生著，山西人民出版社 1999 年版

《社会与国家关系视野下的汉唐历史变迁》，牟发松主编，华东师范大学出版社 2006 年版

《十驾斋养新录》(附《十驾斋养新余录》)，钱大昕著，商务印书馆 1957 年版

《十六国疆域志》，洪亮吉著，《二十五史补编》本

《十七史商榷》，王鸣盛著，中国书店 1987 年影印本

《史籍举要》，柴德庚著，北京出版社 1982 年版

《史记》，司马迁著，裴骃集解，司马贞索隐，张守节正义，中华书局 1959 年校点本

《史纠》，朱明镐著，《四库全书》本
《史略校笺》，高似孙著，周天游校笺，书目文献出版社 1987 年版
《史通通释》，刘知几著，浦起龙通释，商务印书馆 1937 年版
《世说新语校笺》，刘义庆著，徐震堮校笺，中华书局 1984 年版
《水经注疏》，郦道元注，杨守敬、熊会贞疏，段熙仲点校，陈桥驿复校，江苏古籍出版社 1989 年版
《四川历代政区治地今释》，蒲孝荣著，四川省哲学社会科学研究所 1978 年版
《四库全书总目》，永瑢等著，中华书局 1965 年影印本
《宋本方舆胜览》，祝穆著，祝洙补订，上海古籍出版社 1991 年影印本
《宋史》，脱脱等著，中华书局 1977 年校点本
《宋书》，沈约著，中华书局 1974 年校点本
《宋书考论》，孙虨著，孙鼎宜整理编次，岳麓书社 1994 年《二十五史三编》本
《宋书考证》，清武英殿本《宋书》所附考证
《宋书校议》，丁福林著，中华书局 2002 年版
《宋书州郡志汇释》，胡阿祥编著，安徽教育出版社 2006 年版
《宋书州郡志校勘记》，成孺著，《二十五史补编》本
《搜神记全译》，干宝著，黄涤明注译，贵州人民出版社 1991 年版
《隋书》，魏征等著，中华书局 1973 年校点本
《隋书地理志考证附补遗》，杨守敬著，《二十五史补编》本
《隋书经籍志考证》，姚振宗著，《二十五史补编》本
《隋唐帝国形成史论》，谷川道雄著，李济沧译，上海古籍出版社 2004 年版
《隋唐制度渊源略论稿》，陈寅恪著，中华书局 1963 年版

T

《太平广记》，李昉等编，汪绍楹校点，中华书局 1961 年版
《太平寰宇记》，乐史著，清光绪八年金陵书局刻本
《太平御览》，李昉等编，中华书局 1960 年影印本
《唐代交通图考》，严耕望著，台湾中央研究院历史语言研究所 1985～1986 年版
《唐代羁縻府州研究》，刘统著，西北大学出版社 1998 年版
《唐史余瀋》，岑仲勉著，中华书局 1960 年版

《亭林集》，顾炎武著，朱氏槐庐校刻本
《通典》，杜佑著，王文锦等点校，中华书局 1988 年版
《通鉴地理注词典》，冯惠民等编，齐鲁书社 1986 年版
《通鉴释文辩误》，胡三省著（中华书局 1956 年《资治通鉴》校点本附录）

W

《伟哉斯名——“中国”古今称谓研究》，胡阿祥著，湖北教育出版社 2000 年版
《魏晋本土文学地理研究》，胡阿祥著，南京大学出版社 2001 年版
《魏晋南北朝地记述论》，王卫婷著，南京大学历史系硕士学位论文，2006 年
《魏晋南北朝籍账研究》，傅克辉著，齐鲁书社 2001 年版
《魏晋南北朝经济史》，高敏主编，上海人民出版社 1996 年版
《魏晋南北朝史》，王仲荦著，上海人民出版社 1979～1980 年版
《魏晋南北朝史论丛》，唐长孺著，三联书店 1955 年版
《魏晋南北朝史论集》，周一良著，中华书局 1963 年版
《魏晋南北朝史论拾遗》，唐长孺著，中华书局 1983 年版
《魏晋南北朝史研究》，中国魏晋南北朝史学会编，湖北人民出版社 1996 年版
《魏晋南北朝史缘》，李培栋著，学林出版社 1996 年版
《魏晋南北朝史札记》，周一良著，中华书局 1985 年版
《魏晋南北朝隋唐史三论》，唐长孺著，武汉大学出版社 1993 年版
《魏书》，魏收著，中华书局 1974 年校点本
《魏书地形志校录》，温曰鉴著，《二十五史补编》本
《文献通考》，马端临著，中华书局 1986 年版
《文献与考古研究》，李天石、徐湖平主编，兰州大学出版社 1999 年版
《文心雕龙注》，刘勰著，范文澜注，人民文学出版社 1958 年版
《文选》，萧统编，上海书店 1988 年影印本
《文中子中说》，王通著，浙江古籍出版社 1998 年《百子全书》本

X

《西汉政区地理》，周振鹤著，人民出版社 1987 年版
《惜抱轩诗文集》，姚鼐著，刘季高点校，上海古籍出版社 1992 年版
《先秦汉魏晋南北朝史》，逯钦立辑校，中华书局 1983 年版

《新安名族志》，戴廷明、程尚宽等著，朱万曙等点校，黄山书社 2004 年版
《新安志》，罗愿著，《四库全书》本
《新唐书》，欧阳修、宋祁著，中华书局 1975 年校点本
《新校晋书地理志》，方恺著，《二十五史补编》本
《续汉书》，司马彪著，刘昭注补（八篇志收入中华书局 1965 年校点本《后汉书》中）

Y

《颜氏家训集释》，颜之推著，王利器集释，上海古籍出版社 1980 年版
《艺风堂文集》，缪荃孙著，上海古籍出版社 1996 年版
《永嘉乱后北方移民的地域选择——以江南为例》，刘新光著，南京大学历史系硕士学位论文，2001 年
《余嘉锡论学杂著》，余嘉锡著，中华书局 1963 年版
《舆地广记》，欧阳忞著，《丛书集成初编》本
《舆地纪胜》，王象之著，李勇先校点，四川大学出版社 2005 年版
《元和郡县图志》，李吉甫著，贺次君点校，中华书局 1983 年版
《越缦堂读书记》，李慈铭著，中华书局 1963 年版

Z

《怎样学习与研究历史》，乔默、江溶编，中国青年出版社 1985 年版
《支那疆域沿革略说》，重野安绎、河田罴著，富山房 1903 年版
《直斋书录解题》，陈振孙著，《四库全书》本
《中古门第论集》，何启民著，台湾学生书局 1982 年版
《中国长江流域开发史》，万绳楠等著，黄山书社 1997 年版
《中国地方行政制度史》上编卷中之上《魏晋南朝地方行政制度》，严耕望著，台湾中央研究院历史语言研究所 1963 年版
《中国地方行政制度史》上编卷中之下《北朝地方行政制度》，严耕望著，台湾中央研究院历史语言研究所 1963 年版
《中国地理学史》，王庸著，商务印书馆 1938 年版
《中国地名史话》，徐兆奎著，中共中央党校出版社 1991 年版
《中国古代地理名著选读》(第一辑)，侯仁之主编，科学出版社 1959 年版
《中国疆域沿革略》，童书业著，台湾开明书店 1974 年版

《中国疆域沿革史》，顾颉刚、史念海著，商务印书馆 1938 年版

《中国救荒史》，邓云特著，商务印书馆 1937 年版

《中国历代行政区划的变迁》，周振鹤著，中共中央党校出版社 1991 年版

《中国历史大辞典·历史地理卷》，谭其骧主编，上海辞书出版社 1996 年版

《中国历史大辞典·魏晋南北朝史卷》，胡守为、杨廷福主编，上海辞书出版社 2000 年版

《中国历史地理》，程发轫等著，台湾中国文化大学 1983 年版

《中国历史地理》，王育民著，人民教育出版社 1985 年版

《中国历史地理》，张步天著，湖南大学出版社 1987 年版

《中国历史地理学》，蓝勇编著，高等教育出版社 2002 年版

《中国历史地理学研究》，林頫著，福建人民出版社 2006 年版

《中国历史地貌与古地图研究》，张修桂著，社会科学文献出版社 2006 年版

《中国历史地图集》(第三册)、(第四册)、(第五册)，谭其骧主编，中国地图出版社 1982 年版

《中国历史地图集》(第四册)，谭其骧主编，中国地图出版社 1982 年版 1989 年第 2 次印刷本

《中国史学名著评介》(第一卷)，仓修良主编，山东教育出版社 1990 年版

《中国通史简编》(第四册)，范文澜著，人民出版社 1964 年版

《中国西南历史地理考释》，方国瑜著，中华书局 1987 年版

《中国移民史》，葛剑雄主编，葛剑雄、曹树基、吴松弟著，福建人民出版社 1997 年版

《中国中古社会史论》，毛汉光著，上海书店出版社 2002 年版

《中国中古政治史论》，毛汉光著，台湾联经出版事业公司 1990 年版

《中国中世社会与共同体》，谷川道雄著，马彪译，中华书局 2002 年版

《中华人民共和国行政区划简册》(2000 年版)，中华人民共和国民政部编，中国地图出版社 2000 年版

《中州金石记》，毕沅著，《丛书集成初编》本

《周礼》，《十三经注疏》本

《周绍良先生欣开九秩庆寿文集》，白化文等编，中华书局 1997 年版

《周书》，令狐德棻等著，中华书局 1971 年校点本

《诸史考异》，洪颐煊著，清光绪十五年广雅书局刻本

《资治通鉴》，司马光著，胡三省音注，中华书局 1956 年校点本

后 记

这部书从考虑选题到写成现在这个模样，历时二十二年。就要交付出版社了，难免感慨系之。我一向认为，叙事本身具有解释功能；以此，这里不妨检索日记及相关材料，排列一下二十二年间的有关“大事”如下。

确定选题。1985 年春夏间，我还是复旦大学中国历史地理研究所一年级的硕士生，不知何种机缘，我读了清人洪亮吉的《东晋疆域志》，并开始对东晋南朝侨州郡县问题发生浓厚兴趣，拟作为学位论文的选题。9 月 25 日，我就此征求邹逸麟先生的意见，邹先生认为：“单单花力气搞清侨州郡县意义是不大的。可以探讨侨州郡县在经济、文化、人口、作物、风俗等等方面产生的作用，所导致的对隋以后的影响；也可以选择特定的地区来做，比如江淮地区的侨州郡县及其影响。资料上可能存在麻烦，大概不多。”11 月 26 日，导师吴应寿先生指示：“这个题目难度很大，要有思想准备。真要去做，只能做到那步算那步。首先要做的工作应该是仔细的考证，否则没有研究基础。洪亮吉的《东晋疆域志》错误不少，不可信据。还要注意侨州郡县是一回事，侨民是另一回事，两者不能完全相合。在做的过程中，要特别注意疆域的变化，注意侨州郡县的地区分布与文化影响。”12 月 4 日，谭其骧先生教导：“侨置的实际情况非常复杂。清人做了些工作，比如钱大昕，考据是一流的，洪亮吉就属四流的了，洪齮孙也比洪亮吉高明。你一定要做这个题目，我同意，但是能做成什么样子，我也没有把握。我想有几点值得提醒。首先，现在是 80 年代了，不能只局限于考据，做成洪亮吉《东晋疆域志》的补证。其次，主要的功夫应该用在侨州郡县制度，以及侨州郡县对经济和文化的影响。这两方面，有许多问题需要探讨。比如有的侨州郡下，并没有人民，而是为北地来的官所立的。比如为什么要土断？土断前后的情况有哪些差别？土断的成效怎样？侨置都有哪些类型？再者，研究侨州郡县不能不联系人口迁移，人口迁移又不仅限于南迁，人口迁移都有哪些影响？我的那篇文章（笔者按：指《晋永嘉丧乱后之民族迁徙》）是很浅的，我希望你能深入下去，哪怕取得一点点进步也是好的，不一定求其完整。总之，时间有限，精力有限，材料也有限，有些方面、有些地区，讲实话，功夫到了，可能也搞不清楚，但这个题目是有意义的，我也很欣赏你的勇气。”正是在上述诸位先生以及张修桂、魏嵩山、周振鹤、葛剑雄等先生的鼓励与指导下，我选定了东晋南朝侨州郡县作为研究方向。

初步研究。1987 年 4 月下旬，我完成了硕士学位论文《东晋南朝侨州郡县研究》，并于6月16日答辩通过。答辩委员会由谭其骧、邹逸麟、王文楚、徐连达、吴应寿五位先生组成，并由吴先生代为宣读审阅人周一良先生的意见、代为提出问题。这场答辩要求之严、时间之长（近四小时），王振忠兄在《长水悠悠》（收入《走近复旦》，四川人民出版社2000年版）文中回忆道："研究生一年级时，适逢同门师兄胡阿祥硕士论文答辩。他的选题是魏晋南北朝的侨州郡县，写了二十万字左右，是一篇极具功力的优秀论文。那一天好像是在工会里的一间小屋，时间大概是上午的九十点钟。一大早从市区赶来的谭先生先是闭目养神，静静地听完了开场白。其后，根据答辩程序，首先请外系（历史系）的一位教授发言。这位先生一开始就表扬了作者一通，谭先生很快便睁开眼将他打断，希望他提问题。那位先生以为谭先生只是出于客套，接着讲，还是继续表扬这篇论文。不料谭先生再次很不客气地将他打断，说论文答辩必须是提问题，而不应当是评价，并说学位论文答辩不能走过场，流于形式。故此，与会的答辩委员（包括前述的那位教授，均是谭先生的学生辈）都提了不少问题。事后师兄与我谈及，说他当时颇感紧张。后来，据吴老师说，他的老师周一良先生评价此文，说是达到了博士学位论文的水平。这话应当是有根据的。几年后，周先生在《纪念陈寅恪先生》一文中，提及最近几年魏晋南北朝史专题研究中具有新意的硕士、博士论文（全国范围内共提到十一篇），其中就专门提到本所的两篇学位论文，而第一篇就是这篇硕士论文（另一篇是师兄卢云博士的《汉晋文化地理》，后来由陕西人民教育出版社出版，成为国内第一部历史文化地理方面的专著）。……在谭先生的严格要求下，学术答辩不流于走过场，必须提问题，这一传统一直保留到了现在，故而每次总是让人如履薄冰。"葛剑雄先生《最难评说是书生》（收入《载物集——周一良先生的学术与人生》，清华大学出版社2003年版）文中也提到相关情况："我们研究所吴应寿先生指导的硕士生胡阿祥的毕业论文是以东晋南朝的政区为题的，先师（笔者按：指谭其骧先生）见后相当满意，提出应请周先生审阅。周先生看后大加赞赏，……先师向校方提出应让胡阿祥留所工作，但他在半年前已确定分配南京大学。为此先师专门给当时的校长谢希德写了一封信，认为还没有见到论文写得怎么样，如何能确定分配去向？要求校方重新考虑。实际上已无能为力。先师对此一直引为遗憾，以后又与周先生提及，周先生也注意到胡阿祥新发表的论文，认为水平也很高，但他却劝先师：'给南大送一个历史地理人才不是也很好吗？'"正是在这样的肯定与提携下，我坚定了跋涉于学术道路的决心。又犹记此前、此后拜谒周先生、谭先生的情景。1986年11月14日午后，我就论文写作中的十多个问题，闯到北京大学燕东园周先生家中请教，周先生不仅耐心细致地解答，而且对我的写作提纲，从布局、资料、观点各方面给予了总体的赞同；我到南京大学历史系工作后，三、五年间曾多次到谭先生家中叨扰、或在会议期间向谭先生汇报学习与工作情况，每次谭先生与我寒暄几句，即进入学术正题，与我讨论意有不同的双头州郡问题（谭先生的观点，略见拙著《六朝疆域与政区研究》第八章"东晋南朝双头州郡考论"之"附记：谭其骧师与笔者论双头州郡"，西安地图出版社 2000 年版）。太初先生与季龙老师对待学术研究的这种精神，予我以极大的影响。

相关成果。1987 年 7 月我到南京大学历史系工作后，东晋南朝侨州郡县以及更扩而大之的魏晋南北朝政区与人口问题，一直是我关注与用力的学术领域之一。1996 年 2 月，依据硕士学位论文的部分内容改写、发表于 1993 年的《东晋南朝侨州郡县的设置及其地理分布》，获得我至今仍然非常看重的"谭其骧禹贡基金首届优秀青年论著奖"论文一等奖。1992 年底，费时半年的长篇论文《中古时期郡望郡姓地理分布考论》完成。又 1993 年夏，受卞孝萱先生之约、费时两年的《六朝疆域与政区研究》书稿完成，我也于该年秋在职进入南京大学中文系，师从卞孝萱先生攻读中国古代文学博士学位，并于 1997 年底完成题为《魏晋文学地理研究》的学位论文（2001 年 5 月取论文部分内容而成的《魏晋本土文学地理研究》在南京大学出版社出版）。此后，直到 1999 年底，我断断续续地再费时近一年，修改《六朝疆域与政区研究》书稿，直到 2000 年底由西安地图出版社出版。《六朝疆域与政区研究》也得到了学术界的充分肯定，林頫编著《中国历史地理学研究》（"二十世纪中国人文学科学术研究史丛书·史学专辑"之一，福建人民出版社 2006 年版）评价说："胡阿祥对东晋南朝侨州郡县、六朝政区增置滥置、南朝内地的少数民族政区等问题都做了穷尽式的研究，……在取得这些具体研究成果的基础上，他爬梳史料、总结前人特别是清人的论著得失，从宏观和微观两方面着手，撰著出版《六朝疆域与政区研究》，全面系统地分析、论证了这一时期的疆域与政区问题，'发前人所未发'，'基本上解决了六朝三百余年疆域政区的演变这一复杂问题'，是迄今为止最为权威的著作。"又 2001 年，许辉、邱敏两位先生与我共同主编的《六朝文化》在江苏古籍出版社出版，并于 2003 年荣膺江苏省第八届优秀社科成果一等奖。而在做中古家族地理、魏晋文学地理、六朝政治地理以及六朝文化的过程中，我进一步深深地感受到东晋南朝侨州郡县以及相关的侨流人口问题的复杂与重要，甚至觉得研究东晋十六国南北朝的各类问题，都绕不开东晋南朝侨州郡县与侨流人口这个前提。于是我下定决心，要从基本史料做起，以求逐步把这个问题研究透彻。本着这样的想法，2001 年 11 月，我集中全力于已经开始了六年、而并未抓紧的《宋书州郡志汇释》，历经十个月的辛劳，完成了约四十万字的书稿；至于《南齐书州郡志汇释》，经过十多年的积累，也已形成了约200万字的初稿。

申请项目。2001年6月，因为手头承担的其他国家级与省级研究课题都已完成结项，我尝试着以“东晋南朝侨州郡县与侨流人口研究”为题，申请江苏省社科基金项目。由于是相对冷僻、“经世致用”意义也不明显的自选课题，所以我并不抱有什么期望。大出意外的是，是年9月，该课题竟得批准，虽然资助经费只有一万元。受此鼓舞，12月，我又以“东晋十六国南北朝侨州郡县与侨流人口研究”为题，申请国家社科基金项目。而使我信心倍增的是，2002年6月，国家课题也得立项，而且资助经费超过了我的申请额度。在此，我要感谢那些我不知名的评审专家，感谢江苏省与全国哲学社会科学规划办公室。这种感谢，不仅是感谢评审专家与哲学社会科学规划办公室对基础研究的扶持；也感谢正是由于课题的立项，才促使我除了必须完成的教学、科研与社会工作外，尽量排除其他各种干扰，努力完成心中悬望已久的学术目标。

撰述成书。在本书的撰写过程中，我完成了与本书有着密切联系的两项成果。一是《六朝疆域与政区研究》的增订本（学苑出版社2005年出版），一是《宋书州郡志汇释》的修改定稿（安徽教育出版社2006年版）。前者是挚友、中国人民大学华林甫教授与学苑出版社郭强编辑主动邀约的（未曾谋面的郭强编辑已于2006年9月22日英年早逝，行文至此，不胜唏嘘），后者使我见识了极为认真负责的奚正新、刘洪权两位编辑。《六朝疆域与政区研究》能出增订本，说明真正的学术著作其实仍有市场；奚、刘两位编辑，则使我感叹在浮躁的今日，也仍有可贵的认真负责。而也正是在认真负责的撰述态度、没有顾虑的出版信心中，经过五年、特别是近两年的矢志钻研、潜心写作，我终于完成了这部篇幅不小的书稿。

一部书稿，从满头浓密黑发的青年学生，做到谢顶而两鬓也已斑白的渐衰中年，现在追问起来，我真的不知道究竟是为了什么！起稿时节，是由着兴趣与勇气；结稿时节，则看重责任与承诺。然而，当中年的我践行着力所能及的对学术的责任与承诺时，却不能同时负起对父母、对妻儿的责任与承诺。因为繁重的教学任务、科研工作与不便推脱的各种社会事务，十多年来，我几乎没有了周末，没有了休息身心的习惯；与此同时养成的习惯，则是买书、读书、写书，抽着烟、喝着酒、品着茶、遛着狗、逗着猫地思索文章、构思书稿。近两年来，我越来越感到愧对父母与家人，探望父母的时间少了，陪伴家人的心思少了。我真的想把这些兼顾起来，可是太难！

我的人生已经过半或者近半，而这部即将面世、交由读者评判的书稿，又伴我已经走过的人生之半。人生苦短，悲凉弥漫心中。然而也有慰我心者，我有那么多优秀的学生，有那么多真诚的学术界与出版界的良师益友。学术界良师，如为本书题签的文史大家卞孝萱师，一直提携着我、关怀着我；而为本书赐序的复旦大学中国历史地理研究中心周振鹤师，中国魏晋南北朝史学会会长、华南师范大学历史文化学院李凭先生，则时时警励、处处指导着我的学术与人生。出版界益友，如南京大学出版社黄继东、湖北教育出版社陆才坚、山东画报出版社傅光中、安徽教育出版社刘洪权、湖北人民出版社王建槐、学苑出版社我永志怀念的郭强，正是这些朋友，把我的成熟或欠成熟的书稿推向社会，使我不断获得学术界的肯定、建议与批评；同样，这部书稿，如果没有江苏教育出版社徐宗文总编的大力推荐，也就无缘结识读者，结识同行。谨此，我真诚地感谢这诸位良师益友！

2006 年 12 月 6 日深夜，胡阿祥记于三栖四喜斋
2008 年 5 月 15 日改定

书　　名　东晋南朝侨州郡县与侨流人口研究
编　　著　胡阿祥
责任编辑　任　晖
出版发行　凤凰出版传媒集团
　　　　　江苏教育出版社（南京市马家街 31 号 210009）
网　　址　http://www.1088.com.cn
集团网址　凤凰出版传媒网 http://www.ppm.cn
经　　销　江苏省新华发行集团有限公司
制　　版　南京紫藤制版印务公司
印　　刷　常熟市华通印刷有限公司
厂　　址　常熟市虞山高新园阳光大道 28 号(邮编 215557)
电　　话　0512-52361778、52391383
开　　本　787×1092 毫米　1/16
印　　张　36.5
插　　页　6
字　　数　670 000
版　　次　2008 年 9 月第 1 版
　　　　　2008 年 9 月第 1 次印刷
书　　号　ISBN 978-7-5343-8642-8
定　　价　98.00 元
批发电话　025-83260760, 83260768
邮购电话　025-85400774, 8008289797
短信咨询　10602585420909
E - mail　jsep@vip.163.com
盗版举报　025-83204538